OEUVRES

DE

ACQUES DELILLE.

IMPRIMÉ PAR LES PRESSES MÉCANIQUES DE BÉTHUNE ET PLON.

J. DELILLE,

AVEC LES NOTES

DE DELILLE, CHOISEUL-GOUFFIER,
PARSEVAL-GRANDMAISON, FÉLETZ, DESCURET,
AIMÉ-MARTIN, ETC.

―――

TOME PREMIER.

A PARIS,
CHEZ LEFÈVRE, ÉDITEUR,
RUE DE L'ÉPERON, 6.
―
1844.

NOTICE

BIOGRAPHIQUE ET LITTÉRAIRE
SUR J. DELILLE,

PAR MADAME WOILLEZ.

Jacques Delille, dont le talent enchanteur a répandu tant d'éclat sur la poésie française, fut privé, dès son berceau, de toutes les douceurs que l'heureuse enfance trouve d'ordinaire dans les affections de famille. Il naquit dans la Limagne, le 22 juin 1738, à Aigue-Perse, près de Clermont, de Marie-Hiéronyme Bérard, qui appartenait à la famille de l'illustre chancelier de L'Hospital, et fut reconnu sur les fonts baptismaux par M. Montanier, avocat au parlement, qui mourut peu de temps après, lui laissant pour tout héritage une pension viagère de cent écus.

Ce fut avec ce modique secours qu'il vint à Paris commencer ses études au collége de Lisieux, où bientôt son excellent caractère, son application, et surtout ses progrès, lui gagnèrent l'amitié des professeurs, qui se plurent à seconder ses heureuses dispositions. Encouragé par des succès, qui déjà présageaient ceux qu'il devait obtenir un jour dans la littérature, le jeune élève sentit peut-être moins l'isolement auquel le réduisait le malheur de sa naissance, et puisa dans cet isolement même le courage nécessaire pour se créer une existence indépendante des caprices de la fortune et des secours de la parenté.

Forcé de se livrer d'abord à l'instruction publique, il

eut à vaincre, à son entrée dans la carrière, tous les dégoûts attachés à l'emploi de maître élémentaire au collége de Beauvais; et celui qui devait un jour enrichir notre langue poétique, dit un de ses panégyristes, se vit réduit à donner à des enfants des leçons de syntaxe latine.

Cependant, la destruction de l'ordre des jésuites ayant laissé le collége d'Amiens à la disposition de l'autorité séculière, Delille y fut appelé en qualité de professeur d'humanités, et passa ensuite à la chaire de troisième au collége de la Marche, à Paris. Ce fut pendant qu'il remplissait ces diverses fonctions qu'il travailla à son immortelle traduction des *Géorgiques* et à celle de l'*Essai sur l'Homme* de Pope, qui ne parut que plusieurs années après sa mort.

Jusqu'alors Delille n'était connu, comme poète, que par quelques pièces fugitives, qui s'oublient aussi vite que la circonstance qui les a fait naître. On distingua cependant, dans son *Epître* adressée à M. Laurent, à l'occasion d'un bras artificiel que cet habile mécanicien avait fait pour un soldat invalide, une merveilleuse aptitude à rendre, avec autant de fidélité que d'élégance, les procédés des arts mécaniques dans une langue accusée long-temps d'être à la fois pauvre et dédaigneuse. Plusieurs fragments des *Géorgiques*, qui se répandirent vers cette époque dans le monde littéraire, donnèrent enfin la mesure du talent du jeune poète.

Louis Racine, qu'il avait consulté dès le commencement de son travail, avait d'abord blâmé l'audace d'un tel projet. « La traduction des *Géorgiques*! s'était-il écrié d'un ton sévère, c'est la plus téméraire des entreprises! Mon ami Le Franc l'a tentée, et je lui ai prédit qu'il échouerait. » Ayant consenti néanmoins à entendre la lecture que le jeune homme lui proposait, non-seulement il avait cessé de condamner son projet, mais il l'avait fortement engagé à le poursuivre. Encouragé par un tel suffrage, Delille poursuivit en effet, et l'événement prouva que Louis Racine avait bien jugé du travail des deux rivaux; mais il ne vécut pas assez pour voir accomplir sa double prédiction : il était mort depuis six ans lorsque Delille publia sa traduction à la fin de 1769.

Cette traduction, vraiment *originale*, suivant l'expression de Frédéric II, fut accueillie par un concert d'applaudissements, et fonda tout d'un coup la réputation du poète; mais au milieu de l'admiration générale que devaient naturellement exciter un si beau talent et tant de difficultés vaincues, un critique sévère, Clément de Dijon, qui bientôt devait attaquer Voltaire lui-même, voulut obscurcir la gloire du traducteur en recherchant minutieusement ses fautes. « Il apporta dans ses *Observations critiques*, dit M. Amar, savant éditeur et biographe de Delille, tout l'enthousiasme d'un admirateur passionné de Virgile, et la sévérité pédantesque, la minutieuse diligence d'un professeur qui, du haut de sa chaire et la férule en main, corrige le devoir d'un écolier. Toujours sûr d'avoir raison quand il rapproche deux langues entre lesquelles il y a l'immensité; quand il compare, non pas un morceau d'une certaine étendue au morceau qui lui répond dans la traduction, mais quand il oppose le vers au vers, quelquefois même l'hémistiche à l'hémistiche, il abuse de ses forces et de ses avantages pour accabler le traducteur; vaincu d'avance par la supériorité de son modèle. Il eût été plus juste, plus digne d'une critique impartiale de lui savoir gré de ses efforts, si souvent heureux; de cette élégance continue; de cet emploi d'une foule de termes, exclus jusqu'alors de la langue des poètes, et surpris de s'y voir accueillis avec honneur; de ne rechercher enfin dans cette *traduction* qu'un beau poème français sur le même sujet qui avait inspiré à Virgile un si beau poème latin. Le comble de l'art et le prodige du talent, dans le traducteur, était d'avoir fait lire et aimer Virgile de ceux mêmes qui connaissaient à peine de nom son chef-d'œuvre des *Géorgiques*, et d'avoir placé sur la toilette et entre les mains des femmes, celui peut-être de tous les ouvrages anciens qui devait, par la nature de son sujet, prétendre le moins à cet honneur. Voilà ce qu'il convenait de faire, et ce que n'a point fait Clément. Sa critique cependant ne fut point inutile à Delille : il fit habilement son profit de ce qu'il y trouva de bon ; et il en est résulté de nombreuses corrections de détails et des améliorations sensibles dans l'ensemble de l'ouvrage. »

Les *Observations* de Clément, auxquelles se joignirent bientôt une infinité d'autres critiques, la plupart dictées par l'envie, ne purent arrêter le succès d'un ouvrage destiné à être l'un des plus beaux monuments de notre littérature. Voltaire, qui en jugeait ainsi, rendit un hommage public au talent du traducteur, avec lequel il n'avait eu jusqu'alors aucune relation, en écrivant à l'Académie, le 4 mars 1772 : « Rempli de la lecture des *Géorgiques* de M. Delille, je sens tout le prix de la difficulté si heureusement surmontée, et je pense qu'on ne pouvait faire plus d'honneur à Virgile et à la nation. Le poème des *Saisons* et la traduction des *Géorgiques* me paraissent les deux meilleurs poèmes qui aient honoré la France, après l'*Art poétique*. Le petit serpent de Dijon (Clément) s'est cassé les dents à force de mordre les deux meilleures limes que nous ayons. Je pense, messieurs, qu'il est digne de vous de récompenser les talents en les faisant triompher de l'envie. M. Delille ne sait point quelle liberté je prends avec vous ; je désire même qu'il l'ignore. »

Delille fut en effet élu, peu de temps après, membre de l'Académie française ; mais le maréchal de Richelieu, qui, grâce à son rang, avait été admis dans cette société illustre à l'âge de 24 ans, bien qu'à cette époque il n'eût encore écrit que des lettres galantes, ne craignit point de faire observer au monarque, sur lequel il avait un entier ascendant, que le poète était trop jeune (quoiqu'il eût alors 34 ans) pour prétendre à un honneur que Voltaire n'avait obtenu qu'à l'âge de 55 ans.

Un prélat, apprenant l'objection faite au poète, dont il était l'ami, s'écria : « Trop jeune! Il a près de deux mille ans; il est de l'âge de Virgile. » Les membres de l'Académie, qui probablement étaient de l'avis du prélat, nommèrent de nouveau, deux ans après, le traducteur des *Géorgiques*, et cette fois la nomination fut confirmée par le roi, qui joignit à cet acte de justice des témoignages particuliers de son estime pour le récipiendaire.

Delille succédait à La Condamine, et le discours qu'il prononça à la louange de cet intrépide voyageur, dont il retraça avec autant d'art que de précision les courses aventureuses, obtint les suffrages de la nombreuse assemblée qui l'écoutait, et fut cité comme l'un de nos plus brillants morceaux académiques.

Nommé, peu de temps après, à la chaire de poésie latine au Collége de France, le nouvel académicien s'y vit bientôt entouré d'une foule d'auditeurs qui ne se lassaient pas d'admirer cette chaleur entraînante, cette grace de diction qu'il possédait à un si haut degré, et qui fit inventer pour lui le mot plaisant de *dupeur d'oreilles*.

Du reste, l'empressement avec lequel le public et les hommes de lettres les plus distingués accueillaient toujours ses ouvrages imprimés, prouve assez qu'il n'avait pas besoin du débit pour assurer leur succès. Lorsque son poème des *Jardins* parut, en 1780, le comte de Schomberg, qui déjà lui en avait entendu réciter quelques fragments, mais qui trouva plus de charme encore à la lecture qu'il en fit lui-même, lui dit d'une manière à la fois délicate et flatteuse : « Je vous avais bien toujours dit que vous ne saviez pas lire vos vers. »

Les beautés de ce poème, dont les deux derniers chants sont comptés parmi les meilleurs morceaux de poésie descriptive que nous ayons dans notre langue, ne purent toutefois désarmer la critique qui, depuis long-temps, s'apprêtait à le juger : il fut l'objet de diverses satires plus ou moins amères, parmi lesquelles se signala surtout celle de Rivarol. Delille ne répondit point à ses détracteurs; mais il profita des observations des littérateurs éclairés, et les nouvelles éditions de son poème se succédèrent avec une telle rapidité, qu'un homme d'esprit lui écrivit : « Vos ennemis sont bien peu diligents; ils n'en sont encore qu'à leur septième critique, et vous en êtes à votre onzième édition.. »

Cet ouvrage avait paru sous les auspices du comte d'Artois; et ce prince, voulant donner à l'auteur une marque particulière de son estime, lui offrit l'abbaye de Saint-Severin, bénéfice *simple*, qui n'exigeait pas l'engagement dans les ordres sacrés. Riche désormais du produit de ses travaux et des bienfaits de la cour, Delille put paraître avec plus d'aisance et d'agrément encore dans la société, dont il faisait le principal ornement par les graces de son esprit et le charme particulier de son caractère.

Il avait été accueilli à son entrée dans le monde, et ne possédant encore que son talent, par la célèbre madame Geoffrin, qui s'était plu à lui offrir des secours qu'il n'accepta pas, mais dont il consigna le souvenir dans ces vers du troisième chant du poème de *la Conversation* :

> Aux offres de ta bienfaisance
> Ma fière pauvreté ne consentit jamais :
> Mais en refusant tes bienfaits,
> J'ai gardé ma reconnaissance.

C'était auprès de cette femme charmante, véritable modèle d'amabilité, que le poète avait puisé les premières leçons de cette politesse pleine d'élégance qui le distinguait si éminemment.

Quels que fussent cependant les agréments dont il jouissait dans cette société brillante qui chaque jour le recherchait avec plus d'ardeur, il s'en éloigna, en 1784, pour suivre le comte de Choiseul-Gouffier dans son ambassade à Constantinople. Trop près des beaux climats de la Grèce pour ne pas visiter des lieux si chers aux muses, il vit cette terre célèbre, il vit les ruines de la patrie de Sophocle et d'Euripide, et fut transporté d'un enthousiasme qu'il exprime d'une manière à la fois naïve et piquante dans une lettre adressée à une dame de Paris, madame de Vaisnes, qui en fit circuler plusieurs copies.

Le petit bâtiment où il se trouvait à son retour d'Athènes, avec l'ambassadeur et sa suite, ayant été poursuivi par deux forbans, Delille donna dans cette circonstance des marques de sang-froid et même de gaieté dont toutes les gazettes parlèrent dans le temps : « Ces coquins-là, dit-il, ne s'attendent pas à l'épigramme que je ferai contre eux. »

Il arriva toutefois sain et sauf à Constantinople avec son illustre ami, et passa une partie de l'été dans la charmante retraite de Tarapia, située sur les confins de l'Europe et de l'Asie à l'embouchure de la mer Noire, où il avait sans cesse sous les yeux le magnifique spectacle des innombrables vaisseaux qui entrent de la mer Noire dans le Bosphore et du Bosphore dans la mer Noire ; cette foule de barques légères qui se croisent à chaque instant sur ce bras de mer, et, sur l'autre bord, ces riantes prairies d'Asie, ombragées de beaux arbres, arrosées de plusieurs rivières et ornées d'un nombre infini de kiosques.

C'est dans ce lieu si propre aux inspirations poétiques

qu'il travailla à son poème de l'*Imagination*, où sa muse flexible et brillante a répandu tant d'intérêt et de richesses, et que l'on place au premier rang de ses compositions originales.

De retour à Paris au bout d'une année environ, Delille y reprit les fonctions qu'il remplissait avec tant d'éclat soit dans l'Université, soit au Collége de France, et se livra de nouveau à la société, qui se montrait chaque jour plus empressée de l'accueillir. La révolution qui éclata vint bientôt l'arracher à ses travaux, à ses succès et à ses plaisirs, et lui enlever la fortune qu'il avait amassée : il s'en consola en faisant des vers charmants sur la pauvreté; mais ce qu'il ne put supporter avec la même résignation fut la perte de ses amis, dont le sang ruisselait chaque jour sur les échafauds. Poursuivi lui-même et conduit devant un comité révolutionnaire, il y parut avec cette tranquillité d'ame qui ne l'abandonnait jamais que pour les afflictions d'autrui, et fut chaudement défendu par un compagnon maçon qu'il ne connaissait pas, et dont le principal argument fut qu'il ne fallait pas *tuer tous les poètes, mais en conserver au moins quelques-uns pour chanter nos victoires*. L'argument réussit, et le poète fut sauvé. Il eut le courage de refuser, peu de temps après, un hymne que lui fit demander Robespierre pour la bizarre cérémonie à laquelle on donna le nom de *Fête à l'Être suprême*, et répondit aux menaces qu'on lui faisait : « Que la guillotine était fort commode et fort expéditive. » Cédant ensuite cependant aux instances réitérées que lui fit le président d'un comité révolutionnaire, il composa un dithyrambe où il peignit avec autant d'énergie que de talent l'effrayante immortalité du coupable et l'immortalité consolante de l'homme de bien.

Échappé, comme par miracle, à ces périlleuses épreuves, Delille quitta Paris en 1794, et se retira à Saint-

Dié, patrie de la compagne fidèle qui partageait alors ses peines et devait bientôt soulager ses infirmités. C'est là qu'il termina un ouvrage commencé depuis plus de vingt ans, sa traduction de *l'Enéide*, dont il avait lu le IVe chant à l'Académie française, en 1775, et quelques fragments à Voltaire, qu'il était allé voir à Ferney en 1776. Cette traduction, que l'on trouve inférieure à celle des *Géorgiques*, mais qui n'en restera pas moins une portion durable de la gloire du Virgile français, ne fut publiée qu'en 1804, et fut dédiée à l'empereur Alexandre.

Après une année environ de séjour dans les Vosges, Delille s'éloigna définitivement de la France, toujours en proie à l'anarchie, et se réfugia à Bâle. Il s'y trouvait en 1796, lors de la retraite de Moreau et du bombardement d'Huningue, et se rendait souvent, dit-on, sur les bords du Rhin pour y contempler ce terrible spectacle, et suivre de l'œil le jeu et les effets de la bombe, qu'il a décrits d'une manière si poétique dans le premier chant de son beau poëme des *Trois Règnes de la Nature*. Ce trait, qui rappelle celui de Vernet peignant une tempête au milieu de la mer en courroux, fut révoqué en doute par M. Daru dans son *Epître à Delille :*

> Le croirai-je, qu'au lieu de ces chants héroïques,
> Tranquille, sous l'abri des rochers helvétiques,
> Tu venais tous les jours, près du Rhin embrasé,
> Sous le foudre ennemi voir Huningue écrasé ;
> Suivre dans l'air en flamme, avec des yeux débiles,
> Ces comètes d'airain qui renversaient nos villes ;
> . . . .
> Non, non : tes faux amis l'ont en vain publié :
> Je ne le croirai point : ils t'ont calomnié.

« Oui, sans doute, dit M. Amar, tous ceux qui ont personnellement connu le chantre de *la Pitié* savent assez combien il était incapable, par caractère, de se faire un jeu barbare du spectacle de la destruction et de la mort pour le spectacle lui-même ; mais ils conçoivent également qu'une tête aussi éminemment poétique fût très-susceptible d'émotions nouvelles ; qu'elle les recherchât et les reçût avec avidité, de quelque nature qu'elles fussent, et abstraction faite de l'objet qui les excitait. C'est ainsi que, habitant peu de temps après le village de Glairesse, le seul aspect de cette île de Saint-Pierre, dernière retraite du malheureux Rousseau, et si délicieusement décrite par lui, retrace tout à coup au poète de l'*Imagination* les infortunes, le génie, le caractère et les faiblesses du célèbre écrivain, et inspire à Delille ce morceau d'une sensibilité si vraie, si affectueuse et d'une mélancolie si douce dont il a enrichi le sixième chant de son poème. »

Le poète obtint du gouvernement de Berne le droit de bourgeoisie dans cette même île dont l'illustre prosateur avait été banni, et ce fut dans cette retraite paisible, embellie de tout ce que la nature peut offrir de plus enchanteur et de plus pittoresque qu'il acheva le poème des *Trois Règnes* et celui de *l'Homme des Champs*, ou *les Géorgiques françaises*, que l'on trouve supérieur au poème des *Jardins* par l'intérêt du sujet et la régularité du plan.

Après deux ans de séjour en Suisse, Delille se rendit à Brunswick, où il composa le poème de *la Pitié*, dont le succès a été contesté avec tant d'aigreur, malgré les beautés qu'il renferme ; il passa ensuite à Londres, où il traduisit le *Paradis perdu*, et donna une seconde édition du poème des *Jardins*, enrichie de nouveaux épisodes et de la brillante description des parcs qu'il avait eu occasion de voir en Allemagne et en Angleterre.

Ainsi, chaque pause de son exil était marquée par quelque nouvelle production de son talent. Mais cette suite non interrompue de travaux, qui dès long-temps avaient contribué à affaiblir la vue du poète, finit aussi par altérer sa santé. Sa traduction du *Paradis perdu*, qu'il fit, dit-on, en l'espace de quinze mois, fut suivie d'une attaque de paralysie qui augmenta ses infirmités; et lorsque, dans la suite, on le félicitait sur cette admirable traduction, que l'on trouve plus *originale* encore que celle des *Géorgiques*, il répondait qu'elle lui avait coûté la vie.

Cependant l'ordre se rétablissait en France; les arts et les lettres y étaient remis en honneur; et les débris épars des quatre académies avaient été réunis, en 1795, sous le nom d'*Institut national*. Delille ne répondit point alors aux vœux unanimes de ce corps illustre qui le réclamait, et ce ne fut qu'en 1802 que, cédant enfin aux instances réitérées de ses nombreux amis, il renonça à son exil volontaire et rentra dans sa patrie; « comme l'abeille rentre dans sa ruche, dit M. Michaud, chargé des trésors qu'il avait amassés dans ses courses lointaines. » Outre l'*Homme des Champs*, qu'il avait fait paraître en 1800, Delille publia, presque simultanément, *la Pitié*, *l'Énéide*, *le Paradis perdu*, *l'Imagination*, et une nouvelle édition du poème des *Jardins*. Ces nombreuses publications, dont on est peut-être moins redevable à la volonté de l'auteur qu'à l'insatiable avidité de gloire que sa femme avait pour lui, furent toujours accueillies avec transport, malgré les traits de l'envie qui s'efforçait de les déprécier; et il n'en est pas une dont le succès n'ait été constaté par des réimpressions multipliées, et, plusieurs d'entre elles, par des traductions en diverses langues.

Réintégré dans ses fonctions de professeur au Collège de France, Delille entra enfin à l'Institut. Le jour où il y parut en séance publique fut pour lui un véritable triomphe, qui s'est renouvelé chaque fois qu'il s'y est montré. Il n'eût tenu qu'à lui d'obtenir, avec ces marques touchantes de l'estime et de l'admiration de ses contemporains, les faveurs d'une cour jalouse de le compter au nombre de ses partisans; mais l'inébranlable fermeté de sentiments qui l'avait fait braver les menaces de la terreur le fit résister aux séductions du pouvoir impérial, et rien ne put le décider à consacrer à la gloire de Napoléon les accents d'une lyre qu'il avait vouée à retracer les malheurs de ses anciens maîtres.

Cependant les infirmités de Delille s'accroissaient : il était aveugle; mais les soins assidus de sa compagne et ceux de ses amis lui dérobaient l'ennui de cette cruelle cécité. Chaque jour se rassemblait autour de lui un cercle de littérateurs et d'artistes distingués, de femmes charmantes qui s'empressaient à lui plaire et à lui offrir toutes les délices de la plus franche amitié. On sait avec quelle ingénieuse adresse ce cercle aimable se prêtait à l'entourer de toutes les jouissances auxquelles il avait attaché du prix dans sa jeunesse : témoin ce dîner charmant qu'il crut faire au *Cadran Bleu*, pour lequel il avait une prédilection particulière, et qu'il fit au faubourg Saint-Germain chez un de ses amis, où s'étaient réunis d'avance plusieurs membres de l'Académie, des gens de lettres, des artistes célèbres, des femmes aimables et l'élite des premiers théâtres de la capitale, qui tous s'étaient distribué différents rôles pour amuser l'honorable vieillard, lui rendre hommage, et lui retracer l'une de ces scènes populaires auxquelles il se plaisait tant à assister au boulevard du Temple.

Cette scène, que la plume élégante de M. Bouilly a retracée de la manière la plus touchante, produisit sur Delille une si complète illusion, les rôles furent joués avec un ensemble, une gaieté, une précision si parfaite, qu'en reconnaissant son erreur il doutait encore qu'il ne fût pas à son cher *Cadran-Bleu;* mais enfin, désabusé par l'aveu même des acteurs, et ne pouvant plus résister aux diverses émotions qui remplissaient son âme, il s'écria, se laissant aller dans les bras de ses amis : « Ah! comment exprimer ce que j'éprouve?... Quoi! tant de monde pour amuser un pauvre vieillard!... Ce n'est qu'en France que l'on peut inventer une scène aussi délicieuse ; ce n'est que dans sa patrie que l'on peut recevoir de si touchants hommages.... Mes amis, mes confrères, hommes aimables, artistes célèbres qui m'entourez, et vous, femmes charmantes, que je sens près de moi, et que je crois voir encore, puissiez-vous tous partager mon ivresse !... Ah ! quand je ne serai plus, vous aurez le droit de vous dire : *Nous avons prolongé la vie du poëte aveugle ; c'est parmi nous que Delille passa le plus beau jour de sa vie.* »

Les heureuses qualités qui avaient attiré à Delille des amis si empressés ne s'altérèrent point dans ses dernières années, et, malgré l'affaiblissement progressif de sa santé, il continua à cultiver les muses. Le poème de *la Conversation*, qui parut en 1812, et qui révéla dans l'auteur un nouveau genre de talent, celui de saisir et de peindre les travers de la société avec la justesse et la finesse caustique de La Bruyère, est le dernier ouvrage qu'il ait publié, mais non le dernier auquel il travailla : il s'occupait d'un poème sur la vieillesse, disant quelquefois à ses amis qu'il n'était que trop *plein de son sujet*, lorsqu'il fut enlevé aux lettres et à l'amitié le 1er mai 1813, à l'âge de 75 ans.

Les plus grands honneurs furent prodigués à ses restes. Son corps, embaumé et injecté, resta durant plusieurs jours exposé sur un lit de parade dans une des salles du Collége de France. L'Institut en corps, l'Université, et tout ce que la capitale avait de savants, d'hommes de lettres et d'artistes distingués assistèrent à ses funérailles. Ses élèves, parmi lesquels se trouvaient des maîtres, portèrent son cercueil et payèrent à sa mémoire, dans plusieurs discours éloquents, le tribut de leur douleur et de leur admiration.

Delille avait donné, dans l'épître dédicatoire de son

poème de *l'Imagination*, l'idée du modeste monument où il desirait que reposât un jour sa dépouille mortelle :

Ma plus chère espérance et ma plus douce envie,
 C'est de dormir au bord d'un clair ruisseau,
A l'ombre d'un vieux chêne ou d'un jeune arbrisseau:
Que ce lieu ne soit pas une profane enceinte :
Que la religion y répande l'eau sainte;
Et que de notre foi le signe glorieux,
Où s'immola pour nous le rédempteur du monde,
M'assure, en sommeillant dans cette nuit profonde,
 De mon réveil victorieux.

La veuve du poète chrétien a rempli ces pieuses intentions aussi fidèlement que les circonstances locales le permettaient, en lui faisant élever, au cimetière du P. La Chaise, un mausolée où se trouve pour toute inscription : JACQUES DELILLE. Ces mots sont à eux seuls un grand éloge; car, en même temps qu'ils nous rappellent le souvenir d'une perte immense pour les lettres, ils retracent à notre pensée cette longue suite de travaux qui n'a fatigué que l'envie, et qui portera le nom de Jacques Delille à la postérité.

Aucun poète, en effet, ni dans l'antiquité, ni parmi les modernes, n'a laissé un plus grand nombre de vers et de beaux vers. S'il a souvent négligé l'invention et la régularité dans la conception et l'ensemble de ses poèmes, aucun écrivain n'a montré plus d'esprit et de goût, un sentiment plus exquis des mystères de notre versification, une connaissance plus approfondie des ressources de notre style poétique : personne n'a possédé à un plus haut degré l'art d'ennoblir les mots par leur emploi, de donner à ses idées un coloris plus brillant, à la langue une harmonie plus soutenue, et personne enfin n'a su répandre plus d'intérêt, de grace et de richesses dans les détails.

Sous le rapport des qualités sociales, ce poète n'a pas

moins de droits à notre estime et à nos éloges : l'urbanité, la douceur de son caractère, la bonté de son cœur, la gaieté, le charme inimitable de sa conversation, lui attirèrent autant d'amis qu'il y eut de gens distingués à portée de le connaître. « Il racontait avec grace, dit M. Duviquet, s'exprimait avec feu, ne parlait de lui qu'en reculant devant les provocations les plus pressantes, comme Horace ne récitait ses vers que lorsqu'il s'y voyait obligé par la reconnaissance ou par l'amitié. Frondait-il un ridicule, ce qui lui arrivait assez souvent, il regardait autour de lui, et si le trait prêt à partir pouvait atteindre, même indirectement, une personne de l'assemblée, il le retenait dans sa main ou le laissait tomber à terre. Un caractère aussi liant et aussi aimable le faisait rechercher dans les premières sociétés de la capitale; il y portait l'enjouement et la naïveté d'un enfant, galant et respectueux auprès des dames; libre, mais sans morgue et avec décence, auprès des grands; applaudissant aux succès, je ne dirai pas de ses rivaux (depuis la mort de Voltaire il n'en avait plus), mais de ses confrères; sûr de sa supériorité, parcequ'il avait trop d'esprit pour la méconnaître, et trop aussi pour ne pas affecter de l'ignorer; comme il savait se taire et que sa présence ne gênait point les parleurs, il observait en souriant, prenait des notes de mémoire, et le soir, rentré chez lui, les confiait à ses tablettes. »

Si nous joignons à ce portrait celui que l'on attribue à sa veuve elle-même, nous aurons une idée plus complète encore du caractère de l'homme célèbre qui a laissé dans la mémoire de ses amis de si doux souvenirs. « Delille faisait remarquer, dit-elle, une grande conformité entre le caractère de ses écrits et sa physionomie : ils avaient de la noblesse, de la simplicité, de l'élévation, de l'esprit, de la franchise, de la gaieté et de la mélancolie. Mais c'était dans ses regards qu'il fallait chercher sa physionomie tout entière. Ils étaient si expressifs qu'on ne voulait plus croire à leur extrême faiblesse lorsque la conversation animait ses yeux, et qu'ils animaient la conversation.

« Laissez-moi le voir, disait une femme à quelqu'un qui s'était placé devant elle dans une société nombreuse où il lisait un poème : quand je ne le vois pas, je ne l'entends plus. »

« Sa sensibilité le rendait fidèle, non-seulement à ses amis, mais aux personnes qui l'intéressaient, aux lieux mêmes qu'il avait habités. Ses ouvrages étaient pleins de ses premiers souvenirs. Le commentaire de ses vers était toujours dans son cœur... Il semblait n'avoir aucune mémoire pour les choses de vanité ; et, quand il parlait de lui, il oubliait toujours les moments les plus brillants de sa gloire... Ses ouvrages l'occupaient beaucoup ; il aimait le travail ; il détestait la publicité. S'il fût né avec un peu de fortune, il n'eût rien fait imprimer de son vivant. Il donnait des preuves de faiblesse dans les petites occasions ; il était sublime dans les grands événements. Son ame semblait appartenir tour à tour à la gaieté, à la mélancolie ; l'une se répandait dans sa conversation, l'autre dans ses ouvrages. Ses entretiens avaient de la grace, parceque, toujours naturel et simple, il ignorait l'affectation qui la détruit. En général, il régnait un grand accord entre son esprit et son cœur ; il n'aurait pu se peindre, il ne se connaissait pas. Il n'exprimait jamais que ce qu'il avait éprouvé ou senti. Quoi qu'en aient dit des détracteurs injustes, j'ai vu souvent ses larmes suivre ou précéder les vers qu'il me dictait. L'envie de plaire, chez lui, ressemblait à la vertu ; inspiré par sa bienveillance naturelle, il faisait pour sa société ordinaire les mêmes frais que pour les cercles les plus nombreux. De toutes les vertus qui composaient son caractère, la reconnaissance était celle qu'il cultivait le plus soigneusement. L'ingratitude lui semblait le plus hideux des vices. Il aimait beaucoup ; il aimait d'être aimé. Il ne regrettait point la perte de sa fortune ; mais il pleurait amèrement celle de ses amis. »

Les ouvrages de Delille ont été publiés dans l'ordre suivant : *les Géorgiques de Virgile, traduites en vers français ;* Paris, 1769, in-12 ; 1782, 1785 et 1809 dans tous les formats, avec des notes et des variantes ; *les Jardins,* ou *l'Art d'embellir les paysages,* 1780 ; ce poème, en quatre chants, eut un grand nombre d'éditions successives : il fut réimprimé à Londres en 1800, et à Paris en 1802 ; *l'Homme des Champs,* ou *les Géorgiques françaises,* 1800, a été traduit en vers latins avec le texte en regard, par M. Dubois, 1808, in-12 ; *Poésies fugitives,* 1802 : le recueil publié sous le titre de *Poésies diverses,* an IX, 1802, in-12 et in-18, a été désavoué par Delille ; *Dithyrambe sur l'immortalité de l'âme, suivi du passage du Saint-Gothard,* poème traduit de l'anglais, de madame la duchesse Devonshire, 1802 ; *la Pitié,* poème en quatre chants ; Londres et Paris, 1803 : ce poème a été tronqué dans la première édition qui parut en France ; une édition complète, faite en même temps, fut saisie par la police, et l'un des éditeurs fut emprisonné ; *l'Énéide de Virgile, traduite en vers français,* 1805 ; *l'Imagination,* poème en huit chants, 1806 ; *les Trois Règnes de la Nature,* 1809 ; *la Conversation,* 1812. Les Œuvres complètes de Delille ont été publiées en 17 volumes in-8°, Paris, 1816, et en 16 volumes in-8°, Paris, 1824.

MM. Regnauld de Saint-Jean-d'Angely, Arnault et Delambre ont prononcé l'éloge funèbre de Delille sur sa tombe. M. Campenon, son successeur à l'Institut, lui a payé un juste tribut d'éloges, ainsi que M. Tissot, qui l'a remplacé dans la chaire de poésie latine au Collège de France.

LES JARDINS,

POÈME

EN QUATRE CHANTS.

PRÉFACE.

Plusieurs personnes d'un grand mérite ont écrit en prose sur les jardins. L'auteur de ce poème leur a emprunté quelques préceptes, et même quelques descriptions : dans plusieurs endroits il a eu le bonheur de se rencontrer avec elles ; car son poème a été commencé avant que leurs ouvrages parussent. Il ne dissimulera pas que c'est avec la plus grande défiance qu'il livre à l'impression cet ouvrage, trop attendu, et surtout trop loué. L'indulgence extrême de ceux qui l'ont entendu lui est un garant trop sûr de la rigueur de ceux qui le liront.

Ce poème, d'ailleurs, a un très grave inconvénient, celui d'être un poème didactique. Ce genre est nécessairement un peu froid, et doit le paraître encore davantage à une nation qui ne supporte guère, comme on l'a souvent remarqué, que les vers composés pour le théâtre, et qui sont la peinture des passions ou des ridicules. Peu de personnes, je dirais même peu de gens de lettres, lisent les *Géorgiques* de Virgile ; et tous ceux qui connaissent la langue latine savent par cœur le quatrième livre de l'*Énéide*.

Dans le premier de ces deux poèmes, le poète paraît regretter que les bornes de son sujet ne lui permettent pas de chanter les jardins. Après avoir lutté long-temps contre les détails un peu ingrats de la culture générale des champs, il semble desirer de se reposer sur des objets plus riants ; mais, resserré dans les limites de son sujet, il s'en est dédommagé par une esquisse rapide et charmante des jardins, et par ce touchant épisode d'un vieillard heureux dans son petit enclos cultivé par ses mains.

Ce que le poète romain regrettait de ne pouvoir faire, le P. Rapin l'a exécuté : il a écrit dans sa langue, et quelquefois dans le style de Virgile, un poème en quatre chants sur les jardins, qui eut un grand succès dans un temps où on lisait encore les vers latins modernes. Son ouvrage n'est pas sans élégance ; mais on y desirerait plus de précision et des épisodes plus heureux.

Le plan de son poème manque d'ailleurs d'intérêt et de variété. Un chant tout entier est consacré aux eaux, un aux arbres, un aux fleurs. On devine d'avance ce long catalogue et cette énumération fastidieuse qui appartient plus à un botaniste qu'à un poète ; et cette marche méthodique, qui serait un mérite dans un traité en prose, est un très grand défaut dans un ouvrage en vers, où l'esprit demande qu'on le mène par des routes un peu détournées, et qu'on lui présente des objets inattendus.

De plus, il a chanté les jardins du genre régulier ; et la monotonie attachée à la grande régularité a passé du sujet dans le poème. L'imagination, naturellement amie de la liberté, tantôt se promène péniblement dans les dessins contournés d'un parterre, tantôt va expirer au bout d'une longue allée droite : partout elle regrette la beauté un peu désordonnée et la piquante irrégularité de la nature.

Enfin, il n'a traité que la partie mécanique de l'art des jardins : il a entièrement oublié la partie la plus essentielle, celle qui cherche dans nos sensations, dans nos sentiments, la source des plaisirs que nous causent les scènes champêtres et les beautés de la nature perfectionnées par l'art. En un mot, ses jardins sont ceux de l'architecture ; les autres sont ceux du philosophe, du peintre et du poète.

Ce genre a beaucoup gagné depuis quelques années ; et, si

c'est encore un effet de la mode, il faut lui rendre grace. L'art
des jardins, qu'on pourrait appeler le luxe de l'agriculture, me
paraît un des amusements les plus convenables, je dirais presque les plus vertueux, des personnes riches. Comme culture,
il les ramène à l'innocence des occupations champêtres; comme
décoration, il favorise sans danger ce goût de dépenses qui suit
les grandes fortunes; enfin il a, pour cette classe d'hommes,
le double avantage de tenir à la fois aux goûts de la ville et à
ceux de la campagne.

Ce plaisir des particuliers s'est trouvé joint à l'utilité publique : il a fait aimer aux personnes opulentes le séjour de leurs
terres. L'argent, qui aurait entretenu les artisans du luxe, va
nourrir les cultivateurs; et la richesse retourne à sa véritable
source. De plus, la culture s'est enrichie d'une foule de plantes
ou d'arbres étrangers, ajoutés aux productions de notre sol, et
cela vaut bien tout le marbre que nos jardins ont perdu.

Heureux, si ce poème peut répandre encore davantage ces
goûts simples et purs! car, comme l'auteur de ce poème l'a
dit ailleurs :

Qui fait aimer les champs, fait aimer la vertu.

Tel était l'avertissement mis à la tête des premières éditions
de cet ouvrage. L'auteur a cru devoir y ajouter ce qui suit :

Quelques littérateurs anglais ont pensé que j'avais pris l'idée
et plusieurs détails de ce poème dans celui qu'a composé sur
le même sujet M. Mason, digne ami de Gray. C'est avec plaisir
que je rends justice à quantité de beaux vers qui distinguent
cet ouvrage; mais je déclare que, long-temps avant d'avoir lu
le poème de M. Mason, j'avais composé le mien, et que je
l'avais récité dans plusieurs séances publiques de l'Académie
française et du Collége Royal, auxquels j'avais l'honneur d'appartenir.

Cette nouvelle édition a été retardée par des obstacles imprévus dont le détail est inutile. La faiblesse de mes yeux et de
mes moyens m'ayant empêché de visiter, comme je me l'étais
promis, les plus beaux jardins de l'Angleterre, je n'en ai cité

qu'un petit nombre, célèbres par leur beauté ou par les souvenirs qu'ils rappellent : tels sont Bleinheim, Stow, et le jardin de Pope, si heureux d'appartenir à un homme plein de goût, qui, en conservant religieusement la demeure et les jardins de ce grand poète, rend à sa mémoire l'hommage à la fois le plus simple et le plus honorable. Les premiers monuments d'un écrivain fameux sont la maison qu'il a bâtie, les jardins qu'il a plantés, la bibliothèque qu'il a formée : c'est là, si l'on croyait encore aux ombres, qu'il faudrait chercher la sienne.

Je ne dois pas oublier d'avertir que, ce poème ayant été publié en 1782, cette époque, à laquelle se rapportent les morceaux les plus distingués de l'ouvrage, m'a imposé la loi de ne rien admettre qui lui fût postérieur dans les additions que j'y ai faites. Ainsi, quand j'ai parlé des jardins d'Allemagne, tout ce que j'en ai dit a dû s'y rapporter. Je ne me suis permis que deux exceptions à cette unité d'époque : l'une dans l'épisode des religieux de La Trappe ; l'autre dans quelques vers sur le charmant jardin de la Colline. J'ai usé, dans ces deux passages, de ce privilège d'esprit prophétique qu'on attribuait autrefois aux poètes, et j'ai présenté les faits qu'ils rappellent, non comme avenus, mais comme pouvant arriver ; et par là l'unité d'époque se trouve conservée autant qu'elle pouvait l'être.

Je crois que c'est ici le lieu de rapporter la réponse que j'ai faite, dans la préface de *l'Homme des Champs*, à M. de Maistre, qui a regardé comme peu intéressant le sujet du poème des *Jardins*. Cette allégation est tellement importante, que je ne dois pas perdre l'occasion de reproduire les réflexions qu'elle a occasionnées. M. de Maistre veut-il dire que ce genre de poésie ne peut exciter ces secousses fortes et ces impressions profondes réservées à d'autres genres de poésie ? Je suis de son avis. Mais n'y a-t-il que ce genre d'intérêt ? Eh quoi ! cet art charmant, le plus doux, le plus naturel et le plus vertueux de tous, cet art que j'ai appelé ailleurs le luxe de l'agriculture, que les poètes eux-mêmes ont peint comme le premier plaisir du premier homme, ce doux et brillant emploi de la richesse des saisons et de la fécondité de la terre, qui charme la solitude vertueuse, qui amuse la vieillesse détrompée, qui présente la campagne et les beautés agrestes avec des couleurs plus brillantes, des combinaisons plus heureuses, et change en tableaux enchanteurs les scènes de la nature sauvage et négligée, serait sans intérêt ! Milton, le Tasse, Homère, ne pensaient pas ainsi, lorsque, dans leurs poèmes immortels, ils épuisaient sur ce sujet les trésors de leur imagination. Ces morceaux, lorsqu'on les lit, retrouvent ou réveillent dans nos cœurs le besoin des plaisirs simples et naturels. Virgile, dans ses *Géorgiques*, a fait d'un vieillard qui cultive, au bord du Galèse, le plus modeste des jardins, un épisode charmant, qui ne manque jamais son effet sur les bons esprits et les âmes sensibles aux véritables beautés de l'art et de la nature.

Ajoutons qu'il y a dans tout ouvrage de poésie deux sortes d'intérêt, celui du sujet et celui de la composition. C'est dans les poèmes du genre de celui que je donne au public, que doit se trouver au plus haut degré l'intérêt de la composition. Là, vous n'offrez au lecteur ni une action qui excite vivement la curiosité, ni des passions qui ébranlent fortement l'âme. Il faut donc suppléer cet intérêt par les détails les plus soignés, et par les agréments du style le plus brillant et le plus pur. C'est là qu'il faut que la justesse des idées, la vivacité du coloris, l'abondance des images, le charme de la variété, l'adresse des contrastes, une harmonie enchanteresse, une élégance soutenue, attachent et réveillent continuellement le lecteur, mais ce mérite demande l'organisation la plus heureuse, le goût le plus exquis, le travail le plus opiniâtre : aussi les chefs-d'œuvre en ce genre sont-ils rares. L'Europe compte deux cents bonnes tragédies : les *Géorgiques* et le poème de Lucrèce chez les anciens, sont les seuls monuments du second genre ; et, tandis que les tragédies d'Ennius, de Pacuvius, la Médée même d'Ovide ont péri, l'antiquité nous a transmis ces deux poèmes ; et il semble que le génie de Rome ait encore veillé sur sa gloire, en nous conservant ces chefs-d'œuvre. Parmi les modernes, nous ne connaissons guère que les deux poèmes des *Saisons*, anglais et français, l'*Art poétique* de Boileau, et l'admirable *Essai sur l'Homme,* de Pope, qui aient obtenu et conservé une place distinguée parmi les ouvrages de ce genre de poésie.

Un auteur justement célèbre, dans une épître imprimée long-temps après des lectures publiques de quelques parties de cet ouvrage, a paru vouloir déprécier ce genre de composition : il nous apprend que le sauvage lui-même chante sa maîtresse, ses montagnes, son lac, ses forêts, sa pêche et sa chasse. Quel rapport, bon Dieu ! entre la chanson informe de ce sauvage, et le talent de l'homme qui sait voir les beautés de la nature avec l'œil exercé de l'observateur, et les rendre avec la palette de l'imagination ; les peindre tantôt avec les couleurs les plus riches, tantôt avec les nuances les plus fines ; saisir cette correspondance secrète, mais éternelle, qui existe entre la nature physique et la nature morale, entre les sensations de l'homme et les ouvrages d'un Dieu ; quelquefois sortir heureusement de son sujet par des épisodes qui s'élèvent jusqu'à l'intérêt de la tragédie, ou jusqu'à la majesté de l'épopée ! C'est ici le lieu de répondre à quelques critiques, au moins rigoureuses, qu'on a faites du poème des *Jardins.* Peut-être est-il permis, après quinze ans de silence, de chercher à détruire l'impression fâcheuse que ces critiques ont pu faire.

Les uns lui ont reproché le défaut de plan. Tout homme de goût sent d'abord qu'il était impossible de présenter un plan parfaitement régulier en traçant des jardins, dont l'irrégularité pittoresque et le savant désordre font un des premiers charmes. Lorsque Rapin a écrit un poème latin sur les jardins réguliers, il lui a été facile de présenter dans les quatre chants qui le composent, 1° les fleurs, 2° les vergers, 3° les eaux, 4° les forêts. Il n'y a à cela aucun mérite, parcequ'il n'y a aucune difficulté. Mais dans les jardins pittoresques et libres, où tous ces objets sont souvent mêlés ensemble, où il a fallu remonter aux causes philosophiques du plaisir qu'excite en nous la vue de la nature, embellie et non pas tourmentée par l'art, où il a fallu exclure les alignements, les distributions symétriques, les beautés compassées, un autre plan était nécessaire.

L'auteur a donc montré dans le premier chant l'art d'emprunter à la nature, et d'employer heureusement les riches matériaux de la décoration pittoresque des jardins irréguliers ; de changer les paysages en tableaux ; avec quel soin il faut choisir l'emplacement et le site, profiter de ses avantages, corriger ses inconvénients ; ce qui, dans la nature, se prête ou résiste à l'imitation ; enfin, la distinction des différents genres de jardins et de paysages, des jardins libres et des jardins réguliers.

Après ces leçons générales viennent les différentes parties de la composition pittoresque des jardins : ainsi le second chant a tout entier pour objet les plantations, la partie la plus importante du paysage, et la beauté des perspectives et des vues étrangères qui dépendent de l'artifice des plantations.

Le troisième renferme des objets dont chacun n'aurait pu remplir un chant sans tomber dans la stérilité et la monotonie : tels sont les gazons, les fleurs, les rochers et les eaux.

Le quatrième chant enfin contient la distribution des différentes scènes majestueuses ou touchantes, voluptueuses ou sévères, mélancoliques ou riantes ; l'artifice avec lequel doivent être tracés les sentiers qui y conduisent ; enfin ce que les autres arts, et particulièrement l'agriculture et la sculpture, peuvent ajouter à l'art des paysages. Ce qu'il y a de remarquable, c'est que, sans que l'auteur se le soit proposé, ce plan, accusé de désordre, se trouve être parfaitement le même que celui de l'*Art poétique*, si vanté pour sa régularité. En effet, Boileau, dans son premier chant, traite des talents du poète et des règles générales de la poésie ; dans le second et le troisième, des différents genres de poésie, de l'idylle, de l'ode, de la tragédie, de l'épopée, etc., en donnant, comme j'ai eu soin de le faire, à chaque objet une étendue proportionnée à son importance ; enfin, le quatrième chant a pour objet la conduite et les mœurs du poète, et le but moral de la poésie.

Des critiques plus sévères encore ont reproché à ce poème le défaut de sensibilité. Je remarquerai d'abord que plusieurs poètes ont été cités comme sensibles pour en avoir imité différents morceaux. Des personnes plus indulgentes ont cru trouver de la sensibilité dans les regrets que le poète a donnés à la destruction de l'ancien parc de Versailles, auquel il a rattaché les souvenirs de tout ce qu'offrait de plus touchant et de plus majestueux un siècle à jamais mémorable ; dans la peinture des impressions que fait sur nous l'aspect des ruines, morceau alors absolument neuf dans la poésie française, et plusieurs fois imité depuis en prose et en vers ; elles ont cru en trouver dans la peinture de la mélancolie, naturellement amenée par celle de la dégradation de la nature vers la fin de l'automne ; elles ont cru en trouver dans cette plantation sentimentale qui a su faire des arbres, jusqu'alors sans vie, et pour ainsi dire sans mémoire, des monuments d'amour, d'amitié, de retour d'un ami, de la naissance d'un fils, idée également neuve à l'époque où le poème des *Jardins* a été composé, et également imitée depuis par plusieurs écrivains ; elles ont cru en trouver dans l'hommage que l'auteur a rendu à la mémoire du célèbre et malheureux Cook ; elles en ont trouvé enfin dans cet épisode touchant de cet Indien qui, regrettant au milieu des pompes de Paris les beautés simples des lieux qui l'avaient vu naître, à l'aspect imprévu d'un bananier offert tout à coup à ses yeux dans le Jardin du Roi, s'élance, l'embrasse en fondant en larmes, et, par une douce illusion de la sensibilité, se croit un moment transporté dans sa patrie.

D'ailleurs, il est deux espèces de sensibilité : l'une nous attendrit sur le malheur de nos égaux, puise son intérêt dans les rapports du sang, de l'amitié ou de l'amour, et peint les plaisirs ou les peines des grandes passions qui font ou le bonheur ou le malheur des hommes : voilà la seule sensibilité que veulent reconnaître plusieurs écrivains. Il en est une beaucoup plus rare et non moins précieuse : c'est celle qui se répand, comme la vie, sur toutes les parties d'un ouvrage ; qui doit rendre intéressantes les choses les plus étrangères à l'homme ; qui nous intéresse au destin, au bonheur, à la mort d'un animal, et même d'une plante ; aux lieux que l'on a habités, où l'on a été élevé, qui ont été témoins de nos peines ou de nos plaisirs, à l'aspect mélancolique des ruines. C'est elle qui inspirait Virgile lorsque, dans la description d'une peste qui moissonnait tous les animaux, il nous attendrit presque également et sur le taureau qui pleure la mort de son frère et de son compagnon de travail; et sur le laboureur qui laisse en soupirant ses travaux imparfaits.

C'est elle encore qui l'inspire, lorsqu'au sujet d'un jeune arbuste qui prodigue imprudemment la luxuriance prématurée de son jeune feuillage, il demande grace au fer pour sa frêle et délicate enfance. Ce genre de sensibilité est rare, parcequ'il n'appartient pas seulement à la tendresse des affections sociales, mais à une surabondance de sentiment qui se répand sur tout, qui anime tout, qui s'intéresse à tout ; et tel poète, qui a rencontré des vers tragiques assez heureux, ne pourrait pas écrire six lignes de ce genre.

Des personnes, d'ailleurs très estimables, ont fait à ce poème un reproche peut-être encore plus sérieux ; c'est de n'avoir été écrit que pour les riches. Ainsi l'on s'est armé contre cet ouvrage de l'intérêt qu'inspire la pauvreté, et l'on a prétendu que l'auteur avait donné des préceptes inexécutables pour elle. S'il s'agit de la pauvreté absolue, elle a autre chose à faire que d'embellir des paysages ; s'il s'agit de la médiocrité, je répondrai que j'ai vu des jardins charmants du genre que je recommande, dont la dépense était très inférieure à celle qu'ont nécessitée des jardins beaucoup plus magnifiques et moins agréables. La plus grande partie de ces préceptes, ayant pour objet le plus heureux emploi des beautés de la nature, peut être exécutée avec les moyens les plus médiocres, lorsque la situation et les accidents du paysage favorisent le goût du propriétaire. D'ailleurs, comment peut-on imaginer qu'un poète, pour qui la campagne a eu tant d'attraits qu'elle a été l'objet de ses premiers ouvrages, ait dédaigné les hommes utiles à qui l'on doit ses richesses ? Il suffirait, pour toute réponse, de citer ces vers du premier chant :

    Mais ce grand art exige un artiste qui pense,
    Prodigue de génie et non pas de dépense.

On m'a accusé aussi d'avoir exigé du décorateur des jardins

l'imitation des grands effets de la nature, et particulièrement des montagnes, et l'on a oublié que j'ai dit, en parlant des montagnes factices :

>   Un humble monticule
> Veut être pittoresque, et n'est que ridicule.

A l'égard des rochers, on trouvera ma réponse dans ces vers :

> Du haut des vrais rochers, sa demeure sauvage,
> La nature se rit de ces rocs contrefaits,
> D'un travail impuissant avortons imparfaits.

S'il s'agit de ce qu'on appelle des bâtiments ou des *fabriques*, le grand luxe des jardins d'aujourd'hui, on peut se rappeler les vers suivants :

> Mais j'en permets l'usage, et j'en proscris l'abus.
> Bannissez des jardins tout cet amas confus
> D'édifices divers prodigués par la mode,
> Obélisque, rotonde, et kiosk, et pagode ;
> Ces bâtiments romains, grecs, arabes, chinois,
> Chaos d'architecture, et sans but et sans choix,
> Dont la profusion, stérilement féconde,
> Enferme en un jardin les quatre parts du monde.

J'avais également proscrit une manie plus ridicule, celle des ruines factices, en disant :

> Mais loin ces monuments dont la ruine feinte
> Imite mal du temps l'inimitable empreinte,
> Tous ces temples anciens récemment contrefaits,
> Ces débris d'un château qui n'exista jamais,
> Ces vieux ponts nés d'hier, et cette cour gothique
> Ayant l'air délabré, sans avoir l'air antique ;
> Simulacre hideux, artifice grossier !
> Je crois voir cet enfant tristement grimacier,
> Qui, jouant la vieillesse et ridant son visage,
> Perd, sans paraître vieux, les graces du jeune âge.

Pour ce qui regarde les ruines véritables, on sait qu'il n'y a qu'à laisser faire au temps, qui les dessine et qui les perfectionne mieux que tous les efforts de l'art.

Enfin, la manie dispendieuse des fleurs et de la propriété exclusive des plus rares a trouvé une leçon dans ces vers :

> Je sais que dans Harlem plus d'un triste amateur
> Au fond d'un cabinet s'enferme avec sa fleur ;

Pour voir sa renoncule, avant l'aube s'éveille;
D'une anémone unique adore la merveille;
Et, d'un rival heureux enviant le secret,
Achète au poids de l'or les taches d'un œillet.
Laissez-lui sa manie et son amour bizarre :
Qu'il possède en jaloux, et jouisse en avare.

Je pourrais donc appliquer à ces critiques, qui ont prétendu être d'un avis différent du mien, en disant en prose ce que j'ai dit en vers, ce vers heureux de l'épître sur les Disputes :

Soutenant contre vous ce que vous avez dit.

Mais si j'ai dû proscrire les fantaisies ridicules et de mauvais goût, je n'ai pas dû exclure ce que la richesse peut ajouter à la décoration des jardins, pourvu qu'on l'emploie avec goût et sobriété. J'ai donc donné des préceptes pour les fortunes médiocres comme pour les grandes; et j'ai laissé à tout le monde le droit de faire un jardin agréable, sans statue, sans fabrique, et sans tout ce luxe qui n'est point à la portée de la médiocrité, mais qui donne à l'opulence la facilité d'employer les artistes d'une manière utile pour eux et honorable pour elle.

Enfin, vingt éditions de ce poëme, des traductions allemandes, polonaises, italiennes, deux anglaises, en vers, répondent suffisamment aux critiques les plus sévères. L'auteur ne s'est pas dissimulé la défectuosité de certaines transitions froides ou parasites : il a corrigé ces défauts dans cette édition, qu'il a augmentée de plusieurs morceaux et de plusieurs épisodes intéressants, qui donneront un nouveau prix à son ouvrage. C'est surtout pour annoncer cette édition avec quelque avantage qu'il a tâché de réfuter les critiques trop rigoureuses que ce poëme a essuyées.

On a vu que, dans la préface de *l'Homme des Champs*, j'avais déjà réfuté quelques-unes de ces critiques : qu'il me soit permis de répondre aux principales objections que l'on a faites sur cette nouvelle production.

On m'a reproché, comme une chose fort grave, de n'avoir pas annoncé dans les premiers vers le plan de cet ouvrage. On pourrait réfuter d'un mot cette critique, en observant que le législateur de la poésie française, dans le plus régulier et le plus justement célèbre des poëmes didactiques, n'a présenté aucun plan. Cette autorité est tellement respectable, que je n'en connais pas qu'on puisse lui opposer : mais, ce qui est bien plus extraordinaire, c'est que des censeurs plus sévères encore ont prétendu que ce plan n'existait pas, parcequ'il n'était pas annoncé. Je me crois donc obligé de rappeler ici que le poëme a pour objet, 1º l'art de se rendre heureux à la campagne, et de répandre le bonheur autour de soi par tous les moyens possibles ; 2º de cultiver la campagne de cette culture que j'ai appelée merveilleuse, et qui s'élève au-dessus de la routine ordinaire ; 3º de voir la campagne et les phénomènes de la nature avec des yeux observateurs ; 4º enfin de répandre et d'entretenir le goût de ces occupations et de ces plaisirs champêtres en les dépeignant d'une manière intéressante. Ainsi le sage, l'agriculteur, le naturaliste, le paysagiste, sont les quatre divisions de ce poëme. Cette seule exposition doit suffire à ceux qu'il n'est pas impossible de contenter.

On a prétendu que ces divisions ne tenaient pas essentiellement les unes aux autres. Si on a voulu dire que chacune pouvait être traitée séparément, on a eu raison, sans rien prouver contre le plan de l'auteur. Virgile aurait pu faire un poëme sur les vignes, un autre sur les moissons, d'autres encore sur les vergers et sur les abeilles. Quoique ces objets puissent se séparer, cela ne prouve point qu'il ait eu tort de les réunir dans ses *Géorgiques*.

C'est surtout du quatrième chant que l'on a dit qu'il était étranger à l'ouvrage : mais, quand on a intitulé un poëme *l'Homme des Champs*, on a le droit d'y rassembler tout ce que le titre peut admettre ; et le poëte champêtre ne devait pas y être oublié. Si j'avais omis cette dernière partie, n'entendez-vous pas les critiques s'écrier : Quoi ! vous parlez de l'art de se rendre heureux dans les champs, d'en perfectionner la culture, d'en observer les beautés et les richesses, et vous oubliez celui de les chanter ! vous oubliez les Virgile, les Thompson, les Gessner, qui ont fait des peintures si intéressantes et si délicieuses, que sans elles il semblerait manquer quelque chose à la nature ! C'est faire injure à la fois à la campagne et à la poésie.

Au lieu de multiplier ainsi ces sortes de critiques dont je crois avoir prouvé l'injustice sans être aigri contre leurs auteurs, peut-être eût-il été plus équitable et plus naturel de remarquer que tous les chants de ce poème sont parfaitement distincts les uns des autres, et que le sujet en est absolument neuf dans toutes les langues, et principalement dans la nôtre.

Au reste, je ne suis pas étonné de la sévérité avec laquelle cet ouvrage a été traité par une partie de la société. On sait que les derniers ouvrages d'un auteur sont toujours l'objet de la critique ; mais, par une sorte de compensation, les premiers obtiennent alors un degré d'estime qu'on leur avait refusé à leur première apparition. Ce n'est point un effet de la justice ni de la bienveillance ; c'est la malveillance, au contraire, qui, des premiers ouvrages d'un écrivain, fait les accusateurs des derniers. Il semble que, dans l'empire des lettres, les premières productions naissent deshéritées, jusqu'à ce qu'un nouvel ouvrage leur ait rendu leur droit d'aînesse. Lorsque la traduction des *Géorgiques* parut, elle fut accueillie par une foule de critiques. La publication du poème des *Jardins* rendit à cet ouvrage une estime qu'on ne lui accordait que pour la refuser au poème qui le suivit. L'envie aime à trouver la dégénération et l'affaiblissement du talent dans les nouveaux écrits d'un auteur qui a quelque célébrité. *L'Homme des Champs*, à son tour, valut au poème qui l'avait précédé cette sorte d'indulgence malveillante. Lui-même a besoin d'être suivi d'un autre ouvrage condamné par sa nouveauté à réunir sur lui toute la sévérité des critiques.

On a souvent observé qu'un des grands malheurs de la littérature et de ceux qui la cultivent, c'est l'animosité qui marche toujours à leur suite. Ce qu'il y a de plus déplorable, c'est qu'on la rencontre le plus souvent dans ceux qui courent la même carrière. Malheur à ceux dont l'imagination peut descendre des objets les plus élevés aux tracas des petites passions indignes d'un homme de lettres ! Je crois voir ces mouches brillantes de toutes les couleurs de la lumière qui, après s'être jouées aux rayons du soleil, descendent dans la fange, et salissent elles-mêmes tout ce qu'elles touchent : l'abeille ne fait que de la cire et du miel et ne se repose que sur des fleurs.

Au reste, si l'on a pu diminuer le faible mérite de cet ouvrage, on n'a pu me priver du plaisir extrême que j'ai goûté en le composant. Mon imagination, entourée de tout ce que la nature a de plus doux, de plus brillant et de plus riche, s'est reposée avec délices sur les idées consolantes qu'elle inspire. Voilà la jouissance que tout le monde m'envie, et la seule qu'on ne puisse m'ôter.

On pardonnera cette justification de *l'Homme des Champs* au souvenir des ressources et des consolations que je lui ai dues dans l'adversité. La plupart des autres arts, qui se montrent comme un luxe et un amusement, se présentent dans un jour de malheur avec moins de décence. La poésie est amusante dans les temps de prospérité, vertueuse dans les temps de dépravation, et consolante dans les temps de tyrannie ; d'ailleurs, à ces époques malheureuses, des distractions ordinaires ne suffisent pas : il faut des occupations passionnées qui s'emparent fortement des facultés de l'esprit et de l'ame. La poésie a cet avantage ; elle a encore celui de s'élever par les charmes de l'imagination au-dessus des scènes de la vie ordinaire et du spectacle affligeant d'un siècle dépravé ; elle crée à son gré d'autres mondes, en choisit les habitants, et place cette population imaginaire, ces meilleurs mondes entre elle et le malheur et le crime ; surtout elle ramène ceux qui la cultivent dans la solitude et la retraite, les asiles les plus sûrs contre la tyrannie : c'est là seulement qu'on peut retenir quelques restes de liberté, et qu'on peut du moins espérer l'oubli. Ce moyen n'a pas toujours réussi : à l'époque horrible dont je parle, l'obscurité et la solitude elle-même avaient leurs dangers. Mais mon existence dépose en leur faveur ; et c'est aux délices inexprimables de la poésie que je dois le goût de la vie retirée à laquelle je suis tant redevable. Cet art charmant avait été mon amusement : il est devenu ma consolation et mon asile.

PRÉFACE.

Je ne puis finir ces observations sans remercier M. David [1], qui, sans avoir aucune liaison avec moi, m'a dédommagé de la sévérité des critiques par les réponses pleines de goût, d'esprit et d'élégance qu'il a bien voulu y faire. De nombreuses éditions sont venues à l'appui du jugement qu'il a porté de cet ouvrage, et cette réponse est d'un genre à ne pouvoir être réfutée. Je dois les mêmes remercîments à ceux qui, dans des vers charmants, ont exprimé tant d'indulgence pour mon ouvrage, et tant de bienveillance pour ma personne. C'est par le plus doux des sentiments, celui de la reconnaissance, qu'ils m'ont ramené, au moins en imagination, dans ma patrie, dont j'ai vivement senti les malheurs, et qui m'a laissé un profond souvenir de ses délices et de ses bienfaits [2].

[1] M. David avait imprimé, dans le *Moniteur* des années 1800 et 1801 plusieurs lettres apologétiques de *l'Homme des Champs* et des autres ouvrages de Delille.

[2] Delille écrivait ceci à Londres en 1801; il ne revint à Paris que l'année suivante.

LES JARDINS.

CHANT PREMIER.

Le doux printemps revient et ranime à la fois
Les oiseaux, les zéphyrs, et les fleurs, et ma voix.
Pour quel sujet nouveau dois-je monter ma lyre ?
Ah ! lorsque d'un long deuil la terre enfin respire ;
Dans les champs, dans les bois, sur les monts d'alentour,
Quand tout rit de bonheur, d'espérance et d'amour ;
Qu'un autre ouvre aux grands noms les fastes de la gloire,
Sur son char foudroyant qu'il place la victoire ;
Que la coupe d'Atrée ensanglante ses mains :
Flore a souri ; ma voix va chanter les jardins.
Je dirai comment l'art embellit les ombrages,
L'eau, les fleurs, les gazons et les rochers sauvages ;
Des sites, des aspects sait choisir la beauté,
Donne aux scènes la vie et la variété ;
Enfin l'adroit ciseau, la noble architecture,
Des chefs-d'œuvre de l'art vont parer la nature.
 Toi donc qui, mariant la grâce à la vigueur,
Sais du chant didactique animer la langueur,
O muse ! si jadis, dans les vers de Lucrèce,
Des austères leçons tu polis la rudesse ;
Si par toi, sans flétrir le langage des dieux,
Son rival a chanté le soc laborieux ;
Viens orner un sujet plus riche, plus fertile,
Dont le charme autrefois avait tenté Virgile !.
N'empruntons point ici d'ornement étranger ;
Viens, de mes propres fleurs mon front va s'ombrager
Et, comme un rayon pur colore un beau nuage,
Des couleurs du sujet je teindrai mon langage.
 L'art innocent et doux que célèbrent mes vers,
Remonte aux premiers jours de l'antique univers.

Dès que l'homme eut soumis les champs à la culture,
D'un heureux coin de terre il soigna la parure ;
Et plus près de ses yeux il rangea sous ses lois
Des arbres favoris et des fleurs de son choix.
Du simple Alcinoüs le zèle encor rustique ²
Décorait un verger. D'un art plus magnifique ³
Babylone éleva des jardins dans les airs.
Quand Rome au monde entier eut envoyé des fers ⁴,
Les vainqueurs, dans des parcs ornés par la victoire,
Allaient calmer leur foudre et reposer leur gloire.
La Sagesse autrefois habitait les jardins,
Et d'un air plus riant instruisait les humains.
Et quand les dieux offraient un Élysée aux sages,
Étaient-ce des palais ? c'étaient de verts bocages ;
C'étaient des prés fleuris, séjour des doux loisirs,
Où d'une longue paix ils goûtaient les plaisirs.

    Ouvrons donc, il est temps, ma carrière nouvelle,
Philippe m'encourage et mon sujet m'appelle ⁵.

    Pour embellir les champs, simples dans leurs attraits,
Gardez-vous d'insulter la nature à grands frais.
Ce noble emploi demande un artiste qui pense,
Prodigue de génie et non pas de dépense.
Moins pompeux qu'élégant, moins décoré que beau,
Un jardin, à mes yeux, est un vaste tableau.
Soyez peintre. Les champs, leurs nuances sans nombre,
Les jets de la lumière et les masses de l'ombre,
Les heures, les saisons variant tour à tour
Le cercle de l'année et le cercle du jour,
Et des prés émaillés les riches broderies,
Et des riants coteaux les vertes draperies,
Les arbres, les rochers, et les eaux et les fleurs,
Ce sont là vos pinceaux, vos toiles, vos couleurs :
La nature est à vous ; et votre main féconde
Dispose, pour créer, des éléments du monde.

    Mais avant de planter, avant que du terrain
Votre bêche imprudente ait entamé le sein,
Pour donner aux jardins une forme plus pure,
Observez, connaissez, imitez la nature.
N'avez-vous pas souvent, aux lieux infréquentés,
Rencontré tout à coup ces aspects enchantés

CHANT I.

Qui suspendent vos pas, dont l'image chérie
Vous jette en une douce et longue rêverie ?
Saisissez, s'il se peut, leurs traits les plus frappants,
Et des champs apprenez l'art de parer les champs.
    Voyez aussi les lieux qu'un goût savant décore :
Dans ces tableaux choisis vous choisirez encore.
Dans sa pompe élégante admirez Chantilli,
De héros en héros, d'âge en âge embelli.
Belœil, tout à la fois magnifique et champêtre [6],
Chantcloup, fier encor de l'exil de son maître,
Nous plairont tour à tour. Tel que ce frais bouton [7]
Timide avant-coureur de la belle saison,
L'aimable Tivoli d'une forme nouvelle
Fit le premier en France entrevoir le modèle.
Les Grâces en riant dessinèrent Montreuil [8].
Maupertuis, le Désert, Rincy, Limours, Auteuil [9],
Que dans vos frais sentiers doucement on s'égare !
L'ombre du grand Henri chérit encor Navarre.
Semblable à son auguste et jeune déité [10],
Trianon joint la grace avec la majesté.
Pour elle il s'embellit, et s'embellit par elle.
    Et toi, d'un prince aimable ô l'asile fidèle [11],
Dont le nom trop modeste est indigne de toi,
Lieu charmant ! offre-lui tout ce que je lui doi,
Un fortuné loisir, une douce retraite.
Bienfaiteur de mes vers, ainsi que du poète,
C'est lui qui, dans ce choix d'écrivains enchanteurs,
Dans ce jardin paré de poétiques fleurs,
Daigne accueillir ma muse. Ainsi du sein de l'herbe,
La violette croît auprès du lis superbe.
Compagnon inconnu de ces hommes fameux,
Ah ! si ma faible voix pouvait chanter comme eux,
Je peindrais tes jardins, le dieu qui les habite,
Les arts et l'amitié qu'il y mène à sa suite.
Beau lieu, fais son bonheur ! et moi, si quelque jour,
Grace à lui, j'embellis un champêtre séjour,
De mon illustre appui j'y placerai l'image.
De mes premières fleurs je lui promets l'hommage :
Pour elle je cultive et j'enlace en festons
Le myrte et le laurier, tous deux chers aux Bourbons ;

Et si l'ombre, la paix, la liberté m'inspire,
A l'auteur de ces dons je dévouerai ma lyre.
 Riche de ses forêts, de ses prés, de ses eaux,
Le Germain offre encor des modèles nouveaux.
Qui ne connaît Rhinsberg qu'un lac immense arrose,
Où se plaisent les arts, où la valeur repose ;
Potsdam, de la victoire héroïque séjour,
Potsdam qui, pacifique et guerrier tour à tour,
Par la paix et la guerre a pesé sur le monde ;
Bellevue où, sans bruit, roule aujourd'hui son onde.
Ce fleuve, dont l'orgueil aimait à marier
A ses tresses de jonc des festons de laurier ;
Gosow, fier de ses plans; Cassel, de ses cascades ;
Et du charmant Vorlitz les fraîches promenades ?
L'eau, la terre, les monts, les vallons et les bois,
Jamais d'aspects plus beaux n'ont présenté le choix.
 Dans les champs des Césars, la maîtresse du monde
Offre sous mille aspects sa ruine féconde :
Partout, entremêlés d'arbres pyramidaux,
Marbres, bronzes, palais, urnes, temples, tombeaux,
Parlent de Rome antique ; et la vue abusée
Croit, au lieu d'un jardin, parcourir un musée.
 L'Ibère avec orgueil, dans leur luxe royal,
Vante son Aranjuez, son vieil Escurial ;
Toi surtout, Ildefonse, et tes fraîches délices.
Là ne sont point ces eaux dont les sources factices,
Se fermant tout à coup, par leur morne repos
Attristent le bocage, et trompent les échos :
Sans cesse résonnant dans ces jardins superbes,
D'intarissables eaux, en colonnes, en gerbes,
S'élancent, fendent l'air de leurs rapides jets,
Et des monts paternels égalent les sommets ;
Lieu superbe où Philippe, avec magnificence,
Défiait son aïeul, et retraçait la France.
 Le Batave, à son tour, par un art courageux,
Sut changer en jardins son sol marécageux :
Mais dans le choix des fleurs une recherche vaine,
Des bocages couvrant une insipide plaine,
Sont leur seule parure ; et notre œil attristé
Y regrette des monts la sauvage âpreté :

Mais ses riches canaux et leur rive féconde,
De ses moulins dans l'air, de ses barques sur l'onde,
Des troupeaux dans ses prés les mobiles lointains,
Ses fermes, ses hameaux, voilà ses vrais jardins.
 Des arbres résineux la robuste verdure,
Les mousses, les lichens qui bravent la froidure,
Du Russe, presque seuls, parent le long hiver ;
Mais l'art subjugue tout : le feu, vainqueur de l'air,
De Flore dans ces lieux entretient la couronne,
Et Vulcain y présente un hospice à Pomone.
Par ses hardis travaux, tel le plus grand des czars
Sut chez un peuple inculte acclimater les arts.
Heureux, si des méchants l'absurde frénésie
Ne vient pas en poison changer leur ambroisie ;
Et si de Pierre un jour quelque heureux successeur,
Sans craindre leur danger sait goûter leur douceur !
 Le Chinois offre aux yeux des beautés pittoresques,
Des contrastes frappants, et quelquefois grotesques,
Ses temples, ses palais richement colorés,
Leurs murs de porcelaine, et leurs globes dorés.
 Vous dirai-je quel luxe, aux rives ottomanes,
Charme dans leurs jardins les beautés musulmanes ?
Là, les arts enchanteurs prodiguent les berceaux,
Le marbre des bassins, le murmure des eaux,
Les kiosks élégants, les fleurs toujours écloses ;
L'empire d'Orient est l'empire des roses.
 Sous un ciel moins heureux, le Sarmate, à son tour,
Présente aux yeux ravis plus d'un riant séjour.
Tel brille ce superbe et riche paysage
Qui fut de Radzivil l'ingénieux ouvrage :
Là, tout plaît à nos yeux, le coteau, le vallon,
Et la belle Arcadie a mérité son nom.
 Et pourrais-je oublier ta pompe enchanteresse,
Toi dans qui l'élégance est jointe à la richesse,
Fortuné Pulhavi, qui seul obtint des dieux
Les charmes que le ciel partage à d'autres lieux ?
Quel tableau ravissant présentent tes campagnes !
De quel cadre pompeux l'entourent ces montagnes
Où du grand Casimir, seul, sans garde et sans cour,
Le palais règne encor sur les champs d'alentour !

Détours mystérieux, magnifiques allées,
Bois charmants, verts coteaux, agréables vallées,
Les aspects étrangers, et tes propres trésors,
Tout enchante au dedans, tout invite au dehors.
Dirai-je les forêts dont tes monts se couronnent,
Ou ce chêne, géant des bois qui l'environnent,
Ou ce beau peuplier de qui l'énorme tronc,
Lorsque de cent hivers il a bravé l'affront,
Se festonnant de nœuds d'où sort un vert feuillage,
Semble orné par le temps et rajeuni par l'âge ?

   Pour mieux charmer les yeux, au pied de tes coteaux,
La Vistule pour toi roule ses vastes eaux ;
Pour toi son sein blanchit sous des barques agiles ;
Elle baigne tes bois, elle embrasse tes îles.
Quel plaisir, quand le soir jette ses derniers feux,
De voir peints à la fois dans ses flots radieux
Qu'un beau pourpre colore, et qu'un blanc pur argente,
Le soleil expirant et la lune naissante !
Là, d'un chemin public c'est l'aspect animé ;
Du plus loin qu'il te voit, le voyageur charmé
S'arrête, admire, et part emportant ton image ;
Le fleuve, le ruisseau, la forêt, le bocage,
Les arcs lointains des ponts, la flèche des clochers,
Me frappent tour à tour ; tes grottes, tes rochers,
Sont de vastes palais voûtés par la nature ;
D'autres, enfants de l'art, ont chacun leur parure.
Là, les fleurs, l'oranger, les myrtes toujours verts,
Jouissent du printemps et trompent les hivers ;
D'un portique pompeux leur abri se décore,
Et leur parfum trahit la retraite de Flore.

   Ailleurs, c'est un musée, asile studieux ;
Livres, bronzes, tableaux, là tout charme les yeux ;
Là, même après Mérope, Athalie et Zaïre,
Mes faibles vers peut-être obtiennent un sourire.

   Rome, Athène, en ces lieux quel art vous imita ?
Je reconnais de loin le temple de Vesta.
Voici la roche auguste où tonnait la Sibylle ;
Sa main n'y trace plus sur la feuille mobile
Ces arrêts fugitifs, tableaux de l'avenir ;
Ici, c'est le passé qui parle au souvenir.

CHANT I.

Ses nombreux monuments enrichissent l'histoire,
Et ce temple est pour nous le temple de mémoire :
J'y trouve le bon roi, l'usurpateur cruel,
Et les traits de Henri près de ceux de Cromwell ;
La chaîne de Stuart, ce livre d'Antoinette,
Par qui montait vers Dieu sa prière secrète.
Ah ! couple infortuné, sujet de tant de pleurs,
Vos noms seuls prononcés attendrissent les cœurs !
  Au sortir de ce temple, où revivent les âges,
Un autre va des lieux me montrer les images ;
Imagination, pouvoir que j'ai chanté,
Conduis-moi, porte-moi dans ce temple enchanté,
Où des murs byzantins, d'un temple où le druide
Souillait de sang humain son autel homicide,
D'un palais de l'Écosse, et d'un fort de Paris,
S'assemblent les fragments, l'un de l'autre surpris.
Rome, Rome elle-même, en ravages féconde,
Mêle ici sa ruine aux ruines du monde :
Un roc du Capitole y venge l'univers ;
Mais un temple est formé de ces débris divers ;
Il peint le monde entier, il orne le bocage,
Et le temps destructeur méconnaît son ouvrage.
  Au fond de ce bosquet, vers ce lieu retiré,
J'avance, et je découvre un débris plus sacré.
Venez ici, vous tous dont l'âme recueillie
Vit des tristes plaisirs de la mélancolie ;
Voyez ce mausolée, où le bouleau pliant,
Lugubre imitateur du saule d'Orient,
Avec ses longs rameaux, et sa feuille qui tombe,
Triste, et les bras pendants, vient pleurer sur la tombe.
  Et toi dont le génie orna ce lieu charmant,
Que ce lieu pour toi-même est un doux monument !
Il te vit, fille heureuse, adorer un bon père,
Te vit heureuse épouse, et bienheureuse mère.
Ta fille à ces beautés prête un charme nouveau :
Elle embellit les fleurs, le bosquet, le ruisseau,
Te rend plus chers les bois chéris de tes ancêtres.
Là, vos plus doux plaisirs sont des plaisirs champêtres ;
Là, communs sont vos vœux, votre bonheur commun ;
Vos parcs sont séparés, et vos cœurs ne sont qu'un.

Et moi, peintre des champs, moi qui ferai peut-être
Vivre ces beaux jardins que vos mains ont fait naître,
Mon nom du moins, mon nom habite donc ces lieux !
La pierre qui l'honore est donc chère à vos yeux !
Des groupes de bergers et des chœurs de bergères
Viennent donc quelquefois de leurs danses légères
Animer la prairie où gît modestement,
Au bord d'un clair ruisseau, mon humble monument !
Ah ! que ne peut ma voix s'y faire un jour entendre !
Mes chants vous rendraient grace ; et, pour une ame tendre,
Quels sons harmonieux, quels accords ravissants,
De la reconnaissance égalent les accents !
Entendez donc sa voix ; et que son doux langage
Pour moi soit un plaisir, et pour vous un hommage.

Enfin, je viens à toi, florissante Albion,
Au bel art des jardins instruite par Bacon ;
De Pope, de Milton, les chants le secondèrent ;
A leurs voix, des vieux parcs les terrasses tombèrent ;
Le niveau fut brisé, tout fut libre, et tes mains
Ont, comme tes cités, affranchi tes jardins.
Un goût plus pur orna, dessina les bocages.
Eh ! qui pourrait compter les parcs, les paysages,
Les sites enchanteurs qu'arrose, dans son cours,
Ce fleuve impérieux qui, dans ses longs détours,
Parmi des prés fleuris, des campagnes fécondes,
Marche vers l'Océan, en souverain des ondes,
Plus riche que l'Hermus, plus vaste que le Rhin,
Et dont l'urne orgueilleuse est l'urne du destin ?
Combien j'aime Parkplace, où content d'un bocage
L'ambassadeur des rois se plaît à vivre en sage ;
Leasowe, de Shenstone autrefois le séjour,
Où tout parle de vers, d'innocence et d'amour ;
Hagley, nous déployant son élégance agreste,
Et Pain'shill, si charmant dans sa beauté modeste,
Et Bowton et Foxly, que le bon goût planta,
Fier d'obéir lui-même aux lois qu'il nous dicta ;
Tous deux voisins, tous deux aimés des dieux champêtres
Et, malgré leur contraste, amis comme leurs maîtres !
Toi-même, viens enfin prendre place en mes chants,
Chiswick, plein des trésors de la ville et des champs ;

Soit que dans tes bosquets j'admire la nature,
Soit que ton élégante et noble architecture,
Dans ce beau pavillon, dont l'œil est amoureux,
Du grand Palladio m'offre l'ouvrage heureux ;
Soit que, dans ce salon où la toile respire,
La Flandre et l'Ausonie offrent à Devonshire
D'innombrables beautés, qu'efface un de ses traits.
Charmez donc ses loisirs, beaux lieux, asiles frais ;
Et, quand son goût vous prête une grace nouvelle,
Croissez, ombragez-vous, et fleurissez pour elle.

J'ai dit les lieux charmants que l'art peut imiter ;
Mais il est des écueils que l'art doit éviter.
L'esprit imitateur trop souvent nous abuse.
Ne prêtez point au sol des beautés qu'il refuse.
Avant tout, connaissez votre site ; et du lieu
Adorez le génie, et consultez le dieu.
Ses lois impunément ne sont pas offensées.
Cependant, moins hardi qu'étrange en ses pensées,
Tous les jours, dans les champs, un artiste sans goût
Change, mêle, déplace, et dénature tout ;
Et, par l'absurde choix des beautés qu'il allie,
Revient gâter en France un site d'Italie.

Ce que votre terrain adopte avec plaisir,
Sachez le reconnaître, osez vous en saisir.
C'est mieux que la nature, et cependant c'est elle ;
C'est un tableau parfait qui n'a point de modèle.
Ainsi savaient choisir les Berghems, les Poussins.
Voyez, étudiez leurs chefs-d'œuvre divins :
Et ce qu'à la campagne emprunta la peinture
Que l'art reconnaissant le rende à la nature.

Maintenant des terrains examinons le choix,
Et quels lieux se plairont à recevoir vos lois.
Il fut un temps funeste où, tourmentant la terre,
Aux sites les plus beaux l'art déclarait la guerre ;
Et comblant les vallons, et rasant les coteaux,
D'un sol heureux formait d'insipides plateaux.
Par un contraire abus, l'art, tyran des campagnes,
Aujourd'hui veut créer des vallons, des montagnes.
Évitez ces excès : vos soins infructueux
Vainement combattraient un terrain montueux ;

Et dans un sol égal un humble monticule
Veut être pittoresque et n'est que ridicule.
 Desirez-vous un lieu propice à vos travaux?
Loin des champs trop unis, des monts trop inégaux,
J'aimerais ces hauteurs où, sans orgueil, domine
Sur un riche vallon une belle colline.
Là, le terrain est doux sans insipidité,
Élevé sans roideur, sec sans aridité.
Vous marchez, l'horizon vous obéit : la terre
S'élève ou redescend, s'étend ou se resserre.
Vos sites, vos plaisirs, changent à chaque pas.
 Qu'un obscur arpenteur, armé de son compas,
Au fond d'un cabinet, d'un jardin symétrique
Confie au froid papier le plan géométrique :
Vous, venez sur les lieux. Là, le crayon en main,
Dessinez ces aspects, ces coteaux, ce lointain ;
Devinez les moyens, pressentez les obstacles :
C'est des difficultés que naissent les miracles.
Le sol le plus ingrat connaîtra la beauté.
Est-il nu ? que des bois parent sa nudité ;
Couvert ? portez la hache en ses forêts profondes ;
Humide ? en lacs pompeux, en rivières fécondes,
Changez cette onde impure ; et par d'heureux travaux
Corrigez à la fois l'air, la terre et les eaux :
Aride, enfin ? cherchez, sondez, fouillez encore ;
L'eau, lente à se trahir, peut-être est près d'éclore.
Ainsi, d'un long effort moi-même rebuté,
Quand j'ai d'un froid détail maudit l'aridité,
Soudain un trait heureux jaillit d'un fond stérile,
Et mon vers ranimé coule enfin plus facile.
 Il est des soins plus doux, un art plus enchanteur.
C'est peu de charmer l'œil, il faut parler au cœur.
Avez-vous donc connu ces rapports invisibles
Des corps inanimés et des êtres sensibles ?
Avez-vous entendu des eaux, des prés, des bois,
La muette éloquence et la secrète voix ?
Rendez-nous ces effets. Que du riant au sombre,
Du noble au gracieux, les passages sans nombre
M'intéressent toujours. Simple et grand, fort et doux,
Unissez tous les tons pour plaire à tous les goûts.

Là, que le peintre vienne enrichir sa palette ;
Que l'inspiration y trouble le poète ;
Que le sage du calme y goûte les douceurs ;
L'heureux, ses souvenirs ; le malheureux ses pleurs.
    Mais l'audace est commune, et le bon sens est rare.
Au lieu d'être piquant, souvent on est bizarre.
Gardez que, mal unis, ces effets différents
Ne forment qu'un chaos de traits incohérents.
Les contradictions ne sont pas des contrastes.
    D'ailleurs, à ces tableaux il faut des toiles vastes.
N'allez pas resserrer dans des cadres étroits
Des rivières, des lacs, des montagnes, des bois.
On rit de ces jardins, absurde parodie
Des traits que jette en grand la nature hardie ;
Où l'art, invraisemblable à la fois et grossier,
Enferme en un arpent un pays tout entier.
    Au lieu de cet amas, de ce confus mélange,
Variez ces sujets, ou que leur aspect change :
Rapprochés, éloignés, entrevus, découverts,
Qu'ils offrent tour à tour vingt spectacles divers :
Que de l'effet qui suit l'adroite incertitude
Laisse à l'œil curieux sa douce inquiétude ;
Qu'enfin les ornements avec goût soient placés,
Jamais trop imprévus, jamais trop annoncés.
    Surtout du mouvement : sans lui, sans sa magie,
L'esprit désoccupé retombe en léthargie ;
Sans lui, sur vos champs froids mon œil glisse au hasard.
Des grands peintres encor faut-il attester l'art ?
Voyez-les prodiguer de leur pinceau fertile
De mobiles objets sur la toile immobile,
L'onde qui fuit, le vent qui courbe les rameaux,
Les globes de fumée exhalés des hameaux,
Les troupeaux, les pasteurs, et leurs jeux et leur danse ;
Saisissez leur secret, plantez en abondance
Ces souples arbrisseaux, et ces arbres mouvants,
Dont la tête obéit à l'haleine des vents ;
Quels qu'ils soient, respectez leur flottante verdure,
Et défendez au fer d'outrager la nature.
    Voyez-la dessiner ces chênes, ces ormeaux ;
Voyez comment sa main, du tronc jusqu'aux rameaux,

Des rameaux au feuillage augmentant leur souplesse,
Des ondulations leur donna la mollesse.
Mais les ciseaux cruels... Prévenez ce forfait,
Nymphes des bois ! courez. Que dis-je? c'en est fait :
L'acier a retranché leur cime verdoyante !
Je n'entends plus au loin, sur leur tête ondoyante,
Le rapide Aquilon légèrement courir,
Frémir dans leurs rameaux, s'éloigner, et mourir :
Froids, monotones, morts, du fer qui les mutile
Ils semblent avoir pris la roideur immobile.

Vous donc, dans vos tableaux, amis du mouvement,
A vos arbres laissez leur doux balancement.
Qu'en mobiles objets la perspective abonde :
Faites courir, tomber et rejaillir cette onde.
Vous voyez ces vallons et ces coteaux déserts ;
Des différents troupeaux dans les sites divers,
Envoyez, répandez les peuplades nombreuses.
Là, du sommet lointain des roches buissonneuses,
Je vois la chèvre pendre ; ici de mille agneaux
L'écho porte les cris de coteaux en coteaux.
Dans ces prés abreuvés des eaux de la colline,
Couché sur ses genoux, le bœuf pesant rumine,
Tandis qu'impétueux, fier, inquiet, ardent,
Cet animal guerrier qu'enfanta le trident
Déploie, en se jouant dans un gras pâturage,
Sa vigueur indomptée et sa grace sauvage.
Que j'aime et sa souplesse et son port animé !
Soit que dans le courant du fleuve accoutumé
En frissonnant il plonge, et, luttant contre l'onde,
Batte du pied le flot qui blanchit et qui gronde ;
Soit qu'à travers les prés il s'échappe par bonds ;
Soit que, livrant aux vents ses longs crins vagabonds,
Superbe, l'œil en feu, les narines fumantes,
Beau d'orgueil et d'amour, il vole à ses amantes?
Quand je ne le vois plus, mon œil le suit encor.

Ainsi de la nature épuisant le trésor,
Le terrain, les aspects, les eaux et les ombrages
Donnent le mouvement, la vie aux paysages.

Voulez-vous mieux encor fixer l'œil enchanté ?
Joignez au mouvement un air de liberté ;

Et laissant des jardins la limite indécise,
Que l'artiste l'efface ou du moins la déguise.
Où l'œil n'espère plus, le charme disparaît.
Aux bornes d'un beau lieu nous touchons à regret :
Bientôt il nous ennuie, et même nous irrite :
Au delà de ces murs, importune limite,
On imagine encor de plus aimables lieux ;
Et l'esprit inquiet désenchante les yeux.

Quand, toujours guerroyant, vos gothiques ancêtres
Transformaient en champs clos leurs asiles champêtres,
Chacun dans son donjon, de murs environné,
Pour vivre sûrement vivait emprisonné.
Mais que fait aujourd'hui cette ennuyeuse enceinte
Que conserve l'orgueil et qu'inventa la crainte ?
A ces murs qui gênaient, attristaient les regards,
Le goût préférerait ces verdoyants remparts,
Ces murs tissus d'épine, où votre main tremblante
Cueille ou la rose inculte, ou la mûre sanglante.

Mais les jardins bornés m'importunent encor.
Loin de ce cercle étroit prenons enfin l'essor :
Vers un genre plus vaste et des formes plus belles,
Dont seul Ermenonville offre encor des modèles.
Les jardins appelaient les champs dans leur séjour ;
Les jardins dans les champs vont entrer à leur tour.

Du haut de ces coteaux, de ces monts d'où la vue
D'un vaste paysage embrasse l'étendue,
La nature au Génie a dit : « Écoute-moi :
Tu vois tous ces trésors ; ces trésors sont à toi.
Dans leur pompe sauvage et leur brute richesse,
Mes travaux imparfaits implorent ton adresse. »
Elle dit. Il s'élance. Il va de tous côtés
Fouiller dans cette masse où dorment cent beautés :
Des vallons aux coteaux, des bois à la prairie,
Il retouche en passant le tableau qui varie ;
Il fait, au gré des yeux, réunir, détacher,
Éclairer, rembrunir, découvrir ou cacher.
Il ne compose pas ; il corrige, il épure ;
Il achève les traits qu'ébaucha la nature.
Le front des noirs rochers a perdu sa terreur ;
La forêt égayée adoucit son horreur ;

Un ruisseau s'égarait, il dirige sa course ;
Il s'empare d'un lac, s'enrichit d'une source.
Il veut, et des sentiers courent de toutes parts
Chercher, saisir, lier tous ces membres épars,
Qui, surpris, enchantés du nœud qui les rassemble,
Forment de cent détails un magnifique ensemble.
 Ces grands travaux peut-être épouvantent votre art,
Rentrez dans nos vieux parcs, et voyez d'un regard
Ces riens dispendieux, ces recherches frivoles,
Ces treillages sculptés, ces bassins, ces rigoles.
Avec bien moins de frais qu'un art minutieux
N'orna ce seul réduit qui plaît un jour aux yeux,
Vous allez embellir un paysage immense.
Tombez devant cet art, fausse magnificence ;
Et qu'un jour transformée en un nouvel Éden,
La France à nos regards offre un vaste jardin.
 Dans mes leçons encor je voudrais vous apprendre
L'art d'avertir les yeux et l'art de les surprendre.
Mais avant de dicter des préceptes nouveaux,
Deux genres, dès long-temps ambitieux rivaux,
Se disputent nos vœux. L'un à nos yeux présente
D'un dessin régulier l'ordonnance imposante,
Prête aux champs des beautés qu'ils ne connaissaient pas,
D'une pompe étrangère embellit leurs appas,
Donne aux arbres des lois, aux ondes des entraves,
Et, despote orgueilleux, brille entouré d'esclaves ;
Son air est moins riant et plus majestueux.
L'autre, de la nature amant respectueux,
L'orne sans la farder, traite avec indulgence
Ses caprices charmants, sa noble négligence,
Sa marche irrégulière, et fait naître avec art
Des beautés du désordre et même du hasard.
 Chacun d'eux a ses droits ; n'excluons l'un ni l'autre,
Je ne décide point entre Kent et Le Nôtre [12].
L'un, content d'un verger, d'un bocage, d'un bois,
Dessine pour le sage et l'autre pour les rois.
Les rois sont condamnés à la magnificence :
On attend autour d'eux l'effort de la puissance ;
On y veut admirer, enivrer ses regards
Des prodiges du luxe et du faste des arts.

L'art peut donc subjuguer la nature rebelle ;
Mais c'est toujours en grand qu'il doit triompher d'elle.
Son éclat fait ses droits ; c'est un usurpateur
Qui doit obtenir grace à force de grandeur.
Loin donc ces froids jardins, colifichet champêtre,
Insipides réduits, dont l'insipide maître
Vous vante, en s'admirant, ses arbres bien peignés,
Ses petits salons verts, bien tondus, bien soignés ;
Son plan bien symétrique, où, jamais solitaire,
Chaque allée a sa sœur, chaque berceau son frère;
Ses sentiers ennuyés d'obéir au cordeau,
Son parterre brodé, son maigre filet d'eau,
Ses buis tournés en globe, en pyramide, en vase,
Et ses petits bergers bien guindés sur leur base.
Laissez-le s'applaudir de son luxe mesquin ;
Je préfère un champ brut à son triste jardin.
  Loin de ces vains apprêts, de ces petits prodiges,
Venez, suivez mon vol au pays des prestiges,
A ce pompeux Versaille, à ce riant Marly,
Que Louis, la nature et l'art ont embelli.
C'est là que tout est grand, que l'art n'est point timide ;
Là, tout est enchanté, c'est le palais d'Armide;
C'est le jardin d'Alcine, ou plutôt d'un héros
Noble dans sa retraite, et grand dans son repos ;
Qui cherche encore à vaincre, à dompter des obstacles,
Et ne marche jamais qu'entouré de miracles.
Voyez-vous et les eaux, et la terre, et les bois,
Subjugués à leur tour, obéir à ses lois ;
A ces douze palais d'élégante structure
Ces arbres marier leur verte architecture,
Ces bronzes respirer, ces fleuves suspendus,
En gros bouillons d'écume à grand bruit descendus,
Tomber, se prolonger dans des canaux superbes ;
Là s'épancher en nappe, ici monter en gerbes,
Et, dans l'air s'enflammant aux feux d'un soleil pur,
Pleuvoir en gouttes d'or, d'émeraude et d'azur ?
Si j'égare mes pas dans ces bocages sombres,
Des Faunes, des Sylvains en ont peuplé les ombres ;
Et Diane et Vénus enchantent ce beau lieu;
Tout bosquet est un temple, et tout marbre est un dieu.

Et Louis, respirant du fracas des conquêtes,
Semble avoir invité tout l'Olympe à ses fêtes.
C'est dans ces grands effets que l'art doit se montrer.
  Mais l'esprit aisément se lasse d'admirer.
J'applaudis l'orateur dont les nobles pensées
Roulent pompeusement, avec soin cadencées :
Mais ce plaisir est court. Je quitte l'orateur
Pour chercher un ami qui me parle du cœur [13].
Du marbre, de l'airain, qu'un vain luxe prodigue,
Des ornements de l'art, l'œil bientôt se fatigue ;
Mais les bois, mais les eaux, mais les ombrages frais,
Tout ce luxe innocent ne fatigue jamais.
Aimez donc des jardins la beauté naturelle :
Dieu lui-même aux mortels en traça le modèle.
Regardez dans Milton [14], quand ses puissantes mains
Préparent un asile au premier des humains,
Le voyez-vous tracer des routes régulières,
Contraindre dans leur cours des ondes prisonnières ?
Le voyez-vous parer d'étrangers ornements
L'enfance de la terre et son premier printemps ?
Sans contrainte, sans art, de ses douces prémices
La nature épuisa les plus pures délices.
Des plaines, des coteaux le mélange charmant,
Les ondes à leur choix errantes mollement,
Des sentiers sinueux les routes indécises,
Le désordre enchanteur, les piquantes surprises,
Des aspects où les yeux hésitaient à choisir,
Variaient, suspendaient, prolongeaient leur plaisir.
Sur l'émail velouté d'une fraîche verdure,
Mille arbres, de ces lieux ondoyante parure,
Charme de l'odorat, du goût et des regards,
Élégamment groupés, négligemment épars,
Se fuyaient, s'approchaient, quelquefois à leur vue
Ouvraient dans le lointain une scène imprévue ;
Ou, tombant jusqu'à terre, et recourbant leurs bras,
Venaient d'un doux obstacle embarrasser leurs pas ;
Ou pendaient sur leur tête en festons de verdure,
Et de fleurs, en passant, semaient leur chevelure.
Dirai-je ces forêts d'arbustes, d'arbrisseaux,
Entrelaçant en voûte, en alcôve, en berceaux,

Leurs bras voluptueux et leurs tiges fleuries ?
C'est là que, les yeux pleins de tendres rêveries,
Ève à son jeune époux abandonna sa main,
Et rougit comme l'aube aux portes du matin.
Tout les félicitait dans toute la nature ;
Le ciel par son éclat, l'onde par son murmure.
La terre en tressaillant ressentit leurs plaisirs ;
Zéphyre aux antres verts redisait leurs soupirs ;
Les arbres frémissaient, et la rose inclinée
Versait tous ses parfums sur le lit d'hyménée.
O bonheur ineffable ! ô fortunés époux !
Heureux dans ses jardins, heureux qui, comme vous,
Vivrait loin des tourments où l'orgueil est en proie,
Riche de fruits, de fleurs, d'innocence et de joie !
Ah ! si la paix des champs, si leurs heureux loisirs
N'étaient pas le plus pur, le plus doux des plaisirs,
D'où viendrait sur nos cœurs leur secrète puissance ?
Tout regrette ou chérit leur paisible innocence :
Le sage à son jardin destine ses vieux ans ;
Un grand fuit son palais pour sa maison des champs ;
Le poëte recherche un bosquet solitaire ;
A son triste bureau le marchand sédentaire,
Lassé de ses calculs, lassé de son comptoir,
D'avance se promet un champêtre manoir;
Rêve ses boulingrins, ses arbres, son bocage,
Et d'un verger futur se peint déjà l'image.
Que dis-je ? au doux repos invitant de grands cœurs,
Un jardin quelquefois fut le prix des vainqueurs.
Là, le terrible Mars, sans glaive, sans tonnerre,
Las de l'ensanglanter, fertilise la terre ;
Au lieu de ses soldats, il compte ses troupeaux ;
Au chêne du bocage il suspend ses drapeaux :
Sur ses foudres éteints je vois s'asseoir Pomone ;
Palès ceint en riant les lauriers de Bellone ;
Et l'airain, désormais fatal aux daims légers,
A rendu les échos aux chansons des bergers.
Tel est Bleinheim, Bleinheim la gloire de ses maîtres [15],
Plein des pompes de Mars et des pompes champêtres ;
En vain ce nom fameux atteste nos revers :
Monument d'un grand homme, il a droit à mes vers.

Si des arts créateurs j'y cherche les prodiges,
Partout l'œil est charmé de leurs brillants prestiges;
Et l'on doute, à l'aspect de ces nobles travaux,
Qui doit frapper le plus, du peuple ou du héros.
Si j'y viens des vieux temps retrouver la mémoire,
Je songe, ô Rosamonde, à ta touchante histoire [16];
De Rose, mieux que toi, qui mérita le nom?
En vain de la beauté le ciel t'avait fait don;
Tendre et fragile fleur, flétrie en ton jeune âge,
Tu ne vécus qu'un jour, ce fut un jour d'orage.
Dans ce nouveau dédale où te cacha Merlin,
Ta rivale en fureur pénètre, un fil en main ;
Et, livrant Rosamonde à sa rage inhumaine,
Ce qui servit l'amour fait triompher la haine.

Ah ! malheureux objet et de haine et d'amour,
Tu n'es plus ; mais ton ombre habite ce séjour :
Chacun vient t'y chercher de tous les coins du monde,
Chacun grossit de pleurs le puits de Rosamonde ;
Ton nom remplit encor le bosquet enchanté ;
Et, pour comble de gloire, Addison t'a chanté.

Mais ces tendres amours et ce récit antique,
Qu'ont-ils de comparable au vœu patriotique
Qui, gravé sur l'airain, par un don glorieux,
Acquitta de Malbrough les faits victorieux ?
Je ne décrirai point ce palais qui présente
La solide beauté de sa masse imposante,
Et promet de porter aux siècles à venir
D'un bienfait immortel l'immortel souvenir ;
Ni ces riches tapis, où combattent entre elles
La palme de Bleinheim et la palme d'Arbelles ;
Ni du triomphateur le bronze colossal,
Du prodige de Rhode audacieux rival ;
Ni ce pont, monument de tendresse et de gloire,
Que l'hyménée en deuil offrit à la victoire ;
Ce pont digne de Rome, et tel que dans son sein.
Aurait pu s'épancher l'urne immense du Rhin.

Ah ! dans cette héroïque et riante retraite,
O champs ! d'autres beautés frappent votre poëte.
Assez long-temps de l'art les fastueux apprêts,
Et le bronze immobile, et les marbres muets,

De tant d'autres vainqueurs furent le prix vulgaire,
Il faut d'autres honneurs à ce foudre de guerre:
Par un don plus nouveau, mais non moins solennel,
Grand comme ses desseins, et comme eux éternel,
La nature elle-même, avec magnificence,
Consacre le bienfait et la reconnaissance :
Dans un jardin superbe, à fêter un héros
Elle-même elle invite et la terre et les flots :
Pour chanter ses exploits les bois ont leurs Orphées;
Leur ombrage est son dais; leurs festons, ses trophées.
Le ciel à son triomphe enchaîne les saisons;
De leurs fruits tous les ans son char reçoit les dons;
Tous les ans de leurs fleurs les brillantes prémices
Reviennent de son front parer les cicatrices :
L'été conte à l'été, le printemps au printemps,
Sa journée immortelle et ses faits éclatants.
La veillée en redit l'histoire triomphante;
Le hameau les apprend, la bergère les chante ;
Point de terme au bienfait, un peuple généreux
Paiera le sang du père à ses derniers neveux ;
Et, sur eux étendant sa longue bienfaisance,
Comme le ciel punit, Albion récompense.
　　Ah! pour comble d'honneur, puisse un Spencer nouveau [17]
Par un chant de famille honorer son tombeau !
Malbrough ! Spencer ! l'honneur du moderne Élysée !
Malbrough en est l'Achille, et Spencer le Musée;
Mais, dans la douce paix des bois élysiens,
Malbrough, heureux Bleinheim, regrette encor les tiens ;
Tant ce prix glorieux fut cher à sa grande âme !
Vous donc, fiers de leurs noms, vous que leur gloire enflamme,
Vous serez dignes d'eux, vous serez les Spencers
Qui chérissent les arts et commandent aux mers :
Bienfaitrice sévère, Albion vous contemple ;
Salaire des vertus, Bleinheim en doit l'exemple :
Oui, s'il ne reproduit un exemple si beau,
Le temple de la gloire en devient le tombeau.
Mais que dis-je? aux talents, au vieil honneur fidèle,
Bleinheim au monde encore en offre le modèle;
L'immortelle Uranie en habite les tours ;
Là, de plus d'une étoile Herschell traça le cours,

Herschell, qui de Newton agrandit l'héritage.
Un jour peut-être, un jour, par un nouvel hommage,
Malbrough, astre nouveau, prendra sa place aux cieux ;
Herschell lui marquera son chemin radieux.
Jadis craint sur la terre, aujourd'hui sur les ondes,
Ses feux à vos vaisseaux montreront les deux mondes :
Mais quels lieux verront-ils, quel climat reculé,
Où du fameux Malbrough le nom n'ait pas volé,
Et ne se mêle pas, sur ces plages lointaines,
Aux grands noms des Condés, aux grands noms des Turennes?
 A ces noms mon cœur bat, des pleurs mouillent mes yeux :
O France ! ô doux pays, berceau de nos aïeux !
Si je puis t'oublier, si tu n'es pas sans cesse
Le sujet de mes chants, l'objet de ma tendresse,
Que de te voir jamais je perde le bonheur,
Que mon nom soit sans gloire, et mes chants sans honneur !
 Adieu, Bleinheim : Chambord à son tour me rappelle,
Chambord, qu'obtint, pour prix de sa palme immortelle,
Ce Saxon, ce héros adopté par mon roi,
Par qui Bleinheim peut-être envia Fontenoi.
Là ne s'élèvent point des tours si magnifiques,
D'aussi riches palais, d'aussi vastes portiques :
Mais sa gloire l'y suit ; mais à de feints combats
Lui-même, en se jouant, conduit ses vieux soldats.
Tels, au bord du Léthé, les héros du vieil âge,
De la guerre, dit-on, aiment toujours l'image ;
Et, dans ces lieux de paix trouvant les champs de Mars,
Dardent encor la lance, et font voler des chars.

CHANT SECOND.

Oh ! si j'avais ce luth dont le charme autrefois
Entraînait sur l'Hémus les rochers et les bois,
Je le ferais parler ; et sur les paysages
Les arbres tout à coup déploieraient leurs ombrages ;
Le chêne, le tilleul, le cèdre et l'oranger,
En cadence viendraient dans mes champs se ranger.

CHANT II.

Mais l'antique harmonie a perdu ses merveilles :
La lyre est sans pouvoir, les rochers sans oreilles ;
L'arbre reste immobile aux sons les plus flatteurs,
Et l'art et le travail sont les seuls enchanteurs.

 Apprenez donc de l'art quel soin et quelle adresse
Prête aux arbres divers la grace ou la richesse.

 Par ses fruits, par ses fleurs, par son beau vêtement,
L'arbre est de nos jardins le plus bel ornement :
Pour mieux plaire à nos yeux combien il prend de formes !
Là s'étendent ses bras pompeusement informes ;
Sa tige ailleurs s'élance avec légèreté.
Ici j'aime sa grace, et là sa majesté ;
Il tremble au moindre souffle, ou contre la tempête
Roidit son front noueux et sa robuste tête ;
Rude ou poli, baissant ou dressant ses rameaux,
Véritable Protéé entre les végétaux,
Il change incessamment, pour orner la nature,
Sa taille, sa couleur, ses fruits et sa verdure.

 Ces effets variés sont les trésors de l'art,
Que le goût lui défend d'employer au hasard.

 Des divers plants encor la forme et l'étendue
Sous des aspects divers viennent charmer la vue.
Tantôt un bois profond, sauvage, ténébreux,
Épanche une ombre immense ; et tantôt, moins nombreux,
Un plant d'arbres choisis forme un riant bocage :
Plus loin, distribués dans un frais paysage,
Des groupes élégants frappent l'œil enchanté :
Ailleurs, se confiant à sa propre beauté,
Un arbre seul se montre, et seul orne la terre.
Tels, si la paix des champs peut rappeler la guerre,
Une nombreuse armée étale à nos regards
Des bataillons épais, des pelotons épars ;
Et là, fier de sa force et de sa renommée,
Un héros seul avance, et vaut seul une armée.
Tous ces plants différents suivent diverses lois.

 Dans les jardins de l'art, notre luxe autrefois
Des arbres isolés dédaignait la parure :
Ils plaisent aujourd'hui dans ceux de la nature.
Par un caprice heureux, par de savants hasards,
Leurs plants désordonnés charmeront nos regards.

Qu'ils diffèrent d'aspect, de forme, de distance ;
Que toujours la grandeur, ou du moins l'élégance,
Distingue chaque tige, ou que l'arbre honteux
Se cache dans la foule et disparaisse aux yeux.
Mais lorsqu'un chêne antique, ou lorsqu'un vieil érable,
Patriarche des bois, lève un front vénérable,
Que toute sa tribu, se rangeant alentour,
S'écarte avec respect, et compose sa cour ;
Ainsi l'arbre isolé plaît aux champs qu'il décore.
Avec bien plus de choix et plus de goût encore
Les groupes offriront mille tableaux heureux.
D'arbres plus ou moins forts, et plus ou moins nombreux,
Formez leur masse épaisse, ou leurs touffes légères :
De loin l'œil aime à voir tout ce peuple de frères.
C'est par eux que l'on peut varier ses dessins,
Rapprocher, et tantôt repousser les lointains,
Réunir, séparer, et sur les paysages
Étendre ou replier le rideau des ombrages.

Vos groupes sont formés : il est temps que ma voix
A connaître un peu d'art accoutume les bois.

Bois augustes, salut ! Vos voûtes poétiques
N'entendent plus le barde et ses affreux cantiques ;
Un délire plus doux habite vos déserts ;
Et vos antres encor nous instruisent en vers.
Vous inspirez les miens, ombres majestueuses !
Souffrez donc qu'aujourd'hui mes mains respectueuses
Viennent vous embellir, mais sans vous profaner ;
C'est de vous que je veux apprendre à vous orner.

Les bois peuvent s'offrir sous des aspects sans nombre :
Ici, des troncs pressés rembruniront leur ombre ;
Là, de quelques rayons égayant ce séjour,
Formez un doux combat de la nuit et du jour ;
Plus loin, marquant le sol de leurs feuilles légères,
Quelques arbres épars joueront dans les clairières,
Et, flottant l'un vers l'autre, et n'osant se toucher,
Paraîtront à la fois se fuir et se chercher.
Ainsi, le bois par vous perd sa rudesse austère ;
Mais n'en détruisez pas le grave caractère :
De détails trop fréquents, d'objets minutieux,
N'allez pas découper son ensemble à nos yeux ;

Qu'il soit un, simple et grand, et que votre art lui laisse,
Avec toute sa pompe, un peu de sa rudesse.
Montrez ces troncs brisés ; je veux de noirs torrents
Dans les creux des ravins suivre les flots errants.
Du temps, des eaux, de l'air, n'effacez point la trace ;
De ces rochers pendants respectez la menace ;
Et qu'enfin dans ces lieux empreints de majesté
Tout respire une mâle et sauvage beauté.
   Mais tel est des humains l'instinct involontaire,
Le désert les effraie. En ce bois solitaire
Placez donc, s'il se peut, pour consoler le cœur,
L'asile du travail ou celui du malheur.
   Il est des temps affreux, où des champs de leurs pères [1]
Des proscrits sont jetés aux terres étrangères :
Ah ! plaignez leur destin, mais félicitez-vous ;
De vos riches tableaux le tableau le plus doux,
À ces infortunés vous le devrez peut-être !
Que dans l'immensité de votre enclos champêtre
Un coin leur soit gardé ; donnez à leurs débris,
Au fond de vos forêts, de tranquilles abris ;
A vos palais pompeux opposez leurs cabanes ;
Peuplés par eux, vos bois ne seront plus profanes,
Et leur touchant aspect consacrera ces lieux.
   Mais surtout, si l'exil de leur cloître pieux [2]
A banni ces reclus qui sous des lois austères
Dérobent aux humains leurs tourments volontaires,
Ces enfants de Bruno, ces enfants de Rancé,
Qui tous, morts au présent, expiant le passé,
Entre le repentir et la douce espérance,
Vers un monde à venir prennent leur vol immense,
Accueillez leur malheur, et que sous d'humbles toits,
Paisible colonie, ils habitent vos bois.
A peine on aura su le sort qui les exile,
Vos soins hospitaliers et leur modeste asile,
Des hameaux d'alentour femmes, enfants, vieillards,
Vers ces hôtes sacrés courront de toutes parts :
La richesse y viendra visiter l'indigence ;
L'orgueil, l'humilité ; le plaisir, la souffrance :
Vous-même, abandonnant pour leurs âpres forêts
Et vos salons dorés et vos ombrages frais,

Viendrez au milieu d'eux dans une paix profonde
Désenchanter vos cœurs des voluptés du monde ;
Loin de ce monde où règne un air contagieux,
Vous aimerez ce bois sombre et religieux,
Ses pâles habitants, leur rigide abstinence,
Leur saint recueillement, leur éternel silence,
Et, la bêche à la main, la pénitence en deuil
Anticipant la mort, et creusant son cercueil.
La terre sentira leur présence féconde :
Pour vous, pour vos moissons, vers le maître du monde
Ils lèveront leurs mains ; vous devrez à leurs vœux
Et les biens d'ici-bas, et les trésors des cieux ;
Et lorsqu'à la lueur des lampes sépulcrales,
De silences profonds coupés par intervalles,
Du sein de la forêt, leurs nocturnes concerts
En sons lents et plaintifs monteront dans les airs,
Peut-être à ces accents vous trouverez des charmes ;
Vous envierez leurs pleurs, vous y joindrez vos larmes ;
Et le corps sur la terre, et l'esprit dans le ciel,
Vos vœux iront ensemble aux pieds de l'Éternel.
Ainsi votre forêt prend un aspect moins rude ;
Vous charmez son effroi, peuplez sa solitude,
Animez son silence, et goûtez à la fois
Les charmes d'un bienfait et le charme des bois :
Mais sans nuire à sa pompe égayez sa tristesse.

Le bocage, moins fier, avec plus de mollesse
Déploie à nos regards des tableaux plus riants,
Veut un site agréable et des contours liants,
Fuit, revient, et s'égare en routes sinueuses,
Promène entre des fleurs des eaux voluptueuses ;
Et j'y crois voir encore, ivre d'un doux loisir,
Épicure dicter les leçons du plaisir.

Mais c'est peu qu'en leur sein les bois ou le bocage
Renferment leur richesse élégante ou sauvage ;
Dans l'art d'orner les champs, comme dans nos écrits,
A la variété le goût donne le prix :
Cette variété, séduisante déesse,
Qui, flattant de nos cœurs l'inconstante faiblesse,
Un prisme dans les mains, colore l'univers,
Et fait, d'un seul tableau, mille tableaux divers.

Dans vos heureux travaux rendez-lui donc hommage ;
Le chef-d'œuvre des dieux vous en offre l'image.
Regardez cette tête où la Divinité
Semble imprimer ses traits : quelle variété !
Des sentiments du cœur majestueux théâtre,
Le front s'épanouit en ovale d'albâtre,
Et, doublant son éclat par un contraste heureux,
S'entoure et s'embellit de l'ombre des cheveux :
L'œil ardent réunit des faisceaux de lumière ;
Deux noirs sourcils en arc protégent sa paupière ;
Et la lèvre, où s'empreint la rougeur du corail,
De la blancheur des dents relève encor l'émail ;
Le nez, dans sa longueur dessinant le visage,
Par une ligne droite avec art le partage,
Tandis que, déployant ses contours gracieux,
La joue au teint vermeil s'arrondit à nos yeux.
Voyez le pied, la main, dont la structure étale
De ses doigts variés la longueur inégale ;
Voilà votre modèle. Heureux imitateur,
Suivez dans ses dessins la main du Créateur ;
Et d'objets en objets promené dans l'espace,
Que l'œil toujours jouisse, et jamais ne se lasse.

N'allez donc pas, des bois symétrisant les bords,
D'un coup d'œil uniforme attrister les dehors.
Que vos murs de verdure et vos tristes charmilles
Ne cachent point aux yeux leurs nombreuses familles :
Je veux les voir ; je veux, dans ces bocages verts,
Sous leurs divers aspects voir ces arbres divers :
Les uns tout vigoureux et tout frais de jeunesse,
D'autres tout décrépits, tout noueux de vieillesse ;
Ceux-ci rampants, ceux-là, fiers tyrans des forêts,
Des tributs de la sève épuisant leurs sujets :
Vaste scène où des mœurs, de la vie et des âges,
L'esprit avec plaisir reconnaît les images.

Près de ces grands effets, que sont ces verts remparts
Dont la forme importune attriste les regards ?
Forme toujours la même, et jamais imprévue !
Riche variété, délices de la vue,
Accours ; viens rompre enfin l'insipide niveau,
Brise la triste équerre et l'ennuyeux cordeau :

Par un mélange heureux de golfes, de saillies,
Les lisières des bois veulent être embellies:
L'œil, qui des plants tracés par l'uniformité
Se fatigue et s'élance à leur extrémité,
Se plaît à parcourir, dans sa vaste étendue,
De ces bords ondoyants la forme inattendue ;
Il s'égare, il se joue en ces replis nombreux ;
Tour à tour il s'enfonce, il ressort avec eux ;
Sur les tableaux divers que leur chaîne compose
De distance en distance avec plaisir repose :
Le bois s'en agrandit, et, dans ses longs retours,
Varie à chaque pas son charme et ses détours.
Dessinez donc sa forme, et d'abord qu'on choisisse
Les arbres dont le goût prescrit le sacrifice.
Mais ne vous hâtez point ; condamnez à regret :
Avant d'exécuter un rigoureux arrêt,
Ah ! songez que du temps ils sont le lent ouvrage,
Que tout votre or ne peut racheter leur ombrage,
Que de leur frais abri vous goûtiez la douceur !
Quelquefois cependant un ingrat possesseur,
Sans besoin, sans remords, les livre à la cognée.
Renversés sur le sein de la terre indignée,
Ils meurent : de ces lieux s'exilent pour toujours
La douce rêverie et les discrets amours.
Ah ! par ces bois sacrés dont le feuillage sombre
Aux danses du hameau prêta souvent son ombre,
Par ces dômes touffus qui couvraient vos aïeux,
Profanes, respectez ces troncs religieux ;
Et, quand l'âge leur laisse une tige robuste,
Gardez-vous d'attenter à leur vieillesse auguste !
Trop tôt le jour viendra que ces bois languissants,
Pour céder leur empire à de plus jeunes plants,
Tomberont sous le fer, et de leur tête altière
Verront l'antique honneur flétri dans la poussière !
O Versailles ! ô regrets ! ô bosquets ravissants,
Chefs-d'œuvre d'un grand roi, de Le Nôtre et des ans !
La hache est à vos pieds, et votre heure est venue.
Ces arbres dont l'orgueil s'élançait dans la nue,
Frappés dans leur racine, et balançant dans l'air
Leurs superbes sommets ébranlés par le fer,

Tombent, et de leurs troncs jonchent au loin ces routes
Sur qui leurs bras pompeux s'arrondissaient en voûtes :
Ils sont détruits, ces bois dont le front glorieux
Ombrageait de Louis le front victorieux;
Ces bois où, célébrant de plus douces conquêtes,
Les arts voluptueux multipliaient les fêtes !
Amour, qu'est devenu cet asile enchanté
Qui vit de Montespan soupirer la fierté ?
Qu'est devenu l'ombrage où, si belle et si tendre,
A son amant, surpris et charmé de l'entendre,
La Vallière apprenait le secret de son cœur,
Et, sans se croire aimée, avouait son vainqueur ?
Tout périt, tout succombe : au bruit de ce ravage,
Voyez-vous point s'enfuir les hôtes du bocage ?
Tout ce peuple d'oiseaux, fiers d'habiter ces bois,
Qui chantaient leurs amours dans l'asile des rois,
S'exilent à regret de leurs berceaux antiques.
Ces dieux, dont le ciseau peupla ces verts portiques,
D'un voile de verdure autrefois habillés,
Tout honteux aujourd'hui de se voir dépouillés,
Pleurent leur doux ombrage ; et, redoutant la vue,
Vénus même une fois s'étonna d'être nue.

Croissez, hâtez votre ombre, et repeuplez ces champs,
Vous, jeunes arbrisseaux ; et vous, arbres mourants,
Consolez-vous ! témoins de la faiblesse humaine,
Vous avez vu périr et Corneille et Turenne :
Vous comptez cent printemps; hélas ! et nos beaux jours,
S'envolent les premiers, s'envolent pour toujours.

Mais, tandis que ma voix déplorait ces ravages,
Quel bruit vient consoler l'ami des vieux ombrages ?
Que béni soit ton art, toi qui dans leur langueur
Sus des plants décrépits ranimer la vigueur !
A peine un frais enduit couvre un bois sans écorce,
Le suc régénéré reprend toute sa force ;
Il court, il pousse en l'air de nouveaux rejetons ;
Rend aux bosquets leur ombre, au printemps ses festons :
Des arbres long-temps nus admirent leur parure ;
Leur front chauve a repris sa verte chevelure,
Et joint avec orgueil, grace à tes soins puissants,
Les charmes du jeune âge et l'honneur des vieux ans.

Heureux donc qui jouit d'un bois formé par l'âge !
Mais plus heureux celui qui créa son bocage,
Ces arbres, dont le temps prépare la beauté !
Il dit comme Cyrus : « C'est moi qui les plantai. »
De leur premier printemps il goûte les délices,
De leur premier bouton il bénit les prémices.
Ainsi naquit Pearfield, tel de ses bois nouveaux
Le feuillage naissant se pencha sur les eaux :
Telle, au sortir des mains dont est sorti le monde,
Jadis Ève se vit, et s'admira dans l'onde.
Le jeune plant courut ombrager les vallons,
Habiller les rochers, et flotter sur les monts ;
Et, fier de sa beauté, content de son ouvrage,
Son heureux créateur rêva sous son ombrage.
  Au lieu de vous traîner sur les dessins d'autrui,
Voulez-vous donc créer et jouir comme lui ?
Suspendez vos travaux impatients d'éclore ;
Méditez-les long-temps, méditez-les encore :
Tel qu'un peintre, arrêtant ses indiscrets pinceaux,
D'avance en sa pensée ébauche ses tableaux,
Ainsi de vos dessins méditez l'ordonnance.
Des sites, des aspects connaissez la puissance,
Et le charme des bois aux coteaux suspendus,
Et la pompe des bois dans la plaine étendus.
  Ainsi que les couleurs et les formes amies,
Connaissez les couleurs, les formes ennemies.
Le frêne aux longs rameaux dans les airs élancés
Repousserait le saule aux longs rameaux baissés ;
Le vert du peuplier combat celui du chêne :
Mais l'art industrieux peut adoucir leur haine ;
Et, de leur union médiateur heureux,
Un arbre mitoyen les concilie entre eux.
Ainsi, par une teinte avec art assortie,
Vernet de deux couleurs éteint l'antipathie.
  Tu connus ce secret, ô toi dont le coteau [3],
Dont la verte *Colline* offre un si doux tableau,
Qui, des bois par degrés nuançant la verdure,
Surpassas le Lorrain, et vainquis la nature.
Toi qui, de ce bel art nous enseignant les lois,
As donné le précepte et l'exemple à la fois,

Ah ! puisses-tu long-temps jouir de tes ouvrages,
Et garder dans ton cœur la paix de tes ombrages !
Je ne sais quel instinct me dit que quelque jour,
Entraîné malgré toi de tes champs à la cour,
Tes mains cultiveront une plante plus chère.
Puisse être cet enfant l'image de son père !
Et que jamais n'arrive à cette tendre fleur
Le souffle de la haine et le vent du malheur !
Achève cependant d'embellir tes bocages.
Et vous qu'il instruisit dans l'art des paysages,
Observez comme lui tous ces différents verts,
Plus sombres ou plus gais, plus foncés ou plus clairs.
Remarquez-les surtout lorsque la pâle automne,
Près de la voir flétrie, embellit sa couronne ;
Que de variété ! que de pompe et d'éclat !
Le pourpre, l'orangé, l'opale, l'incarnat,
De leurs riches couleurs étalent l'abondance.
Hélas ! tout cet éclat marque leur décadence.
Tel est le sort commun. Bientôt les aquilons
Des dépouilles des bois vont joncher les vallons ;
De moment en moment la feuille sur la terre
En tombant interrompt le rêveur solitaire.
Mais ces ruines même ont pour moi des attraits.
Là, si mon cœur nourrit quelques profonds regrets,
Si quelque souvenir vient rouvrir ma blessure,
J'aime à mêler mon deuil au deuil de la nature ;
De ces bois desséchés, de ces rameaux flétris,
Seul, errant, je me plais à fouler les débris.
Ils sont passés les jours d'ivresse et de folie :
Viens, je me livre à toi, tendre mélancolie ;
Viens, non le front chargé des nuages affreux
Dont marche enveloppé le chagrin ténébreux,
Mais l'œil demi-voilé, mais telle qu'en automne
A travers des vapeurs un jour plus doux rayonne ;
Viens, le regard pensif, le front calme, et les yeux
Tout prêts à s'humecter de pleurs délicieux.

Ainsi je nourrissais mes tristes rêveries,
Quand de mille arbrisseaux les familles fleuries
Tout à coup m'ont offert leur plant voluptueux.
Adieu, vastes forêts, cèdres majestueux,

Adieu, pompeux ormeaux, et vous, chênes augustes.
Moins fiers, plus élégants, ces modestes arbustes
M'appellent à leur tour. Venez, peuple enchanteur !
Vous êtes la nuance entre l'arbre et la fleur ;
De vos traits délicats venez orner la scène.
Oh ! que si, moins pressé du sujet qui m'entraîne,
Vers le but qui m'attend je ne hâtais mes pas,
Que j'aurais de plaisir à diriger vos bras !
Je vous reproduirais sous cent formes fécondes ;
Ma main sous vos berceaux ferait rouler les ondes ;
En dômes, en lambris, j'unirais vos rameaux ;
Mollement enlacés autour de ces ormeaux,
Vos bras serpenteraient sur leur robuste écorce,
Emblème de la grace unie avec la force :
Je fondrais vos couleurs, et du blanc le plus pur,
Du plus tendre incarnat jusqu'au plus sombre azur,
De l'œil rassasié variant les délices,
Vos panaches, vos fleurs, vos boules, vos calices,
A l'envi s'uniraient dans mes brillants travaux,
Et Van-Huysum lui-même envierait mes tableaux.

Pour vous à qui le ciel prodigua leur richesse,
Ménagez avec art leur pompe enchanteresse ;
Partagez aux saisons leurs brillantes faveurs ;
Que chacun apportant ses parfums, ses couleurs,
Reparaisse à son tour, et qu'au front de l'année
Sa guirlande de fleurs ne soit jamais fanée.
Ainsi votre jardin varie avec le temps :
Tout mois a ses bosquets, tout bosquet son printemps ;
Printemps bientôt flétri ! Toutefois votre adresse.
Peut consoler encor de sa courte richesse.
Que par des soins prudents tous ces arbres plantés,
Quand ils seront sans fleurs, ne soient pas sans beautés.
Ainsi l'adroite Églé, prolongeant son empire,
Au déclin des beaux ans sait encor nous séduire.

Le ciel même, malgré l'inclémence de l'air,
N'a pas de tous ses dons déshérité l'hiver.
Alors, des vents jaloux défiant les outrages,
Plusieurs arbres encor retiennent leurs feuillages.
Voyez l'if, et le lierre, et le pin résineux,
Le houx luisant armé de ses dards épineux,

Et du laurier divin l'immortelle verdure,
Dédommager la terre et venger la nature ;
Voyez leurs fruits de pourpre, et leurs glands de corail,
Au vert de leurs rameaux mêler un vif émail :
Au milieu des champs nus leur parure m'enchante,
Et, plus inespérée, en paraît plus touchante.
De vos jardins d'hiver qu'ils ornent le séjour ;
Là, vous venez saisir les rayons d'un beau jour ;
Là, l'oiseau, quand la terre ailleurs est dépouillée,
Vole, et s'égaie encor sous la verte feuillée,
Et, trompé par les lieux, ne connaît plus les temps,
Croit revoir les beaux jours, et chante le printemps.

Toutefois de vos plants quels que soient les prodiges,
L'habitude souvent en détruit les prestiges,
Et le triste dégoût les voit sans intérêt.
N'est-il pas des moyens dont le charme secret
Vous rende leur beauté toujours plus attachante ?

Oh ! combien des Lapons l'usage heureux m'enchante !
Qu'ils savent bien tromper leurs hivers rigoureux !
Nos superbes tilleuls, nos ormeaux vigoureux,
De ces champs ennemis redoutent la froidure ;
De quelques noirs sapins l'indigente verdure
Par intervalle à peine y perce les frimas :
Mais le moindre arbrisseau qu'épargnent ces climats,
Par des charmes plus doux, à leurs regards sait plaire ;
Planté pour un ami, pour un fils, pour un père,
Pour un hôte qui part emportant leurs regrets,
Il en reçoit le nom, le nom cher à jamais.

Vous dont un ciel plus pur éclaire la patrie,
Vous pouvez imiter cette heureuse industrie :
Elle animera tout ; vos arbres, vos bosquets
Dès-lors ne seront plus ni déserts, ni muets ;
Ils seront habités de souvenirs sans nombre,
Et vos amis absents embelliront leur ombre.

Qui vous empêche encor, quand les bontés des dieux
D'un enfant desiré comblent enfin vos vœux,
De consacrer ce jour par les tiges naissantes
D'un bocage, d'un bois ?... Mais, tandis que tu chantes,
Muse, quels cris dans l'air s'élancent à la fois ?
Il est né l'héritier du sceptre de nos rois !

Il est né ! Dans nos murs, dans nos champs, sur les ondes,
Nos foudres triomphants l'annoncent aux deux mondes.
Pour parer son berceau c'est trop peu que des fleurs ;
Apportez les lauriers, les palmes des vainqueurs.
Qu'à ses premiers regards brillent des jours de gloire,
Qu'il entende en naissant l'hymne de la victoire :
C'est la fête qu'on doit au pur sang des Bourbon.
 Et toi, par qui le ciel nous fit cet heureux don,
Toi qui, le plus beau nœud, la chaîne la plus chère
Des Germains, des Français, d'un époux et d'un frère,
Les unis, comme on voit de deux pompeux ormeaux
Une guirlande en fleurs enchaîner les rameaux ;
Sœur, mère, épouse auguste, enfin la destinée
Joint au deuil du trépas les fruits de l'hyménée ;
Et mêlant dans tes yeux les larmes et les ris,
Quand tu perds une mère, elle te donne un fils.
D'autres, dans les transports que ce beau jour inspire,
Animeront la toile, ou le marbre, ou la lyre ;
Moi, l'humble ami des champs, j'irai dans ce séjour
Où Flore et les Zéphyrs composent seuls ta cour,
J'irai dans Trianon : là, pour unique hommage,
Je consacre à ton fils des arbres de son âge,
Un bosquet de son nom. Ce simple monument,
Ces tiges, de tes bois le plus cher ornement,
Tes yeux les verront croître, et, croissant avec elles,
Ton fils viendra chercher leurs ombres fraternelles.
 Enfin vous jouissez ; et le cœur et les yeux
Chérissent de vos bois l'abri délicieux.
Au plaisir voulez-vous unir encor la gloire ?
Voulez-vous de votre art remporter la victoire ?
Déjà de nos jardins heureux décorateur,
Ajoutez à ces noms le nom de créateur.
Voyez comme en secret la nature fermente,
Quel besoin d'enfanter sans cesse la tourmente.
Et vous ne l'aidez pas ! Qui sait dans son trésor
Quels biens à l'industrie elle réserve encor ?
Comme l'art à son gré guide le cours de l'onde,
Il peut guider la sève ; à sa liqueur féconde
Montrez d'autres chemins, ouvrez d'autres canaux ;
Dans vos champs, enrichis par des hymens nouveaux,

Des sucs vierges encore essayez le mélange ;
De leurs dons mutuels favorisez l'échange.
Combien d'arbres, de fruits, de plantes et de fleurs,
Dont l'art changea le goût, le parfum, les couleurs !
La pêche a dû sa gloire à ces métamorphoses ;
D'un triple diadème ainsi brillent les roses ;
De son panache ainsi l'œillet s'enorgueillit.
Osez : Dieu fit le monde, et l'homme l'embellit.
Que si vous n'osez pas essayer ces conquêtes,
Combien sous d'autres cieux de richesses sont prêtes !
Usurpez ces trésors. Ainsi le fier Romain,
Et ravisseur plus juste, et vainqueur plus humain,
Conquit des fruits nouveaux, porta dans l'Ausonie
Le prunier de Damas, l'abricot d'Arménie,
Le poirier des Gaulois, tant d'autres fruits divers :
C'est ainsi qu'il fallait s'asservir l'univers.
Quand Lucullus vainqueur triomphait de l'Asie,
L'airain, le marbre et l'or frappaient Rome éblouie ;
Le sage, dans la foule, aimait à voir ses mains
Porter le cerisier en triomphe aux Romains.
Et ces mêmes Romains n'ont-ils pas vu nos pères,
En bataillons armés, sous des cieux plus prospères,
Aller chercher la vigne, et vouer à Bacchus
Leurs étendards rougis du nectar des vaincus ?
Du fruit de leurs exploits leurs troupes échauffées
Rapportaient, en chantant, ces précieux trophées :
Du pampre triomphal ils couronnaient leurs fronts ;
Le pampre sur leurs dards s'enlaçait en festons.
Tel revint sur son char le dieu vainqueur du Gange :
Les vallons, les coteaux célébraient la vendange ;
Et partout où coula le nectar enchanté
Coururent le plaisir, l'audace et la gaieté.
Enfants de ces Gaulois, imitons nos ancêtres ;
Disputons, enlevons ces dépouilles champêtres.
Voyez dans ces jardins, fiers de se voir soumis
A la main qui porta le sceptre de Thémis,
Le sang des Lamoignons, l'éloquent Malesherbes
Enrichir notre sol de cent tiges superbes,
Nourrissons inconnus de vingt climats divers,
De la cime des monts, de la rive des mers.

Je voyage, entouré de leur foule choisie,
D'Amérique en Europe, et d'Afrique en Asie :
Tous, parmi nos vieux plants charmés de se ranger,
Chérissent notre ciel ; et l'heureux étranger,
Des bords qu'il a quittés reconnaissant l'ombrage,
Doute de son exil, à leur touchante image,
Et d'un doux souvenir sent son cœur attendri.
  Je t'en prends à témoin, jeune Potaveri [1].
Des champs d'O-Taïti, si chers à ton enfance,
Où l'amour sans pudeur n'est pas sans innocence [5],
Ce sauvage ingénu, dans nos murs transporté,
Regrettait dans son cœur sa douce liberté,
Et son île riante, et ses plaisirs faciles.
Ébloui, mais lassé de l'éclat de nos villes,
Souvent il s'écriait : « Rendez-moi mes forêts. »
Un jour, dans ces jardins où Louis, à grands frais,
Des quatre points du monde en un seul lieu rassemble
Ces peuples végétaux surpris de croître ensemble,
Qui, changeant à la fois de saison et de lieu,
Viennent tous à l'envi rendre hommage à Jussieu,
L'Indien parcourait leurs tribus réunies,
Quand tout à coup, parmi ces vertes colonies,
Un arbre qu'il connut dès ses plus jeunes ans
Frappe ses yeux : soudain avec des cris perçants
Il s'élance, il l'embrasse, il le baigne de larmes,
Le couvre de baisers. Mille objets pleins de charmes,
Ces beaux champs, ce beau ciel, qui le virent heureux,
Le fleuve qu'il fendait de ses bras vigoureux,
La forêt dont ses traits perçaient l'hôte sauvage,
Ces bananiers chargés et de fruits et d'ombrage,
Et le toit paternel, et les bois d'alentour,
Ces bois qui répondaient à ses doux chants d'amour,
Il croit les voir encore, et son âme attendrie
Du moins pour un instant retrouva sa patrie.
  Quels que soient vos bosquets, vos bois et vos vergers,
Enfants de votre sol ou des champs étrangers,
L'art brillant des jardins, s'il veut long-temps nous plaire,
Exige encor de vous un soin plus nécessaire.
Quelquefois, en plantant, des artistes sans art
Entre eux et la campagne élèvent un rempart ;

Leurs arbres sont un voile, et non une parure :
Vous, sachez avec goût disposer leur verdure ;
Que vos arbres divers, adroitement plantés,
Des plus vastes lointains vous livrent les beautés ;
Par elles de vos parcs augmentez l'étendue,
Possédez par les yeux, jouissez par la vue.
Eh ! qui peut dédaigner ces aspects abondants
En tableaux variés, en heureux accidents !
Par eux l'œil est charmé, la campagne est vivante.
    Là, d'un chemin public c'est la scène mouvante ;
C'est le bœuf matinal que suit le soc tranchant ;
C'est le fier cavalier qui, distrait en marchant,
Du coursier, dont sa main abandonnait l'allure,
A l'aspect d'un passant relève l'encolure ;
C'est le piéton modeste, un bâton à la main,
A qui la rêverie abrége le chemin ;
C'est le pas grave et lent de la riche fermière ;
C'est le pas leste et vif de la jeune laitière,
Qui, l'habit retroussé, le corps droit, va trottant,
Son vase en équilibre, et chemine en chantant ;
C'est le lourd chariot, dont la marche bruyante
Fait crier le pavé sous sa charge pesante ;
Le char léger du fat, qui vole en un instant
De l'ennui qui le chasse à l'ennui qui l'attend.
    Regardez ce moulin, où tombent en cascades
Sur l'arbre de Cérès les ondes des naïades ;
Tandis qu'au gré d'Éole, un autre avec fracas
Tourne en cercles sans fin ses gigantesques bras.
    Plus loin, c'est un vieux bourg que des bois environnent.
Là, de leurs longs créneaux les cités se couronnent,
Et le clocher, où plane un coq audacieux,
Court en sommet aigu se perdre dans les cieux.
    Plus heureux, si de loin commande au paysage
Quelque temple fameux, monument du vieil âge,
Dont les royales tours se prolongent dans l'air,
Royaumont, Saint-Denis, ou le vieux Westminster
Où dorment confondus le guerrier, le poëte,
Les grands hommes d'état, et Chatham à leur tête ;
L'éloquent Westminster, où tout parle à l'orgueil
De grandeur, de néant, et de gloire, et de deuil.

Oublierai-je ce fleuve, et ses bords, et ses îles ?
Et si la vaste mer entoure vos asiles,
Quel tableau peut valoir son courroux, son repos,
Et ces vaisseaux lointains qui volent sur les flots ?
O Nice ! heureux séjour, montagnes renommées,
De lavande, de thym, de citron parfumées ;
Que de fois sous tes plants d'oliviers toujours verts,
Dont la pâleur s'unit au sombre azur des mers,
J'égarai mes regards sur ce théâtre immense !
Combien je jouissais ! soit que l'onde en silence
Mollement balancée, et roulant sans efforts,
D'une frange d'écume allât ceindre ses bords ;
Soit que son vaste sein se gonflât de colère ;
J'aimais à voir le flot, d'abord ride légère,
De loin blanchir, s'enfler, s'allonger et marcher,
Bondir tout écumant de rocher en rocher ;
Tantôt se déployer comme un serpent flexible,
Tantôt, tel qu'un tonnerre, avec un bruit horrible
Précipiter sa masse, et de ses tourbillons
Dans les rocs caverneux engloutir les bouillons.
Ce mouvement, ce bruit, cette mer turbulente
Roulant, montant, tombant en montagne écumante,
Enivraient mon esprit, mon oreille, mes yeux ;
Et le soir me trouvait immobile en ces lieux.
Donc, si ce grand spectacle entoure vos domaines,
Montrez, mais variez ces magnifiques scènes :
Ici, que la mer brille à travers les rameaux ;
Là, dans l'enfoncement de ces profonds berceaux,
Comme au bout d'un long tube, une voûte la montre,
Au détour d'un bosquet ici l'œil la rencontre,
La perd encore ; enfin la vue en liberté
Tout à coup la découvre en son immensité.
Sur ces aspects divers fixez l'œil qui s'égare ;
Mais, il faut l'avouer, c'est d'une main avare
Que les hommes, les arts, la nature et le temps,
Sèment autour de nous de riches accidents.
O plaines de la Grèce ! ô champs de l'Ausonie !
Lieux toujours inspirants, toujours chers au génie ;
Que de fois, arrêté dans un bel horizon,
Le peintre voit, s'enflamme, et saisit son crayon,

Dessine ces lointains, et ces mers, et ces îles,
Ces ports, ces monts brûlants et devenus fertiles ;
Des laves de ces monts encor tout menaçants,
Sur des palais détruits d'autres palais naissants,
Et, dans ce long tourment de la terre et de l'onde,
Un nouveau monde éclos des débris du vieux monde !

 Hélas ! je n'ai point vu ce séjour enchanté,
Ces beaux lieux où Virgile a tant de fois chanté ;
Mais j'en jure, et Virgile et ses accords sublimes,
J'irai ! de l'Apennin je franchirai les cimes ;
J'irai, plein de son nom, plein de ses vers sacrés,
Les lire aux mêmes lieux qui les ont inspirés.

 Vous, au lieu des beautés qu'étalent ces rivages,
N'avez-vous au dehors que de froids paysages ?
Formez-vous au dedans un asile enchanteur :
Tel le sage dans lui sait trouver son bonheur.
A vos scènes donnez l'air piquant du mystère ;
Que votre art les promette, et que l'œil les espère.
Promettre, c'est donner ; espérer, c'est jouir.

 D'un vain luxe non plus n'allez pas m'éblouir.
L'utile a sa beauté ; gardez-vous de l'exclure.
La richesse du luxe appauvrit la nature :
Ses plants infructueux un moment flattent l'œil ;
Mais Vertumne et Palès, exilés par l'orgueil,
Maudissent ces bosquets et ces fleurs inutiles,
De leur fécond domaine usurpateurs stériles ;
Bientôt le soc vengeur y revient sur leurs pas,
Et Cérès, en triomphe, a repris ses états.

 Plantez donc pour cueillir. Que la grappe pendante,
La pêche veloutée et la poire fondante,
Tapissant de vos murs l'insipide blancheur,
D'un suc délicieux vous offrent la fraîcheur ;
Que sur l'oignon du Nil, et sur la verte oseille,
En globes de rubis descende la groseille ;
Que l'arbre offre à vos mains la pomme au teint vermeil,
Et l'abricot doré par les feux du soleil.
A côté de vos fleurs aimez à voir éclore
Et le chou panaché que la pourpre colore,
Et les navets sucrés que Freneuse a nourris,
Pour qui mon dur censeur m'accusa de mépris.

Ma muse aux dieux des champs ne fit point cette injure :
Hôte aimable des bois, ami de la nature,
L'art des vers orne tout, et ne dédaigne rien ;
Tout plaît mis à sa place : aussi gardez-vous bien
D'imiter le faux goût qui mêle en son ouvrage
L'inculte, l'élégant, le peigné, le sauvage ;
Que tout soit près de vous, fraîcheur, grâces, attraits ;
Et qu'ailleurs, au hasard désordonnant ses traits,
La nature reprenne une marche plus fière.

Enfin, pour vous donner un conseil moins vulgaire,
Toujours l'art de planter ne dicte pas des lois
Pour les vergers du sage et les jardins des rois.
Il est des lieux publics où le peuple s'assemble,
Charmé de voir, d'errer, et de jouir ensemble ;
Tant l'instinct social, dans ses nobles desirs,
Veut, comme ses travaux, partager ses plaisirs !
Là, nos libres regards ne souffrent point d'obstacle :
Ils veulent embrasser tout ce riche spectacle,
Ces panaches flottants, ces perles, ces rubis,
L'orgueil de la coiffure, et l'éclat des habits ;
Ces voiles, ces tissus, ces étoffes brillantes,
Et leurs reflets changeants, et leurs pompes mouvantes.
Tels, si dans ces jardins où la fable autrefois
A caché des héros, des belles et des rois,
Dans la tige des lis, des œillets et des roses,
Les dieux mettaient un terme à leurs métamorphoses,
Tout à coup nous verrions, par un contraire effet,
S'animer, se mouvoir l'hyacinthe et l'œillet,
Le lis en blancs atours, la jonquille dorée,
Et la tulipe errante en robe bigarrée.
Tels nous plaisent ces lieux : aux champs Élysiens
Tel Paris réunit ses nombreux citoyens ;
Au retour du printemps, tels viennent se confondre
Au parc de Kensington les fiers enfants de Londre ;
Vaste et brillante scène où chacun est acteur,
Amusant, amusé, spectacle et spectateur.

Muse, quitte un instant les rives paternelles ;
Revole vers ces lieux que tu pris pour modèles :
Chante ce Kensington qui retrace à la fois
Et la main de Le Nôtre, et les parcs de nos rois,

Où dans toute sa pompe un grand peuple s'étale.
 A peine l'alouette, à la voix matinale,
A du printemps dans l'air gazouillé le retour,
Soudain, du long ennui de ce pompeux séjour
Où la vie est souffrante, où des foyers sans nombre,
Mêlant aux noirs brouillards leur vapeur lente et sombre,
Par ces canaux fumeux élancés dans les airs,
S'en vont noircir le ciel de la nuit des enfers,
Tout sort : de Kensington tout cherche la montagne ;
La splendeur de la ville étonne la campagne ;
Tout ce peuple paré, tout ce brillant concours,
Le luxe du commerce, et le faste des cours ;
Les harnois éclatants, ces coursiers dont l'audace
Du barbe généreux trahit la noble race,
Mouillant le frein d'écume, inquiets, haletants,
Pleins des feux du jeune âge et des feux du printemps ;
Le hardi cavalier qui, plus prompt que la foudre,
Part, vole et disparaît dans des torrents de poudre ;
Les rapides wiskis, les magnifiques chars ;
Ces essaims de beautés dont les groupes épars,
Tels que dans l'Élysée, à travers les bocages,
Des fantômes légers glissent sous les ombrages,
D'un long et blanc tissu rasent le vert gazon ;
L'enfant, emblème heureux de la jeune saison,
Qui, gai comme Zéphyre, et frais comme l'Aurore,
Des roses du printemps en jouant se colore ;
Le vieillard dont le cœur se sent épanouir,
Et d'un beau jour encor se hâte de jouir ;
La jeunesse en sa fleur, et la santé riante,
Et la convalescence à la marche tremblante,
Qui, pâle et faible encor, vient sous un ciel vermeil
Pour la première fois saluer le soleil.
Quel tableau varié ! Je vois sous ces ombrages
Tous les états unis, tous les rangs, tous les âges :
Ici marche, entouré d'un murmure d'amour,
Ou l'orateur célèbre, où le héros du jour :
Là, c'est le noble chef d'une illustre famille ;
Une mère superbe, et sa modeste fille,
Qui, mêlant à la grâce un trouble intéressant,
Semble rougir de plaire, et plaît en rougissant ;

Tandis que, tressaillant dans l'ame maternelle,
L'orgueil jouit tout bas d'être éclipsé par elle.
Plus loin, un digne Anglais, bon père, heureux époux,
Chargé de son enfant, et fier d'un poids si doux,
Le dispute aux baisers d'une mère chérie,
Et semble avec orgueil l'offrir à la patrie.
Voyez ce couple aimable enfoncé dans ces bois ;
Là, tous deux ont aimé pour la première fois,
Et se montrent la place où, dans son trouble extrême,
L'un d'eux, en palpitant, prononça : Je vous aime.
Là, deux bons vieux amis vont discourant entre eux ;
Ailleurs, un étourdi qu'emporte un char poudreux,
Jette, en courant, un mot que la rapide roue
Laisse bientôt loin d'elle, et dont Zéphyr se joue.
On se cherche, on se mêle, on se croise au hasard :
On s'envoie un salut, un sourire, un regard :
Cependant, à travers le tourbillon qui roule,
Plus d'un grave penseur, isolé dans la foule,
Va poursuivant son rêve ; ou peut-être un banni,
A l'aspect de ce peuple heureux et réuni,
Qu'un beau site, un beau jour, un beau spectacle attire,
Se souvient de Longchamps, se recueille, et soupire.

CHANT TROISIÈME.

Je chantais les jardins, les vergers et les bois,
Quand le cri de Bellone a retenti trois fois.
A ces cris, arrachés des foyers de leurs pères,
Nos guerriers ont volé sur des mers étrangères,
Et Mars a de Vénus déserté les bosquets.
Dieux des champs ! dieux amis de l'innocente paix,
Ne craignez rien : Louis, au lieu de vous détruire,
Veut sur des bords lointains étendre votre empire ;
Il veut qu'en liberté les heureux Pensylvains
Puissent cueillir les fruits qu'ont cultivés leurs mains.
Et vous, jeunes guerriers qu'admire un autre monde,
Je ne puis vers York, sur les gouffres de l'onde,

CHANT III.

Suivre votre valeur ; mais, pour votre retour,
Ma muse des jardins embellit le séjour.
Déjà j'ordonne aux fleurs de croître pour vos têtes ;
Pour vous de myrtes verts des couronnes sont prêtes.
Je prépare pour vous le murmure des eaux,
Les tapis des gazons, les abris des berceaux,
Où mollement assis, oubliant les alarmes,
Tranquilles, vous direz la gloire de nos armes,
Tandis qu'entre la crainte et l'espoir suspendus
Vos enfants frémiront d'un danger qui n'est plus.

Achevons cependant d'orner ces frais asiles.
Jadis dans nos jardins les sables infertiles,
Tristes, secs, et du jour réfléchissant les feux,
Importunaient les pieds et fatiguaient les yeux ;
Tout était nu, brûlant : mais enfin l'Angleterre
Nous apprit l'art d'orner et d'habiller la terre.
Soignez donc ces gazons déployés sur son sein :
Sans cesse l'arrosoir ou la faulx à la main,
Désaltérez leur soif, tondez leur chevelure ;
Que le roulant cylindre en foule la verdure ;
Que toujours bien choisis, bien unis, bien serrés,
De l'herbe usurpatrice avec soin délivrés,
Du plus tendre duvet ils gardent la finesse ;
Et quelquefois enfin réparez leur vieillesse.
Réservez toutefois aux lieux moins éloignés
Ce luxe de verdure et ces gazons soignés.
Du reste composez une riche pâture,
Et que vos seuls troupeaux en fassent la culture.
Ainsi vous formerez des nourrissons nombreux,
Des engrais pour vos champs, des tableaux pour vos yeux :
Ne rougissez donc point, quoique l'orgueil en gronde,
D'ouvrir vos parcs au bœuf, à la vache féconde,
Qui ne dégradent plus ni vos parcs, ni mes vers.

Sur le climat encor réglez vos plants divers.
N'allez pas des gazons prodiguer la parure
Aux lieux où la chaleur dévore la verdure ;
La terre s'en attriste, et de ces prés flétris
Les yeux avec regret parcourent les débris.
Ah ! quand le ciel brûlant sèche nos paysages,
Que ne puis-je, Albion, errer sur ces rivages

Où la beauté, foulant le tendre émail des fleurs,
Promène en paix ses yeux innocemment rêveurs !
Belle et fraîche Albion, fille aimable des ondes,
Qui nourris tes tapis de leurs vapeurs fécondes :
Là, même dans l'été, l'horizon le plus pur
D'un rideau nébuleux voile encor son azur ;
Par un soleil plus doux les plantes épargnées,
D'une pluie insensible en tout temps sont baignées ;
Sa secrète influence en nourrit la fraîcheur ;
L'herbe tendre y renaît sous la main du faucheur ;
Et l'Anglais sérieux, à son ciel chargé d'ombres,
Doit des gazons plus gais et des pensers plus sombres.
  Quel que soit le climat, dans vos jardins riants
C'est peu de déployer ces tapis verdoyants ;
Il en faut avec goût savoir choisir les formes.
Craignez pour eux l'ennui des cadres uniformes :
En d'insipides ronds, ou d'ennuyeux carrés,
Je ne veux point les voir tristement resserrés ;
Un air de liberté fait leur première grace :
Que tantôt dans les bois, dont l'ombre les embrasse,
D'un air mystérieux ils aillent se cacher,
Et que tantôt les bois les reviennent chercher.
Telle est d'un beau gazon la force simple et pure.
  Voulez-vous mieux l'orner ? Imitez la nature :
Elle émaille les prés des plus riches couleurs.
Hâtez-vous ; vos jardins vous demandent des fleurs.
Fleurs charmantes ! par vous la nature est plus belle ;
Dans ses brillants travaux l'art vous prend pour modèle ;
Simples tributs du cœur, vos dons sont chaque jour
Offerts par l'amitié, hasardés par l'amour ;
D'embellir la beauté vous obtenez la gloire ;
Le laurier vous permet de parer la victoire :
Plus d'un hameau vous donne en prix à la pudeur ;
L'autel même où de Dieu repose la grandeur
Se parfume au printemps de vos douces offrandes,
Et la Religion sourit à vos guirlandes.
Mais c'est dans nos jardins qu'est votre heureux séjour.
Filles de la rosée et de l'astre du jour,
Venez donc de nos champs décorer le théâtre.
  N'attendez pas pourtant qu'amateur idolâtre,

CHANT III.

Au lieu de vous jeter par touffes, par bouquets,
J'aille de lits en lits, de parquets en parquets;
De chaque fleur nouvelle attendre la naissance,
Observer ses couleurs, épier leur nuance.
Je sais que dans Harlem plus d'un triste amateur
Au fond de ses jardins s'enferme avec sa fleur,
Pour voir sa renoncule avant l'aube s'éveille,
D'une anémone unique adore la merveille,
Ou, d'un rival heureux enviant le secret,
Achète au poids de l'or les taches d'un œillet.
Laissez-lui sa manie et son amour bizarre ;
Qu'il possède en jaloux, et jouisse en avare.

Sans obéir aux lois d'un art capricieux,
Fleurs, parure des champs et délices des yeux,
De vos riches couleurs venez peindre la terre :
Venez ; mais n'allez pas dans les buis d'un parterre
Renfermer vos appas tristement relégués ;
Que vos heureux trésors soient partout prodigués.
Tantôt de ces tapis émaillez la verdure ;
Tantôt de ces sentiers égayez la bordure ;
Serpentez en guirlande ; entourez ces berceaux ;
En méandres brillants courez au bord des eaux,
Ou tapissez ces murs, où, dans cette corbeille,
Du choix de vos parfums embarrassez l'abeille.
Que Rapin, vous suivant dans toutes les saisons,
Décrive tous vos traits, rappelle tous vos noms ;
A de si longs détails le dieu du goût s'oppose.
Mais qui peut refuser un hommage à la rose,
La rose, dont Vénus compose ses bosquets ;
Le Printemps sa guirlande, et l'Amour ses bouquets ;
Qu'Anacréon chanta, qui formait avec grace
Dans les jours de festin la couronne d'Horace ;
La rose au doux parfum, de qui l'extrait divin,
Goutte à goutte versé par une avare main,
Parfume, en s'exhalant, tout un palais d'Asie,
Comme un doux souvenir remplit toute la vie ?
Mais ce riant sujet plaît trop à mes pinceaux,
Destinés à tracer de plus mâles tableaux.
Cette variété, charme de la nature,
Dont ma muse tantôt vous traçait la peinture,

Et dont elle dictait les charmantes leçons,
Pour un autre sujet demande d'autres tons.
　O vous, dont je foulais les pelouses fleuries,
Il faut donc vous quitter, agréables prairies :
Un site plus sévère appelle mes regards.
　Voyez de loin ces rocs confusément épars :
De nos jardins, voués à la monotonie,
Leur sublime âpreté jadis était bannie.
Depuis qu'enfin le peintre y prescrivant des lois
Sur l'arpenteur timide a repris tous ses droits,
Nos jardins plus hardis de ces effets s'emparent ;
Mais, de quelque beauté que ces masses les parent,
Si le sol n'offre point ces blocs majestueux,
De la nature en vain rival présomptueux,
L'art en voudrait tenter une infidèle image.
Du haut des vrais rochers, sa demeure sauvage²,
La nature se rit de ces rocs contrefaits,
D'un travail impuissant avortons imparfaits.
　Loin de ces froids essais qu'un vain effort étale,
Aux champs de Midleton, aux monts de Dovedale³,
Whateli, je te suis ; viens, j'y monte avec toi.
Que je m'y sens saisi d'un agréable effroi !
Tous ces rocs variant leurs gigantesques cimes,
Vers le ciel élancés, roulés dans des abîmes,
L'un par l'autre appuyés, l'un sur l'autre étendus.
Quelquefois dans les airs hardiment suspendus ;
Les uns taillés en tours, en arcades rustiques ;
Quelques-uns, à travers leurs noirâtres portiques,
Du ciel dans le lointain laissant percer l'azur ;
Des sources, des ruisseaux le cours brillant et pur,
Tout rappelle à l'esprit ces magiques retraites,
Ces romantiques lieux qu'ont chantés les poëtes.
Heureux si ces grands traits embellissent vos champs
　　Mais dans votre tableau leurs tons seraient tranchants
C'est là, c'est pour dompter leur inculte énergie,
Qu'il faut d'un enchanteur le charme et la magie.
Cet enchanteur, c'est l'art ; ses charmes sont les bois
Il parle ; les rochers s'ombragent à sa voix,
Et semblent s'applaudir de leur pompe étrangère
Quand vous ornez ainsi leur sécheresse austère,

Variez bien vos plants : offrez aux spectateurs
Des contrastes de tons, de formes, de couleurs ;
Que les plus beaux rochers sortent par intervalles.
N'interrompez-vous point ces masses trop égales ?
Cachez ou découvrez, variez à la fois
Les bois par les rochers, les rochers par les bois.

 N'avez-vous pas encor, pour former leur parure,
Des arbustes rampants l'errante chevelure ?
J'aime à voir ces rameaux, ces souples rejetons,
Sur leurs arides flancs serpenter en festons ;
J'aime à voir leurs fronts nus et leurs têtes sauvages
Se coiffer de verdure et s'entourer d'ombrages.
C'est peu : parmi ces rocs un vallon précieux,
Un terrain moins ingrat vient-il rire à vos yeux ?
Saisissez ce bienfait ; déployez à la vue
D'un sol favorisé la richesse imprévue.
C'est un contraste heureux ; c'est la stérilité
Qui cède un coin de terre à la fertilité.
Ainsi vous subjuguez leur âpre caractère.

 Non qu'il faille toujours les orner pour vous plaire :
Votre art, qui doit toujours en adoucir l'horreur,
Leur permet quelquefois d'inspirer la terreur.
Lui-même il les seconde. Au bord d'un précipice,
D'une simple cabane il pose l'édifice :
Le précipice encore en paraît agrandi.
Tantôt d'un roc à l'autre il jette un pont hardi.
A leur terrible aspect je tremble, et de leur cime
L'imagination me suspend sur l'abîme.
Je songe à tous ces bruits du peuple répétés,
De voyageurs perdus, d'amants précipités ;
Vieux récits qui, charmant la foule émerveillée,
Des crédules hameaux abrégent la veillée,
Et que l'effroi du lieu persuade un moment.
Mais de ces grands effets n'usez que sobrement ;
Notre cœur, dans les champs, à ces rudes secousses
Préfère un calme heureux, des émotions douces.
Moi-même, je le sens, de la cime des monts
J'ai besoin de descendre en mes riants vallons.
Je les ornai de fleurs, les couvris de bocages ;
Il est temps que des eaux roulent sous leurs ombrages.

Eh bien! si vos sommets, jadis tout dépouillés,
Sont, grace à mes leçons, richement habillés,
O rochers! ouvrez-moi vos sources souterraines ;
Et vous, fleuves, ruisseaux, beaux lacs, claires fontaines,
Venez, portez partout la vie et la fraîcheur.
Ah! qui peut remplacer votre aspect enchanteur?
De près il nous amuse, et de loin nous invite :
C'est le premier qu'on cherche, et le dernier qu'on quitte.
Vous fécondez les champs ; vous répétez les cieux ;
Vous enchantez l'oreille, et vous charmez les yeux.
Venez! puissent mes vers, en suivant votre course,
Couler plus abondants encor que votre source,
Plus légers que les vents qui courbent vos roseaux,
Doux comme votre bruit, et purs comme vos eaux!
   Et vous qui dirigez ces ondes bienfaitrices,
Respectez leurs penchants, et même leurs caprices.
Dans la facilité de ses libres détours
Voyez l'eau de ses bords embrasser les contours.
De quel droit osez-vous, captivant sa souplesse,
De ses plis sinueux contraindre la mollesse?
Que lui fait tout le marbre où vous l'emprisonnez?
Voyez-vous, les cheveux au vent abandonnés,
Sans gêne, sans apprêt, sans parure étrangère,
Marcher, courir, bondir la folâtre bergère?
Sa grace est dans l'aisance et dans la liberté.
Mais au fond d'un sérail contemplez la beauté :
En vain elle éblouit, vainement elle étale
De ses atours captifs la pompe orientale ;
Je ne sais quoi de triste, empreint dans tous ses traits,
Décèle la contrainte et flétrit ses attraits.
   Que l'eau conserve donc la liberté qu'elle aime,
Ou changez en beauté son esclavage même.
Ainsi, malgré Morel, dont l'éloquente voix
De la simple nature a su plaider les droits,
J'aime ces jeux où l'onde, en des canaux pressée,
Part, s'échappe et jaillit, avec force élancée.
A l'aspect de ces flots qu'un art audacieux
Fait sortir de la terre et lance jusqu'aux cieux,
L'homme se dit : « C'est moi qui créai ces prodiges. »
L'homme admire son art dans ces brillants prestiges :

Qu'ils soient donc déployés chez les grands et les rois.
Mais, je le dis encor, loin du luxe bourgeois
Dont le jet d'eau honteux, n'osant quitter la terre,
S'élève à peine, et meurt à deux pieds du parterre.
 C'est peu : tout doit répondre à ce riche ornement ;
Que tout prenne alentour un air d'enchantement.
Persuadez aux yeux que d'un coup de baguette
Une fée, en passant, s'est fait cette retraite.
Tel j'ai vu de Saint-Cloud le bocage enchanteur ;
L'œil de son jet hardi mesure la hauteur ;
Aux eaux qui sur les eaux retombent et bondissent,
Les bassins, les bosquets, les grottes applaudissent ;
Le gazon est plus vert, l'air plus frais ; des oiseaux
Le chant s'anime au bruit de la chute des eaux ;
Et les bois, inclinant leurs têtes arrosées,
Semblent s'épanouir à ces douces rosées.
 Plus simple, plus champêtre, et non moins belle aux yeux,
La cascade ornera de plus sauvages lieux.
De près est admirée, et de loin entendue,
Cette eau toujours tombante et toujours suspendue ;
Variée, imposante, elle anime à la fois
Les rochers, et la terre, et les eaux, et les bois.
Employez donc cet art ; mais loin l'architecture
De ces tristes gradins, où, tombant en mesure,
D'un mouvement égal les flots précipités
Jusque dans leur fureur marchent à pas comptés !
La variété seule a le droit de vous plaire.
 La cascade d'ailleurs a plus d'un caractère.
Il faut choisir. Tantôt d'un cours tumultueux
L'eau, se précipitant dans son lit tortueux,
Court, tombe et rejaillit, retombe, écume et gronde :
Tantôt avec lenteur développant son onde,
Sans colère, sans bruit, un ruisseau doux et pur
S'épanche, se déploie en un voile d'azur.
L'œil aime à contempler ces frais amphithéâtres,
Et l'or des feux du jour sur les nappes bleuâtres,
Et le noir des rochers, et le vert des roseaux,
Et l'éclat argenté de l'écume des eaux.
 Consultez donc l'effet que votre art veut produire ;
Et ces flots, toujours prompts à se laisser conduire,

I. 6

Vont vous offrir, plus lents ou plus impétueux,
Des tableaux gais ou fiers, grands ou voluptueux.
Tableaux toujours puissants! Eh! qui n'a pas de l'onde
Éprouvé sur son cœur l'impression profonde?
Toujours, soit qu'un courant vif et précipité
Sur des cailloux bondisse avec agilité,
Soit que sur le limon une rivière lente
Déroule en paix les plis de son onde indolente,
Soit qu'à travers les rocs un torrent en courroux
Se brise avec fracas ; triste ou gai, vif ou doux,
Leur cours excite, apaise, ou menace, ou caresse.
De Vénus, nous dit-on, l'écharpe enchanteresse
Renfermait les amours et les tendres désirs,
Et la joie, et l'espoir précurseur des plaisirs.
Les eaux sont ta ceinture, ô divine Cybèle !
Non moins impérieuse, elle renferme en elle
La gaieté, la tristesse, et le trouble, et l'effroi.
Eh ! qui l'a mieux connu, l'a mieux senti que moi ?
Souvent, je m'en souviens, lorsque les chagrins sombres,
Que de la nuit encore avaient noircis les ombres,
Accablaient ma pensée et flétrissaient mes sens,
Si d'un ruisseau voisin j'entendais les accents,
J'allais; je visitais ses consolantes ondes ;
Le murmure, le frais de ses eaux vagabondes
Suspendaient mes chagrins, endormaient ma douleur,
Et la sérénité renaissait dans mon cœur.
Tant du doux bruit des eaux l'influence est puissante!
 Pour prix de ce bienfait, toi dont le cours m'enchante,
Ruisseau, permets que l'art, sans trop t'enorgueillir,
T'embellisse à nos yeux, si l'art peut t'embellir.

 Un ruisseau siérait mal dans une vaste plaine ;
Son lit n'y tracerait qu'une ligne incertaine :
Modestes, au grand jour se montrant à regret,
Ses flots veulent baigner un bocage secret ;
Son cours orne les bois, les bois sont ses délices :
Là, je puis à loisir suivre tous ses caprices,
Son embarras charmant, sa pente, ses replis,
Le courroux de ses flots par l'obstacle embellis.
Tantôt dans un lit creux, qu'un noir taillis ombrage,
Cachant son onde agreste et sa course sauvage ;

Tantôt à plein canal présentant son miroir,
Je le vois sans l'entendre, ou l'entends sans le voir.
Là, ses flots amoureux vont embrasser des îles ;
Plus loin, il se sépare en deux ruisseaux agiles,
Qui, se suivant l'un l'autre avec rapidité,
Disputent de vitesse et de limpidité ;
Puis, rejoignant tous deux le lit qui les rassemble,
Murmurent enchantés de voyager ensemble.
Ainsi, toujours errant de détour en détour,
Muet, bruyant, paisible, inquiet tour à tour,
Sous mille aspects divers son cours se renouvelle.
 Mais vers ses bords riants la rivière m'appelle.
Dans un champ plus ouvert, noble et pompeux tableau,
Son onde, moins modeste, en larges nappes d'eau
Roule, des feux du jour au loin étincelante.
Elle laisse au ruisseau sa gaieté pétulante,
Et son inquiétude, et ses plis tortueux ;
Son lit, en longs courants, des vallons sinueux
Suivra les doux contours et la molle courbure.
 Si le ruisseau des bois emprunte sa parure,
La rivière aime aussi que des arbres divers,
Les pâles peupliers, les saules demi-verts,
Ornent souvent son cours. Quelle source féconde
De scènes, d'accidents ! Là, j'aime à voir dans l'onde
Se renverser leur cime, et leurs feuillages verts
Trembler du mouvement et des eaux et des airs.
Ici, le flot bruni fuit sous leur voûte obscure ;
Là, le jour par filets pénètre leur verdure ;
Tantôt dans le courant ils trempent leurs rameaux,
Et tantôt leur racine embarrasse les flots.
Souvent, d'un bord à l'autre étendant leur feuillage,
Ils semblent s'élancer et changer de rivage.
Ainsi l'arbre et les eaux se prêtent leurs secours :
L'onde rajeunit l'arbre, et l'arbre orne son cours ;
Et tous deux, s'alliant sous des formes sans nombre,
Font un échange aimable et de fraîcheur et d'ombre.
Sachez donc les unir ; ou si, dans de beaux lieux,
La nature sans vous fit cet hymen heureux,
Respectez-la. Malheur à qui ferait mieux qu'elle !
Tel est, cher Watelet [1], mon cœur me le rappelle,

Tel est le simple asile où, suspendant son cours,
Pure comme tes mœurs, libre comme tes jours,
En canaux ombragés la Seine se partage,
Et visite en secret la retraite d'un sage.
Ton art la seconda ; non cet art imposteur,
Des lieux qu'il croit orner hardi profanateur ;
Digne de voir, d'aimer, de sentir la nature,
Tu traitas sa beauté comme une vierge pure
Qui rougit d'être nue, et craint les ornements :
Je crois voir le faux goût gâter ces lieux charmants.
Ce moulin, dont le bruit nourrit la rêverie,
N'est qu'un son importun, qu'une meule qui crie ;
On l'écarte. Ces bords doucement contournés,
Par le fleuve lui-même en roulant façonnés,
S'alignent tristement. Au lieu de la verdure
Qui renferme le fleuve en sa molle ceinture,
L'eau dans des quais de pierre accuse sa prison ;
Le marbre fastueux outrage le gazon,
Et des arbres tondus la famille captive
Sur ces saules vieillis ose usurper la rive.
Barbares, arrêtez, et respectez ces lieux !
Et vous, fleuve charmant, vous, bois délicieux,
Si j'ai peint vos beautés, si, dès mon premier âge,
Je me plus à chanter les prés, l'onde et l'ombrage,
Beaux lieux, offrez long-temps à votre possesseur
L'image de la paix qui règne dans son cœur !

Au défaut des courants formés par la nature,
L'art pourra vous prêter son heureuse imposture,
Sans doute ; mais cet art veut un œil exercé.
Que les flots bien conduits, que leur cours bien tracé
M'offrent de la rivière un portrait véritable ;
Son lit, ses eaux, ses bords, que tout soit vraisemblable.
De ta rivière ainsi le cours fut façonné,
O toi, d'un couple auguste asile fortuné,
Délicieux Oatlands ! ta plus riche parure [5],
Ce n'est point ton palais, tes fleurs et ta verdure,
Ni tes vastes lointains, ni cet antre charmant
Qui d'une nuit arabe offre l'enchantement ;
Mais ces superbes eaux qu'en un fleuve factice
Le goût fit serpenter avec tant d'artifice :

L'œil charmé s'y méprend : dans ces nombreux détours
De la Tamise encore il croit suivre le cours ;
Et, par l'illusion d'une savante optique
Qui confond les lointains dans sa vapeur magique,
D'un vieux pont suspendu sur ce fleuve royal
Montre de loin la voûte embrassant ton canal :
Tant l'art a de pouvoir, et tant la perspective
Qui prête à vos tableaux sa beauté fugitive,
Par sa douce féerie et ses charmes secrets,
Colorant, approchant, éloignant les objets,
De son brillant prestige embellit les campagnes,
Comble ici les vallons, là baisse les montagnes,
Déguise les objets, les distances, les lieux,
Et, pour les mieux charmer, en impose à nos yeux !
 Autant que la rivière, en sa molle souplesse,
D'un rivage anguleux redoute la rudesse ;
Autant les bords aigus, les longs enfoncements,
Sont d'un lac étendu les plus beaux ornements.
Que la terre tantôt s'avance au sein des ondes,
Tantôt qu'elle ouvre aux flots des retraites profondes ;
Et qu'ainsi, s'appelant d'un mutuel amour,
Et la terre et les eaux se cherchent tour à tour.
Ces aspects variés amusent votre vue.
 L'œil aime dans un lac une vaste étendue :
Cependant offrez-lui quelques points de repos.
Si vous n'interrompez l'immensité des flots,
Mes yeux sans intérêt glissent sur leur surface.
Ainsi, pour abréger leur insipide espace,
Ou qu'un frais bâtiment, des chaleurs respecté,
Se présente de loin dans les flots répété ;
Ou bien faites éclore une île de verdure :
Les îles sont des eaux la plus riche parure.
Ou relevez leurs bords, ou qu'en bouquets épars
Des masses d'arbres verts arrêtent vos regards.
Par un contraire effet, si vous voulez l'étendre,
Aux bords trop exhaussés ordonnez de descendre ;
Ou reculez vos bois, ou commandez que l'eau
Se perde en un bosquet, tourne au pied d'un coteau.
A travers ces rideaux où l'eau fuit et se plonge,
L'imagination la suit et la prolonge.

Ainsi votre œil jouit de ce qu'il ne voit pas ;
Ainsi le goût savant prête à tout des appas,
Et des objets qu'il crée, et de ceux qu'il imite,
Resserre, étend, découvre, ou cache la limite.
 Du frais miroir des eaux, de leurs nombreux reflets
Sachez aussi connaître et saisir les effets.
Quelle que soit leur forme, étang, lac, ou rivière,
Qu'il soit pour vos bosquets un centre de lumière,
Un foyer éclatant d'où les rayons du jour
Pénètrent doucement dans les bois d'alentour,
Et de l'onde au bocage, et du bocage à l'onde,
Promènent en jouant leur lueur vagabonde ;
L'œil aime à voir glisser à travers les rameaux
Et leur clarté tremblante et leurs jours inégaux :
Là leur teinte est plus claire, ici plus rembrunie,
Et de leurs doux combats résulte l'harmonie.
 Or, maintenant que l'art dans ses jardins pompeux
Insulte à mes travaux, dans mes jardins heureux
Partout respire un air de liberté, de joie :
La pelouse riante à son gré se déploie ;
Les bois indépendants relèvent leurs rameaux,
Les fleurs bravent l'équerre, et l'arbre les ciseaux ;
L'onde chérit ses bords ; la terre, sa parure :
Tout est beau, simple et grand ; c'est l'art de la nature.
 Que dis-je ? vos travaux sont encore imparfaits ;
Ces étangs sont déserts, et ces lacs sont muets.
Eh bien ! pour animer leur surface immobile,
L'art vous présente encor plus d'un moyen utile.
Pourquoi sur ces flots morts ne déployez-vous pas
Le flottant appareil des rames et des mâts ?
Leur aspect vous amuse, et des barques légères
Votre œil de loin poursuit les traces passagères ;
Zéphyre de la toile enfle les plis mouvants,
Et chaque banderole est le jouet des vents.
Faites plus ; que la tanche, et la perche, et l'anguille,
Y propagent en paix leur nombreuse famille.
Donnez-leur quelques soins ; que, docile à vos lois,
Leur troupe familière accoure à votre voix.
Joignez-y ces oiseaux qui d'une rame agile,
Navigateurs ailés, fendent l'onde docile ;

A leur tête s'avance, et nage avec fierté,
Le cygne au cou superbe, au plumage argenté,
Le cygne, à qui l'erreur prêta des chants aimables,
Et qui n'eut pas besoin du mensonge des fables :
A sa suite un essaim de ces oiseaux rameurs,
Tous différents de voix, de plumage, de mœurs,
Fend les eaux, bat les airs de ses ailes bruyantes :
Tout jouit, tout s'anime, et les eaux sont vivantes.
Et si des faits anciens, des traits miraculeux,
Des amours, des combats, ou vrais ou fabuleux,
Créés par les romans, ou vivants dans l'histoire,
D'un ruisseau, d'une source ont consacré la gloire ;
De leur antique honneur ces flots enorgueillis
Par d'heureux souvenirs sont assez embellis.
Quel cœur sans être ému trouverait Aréthuse,
Alphée, ou le Lignon ; toi surtout, toi, Vaucluse,
Vaucluse, heureux séjour, que sans enchantement
Ne peut voir nul poëte, et surtout nul amant ?
Dans ce cercle de monts qui, recourbant leur chaîne,
Nourrissent de leurs eaux ta source souterraine,
Sous la roche voûtée, antre mystérieux,
Où ta nymphe, échappant aux regards curieux,
Dans un gouffre sans fond cache sa source obscure,
Combien j'aimais à voir ton eau, qui, toujours pure,
Tantôt dans son bassin renferme ses trésors,
Tantôt en bouillonnant s'élève, et de ses bords
Versant parmi des rocs ses vagues blanchissantes,
De cascade en cascade au loin rejaillissantes,
Tombe et roule à grand bruit ; puis, calmant son courroux,
Sur un lit plus égal répand des flots plus doux,
Et, sous un ciel d'azur, coule, arrose et féconde
Le plus riant vallon qu'éclaire l'œil du monde !
Mais ces eaux, ce beau ciel, ce vallon enchanteur,
Moins que Pétrarque et Laure intéressaient mon cœur.
La voilà donc, disais-je, oui, voilà cette rive
Que Pétrarque charmait de sa lyre plaintive !
Ici Pétrarque, à Laure exprimant son amour,
Voyait naître trop tard, mourir trop tôt le jour :
Retrouverai-je encor, sur ces rocs solitaires,
De leurs chiffres unis les tendres caractères ?

Une grotte écartée avait frappé mes yeux :
Grotte sombre, dis-moi si tu les vis heureux !
M'écriais-je. Un vieux tronc bordait-il le rivage ?
Laure avait reposé sous son antique ombrage :
Je redemandais Laure à l'écho du vallon ;
Et l'écho n'avait point oublié ce doux nom.
Partout mes yeux cherchaient, voyaient Pétrarque et Laure,
Et par eux ces beaux lieux s'embellissaient encore.
Ah ! si dans vos travaux est toujours respecté
Le lieu par un grand homme autrefois habité,
Combien doit l'être un sol embelli par lui-même !
Dans ces sites fameux c'est leur maître qu'on aime.
Eh ! qui du Tusculum de l'orateur romain,
Du Tivoli si cher au Pindare latin,
Aurait osé changer la forme antique et pure ?
Tout ornement l'altère, et l'art lui fait injure.
Loin donc l'audacieux qui, pour le corriger,
Profane un lieu célèbre en voulant le changer !
Le grand homme au tombeau se plaint de cet outrage,
Et les ans seuls ont droit d'embellir son ouvrage.
Gardez donc d'attenter à ces lieux révérés :
Leurs débris sont divins, leurs défauts sont sacrés.
Conservez leurs enclos, leurs jardins, leurs murailles :
Tel on laisse sa rouille au bronze des médailles ;
Tel j'ai vu ce Twickenham, dont Pope est créateur [6] ;
Le goût le défendit d'un art profanateur ;
Et ses maîtres nouveaux, révérant sa mémoire,
Dans l'œuvre de ses mains ont respecté sa gloire.
Ciel ! avec quel transport j'ai visité ce lieu
Dont Mindipe est le maître, et dont Pope est le dieu !
Le plus humble réduit avait pour moi des charmes.
Le voilà, ce musée où, l'œil trempé de larmes,
De la tendre Héloïse il soupirait le nom ;
Là, sa muse évoquait Achille, Agamemnon,
Célébrait Dieu, le monde, et ses lois éternelles ;
Ou les règles du goût, ou les cheveux des belles.
Je reconnais l'alcôve où, jusqu'à son réveil,
Les doux rêves du sage amusaient son sommeil ;
Voici le bois secret, voici l'obscure allée
Où s'échauffait sa verve en beaux vers exhalée.

Approchez, contemplez ce monument pieux
Où pleurait en silence un fils religieux :
Là repose sa mère, et des touffes plus sombres
Sur ce saint mausolée ont répandu leurs ombres ;
Là, du Parnasse anglais le chantre favori
Se fit porter mourant sous son bosquet chéri ;
Et son œil, que déjà couvrait l'ombre éternelle,
Vint saluer encor la tombe maternelle.
Salut, saule fameux que ses mains ont planté !
Hélas ! tes vieux rameaux dans leur caducité
En vain sur leurs appuis reposent leur vieillesse,
Un jour tu périras ; ses vers vivront sans cesse.
Console-toi pourtant : celui qui, dans ses vers,
D'Homère le premier fit ouïr les concerts,
Bienfaiteur des jardins ainsi que du langage,
Le premier sur les eaux suspendit ton ombrage :
A peine le passant voit ce tronc respecté,
La rame est suspendue, et l'esquif arrêté ;
Et même, en s'éloignant, vers ce lieu qu'il adore
Ses regards prolongés se retournent encore.
Mon sort est plus heureux ; par un secret amour,
Près de ces bois sacrés j'ai fixé mon séjour.
Eh ! comment résister au charme qui m'entraîne ?
Par plus d'un doux rapport mon penchant m'y ramène.
Le chantre d'Ilion fut embelli par toi ;
Virgile, moins heureux, fut imité par moi.
Comme toi, je chéris ma noble indépendance ;
Comme toi, des forêts je cherche le silence.
Aussi, dans ces bosquets par ta muse habités,
Viennent errer souvent mes regards enchantés :
J'y crois entendre encor ta voix mélodieuse ;
J'interroge tes bois, ta grotte harmonieuse ;
Je plonge sous sa voûte avec un saint effroi,
Et viens lui demander des vers dignes de toi.
Protége donc ma muse ; et si ma main fidèle
Jadis à nos Français te montra pour modèle,
Inspire encor mes chants ; c'est toi dont le flambeau
Guida l'art des jardins dans un chemin nouveau :
Ma voix t'en fait hommage, et, dans ce lieu champêtre,
Je viens t'offrir les fleurs que toi-même as fait naître.

CHANT QUATRIÈME.

Non, je ne puis quitter le spectacle des champs.
Eh ! qui dédaignerait ce sujet de mes chants ?
Il inspirait Virgile, il séduisait Homère.
Homère, qui d'Achille a chanté la colère,
Qui nous peint la Terreur attelant ses coursiers,
Le vol sifflant des dards, le choc des boucliers,
Le trident de Neptune ébranlant les murailles,
Se plaît à rappeler, au milieu des batailles,
Les bois, les prés, les champs ; et de ces frais tableaux
Les riantes couleurs délassent ses pinceaux :
Et lorsque pour Achille il prépare des armes,
S'il y grave d'abord les siéges, les alarmes,
Le vainqueur tout poudreux, le vaincu tout sanglant,
Sa main trace bientôt, d'un burin consolant,
La vigne, les troupeaux, les bois, les pâturages :
Le héros se revêt de ces douces images,
Part, et porte à travers les affreux bataillons
L'innocente vendange et les riches moissons.
Chantre divin, je laisse à tes muses altières
Le soin de diriger ces phalanges guerrières :
Diriger les jardins est mon paisible emploi.
Déjà le sol docile a reconnu ma loi ;
Des gazons l'ont couvert ; et, de sa main vermeille,
Flore sur leur tapis a versé sa corbeille ;
Des bois ont couronné les rochers et les eaux.
Maintenant, pour jouir de ces brillants tableaux,
Dans ces champs découverts, sous ces obscures voûtes,
D'agréables sentiers vont me frayer des routes.
Des scènes à ma voix naîtront de toutes parts ;
Pour les orner enfin j'y conduirai les arts ;
Et le ciseau divin, la noble architecture,
Vont de ces lieux charmants achever la parure.

Les sentiers, de nos pas guides ingénieux,
Doivent, en les montrant, nous embellir ces lieux.
Dans vos jardins naissants je défends qu'on les trace.
Dans vos plants achevés l'œil choisit mieux leur place :

Vers les plus beaux aspects sachez les diriger ;
Voyez, lorsque vous-même aux yeux de l'étranger
Vous montrez vos travaux, votre art avec adresse
Va chercher ce qui plaît, évite ce qui blesse,
Lui découvre en passant des sites enchantés,
Lui réserve au retour de nouvelles beautés,
De surprise en surprise et l'amuse et l'entraîne,
D'une scène qui fuit fait naître une autre scène ;
Et toujours remplissant ou piquant son désir,
Souvent, pour l'augmenter, diffère son plaisir.
Eh bien ! que vos sentiers vous imitent vous-même.
  Dans leurs formes encor fuyez tout vain système,
Enfant du mauvais goût, par la mode adopté.
La mode règne aux champs, ainsi qu'à la cité.
Quand de leur symétrique et pompeuse ordonnance
Les jardins d'Italie eurent charmé la France,
Tout de cet art brillant fut prompt à s'éblouir :
Pas un arbre au cordeau n'osa désobéir ;
Tout s'aligna. Partout, en deux rangs étalées,
S'allongèrent sans fin d'éternelles allées.
Autre temps, autre goût. Enfin le parc anglais
D'une beauté plus libre avertit le Français ;
Dès lors on ne vit plus que lignes ondoyantes,
Que sentiers tortueux, que routes tournoyantes.
Lassé d'errer, en vain le terme est devant moi ;
Il faut encore errer, serpenter malgré soi,
Et, maudissant vingt fois votre importune adresse,
Suivre sans cesse un but qui recule sans cesse.
Évitez ces excès ; tout excès dure peu.
De ces sentiers divers chaque genre a son lieu ;
L'un conduit aux aspects dont la grandeur frappante
De loin fixe mes yeux et nourrit mon attente ;
L'autre m'égarera dans ces réduits secrets
Qu'un art mystérieux semble voiler exprès :
Mais rendez naturel ce dédale factice ;
Qu'il ait l'air du besoin, et non pas du caprice ;
Que divers accidents rencontrés dans son cours,
Les bois, les eaux, le sol, commandent ces détours.
Dans leur forme j'exige une heureuse souplesse ;
Des longs alignements si je hais la tristesse,

Je hais bien plus encor le cours embarrassé
D'un sentier qui, pareil à ce serpent blessé,
En replis convulsifs sans cesse s'entrelace,
De détours redoublés m'inquiète, me lasse,
Et sans variété, brusque et capricieux,
Tourmente et le terrain, et mes pas, et mes yeux.

Il est des plis heureux, des courbes naturelles,
Dont les champs quelquefois vous offrent des modèles;
La route de ces chars, la trace des troupeaux
Qui d'un pas négligent regagnent les hameaux,
La bergère indolente, et qui, dans les prairies,
Semble suivre au hasard ses tendres rêveries,
Vous enseignent ces plis mollement onduleux.
Loin donc de vos sentiers les contours anguleux;
Surtout, quand vers le but un long détour nous mène,
Songez que le plaisir doit racheter la peine.

Des poëtes fameux osez imiter l'art :
Si leur muse en marchant se permet un écart,
Ce détour me rit plus que le chemin lui-même;
C'est Nisus défendant Euryale qu'il aime,
C'est au tombeau d'Hector son Andromaque en pleurs :
Qu'ainsi votre art m'égare en de douces erreurs.
Des plus riants objets égayez le passage,
Et qu'au terme arrivés, votre art nous dédommage
Par d'aimables aspects, de riches ornements,
De ce vivant poëme épisodes charmants.

Ici, vous m'offrirez des antres verts et sombres,
Qu'habitent la fraîcheur, le silence et les ombres;
L'imagination y devance les yeux :
Plus loin, c'est un beau lac qui réfléchit les cieux;
Tantôt, dans le lointain, confuse et fugitive,
Se déploie une immense et noble perspective;
Quelquefois un bosquet riant, mais recueilli,
Par la nature et vous richement embelli,
Plein d'ombres et de fleurs, et d'un luxe champêtre,
Semble dire : « Arrêtez ! où pouvez-vous mieux être ? »
Soudain la scène change ; au lieu de la gaieté,
C'est la mélancolie et la tranquillité ;
C'est le calme imposant des lieux où sont nourries
La méditation, les longues rêveries.

Là, l'homme avec son cœur revient s'entretenir,
Médite le présent, plonge dans l'avenir,
Songe aux biens, songe aux maux épars dans sa carrière ;
Quelquefois, rejetant ses regards en arrière,
Se plaît à distinguer, dans le cercle des jours,
Ce peu d'instants, hélas ! et si chers et si courts,
Ces fleurs dans un désert, ces temps où le ramène
Le regret du bonheur, et même de la peine.
   Craignez donc d'imiter ces froids décorateurs
Qui ne veulent jamais que des objets flatteurs ;
Jamais rien de hardi dans leurs froids paysages,
Partout de frais berceaux et d'élégants bocages,
Toujours des fleurs, toujours des festons ; c'est toujours
Ou le temple de Flore, ou celui des Amours :
Leur gaieté monotone à la fin m'importune.
Mais vous, osez sortir de la route commune ;
Inventez, hasardez des contrastes heureux :
Des effets opposés peuvent s'aider entre eux.
Imitez le Poussin : aux fêtes bocagères[1]
Il nous peint les bergers et les jeunes bergères,
Les bras entrelacés, dansant sous des ormeaux,
Et près d'eux une tombe où sont écrits ces mots :
Et moi, je fus aussi pasteur dans l'Arcadie.
Ce tableau des plaisirs, du néant de la vie,
Semble dire : « Mortels, hâtez-vous de jouir ;
» Jeux, danses et bergers, tout va s'évanouir. »
Et, dans l'âme attendrie, à la vive allégresse
Succède par degrés une douce tristesse.
   Imitez ces effets ; en de riants tableaux
Ne craignez point d'offrir des urnes, des tombeaux,
D'offrir de vos douleurs le monument fidèle.
Eh ! qui n'a pas pleuré quelque perte cruelle ?
Loin d'un monde léger, venez donc à vos pleurs ;
Venez associer les bois, les eaux, les fleurs.
Tout devient un ami pour les âmes sensibles :
Déjà, pour l'embrasser de leurs ombres paisibles,
Se penchent sur la tombe, objet de vos regrets,
L'if, le sombre sapin, et toi, triste cyprès :
Fidèle ami des morts, protecteur de leur cendre,
Ta tige, chère au cœur mélancolique et tendre,

Laisse la joie au myrte, et la gloire au laurier;
Tu n'es point l'arbre heureux de l'amant, du guerrier,
Je le sais; mais ton deuil compatit à nos peines.
  Dans tous ces monuments point de recherches vaines.
Pouvez-vous allier, dans ces objets touchants,
L'art avec la douleur, le luxe avec les champs?
Surtout ne feignez rien. Loin ce cercueil factice,
Ces urnes sans douleur, que plaça le caprice;
Loin ces vains monuments d'un chien ou d'un oiseau :
C'est profaner le deuil, insulter au tombeau.
  Ah! si d'aucun ami vous n'honorez la cendre,
Voyez sous ces vieux ifs la tombe où vont descendre
Ceux qui, courbés pour vous sur des sillons ingrats,
Au sein de la misère espèrent le trépas.
Rougiriez-vous d'orner leurs humbles sépultures?
Vous n'y pouvez graver d'illustres aventures,
Sans doute. Depuis l'aube, où le coq matinal
Des rustiques travaux leur donne le signal,
Jusques à la veillée, où leur jeune famille
Environne avec eux le sarment qui pétille,
Dans les mêmes travaux roulent en paix leurs jours;
Des guerres, des traités n'en marquent point le cours:
Naître, souffrir, mourir, c'est toute leur histoire.
Mais leur cœur n'est point sourd au bruit de leur mémoire.
Quel homme vers la vie, au moment du départ,
Ne se tourne, et ne jette un triste et long regard,
A l'espoir d'un regret ne sent pas quelque charme,
Et des yeux d'un ami n'attend pas quelque larme?
Pour consoler leur vie honorez donc leur mort.
Celui qui, de son rang faisant rougir le sort,
Servit son Dieu, son roi, son pays, sa famille,
Qui grava la pudeur sur le front de sa fille,
D'une pierre moins brute honorez son tombeau;
Tracez-y ses vertus, et les pleurs du hameau:
Qu'on y lise : *Ci-gît le bon fils, le bon père,
Le bon époux.* Souvent un charme involontaire
Vers ces enclos sacrés appellera vos yeux.
Et toi qui vins chanter sous ces arbres pieux,
Avant de les quitter, Muse, que ta guirlande
Demeure à leurs rameaux suspendue en offrande.

Que d'autres dans leurs vers célèbrent la beauté ;
Que leur Muse, toujours ivre de volupté,
Ne se montre jamais qu'un myrte sur la tête,
Qu'avec ses chants de joie, et ses habits de fête ;
Toi, tu dis au tombeau des chants consolateurs,
Et ta main la première y jeta quelques fleurs.

 Revenons, il est temps, sous de plus gais ombrages.
L'architecture encore au fond de ces bocages
M'attend, pour les orner d'édifices charmants.
Ce ne sont plus du deuil les tristes monuments ;
Ce sont d'heureux réduits dont la riche parure,
D'arbres environnée, embellit leur verdure.
Mais j'en permets l'usage, et j'en proscris l'abus.
Bannissez des jardins tout cet amas confus
D'édifices divers, prodigués par la mode,
Obélisque, rotonde, et kiosque, et pagode,
Ces bâtiments romains, grecs, arabes, chinois ;
Chaos d'architecture et sans but et sans choix,
Dont la profusion, stérilement féconde,
Enferme en un jardin les quatre parts du monde.

 Dans Stow, je l'avouerai, l'art plus judicieux [3]
Et choisit mieux leur forme, et les disposa mieux :
Je crois, en admirant leur pompe enchanteresse,
Ou voyager dans Rome, ou parcourir la Grèce.
Mais les Grecs, les Romains, et les âges passés,
Seuls dans ces grands travaux ne sont pas retracés :
Non, ces lieux embellis par vous, par vos ancêtres,
O couple vertueux ! me parlent de leurs maîtres ;
Ces murs, que la concorde honore de son nom,
De votre heureux hymen me montrent l'union :
Qui peut voir, sans songer à vos vertus publiques,
Ce monument sacré des vertus domestiques ?
Salut, temple des arts, temple de l'amitié...
Mais quoi ! je n'y vois point l'autel de la pitié !
Qui pourtant mieux que vous connut sa douce flamme ?
Ah ! s'il n'est dans ces lieux, son temple est dans votre ame.
En vain cet Élysée, aimable et doux abri,
Croit être du bonheur le séjour favori ;
Il n'est point confiné dans ce riant asile,
Il vous suit aux hameaux, à la cour, à la ville,

Et faisant des heureux, sans craindre des ingrats,
L'Élysée est partout où s'adressent vos pas.
Quels que soient leur grandeur, leur nombre, leur figure,
Des bâtiments divers que la forme soit pure.
N'y cherchez pas non plus un oisif ornement;
Et sous l'utilité déguisez l'agrément.
　La ferme, le trésor, le plaisir de son maître,
Réclamera d'abord sa parure champêtre.
Que l'orgueilleux château ne la dédaigne pas;
Il lui doit sa richesse; et ses simples appas
L'emportent sur son luxe, autant que l'art d'Armide
Cède au souris naïf d'une vierge timide.
La ferme ! A ce nom seul, les moissons, les vergers,
Le règne pastoral, les doux soins des bergers,
Ces biens de l'âge d'or, dont l'image chérie
Plut tant à mon enfance, âge d'or de la vie,
Réveillent dans mon cœur mille regrets touchants.
Venez, de vos oiseaux j'entends déjà les chants;
J'entends rouler les chars qui traînent l'abondance,
Et le bruit des fléaux qui tombent en cadence.
　Ornez donc ce séjour; mais, absurde à grands frais,
N'allez pas ériger une ferme en palais.
Élégante à-la-fois et simple dans son style,
La ferme est aux jardins ce qu'aux vers est l'idylle.
　Ah! par les dieux des champs, que le luxe effronté
De ce modeste lieu soit toujours rejeté.
N'allez pas déguiser vos pressoirs et vos granges.
Je veux voir l'appareil des moissons, des vendanges;
Que le crible, le van, où le froment doré
Bondit avec la paille et retombe épuré,
La herse, les traîneaux, tout l'attirail champêtre,
Sans honte à mes regards osent ici paraître;
Surtout des animaux que le tableau mouvant
Au dedans, au dehors, lui donne un air vivant.
Ce n'est plus du château la parure stérile,
La grace inanimée, et la pompe immobile;
Tout vit, tout est peuplé dans ces murs, sous ces toits.
Que d'oiseaux différents et d'instinct et de voix,
Habitants sous l'ardoise, ou la tuile, ou le chaume,
Famille, nation, république, royaume,

M'occupent de leurs mœurs, m'amusent de leurs jeux !
A leur tête est le coq, père, amant, chef heureux,
Qui, roi sans tyrannie, et sultan sans mollesse,
A son sérail ailé prodiguant sa tendresse,
Aux droits de la valeur joint ceux de la beauté,
Commande avec douceur, caresse avec fierté;
Et, fait pour les plaisirs, et l'empire, et la gloire,
Aime, combat, triomphe, et chante sa victoire.
Vous aimerez à voir leurs jeux et leurs combats,
Leurs haines, leurs amours, et jusqu'à leurs repas.
La corbeille à la main, la sage ménagère
A peine a reparu, la nation légère,
Du sommet de ses tours, du penchant de ses toits,
En tourbillons bruyants descend toute à la fois :
La foule avide en cercle autour d'elle se presse;
D'autres, toujours chassés et revenant sans cesse,
Assiégent la corbeille, et jusque dans la main,
Parasites hardis, viennent ravir le grain.
 Soignez donc, protégez ce peuple domestique;
Que leur logis soit sain, et non pas magnifique.
Que leur font des réduits richement décorés,
Le marbre des bassins, les grillages dorés?
Un seul grain de millet leur plairait davantage.
La Fontaine l'a dit. O véritable sage !
La Fontaine, c'est toi qu'il faudrait en ces lieux;
Chantre heureux de l'instinct, ils t'inspireraient mieux;
Le paon, fier d'étaler l'iris qui le décore,
Du dindon rengorgé l'orgueil plus sot encore,
Pourraient à nos dépens égayer ton pinceau :
Là, de tes deux pigeons tu verrais le tableau;
Et deux coqs amoureux, à la discorde en proie,
Te feraient dire encore : « Amour ! tu perdis Troie. »
Ainsi nous plaît la ferme, et son air animé.
 Dans cet autre réduit quel peuple renfermé
De ses cris inconnus a frappé mes oreilles?
Là sont des animaux, étrangères merveilles;
Là, dans un doux exil vivent emprisonnés
Quadrupèdes, oiseaux, l'un de l'autre étonnés.
N'allez pas rechercher les espèces bizarres;
Préférez les plus beaux, et non pas les plus rares;

Offrez-nous ces oiseaux qui, nés sous d'autres cieux,
Favoris du soleil, brillent de tous ses feux,
L'or pourpré du faisan, l'émail de la pintade.
Logez plus richement ces oiseaux de parade;
Eux-mêmes sont un luxe; et puisque leur beauté
Rachète à vos regards leur inutilité,
De ces captifs brillants que les prisons soient belles.
Surtout ne m'offrez point ces animaux rebelles
De qui l'orgueil s'indigne et languit dans nos fers.
Eh! quel œil sans regret peut voir le roi des airs,
L'aigle, qui se jouait au milieu de l'orage,
Oublier aujourd'hui dans une indigne cage
La fierté de son vol et l'éclair de ses yeux?
Rendez-lui le soleil et la voûte des cieux :
Un être dégradé ne peut jamais nous plaire.

Tandis que, déployant leur parure étrangère,
Ces hôtes différents semblent briguer mon choix,
Mon odorat charmé m'appelle sous ces toits
Où, de même exilés et ravis à leur terre,
D'étrangers végétaux habitent sous le verre.
Entourez d'un air doux ces frêles rejetons;
Mais, vainqueur des climats, respectez les saisons;
Ne forcez point d'éclore, au sein de la froidure,
Des biens qu'à d'autres temps destinait la nature;
Laissez aux lieux flétris par des hivers constants
Ces fruits d'un faux été, ces fleurs d'un faux printemps;
Et lorsque le soleil va mûrir vos richesses,
Sans forcer ses présents, attendez ses largesses.

Mais j'aime à voir ces toits, ces abris transparents,
Receler des climats les tributs différents,
Cet asile enhardir le jasmin d'Ibérie,
La pervenche frileuse oublier sa patrie,
Et le jaune ananas, par ces chaleurs trompé,
Vous livrer de son fruit le trésor usurpé.
Tel nous plaît Trianon; tel Paris nous étale
De deux mondes rivaux la pompe végétale;
Tel, formant une cour à l'épouse des rois,
Kiow des plants étrangers a rassemblé le choix [4];
A ces sujets nouveaux leur reine vient sourire;
Chacun, comme Albion, bénit son doux empire,

CHANT IV.

Et, retrouvant ici son climat, sa saison,
Pardonne son exil, et chérit sa prison.
　Motivez donc toujours vos divers édifices,
Des animaux, des fleurs, agréables hospices.
Combien d'autres encore, adoptés par les lieux,
Approuvés par le goût, peuvent charmer nos yeux !
Sous ces saules que baigne une onde salutaire
Je placerais du bain l'asile solitaire ;
Plus loin, une cabane, où règne la fraîcheur,
Offrirait le filet et la ligne au pêcheur.
　Vous voyez de ce bois la douce solitude ;
J'y consacre un asile aux Muses, à l'étude.
Dans ce majestueux et long enfoncement
J'ordonne un obélisque, auguste monument ;
Il s'élève, et j'écris sur la pierre attendrie :
A nos braves marins mourant pour la patrie.
Quelques pleurs, en passant, s'échappent de vos yeux.
　Là-haut, c'est une tour où l'art ingénieux
Élève et fait jouer ces tablettes parlantes
Qui, des faits confiés à leurs feuilles mouvantes,
Se transmettent dans l'air les rapides signaux.
Indignée à l'aspect de ses courriers nouveaux,
La déesse aux cent yeux, aux cent voix infidèles,
A brisé sa trompette, et replié ses ailes.
　Ainsi vos bâtiments, vos asiles divers
Ne seront point oisifs, ne seront point déserts.
Au site assortissez leur figure, leur masse ;
Que chacun, avec goût établi dans sa place,
Jamais trop resserré, jamais trop étendu,
Laisse briller la scène, et n'y soit point perdu.
　Sachez ce qui convient ou nuit au caractère.
Un réduit écarté, dans un lieu solitaire,
Peint mieux la solitude encore et l'abandon.
Montrez-vous donc fidèle à chaque expression :
N'allez pas au grand jour offrir un ermitage ;
Ne cachez point un temple au fond d'un bois sauvage ;
Un temple veut paraître au penchant d'un coteau ;
Son site aérien répand dans le tableau
L'éclat, la majesté, le mouvement, la vie :
Je crois voir un aspect de la belle Ausonie.

Par un contraire effet vous cacherez au jour
L'asile du silence, ou celui de l'amour :
Ainsi de Radzivil se dérobe le temple;
L'œil de loin le devine, et de près le contemple
Dans son île charmante, abri voluptueux.
Là, tout est frais, riant, simple, majestueux :
Au-dedans, un jour doux, le calme, le mystère,
Les traits chéris du dieu qu'en secret on révère;
Au-dehors, les parfums de cent vases divers
En nuage odorant exhalés dans les airs ;
Ce beau lac, dont l'azur réfléchit son portique;
Ces restes d'un vieux temple, et cette voûte antique
Qui voit d'heureux troupeaux dormir aux mêmes lieux
Où leur sang autrefois eût coulé pour les dieux ;
L'heureuse allégorie, et la fable, et l'histoire,
Tout ce qui plaît aux yeux et parle à la mémoire,
La nature et les arts, le génie et le goût,
Tout sert à l'embellir ; lui-même embellit tout.
Heureux quand Radzivil daigne en orner les fêtes,
Et vient au dieu du temple assurer des conquêtes !
Telle est des bâtiments la grace et la beauté.
  Mais de ces monuments la brillante gaieté,
Et leur luxe moderne, et leur fraîche jeunesse,
D'un auguste débris valent-ils la vieillesse?
L'aspect désordonné de ces grands corps épars,
Leur forme pittoresque attache les regards;
Par eux le cours des ans est marqué sur la terre;
Détruits par les volcans, ou l'orage, ou la guerre,
Ils instruisent toujours, consolent quelquefois.
Ces masses, qui du temps sentent aussi le poids,
Enseignent à céder à ce commun ravage,
A pardonner au sort. Telle jadis Carthage
Vit sur ses murs détruits Marius malheureux ;
Et ces deux grands débris se consolaient entre eux.
  Liez donc à vos plants ces vénérables restes.
Et toi qui, m'égarant dans ces sites agrestes,
Bien loin des lieux frayés, des vulgaires chemins,
Par des sentiers nouveaux guides l'art des jardins,
O sœur de la Peinture, aimable Poésie,
A ces vieux monuments viens redonner la vie;

CHANT IV.

Viens présenter au goût ces riches accidents,
Que de ses lentes mains a dessinés le temps.
  Tantôt c'est une antique et modeste chapelle,
Saint asile, où jadis, dans la saison nouvelle,
Vierges, femmes, enfants, sur un rustique autel
Venaient pour les moissons implorer l'Éternel;
Un long respect consacre encore ces ruines.
Tantôt c'est un vieux fort qui, du haut des collines,
Tyran de la contrée, effroi de ses vassaux,
Portait jusques au ciel l'orgueil de ses créneaux;
Qui, dans ces temps affreux de discorde et d'alarmes,
Vit les grands coups de lance et les nobles faits d'armes
De nos preux chevaliers, des Bayard, des Henris.
Aujourd'hui la moisson flotte sur ses débris.
Ces débris, cette mâle et triste architecture
Qu'environne une fraîche et riante verdure;
Ces angles, ces glacis, ces vieux restes de tours
Où l'oiseau couve en paix le fruit de ses amours,
Et ces troupeaux peuplant ces enceintes guerrières,
Et l'enfant qui se joue où combattaient ses pères;
Saisissez ce contraste, et déployez aux yeux
Ce tableau doux et fier, champêtre et belliqueux.
  Plus loin, une abbaye antique, abandonnée,
Tout à coup s'offre aux yeux, de bois environnée.
Quel silence! C'est là qu'amante du désert,
La Méditation avec plaisir se perd
Sous ces portiques saints, où des vierges austères,
Jadis, comme ces feux, ces lampes solitaires
Dont les mornes clartés veillent dans le saint lieu,
Pâles, veillaient, brûlaient, se consumaient pour Dieu.
Le saint recueillement, la paisible innocence
Semble encor de ces lieux habiter le silence;
La mousse de ces murs, ce dôme, cette tour,
Les arcs de ce long cloître impénétrable au jour,
Les degrés de l'autel usés par la prière,
Ces noirs vitraux, ce sombre et profond sanctuaire
Où peut-être des cœurs, en secret malheureux,
A l'inflexible autel se plaignaient de leurs nœuds,
Et pour des souvenirs encor trop pleins de charmes
A la religion dérobaient quelques larmes;

Tout'parle, tout émeut dans ce séjour sacré :
Là, dans la solitude en rêvant égaré,
Quelquefois vous croirez, au déclin d'un jour sombre,
D'une Héloïse en pleurs entendre gémir l'ombre.
Mettez donc à profit ces restes révérés,
Augustes ou touchants, profanes ou sacrés.

Mais loin ces monuments dont la ruine feinte
Imite mal du temps l'inimitable empreinte;
Tous ces temples anciens récemment contrefaits,
Ces restes d'un château qui n'exista jamais,
Ces vieux ponts nés d'hier, et cette tour gothique
Ayant l'air délabré sans avoir l'air antique,
Artifice à la fois impuissant et grossier!
Je crois voir cet enfant, tristement grimacier,
Qui, jouant la vieillesse et ridant son visage,
Perd, sans paraître vieux, les graces du jeune âge.
Mais un débris réel intéresse mes yeux :
Jadis contemporain de nos simples aïeux,
J'aime à l'interroger, je me plais à le croire;
Des peuples et des temps il me redit l'histoire;
Plus ces temps sont fameux, plus ces peuples sont grands,
Et plus j'admirerai ces restes imposants.

O champs de l'Italie, ô campagnes de Rome,
Où dans tout son orgueil gît le néant de l'homme!
C'est là que des aspects fameux par de grands noms,
Pleins de grands souvenirs et de hautes leçons,
Vous offrent ces objets, trésors des paysages.
Voyez de toutes parts comment le cours des âges,
Dispersant, déchirant de précieux lambeaux,
Jetant temple sur temple, et tombeaux sur tombeaux,
De Rome étale au loin la ruine immortelle;
Ces portiques, ces arcs, où la pierre fidèle
Garde du peuple-roi les exploits éclatants :
Leur masse indestructible a fatigué le temps;
Des fleuves suspendus ici mugissait l'onde;
Sous ces portes passaient les dépouilles du monde;
Partout confusément dans la poussière épars
Les thermes, les palais, les tombeaux des Césars,
Tandis que de Virgile, et d'Ovide, et d'Horace,
La douce illusion nous montre encor la trace.

CHANT IV.

Heureux, cent fois heureux l'artiste des jardins
Dont l'art peut s'emparer de ces restes divins!
Déja la main du temps sourdement le seconde ;
Déja sur les grandeurs de ces maîtres du monde
La nature se plait à reprendre ses droits.
Au lieu même où Pompée, heureux vainqueur des rois,
Étalait tant de faste, ainsi qu'aux jours d'Évandre,
La flûte des bergers revient se faire entendre.
Voyez rire ces champs au laboureur rendus,
Sur ces combles tremblants ces chevreaux suspendus,
L'orgueilleux obélisque au loin couché sur l'herbe;
L'humble ronce embrassant la colonne superbe;
Ces forêts d'arbrisseaux, de plantes, de buissons,
Montant, tombant en grappe, en touffes, en festons,
Par le souffle des vents semés sur ces ruines,
Le figuier, l'olivier, de leurs faibles racines
Achèvent d'ébranler l'ouvrage des Romains;
Et la vigne flexible, et le lierre aux cent mains,
Autour de ces débris rampant avec souplesse,
Semblent vouloir cacher ou parer leur vieillesse.
   Mais si vous n'avez pas ces restes renommés,
N'avez-vous pas du moins ces bronzes animés,
Et ces marbres vivants, déités des vieux âges,
Où l'art seul fut divin, et força les hommages?
   Je sais qu'un goût sévère a voulu des jardins
Exiler tous ces dieux des Grecs et des Romains.
Et pourquoi? Dans Athène et dans Rome nourrie,
Notre enfance a connu leur riante féerie;
Ces dieux n'étaient-ils pas laboureurs et bergers?
Pourquoi donc leur fermer vos bois et vos vergers?
Sans Pomone vos fruits oseront-ils éclore?
De l'empire des fleurs pouvez-vous chasser Flore?
Ah! que ces dieux toujours enchantent nos regards!
L'idolâtrie encore est le culte des arts :
Mais que l'art soit parfait; loin des jardins qu'on chasse
Ces dieux sans majesté, ces déesses sans grace.
A chaque déité choisissez son vrai lieu;
Qu'un dieu n'usurpe pas les droits d'un autre dieu;
Laissez Pan dans les bois. D'où vient que ces Naïades
Que ces Tritons à sec se mêlent aux Dryades?

Pourquoi ce Nil en vain couronné de roseaux,
Et dont l'urne poudreuse est l'abri des oiseaux?
Otez-moi ces lions et ces tigres sauvages;
Ces monstres me font peur, même dans leurs images :
Et ces tristes Césars, cent fois plus monstres qu'eux,
Aux portes des bosquets sentinelles affreux,
Qui, tout hideux d'effroi, de soupçons et de crimes,
Semblent encor de l'œil désigner leurs victimes,
De quel droit s'offrent-ils dans ce riant séjour?
Montrez-moi des mortels plus chers à notre amour;
En des lieux consacrés à leur apothéose,
Créez un Élysée où leur ombre repose :
Loin des profanes yeux, dans des vallons couverts
De lauriers odorants, de myrtes toujours verts,
En marbre de Paros offrez-nous leurs images;
Qu'une eau lente se plaise à baigner ces bocages,
Et qu'aux ombres du soir mêlant un jour douteux,
Diane aux doux rayons soit l'astre de ces lieux.
Leur tranquille beauté sous ces dais de verdure,
De ces marbres chéris la blancheur tendre et pure,
Ces grands hommes, leur calme et simple majesté,
Cette eau silencieuse, image du Léthé,
Qui semble, pour leurs cœurs exempts d'inquiétude,
Rouler l'oubli des maux et de l'ingratitude;
Ces bois, ce jour mourant sous leur ombrage épais,
Tout des mânes heureux y respire la paix.
Vous donc n'y consacrerez que des vertus tranquilles.
Loin tous ces conquérants en ravages fertiles :
Comme ils troublaient le monde, ils troubleraient ces lieux.
Placez-y les amis des hommes et des dieux,
Ceux qui par des bienfaits vivent dans la mémoire,
Ces rois dont leurs sujets n'ont point pleuré la gloire.
Montrez-y Fénelon à notre œil attendri;
Que Sully s'y relève embrassé par Henri.

   Donnez des fleurs, donnez; j'en couvrirai ces sages
Qui, dans un noble exil, sur de lointains rivages,
Cherchaient ou répandaient les arts consolateurs;
Toi surtout, brave Cook[6], qui, cher à tous les cœurs,
Unis par les regrets la France et l'Angleterre;
Toi qui, dans ces climats où le bruit du tonnerre

CHANT IV.

Nous annonçait jadis, Triptolème nouveau,
Apportais le coursier, la brebis, le taureau,
Le soc cultivateur, les arts de ta patrie,
Et des brigands d'Europe expiais la furie.
Ta voile, en arrivant, leur annonçait la paix;
Et ta voile, en partant, leur laissait des bienfaits.
Reçois donc ce tribut d'un enfant de la France.
Et que fait son pays à ma reconnaissance?
Ses vertus en ont fait notre concitoyen.
Imitons notre roi, digne d'être le sien.
Hélas! de quoi lui sert que deux fois son audace
Ait vu des cieux brûlants, fendu des mers de glace;
Que des peuples, des vents, des ondes révéré,
Seul sur les vastes mers son vaisseau fût sacré;
Que pour lui seul la guerre oubliât ses ravages?
L'ami des arts, hélas! meurt en proie aux sauvages.
Aux bords d'une eau limpide, en des bosquets fleuris,
Mêlez donc son image à ces bustes chéris;
Et que son doux aspect, ses malheurs, et vos larmes,
A ces lieux enchantés prêtent encor des charmes.

  Mais c'est peu d'enseigner l'art d'embellir les champs,
Il faut les faire aimer; et peut-être en mes chants,
Bien mieux qu'un froid précepte, une histoire touchante
Rendra plus chers encor les travaux que je chante :
Ces doux soins qui du sage occupent les loisirs,
Quelquefois les rois même ont goûté leurs plaisirs.
C'est toi que j'en atteste, ô vieillard magnanime!
Toi, né du sang royal, modeste Abdolonyme.
Obscur et retiré dans son paisible enclos,
Entre son doux travail et son heureux repos,
Le vieillard oubliait le sang qui le fit naître;
Nul séjour n'égalait sa demeure champêtre :
D'un côté, c'est Sidon, et son port, et ses mers;
De l'autre, du Liban les cèdres toujours verts,
Dont les sommets pompeux, disposés en étage,
Levaient cime sur cime, ombrage sur ombrage :
Au flanc de la montagne, un fertile coteau,
Vêtu d'un vert tapis, s'étendait en plateau,
Et de là deux filets d'une onde cristalline
Tombaient en murmurant le long de la colline;

Au centre du jardin, vers le soleil naissant,
Un vallon fortuné se courbait en croissant,
Zone délicieuse, en tout temps ignorée
Et du midi brûlant et du fougueux Borée :
Dans le fond, les sapins, les cyprès fastueux,
En cercle dessinaient leurs troncs majestueux ;
Mille arbustes divers y versaient sans blessure
Le nard le plus parfait, la myrrhe la plus pure ;
Au-devant on voyait, déployant son trésor,
Le citron orgueilleux de son écorce d'or,
Et la rouge grenade, et la figue mielleuse,
Et du riche palmier la datte savoureuse ;
Autour, quelques rochers du marbre le plus pur,
Veinés d'or et d'argent, et de pourpre et d'azur,
Charmaient plus ses regards, dans leurs masses rustiques,
Que ceux dont l'art jadis décorait ses portiques ;
Sur leurs flancs ondoyaient des arbrisseaux en fleurs,
Différents de parfums, de formes, de couleurs ;
La rose les parait, et sur une onde pure
De vieux saules penchaient leur longue chevelure :
Plus loin c'est un troupeau qui, content sous ses lois,
Lui peignait l'origine et les devoirs des rois.
Les premiers souverains furent pasteurs des hommes,
Se disait-il souvent ; mais, dans l'âge où nous sommes,
Quels sages envieraient ces illustres dangers?
Il disait, et, content du sceptre des bergers,
Il soignait tour-à-tour ses troupeaux et ses plantes ;
Son fils le secondait de ses mains innocentes.
L'un est majestueux encore en son déclin ;
Sa barbe en flots d'argent se répand sur son sein ;
Sur son teint vigoureux une mâle vieillesse
N'a point décoloré les fleurs de la jeunesse ;
Sa marche est assurée, et son auguste front
Du temps et du malheur semble braver l'affront.
Son fils est dans sa fleur ; mais de l'adolescence
Les traits déjà plus mûrs s'éloignent de l'enfance ;
La rose est sur sa joue, et d'un léger coton
Le duvet de la pêche ombrage son menton :
Son air est doux, mais fier ; et de sa noble race
Je ne sais quoi de grand conserve encor la trace.

Tous deux, lorsque le soir tempérait les chaleurs,
Au repos de la nuit abandonnant les fleurs,
Quelquefois de l'empire ils lisaient les annales,
Et du peuple et des grands les discordes fatales ;
Comment, au bruit confus de mille affreuses voix,
Le crime ensanglanta la demeure des rois,
Et du trône brisé fit tomber leurs ancêtres.
Le vieillard les pleurait ; mais sous ses toits champêtres,
Tranquille, il était loin d'envier leur splendeur.
Tel n'était point son fils : un instinct de grandeur
Quelquefois dans son ame éveillait son courage
Au-dessus de son sort, au-dessus de son âge ;
Mais l'exemple d'un père arrêtant son essor,
A son labeur champêtre il se plaisait encor :
Tel un jeune arbrisseau, qui sur les vastes plaines
Doit déployer un jour ses ombres souveraines,
Dans un antique bois qu'a foudroyé le ciel,
Faible, se cache encor sous l'abri paternel.

Au centre du jardin est un autel champêtre ;
Là tous deux des saisons ils adoraient le maitre.
Un soir, après avoir fini leurs doux travaux,
Désaltéré leurs fleurs, taillé leurs arbrisseaux,
Au pied de cet autel couronné de guirlandes,
Tous deux agenouillés présentaient leurs offrandes ;
L'air était en repos ; les rayons du soleil,
Glissant obliquement de l'occident vermeil,
Peignaient au loin les mers de leur pourpre flottante ;
Les vaisseaux de Sidon dans leur voile ondoyante
A peine recueillaient quelque souffle des vents ;
La vague avec lenteur roulait ses plis mouvants ;
Enfin tout était calme, et la nature entière
Semblait avec respect écouter leur prière :
Chaque vœu vers le ciel s'élève en liberté ;
Par les voûtes d'un temple il n'est point arrêté ;
Et les fruits parfumés, les fleurs, et la verdure,
Formaient de mille odeurs l'encens de la nature.
Le vieillard, le premier, au maître des humains
Levait en suppliant ses vénérables mains :
Il priait pour ses fruits, pour son fils, pour l'empire ;
Sur ses lèvres errait un auguste sourire ;

Son fils l'accompagnait de ses timides vœux ;
Leurs voix montaient ensemble à l'oreille des dieux :
Soixante ans de vertus recommandent le père ;
L'innocence du fils protége sa prière.
Un si touchant spectacle attendrissait le ciel ;
Et dans le même instant, au pied du même autel,
Tout l'Olympe attentif contemplait en silence
Le malheur, la vertu, la vieillesse et l'enfance.
  Voilà que tout à coup résonne aux environs
L'éclatante trompette, et le bruit des clairons ;
Une troupe guerrière entoure cette enceinte.
Le jeune Abdolonyme a tressailli de crainte :
« Mon fils, dit le vieillard, ne t'épouvante pas !
Lorsque l'orgueil armé rassemble ses soldats,
Le riche peut trembler ; mais le pauvre est tranquille. »
Il dit, reste à l'autel, et demeure immobile.
Mais la trompette sonne une seconde fois,
Et l'écho roule, au loin prolongé dans les bois :
C'est le vainqueur de Tyr, c'est lui, c'est Alexandre,
Fatigué de marcher sur des palais en cendre ;
Effroi du trône, il veut en devenir l'appui,
Et ce caprice auguste est digne encor de lui.
Des portes du jardin les pilastres rustiques
N'offraient point des palais les marbres magnifiques :
D'un simple bois de chêne ils étaient façonnés.
Ces lieux d'un vert rempart étaient environnés ;
Les mûriers, les buissons, les blanches aubépines,
Ensemble composaient ces murs tissus d'épines.
Alexandre s'arrête ; et ce triomphateur,
Qui des plus fiers remparts abaissa la hauteur,
Contemple avec respect cette faible barrière.
Il laisse hors des murs sa cohorte guerrière ;
Il porte dans l'enceinte un pas religieux,
Et craint de profaner le calme de ces lieux :
A peine il les a vus, ses passions s'apaisent,
Son orgueil s'attendrit, ses victoires se taisent ;
Et sur ce cœur fougueux, sur ce tyran des rois,
La nature un instant a repris tous ses droits.
Il cherche le vieillard, il le voit, il s'approche :
« Ce lieu me fait, dit-il, un trop juste reproche,

CHANT IV.

Il me dit que j'ai trop méconnu le bonheur.
A terrasser les rois je mettais mon honneur;
Je vais jouir enfin d'un charme que j'ignore :
Ton sang régna jadis, il doit régner encore;
Sors de l'obscurité : les peuples et les rois
Sont toujours criminels d'abandonner leurs droits.
Ne me refuse pas cette nouvelle gloire;
C'est le prix le plus doux qu'attendait ma victoire.
Viens donc; tout te rappelle au rang de tes aïeux,
Tes vertus et ton peuple, Alexandre et les dieux. »
« Ainsi ta main toujours dispose des couronnes;
Aux uns tu les ravis, aux autres tu les donnes,
Répondit le vieillard; et de tes fières lois
Le plus obscur réduit ne peut sauver les rois!
Hé bien ! à mes destins je suis prêt à souscrire;
Pour le rendre à mon fils je reprends mon empire.
Toi, si tu peux des champs goûter encor la paix,
Contemple cet asile, et conçois mes regrets.
Permets donc qu'en ces lieux le sommeil des chaumières
Pour cette nuit du moins ferme encor mes paupières,
Et qu'en ce doux abri prolongeant mon séjour,
Je dérobe aux grandeurs le reste d'un beau jour;
Demain à mes devoirs je consens à me rendre. »
Cette noble fierté plaît au cœur d'Alexandre;
Mais, durant leurs adieux, le fils, dans le jardin
Ayant cueilli des fleurs qu'entrelace sa main,
A ces lauriers cruels qu'ensanglanta Bellone
Demande à marier sa modeste couronne.
Le héros lui sourit, et ce front triomphant
Se courbe avec plaisir sous la main d'un enfant;
Il le prend, il l'embrasse; et, fixant son visage,
Dans ses destins futurs aime à voir son ouvrage.
Il part enfin, s'éloigne, et s'arrache à regret
A ce couple innocent qu'il envie en secret;
Il s'éloigne indigné de sa grandeur cruelle
Qui traîne le ravage et le deuil après elle,
Prend pitié de sa gloire, et sent avec douleur
Qu'il a conquis le monde, et perdu le bonheur.
Mais ce jour le console : il éprouve en lui-même
Ce plaisir pur qui fuit l'orgueil du diadème,

Qu'ignore la victoire ; et quitte ces beaux lieux,
Fier d'un plus beau triomphe, et plus grand à ses yeux.
Le vieillard tout le soir suit sa tâche innocente;
Il va de fleur en fleur, erre de plante en plante,
Se hâte de jouir, et dans le fond du cœur
Recueille avidement un reste de bonheur.
A peine l'horizon avait rougi l'aurore,
Que, pressant dans ses bras cet enfant qu'il adore :
« Je vais régner, dit-il ; et ce terrible emploi,
Mon fils, après ma mort retombera sur toi.
Que je te plains ! ces bois, ces fleurs, sujets fidèles,
Ne m'étaient point ingrats, ne m'étaient point rebelles :
Qu'un sort bien différent nous attend aujourd'hui !
Viens donc, ô cher enfant ! viens, ô mon doux appui !
Du malheur de régner viens consoler ton père.
Et vous, objets charmants, toi, cabane si chère,
Vous que je cultivais, vergers délicieux,
Arbres que j'ai plantés, recevez mes adieux.
Hélas ! coulant ici mes heures fortunées,
Heureux, par vos printemps je comptais mes années ;
Ces fastes valaient bien les annales des rois.
Puisse du moins l'empire être heureux sous mes lois,
Et, me dédommageant de vos pures délices,
Par le bonheur commun payer mes sacrifices ! »
   Il dit, promène encor ses regards attendris
Sur ses bois, sur ses fleurs, ses élèves chéris,
Et part, environné d'une brillante escorte.
Mais du palais à peine il a touché la porte,
Mille ressouvenirs se pressent sur son cœur :
Dans un confus transport de joie et de douleur
En silence il parcourt le séjour de ses pères,
Témoin de leur grandeur, témoin de leurs misères.
Leur ombre l'y poursuit : il pense quelquefois
Entendre autour de lui leur gémissante voix ;
Mais les flots d'un vin pur, et le sang des victimes,
Achèvent d'effacer la trace de ces crimes ;
Il règne, et l'équité préside à ses projets :
Son sceptre est moins pesant, chéri par ses sujets.
Cependant quelquefois, loin d'un monde profane,
Il revient en secret visiter sa cabane,

Revient s'asseoir encore au pied de ses ormeaux,
De ses augustes mains émonde leurs rameaux,
Et s'occupant en roi, se délassant en sage,
D'un bonheur qu'il n'a plus adore encor l'image.

FIN DU POEME.

NOTES.

CHANT I.

1 Dont le charme autrefois avait tenté Virgile.

Le lecteur ne me saura peut-être pas mauvais gré de rapporter ici l'esquisse rapide que Virgile a tracée des jardins, qu'il regrette de ne pouvoir chanter :

> Si mon vaisseau, long-temps égaré loin du bord,
> Ne se hâtait enfin de regagner le port,
> Peut-être je peindrais les lieux chéris de Flore :
> Le narcisse en mes vers s'empresserait d'éclore,
> Les roses m'ouvriraient leurs calices brillants,
> Le tortueux concombre arrondirait ses flancs ;
> Du persil toujours vert, des pâles chicorées,
> Ma muse abreuverait les tiges altérées ;
> Je courberais le lierre et l'acanthe en berceaux,
> Et du myrte amoureux j'ombragerais les eaux.

On voit que cette composition de jardin est très simple et très naturelle. On y trouve mêlés l'utile et l'agréable ; c'est à la fois le verger, le potager et le parterre : mais c'est là le jardin d'un habitant ordinaire des champs, tel qu'un sage, avec des goûts simples, voudrait l'orner, le cultiver lui-même ; tel que l'aimable poète qui le décrit eût aimé à l'embellir. Il n'a pas prétendu parler des fameux jardins que le luxe des vainqueurs du monde, des Lucullus, des Crassus, des Pompée et des César avait remplis des richesses de l'Asie et des dépouilles de l'univers.

2 Du simple Alcinoüs le luxe encor rustique
Décorait un verger.

C'est un monument précieux de l'antiquité et de l'histoire des jardins, que la description que fait Homère de celui d'Alcinoüs. On voit qu'elle tient de près à la naissance de l'art ; que tout son luxe consiste dans l'ordre et la symétrie, dans la richesse du sol et dans la fertilité des arbres, dans les deux fontaines dont il est orné : et tous ceux qui voudraient un jardin pour en jouir, et non pour le montrer, n'en demanderaient pas d'autre.

3 . . . . D'un art plus magnifique
Babylone éleva des jardins dans les airs.

Ces jardins suspendus existaient encore en partie seize siècles après leur création, et firent l'étonnement d'Alexandre à son entrée dans Babylone.

4 Quand Rome au monde entier eut envoyé des fers,
Les vainqueurs, dans des parcs ornés par la victoire,
Allaient calmer leur foudre et reposer leur gloire.

Il existe un monument très précieux du goût et de la forme des jardins romains dans une lettre de Pline le jeune (liv. V, lett. VI) : on y voit qu'on connaissait déja l'art de tailler les arbres, et de leur donner différentes figures de vases ou d'animaux ; que l'architecture et le luxe des édifices étaient un des principaux ornements de leurs parcs ; mais que tous avaient un objet d'utilité, ce qu'on a trop oublié dans les jardins modernes.

5 Philippe m'encourage, et mon sujet m'appelle.

Philippe. Ce mot désigne le comte d'Artois, frère de Louis XVI.

6 Belœil, tout à la fois magnifique et champêtre.

Belœil est un jardin magnifique de M. le prince de Ligne, situé près d'Ath, dans les Pays-Bas.

7 . . . . Tel que ce frais bouton,
Timide avant-coureur de la belle saison,
L'aimable Tivoli d'une forme nouvelle
Fit le premier en France entrevoir le modèle.

Le local de *Tivoli* se refusait aux grands effets pittoresques ; mais M. Boutin a eu le mérite d'en tirer le meilleur parti possible, et surtout d'avoir le premier essayé avec succès le genre irrégulier.

8 Les Graces, en riant, dessinèrent Montreuil.

Montreuil, près Versailles, appartient à madame Élisabeth, sœur du roi. Auprès de ce jardin, et sous le même nom, est celui de madame la comtesse Diane de Polignac, dame d'honneur de cette princesse.

9 Maupertuis, le Désert, Rincy, Limours, Auteuil.

Maupertuis. Ce jardin, connu sous le nom de l'*Élysée*, appartient à M. le marquis de Montesquiou. Si de belles eaux, de superbes plantations, un mélange heureux de collines et de vallons, font un beau lieu, l'Élysée est digne de son aimable nom.

Le Désert. Ce jardin a été dessiné avec beaucoup de goût par M. de Monville.

Rincy. Ce beau jardin appartient à monseigneur le duc d'Orléans.

Limours. Ce lieu, naturellement sauvage, a été très embelli par madame la comtesse de Brionne, et a perdu un peu de sa rudesse, sans perdre son caractère.

Auteuil est le premier jardin qui ait été composé dans le véritable goût des jardins anglais. Il appartient à madame la comtesse de Boufflers, si distinguée par son esprit et ses graces. C'est au sujet de ce jardin qu'en 1774 l'auteur lui adressa une épître. (Voyez *Poésies fugitives*.)

10 Semblable à son auguste et jeune déité,
Trianon joint la grace avec la majesté.

Le *petit Trianon*, jardin de la reine, est un modèle de ce genre. La richesse y paraît avoir été toujours employée par le goût.

11 Et toi, d'un prince aimable ô l'asile fidèle,
Dont le nom trop modeste est indigne de toi !

Il s'agit du joli jardin de *Bagatelle*, qui a été composé avec beaucoup de goût pour monseigneur le comte d'Artois, et qui a l'avantage de se trouver placé au milieu d'un bois charmant qui semble en faire partie. Le pavillon est d'une élégance rare. Je n'ai pu nommer tous les jardins agréables qui ont été faits depuis quelques années. Il en est plusieurs qui auraient mérité de l'être ; et de ce nombre sont : La Falaise, Morfontaine, Roissy, la Malmaison, agréable par la beauté de ses bois, de ses eaux, de ses vues et de sa situation. J'aurais tort d'oublier celui de Saint-Germain, embelli par un grand seigneur qui, après avoir fait l'agrément de la cour par la finesse piquante de son esprit, conduit par le goût de la campagne, quelquefois suspendu, mais jamais perdu dans les ames honnêtes, s'est fait une retraite champêtre, où il cultive les arts et les lettres. — Les gens de lettres ont aussi quelquefois embelli des asiles où ils sont mieux inspirés qu'ailleurs. Pope eut son Twicknham, Boileau son Auteuil, M. de Rulhière son Ermitage, orné de deux rivières, d'un charmant ruisseau, de superbes perspectives, et distingué surtout par des inscriptions en vers, telles que M. de Rulhière en sait faire.

12 Je ne décide point entre Kent et Le Nôtre.

Kent, architecte et dessinateur fameux en Angleterre, fut le premier qui tenta avec succès le genre libre qui commence à se répandre dans toute l'Europe.

13 Pour chercher un ami qui me parle du cœur.

Ce vers, comme on sait, est de Racine (dans *Bérénice*, acte I, scène IV). L'auteur en fait l'application aux charmes du genre irrégulier et naturel, qui, moins éblouissant au premier coup d'œil, est sans doute plus varié, et d'un intérêt plus durable.

14 Regardez dans Milton, etc.

Plusieurs Anglais prétendent que c'est cette belle description du paradis terrestre, et quelques morceaux de Spencer, qui ont donné l'idée des jardins irréguliers ; et, quoiqu'il soit probable que ce genre vienne des Chinois, j'ai préféré l'autorité de Milton, comme plus poétique. D'ailleurs, j'ai cru qu'on verrait avec plaisir toute la magnificence du plus grand roi du monde, tous les prodiges des arts mis en opposition avec les charmes de la nature naissante, l'innocence des premières créatures qui l'embellirent, et l'intérêt des premières amours. (Voyez *Paradis perdu*, liv. IV.)

15 Tel est Bleinheim, Bleinheim la gloire de ses maîtres.

Bleinheim est un château orné de superbes jardins, et situé à quelques milles de Londres. Ce château a été construit en vertu d'une décision du parlement, pour être offert au duc de Marlborough, en récompense de ses brillants services.

16 Je songe, ô Rosamonde, à ta touchante histoire.

ROSAMONDE, fille du baron Walter de Clifford, a été la première maîtresse de Henri II, roi d'Angleterre, et une des plus belles femmes du royaume. Elle habitait le palais du roi à Woodstock, où a été bâti depuis le château de Bleinheim ; elle quitta ce lieu pour aller s'enfermer dans un couvent, où elle mourut pénitente. Addison a fait de *Rosamonde* le sujet d'un drame lyrique.

17 Ah! pour comble d'honneur, puisse un Spencer nouveau...

SPENCER, nom de famille du duc de Marlborough.

CHANT II.

1 Il est des temps affreux, où des champs de leurs pères
Des proscrits sont jetés aux terres étrangères.

M. THOMAS WELD a fourni un établissement aux religieux de la Trappe sur ses terres à Lulworth, près Wareham.

Bar, dans sa description des ordres religieux, etc., donne sur les pères de la Trappe les détails suivants :

L'abbaye de la Trappe a été fondée en 1140, par Rotrou, comte du Perche. Elle fut long-temps célèbre par l'éminente vertu de ses abbés et de ses religieux; mais elle eut enfin le sort de plusieurs maisons de cet ordre, où les religieux, dégénérant de la vertu de leurs pères, abandonnèrent les observances régulières. Cette abbaye ayant été saccagée plusieurs fois pendant les guerres survenues en France, les religieux, réduits à manquer de tout, se soutinrent pendant quelque temps ; mais ils furent enfin contraints de se séparer, et ne revinrent dans leur maison que lorsque les troubles furent finis. Ils étaient alors bien différents de ce qu'ils avaient été, par la corruption qu'ils avaient contractée dans le monde. Depuis cette époque, le dérèglement fit de si grands progrès dans cette abbaye, que les religieux, devenus le scandale du pays, vivaient dispersés çà et là, et ne se rassemblaient que pour faire des parties de chasse et de divertissement. Tel était l'état des choses, quand Armand-Jean Le Bouthillier de Rancé, qui en était abbé, conçut le dessein de les réformer, et de rétablir parmi eux la discipline monastique, autant que le malheur des temps pouvait le permettre. Peu à peu on vit renaître dans cette maison les pratiques les plus austères, et ceux qui avaient embrassé la réforme s'efforcer de tendre à la plus haute perfection ; leur vie était partagée entre la lecture, le travail et la prière. A l'heure du travail, chacun quittait sa coule, et, retroussant l'habit de dessous, suivait la tâche qui lui était assignée ; car il ne leur était pas libre de choisir ce qui convenait le plus à leur inclination.

2 Mais surtout, si l'exil de leur cloître pieux...

Allusion à l'hospitalité généreuse que les chartreux et les frères de la Trappe ont trouvée dans leur exil pendant la révolution, en Suisse, en Westphalie, et surtout en Angleterre.

3 Tu connus ce secret, ô toi dont le coteau,
Dont la verte *Colline* offre un si doux tableau, etc.

Le duc d'Harcourt, fils aîné du maréchal, avait créé dans sa terre d'Harcourt, près de Caen, un des plus beaux jardins de France, celui de la

NOTES DU CHANT III.

Colline; et il y jouissait en sage des charmes de la retraite, lorsqu'il fut nommé gouverneur du Dauphin, premier fils de Louis XVI, qui est mort à Meudon en 1789. Ce duc, qui avait écrit sur les jardins, est mort en 1800, à Londres, où il était depuis plusieurs années ambassadeur du roi de France.

> 4 Je t'en prends à témoin, jeune Potaveri

C'est le nom d'un habitant d'O-Taïti, amené en France par M. de Bougainville, célèbre par plus d'un genre de courage, et connu si avantageusement comme militaire et comme voyageur. Le trait que je raconte ici de ce jeune O-Taïtien est très connu et très intéressant. Je n'ai fait que changer le lieu de la scène, que j'ai placée au Jardin du Roi. J'aurais voulu mettre dans mes vers toute la sensibilité qui existe dans le peu de mots qu'il prononçait en embrassant l'arbre qu'il reconnut, et qui lui rappelait sa patrie. *C'est O-Taïti*, disait-il ; et en regardant les autres arbres : *Ce n'est pas O-Taïti*.

> 5 Où l'amour sans pudeur n'est pas sans innocence.

On a remarqué, dans tous les peuples où la civilisation a fait peu de progrès, une certaine innocence dans les mœurs, très différente de la réserve et de la pudeur qui accompagnent toujours la vertu dans les femmes des nations civilisées. Dans l'île d'O-Taïti, dans la plupart des autres îles de la mer du Sud, à Madagascar, etc., les femmes mariées croient se devoir exclusivement à leurs maris, et manquent rarement à la fidélité conjugale : mais les filles n'y attachent aucune idée de crime, ni même de honte ; elles ne s'assujettissent ni dans leurs discours, ni dans leur habillement, ni dans leurs manières, à ce que nous regardons comme des devoirs pour leur sexe. Mais chez elles c'est simplicité, et non corruption : elles ne méprisent point les règles de la décence, elles les ignorent. Dans ce pays la nature est grossière, mais elle n'y est pas dépravée : voilà ce que j'ai essayé de rendre par ce vers.

> 6 Que votre art les promette, et que l'œil les espère.
> Promettre, c'est donner ; espérer, c'est jouir.

Ce dernier hémistiche se trouve dans une épître charmante de M. de Saint-Lambert ; c'est par réminiscence qu'il s'est glissé dans mon ouvrage.

CHANT III.

> 1 Je sais que dans Harlem plus d'un triste amateur
> Au fond de ses jardins s'enferme avec sa fleur.

Harlem est une ville de Hollande, où se fait un grand commerce de fleurs. On sait à quel degré d'extravagance des amateurs ont porté dans ce genre l'amour de la rareté et des jouissances exclusives.

> 2 Du haut des vrais rochers, sa demeure sauvage,
> La nature se rit de ces rocs contrefaits,
> D'un travail impuissant avortons imparfaits.

En général, on ne peut bien imiter les rochers, pas plus que tous les grands effets de la nature. Elle ne permet à l'art de tenter des hardiesses que lorsqu'il combat avec toutes les ressources du génie et de l'opulence. C'est ainsi que s'est formé, d'après les dessins de Robert, le superbe rocher de Versailles, dont l'effet ne peut être deviné que par l'imagination, qui le fait voir d'avance coiffé de beaux arbres, et orné de ce que le temps seul peut lui donner de vraisemblance et de beauté.

>   3 Aux champs de Midleton, aux monts de Dovedale,
>   Whateli, je te suis ; viens, j'y monte avec toi.

Midleton et *Dovedale*, vallons dans le Derbyshire, renommés par les formes pittoresques de leur chaîne de rochers, décrits par Whateli, fameux dessinateur de jardins anglais, dont j'ai, ainsi que Morel dans son charmant traité des jardins, emprunté quelques traits, tels que celui de la cabane et du pont suspendus sur des précipices. Mais j'ai tâché d'exprimer d'une manière qui m'appartint les sensations que font naître ces aspects effrayants.

>   4 Tel est, cher Watelet, etc.

Claude-Henri Watelet, receveur-général des finances, né à Paris en 1718, l'un des quarante de l'Académie française, membre de plusieurs académies étrangères, mort à Paris le 13 février 1786.

>   5 Délicieux Oatlands ! ta plus riche parure, etc.

Oatlands, château dans les environs de Richemond, et résidence de LL. AA. les duc et duchesse d'York.

>   6 Tel j'ai vu ce Twicknham, dont Pope est créateur.

Twicknham, village situé à trois lieues de Londres, sur les bords de la Tamise : on y voit encore la maison et le jardin qui avaient appartenu à Pope, et qu'il avait achetés avec le produit de sa traduction d'Homère. Cette propriété, illustrée par Pope, était passée au lord Clair, trop connu par ses exactions dans les Indes et par sa fin déplorable.

CHANT IV.

>   1 Imitez le Poussin : aux fêtes bocagères
>   Il nous peint les bergers et les jeunes bergères.

Ce fameux tableau est sans doute le plus beau des tableaux de paysages. Si l'on ne savait d'ailleurs combien l'imagination du Poussin s'était nourrie des ouvrages des grands poëtes anciens, ce tableau suffirait pour le prouver. Presque toutes les odes voluptueuses d'Horace ont le même caractère : partout, au milieu des fêtes et des plaisirs, il montre la mort dans le lointain : « Hâtez-vous, dit-il : qui sait si nous vivrons demain ! Nous mourrons ; il faudra quitter cette belle maison, cette femme charmante ; et de tous ces arbres que vous cultivez, le seul cyprès suivra son maître, hélas ! trop peu durable. »

C'est cette même philosophie, puisée dans les poëtes anciens, qui dictait à Chaulieu ces vers pleins d'une si douce mélancolie :

> Muses qui, dans ce lieu champêtre,
> Avec soin me fîtes nourrir,
> Beaux arbres qui m'avez vu naître,
> Bientôt vous me verrez mourir.

Ces contrastes de sensations moitié voluptueuses, moitié tristes, agitant l'ame en sens contraire, font toujours une impression profonde ; et c'est ce qui m'a engagé à jeter, au milieu des scènes riantes des jardins, la vue mélancolique des urnes et des tombeaux consacrés à l'amitié ou à la vertu.

2 Voyez sous ces vieux ifs la tombe où vont descendre
Ceux qui, courbés pour vous sur des sillons ingrats,
Au sein de la misère espèrent le trépas.

Dans ces vers, consacrés aux humbles sépultures des habitants de la campagne, j'ai imité quelques vers du Cimetière de Gray.

3 Dans Stow, je l'avouerai, l'art plus judicieux, etc.

Stow, château et jardin situés dans le comté de Buckingham. Le propriétaire actuel est lord *Temple*. C'est le jardin de Stow qui a fourni le premier modèle des jardins dits *anglais*.

4 Kiow des plants étrangers a rassemblé le choix.

Kiow, résidence royale à deux lieues de Londres : on en admire le jardin botanique, où se trouvent les plantes les plus rares des deux hémisphères.

5 Mais loin ces monuments dont la ruine feinte
Imite mal du temps l'inimitable empreinte.

M. de Chabanon, dans une épître fort agréable, écrite en faveur des jardins du genre irrégulier, a remarqué avant moi que les vieux monuments réveillaient des souvenirs ; avantage que n'ont pas les ruines factices. Cette idée se trouve dans d'autres ouvrages, et particulièrement dans celui de Whateli : et d'ailleurs elle est si naturelle, qu'elle était facile à trouver. Peut-être n'était-il pas aussi aisé de la bien rendre, surtout après M. de Chabanon ; mais si je me suis rencontré avec lui, ce que j'ai tâché d'éviter, je répète que ses vers ont été faits avant les miens.

6 Toi surtout, brave Cook, etc.

Tout le monde connaît les voyages instructifs et courageux du célèbre et malheureux Cook, et l'ordre que fit donner Louis XVI de respecter son vaisseau sur toutes les mers ; ordre qui fait un égal honneur aux sciences, à cet illustre voyageur, et au roi, dont il devenait pour ainsi dire le sujet par ce genre nouveau de bienfaisance et de protection.

L'HOMME DES CHAMPS,

POEME

EN QUATRE CHANTS.

PRÉFACE[1].

Ces nouvelles *Géorgiques* n'ont rien de commun avec celles qui ont paru jusqu'à ce jour; et le nom de Géorgiques, ainsi que dans d'autres poëmes français, et particulièrement dans le poëme des *Saisons* du cardinal de Bernis, est employé ici dans un sens plus étendu que son acception ordinaire. Ce poëme est divisé en quatre chants, qui, tous relatifs aux jouissances champêtres, ont pourtant chacun leur objet particulier.

Dans le premier, c'est le sage qui, avec des sens plus délicats, des yeux plus exercés que le vulgaire, parcourt dans leurs innombrables variétés les riches décorations des scènes champêtres, et multiplie ses jouissances en multipliant ses sensations; qui, sachant se rendre heureux dans son habitation champêtre, travaille à répandre autour de lui son bonheur, d'autant plus doux qu'il est plus partagé. L'exemple de la bienfaisance lui est donné par la nature même, qui n'est à ses yeux qu'un échange éternel de secours et de bienfaits. Il s'associe à ce concert sublime, appelle au secours de ses vues bienfaisantes toutes les autorités du hameau qu'il habite, et, par ce concours de bienveillance et de soin, assure le bonheur et la

---

[1] Delille ayant reporté dans la Préface de sa nouvelle édition du poëme des *Jardins* la réponse qu'il faisait ici à M. de Maistre, et en général aux détracteurs du genre descriptif, nous n'avons pas cru devoir répéter ce que le lecteur a déjà vu au commencement de ce volume.

vertu de la vieillesse et de l'enfance. Cette partie du poëme a été lue plusieurs fois à l'Académie française, et particulièrement à la réception du malheureux M. de Malesherbes. Je dois dire que toutes les maximes de bienfaisance et d'amour du peuple étaient vivement applaudies par tout ce qu'il y avait alors de plus considérable dans la nation. Je n'ai rien retranché de la recommandation que je faisais alors de la pauvreté à la fortune, et de la faiblesse à la puissance : malgré les excès que le peuple s'est quelquefois permis, j'aurais été désavoué même par ses victimes.

Il se trouve aussi dans ce chant une soixantaine de vers empruntés de différents poëtes anglais; mais, en les imitant, j'ai tâché de me les approprier par les images et l'expression. D'ailleurs ils ont presque tous dans mon poëme un but tout à fait différent. Il y a particulièrement dans la chasse du cerf une imitation dans laquelle je me suis rencontré avec M. de Saint-Lambert [1].

Le second chant peint les plaisirs utiles du cultivateur. Mais ce n'est pas ici l'agriculture ordinaire, qui sème ou recueille dans leurs saisons les productions de la nature, obéit à ses vieilles lois, et suit ses anciennes habitudes : c'est l'agriculture merveilleuse, qui ne se contente pas de mettre à profit les bienfaits de la nature, mais qui triomphe des obstacles, perfectionne les productions et les races indigènes, naturalise les races et les productions étrangères; force les rochers à céder la place à la vigne, les torrents à dévider la soie ou à dompter les métaux; sait créer ou corriger les terrains; creuse des canaux pour l'agriculture et le commerce; fertilise par des arrosements les lieux les plus arides; réprime ou met à profit les ravages et les usurpations des rivières; enfin parcourt les campagnes,

---

[1] Tels sont les vers qui commencent par ces mots :

Il rêvait ces grands bois, si chers à sa mémoire.

Ayant travaillé sans livre, je ne puis pas répondre qu'il n'y ait dans ce poëme quelques traces de réminiscence. J'en préviens d'avance ceux qui font un grand crime de ces petits torts.

tantôt comme une déesse qui sème des bienfaits, tantôt comme une fée qui prodigue des enchantements.

Le troisième chant est consacré à l'observateur naturaliste, qui, environné des ouvrages et des merveilles de la nature, s'attache à les connaître, et donne ainsi plus d'intérêt à ses promenades, de charmes à son domicile, et d'occupations à ses loisirs; se forme un cabinet d'histoire naturelle orné non de merveilles étrangères, mais de celles qui l'environnent, et qui, nées dans son propre sol, lui deviennent plus intéressantes encore. Le sujet de ce chant est le plus fécond de tous, et jamais une carrière plus vaste et plus neuve ne fut ouverte à la poésie.

Enfin le quatrième apprend au poëte des champs à célébrer, en vers dignes de la nature, ses phénomènes et ses richesses. En enseignant l'art de peindre les beautés champêtres, l'auteur a tâché d'en saisir lui-même les traits les plus majestueux et les plus touchants.

Le traducteur des Géorgiques de Virgile, en composant les siennes, s'est affligé souvent d'avoir avec son modèle la plus triste des ressemblances. Comme Virgile, il a écrit sur les plaisirs et les travaux champêtres pendant que les campagnes étaient désolées par la guerre civile et la guerre étrangère : comme lui, il détournait ses yeux de ces amas de cadavres et de ruines, pour les rejeter sur les douces images du premier art de l'homme et des innocentes délices des champs.

Auguste, paisible possesseur de Rome encore sanglante, s'occupa de ranimer l'agriculture et les bonnes mœurs qui marchent à sa suite; il engagea Virgile à publier ses Géorgiques : elles parurent avec la paix, et en augmentèrent les charmes. C'est un heureux augure pour son imitateur. Puisse ce poëme porter dans les ames effarouchées par de longues craintes, ulcérées par de longues souffrances, des sentiments doux et des affections vertueuses! L'indulgence du lecteur jugera moins rigoureusement un ouvrage composé dans des temps si malheureux : il eût été plus soigné et moins imparfait, s'il eût été composé avec un esprit libre et un cœur plus tranquille, et si, dans cette terrible révolution, l'auteur n'eût perdu que sa fortune !

Je finis cette Préface par désavouer plusieurs morceaux de mes ouvrages non imprimés, qui se trouvent épars dans des journaux ou des recueils; morceaux dans lesquels j'ai trouvé avec peine des passages insérés par des mains étrangères : il est juste qu'on ne soit chargé que de ses propres fautes.

L'HOMME DES CHAMPS.

CHANT PREMIER.

Boileau jadis a su, d'une imposante voix,
Dicter de l'art des vers les rigoureuses lois ;
Le chantre de Mantoue a su des champs dociles
Hâter les dons tardifs par des leçons utiles :
Mais quoi ! l'art de jouir, et de jouir des champs,
Se peut-il enseigner ? Non sans doute ; et mes chants,
Des austères leçons fuyant le ton sauvage,
Viennent de la nature offrir la douce image,
Inviter les mortels à s'en laisser charmer :
Apprendre à la bien voir, c'est apprendre à l'aimer.
Ainsi, qu'après Vanière et le bon Hésiode,
Du régime rural d'autres riment le code ;
D'un pinceau moins usé, dans un cadre nouveau,
Des champêtres plaisirs je trace le tableau,
Et d'un riant séjour le possesseur tranquille,
Le maître bienfaisant, l'agriculteur habile,
L'observateur des champs, leur peintre harmonieux,
Tour à tour dans mes vers vont paraître à vos yeux.
Sujet digne, en effet, du chantre de Mantoue :
A son style divin tout cède, je l'avoue ;
Mais dans ce fond, heureux par sa fécondité,
J'ai pour moi la richesse et la variété.
Inspirez donc mes chants, beaux lieux, frais paysages,
Où la vie est plus pure, où les mortels plus sages
Ne se reprochent point le plaisir qu'ils ont eu !
Qui fait aimer les champs fait aimer la vertu :
Ce sont les vrais plaisirs, les vrais biens que je chante.
  Mais peu savent goûter leur volupté touchante :
Pour les bien savourer, c'est trop peu que des sens ;
Il faut un cœur paisible et des goûts innocents.

Toutefois n'allons pas, déclamateurs stériles,
Affliger de conseils tristement inutiles
Nos riches d'autrefois, nos pauvres Lucullus,
Errants sur les débris d'un luxe qui n'est plus.
On a trop parmi nous réformé l'opulence !
Mais je ne parle pas seulement à la France ;
Ainsi que tous les temps, j'embrasse tous les lieux.

O vous qui dans les champs prétendez vivre heureux,
N'offrez qu'un encens pur aux déités champêtres.
Héritier corrompu de ses simples ancêtres,
Ce riche qui, d'avance usant tous ses plaisirs,
Ainsi que son argent tourmente ses desirs,
S'écrie à son lever : « Que la ville m'ennuie !
Volons aux champs ; c'est là qu'on jouit de la vie,
Qu'on est heureux. » Il part, vole, arrive ; l'ennui
Le reçoit à la grille et se traîne avec lui.
A peine il a de l'œil parcouru son parterre,
Et son nouveau kioske et sa nouvelle serre,
Les relais sont mandés : lassé de son château,
Il part, et court bâiller à l'opéra nouveau.
Ainsi, changeant toujours de dégoûts et d'asile,
Il accuse les champs, il accuse la ville ;
Tous deux sont innocents ; le tort est à son cœur :
Un vase impur aigrit la plus douce liqueur.

Le calme heureux des champs craint une pompe vaine :
L'orgueil produit le faste, et le faste la gêne.
Tel est l'homme : il corrompt et dénature tout.
Qu'au milieu des cités son superbe dégoût
Ait amené les bois, les fleurs et la verdure ;
Je lui pardonne encor : j'aime à voir la nature,
Toujours chassée en vain, vengeant toujours ses droits,
Rentrer à force d'art chez les grands et les rois.
Mais je vois en pitié le Crésus imbécile
Qui jusque dans les champs me transporte la ville :
Avec pompe on le couche, on l'habille, on le sert ;
Et Mondor au village est à son grand couvert.

Bien plus à plaindre encor les jeunes téméraires
Qui, lassés tout à coup du manoir de leurs pères,
Vont sur le grand théâtre, ennuyés à grands frais,
Étaler leurs champarts, leurs moulins, leurs forêts ;

Des puissances du jour assiégent la demeure,
Pour qu'un regard distrait en passant les effleure;
Ou que par l'homme en place un mot dit de côté
D'un faux air de crédit flatte leur vanité !
Malheureux, qui bientôt reviendront, moins superbes,
Et vendanger leur vigne et recueillir leurs gerbes,
Et sauront qu'il vaut mieux, sous leurs humbles lambris,
Vivre heureux au hameau qu'intrigant à Paris.
 Et vous qui de la cour affrontez les tempêtes,
Qu'ont de commun les champs et le trouble où vous êtes?
Vous y paraissez peu ; c'est un gîte étranger,
De votre inquiétude hospice passager.
Qu'un jour vous gémirez de vos erreurs cruelles !
Les flatteurs sont ingrats ; vos arbres sont fidèles,
Sont des hôtes plus sûrs, de plus discrets amis,
Et tiennent beaucoup mieux tout ce qu'ils ont promis.
 Désertant des cités la foule solitaire,
D'avance venez donc apprendre à vous y plaire.
Cultivez vos jardins, volez quelques instants
Aux projets des cités pour vos projets des champs ;
Et si vous n'aimez point la campagne en vrai sage,
La vanité du moins chérira son ouvrage.
 Cependant, pour charmer ses champêtres loisirs,
La plus belle retraite a besoin de plaisirs.
Choisissons : mais d'abord n'ayons pas la folie
De transporter aux champs Melpomène et Thalie :
Non qu'au séjour des grands j'interdise ces jeux,
Cette pompe convient à leurs châteaux pompeux;
Mais sous nos humbles toits ces scènes théâtrales
Gâtent le doux plaisir des scènes pastorales :
Avec l'art des cités arrive leur vain bruit,
L'étalage se montre, et la gaieté s'enfuit :
Puis quelquefois les mœurs se sentent des coulisses,
Et souvent le boudoir y choisit ses actrices.
Joignez-y ce tracas de sotte vanité,
Et les haines naissant de la rivalité ;
C'est à qui sera jeune, amant, prince ou princesse ;
Et la troupe est souvent un beau sujet de pièce.
Vous dirai-je l'oubli de soins plus importants,
Les devoirs immolés à de vains passe-temps?

Tel néglige ses fils pour mieux jouer les pères ;
Je vois une Mérope, et ne vois point de mères :
L'homme fait place au mime, et le sage au bouffon.
Néron, bourreau de Rome, en était l'histrion :
Tant l'homme se corrompt alors qu'il se déplace !
Laissez donc à Molé, cet acteur plein de grace,
Aux Fleurys, aux Sainval, ces artistes chéris,
L'art d'embellir la scène et de charmer Paris ;
Charmer est leur devoir : vous, pour qu'on vous estime,
Soyez l'homme des champs ; votre rôle est sublime.
  Et quel charme touchant ne promettent-ils pas
A des yeux exercés, à des sens délicats !
Insensible habitant des champêtres demeures,
Sans distinguer les lieux, les saisons et les heures,
Le vulgaire au hasard jouit de leur beauté :
Le sage veut choisir. Tantôt la nouveauté
Prête aux objets naissants sa grace enchanteresse,
Tantôt de leur déclin l'aspect nous intéresse.
Le cœur vole au plaisir que l'instant a produit,
Et cherche à retenir le plaisir qui s'enfuit.
Ainsi l'ame jouit, soit qu'une fraîche aurore
Donne la vie aux fleurs qui s'empressent d'éclore ;
Soit que l'astre du monde, en achevant son tour,
Jette languissamment les restes d'un beau jour.
Tel, quand des fiers combats Homère se repose,
Il aime à colorer l'Aurore aux doigts de rose :
Tel le brillant Lorrain, de son pinceau touchant,
Souvent dore un beau ciel des rayons du couchant.
  Étudiez aussi les moments de l'année :
L'année a son aurore, ainsi que la journée.
Ah ! malheureux qui perd un spectacle si beau !
Le jeune papillon, échappé du tombeau,
Qui sur les fruits naissants, qui sur les fleurs nouvelles
S'envole frais, brillant, épanoui comme elles,
Jouit moins au sortir de sa triste prison,
Que le sage au retour de la jeune saison,
Lorsque sur les coteaux, sur les monts, dans les plaines,
Tout est gazon, zéphyr, ou ruisseaux ou fontaines.
Ah ! les beaux jours vont donc me rendre les beaux vers !
Le chêne s'est éteint dans mes foyers déserts.

Adieu des paravents l'ennuyeuse clôture,
Adieu livres poudreux, adieu triste lecture !
Le grand livre des champs vient de s'ouvrir : je cours
Du ruisseau libre enfin reconnaître le cours,
Du premier rossignol entendre le ramage,
Voir le premier bouton, voir le premier feuillage,
Et renaître moi-même avec l'ombre et les fleurs.
   Si du printemps nouveau l'on chérit les faveurs,
Les beaux jours expirants ont aussi leurs délices :
Au printemps de l'année on bénit les prémices ;
Dans l'automne, ces bois, ces soleils pâlissants
Intéressent notre âme en attristant nos sens.
Le printemps nous inspire une aimable folie ;
L'automne, les douceurs de la mélancolie.
On revoit les beaux jours avec ce vif transport
Qu'inspire un tendre ami dont on pleurait la mort ;
Leur départ, quoique triste, à jouir nous invite :
Ce sont les doux adieux d'un ami qui nous quitte ;
Chaque instant qu'il accorde, on aime à le saisir,
Et le regret lui-même augmente le plaisir.
   Majestueux été, pardonne à mon silence !
J'admire ton éclat, mais crains ta violence ;
Et je n'aime à te voir qu'en de plus doux instants,
Avec l'air de l'automne ou les traits du printemps.
Que dis-je ? ah ! si tes jours fatiguent la nature,
Que tes nuits ont de charme ! et quelle fraîcheur pure
Vient remplacer des cieux le brûlant appareil !
Combien l'œil, fatigué des pompes du soleil,
Aime à voir de la nuit la modeste courrière
Revêtir mollement de sa pâle lumière
Et le sein des vallons, et le front des coteaux ;
Se glisser dans les bois, et trembler dans les eaux !
   L'hiver, je l'avouerai, je suis l'ami des villes :
Là, des charmes ravis aux campagnes fertiles ;
Grace au pinceau flatteur, aux sons harmonieux,
L'image frappe encor mon oreille et mes yeux ;
Et j'aime à comparer, dans ce portrait fidèle,
Le peintre à la nature, et l'image au modèle.
Si pourtant dans les champs l'hiver retient mes pas,
L'hiver a ses beautés Que j'aime et des frimas

L'éclatante blancheur, et la glace brillante
En lustres azurés à la roche pendante !
Et quel plaisir encor lorsque, échappé dans l'air,
Un rayon du printemps vient embellir l'hiver,
Et, tel qu'un doux souris qui naît parmi des larmes,
A la campagne en deuil rend un moment ses charmes !
Qu'on goûte avec transport cette faveur des cieux !
Quel beau jour peut valoir ce rayon précieux
Qui, du moins un instant, console la nature !
Et si mon œil rencontre un reste de verdure,
Dans les champs dépouillés, combien j'aime à le voir ! .
Aux plus doux souvenirs il mêle un doux espoir ;
Et je jouis, malgré la froidure cruelle,
Des beaux jours qu'il promet, des beaux jours qu'il rappelle.

Le ciel devient-il sombre? eh bien ! dans ce salon,
Près d'un chêne brûlant j'insulte à l'aquilon ;
Dans cette chaude enceinte, avec goût éclairée,
Mille heureux passe-temps abrégent la soirée.
J'entends ce jeu bruyant où, le cornet en main,
L'adroit joueur calcule un hasard incertain.
Chacun sur le damier fixe d'un œil avide
Les cases, les couleurs, et le plein et le vide :
Les disques noirs et blancs volent du blanc au noir ;
Leur pile croît, décroît.. Par la crainte et l'espoir
Battu, chassé, repris, de sa prison sonore
Le dé, non sans fracas, part, rentre, part encore ;
Il court, roule, s'abat : le nombre a prononcé.

Plus loin, dans ses calculs gravement enfoncé,
Un couple sérieux, qu'avec fureur possède
L'amour du jeu rêveur qu'inventa Palamède,
Sur des carrés égaux, différents de couleur,
Combattant sans danger, mais non pas sans chaleur,
Par cent détours savants conduit à la victoire
Ses bataillons d'ébène et ses soldats d'ivoire.
Long-temps des camps rivaux le succès est égal,
Enfin l'heureux vainqueur donne l'échec fatal,
Se lève, et du vaincu proclame la défaite :
L'autre reste atterré dans sa douleur muette,
Et, du terrible mat à regret convaincu,
Regarde encor long-temps le coup qui l'a vaincu.

Ailleurs, c'est le piquet des graves douairières,
Le loto du grand-oncle et le wisth des grands-pères.
Là, sur un tapis vert, un essaim étourdi
Pousse contre l'ivoire un ivoire arrondi.
Mais trois coups de marteau font retentir la porte :
C'est la poste du soir ; le courrier qui l'apporte,
Ainsi que son cheval, bien morfondu, bien las,
Revient glacé de givre et poudré de frimas,
Portant, sans le savoir, le destin de la terre,
Le sort de Pétersbourg, celui de l'Angleterre,
L'état des fonds publics, les nouvelles de cour,
Billets de mariage, et messages d'amour.
Tout cela, grace au ciel, faiblement l'intéresse ;
Mais chaque curieux autour de lui s'empresse :
Qu'est-ce qui s'est passé dans ce pauvre univers,
Et quels travers nouveaux remplacent nos travers?
Va-t-on des trois pouvoirs établir l'équilibre?
Quel peuple est par nos rois menacé d'être libre [2] ?
Quel ami des Français sous leurs coups est tombé?
Voyons, depuis deux jours, quel trône a succombé.
Chacun a son courrier, et chacun sa gazette.
L'un affecte en lisant une mine discrète :
L'autre rit aux éclats, l'autre cache des pleurs.
Ah! nous sommes vaincus! Non, nous sommes vainqueurs,
Dit l'autre. Où donc eut lieu cette affaire fameuse?
Eh! mais, c'est sur la Sambre. Eh! non, c'est sur la Meuse,
Dit l'autre au coin du feu. Vains discours, bruit perdu!
Car on saura demain qu'on ne s'est point battu.
Mais le souper s'annonce, et l'heure de la table
Rejoint les deux partis : un flacon délectable
Verse avec son nectar les aimables propos,
Et, comme son bouchon, fait partir les bons mots.
On se lève, on reprend sa lecture ordinaire ;
On relit tout Racine, on choisit dans Voltaire.
Tantôt un bon roman charme le coin du feu :
Hélas! et quelquefois un bel esprit du lieu
Tire un traître papier ; il lit, l'ennui circule :
L'un admire en bâillant l'assommant opuscule,
Et d'un sommeil bien franc l'autre dormant tout haut,
Aux battements de mains se réveille en sursaut.

On rit; on se remet de la triste lecture ;
On tourne un madrigal, on conte une aventure.
Le lendemain promet des plaisirs non moins doux,
Et la gaieté revient, exacte au rendez-vous.
Ainsi dans l'hiver même on connaît l'allégresse.
Ce n'est plus ce dieu sombre, amant de la tristesse;
C'est un riant vieillard qui, sous le faix des ans,
Connaît encor la joie, et plaît en cheveux blancs.

En tableaux variés les beaux jours plus fertiles
Ont des plaisirs plus vifs, des scènes moins tranquilles.
Eh ! qui de ses loisirs peut mettre alors l'espoir
Dans ces tristes cartons peints de rouge et de noir ?
L'homme veut des plaisirs; mais leurs pures délices
Ont besoin de santé; la santé, d'exercices.
Laissez donc à l'hiver, laissez à la cité,
Tous ces jeux où la sombre et morne oisiveté,
Pour assoupir l'ennui réveillant l'avarice,
Se plaît dans un tourment, et s'amuse d'un vice.
Loin ces tristes tapis! Les eaux et les forêts
De leurs jeux innocents vous offrent les attraits,
Et la guerre des bois, et les piéges des ondes.
Compagne des Sylvains, des Nymphes vagabondes,
Muse, viens, conduis-moi dans leurs sentiers déserts :
Le spectacle des champs dicta les premiers vers.

Sous ces saules touffus, dont le feuillage sombre
A la fraîcheur de l'eau joint la fraîcheur de l'ombre,
Le pêcheur patient prend son poste sans bruit,
Tient sa ligne tremblante, et sur l'onde la suit.
Penché, l'œil immobile, il observe avec joie
Le liége qui s'enfonce et le roseau qui ploie.
Quel imprudent, surpris au piége inattendu,
A l'hameçon fatal demeure suspendu?
Est-ce la truite agile, ou la carpe dorée,
Ou la perche étalant sa nageoire pourprée,
Ou l'anguille argentée errant en longs anneaux,
Ou le brochet glouton qui dépeuple les eaux [3] ?

Au peuple ailé des airs faut-il livrer la guerre ?
Le chasseur prend son tube, image du tonnerre ;
Il l'élève au niveau de l'œil qui le conduit;
Le coup part, l'éclair brille, et la foudre le suit.

Quels oiseaux va percer la grêle meurtrière?
C'est le vanneau plaintif errant sur la bruyère;
C'est toi, jeune alouette, habitante des airs !
Tu meurs en préludant à tes tendres concerts !
    Mais, pourquoi célébrer cette lâche victoire,
Ces triomphes sans fruit, et ces combats sans gloire?
O Muse, qui souvent, d'une si douce voix,
Imploras la pitié pour les chantres des bois,
Ah! dévoue à la mort l'animal dont la tête
Présente à notre bras une digne conquête,
L'ennemi des troupeaux et celui des moissons.
Mais quoi! du cor bruyant j'entends déja les sons ;
L'ardent coursier déja sent tressaillir ses veines,
Bat du pied, mord le frein, sollicite les rênes.
A ces apprêts de guerre, au bruit des combattants,
Le cerf frémit, s'étonne, et balance long-temps.
Doit-il loin des chasseurs prendre son vol rapide ?
Doit-il leur opposer son audace intrépide?
De son front menaçant ou de ses pieds légers
A qui se fiera-t-il dans ces pressants dangers ?
Il flotte irrésolu : la peur enfin l'emporte;
Il part, il court, il vole : un moment le transporte
Bien loin de la forêt et des chiens et du cor.
Le coursier, libre enfin, s'élance, et prend l'essor :
Sur lui l'ardent chasseur part comme la tempête,
Se penche sur ses crins, se suspend sur sa tête;
Il perce les taillis, il rase les sillons,
Et la terre sous lui roule en noirs tourbillons.
    Cependant le cerf vole, et les chiens sur sa voie
Suivent ces corps légers que le vent leur envoie;
Partout où sont ses pas sur le sable imprimés,
Ils attachent sur eux leurs naseaux enflammés ;
Alors le cerf tremblant, de son pied qui les guide,
Maudit l'odeur traîtresse et l'empreinte perfide.
Poursuivi, fugitif, entouré d'ennemis,
Enfin dans son malheur il songe à ses amis.
Jadis de la forêt dominateur superbe,
S'il rencontre des cerfs errants en paix sur l'herbe,
Il vient au milieu d'eux, humiliant son front,
Leur confier sa vie, et cacher son affront.

Mais hélas ! chacun fuit sa présence importune,
Et la contagion de sa triste fortune :
Tel un flatteur délaisse un prince infortuné !
Banni par eux, il fuit, il erre abandonné :
Il revoit ces grands bois, si chers à sa mémoire,
Où cent fois il goûta les plaisirs et la gloire,
Quand les monts, les rochers, les antres d'alentour
Répondaient à ses cris et de guerre et d'amour,
Et qu'en sultan superbe, à ses jeunes maîtresses
Sa noble volupté partageait ses caresses.
Honneur, empire, amour, tout est perdu pour lui.
C'est en vain qu'à ses maux prêtent un faible appui,
D'un cerf qu'il fait partir l'involontaire audace
Succède à ses dangers, et s'élance à sa place :
Par les chiens vétérans le piége est éventé.
Du son lointain des cors bientôt épouvanté,
Il part, rase la terre ; ou, vieilli dans la feinte,
De ses pas en sautant il interrompt l'empreinte ;
Ou, tremblant et tapi loin des chemins frayés,
Veille et porte alentour ses regards effrayés,
Se relève, repart, croise et confond sa route.
Quelquefois il s'arrête, il regarde, il écoute ;
Et des chiens, des chasseurs, de l'écho des forêts
Déja l'affreux concert le frappe de plus près.
Il part encor, s'épuise encore en ruses vaines.
Mais déja la terreur court dans toutes ses veines ;
Chaque bruit est pour lui l'annonce de son sort,
Chaque arbre un ennemi, chaque ennemi la mort.
Alors, las de traîner sa course vagabonde,
De la terre infidèle il s'élance dans l'onde,
Et change d'élément sans changer de destin.
Avide, et réclamant son barbare festin,
Bientôt vole après lui, d'écume dégouttante,
Brûlante de fureur, et de soif haletante,
La meute aux cris aigus, aux yeux étincelants.
L'onde à peine suffit à leurs gosiers brûlants :
Mais à leur fier instinct d'autres besoins commandent,
C'est de sang qu'ils ont soif, c'est du sang qu'ils demandent.
Alors, désespéré, sans amis, sans secours,
A la fureur enfin sa faiblesse a recours.

CHANT I.

Hélas ! pourquoi faut-il qu'en ruses impuissantes
La frayeur ait usé ses forces languissantes?
Et que n'a-t-il plutôt, écoutant sa valeur,
Par un noble combat illustré son malheur ?
Mais enfin, las de perdre une inutile adresse,
Superbe, il se ranime, il s'avance, il se dresse,
Soutient seul mille assauts ; son généreux courroux
Réserve aux plus vaillants ses plus terribles coups.
Sur lui seul à la fois tous ses ennemis fondent ;
Leurs morsures, leurs cris, leur rage se confondent.
Il lutte, il frappe encore : efforts infructueux !
Hélas ! que lui servit son port majestueux,
Et sa taille élégante, et ses rameaux superbes,
Et ses pieds suspendus sur la pointe des herbes ?
Il chancelle, il succombe, et deux ruisseaux de pleurs
De ses assassins même attendrissent les cœurs.

Permettez-vous ces jeux, sans en être idolâtre :
N'imitez point ce fou, chasseur opiniâtre,
Qui ne parle jamais que meute, que chevaux ;
Qui croirait avilir l'honneur de ses châteaux,
Si de cinquante cerfs les cornes menaçantes
N'ornaient pompeusement ses portes triomphantes ;
Vous conte longuement sa chasse, ses exploits,
Et met, comme le cerf, l'auditeur aux abois.

Êtes-vous de retour sous vos lambris tranquilles ?
Là des jeux moins bruyants, des plaisirs plus utiles
Vous attendent encore. Aux délices des champs
Associez les arts et leurs plaisirs touchants.
Beaux-arts ! eh ! dans quel lieu n'avez-vous droit de plaire ?
Est-il à votre joie une joie étrangère ?
Non ; le sage vous doit ses moments les plus doux :
Il s'endort dans vos bras, il s'éveille pour vous.
Que dis-je ? autour de lui tandis que tout sommeille,
La lampe inspiratrice éclaire encor sa veille.
Vous consolez ses maux, vous parez son bonheur ;
Vous êtes ses trésors, vous êtes son honneur,
L'amour de ses beaux ans, l'espoir de son vieil âge,
Ses compagnons des champs, ses amis de voyage ;
Et de paix, de vertus, d'études entouré,
L'exil même avec vous est un abri sacré.

Tel l'orateur romain, dans les bois de Tuscule,
Oubliait Rome ingrate ; ou tel, son digne émule,
Dans Frênes, d'Aguesseau goûtait tranquillement
D'un repos occupé le doux recueillement :
Tels de leur noble exil tous deux charmaient les peines.
Malheur aux esprits durs, malheur aux ames vaines
Qui dédaignent les arts au temps de leur faveur !
Les beaux-arts à leur tour, dans les temps du malheur,
Les livrent sans ressource à leur vile infortune :
Mais avec leurs amis ils font prison commune,
Les suivent dans les champs, et, payant leur amour,
Amusent leur exil et chantent leur retour [1].

   Mais c'est peu des beaux lieux, des beaux jours, de l'étude :
Je veux que l'amitié, peuplant ma solitude,
Me donne ses plaisirs et partage les miens.
O jours de ma jeunesse ! hélas ! je m'en souviens ;
Épris de la campagne, et l'aimant en poëte,
Je ne lui demandais qu'un désert pour retraite,
Pour compagnons des bois, des oiseaux et des fleurs.
Je l'aimais, je l'aimais jusque dans ses horreurs ;
Je me plaisais à voir, battus par les tempêtes,
Les sapins abaisser et redresser leurs têtes ;
J'allais sur les frimas graver mes pas errants,
Et de loin j'écoutais la course des torrents.
Mais tout passe ; aujourd'hui qu'un sang moins vif m'enflamme,
Que les besoins des sens font placé à ceux de l'ame,
S'il est long-temps désert, le plus aimable lieu
Ne me plaît pas long-temps : les arbres parlent peu,
Dit le bon La Fontaine ; et ce qu'un bois m'inspire,
Je veux à mes côtés trouver à qui le dire.

   Ainsi, fermant la porte au sot qui de Paris
Vient troubler votre joie et tuer vos perdrix,
De ceux qu'unit à vous une amitié sincère,
Préparez, décorez la chambre hospitalière.
Ce sont de vieux voisins, des proches, des enfants,
Qui visitent des lieux chers à leurs premiers ans :
C'est un père adoré qui vient dans sa vieillesse
Reconnaître les bois qu'a plantés sa jeunesse ;
La ferme, à son aspect, semble se réjouir,
Les bosquets s'égayer, les fleurs s'épanouir.

Tantôt c'est votre ami, votre ami de l'enfance,
Qui de vos simples goûts partage l'innocence.
Chacun retrouve là ses passe-temps chéris,
Son meuble accoutumé, ses livres favoris [5].
Tantôt Robert arrive, et ses riches images
Doublent, en les peignant, vos plus beaux paysages;
Et tantôt son pinceau, dans de plus doux portraits,
De ceux que vous aimez vous reproduit les traits.
Ainsi, plein des objets que votre cœur adore,
De vos amis absents vous jouissez encore.

Ces lieux chers aux vivants sont aussi chers aux morts.
Qui vous empêchera de placer sur ces bords,
Près d'un ruisseau plaintif, sous un saule qui pleure,
D'un ami regretté la dernière demeure?
Est-il un lieu plus propre à ce doux monument,
Où des mânes chéris dorment plus mollement?
Du bon Helvétien qui ne connaît l'usage?
Près d'une eau murmurante, au fond d'un vert bocage,
Il place les tombeaux; il les couvre de fleurs :
Par leur douce culture il charme ses douleurs,
Et pense respirer, quand sa main les arrose,
L'ame de son ami dans l'odeur d'une rose [6].

Ne pouvez-vous encore y consacrer les traits
De ceux par qui fleurit l'art fécond de Cérès?
Pouvez-vous à Berghem refuser un asile,
Un marbre à Théocrite, un bosquet à Virgile?
Hélas! je n'ai point droit d'avoir place auprès d'eux;
Mais si de l'art des vers quelque ami généreux
Daigne un jour m'accorder de modestes hommages,
Ah! qu'il ne place pas le chantre des bocages
Dans le fracas des cours ou le bruit des cités.
Vallons que j'ai chéris, coteaux que j'ai chantés,
Souffrez que parmi vous ce monument repose;
Qu'un peuplier le couvre, et qu'un ruisseau l'arrose!
Mes vœux sont exaucés : du sein de leur repos
Un essaim glorieux de belles, de héros,
Qui, successeurs polis des Sarmates sauvages,
De l'antique Vistule honorent les rivages,
Auprès de Saint-Lambert, de Pope, de Thomson,
Offre dans ses jardins une place à mon nom.

Que dis-je? tant d'honneur n'est pas fait pour ma muse :
La gloire de ces noms du mien serait confuse.
Mais si, dans un bosquet obscur et retiré,
Il est un coin désert, un réduit ignoré,
Au-dessous de Gessner, et bien loin de Virgile,
Hôtes de ces beaux lieux, gardez-moi cet asile.
Content, je vous verrai, dans vos riants vallons,
De l'art que je chantai pratiquer les leçons,
Enrichir vos hameaux, parer leur solitude,
Des partis turbulents calmer l'inquiétude.
Heureux si quelquefois, sous vos ombrages verts,
L'écho redit mon nom, mon hommage et mes vers !

Mais, ne l'oubliez pas : à la ville, au village,
Le bonheur le plus doux est celui qu'on partage.
Heureux ou malheureux, l'homme a besoin d'autrui :
Il ne vit qu'à moitié s'il ne vit que pour lui.
Vous donc à qui des champs la joie est étrangère,
Ah ! faites-y le bien, et les champs vont vous plaire.
Le bonheur dans les champs a besoin de bonté.
Tout se perd dans le bruit d'une vaste cité ;
Mais au sein des hameaux, le château, la chaumière,
Et l'oisive opulence et l'active misère,
Nous offrent de plus près leur contraste affligeant,
Et contre l'homme heureux soulèvent l'indigent.
Alors vient la bonté qui désarme l'envie,
Rend ses droits au malheur, l'équilibre à la vie,
Corrige les saisons, laisse à l'infortuné
Quelques épis du champ par ses mains sillonné,
Comble enfin par ses dons cet utile intervalle
Que met entre les rangs la fortune inégale.

Eh ! dans quels lieux le ciel, mieux qu'au séjour des champs,
Nous instruit-il d'exemple aux généreux penchants ?
De bienfaits mutuels voyez vivre le monde.
Ce champ nourrit le bœuf, et le bœuf le féconde ;
L'arbre suce la terre, et ses rameaux flétris
A leur sol maternel vont mêler leurs débris ;
Les monts rendent leurs eaux à la terre arrosée ;
L'onde rafraîchit l'air, l'air s'épanche en rosée :
Tout donne et tout reçoit, tout jouit et tout sert.
Les cœurs durs troublent seuls ce sublime concert.

L'un, si du dé fatal la chance fut perfide,
Parcourt tout son domaine en exacteur avide ;
Sans sécher une larme épuisant son trésor,
L'autre, comme d'un poids, se défait de son or.
Quoi ! ton or t'importune ? ô richesse impudente !
Pourquoi donc près de toi cette veuve indigente,
Ces enfants dans leur fleur desséchés par la faim,
Et ces filles sans dot, et ces vieillards sans pain ?
　Oh ! d'un simple hameau si le ciel m'eût fait maître,
Je saurais en jouir : heureux, digne de l'être,
Je voudrais m'entourer de fleurs, de riches plants,
De beaux fruits, et surtout de visages riants ;
Et ne souffrirais pas qu'attristant ma fortune,
La faim vint m'étaler sa pâleur importune.
Mais je hais l'homme oisif : la bêche, les rateaux,
Le soc, tout l'arsenal des rustiques travaux,
Attendrait l'indigent, sûr d'un juste salaire ;
Et chez moi le travail bannirait la misère.
　Enfin des maux cruels affligent-ils ses jours ?
Au vieil âge, aux douleurs nous devons des secours.
Dans les appartements du logis le moins vaste,
Qu'il en soit un où l'art, avec ordre et sans faste,
Arrange le dépôt des remèdes divers
A ses infirmités incessamment offerts.
L'oisif, de qui l'ennui vient vous rendre visite,
Louera plus volontiers, de sa voix parasite,
Vos glaces, vos tapis, votre salon doré ;
Mais pour tous les bons cœurs ce lieu sera sacré.
Souvent à vos bienfaits joignez votre présence ;
Votre aspect consolant doublera leur puissance.
Menez-y vos enfants ; qu'ils viennent sans témoin
Offrir leur don timide au timide besoin ;
Que surtout votre fille, amenant sur vos traces
La touchante pudeur, la première des graces,
Comme un ange apparaisse à l'humble pauvreté,
Et fasse en rougissant l'essai de la bonté.
Ainsi, comme vos traits, leurs mœurs sont votre image ;
Votre exemple est leur dot, leurs vertus votre ouvrage.
Cœurs durs, qui payez cher de fastueux dégoûts,
Ah ! voyez ces plaisirs, et soyez-en jaloux.

L'homme le plus obscur quelquefois sous le chaume
Gouverne en son idée une ville, un royaume.
Moi, jamais, dans l'erreur de mes illusions,
Je n'aspire à régler le sort des nations :
Me formant du bonheur une plus humble image,
Quelquefois je m'amuse à régler un village ;
Je m'établis le chef de ces petits États.
Mais à mes propres soins je ne me borne pas ;
Au bon gouvernement de ce modeste empire
Je veux que du hameau chaque pouvoir conspire.
O vous pour qui j'écris le code des hameaux,
Souffrez que mes leçons se changent en tableaux.

Voyez-vous ce modeste et pieux presbytère ?
Là vit l'homme de Dieu, dont le saint ministère
Du peuple réuni présente au ciel les vœux,
Ouvre sur le hameau tous les trésors des cieux,
Soulage le malheur, consacre l'hyménée,
Bénit et les moissons et les fruits de l'année,
Enseigne la vertu, reçoit l'homme au berceau,
Le conduit dans la vie, et le suit au tombeau.
Je ne choisirai point pour cet emploi sublime
Cet avide intrigant que l'intérêt anime,
Sévère pour autrui, pour lui-même indulgent ;
Qui pour un vil profit quitte un temple indigent,
Dégrade par son ton la chaire pastorale,
Et sur l'esprit du jour compose sa morale.
Fidèle à son église, et cher à son troupeau,
Le vrai pasteur ressemble à cet antique ormeau
Qui, des jeux du village ancien dépositaire,
Leur a prêté cent ans son ombre héréditaire,
Et dont les verts rameaux, de l'âge triomphants,
Ont vu mourir le père et naître les enfants.
Par ses sages conseils, sa bonté, sa prudence,
Il est pour le village une autre providence.
Quelle obscure indigence échappe à ses bienfaits ?
Dieu seul n'ignore pas les heureux qu'il a faits.
Souvent dans ces réduits où le malheur assemble
Le besoin, la douleur et le trépas ensemble,
Il paraît ; et soudain le mal perd son horreur,
Le besoin sa détresse, et la mort sa terreur.

Qui prévient le besoin prévient souvent le crime.
Le pauvre le bénit, et le riche l'estime ;
Et souvent deux mortels, l'un de l'autre ennemis,
S'embrassent à sa table, et retournent amis.
 Honorez ses travaux. Que son logis antique,
Par vous rendu décent, et non pas magnifique,
Au-dedans des vertus renfermant les trésors,
D'un air de propreté s'embellisse au-dehors :
La pauvreté dégrade, et le faste révolte.
Partagez avec lui votre riche récolte,
Ornez son sanctuaire et parez son autel.
Liguez-vous saintement pour le bien mutuel :
Et quel spectacle, ô Dieu ! vaut celui d'un village
Qu'édifie un pasteur, et que console un sage ?
Non, Rome subjuguant l'univers abattu
Ne vaut pas un hameau qu'habite la vertu,
Où les bienfaits de l'un, de l'autre les prières,
Sont les trésors du pauvre et l'espoir des chaumières.
 Il est dans le village une autre autorité :
C'est des enfants craintifs le maître redouté.
Muse, baisse le ton, et, sans être grotesque,
Peins des fils du hameau le mentor pédantesque.
Bientôt j'enseignerai comment un soin prudent
Peut de ce grave emploi seconder l'ascendant.
 Mais le voici : son port, son air de suffisance,
Marquent dans son savoir sa noble confiance.
Il sait, le fait est sûr, lire, écrire et compter ;
Sait instruire à l'école, au lutrin sait chanter ;
Connaît les lunaisons, prophétise l'orage,
Et même du latin eut jadis quelque usage.
Dans les doctes débats ferme et rempli de cœur,
Même après sa défaite il tient tête au vainqueur.
Voyez, pour gagner temps, quelles lenteurs savantes
Prolongent de ses mots les syllabes traînantes !
Tout le monde l'admire, et ne peut concevoir
Que dans un cerveau seul loge tant de savoir.
Du reste, inexorable aux moindres négligences,
Tant il a pris à cœur le progrès des sciences !
Paraît-il ? sur son front, ténébreux ou serein,
Le peuple des enfants croit lire son destin.

Il veut, on se sépare ; il fait signe, on s'assemble ;
Il s'égaie, et l'on rit ; il se ride, et tout tremble.
Il caresse, il menace, il punit, il absout.
Même absent, on le craint ; il voit, il entend tout :
Un invisible oiseau lui dit tout à l'oreille ;
Il sait celui qui rit, qui cause, qui sommeille,
Qui néglige sa tâche, et quel doigt polisson
D'une adroite boulette a visé son menton.
Non loin croît le bouleau dont la verge pliante
Est sourde aux cris plaintifs de leur voix suppliante,
Qui, dès qu'un vent léger agite ses rameaux,
Fait frissonner d'effroi cet essaim de marmots,
Plus pâles, plus tremblants encor que son feuillage.
Tel, ô doux Chanonat, sur ton charmant rivage
J'ai vu, j'ai reconnu, j'ai touché de mes mains
Cet arbre dont s'armaient mes pédants inhumains,
Ce saule, mon effroi, mon bienfaiteur peut-être.

 Des enfants du hameau tel est le grave maître [8].
En secondant ses soins, rendez-le plus soigneux.
Rien n'est vil pour le sage ; un sot est dédaigneux.
Il faut dans les emplois, quoi que l'orgueil en pense,
Aux grands la modestie, aux petits l'importance.
Encouragez-le donc ; songez que dans ses mains
De ce peuple naissant reposent les destins ;
Et, rendant à ses yeux son office honorable,
Laissez-le s'estimer, pour qu'il soit estimable.

 Eh ! quel tableau des mœurs ne vous offrira pas
Tout ce peuple d'enfants, sujets de ses États !
C'est là que l'homme est lui, que nul art ne déguise
De ses premiers penchants la naïve franchise.
L'un, docile et traitable après le châtiment,
Laisse apaiser d'un mot son court ressentiment ;
Il essuie en riant une dernière larme ;
Un affront l'irritait, un souris le désarme :
L'autre, ferme, inflexible, affecte un froid dédain,
Et garde obstinément un silence mutin.
Tel, décelant déjà son ame magnanime,
Jadis Caton enfant fut un boudeur sublime.

 Mais l'heure des jeux sonne : observez-les encor
Dans ces jeux où l'instinct prend son premier essor.

L'un, apprenti Rubens, charbonne la muraille ;
L'autre, Chevert futur, met sa troupe en bataille ;
L'autre, Euclide nouveau, confie au sol mouvant
Ses cercles, ses carrés, dont s'amuse le vent ;
L'autre de ses châteaux fait, défait l'assemblage ;
L'autre est l'historien, le conteur du village :
Là, peut-être un rival des Regniers, des Boileaus,
Fouette un buis tournant, qui châtierait les sots.
Peut-être un successeur des Molés, des Prévilles,
Peint les travers des champs, qui peindrait ceux des villes.
Aujourd'hui, sans songer à son dessein futur,
Son cœur est satisfait si, lancé d'un bras sûr,
Le caillou sur les eaux court, tombe et se relève,
Ou si par un bon vent son cerf-volant s'enlève.

Dès qu'un heureux hasard vient l'offrir à vos yeux,
Hâtez-vous, saisissez ce germe précieux.
Tels ces jeunes œillets n'attendent pour éclore
Qu'un des rayons du jour, qu'un des pleurs de l'Aurore ;
Tels d'un lis, s'élevant dans le fond des déserts,
Les parfums négligés se perdent dans les airs :
Cultivés, protégés par vos secours propices,
Ces jeunes sauvageons croîtront sous vos auspices ;
Hâtés par vos bienfaits, leurs fruits seront plus doux,
Et leur succès flatteur rejaillira sur vous.

Des préjugés aussi préservez le jeune âge.
Naguère des ESPRITS hantaient chaque village ;
Chaque bourg en tremblant consultait son devin ;
Tout château renfermait son spectre, son lutin,
Et dans de longs récits la vieillesse conteuse
En troublait le repos de l'enfance peureuse ;
Surtout, lorsqu'aux lueurs d'un nocturne flambeau
L'heure de la veillée assemblait le hameau,
Toujours de revenants quelque effrayante histoire
Resserrait de frayeur le crédule auditoire.
Loin d'eux ces fictions qui sèment la terreur,
Filles des préjugés et mères de l'erreur !
Ah ! contons-leur plutôt la bonne moissonneuse
Soigneuse d'oublier l'épi de la glaneuse ;
Le bon fils, le bon père, et l'invisible main
Qui punit l'homicide et nourrit l'orphelin.

Ainsi vous assurez, bienfaiteur du village,
Des secours au vieillard, des leçons au jeune âge.
Ce n'est pas tout encor : que d'heureux passe-temps
De leurs jours désœuvrés amusent les instants !
Hélas ! qui l'eût pu croire ? une bonté barbare
De ces jours consolants est devenue avare.
Ce temps, leur dites-vous, de stériles loisirs,
Ce temps est au travail volé par les plaisirs.
Ainsi votre bonté du repos les dispense,
Et l'excès du travail en est la récompense !
Hélas ! au laboureur, à l'utile ouvrier,
Dans les jours solennels pouvons-nous envier
Le vin et les chansons, le fifre et la musette ;
A leur fille, l'honneur de sa simple toilette ?
Non ; laissons-leur du moins, pour prix de leur labeur,
Une part à la vie, une part au bonheur.
  Vous-même secondez leur naïve allégresse.
Déjà je crois en voir la scène enchanteresse.
Pour peindre leurs plaisirs et leurs groupes divers,
Donnez, ah ! donnez-moi le pinceau de Téniers.
  Là des vieillards buvant content avec délices,
L'un ses jeunes amours, l'autre ses vieux services,
Et son grade à la guerre, et dans quel grand combat
Lui seul avec de Saxe il a sauvé l'État.
Près d'eux, non sans frayeur dans les airs suspendue,
Églé monte et descend sur la corde tendue ;
Zéphyr vient se jouer dans ses flottants habits,
Et la pudeur craintive en arrange les plis.
Ailleurs s'ouvre un long cirque, où des boules rivales
Poursuivent vers le but leurs courses inégales ;
Et, leur fil à la main, des experts à genoux
Mesurent la distance et décident des coups.
Ici, sans employer l'élastique raquette,
La main jette la balle et la main la rejette ;
Là, d'agiles rivaux sentent battre leur cœur ;
Tout part, un cri lointain a nommé le vainqueur.
Plus loin, un buis roulant de la main qui le guide
S'échappe, atteint, parcourt dans son cercle rapide
Ces cônes alignés qu'il renverse en son cours,
Et qui, toujours tombant, se redressent toujours ;

Quelquefois, de leurs rangs parcourant l'intervalle,
Il hésite, il prélude à leur chute fatale ;
Il les menace tous, aucun n'a succombé ;
Enfin il se décide, et le neuf est tombé.
Et vous, archers adroits, prenez le trait rapide ;
Un pigeon est le but. L'un de l'oiseau timide
Effleure le plumage, un autre rompt ses nœuds ;
L'autre le suit de l'œil, et l'atteint dans les cieux :
L'oiseau tourne dans l'air sur son aile sanglante,
Et rapporte en tombant la flèche triomphante.
Mais c'est auprès du temple, autour du grand ormeau,
Que s'assemble la fleur et l'amour du hameau.
L'archet rustique part, chacun choisit sa belle ;
On s'enlace, on s'enlève, on retombe avec elle.
Plus d'un cœur bat, pressé d'une furtive main,
Et le folâtre amour prélude au sage hymen.
Partout rit le bonheur, partout brille la joie ;
L'adresse s'entretient, la vigueur se déploie :
Leurs jeux sont innocents, leur plaisir acheté,
Et même le repos bannit l'oisiveté.
 Vous, charmé de ces jeux, riche de leur aisance,
Vous goûtez le bonheur qui suit la bienfaisance ;
Heureux, vous unissez dans votre heureux hameau
Le riche à l'indigent, la cabane au château ;
Vous créez des plaisirs, vous soulagez des peines,
Du lien social vous resserrez les chaînes ;
Et, satisfait de tout, et ne regrettant rien,
Vous dites comme Dieu : Ce que j'ai fait est bien.

CHANT SECOND.

Heureux qui dans le sein de ses dieux domestiques
Se dérobe au fracas des tempêtes publiques,
Et, dans de frais abris trompant tous les regards,
Cultive ses jardins, les vertus et les arts !
Tel, quand des triumvirs la main ensanglantée
Disputait les lambeaux de Rome épouvantée,

Virgile, des partis laissant rouler les flots,
Du nom d'Amaryllis enchantait les échos.
Nul mortel n'eût osé, troublant de si doux charmes,
Entourer son réduit du tumulte des armes ;
Et lorsque Rome, enfin lasse de tant d'horreurs,
Sous un règne plus calme oubliait ses fureurs,
S'il vint redemander au maître de la terre
Le champ de ses aïeux que lui ravit la guerre,
Bientôt on le revit, loin du bruit des palais,
Favori du dieu Pan, courtisan de Palès,
Fouler, près du beau lac où le cygne se joue,
Les prés délicieux de sa chère Mantoue ¹ ;
Là, tranquille au milieu des vergers, des troupeaux,
Sa bouche harmonieuse errait sur ses pipeaux,
Et, ranimant le goût des richesses rustiques,
Chantait aux fiers Romains ses douces Géorgiques.
Comme lui je n'eus point un champ de mes aïeux,
Et le peu que j'avais je l'abandonne aux dieux ;
Mais comme lui, fuyant les discordes civiles,
J'échappe dans les bois au tumulte des villes,
Et, content de former quelques rustiques sons,
A nos cultivateurs je dicte des leçons.
Vous donc qui prétendiez, profanant ma retraite,
En intrigant d'état transformer un poëte,
Épargnez à ma muse un regard indiscret ;
De son heureux loisir respectez le secret.
Auguste triomphant pour Virgile fut juste :
J'imitai le poëte, imitez donc Auguste,
Et laissez-moi, sans nom, sans fortune et sans fers,
Rêver au bruit des eaux, de la lyre et des vers.

    Quand des agriculteurs j'enseigne l'art utile,
Je ne viens plus, marchant sur les pas de Virgile,
Répéter aux Français les leçons des Romains :
Sans guide m'élançant par de nouveaux chemins,
Je vais orner de fleurs le soc de Triptolème,
Et sur mon propre luth chanter un art que j'aime.

    Je ne prends pas non plus pour sujet de mes chants
Les vulgaires moyens qui fécondent les champs :
Je ne vous dirai point dans quel lieu, sous quel signe
Il faut planter le cep et marier la vigne ;

Quel sol veut l'olivier, dans quels heureux terrains
Réussissent les fruits et prospèrent les grains.
La culture offre ici de plus brillants spectacles :
Au lieu de ses travaux, je chante ses miracles,
Ses plus nobles efforts, ses plus rares bienfaits.
Féconde en grands moyens, fertile en grands effets,
Ce n'est plus cette simple et rustique déesse
Qui suit ses vieilles lois ; c'est une enchanteresse
Qui, la baguette en main, par de hardis travaux
Fait naître des aspects et des trésors nouveaux,
Compose un sol plus riche et des races plus belles,
Fertilise les monts, dompte les rocs rebelles,
Dirige dans leur cours les flots emprisonnés,
Fait commercer entre eux les fleuves étonnés,
Triomphe des climats, et sous ses mains fécondes
Confond les lieux, les temps, les saisons et les mondes.

    Quand l'homme cultiva pour la première fois,
De ce premier des arts il ignorait les lois ;
Sans distinguer le sol, et les monts, et les plaines,
Son imprudente main leur confia ses graines :
Mais bientôt, plus instruit, il connut les terrains ;
Chaque arbre eut sa patrie, et chaque sol ses grains.
Vous, faites plus encore ; osez par la culture
Corriger le terroir et dompter la nature.
Rival de Duhamel, surprenez ses secrets [2] ;
Connaissez, employez l'art fécond des engrais :
Pour fournir à vos champs l'aliment qu'ils demandent,
La castine, la chaux, la marne vous attendent :
Que la cendre tantôt, tantôt les vils débris
Des grains dont sous leurs toits vos pigeons sont nourris,
Tantôt de vos troupeaux la litière féconde,
Changent en sucs heureux un aliment immonde :
Ici, pour réparer la maigreur de vos champs,
Mêlez la grasse argile à leurs sables tranchants :
Ailleurs, pour diviser les terres limoneuses,
Mariez à leur sol les terres sablonneuses.
Vous, dont le fol espoir couvant un vain trésor,
D'un stérile travail croit voir sortir de l'or,
D'un chimérique bien laissez là l'imposture :
L'or naît dans les sillons qu'enrichit la culture ;

La terre est le creuset qui mûrit vos travaux,
Et le soleil lui-même échauffe vos fourneaux
Les voilà les vrais biens, et la vraie alchimie.

Jadis, heureux vainqueur d'une terre ennemie,
Un vieillard avait su de ses champs plus féconds
Vaincre l'ingratitude et doubler les moissons :
Il avait, devinant l'art heureux d'Angleterre,
Pétri, décomposé, recomposé la terre,
Créé des prés nouveaux ; et les riches sainfoins,
Et l'herbe à triple feuille, avaient payé ses soins ;
Ici des jeunes fleurs il doublait la couronne,
Là de fruits inconnus enrichissait l'automne :
Nul repos pour ses champs ; et la variété,
Seule, les délassait de leur fécondité.
Enviant à ses soins un si beau privilége,
Un voisin accusa son art de sortilége.
Cité devant le juge, il étale à ses yeux
Sa herse, ses râteaux, ses bras laborieux ;
Raconte par quels soins son adresse féconde
A su changer la terre, a su diriger l'onde :
« Voilà mon sortilége et mes enchantements, »
Leur dit-il. Tout éclate en applaudissements :
On l'absout ; et son art, doux charme de sa vie,
Comme d'un sol ingrat, triompha de l'envie [3].

Imitez son secret : que votre art souverain
Ose changer, dompter ou créer le terrain.
Augmentez, propagez les richesses rustiques,
Et joignez votre exemple aux usages antiques.
Pourtant, des nouveautés amant présomptueux,
N'allez pas vous bercer d'essais infructueux ;
Gardez-vous d'imiter ces docteurs téméraires,
Hardis blasphémateurs des travaux de leurs pères ;
Laissez là ces projets recueillis par Rozier [4],
Beaux dans le cabinet, féconds sur le papier ;
Des semeurs citadins l'élégante méthode,
Leurs modernes semoirs, leur charrue à la mode,
Leur ferme en miniature ; enfin tous les secrets
Qu'admire le Mercure et que maudit Cérès :
De vos sages aïeux respectant les pratiques,
Laissez à ces docteurs leurs tréteaux dogmatiques.

Cependant n'allez pas, trop superstitieux,
Suivre servilement les pas de vos aïeux :
Créant à l'art des champs de nouvelles ressources,
Tentez d'autres chemins, ouvrez-vous d'autres sources.
Ne vous rebutez pas : eh ! quels brillants succès
Ne vous ont pas payés de vos premiers essais ?
Dans nos champs étonnés que de métamorphoses !
Sur un simple buisson jadis naissaient les roses,
Et le pommier dans l'air déployait ses rameaux :
Le rosier maintenant, ô prodiges nouveaux !
Élève vers les cieux sa tête enorgueillie,
Et sur des arbres nains la pomme est recueillie.
Que de fleurs parmi nous, fières de leurs rayons,
Ont accru leurs honneurs et doublé leurs festons !
Osez plus : appelez les familles lointaines;
Et mariez leur race aux races indigènes.
Pourtant n'imitez pas cet amateur fougueux
Qui hait tous nos trésors ; l'arbre le plus pompeux
Lui déplaît s'il n'est pas nourrisson de l'Afrique,
Ou naturel de l'Inde, ou colon d'Amérique.
Ainsi, quand de Paris les inconstants dégoûts
De Londres, sa rivale, adoptèrent les goûts,
La scène, les salons, et la cour et la ville,
Tout paya son tribut à cette humeur servile.
Devenus, d'inventeurs, copistes maladroits,
Nos arts dépaysés méconnurent leurs droits ;
Sous de pesants jokeys nos chevaux haletèrent,
Nos clubs de politique et de punch s'enivrèrent,
Versailles s'occupa de popularité ;
Chacun eut ses wiskis, ses vapeurs, et son thé.
Moi-même, comparant le parc anglais au nôtre,
J'hésitai, je l'avoue, entre Kent et Le Nôtre ;
Mais je permis l'usage et proscrivis l'excès.
Sensible à la beauté de nos arbres français,
Le bon cultivateur, malgré leurs vieilles formes,
N'exclut point nos tilleuls, nos chênes et nos ormes ;
Il fuit des nouveautés les goûts extravagants :
Mais si par un beau tronc, des rameaux élégants,
L'arbre d'un sol lointain offre un hôte agréable,
Les nôtres font accueil à l'étranger aimable;

Plutôt pour ses appas que pour sa rareté,
Ils lui font les honneurs de l'hospitalité;
Et si l'utilité vient se joindre à la grace,
Aux droits de citoyen ils admettent sa race.
Tel des Alpes nous vint le cytise riant ⁵;
Ainsi pleure incliné le saule d'Orient,
Consacré par l'amour à la mélancolie;
Le peuplier reçut ses frères d'Italie,
Et pour nous, fatigué d'obéir au turban,
Le cèdre impérial descendit du Liban.
  Sachez aussi comment de leurs terres natales
S'éloignent sans péril les races végétales;
Préparez leur exil : vers un ciel étranger
Un passage trop brusque est souvent un danger;
Faites-leur par degrés oublier leur patrie.
De ces ménagements tu connus l'industrie,
Ingénieux Nollin, qui d'arbres de ton choix
Si souvent enrichis les jardins de nos rois :
Du tropique brûlant sur ses roches poudreuses
Malte accueillait d'abord ces plantes voyageuses;
D'Hières, à leur tour, les champs moins embrasés
Présentaient un asile aux plants dépaysés;
Lyon les attendait, et son climat propice
A la plante adoptive offrait un doux auspice;
Et dans Paris enfin l'arbuste acclimaté
Prêtait à nos jardins son ombrage emprunté.
Ainsi de lieux en lieux, et de races en races,
De son sol primitif l'arbre perdait les traces,
Changeait son naturel, et pour de nouveaux cieux
Quittait, sans s'appauvrir, les champs de ses aïeux;
Tant les ans et les soins, et l'adroite culture,
Subjuguent l'habitude et domptent la nature !
Imitez ce grand art, et des plants délicats
Nuancez le passage à de nouveaux climats.
  Vous dirai-je, à l'aspect de ces riches peuplades,
Quel charme embellira vos douces promenades?
Par elles votre esprit parcourt tous les climats :
Ces pins aux verts rameaux, amoureux des frimas,
Nourrissons de l'Écosse ou de la Virginie,
Et des deux continents heureuse colonie,

En vous offrant les plants des deux mondes divers,
Vous portent aux deux bouts de l'immense univers.
Le thuya vous ramène aux plaines de la Chine.
L'arbre heureux de Judée, à la fleur purpurine,
Se montre-t-il à vous? vous vous peignez soudain
Les bords religieux qu'arrose le Jourdain.
Vous parcourez des champs policés ou sauvages;
Vos plants sont des pays, vos pensers des voyages,
Et vous changez cent fois de climats et de lieux.

Soit donc que par les soins d'un art industrieux
Il donne à son pays des familles nouvelles,
Soit que par ses secours nos races soient plus belles,
Heureux l'homme entouré de ses nombreux sujets!
Le vulgaire n'y voit que des arbres muets;
Vous, ce sont vos enfants : vous aidez leur faiblesse,
Vous formez leurs beaux ans, vous soignez leur vieillesse;
Vous en étudiez les diverses humeurs,
Vous leur donnez des lois, vous leur donnez des mœurs;
Et, corrigeant leurs fruits, leurs fleurs et leur feuillage,
De la création vous achevez l'ouvrage.

Donnez les mêmes soins aux divers animaux :
Qu'ils soient par vous plus forts, mieux vêtus et plus beaux;
Soignez bien les enfants, choisissez bien les mères,
Changez ou maintenez les mœurs héréditaires;
A ceux dont nos cantons reçoivent les tributs
Ajoutez, s'il se peut, d'étrangères tribus :
Mais toujours sur les lieux réglez votre industrie.
Ne contraignez jamais à quitter leur patrie
Ceux qui, féconds ailleurs, semblent, pour vous punir,
Refuser de s'aimer, refuser de s'unir,
Ou qui, dégénérant de leur antique race,
De leurs traits primitifs perdent bientôt la trace.
A cet oiseau parleur, que sa triste beauté
Ne dédommage pas de sa stérilité,
Je préfère celui qui, né dans nos campagnes,
A son nid, ses amours, ses chants et ses compagnes.

Et qui ne connaît point le pouvoir des climats?
Le tigre parmi nous ne se reproduit pas;
Le lion, dont le sang incessamment bouillonne,
Dédaigne sous nos toits l'amour de la lionne;

Les chiens de nos climats, sujets aux mêmes lois,
Perdent chez l'Africain et leur poil et leur voix ;
Et, sans lait pour son fils, la mère européenne
Le remet dans l'Asie à la femme indienne[6].

Faites donc votre choix : ceux de qui les penchants
Se font à votre ciel, se plaisent à vos champs,
Adoptez-les. Ainsi des rochers de la Suisse
S'unit à nos taureaux la féconde génisse,
Et, pendue aux buissons de ce coteau riant,
La chèvre aventurière a quitté l'Orient.
Là le bélier anglais paît la verte campagne ;
Là la brebis d'Afrique et le mouton d'Espagne
De leur belle toison traînent le riche poids.
Ici le coursier barbe est errant dans vos bois ;
Là bondit d'Albion la cavale superbe,
Tandis que ses enfants qui folâtrent sur l'herbe,
Se cherchant, se fuyant, se défiant entre eux,
De leur course rivale entrelacent les jeux[7].

Aspects délicieux ! perspectives charmantes !
Quelle scène est égale à ces scènes mouvantes,
A ces riants tableaux ? Oh ! de mes derniers jours
Si le ciel à mon choix avait laissé le cours,
Oui, je l'avoue, après l'aimable poésie,
L'utile agriculture eût exercé ma vie.
Est-il un soin plus doux ? Calme, mais occupé,
C'est là qu'en ses desirs le sage est peu trompé :
Autour de ses jardins, de ses flottantes gerbes,
De ses riches vergers, de ses troupeaux superbes,
L'espoir au front riant se promène avec lui :
Il voit ses jeunes ceps embrasser leur appui ;
Sur le fruit qui mûrit, sur la fleur près d'éclore,
Il court interroger le lever de l'aurore,
Les vapeurs du midi, les nuages du soir.
L'inquiétude même assaisonne l'espoir ;
Et, toujours entouré de dons ou de promesses,
Il sème, attend, recueille, ou compte ses richesses.
Et trop heureux encor lorsque des soins si doux
Par le même intérêt unissent deux époux,
Et resserrent les nœuds d'une sage famille !
Le père et son enfant, et la mère et sa fille,

CHANT II.

Chacun a son emploi. Les travaux importants,
Les forêts à planter, la culture des champs,
L'art par qui la moisson et la vigne prospère,
Sont les amusements et la gloire du père :
Son fils aux mêmes soins s'exerce sous ses lois;
Lui-même l'initie à ses heureux emplois,
Lui conte ses projets; il lui lègue d'avance
Ses desseins, ses succès, sa longue expérience.
« Ces vergers, lui dit-il, ces prés créés par moi,
Ces travaux commencés seront finis par toi;
Entretiens ces canaux, ils furent mon ouvrage;
Soigne ces jeunes-bois, ces bois sont de ton âge. »
 Trésor de son ménage, et chère à son époux,
La mère a des emplois moins graves et plus doux:
Les soins du colombier, ceux de la bergerie,
Occupent ses moments; la fraîche laiterie
Lui doit l'appétissante et simple propreté;
Le parterre, ses fleurs; la maison, sa gaieté;
Elle tient sous ses lois les oiseaux domestiques,
Prépare leur enceinte et leurs palais rustiques,
Leur perche pour dormir, leur abri pour couver :
Elle y court le matin; son œil aime à trouver
La mère sur son nid, l'enfant qui vient d'éclore,
Et la poule en travail, et son œuf tiède encore;
Joyeuse, elle saisit son innocent butin,
Et déjà le promet au banquet du matin.
Et pourrais-je oublier les soins de la volière?
Elle-même nourrit la troupe familière,
Console ces captifs de l'empire de l'air;
Leur porte le mouron, la chenille et le ver;
Elle-même préside à leurs doux mariages,
Elle assortit leur race, établit leurs ménages,
Des couples amoureux forme l'heureux lien,
Et voit dans leur bonheur une image du sien.
Les temps sont-ils venus d'une chaîne si douce?
C'est elle qui leur jette et la laine et la mousse,
Et le tendre coton qui, tapissant leurs nids,
Sur le plus fin duvet recevra leurs petits.
Sa fille l'accompagne, et, doucement rêveuse,
Prodigue aussi ses soins à la troupe amoureuse;

Tantôt les agaçant du geste et de la voix,
A leurs becs irrités abandonne ses doigts.
L'une et l'autre préside au luxe de la table;
Le café par leurs soins coule plus délectable,
Et le gâteau doré, délices du festin,
Paraît plus savoureux préparé par leur main.
Cependant la moisson, les fruits, et les vendanges,
Remplissent les pressoirs, les celliers, et les granges.
Tels vivaient nos aïeux, tels on vit ces châteaux,
De nos vieux chevaliers vénérables berceaux;
Ainsi les champs, les bois, prodiguaient à leur maître
Leur richesse innocente et leur luxe champêtre.

Hélas! pour mes vieux jours j'attendais ces plaisirs;
Et déja l'espérance, au gré de mes desirs,
De mon domaine heureux m'investissait d'avance.
Je ne possédais pas un héritage immense;
Mais j'avais mon verger, mon bosquet, mon berceau.
Dieux! dans quels frais sentiers serpentait mon ruisseau!
Combien je chérissais mes fleurs et mon ombrage!
Quels gras troupeaux erraient dans mon gras pâturage!
Tout riait à mes yeux; mon esprit ne rêvait
Que des meules d'épis et des ruisseaux de lait.
Trop courte illusion! délices chimériques!
De mon triste pays les troubles politiques
M'ont laissé pour tout bien mes agrestes pipeaux.
Adieu mes fleurs; adieu mes fruits et mes troupeaux!
Eh bien! forêts du Pinde, asiles frais et sombres,
Revenez, rendez-moi vos poétiques ombres.
Si le sort m'interdit les doux travaux des champs,
Du moins à leurs bienfaits je consacre mes chants:
Des vergers, des guérets tous les dieux me secondent,
La colline m'écoute, et les bois me répondent.

Vous donc qui, comme moi, de ce bel art épris,
Voulez à vos rivaux en disputer le prix,
Ne vous contentez pas d'une facile gloire:
Les champs ont leurs combats, les champs ont leur victoire.
Voyez-vous, au midi, de ce sol montueux
Le soleil échauffer les rocs infructueux?
Venez (que tardez-vous?) par un triomphe utile
Changer ce sol ingrat en un terrain fertile;

Et, pour planter le cep sur ces coteaux vaincus,
Que Mars prête en riant ses foudres à Bacchus.
De ces apprêts guerriers la montagne s'étonne :
Le feu court dans ses flancs ; ils s'ouvrent, le ciel tonne ;
Et des rocs, déchirés avec un long fracas,
Les débris dispersés s'envolent en éclats.
Le pampre verdoyant aussitôt les remplace,
Et rit aux mêmes lieux que hérissait leur masse.
Bientôt un doux nectar, par vos travaux acquis,
Vous semble encor plus doux sur un terrain conquis ;
Vos amis avec vous partagent la conquête,
Et leur brillante orgie en célèbre la fête.

 Ailleurs c'est un coteau dont le terrain mouvant,
Entraîné par les eaux, emporté par le vent,
N'offre à l'œil attristé qu'une stérile arène :
Eh bien ! ces lieux encor vous paieront votre peine,
Si, d'un sol indigent fécond réparateur,
De son terrain nouveau votre art est créateur.
Ainsi cette île altière, ouvrage d'une autre île,
Ce rocher héroïque en hauts faits si fertile,
Qui voit fumer de loin le sommet de l'Etna,
Malte emprunta son sol aux campagnes d'Enna ;
Ainsi loin d'elle encor la Sicile est féconde.
La terre de Cérès, en voyageant sur l'onde,
Vint couvrir ces rochers ; et leur maigre terrain,
Qui suffisait à peine à l'humble romarin,
Vit naître à force d'art, sur sa côte brûlante,
Le melon savoureux, la figue succulente,
Et ces raisins ambrés qui parfument les airs,
Et l'arbre aux pommes d'or, aux rameaux toujours verts.
Les lauriers seuls semblaient y croître sans culture :
Thétis avec plaisir réfléchit leur verdure ;
Et ce roc, par l'été dévoré si long-temps,
Eut enfin son automne et connut le printemps.

 Imitez, s'il se peut, cette heureuse industrie.
Le terrain qu'a perdu cette côte appauvrie,
Reprenez-le aux vallons ; que la fécondité
Vienne couvrir des rocs la triste nudité.
Mais quand l'onde et les vents vont lui livrer la guerre,
Que partout d'humbles murs soutiennent cette terre.

O riant Gemenos! ô vallon fortuné [8]!
Tel j'ai vu ton coteau de pampres couronné,
Que la figue chérit, que l'olive idolâtre,
Étendre en verts gradins son riche amphithéâtre;
Et la terre, par l'homme apportée à grands frais,
D'un sol enfant de l'art étaler les bienfaits.
Lieu charmant! trop heureux qui dans ta belle plaine,
Où l'hiver indulgent attiédit son haleine,
Au sein d'un doux abri peut, sous ton ciel vermeil,
Avec tes orangers partager ton soleil,
Respirer leurs parfums, et, comme leur verdure,
Même au sein des frimas défier la froidure !

 Toutefois le bel art que célèbrent mes chants
Ne borne point sa gloire à féconder les champs;
Il sait, pour employer leurs richesses fécondes,
Mettre à profit les vents et les feux et les ondes,
Dompter et façonner et le fer et l'airain,
Transformer en tissus et la laine et le lin.
Loin de ces verts coteaux, de ces humbles campagnes,
Venez donc, suivez-moi vers ces âpres montagnes,
Formidables déserts d'où tombent les torrents,
Où gronde le tonnerre, où mugissent les vents.

 Monts où j'ai tant rêvé, pour qui, dans mon ivresse,
Des plus riants vallons j'oubliais la mollesse,
Ne pourrai-je encor voir vos rocs majestueux,
Entendre de vos flots le cours tumultueux?
Oh! qui m'enfoncera sous vos portiques sombres,
Dans vos sentiers, noircis d'impénétrables ombres !

 Mais ce n'est plus le temps : autrefois des beaux-arts,
Sur ces monts, sur ces rocs, j'appelais les regards :
C'est au cultivateur qu'aujourd'hui je m'adresse;
J'invoque le besoin, le travail, et l'adresse;
Je leur dis : Voyez-vous bondir ces flots errants?
Courez, emparez-vous de ces fougueux torrents;
Guidez dans des canaux leur onde apprivoisée;
Que, tantôt réunie et tantôt divisée,
Elle tourne la roue, élève les marteaux,
Et dévide la soie, ou dompte les métaux.
Là, docile ouvrier, le fier torrent façonne
Les toisons de Palès, les sabres de Bellone ;

CHANT II.

Là, plus prompt que l'éclair, le flot lance les mâts
Destinés à voguer vers de lointains climats ;
Là pour l'art des Didot Annonay voit paraître
Les feuilles où ces vers seront tracés peut-être.
Tout vit ; j'entends partout retentir les échos
Du bruit des ateliers, des forges et des flots ;
Les rocs sont subjugués ; l'homme est grand, l'art sublime ;
La montagne s'égaie, et le désert s'anime.

Sachez aussi comment des fleuves, des ruisseaux,
On peut mettre à profit les salutaires eaux ;
Et Pomone et Palès, et Flore et les Dryades,
Doivent leurs doux trésors à l'urne des Naïades,
Surtout dans les climats où l'ardente saison
Jusque dans sa racine attaque le gazon,
Et laisse à peine au sein de la terre embrasée
Tomber d'un ciel avare une faible rosée.

Non loin est un ruisseau ; mais de ce mont jaloux
Le rempart ennemi le sépare de vous :
Eh bien ! osez tenter une grande conquête :
Venez, de vos sapeurs déjà l'armée est prête.
Sous leurs coups redoublés le mont cède en croulant.
La brouette aux longs bras, qui gémit en roulant,
Qui, partout se frayant un facile passage,
Sur son unique roue agilement voyage,
S'emplissant, se vidant, allant, venant cent fois,
Des débris entassés transporte au loin le poids.
Enfin le mont succombe : il s'ouvre, et sous sa voûte
Ouvre au ruisseau joyeux une facile route.
La Naïade s'étonne, et, dans son lit nouveau,
A ses brillants destins abandonne son eau.
Il vient, il se partage en fertiles rigoles ;
Ses limpides filets sont autant de Pactoles.
Sur son passage heureux tout renaît, tout verdit :
De ses états nouveaux son onde s'applaudit,
Et, source de fraîcheur, d'abondance et de gloire,
Vous paie en peu de temps les frais de la victoire [9].

Dans les champs où, plus près de l'astre ardent du jour,
Au sein de ses vallons Lima sent tour à tour,
Par le vent de la mer, par celui des montagnes,
Le soir et le matin rafraîchir ses campagnes,

Avec bien moins de frais et bien moins d'art encor
L'homme sait des ruisseaux disposer le trésor,
Et, suivant qu'il répand ou suspend leur largesse,
Retarde sa récolte ou hâte sa richesse.
Près du fruit coloré la fleur s'épanouit,
L'arbre donne et promet : l'homme espère et jouit.
Là le cep obéit au fer qui le façonne ;
Ici de grappes d'or la vigne se couronne ;
Et, sans que l'eau du ciel lui dispense ses dons,
L'homme au cours des ruisseaux asservit les saisons.
Lieux charmants, où les cieux sont féconds sans nuage,
Et qui ne doivent point leur richesse à l'orage !
Tant l'art a de pouvoir ! tant l'homme audacieux
Sait vaincre la nature et corriger les cieux !

Ne pouvez-vous encor de ces terres fangeuses
Guider dans des canaux les eaux marécageuses,
Et, donnant à Cérès des trésors imprévus,
Montrer au ciel des champs qu'il n'avait jamais vus ?
Tantôt, coulant sans but, des sources vagabondes
A leur libre penchant abandonnent leurs ondes,
Et suivent au hasard leur cours licencieux :
Changez en long canal ces flots capricieux ;
Bientôt vous allez voir mille barques agiles
Descendre, remonter sur ses ondes dociles :
Aux cantons étrangers il porte vos trésors ;
Des fruits d'un sol lointain il enrichit vos bords ;
Par lui les intérêts, les besoins se confondent,
Tous les biens sont communs, tous les lieux se répondent ;
Et l'air, l'onde et la terre, en bénissent l'auteur.

Riquet de ce grand art atteignit la hauteur,
Lorsqu'à ce grand travail du peuple monastique,
Dont long-temps l'ignorance honora Rome antique,
Son art joignit encor des prodiges nouveaux,
Et réunit deux mers par ses hardis travaux.
Non, l'Égypte et son lac, le Nil et ses merveilles,
Jamais de tels récits n'ont frappé les oreilles.
Là, par un art magique, à vos yeux sont offerts
Des fleuves sur des ponts, des vaisseaux dans les airs ;
Des chemins sous des monts, des rocs changés en voûte,
Où vingt fleuves, suivant leur ténébreuse route,

Dans de noirs souterrains conduisent les vaisseaux,
Qui du noir Achéron semblent fendre les eaux ;
Puis, gagnant lentement l'ouverture opposée,
Découvrent tout à coup un riant Élysée,
Des vergers pleins de fruits et des prés pleins de fleurs,
Et d'un bel horizon les brillantes couleurs.
En contemplant du mont la hauteur menaçante,
Le fleuve quelque temps s'arrête d'épouvante ;
Mais, d'espace en espace en tombant retenus,
Avec art aplanis, avec art soutenus,
Du mont, dont la hauteur au vallon doit les rendre,
Les flots, de chute en chute, apprennent à descendre ;
Puis, traversant en paix l'émail fleuri des prés,
Conduisent à la mer les vaisseaux rassurés :
Chef-d'œuvre qui vainquit les monts, les champs, les ondes,
Et joignit les deux mers qui joignent les deux mondes !
Mais ces fleuves féconds sont souvent destructeurs :
Sachez donc réprimer ces flots dévastateurs.
Tout connut ce bel art ; et l'antiquité même
En présente à nos yeux l'ingénieux emblème.
Du fabuleux Ovide écoutez le récit.
Achéloüs, dit-il, échappé de son lit,
Entraînait les troupeaux dans ses eaux orageuses,
Roulait l'or des moissons dans ses vagues fangeuses,
Emportait les hameaux, dépeuplait les cités,
Et changeait en déserts les champs épouvantés.
Soudain Hercule arrive, et veut dompter sa rage :
Dans les flots écumants il se jette à la nage,
Les fend d'un bras nerveux, apaise leurs bouillons,
Et ramène en leur lit leurs fougueux tourbillons.
Du fleuve subjugué l'onde en courroux murmure :
Aussitôt d'un serpent il revêt la figure ;
Il siffle, il s'enfle, il roule, il déroule ses nœuds,
Et de ses vastes plis bat ses bords sablonneux.
A peine il l'aperçoit, le vaillant fils d'Alcmène
De ses bras vigoureux le saisit et l'enchaîne ;
Il le presse, il l'étouffe, et de son corps mourant
Laisse le dernier pli sur l'arène expirant,
Se relève en fureur, et lui dit : « Téméraire !
Osas-tu bien d'Hercule affronter la colère ?

Et ne savais-tu pas qu'en son berceau fameux
Des serpents étouffés furent ses premiers jeux? »
Étonné, furieux de sa double victoire,
Le fleuve de ses flots prétend venger la gloire;
Il fond sur son vainqueur : ce n'est plus un serpent
En replis onduleux sur le sable rampant;
C'est un taureau superbe, au front large et sauvage;
Ses bonds impétueux déchirent son rivage,
Sa tête bat les vents, le feu sort de ses yeux;
Il mugit, et sa voix a fait trembler les cieux.
Hercule, sans effroi, voit renaître la guerre;
Part, vole, le saisit, le combat et l'atterre,
L'accable de son poids, presse de son genou
Sa gorge haletante et son robuste cou;
Puis, fier et triomphant de sa rage étouffée,
Arrache un de ses dards, et s'en fait un trophée.
Aussitôt les Sylvains, les Nymphes de ces bords,
Dont il vengea l'empire et sauva les trésors,
Au vainqueur qui repose apportent leurs offrandes,
L'entourent de festons, le parent de guirlandes;
Et dans la corne heureuse épanchant leurs faveurs,
La remplissent de fruits, la couronnent de fleurs.

Heureuse fiction, aimable allégorie,
Du peintre et du poëte également chérie !
Eh ! qui dans ce serpent, dans ces plis sinueux,
Ne voit des flots errants les détours tortueux,
Soumettant à nos lois leur fureur vagabonde?
Ce taureau qui mugit, c'est la vague qui gronde;
Ces deux cornes du fleuve expriment les deux bras;
Celle qu'arrache Alcide en ces fameux combats,
Riche des dons de Flore et des fruits de Pomone,
De l'homme, heureux vainqueur des eaux qu'il emprisonne,
Marque la récompense ; et sous ces heureux traits
L'abondance aux mortels verse encor ses bienfaits.

Ce travail vous étonne? Eh ! voyez le Batave
Donner un frein puissant à l'Océan esclave.
Là le chêne, en son sein fixé profondément,
Présente une barrière au fougueux élément :
S'il n'a plus ces rameaux et ces pompeux feuillages
Qui paraient le printemps et bravaient les orages,

Sa tige dans les mers soutient d'autres assauts,
Et brise fièrement la colère des eaux.
Là d'un long mur de joncs l'ondoyante souplesse,
Puissante par leur art, forte par sa faiblesse,
Sur le bord qu'il menace attend le flot grondant,
Trompe sa violence, et résiste en cédant.
De là ce sol conquis et ces plaines fécondes
Que la terre étonnée a vus sortir des ondes,
Ces champs pleins de troupeaux, ces prés enfants de l'art..
Le long des flots bruyants qui battent ce rempart;
Le voyageur, surpris, au-dessus de sa tête
Entend gronder la vague et mugir la tempête;
Et dans ce sol heureux, à force de tourment,
La nature est tout art, l'art tout enchantement.

Vous ne pouvez sans doute offrir ces grands spectacles;
Mais votre art plus borné peut avoir ses miracles :
Donnez-lui donc l'essor; sachez par vos travaux
Vaincre ou mettre à profit le cours puissant des eaux.
Tantôt à votre sol l'onde livrant la guerre
Mord en secret ses bords, et dévore sa terre ;
Tantôt par son penchant le courant entraîné
Vous livre, en s'éloignant, son lit abandonné;
Ailleurs, d'un champ qu'il ronge emportant les ruines,
Ses flots officieux vous cèdent leurs rapines.
Recevez leurs présents, et, protégeant leurs bords,
De l'onde usurpatrice arrêtez les efforts ;
Et, gouvernant son cours rebelle ou volontaire,
Traitez-le comme esclave ou comme tributaire.

Souvent même, dit-on, tout un frêle terrain
De sa base d'argile est détaché soudain,
Glisse, vogue sur l'onde, et vers l'autre rivage
D'un voisin étonné va joindre l'héritage.
Le nouveau possesseur, qu'enrichissent ces eaux,
Contemple à son réveil ses domaines nouveaux;
Tandis qu'à l'autre bord ses déplorables maîtres
Ont vu s'enfuir loin d'eux les champs de leurs ancêtres.

Muse, attendris tes sons, et chante la douleur
De la belle Égérie, heureuse en son malheur.
Sous les monts de l'Écosse, en un lac où des îles
Pressent, dit-on, les flots de leurs masses mobiles,

Son père possédait un modique terrain,
Élevé sur les eaux et flottant sur leur sein :
Telle, comme une fleur jetée au sein de l'onde,
Callimaque nous peint cette île vagabonde,
L'asile de Latone et le berceau des dieux.
Du hasard et des flots travail capricieux,
Celle que je décris, de racines sauvages,
De mousses, de rameaux enlacés par les âges,
Se forma lentement; des feuillages flétris
L'enrichissent encor de leurs féconds débris,
Et les caps avancés, à qui l'eau fait la guerre,
De leur lente ruine avaient accru sa terre ;
Autour d'elle flottaient des saules, des roseaux.
Là n'étaient point nourris de superbes troupeaux,
La génisse féconde et la brebis bêlante :
Quelques chevreaux épars, famille pétulante,
Sous les lois d'Égérie erraient seuls en ce lieu :
C'était peu; mais le pauvre est riche de si peu!
Souvent, en l'embrassant, son respectable père
Lui disait : « O ma fille, image de ta mère !
Mon cœur se l'est promis, cette île que tu vois,
C'est ta dot; ces chevreaux et ce pré sont à toi. »

Maître, au bord opposé, d'un bois, d'une prairie,
Dolon depuis long-temps adorait Égérie :
Trop heureux si, troublant un bonheur aussi doux,
Son père n'eût déjà fait choix d'un autre époux !
Toutefois de l'amour l'adresse industrieuse
A les dédommager était ingénieuse.
Le lac plus d'une fois sur ses flots complaisants
Du rivage opposé leur porta les présents,
Les beaux fruits de Dolon, les fleurs de la bergère ;
Souvent l'heureux Dolon, sur sa barque légère,
Visitait l'île heureuse. On sait que de l'amour
Les îles en tout temps sont le plus cher séjour.
Celle-ci n'était point la magique retraite
Que d'Alcine ou d'Armide enfanta la baguette;
Un charme encor plus doux y fixait ces amants :
Se voir, s'aimer, voilà leurs seuls enchantements ;
Fallait-il se quitter? condamnés à l'absence,
En perdant le plaisir, ils gardaient l'espérance.

Enfin le tendre Amour, au gré de leur ardeur,
Voulut unir leur sort, comme il unit leur cœur.
Parmi les déités que révèrent ces ondes,
Doris fut la plus belle; en ses grottes profondes
Le lac n'enferma point un plus rare trésor.
Sous les flots azurés brillaient ses tresses d'or;
L'eau s'enorgueillissait d'une charge aussi belle,
Les flots plus mollement murmuraient autour d'elle;
Les Nymphes l'admiraient. Le jeune Palémon
Pour elle de sa trompe adoucissait le son,
Et jamais chez Thétis Nymphe plus ravissante
Ne reçut les baisers de l'onde caressante.
Éole l'adorait, et son fougueux amour
Vainement l'appelait dans sa bruyante cour;
La Nymphe refusait les farouches hommages
D'un dieu dont les soupirs ressemblent aux orages :
L'amant le plus bruyant n'est pas le plus aimé.

 L'Amour vole à ce dieu par lui-même enflammé :
« Éole, écoute-moi, lui dit-il. Égérie
Du sensible Dolon dès long-temps est chérie;
Son père la destine aux vœux d'un autre amant :
Seconde mes desirs pour ce couple charmant;
Que l'île d'Égérie, au gré de la tempête,
Vers les champs de Dolon vogue, aborde, et s'arrête;
Qu'alors tous deux unis, ils se donnent leur foi :
Je le jure, à ce prix Doris vivra pour toi;
Mais ne l'entraîne point dans ta cour turbulente,
Permets-lui d'habiter dans sa grotte charmante;
Écarte de ses bords l'aquilon furieux,
Et que les seuls zéphyrs soupirent dans ces lieux :
L'Amour le veut ainsi. » Le dieu parle, et s'envole.

 L'espoir d'un prix si doux flatte le cœur d'Éole.
Pour hâter un bonheur de qui dépend le sien,
Il veut de ces amants former l'heureux lien.

 Un jour (l'île ce jour ne les vit point ensemble)
Soudain l'air a mugi, l'onde croît, l'île tremble;
Les flots tumultueux rugissent alentour :
Rien n'égale un orage excité par l'Amour.
L'île cède : Égérie est en pleurs sur la rive;
Elle rappelle en vain son île fugitive,

Hélas! et son amour, injuste un seul moment,
Craint, en perdant sa dot, de perdre son amant.
Fille aimable, bannis une crainte importune!
L'aveugle Amour est cher à l'aveugle Fortune,
Et tous deux de ton île ils dirigent le cours.
Le terrain vagabond, après de longs détours,
Se rapproche des lieux où, seul sur le rivage,
Dolon, triste et pensif, entend gronder l'orage.
Il regarde, il s'étonne; il observe long-temps
Cette île voyageuse et ces arbres flottants,
Quand soudain à ses yeux, quelle surprise extrême!
La terre, en approchant, montre l'île qu'il aime.
Il tremble : il craint pour elle une vague, un écueil;
Il la suit sur les eaux, il la conduit de l'œil.
L'île long-temps encor flotte au gré de l'orage;
La vague enfin la pousse et l'applique au rivage.
Dolon court, Dolon vole : il parcourt ces beaux lieux
Si chéris de son cœur, si connus à ses yeux;
Il cherche le bosquet, il cherche la cabane,
Où leurs discrets amours fuyaient un œil profane;
Les flots impétueux auront-ils respecté
Les fleurs qu'elle arrosait, l'arbre qu'elle a planté?
Trouvera-t-il encor sur l'écorce légère
De leurs chiffres unis le tendre caractère?
Tout l'émeut, tout occupe et son ame et ses yeux;
D'un cœur moins effrayé, d'un œil moins curieux,
Un tendre ami parcourt l'air, les traits, le visage
D'un ami que les flots jetèrent au rivage.

Le calme sur les eaux à peine a reparu,
Dolon retourne aux lieux d'où l'île a disparu,
Va trouver ses amis, les console, les mène
Au rivage où leur île est jointe à son domaine.
Le changement d'abord la déguise à leurs vœux;
Mais d'Égérie à peine elle a frappé les yeux :
« Ah! la voilà, dit-elle. » « Oui, la voilà, s'écrie
Le sensible Dolon, ton île tant chérie!
Viens; nous pourrons encore, à l'ombre de ces bois,
Entrelacer nos noms et marier nos voix :
N'accuse point le sort, n'accuse point l'orage;
Puisqu'il sert mon amour, je bénis son naufrage.

Un dieu sans doute, un dieu propice aux tendres cœurs
Sur la vague orageuse a guidé ses erreurs,
Vers ce rivage ami les dieux l'ont amenée :
Qu'ainsi puisse nous joindre un heureux hyménée! »
 Il dit : la mère pleure et le père consent,
Et la belle Égérie accepte en rougissant.
Et cependant il veut que cette île si chère
Reprenne sa parure et sa forme première :
Un pont joint à ses bords ce fortuné séjour,
Sacré par le malheur, plus sacré par l'amour !
Mais son art l'affermit, et l'onde mugissante
Vient briser sur ses bords sa colère impuissante.
Ainsi cette île errante eut un frein dans les flots,
Le bonheur un asile, et l'amour sa Délos.

CHANT TROISIÈME.

Que j'aime le mortel, noble dans ses penchants,
Qui cultive à la fois son esprit et ses champs!
Lui seul jouit de tout. Dans sa triste ignorance,
Le vulgaire voit tout avec indifférence :
Des desseins du grand Être atteignant la hauteur,
Il ne sait point monter de l'ouvrage à l'auteur.
Non, ce n'est pas pour lui qu'en ses tableaux si vastes
Le grand peintre forma d'harmonieux contrastes :
Il ne sait pas comment, dans ses secrets canaux,
De la racine au tronc, du tronc jusqu'aux rameaux,
Des rameaux au feuillage, accourt la sève errante;
Comment naît des cristaux la masse transparente,
L'union, les reflets et le jeu des couleurs :
Étranger à ses bois, étranger à ses fleurs,
Il ne sait point leurs noms, leurs vertus, leur famille :
D'une grossière main il prend dans la charmille
Ses fils au rossignol, au printemps ses concerts.
Le sage seul, instruit des lois de l'univers,
Sait goûter dans les champs une volupté pure :
C'est pour l'ami des arts qu'existe la nature.

Vous donc, quand des travaux ou des soins importants
Du bonheur domestique ont rempli les instants,
Cherchez autour de vous de riches connaissances
Qui, charmant vos loisirs, doublent vos jouissances.
Trois règnes à vos yeux étalent leurs secrets.
Un maître doit toujours connaître ses sujets :
Observez les trésors que la nature assemble.
Venez; marchons, voyons, et jouissons ensemble.
  Dans ces aspects divers que de variété !
Là tout est élégance, harmonie, et beauté.
C'est la molle épaisseur de la fraîche verdure,
C'est de mille ruisseaux le caressant murmure,
Des coteaux arrondis, des bois majestueux,
Et des antres riants l'abri voluptueux ;
Ici d'affreux débris, des crevasses affreuses,
Des ravages du temps empreintes désastreuses ;
Un sable infructueux aux vents abandonné ;
Des rebelles torrents le cours désordonné ;
La ronce, la bruyère, et la mousse sauvage,
Et d'un sol dévasté l'épouvantable image.
Partout des biens, des maux, des fléaux, des bienfaits !
Pour en interpréter les causes, les effets,
Vous n'aurez point recours à ce double génie
Dont l'un veut le désordre, et l'autre l'harmonie :
Pour vous développer ces mystères profonds,
Venez, le vrai génie est celui des Buffons.
  Autrefois, disent-ils, un terrible déluge,
Laissant l'onde sans frein et l'homme sans refuge,
Répandit, confondit en une vaste mer
Et les eaux de la terre et les torrents de l'air ;
Où s'élevaient des monts étendit des campagnes ;
Où furent des vallons éleva des montagnes ;
Joignit deux continents dans les mêmes tombeaux ;
Du globe déchiré dispersa les lambeaux ;
Lança l'eau sur la terre et la terre dans l'onde,
Et roula le chaos sur les débris du monde.
De là ces grands amas dans la terre enfermés,
Ces bois, noirs aliments des volcans enflammés,
Et ces énormes lits, ces couches intestines,
Qui d'un monde sur l'autre entassent les ruines.

Ailleurs, d'autres dépôts se présentent à vous,
Formés plus lentement par des moyens plus doux.
Les fleuves, nous dit-on, dans leurs errantes courses,
En apportant aux mers les tributs de leurs sources,
Entraînèrent des corps l'un à l'autre étrangers,
Quelques-uns plus pesants, les autres plus légers :
Les uns au fond de l'eau tout à coup se plongèrent ;
Quelque temps suspendus les autres surnagèrent ;
De là, précipités dans l'humide séjour,
Sur ces premiers dépôts s'assirent à leur tour :
Des couches de limon sur eux se répandirent,
Sur ces lits étendus d'autres lits s'étendirent ;
Des arbustes sur eux gravèrent leurs rameaux,
Non brisés par des chocs, non dissous par les eaux,
Mais dans leur forme pure. En vain leurs caractères
Semblent offrir aux yeux des plantes étrangères,
Que des fleuves, des lacs, et des mers en courroux,
Le roulement affreux apporta parmi nous :
Leurs traits inaltérés, les couches plus profondes
Des lits que de la mer ont arrêtés les ondes ;
Souvent de minces lits, léger travail des eaux,
L'un sur l'autre sculptés par les mêmes rameaux ;
Tout d'une cause lente annonce aux yeux l'ouvrage.
Ainsi, sans recourir à tout ce grand ravage,
Le sage ne voit plus que des effets constants,
Le cours de la nature et la marche du temps.

Mais j'aperçois d'ici les débris d'un village :
D'un désastre fameux tout annonce l'image.
Quels malheurs l'ont produit ? Avançons, consultons
Les lieux et les vieillards de ces tristes cantons.
Dans les concavités de ces roches profondes,
Où des fleuves futurs l'air déposait les ondes,
L'eau, parmi les rochers se filtrant lentement,
De ces grands réservoirs mina le fondement :
Les voûtes, tout à coup à grand bruit écroulées,
Remplirent ces bassins ; et les eaux refoulées,
Se soulevant en masse et brisant leurs remparts,
Avec les bois, les rocs, et leurs débris épars,
Des hameaux, des cités traînèrent les ruines ;
Leur cours se lit encore au creux de ces ravines.

Et l'ermite du lieu, sur un décembre assis,
En fait aux voyageurs d'effroyables récits.
Ailleurs ces noirs sommets dans le fond des campagnes
Versèrent tout à coup leurs liquides montagnes,
Et le débordement de leurs bruyantes eaux
Forma de nouveaux lacs et des courants nouveaux.
Voyez-vous ce mont chauve et dépouillé de terre,
A qui fait l'aquilon une éternelle guerre?
L'Olympe pluvieux, de son front escarpé
Détachant le limon par ses eaux détrempé,
L'emporta dans les champs, et de sa cime nue
Laissa les noirs sommets se perdre dans la nue :
L'œil s'afflige à l'aspect de ces rochers hideux.

Poursuivons, descendons de ces sauvages lieux :
Des terrains variés marquons la différence.
Voyons comment le sol, dont la simple substance
Sur les monts primitifs où les dieux l'ont jeté,
Conserve, vierge encor, toute sa pureté,
S'altère en descendant des montagnes aux plaines.
De nuance en nuance et de veines en veines
L'observateur le suit d'un regard curieux [1].

Tantôt de l'ouragan c'est le cours furieux ;
Terrible il prend son vol, et dans des flots de poudre
Part, conduisant la nuit, la tempête et la foudre;
Balaie, en se jouant, et forêt et cité ;
Refoule dans son lit le fleuve épouvanté ;
Jusqu'au sommet des monts lance la mer profonde,
Et tourmente en courant les airs, la terre et l'onde.
De là sous d'autres champs ces champs ensevelis,
Ces monts changeant de place, et ces fleuves de lits;
Et la terre sans fruits, sans fleurs, et sans verdure,
Pleure en habit de deuil sa riante parure.

Non moins impétueux et non moins dévorants,
Les feux ont leur tempête et l'Etna ses torrents.
La terre dans son sein, épouvantable gouffre,
Nourrit de noirs amas de bitume et de soufre,
Enflamme l'air et l'onde, et de ses propres flancs
Sur ses fruits et ses fleurs vomit des flots bouillants :
Emblème trop frappant des ardeurs turbulentes
Dans le volcan de l'âme incessamment brûlantes,

Et qui, sortant soudain de l'abîme des cœurs,
Dévorent de la vie et les fruits et les fleurs !
Ces rocs tout calcinés, cette terre noirâtre,
Tout d'un grand incendie annonce le théâtre.
Là grondait un volcan : ses feux sont assoupis ;
Flore y donne des fleurs, et Cérès des épis.
Sur l'un de ses côtés son désastre s'efface,
Mais la pente opposée en garde encor la trace :
C'est ici que la lave en longs torrents coula ;
Voici le lit profond où le fleuve roula,
Et plus loin à longs flots sa masse répandue
Se refroidit soudain, et resta suspendue.
Dans ce désastre affreux quels fleuves ont tari,
Quels sommets ont croulé, quels peuples ont péri !
Les vieux âges l'ont su, l'âge présent l'ignore ;
Mais de ce grand fléau la terreur dure encore.
Un jour peut-être, un jour les peuples de ces lieux
Que l'horrible volcan inonda de ses feux,
Heurtant avec le soc des restes de murailles,
Découvriront ce gouffre, et, creusant ses entrailles,
Contempleront au loin avec étonnement
Des hommes et des arts ce profond monument ;
Cet aspect si nouveau des demeures antiques,
Ces cirques, ces palais, ces temples, ces portiques,
Ces gymnases du sage autrefois fréquentés,
D'hommes qui semblent vivre encor tout habités ;
Simulacres légers, prêts à tomber en poudre,
Tous gardant l'attitude où les surprit la foudre :
L'un enlevant son fils, l'autre emportant son or ;
Cet autre ses écrits, son plus riche trésor ;
Celui-ci dans ses mains tient son dieu tutélaire ;
L'autre, non moins pieux, s'est chargé de son père ;
L'autre, paré de fleurs et la coupe à la main,
A vu sa dernière heure et son dernier festin.

 Gloire, honneur à Buffon, qui, pour guider nos sages,
Éleva sept fanaux sur l'océan des âges,
Et, noble historien de l'antique univers,
Nous peignit à grands traits ces changements divers !
Mais il quitta trop peu sa retraite profonde :
Des bosquets de Montbard Buffon jugeait le monde ;

A des yeux étrangers se confiant en vain,
Il vit peu par lui-même ; et, tel qu'un souverain,
De loin, et sur la foi d'une vaine peinture,
Par ses ambassadeurs courtisa la nature.

O ma chère patrie ! ô champs délicieux,
Où les fastes du temps frappent partout les yeux !
Oh ! s'il eût parcouru cette belle Limagne,
Qu'il eût joui de voir dans la même campagne
Trois âges de volcans, que distingent entre eux
Leurs aspects, leurs courants, leurs foyers sulfureux !
La mer couvrit les uns par des couches profondes,
D'autres ont recouvert le vieux séjour des ondes ;
L'un d'une côte à l'autre étendit ses torrents ;
L'autre en fleuve de feu versa ses flots errants
Dans ces fonds qu'a creusés la longue main des âges.
En voyant du passé ces sublimes images,
Ces grands foyers éteints dans des siècles divers,
Des mers sur des volcans, des volcans sur des mers,
Vers l'antique chaos notre âme est repoussée,
Et des âges sans fin pèsent sur la pensée.

Mais, sans quitter vos monts et vos vallons chéris,
Voyez d'un marbre usé le plus mince débris :
Quel riche monument ! de quelle grande histoire
Ses révolutions conservent la mémoire !
Composé des dépôts de l'empire animé,
Par la destruction ce marbre fut formé ;
Pour créer les débris dont les eaux le pétrirent,
De générations quelles foules périrent !
Combien de temps sur lui l'océan a coulé !
Que de temps dans leur sein les vagues l'ont roulé !
En descendant des monts dans ces profonds abîmes,
L'océan autrefois le laissa sur leurs cimes ;
L'orage dans les mers de nouveau le porta ;
De nouveau sur ses bords la mer le rejeta,
Le reprit, le rendit : ainsi, rongé par l'âge,
Il endura les vents, et les flots, et l'orage :
Enfin, de ces grands monts humble contemporain,
Ce marbre fut un roc, ce roc n'est plus qu'un grain ;
Mais, fils du temps, de l'air, de la terre, et de l'onde,
L'histoire de ce grain est l'histoire du monde.

Et quelle source encor d'études, de plaisirs,
Va de pensers sans nombre occuper vos loisirs,
Si la mer elle-même et ses vastes domaines
Vous offrent de plus près leurs riches phénomènes !
O mer, terrible mer, quel homme à ton aspect
Ne se sent pas saisi de crainte et de respect !
De quelle impression tu frappas mon enfance !
Mais alors je ne vis que ton espace immense :
Combien l'homme et ses arts t'agrandissent encor !
Là le génie humain prit son plus noble essor;
Tous ces nombreux vaisseaux suspendus sur ses ondes
Sont le nœud des états, les courriers des deux mondes.
Comme elle, à son aspect, vos pensers sont profonds :
Tantôt vous demandez à ces gouffres sans fonds
Les débris disparus des nations guerrières,
Leur or, leurs bataillons, et leurs flottes entières :
Tantôt, avec Linnée enfoncé sous les eaux,
Vous cherchez ces forêts de fucus, de roseaux,
De la Flore des mers invisible héritage,
Qui ne viennent à nous qu'apportés par l'orage;
Éponges, polypiers, madrépores, coraux,
Des insectes des mers miraculeux travaux.
Que de fleuves obscurs y dérobent leur source !
Que de fleuves fameux y terminent leur course !
Tantôt avec effroi vous y suivez de l'œil
Ces monstres qui de loin semblent un vaste écueil [2];
Souvent avec Buffon vos yeux y viennent lire
Les révolutions de ce bruyant empire,
Ses courants, ses reflux, ces grands événements,
Qui de l'axe incliné suivent les mouvements;
Tous ces volcans éteints, qui du sein de la terre
Jadis allaient aux cieux défier le tonnerre;
Ceux dont le foyer brûle au sein des flots amers,
Ceux dont la voûte ardente est la base des mers,
Et qui peut-être un jour sur les eaux écumantes
Vomiront des rochers et des îles fumantes.
Peindrai-je ces vieux caps sur les ondes pendants,
Ces golfes, qu'à leur tour rongent les flots grondants,
Ces monts ensevelis sous ces voûtes obscures,
Les Alpes d'autrefois et les Alpes futures;

Tandis que ces vallons, ces monts que voit le jour,
Dans les profondes eaux vont rentrer à leur tour?
Échanges éternels de la terre et de l'onde,
Qui semblent lentement se disputer le monde !
Ainsi l'ancre s'attache où paissaient les troupeaux,
Ainsi roulent des chars où voguaient des vaisseaux ;
Et le monde, vieilli par la mer qui voyage,
Dans l'abîme des temps s'en va cacher son âge.

   Après les vastes mers et leurs mouvants tableaux,
Vous aimerez à voir les fleuves, les ruisseaux ;
Non point ceux qu'ont chantés tous ces rimeurs si fades,
De qui les vers usés ont vieilli leurs Naïades ;
Mais ceux de qui les eaux présentent à vos yeux
Des effets nobles, grands, rares, ou curieux.
Tantôt dans son berceau vous recherchez leur source ;
Tantôt dans ses replis vous observez leur course,
Comme, d'un bord à l'autre errant en longs détours,
D'angles creux ou saillants chacun marque son cours.

   Dirai-je ces ruisseaux, ces sources, ces fontaines
Qui de nos corps souffrants adoucissent les peines?
Là, de votre canton doux et tristes tableaux,
La joie et la douleur, les plaisirs et les maux,
Vous font chaque printemps leur visite annuelle ;
Là, mêlant leur gaieté, leur plainte mutuelle,
Viennent de tous côtés, exacts au rendez-vous,
Des vieillards écloppés, un jeune essaim de fous.
Dans le même salon là viennent se confondre
La belle vaporeuse et le triste hypocondre :
Lise y vient de son teint rafraîchir les couleurs ;
Le guerrier, de sa plaie adoucir les douleurs ;
Le gourmand, de sa table expier les délices.
Au dieu de la santé tous font leurs sacrifices ;
Tous, lassant de leurs maux valets, amis, voisins,
Veulent être guéris, mais surtout être plaints.
Le matin voit errer l'essaim mélancolique ;
Le soir, le jeu, le bal, les festins, la musique,
Mêlent à mille maux mille plaisirs divers :
On croit voir l'Élysée au milieu des enfers.

   Mais, laissant là la foule et ses bruyantes scènes,
Reprenons notre course autour de vos domaines,

CHANT III.

Et, du palais magique où se rendent les eaux,
Ensemble remontons au lieu de leurs berceaux,
Vers ces monts, de vos champs dominateurs antiques.
Quels sublimes aspects ! quels tableaux romantiques !
Sur ces vastes rochers, confusément épars,
Je crois voir le génie appeler tous les arts :
Le peintre y vient chercher, sous des teintes sans nombre,
Les jets de la lumière et les masses de l'ombre ;
Le poëte y conçoit de plus sublimes chants ;
Le sage y voit des mœurs les spectacles touchants :
Des siècles autour d'eux ont passé comme une heure,
Et l'aigle et l'homme libre en aiment la demeure ;
Et vous, vous y venez, d'un œil observateur,
Admirer dans ses plans l'éternel créateur.
Là le temps a tracé les annales du monde :
Vous distinguez ces monts, lents ouvrages de l'onde ;
Ceux que des feux soudains ont lancés dans les airs,
Et les monts primitifs, nés avec l'univers ;
Leurs lits si variés, leur couche verticale,
Leurs terrains inclinés, leur forme horizontale,
Du hasard et du temps travail mystérieux.
Tantôt vous parcourez d'un regard curieux
De leurs rochers pendants l'informe amphithéâtre,
L'ouvrage des volcans, le basalte noirâtre,
Le granit par les eaux lentement façonné,
Et les feuilles du schiste, et le marbre veiné ;
Vous fouillez dans leur sein, vous percez leur structure ;
Vous y voyez empreints Dieu, l'homme et la nature :
La nature, tantôt riante en tous ses traits,
De verdure et de fleurs égayant ses attraits ;
Tantôt mâle, âpre et forte, et dédaignant les graces,
Fière, et du vieux chaos gardant encor les traces.
Ici, modeste encore au sortir du berceau,
Glisse en minces filets un timide ruisseau ;
Là s'élance en grondant la cascade écumante ;
Là le zéphyr caresse, ou l'aquilon tourmente ;
Vous y voyez unis des volcans, des vergers,
Et l'écho du tonnerre, et l'écho des bergers ;
Ici de frais vallons, une terre féconde ;
Là des rocs décharnés, vieux ossements du monde :

A leur pied le printemps, sur leurs fronts les hivers.
Salut, pompeux Jura, terrible Montanverts,
De neiges, de glaçons entassements énormes,
Du temple des frimas colonnades informes !
Prismes éblouissants, dont les pans azurés,
Défiant le soleil dont ils sont colorés,
Peignent de pourpre et d'or leur éclatante masse,
Tandis que, triomphant sur son trône de glace,
L'hiver s'enorgueillit de voir l'astre du jour
Embellir son palais et décorer sa cour.
Non, jamais, au milieu de ces grands phénomènes,
De ces tableaux touchants, de ces terribles scènes,
L'imagination ne laisse dans ces lieux
Ou languir la pensée ou reposer les yeux.

Malheureux cependant les mortels téméraires
Qui viennent visiter ces horreurs solitaires,
Si par un bruit prudent de tous ces noirs frimas
Leurs tubes enflammés n'interrogent l'amas !
Souvent un grand effet naît d'une faible cause ;
Souvent sur ces hauteurs l'oiseau qui se repose
Détache un grain de neige : à ce léger fardeau
Des grains dont il s'accroît se joint le poids nouveau ;
La neige autour de lui rapidement s'amasse ;
De moment en moment il augmente sa masse ;
L'air en tremble, et soudain, s'écroulant à la fois,
Des hivers entassés l'épouvantable poids
Bondit de roc en roc, roule de cime en cime,
Et de sa chute immense ébranle au loin l'abîme :
Les hameaux sont détruits, et les bois emportés ;
On cherche en vain la place où furent les cités,
Et, sous le vent lointain de ces Alpes qui tombent,
Avant d'être frappés les voyageurs succombent.
Ainsi quand des excès, suivis d'excès nouveaux,
D'un état par degrés ont préparé les maux,
De malheur en malheur sa chute se consomme :
Tyr n'est plus, Thèbes meurt, et les yeux cherchent Rome !
O France ! ô ma patrie ! ô séjour de douleurs [3] !
Mes yeux, à ces pensers, se sont mouillés de pleurs.

Vos pas sont-ils lassés de ces sites sauvages ?
Eh bien ! redescendez dans ces frais paysages :

Là, le long des vallons, au bord des clairs ruisseaux,
De fertiles vergers, d'aimables arbrisseaux,
Et des arbres pompeux, et des fleurs odorantes,
Viennent vous étaler leurs races différentes.
Quel nouvel intérêt ils donnent à vos champs !
Observez leurs couleurs, leurs formes, leurs penchants,
Leurs amours, leurs hymens, la greffe et ses prodiges ;
Comment, des sauvageons civilisant les tiges,
L'art corrige leurs fruits, leur prête des rameaux,
Et peuple ces vergers de citoyens nouveaux ;
Comment, dans les canaux où sa course s'achève,
Dans ses balancements monte et descend la sève ;
Comment le suc, enfin, de la même liqueur
Forme le bois, la feuille, et le fruit, et la fleur.

Et les humbles tribus, le peuple immense d'herbes
Qu'effleure l'ignorant de ses regards superbes,
N'ont-ils pas leurs beautés et leurs bienfaits divers ?
Le même Dieu créa la mousse et l'univers.
De leurs secrets pouvoirs connaissez les mystères,
Leurs utiles vertus, leurs poisons salutaires :
Par eux autour de vous rien n'est inhabité,
Et même le désert n'est jamais sans beauté.
Souvent, pour visiter leurs riantes peuplades,
Vous dirigez vers eux vos douces promenades,
Soit que vous parcouriez les coteaux de Marly,
Ou le riche Meudon, où le frais Chantilly.

Et voulez-vous encore embellir le voyage ?
Qu'une troupe d'amis avec vous le partage ;
La peine est plus légère, et le plaisir plus doux :
Le jour vient, et la troupe arrive au rendez-vous.
Ce ne sont point ici de ces guerres barbares
Où les accents du cor et le bruit des fanfares
Épouvantent de loin les hôtes des forêts ;
Paissez, jeunes chevreuils, sous vos ombrages frais ;
Oiseaux, ne craignez rien : ces chasses innocentes
Ont pour objet les fleurs, les arbres, et les plantes ;
Et des prés et des bois, et des champs et des monts,
Le portefeuille avide attend déjà les dons.
On part : l'air du matin, la fraîcheur de l'aurore
Appellent à l'envi les disciples de Flore.

Jussieu marche à leur tête ; il parcourt avec eux
Du règne végétal les nourrissons nombreux.
Pour tenter son savoir, quelquefois leur malice
De plusieurs végétaux compose un tout factice ;
Le sage l'aperçoit, sourit avec bonté,
Et rend à chaque plant son débris emprunté [4].
Chacun dans sa recherche à l'envi se signale ;
Étamine, pistil, et corolle, et pétale,
On interroge tout. Parmi ces végétaux
Les uns vous sont connus, d'autres vous sont nouveaux.
Vous voyez les premiers avec reconnaissance,
Vous voyez les seconds des yeux de l'espérance :
L'un est un vieil ami qu'on aime à retrouver,
L'autre est un inconnu que l'on doit éprouver.
Eh ! quel plaisir encor lorsque des objets rares,
Dont le sol, le climat et le ciel sont avares,
Rendus par votre attente encor plus précieux,
Par un heureux hasard se montrent à vos yeux !
Voyez quand la pervenche, en nos champs ignorée,
Offre à Rousseau sa fleur si long-temps désirée ;
La pervenche, grand Dieu ! la pervenche ! Soudain
Il la couve des yeux, il y porte la main,
Saisit sa douce proie : avec moins de tendresse
L'amant voit, reconnaît, adore sa maîtresse.

Mais le besoin commande : un champêtre repas,
Pour ranimer leur force, a suspendu leurs pas :
C'est au bord des ruisseaux, des sources, des cascades :
Bacchus se rafraîchit dans les eaux des Naïades.
Des arbres pour lambris, pour tableaux l'horizon,
Les oiseaux pour concert, pour table le gazon ;
Le laitage, les œufs, l'abricot, la cerise,
Et la fraise des bois, que leurs mains ont conquise [5],
Voilà leurs simples mets : grace à leurs doux travaux,
Leur appétit insulte à tout l'art des Méots [6].
On fête, on chante Flore et l'antique Cybèle,
Éternellement jeune, éternellement belle :
Leurs discours ne sont pas tous ces riens si vantés,
Par la mode introduits, par la mode emportés ;
Mais la grandeur d'un Dieu, mais sa bonté féconde,
La nature immortelle, et les secrets du monde.

La troupe enfin se lève; on vole de nouveau
Des bois à la prairie, et des champs au coteau;
Et le soir dans l'herbier, dont les feuilles sont prêtes,
Chacun vient en triomphe apporter ses conquêtes.

    Aux plantes toutefois le destin n'a donné
Qu'une vie imparfaite et qu'un instinct borné.
Moins étrangers à l'homme, et plus près de son être,
Les animaux divers sont plus doux à connaître :
Les uns sont ses sujets, d'autres ses ennemis;
Ceux-ci ses compagnons, et ceux-là ses amis.
Suivez, étudiez ces familles sans nombre;
Ceux que cachent les bois, qu'abrite un antre sombre;
Ceux dont l'essaim léger perche sur des rameaux,
Les hôtes de vos cours, les hôtes des hameaux;
Ceux qui peuplent les monts, qui vivent sous la terre;
Ceux que vous combattez, qui vous livrent la guerre.
Étudiez leurs mœurs, leurs ruses, leurs combats,
Et surtout les degrés si fins, si délicats,
Par qui l'instinct changeant de l'échelle vivante
Ou s'élève vers l'homme, ou descend vers la plante.

    C'est peu; pour vous donner un intérêt nouveau,
De ces vastes objets rassemblez le tableau :
Que d'un lieu préparé l'étroite enceinte assemble
Les trois règnes rivaux, étonnés d'être ensemble;
Que chacun ait ici ses tiroirs, ses cartons;
Que, divisés par classe et rangés par cantons,
Ils offrent de plaisir une source féconde,
L'extrait de la nature et l'abrégé du monde.

    Mais plutôt réprimez de trop vastes projets.
Contentez-vous d'abord d'étaler les objets
Dont le ciel a pour vous peuplé votre domaine,
Sur qui votre regard chaque jour se promène :
Nés de vos propres champs, ils vous en plairont mieux.
Entre les minéraux présentez à nos yeux
Les terres et les sels, le soufre, le bitume;
La pyrite, cachant le feu qui la consume;
Les métaux colorés et les brillants cristaux,
Nobles fils du rocher, aussi purs que ses eaux;
L'argile à qui le feu donna l'éclat du verre,
Et les bois que les eaux ont transformés en pierre.

Soit qu'un limon durci les recouvre au dehors,
Soit que des sucs pierreux aient pénétré leurs corps ;
Enfin tous ces objets, combinaison féconde
De la flamme, de l'air, de la terre et de l'onde.
   D'un œil plus curieux et plus avide encor,
Du règne végétal je cherche le trésor.
Là sont en cent tableaux, avec art mariées,
Du varec, fils des mers, les teintes variées ;
Le lichen parasite, aux chênes attaché ;
Le puissant agaric, qui du sang épanché
Arrête les ruisseaux, et dont le sein fidèle
Du caillou pétillant recueille l'étincelle ;
Le nénufar, ami de l'humide séjour,
Destructeur des plaisirs et poison de l'amour ;
Et ces rameaux vivants, ces plantes populeuses,
De deux règnes rivaux races miraculeuses.
   Dans le monde vivant même variété :
Le contraste surtout en fera la beauté.
Un même lieu voit l'aigle et la mouche légère,
Les oiseaux du climat, la caille passagère,
L'ours à la masse informe, et le léger chevreuil,
Et la lente tortue, et le vif écureuil ;
L'animal recouvert de son épaisse croûte,
Celui dont la coquille est arrondie en voûte ;
L'écaille du serpent, et celle du poisson,
Le poil uni du rat, les dards du hérisson ;
Le nautile, sur l'eau dirigeant sa gondole ;
La grue, au haut des airs naviguant sans boussole ;
Le perroquet, le singe, imitateurs adroits,
L'un des gestes de l'homme, et l'autre de sa voix ;
Les peuples casaniers, les races vagabondes ;
L'équivoque habitant de la terre et des ondes ;
Et les oiseaux rameurs, et les poissons ailés.
   Vous-mêmes dans ces lieux vous serez appelés,
Vous, le dernier degré de cette grande échelle,
Vous, insectes sans nombre, ou volants ou sans aile,
Qui rampez dans les champs, sucez les arbrisseaux,
Tourbillonnez dans l'air, ou jouez sur les eaux.
   Là je place le ver, la nymphe, la chenille ;
Son fils, beau parvenu, honteux de sa famille ;

L'insecte de tout rang et de toutes couleurs,
L'habitant de la fange, et les hôtes des fleurs;
Et ceux qui, se creusant un plus secret asile,
Des tumeurs d'une feuille ont fait leur domicile;
Le ver rongeur des fruits, et le ver assassin,
En rubans animés vivant dans notre sein.
J'y veux voir de nos murs la tapissière agile,
La mouche qui bâtit, et la mouche qui file;
Ceux qui d'un fil doré composent leur tombeau,
Ceux dont l'amour dans l'ombre allume le flambeau;
L'insecte dont un an borne la destinée;
Celui qui naît, jouit et meurt dans la journée,
Et dont la vie au moins n'a pas d'instants perdus.
Vous tous, dans l'univers en foule répandus,
Dont les races, sans fin, sans fin se renouvellent,
Insectes, paraissez, vos cartons vous appellent;
Venez avec l'éclat de vos riches habits,
Vos aigrettes, vos fleurs, vos perles, vos rubis,
Et ces fourreaux brillants, et ces étuis fidèles,
Dont l'écaille défend la gaze de vos ailes,
Ces prismes, ces miroirs savamment travaillés,
Ces yeux qu'avec tant d'art la nature a taillés,
Les uns semés sur vous en brillants microscopes,
D'autres se déployant en de longs télescopes;
Montrez-moi ces fuseaux, ces tarières, ces dards,
Armes de vos combats, instruments de vos arts,
Et les filets prudents de ces longues antennes
Qui sondent devant vous les routes incertaines.
Que j'observe de près ces clairons, ces tambours,
Signal de vos fureurs, signal de vos amours,
Qui guidaient vos héros dans les champs de la gloire,
Et sonnaient le danger, la charge et la victoire;
Enfin tous ces ressorts, organes merveilleux
Qui confondent des arts le savoir orgueilleux,
Chefs-d'œuvre d'une main en merveilles féconde,
Dont un seul prouve un Dieu, dont un seul vaut un monde!
   Tel est le triple empire à vos ordres soumis.
De nouveaux citoyens sans cesse y sont admis.
Cette ardeur d'acquérir, que chaque jour augmente,
Vous embellira tout; une pierre, une plante,

Un insecte qui vole, une fleur qui sourit,
Tout vous plaît, tout vous charme ; et déja votre esprit
Voit le rang, le gradin, la tablette fidèle,
Tout prêts à recevoir leur richesse nouvelle ;
Et peut-être en secret déja vous flattez-vous
Du dépit d'un rival et d'un voisin jaloux.
Là les yeux sont charmés, la pensée est active ;
L'imagination n'y reste point oisive ;
Et quand par les frimas vous êtes retenus,
Elle part, elle vole aux lieux, aux champs connus ;
Elle revoit le bois, le coteau, la prairie,
Où, s'offrant tout à coup à votre rêverie,
Une fleur, un arbuste, un caillou précieux
Vint suspendre vos pas, et vint frapper vos yeux.

Et lorsque vous quittez enfin votre retraite,
Combien des souvenirs l'illusion secrète
Des campagnes pour vous embellit le tableau !
Là votre œil découvrit un insecte nouveau ;
Ici la mer, couvrant ou quittant son rivage,
Vous fit don d'un fucus, ou d'un beau coquillage.
Là sortit de la mine un riche échantillon ;
Ici, nouveau pour vous, un brillant papillon
Fut surpris sur ces fleurs, et votre main avide
De son règne incomplet courut remplir le vide.
Vous marchez ; vos trésors, vos plaisirs sont partout.

Cependant arrangez ces trésors avec goût ;
Que dans tous vos cartons un ordre heureux réside ;
Qu'à vos compartiments avec grace préside
La propreté, l'aimable et simple propreté,
Qui donne un air d'éclat même à la pauvreté.
Surtout des animaux consultez l'habitude ;
Conservez à chacun son air, son attitude,
Son maintien, son regard. Que l'oiseau semble encor,
Perché sur son rameau, méditer son essor ;
Avec son air fripon montrez-nous la belette
A la mine allongée, à la taille fluette ;
Et, sournois dans son air, rusé dans son regard,
Qu'un projet d'embuscade occupe le renard ;
Que la nature enfin soit partout embellie,
Et, même après la mort, y ressemble à la vie.

Laissez aux cabinets des villes et des rois
Ces corps où la nature a violé ses lois,
Ces fœtus monstrueux, ces corps à double tête,
La momie à la mort disputant sa conquête,
Et ces os de géant, et l'avorton hideux
Que l'être et le néant réclamèrent tous deux.
Mais si quelque oiseau cher, un chien, ami fidèle,
A distrait vos chagrins, vous a marqué son zèle,
Au lieu de lui donner les honneurs du cercueil
Qui dégradent la tombe et profanent le deuil,
Faites-en dans ces lieux la simple apothéose,
Que dans votre Élysée avec grace il repose.
C'est là qu'on veut le voir; c'est là que tu vivrais,
O toi dont La Fontaine eût vanté les attraits,
O ma chère Raton ! qui, rare en ton espèce,
Eus la grace du chat et du chien la tendresse;
Qui, fière avec douceur et fine avec bonté,
Ignoras l'égoïsme à ta race imputé.
Là je voudrais te voir, telle que je t'ai vue,
De ta molle fourrure élégamment vêtue,
Affectant l'air distrait, jouant l'air endormi,
Épier une mouche, ou le rat ennemi,
Si funeste aux auteurs, dont la dent téméraire
Ronge indifféremment Dubartas ou Voltaire ;
Ou telle que tu viens, minaudant avec art,
De mon sobre dîner solliciter ta part;
Ou bien, le dos en voûte et la queue ondoyante,
Offrir ta douce hermine à ma main caressante,
Ou déranger gaiement, par mille bonds divers,
Et la plume et la main qui t'adressa ces vers.

CHANT QUATRIÈME.

Oui, les riches aspects et des champs et de l'onde
D'intéressants tableaux sont la source féconde :
Oui, toujours je revois avec un plaisir pur
Dans l'azur de ces lacs briller ce ciel d'azur,

Ces fleuves s'épancher en nappes transparentes,
Ces gazons serpenter le long des eaux errantes,
Se noircir ces forêts et jaunir les moissons,
En de riants bassins s'enfoncer ces vallons,
Les monts porter les cieux sur leurs têtes hautaines,
Et s'étendre à leur pied l'immensité des plaines ;
Tandis que, colorant tous ces tableaux divers,
Le soleil marche en pompe autour de l'univers.
Heureux qui, contemplant cette scène imposante,
Jouit de ses beautés ! plus heureux qui les chante !
Pour lui tout s'embellit ; il rassemble à son choix
Les agréments épars et des champs et des bois ;
Et dans ses vers brillants, rivaux de la nature,
Ainsi que des objets, jouit de leur peinture.

Mais loin ces écrivains dont le vers ennuyeux
Nous dit ce que cent fois on a dit encor mieux !
Insipides rimeurs, n'avez-vous pas encore
Épuisé, dites-moi, tous les parfums de Flore ?
Entendrai-je toujours les bonds de vos troupeaux ?
Faut-il toujours dormir au bruit de vos ruisseaux ?
Zéphyr n'est-il point las de caresser la rose,
De ses jeunes boutons depuis long-temps éclose ?
Et l'écho de vos vers ne peut-il une fois
Laisser dormir en paix les échos de nos bois ?
Peut-on être si pauvre en chantant la nature ?
Oh ! que plus varié, moins vague en sa peinture,
Horace nous décrit en vers délicieux
Ce pâle peuplier, ce pin audacieux,
Ensemble mariant leurs rameaux frais et sombres,
Et prêtant au buveur l'hospice de leurs ombres ;
Tandis qu'un clair ruisseau, se hâtant dans son cours,
Fuit, roule, et de son lit abrége les détours !
La nature en ses vers semble toujours nouvelle,
Et vos vers, en naissant, sont déjà vieux comme elle.

Ah ! c'est que pour les peindre il faut aimer les champs !
Mais, hélas ! insensible à leurs charmes touchants,
Des rimeurs citadins la muse peu champêtre
Les peint sans les aimer, souvent sans les connaître ;
A peine ils ont goûté la paix de leur séjour,
La fraîcheur d'un beau soir, ou l'aube d'un beau jour.

Aussi, lisez leurs vers ; on connaît, à leur style,
Dans ces peintres des champs les amis de la ville ;
Voyez-les prodiguer, toujours riches de mots,
L'émeraude des prés et le cristal des flots,
L'Aurore, sans briller sur un trône d'opale,
Ne peut point éclairer la rive orientale ;
Le pourpre et le saphir forment ses vêtements :
Répand-elle des fleurs, ce sont des diamants !
Ils vont puiser à Tyr, vont chercher au Potose
Le teint de la jonquille et celui de la rose.
Ainsi, d'or et d'argent, de perles, de rubis,
De la simple nature ils chargent les habits ;
Et, croyant l'embellir, leur main la défigure.

  Puisque la poésie est sœur de la peinture,
Écoutez de Zeuxis ces mots trop peu connus.
Un artiste novice osait peindre Vénus :
Ce n'étaient point ces traits et ces graces touchantes,
D'un buste harmonieux les rondeurs élégantes,
Ces contours d'un beau sein, ces bras voluptueux ;
Ce n'était point Vénus ; son pinceau fastueux
Avait prodigué l'or, l'argent, les pierreries,
Et Cypris se perdait sous d'amples draperies.
« Que fais-tu, malheureux ? dit Zeuxis irrité ;
Tu nous peins la richesse, et non pas la beauté ! »

  Rimeur sans goût, ce mot vous regarde vous-même :
Je le répète, il faut peindre ce que l'on aime.
N'imitez pas pourtant ces auteurs trop soigneux,
Qui, des beautés des champs amants minutieux,
Préférant dans leurs vers Linnæus à Virgile,
Prodiguent des objets un détail inutile,
Sur le plus vil insecte épuisent leurs pinceaux,
Et, la loupe à la main, composent leurs tableaux :
C'est un peintre sans goût, dont le soin ridicule
En peignant une femme imite avec scrupule
Ses ongles, ses cheveux, les taches de son sein.

  Vous, peignez plus en grand. Au retour du matin
Avez-vous quelquefois, du sommet des montagnes,
Embrassé d'un coup d'œil la scène des campagnes ;
Les fleuves, les moissons, les vallons, les coteaux,
Les bois, les champs, les prés blanchis par les troupeaux,

Et, dans l'enfoncement de l'horizon bleuâtre,
De ces monts fugitifs le long amphithéâtre ?
Voilà votre modèle. Imitez dans vos vers
Ces masses de beautés et ces groupes divers.

Je sais qu'un peintre adroit du fond d'un paysage
De quelque objet saillant peut détacher l'image :
Mais ne choisissez point ces objets au hasard ;
Pour la belle nature épuisez tout votre art :
Cependant laissez croire à la foule grossière
Que la belle nature est toujours régulière ;
Ces arbres arrondis, droits et majestueux,
Peignez-les, j'y consens ; mais ce tronc tortueux,
Qui, bizarre en sa masse, informe en sa parure,
Et jetant au hasard des touffes de verdure,
Étend ses bras pendants sur des rochers déserts,
Dans ses brutes beautés mérite aussi vos vers :
Jusque dans ses horreurs la nature intéresse.

Nature, ô séduisante et sublime déesse,
Que tes traits sont divers ! Tu fais naître dans moi
Ou les plus doux transports, ou le plus saint effroi.
Tantôt, dans nos vallons, jeune, fraîche et brillante,
Tu marches, et, des plis de ta robe flottante
Secouant la rosée et versant les couleurs,
Tes mains sèment les fruits, la verdure et les fleurs :
Les rayons d'un beau jour naissent de ton sourire ;
De ton souffle léger s'exhale le zéphyre,
Et le doux bruit des eaux, le doux concert des bois,
Sont les accents divers de ta brillante voix :
Tantôt, dans les déserts, divinité terrible,
Sur des sommets glacés plaçant ton trône horrible,
Le front ceint de vieux pins s'entre-choquant dans l'air,
Des torrents écumeux battent tes flancs ; l'éclair
Sort de tes yeux ; ta voix est la foudre qui gronde,
Et du bruit des volcans épouvante le monde.

Oh ! qui pourra saisir dans leur variété
De tes riches aspects la changeante beauté ?
Qui peindra d'un ton vrai tes ouvrages sublimes,
Depuis les monts altiers jusqu'aux profonds abîmes ;
Depuis ces bois pompeux, dans les airs égarés,
Jusqu'à la violette, humble amante des prés ?

Quelquefois, oubliant nos simples paysages,
Cherchez sous d'autres cieux de plus grandes images :
Passez les mers ; volez aux lieux où le soleil
Donne aux quatre saisons un plus riche appareil ;
Sous le ciel éclatant de cette ardente zone
Montrez-nous l'Orénoque et l'immense Amazone,
Qui, fiers enfants des monts, nobles rivaux des mers,
Et baignant la moitié de ce vaste univers,
Épuisent, pour former les trésors de leur onde,
Les plus vastes sommets qui dominent le monde ;
Baignent d'oiseaux brillants un innombrable essaim,
De masses de verdure enrichissent leur sein ;
Tantôt, se déployant avec magnificence,
Voyagent lentement, et marchent en silence,
Tantôt avec fracas précipitent leurs flots,
De leurs mugissements fatiguent les échos,
Et semblent, à leur poids, à leur bruyant tonnerre,
Plutôt tomber des cieux que rouler sur la terre.
Peignez de ces beaux lieux les oiseaux et les fleurs,
Où le ciel prodigua le luxe des couleurs ;
De ces vastes forêts l'immensité profonde,
Noires comme la nuit, vieilles comme le monde ;
Ces bois indépendants, ces champs abandonnés ;
Ces vergers, du hasard enfants désordonnés ;
Ces troupeaux sans pasteurs, ces moissons sans culture ;
Enfin cette imposante et sublime nature,
Près de qui l'Apennin n'est qu'un humble coteau,
Nos forêts des buissons, le Danube un ruisseau.
  Tantôt, de ces beaux lieux, de ces plaines fécondes,
Portez-nous dans les champs sans verdure, sans ondes,
D'où s'exile la vie et la fécondité :
Peignez-nous, dans leur triste et morne aridité,
Des sables africains l'espace solitaire,
Qu'un limpide ruisseau jamais ne désaltère :
Que l'ardeur du climat, la soif de ces déserts
Embrase vos tableaux et brûle dans vos vers ;
Que l'hydre épouvantable à longs plis les sillonne ;
Que, gonflé du poison dont tout son sang bouillonne,
L'affreux dragon s'y dresse, et de son corps vermeil
Allume les couleurs aux rayons du soleil :

Livrez à l'ouragan cette arène mouvante ;
Que le tigre et l'hyène y portent l'épouvante,
Et que du fier lion la rugissante voix
Proclame le courroux du monarque des bois.
　Tantôt vous nous portez aux limites du monde,
Où l'hiver tient sa cour, où l'aquilon qui gronde
Sans cesse fait partir de son trône orageux
Et le givre piquant et les flocons neigeux,
Et des frimas durcis les balles bondissantes,
Sur la terre sonore au loin retentissantes.
Tracez toute l'horreur de ce ciel rigoureux ;
Que tout le corps frissonne à ces récits affreux.
Mais ces lieux ont leur pompe et leur beauté sauvage :
Du palais des frimas présentez-nous l'image ;
Ces prismes colorés, ce luxe des hivers,
Qui, se jouant aux yeux en cent reflets divers,
Brise des traits du jour les flèches transparentes,
Se suspend aux rochers en aiguilles brillantes,
Tremble sur les sapins en mobiles cristaux,
D'une écorce de glace entoure les roseaux ;
Recouvre les étangs, les lacs, les mers profondes,
Et change en bloc d'azur leurs immortelles ondes :
Éblouissant désert, brillante immensité,
Où, sur son char glissant légèrement porté,
Le rapide Lapon court, vole, et de ses rennes,
Coursiers de ces climats, laisse flotter les rênes.
　Ainsi vous parcourez mille sites divers :
Mais bientôt, revenu dans des climats plus chers,
Plus doux dans leur été, plus doux dans leur froidure,
Et d'un ciel sans rigueur molle température,
Vous nous rendez nos prés, nos bois, nos arbrisseaux,
Les nids de nos buissons, le bruit de nos ruisseaux,
Nos fruits qu'un teint moins vif plus doucement colore,
Notre simple Palès, notre modeste Flore ;
Et, pauvre de couleurs, mais riche de sa voix,
Le rossignol encore enchantera nos bois.
　Mais n'allez pas non plus toujours peindre et décrire :
Dans l'art d'intéresser consiste l'art d'écrire.
Souvent dans vos tableaux placez des spectateurs ;
Sur la scène des champs amenez des acteurs :

Cet art de l'intérêt est la source féconde.
Oui, l'homme aux yeux de l'homme est l'ornement du monde.
Les lieux les plus riants sans lui nous touchent peu ;
C'est un temple désert qui demande son dieu.
Avec lui, mouvement, plaisir, gaieté, culture,
Tout renaît, tout revit : ainsi qu'à la nature,
La présence de l'homme est nécessaire aux arts.
C'est lui dans vos tableaux que cherchent nos regards.
Peuplez donc ces coteaux de jeunes vendangeuses;
Ces vallons de bergers, et ces eaux de baigneuses,
Qui, timides, à peine osant aux flots discrets
Confier le trésor de leurs charmes secrets,
Semblent en tressaillant, dans leurs frayeurs extrêmes,
Craindre leurs propres yeux, et rougir d'elles-mêmes;
Tandis que, les suivant sous le cristal de l'eau,
Un Faune du feuillage entr'ouvre le rideau.

Tantôt, de la pitié prenant le doux langage,
Peignez en vers touchants les malheurs du village :
Montrez-nous l'ouragan et ses noirs tourbillons
De leur naissant espoir dépouillant les sillons ;
Les torrents destructeurs, la grêle impitoyable ;
Et ce fléau cruel, cent fois plus effroyable,
Qui désole les champs, dépeuple les hameaux,
Et tourmente à la fois l'homme et les animaux,
La corvée ! A ce nom les cabanes gémissent [2],
Les fruits sont desséchés, les moissons se flétrissent.
Mais pourquoi ce concours, ces urnes, ces billets ?
Ah ! Mars vient demander des soldats à Cérès.
Dans le cirque fatal le village s'assemble :
Les noms sont agités ; tout attend et tout tremble
Chaque père en secret déjà se sent frémir ;
Quelles sœurs vont pleurer ? quelles mères gémir ?
Les noms sortent ! soudain sur les fronts se déploie
D'un côté la douleur, et de l'autre la joie ;
Et tandis qu'un vieillard embrasse avec transport
Son fils, son tendre fils, favorisé du sort,
Le jeune infortuné que le destin condamne,
A d'un dernier regard salué sa cabane :
Heureux si quelque jour il revient sous ses toits
Au foyer paternel raconter ses exploits !

Peignez-nous ces malheurs; mais des maux du village
Gardez de prolonger la déchirante image :
Et quand vous avez peint ces tableaux désolants,
Offrez vite, offrez-nous des tableaux consolants :
Présentez à nos yeux la douce bienfaisance,
Dans son réduit secret surprenant l'indigence,
Prévenant ses besoins, corrigeant par ses dons
Et les rigueurs du ciel et l'oubli des saisons ;
Ou des jeux villageois la scène variée ;
Les noces du hameau, la jeune mariée,
Triste et gaie à la fois, et d'un air gracieux
Abandonnant sa main et détournant ses yeux.

Vous n'irez pas non plus, dans vos tableaux vulgaires,
Peindre toujours des champs les fêtes populaires,
Les noces de Colin, les danses sous l'ormeau.
Souvent le luxe même, au modeste hameau,
Des champêtres plaisirs empruntant l'innocence,
Y donne un air riant à sa magnificence ;
Et souvent les ruisseaux, les bosquets et les fleurs,
De la fête des grands ont fait tous les honneurs.
Ainsi quand, dérobant à l'ombre du mystère
Ses talents, en secret cultivés par sa mère,
Pareille au doux rayon prélude d'un beau jour,
La belle Géorgine apparut à la cour [3],
Pour fêter son succès, d'une mère idolâtre
Le goût ne choisit pas la ville pour théâtre ;
Un jardin fut la scène, et des fleurs l'ornement ;
Le bosquet à des fleurs dut son luxe charmant ;
Les fleurs d'un temple agreste embrassaient les colonnes,
Serpentaient en festons, s'enlaçaient en couronnes.
Que dis-je ? tout prend part à ce triomphe heureux ;
Mars prête aux doux plaisirs ses fifres belliqueux ;
Le tambour retentit, les trompettes moins fières
Adoucissent le ton des fanfares guerrières :
Ici, la rame en main, de jeunes matelots
Du courant ombragé fendent gaiement les flots ;
Là, suspendue en l'air, la beauté se balance ;
Là folâtrent les jeux, ailleurs s'ouvre la danse :
La belle Géorgine, à la tête des chœurs,
Est la rose liant une chaîne de fleurs ;

Tout l'admire : sa mère elle-même s'étonne ;
C'est Diane dansant sous les yeux de Latone.
Empressé de la joindre aux nymphes de sa cour,
L'Hymen de loin la suit, et la montre à l'Amour.
Mais enfin le soir vient, et sur son char d'ébène
La nuit de ce beau jour ferme à regret la scène ;
Et des pas de la danse, et des sons du hautbois,
Déja les derniers sons vont mourir dans les bois.
Tout part : mais d'un beau lieu, d'un beau jour, du bel âge,
Heureux, vous emportez l'attendrissante image ;
Et l'homme, et ses plaisirs, ses fêtes, ses concerts,
De votre cœur ému vont passer dans vos vers.

 Que si l'homme est absent de vos tableaux rustiques,
Quel peuple d'animaux sauvages, domestiques,
Courageux ou craintifs, rebelles ou soumis,
Esclaves patients ou généreux amis,
Dont le lait vous nourrit, dont vous filez la laine,
D'acteurs intéressants vient occuper la scène ?
Ceux qui de Wouwermans exerçaient les pinceaux,
Qui du riant Berghem animaient les tableaux,
Ne vous disent-ils rien ? La lyre du poëte
Ne peut-elle du peintre égaler la palette ?
Ah ! soyez peintre aussi ! venez ; à votre voix
Les hôtes de la plaine, et des monts, et des bois,
S'en vont donner la vie au plus froid paysage :
Là, dès qu'un vent léger fait frémir le feuillage,
Aussi tremblant que lui, le timide chevreuil
Fuit, plus prompt que l'éclair, plus rapide que l'œil ;
Ici, des prés fleuris paissant l'herbe abondante,
La vache gonfle en paix sa mamelle pendante,
Et son folâtre enfant se joue à son côté.
Plus loin, fier de sa race et sûr de sa beauté,
S'il entend ou le cor ou le cri des cavales,
De son sérail nombreux hennissantes rivales,
Du rempart épineux qui borde le vallon,
Indocile, inquiet, le fougueux étalon
S'échappe, et, libre enfin, bondissant et superbe,
Tantôt d'un pied léger à peine effleure l'herbe,
Tantôt demande aux vents les objets de ses feux ;
Tantôt, vers la fraîcheur d'un bain voluptueux,

Fier, relevant ses crins que le zéphyr déploie,
Vole, et frémit d'orgueil, de jeunesse et de joie :
Ses pas dans vos accents retentissent encor.
 Voulez-vous d'intérêts un plus riche trésor?
Dans tous ces animaux peignez leurs mœurs humaines;
Donnez-leur notre espoir, nos plaisirs et nos peines,
Et par nos passions rapprochez-les de nous.
 En vain le grand Buffon, de leur gloire jaloux,
Peu d'accord avec soi, dans sa prose divine
Voulut ne voir en eux qu'une adroite machine,
Qu'une argile mouvante, et d'aveugles ressorts
D'une grossière vie organisant leurs corps :
Buffon les peint; chacun de sa main immortelle
Du feu de Prométhée obtint une étincelle :
Le chien eut la tendresse et la fidélité ;
Le bœuf, la patience et la docilité ;
Et, fier de porter l'homme, et sensible à la gloire,
Le coursier partagea l'orgueil de la victoire.
Ainsi chaque animal, rétabli dans ses droits,
Lui dut un caractère, et des mœurs, et des lois.
Mais que dis-je? Déja l'auguste poésie
Avait donné l'exemple à la philosophie :
C'est elle qui toujours, dans ses riches tableaux,
Unit les dieux à l'homme, et l'homme aux animaux.
Voyez-vous dans Homère, aux siècles poétiques,
Les héros haranguant leurs coursiers héroïques ?
Ulysse est de retour : ô spectacle touchant !
Son chien le reconnaît, et meurt en le léchant.
 Et toi, Virgile, et toi, trop éloquent Lucrèce,
Aux mœurs des animaux que votre art intéresse !
Avec le laboureur je dételle en pleurant
Le taureau qui gémit sur son frère expirant.
Les chefs d'un grand troupeau se déclarent la guerre;
Au bruit dont leurs débats font retentir la terre,
Mon œil épouvanté ne voit plus deux taureaux ;
Ce sont deux souverains, ce sont deux fiers rivaux,
Armés pour un empire, armés pour une Hélène,
Brûlant d'ambition, enflammés par la haine :
Tous deux, le front baissé, s'entre-choquent; tous deux,
De leur large fanon battant leur cou nerveux,

Mugissent de douleur, d'amour et de vengeance :
Le vaste Olympe en gronde, et la foule en silence
Attend, intéressée à ces sanglants assauts,
A qui doit demeurer l'empire des troupeaux.
  Voulez-vous un tableau d'un plus doux caractère ?
Regardez la génisse, inconsolable mère :
Hélas ! elle a perdu le fruit de ses amours !
De la noire forêt parcourant les détours,
Ses longs mugissements en vain le redemandent ;
A ses cris, que les monts, que les rochers lui rendent,
Lui seul ne répond point ; l'ombre, les frais ruisseaux,
Roulant sur des cailloux leurs diligentes eaux,
La saussaie encor fraîche et de pluie arrosée,
L'herbe où tremblent encor les gouttes de rosée,
Rien ne la touche plus : elle va mille fois
Et du bois à l'étable, et de l'étable au bois,
S'en éloigne plaintive, y revient éplorée,
Et s'en retourne enfin seule et désespérée [4].
Quel cœur n'est point ému de ses tendres regrets !
  Même aux eaux, même aux fleurs, même aux arbres muets
La poésie encore, avec art mensongère,
Ne peut-elle prêter une ame imaginaire ?
Tout semble concourir à cette illusion.
Voyez l'eau caressante embrasser le gazon,
Ces arbres s'enlacer, ces vignes tortueuses
Embrasser les ormeaux de leurs mains amoureuses,
Et, refusant les sucs d'un terrain ennemi,
Ces racines courir vers un sol plus ami.
Ce mouvement des eaux et cet instinct des plantes
Suffit pour enhardir vos fictions brillantes ;
Donnez-leur donc l'essor : que le jeune bouton
Espère le zéphyr, et craigne l'aquilon ;
A ce lis altéré versez l'eau qu'il implore ;
Formez dans ses beaux ans l'arbre docile encore ;
Que ce tronc, enrichi de rameaux adoptés,
Admire son ombrage et ses fruits empruntés ;
Et si le jeune cep prodigue son feuillage,
Demandez grace au fer en faveur de son âge.
Alors, dans ces objets croyant voir mes égaux,
La douce sympathie, à leurs biens, à leurs maux

Trouve mon cœur sensible; et votre heureuse adresse
Me surprend pour un arbre un moment de tendresse.

Il est d'autres secrets : quelquefois à nos yeux
D'aimables souvenirs embellissent les lieux.
J'aime en vos vers ce riche et brillant paysage;
Mais si vous ajoutez : « Là de mon premier âge
Coulèrent les moments; là je sentis s'ouvrir
Mes yeux à la lumière, et mon cœur au plaisir; »
Alors vous réveillez un souvenir que j'aime ;
Alors mon cœur revole au moment où moi-même
J'ai revu les beaux lieux qui m'ont donné le jour.

Ô champs de la Limagne ! ô fortuné séjour [5] !
Hélas ! j'y revolais après vingt ans d'absence :
A peine le Mont-d'Or, levant son front immense,
Dans un lointain obscur apparut à mes yeux,
Tout mon cœur tressaillit; et la beauté des lieux,
Et les riches coteaux, et la plaine riante,
Mes yeux ne voyaient rien; mon ame impatiente,
Des rapides coursiers accusant la lenteur,
Appelait, implorait ce lieu cher à mon cœur :
Je le vis ; je sentis une joie inconnue :
J'allais, j'errais; partout où je portais la vue,
En foule s'élevaient des souvenirs charmants :
Voici l'arbre témoin de mes amusements ;
C'est ici que Zéphyr, de sa jalouse haleine,
Effaçait mes palais dessinés sur l'arène ;
C'est là que le caillou, lancé dans le ruisseau,
Glissait, sautait, glissait, et sautait de nouveau :
Un rien m'intéressait. Mais avec quelle ivresse
J'embrassais, je baignais de larmes de tendresse
Le vieillard qui jadis guida mes pas tremblants,
La femme dont le lait nourrit mes premiers ans,
Et le sage pasteur qui forma mon enfance !
Souvent je m'écriais : « Témoins de ma naissance,
Témoins de mes beaux jours, de mes premiers desirs,
Beaux lieux, qu'avez-vous fait de mes premiers plaisirs? »

Mais loin de mon sujet ce doux sujet m'entraîne.
Vous donc, peintres des champs, animez chaque scène ;
Présentez-nous, au lieu d'un site inanimé,
Les lieux que l'on aima, ceux où l'on fut aimé ;

D'autres fois, du contraste essayant la puissance,
Des asiles du vice à ceux de l'innocence
Opposez les tableaux terribles ou touchants,
Et des maux de la ville embellissez les champs.
  Du haut de ces coteaux d'où Paris nous découvre
Ses temples, ses palais, ses dômes et son Louvre,
Sur ces grands monuments arrêtant vos regards,
Là règnent, dites-vous, l'opulence et les arts ;
Là le ciseau divin, la céleste harmonie,
Les écrits immortels où s'empreint le génie,
Amusent noblement la reine des cités.
Mais bientôt, oubliant ces trompeuses beautés,
Là règnent, direz-vous, l'orgueil et la bassesse,
Les maux de la misère et ceux de la richesse ;
Là, sans cesse attirés des bouts de l'univers,
Fermentent à la fois tous les vices divers :
Là, sombre, et dédaignant les plaisirs légitimes,
Le dégoût mène au vice, et l'ennui veut des crimes ;
Là le noir suicide, égarant la raison,
Aiguise le poignard et verse le poison ;
Là règne de Laïs la cohorte effrénée,
Honte du célibat, fléau de l'hyménée ;
Là, dans des murs infects, asiles dévorants,
La charité cruelle entasse les mourants ;
Là des fripons gagés surveillent leurs complices [6],
Et le repos public est fondé sur des vices ;
Là le pâle joueur, dans son antre infernal,
D'un bras désespéré lance le dé fatal.
Que d'enfants au berceau délaissés par leur mère !
Combien n'ont jamais vu le sourire d'un père !
Que de crimes cachés ! que d'obscures douleurs !
Combien coule de sang ! combien coulent de pleurs !
La nature en frémit. Mais bientôt vos images
Nous rendent les ruisseaux, les gazons, les ombrages ;
Ce contraste puissant les embellit pour nous ;
L'ombrage, les ruisseaux, les zéphyrs sont plus doux ;
Et le cœur, que flétrit ce séjour d'imposture,
Revient s'épanouir au sein de la nature.
Ainsi lorsque Rousseau, dans ses bosquets chéris,
Du bout de son allée apercevait Paris [7] :

« De vices, de vertus effroyable mélange,
Paris, ville de bruit, de fumée et de fange ;
Trop heureux, disait-il, qui peut loin de tes murs
Fuir tes brouillards infects et tes vices impurs ! »
Et soudain, revenant dans ses routes chéries,
Il promenait en paix ses douces rêveries.

Hélas ! pourquoi faut-il que celui dont les chants
Enseignent l'art d'orner et d'habiter les champs,
Ne puisse encor jouir des objets qu'il adore ?.
O champs ! ô mes amis ! quand vous verrai-je encore ?
Quand pourrai-je, tantôt goûtant un doux sommeil,
Et des bons vieux auteurs amusant mon réveil,
Tantôt ornant sans art mes rustiques demeures,
Tantôt laissant couler mes indolentes heures,
Boire l'heureux oubli des soins tumultueux,
Ignorer les humains, et vivre ignoré d'eux [8] ?

Vous, cependant, semez des figures sans nombre :
Mêlez le fort au doux, et le riant au sombre :
Quels qu'ils soient, aux objets conformez votre ton ;
Ainsi que par les mots, exprimez par le son :
Peignez en vers légers l'amant léger de Flore ;
Qu'un doux ruisseau murmure en vers plus doux encore :
Entend-on d'un torrent les ondes bouillonner ?
Le vers tumultueux en roulant doit tonner ;
Que d'un pas lent et lourd le bœuf fende la plaine,
Chaque syllabe pèse, et chaque mot se traîne :
Mais si le daim léger bondit, vole, et fend l'air,
Le vers vole et le suit, aussi prompt que l'éclair [9].
Ainsi de votre chant la marche cadencée
Imite l'action et note la pensée.

Mais, malgré ces travaux, trop heureux si toujours
Vous aviez à chanter les beaux lieux, les beaux jours !
Mais lorsque vous dictez des préceptes rustiques,
C'est là qu'il faut ouvrir vos trésors poétiques :
Un précepte est aride ? il le faut embellir,
Ennuyeux ? l'égayer ; vulgaire ? l'ennoblir.

Quelquefois, des leçons interrompant la chaîne,
Suspendez votre course ; et, reprenant haleine,
Au lecteur fatigué présentez à propos
D'un épisode heureux l'agréable repos.

Homère, en décrivant les soins du labourage,
Offre de ce précepte une charmante image ;
Chaque fois que du bœuf pressé de l'aiguillon
Le conducteur, lassé, touche au bout du sillon,
Chaque fois d'un vin pur abreuvé par son maître,
Il retourne gaiement à son labeur champêtre :
Ainsi, par la douceur de vos digressions,
Faites boire l'oubli des austères leçons ;
Puis suivez votre course un instant suspendue,
Et de votre sujet parcourez l'étendue.
　　Mais pourquoi ces conseils tracés si longuement ?
Ah ! pour toute leçon j'aurais dû seulement
Dire : « Lisez Virgile. » Avec quelle harmonie
Aux rustiques travaux il instruit l'Ausonie !
De la scène des champs s'il m'offre le tableau,
Que ses pinceaux sont vrais ! le limpide ruisseau
Où le berger pensif voit flotter son image,
Rend moins fidèlement les fleurs de son rivage ;
S'il me peint les bergers, leurs amours, leurs concerts,
L'âge d'or tout entier respire dans ses vers.
Lisez Virgile : heureux qui sait goûter ses charmes !
Malheureux qui le lit sans verser quelques larmes !
Lorsque sa voix si douce en des sons si touchants
S'écrie : « Heureux vieillard, tu conserves tes champs ! »
Combien il m'intéresse à ce vieillard champêtre !
Ce verger qu'il planta, ce toit qui le vit naître,
J'y crois être avec lui ; le tendre tourtereau,
Et l'amoureux ramier roucoulant sous l'ormeau,
Sur la saussaie en fleur l'abeille qui bourdonne,
Les airs qu'en haut des monts le bûcheron fredonne,
Ces bois, ces frais ruisseaux ! Ah ! quel peintre eut jamais
De plus douces couleurs et des tableaux plus vrais ?
Mais qu'entends-je ? quels sons ! ah ! c'est Gallus qui chante ;
Il chante Lycoris, sa Lycoris absente :
Sa voix pour Lycoris conjure les frimas
D'émousser leurs glaçons sous ses pieds délicats.
Dieu du chant pastoral, ô Virgile, ô mon maître !
Quand je voulus chanter la nature champêtre,
Je l'observai ; j'errais avec des yeux ravis
Dans les bois, dans les prés : je te lus, et je vis

Que la nature et toi n'étaient qu'un. Ah ! pardonne
Si, fier de ramasser des fleurs de ta couronne,
J'essayai d'imiter tes tableaux ravissants !
Que ne puis-je les rendre ainsi que je les sens !
Mais ils ont animé mes premières esquisses,
Et, s'ils n'ont fait ma gloire, ils ont fait mes délices.

 Mais, hélas ! que nos temps, nos destins sont divers !
Sur l'autel de Cérès quand tu portas tes vers,
La douce agriculture avait repris ses charmes,
Les beaux-arts renaissaient, Mars déposait ses armes;
Thémis rétablissait ses autels renversés,
Le pouvoir rassemblait ses faisceaux dispersés ;
Et, réparant ses maux dans une paix profonde,
Rome enfin respirait sur le trône du monde :
Et nous, infortunés que proscrivent les dieux [10],
L'orageux avenir se noircit à nos yeux :
La France, malheureuse au milieu de sa gloire,
Mêle un cri de détresse à ses chants de victoire ;
Près d'elle sont assis, sur son char inhumain,
D'un côté le triomphe, et de l'autre la faim ;
Et quand le monde entier est ébranlé par elle,
Elle-même en ressent la secousse cruelle :
Auprès de son trophée on creuse son cercueil ;
Ses succès sont un piége, et ses fêtes un deuil ;
Et la guerre étrangère, et la guerre intestine,
De ma triste patrie achèvent la ruine.
Tel s'abîme un vaisseau battu des flots grondants ;
Le vent siffle au dehors, le feu court au dedans.....
Où sont ses arts, ses ports, et ses îles fécondes ?
Son sang a des deux mers décoloré les ondes ;
Deux mondes à l'envi s'enivrent de fureurs.
Levant trop tard au ciel ses yeux mouillés de pleurs,
L'humanité tremblante à ses malheurs succombe ;
L'enfance est sans berceau, la vieillesse sans tombe ;
Le besoin frappe en vain au seuil de l'amitié,
Hélas ! l'excès des maux a détruit la pitié !
Quel amas de complots, de vengeances, de crimes !
Que d'illustres proscrits ! quelles grandes victimes !
Tu meurs, ô Lamoignon ! toi dont l'austère voix
Plaida cent fois la cause et du peuple et des lois !

Tu meurs avec ta fille, et sa fille avec elle;
Chacune de ces morts rend ta mort plus cruelle :
Trois générations en un jour ont péri.
Et toi que j'aimais tant, toi dont je fus chéri,
Dont le cœur fut si bon, l'esprit si plein de charmes,
Pour qui mes tristes yeux ont épuisé leurs larmes,
O Thiars [11] ! tu n'es plus ! mais du moins avant toi
Ton amie avait fui de ce séjour d'effroi [12];
D'incroyables douleurs terminèrent sa vie;
Par la main des bourreaux la tienne fut ravie :
Mais l'amitié vous pleure, et doute de vous deux
Qui fut le plus aimable et le plus malheureux.

Vous qui leur survivez, déplorables familles,
Partez, n'attendez pas que vos fils, que vos filles,
Traînés sur l'échafaud ou frappés dans vos bras,
De leur père, en mourant, avancent le trépas.
Attendez que le ciel ait apaisé l'orage ;
Alors, rentrés au port et rendus au rivage,
Tranquilles, vous vivrez où vivaient vos aïeux.

Mais, dieux ! quel triste aspect s'en va frapper vos yeux !
Vos bois livrés au fer, vos fermes embrasées,
Sous leurs combles brûlants vos maisons écrasées !
Vos regards affligés redemandent en vain
Le verger, le bosquet que planta votre main ;
Tout est détruit. Ainsi lorsque des mains barbares
De l'hirondelle absente ont ravagé les lares,
Malheureuse, elle pleure, et, poussant de longs cris,
Vient et revient sans cesse à ces tristes débris.
Consolez-vous pourtant, et calmez vos alarmes ;
Un jour ces souvenirs auront pour vous des charmes ;
Un jour à vos enfants, dans des moments plus doux,
Vous conterez vos maux : « Ici, leur direz-vous,
Des deux monstres d'Arras les barbares cohortes
De ces murs investis enfoncèrent les portes,
Et la horde nocturne, assiégeant mon sommeil,
Des torches de la mort éclaira mon réveil :
Là je luttai long-temps, et ma main paternelle
Arracha votre sœur à leur main criminelle :
Là, les cheveux épars, errant sous ces lambris,
Votre mère enlevait quelques tristes débris :

Par cette brèche heureuse on sauva mon vieux père ;
Du haut de ce balcon votre malheureux frère
Vint tomber tout sanglant à mes yeux pleins d'effroi,
Et son sang, justes dieux ! rejaillit jusqu'à moi :
Là-bas, dans ce vallon, et sous ce chêne sombre,
Nos parents, nos amis s'assemblèrent dans l'ombre :
Là, tremblante et craignant le retour du soleil,
Au milieu de la nuit la frayeur tint conseil,
Et n'eut, prête à chercher les terres étrangères,
Que le choix de l'exil et celui des misères :
Là, pressés l'un par l'autre, et les larmes aux yeux,
Un long embrassement attendrit nos adieux.
Que de fois en marchant mes douleurs m'arrêtèrent !
Que de fois vers ces murs mes yeux se détournèrent,
Et sur ces toits chéris, objets de mes regrets,
De la flamme en pleurant suivirent les progrès ! »
　　Et quand vous conterez votre longue infortune,
Les tourments de l'espoir et l'attente importune,
Votre vie inquiète et vos destins errants,
Et dans un seul exil tant d'exils différents ;
Cette patrie, objet de crainte et de tendresse,
Sans cesse se montrant et vous fuyant sans cesse ;
Ces lambeaux, ce pain noir, et ces tristes secours
Qui prolongeaient vos maux en prolongeant vos jours ;
Quand vous peindrez la faim dans ses accès funestes,
D'un luxe évanoui vous arrachant les restes ;
La beauté délicate aux plus rudes métiers
Dévouant sa faiblesse ; ailleurs de vieux guerriers
Échangeant pour du pain, en les baignant de larmes,
Ces croix, prix de leur sang, et l'honneur de leurs armes :
Vous-mêmes d'un peu d'or, cher et dernier débris,
Dépouillant le portrait d'une fille, d'un fils ;
Hélas ! et pour nourrir leur mère infortunée,
Livrant jusqu'à l'anneau que bénit l'hyménée :
Vous verrez vos enfants, ressentant vos douleurs,
Se jeter dans vos bras, pour y cacher leurs pleurs ;
Mais bientôt vous rirez de leurs tendres alarmes,
Et par un doux baiser effacerez leurs larmes.
　　Cependant, revenus d'un exil rigoureux,
Oubliez, il est temps, ces tableaux douloureux ;

De vos champs, de vos bois, réparez les ravages.
Et toi, qui m'appris l'art d'orner les paysages,
Muse, viens effacer ces vestiges de deuil !
Que des touffes de rose embrassent ce cercueil.
Le long de ces remparts, autour de ces murailles,
Qu'a noircis de ses feux le démon des batailles,
Courez, tendres lilas, courez, jasmins fleuris ;
De vos jeunes rameaux égayez ces débris ;
Que la vigne en rampant gagne ces colonnades,
Monte à ces chapiteaux, et pende à ces arcades ;
Et qu'un voile de fruits, de verdure, et de fleurs,
Cache ces noirs témoins de nos longues fureurs.
Hélas ! et que n'en peut la sanglante mémoire,
Ainsi que de ces murs, s'effacer de l'histoire [13] !

 Et vous, peuple des champs, vous de qui tant de fois
Nous portâmes la plainte aux oreilles des rois ;
Parlez : qu'avez-vous fait de vos vertus antiques ?
D'où vient que j'aperçois sous vos chaumes rustiques
Ce faste, ces débris de châteaux dépouillés ?
Pourquoi ces ornements dont vos murs sont souillés ?
Quel fruit vous revient-il de ces pompes cruelles ?
Ah ! les remords chez vous sont entrés avec elles !
Et ce lit fastueux, dépouille des palais,
Ne vaut pas l'humble couche où vous dormiez en paix.

 Ainsi je célébrais d'une voix libre et pure
L'innocence, les champs, les arts, et la nature.
Veuillent les dieux sourire à mes agrestes sons !
Et moi, puissé-je encor, pour prix de mes leçons,
Compter quelques printemps, et, dans les champs que j'aime,
Vivre pour mes amis, mes livres, et moi-même !

FIN DU POEME.

NOTES.

CHANT I.

1 .... Il part, vole, arrive; l'ennui
Le reçoit à la grille, et se traîne avec lui.

Nous citons ici les vers d'Horace, dont ceux-ci sont l'imitation :

Iidem eadem possunt horam durare probantes?
Nullus in orbe sinus Baiis prælucet amœnis,
Si dixit dives, lacus et mare sentit amorem
Festinantis heri ; cui si vitiosa libido
Fecerit auspicium, cras ferramenta Theanum
Tolletis, fabri. Lectus genialis in aula est ?
Nil ait esse prius, melius nil cælibe vita ;
Si non est, jurat bene solis esse maritis.
Quo teneam vultus mutantem Protea nodo ?
HORAT., *Epist.*, l. I, ep. 1, v 82.

2 Quel peuple est par nos rois menacé d'être libre ?

Allusion aux sept cents *rois* de la convention.

3 Ou le brochet glouton qui dépeuple les eaux ?

Quelques-uns de ces vers sont imités de la *Forêt de Windsor*, par Pope, ainsi que quelques autres vers de la description de la chasse le sont du poëte Denham.

4 Amusent leur exil, et chantent leur retour.

Ces vers furent récités à l'Académie le jour où M. de Malesherbes, reçu dans ce corps, et M. de Choiseul, qui assistait à cette réception, paraissaient après leur exil en public pour la première fois. Le public les nomma tous deux par ses applaudissements.

5 Son meuble accoutumé, ses livres favoris.

On sait avec quelle grace et quelle attention le roi de Pologne, Stanislas Poniatowsky, reçut la célèbre madame Geoffrin. Elle retrouva, en arrivant dans l'appartement qui lui était destiné, les mêmes meubles, les mêmes tableaux, les mêmes livres qu'elle avait laissés dans son appartement à Paris ; et l'amitié attentive qui avait présidé à cet arrangement, et l'étonnement agréable qu'il lui causa, ne fut pas un des moindres plaisirs qu'elle goûta dans ce voyage.

6 L'ame de son ami dans l'odeur d'une rose.

Cette idée est tirée d'un voyage de Suisse ; et quoiqu'elle ait été déja employée plusieurs fois, elle est si intéressante et si doucement mélancolique, que l'auteur a cru devoir la reproduire. « Autour de l'église (dit M. Robert, *Voyage dans les treize cantons suisses*, tome II, page 231), des tombes couvertes d'œillets cultivés par les mains d'une fille, d'un frère, d'un fils, d'une épouse, ou par celles d'un ami, me peignaient d'une manière attendrissante la sensibilité des cœurs qui ne sont point émoussés par des jouissances factices, ni dégradés par de mauvaises institutions. Le temps des œillets est-il passé? on y substitue d'autres fleurs, suivant la saison ; et tous les villages du canton montrent le même attachement pour leurs proches. »

7 *L'écho redit mon nom, mon hommage et mes vers.*

Pour l'intelligence de ce passage nous plaçons ici deux lettres déjà imprimées, il y a plusieurs années, dans différents journaux.

LETTRE
DE MADAME LA PRINCESSE CZARTORINSKA
A M. L'ABBÉ DELILLE.

« Pardonnez, monsieur, si j'interromps vos loisirs : prenez-vous-en à votre réputation et à vos ouvrages, si une société entière s'adresse à vous pour remplir son attente. Rassemblés dans un petit hameau, où nous faisons notre principal séjour, l'amitié, l'inclination, le sang, et les convenances, nous lient ; tout se rassemble pour nous faire espérer que nous ne serons jamais séparés.

» Il est tout simple que nous désirions d'embellir notre retraite : le poëme des *Jardins* nous a éclairés sur la manière ; la sensibilité, le souvenir et la reconnaissance nous guident ; et tout le hameau, dans ce moment, y est occupé à élever un monument à tous les auteurs qui ont si souvent rempli nos jours d'instruction, d'attendrissement et d'agrément. Ils seront marqués, selon leur rang, sur les quatre faces d'une pyramide de marbre : d'un côté, Pope, Milton, Young, Sterne, Shakspeare, Racine et Rousseau ; de l'autre, Pétrarque, Anacréon, Métastase, le Tasse et La Fontaine ; sur le troisième, madame de Sévigné, madame Riccoboni, madame de La Fayette, madame Deshoulières et Sapho ; sur le quatrième enfin, Virgile, Gessner, Gresset et l'abbé Delille. Ces quatre faces seront accompagnées d'arbres, d'arbustes et de fleurs.

» Les roses, le jasmin, le lilas, des paquets de violettes et de pensées seront du côté des femmes ; Pétrarque, Anacréon et Métastase auront le myrte ; le laurier sera pour le Tasse ; le saule pleureur, le triste cyprès, les ifs accompagneront Shakspeare, Young et Racine ; pour le quatrième côté le hameau choisira ce que les vergers, les bois, les prairies peuvent offrir de plus agréable, et chaque habitant plantera un arbre ou un arbuste pour éterniser des auteurs qui leur ont donné le goût de la vie champêtre, et qui ont par là même contribué à leur bonheur.

» Il ne leur manque qu'une inscription pour rendre leur idée, et la faire passer à la postérité ; elle sera gravée au pied du monument ; et tout le hameau, d'un seul cri, a décidé que vous en seriez l'auteur. Nous la demandons autant à votre cœur qu'à votre esprit. Cet hommage, simple et vrai, sera bien rendu par l'auteur du poëme des *Jardins,* par le traducteur de Virgile, et surtout par un homme sensible.

» Nous vous prions de croire aux sentiments distingués avec lesquels nous sommes, monsieur, les plus grands admirateurs de vos ouvrages, » etc.

RÉPONSE
DE M. L'ABBÉ DELILLE.

« MADAME,

» La lettre que vous m'avez fait l'honneur de m'écrire est venue me trouver à Constantinople, où j'ai accompagné M. le comte de Choiseul-Gouffier, ambassadeur de France dans ces mêmes lieux qu'il a parcourus autrefois comme voyageur. Vous connaissez le beau monument qu'il a élevé à l'honneur de la Grèce Si-les arts, rappelés dans leur première patrie, en consacrent un à ceux qui auront préparé leur retour, mon ami aura des droits à une des premières places. Je prévois qu'il laissera dans ce pays un nom illustre dans plus d'un genre.

» Pour moi, madame, avide depuis long-temps de connaître ce beau pays de la Grèce, j'y ai porté des illusions trop tôt détruites : j'ai cherché les Athéniens dans Athènes ; je ne les y ai point trouvés, et j'ai appris par votre lettre, pleine d'esprit et de grace, qu'ils étaient réfugiés parmi, les Sarmates. En la lisant, je l'ai crue écrite par des particuliers aimables et instruits, à qui un goût naturel et la médiocrité de leur état rendaient agréable le séjour de la campagne ; je l'ai trouvée signée par tout ce que l'Europe a de plus distingué par la naissance, la valeur, l'esprit et les graces. J'en ai été plus flatté que surpris : votre nom et votre rang, madame, vous condamnent à n'avoir point de goûts obscurs; je le connaissais depuis long-temps pour tout ce qui est simple et beau. Ce Virgile, à qui vous destinez dans votre hameau une place qui ajoutera encore à sa gloire, semble avoir dit pour vous :

Les dieux ont quelquefois habité les forêts :
Habitarunt di quoque silvas.

Je suis loin de prétendre à la place que vous voulez bien me donner près de lui dans le charmant projet de votre pyramide. C'est bien assez d'avoir défiguré sa poésie dans mes faibles traductions, sans gâter encore les honneurs que vous lui rendez. Quelques personnes d'un rang distingué, qui veulent bien aimer mes vers champêtres, ont fait planter dans leur jardin un arbre qu'elles ont nommé de mon nom. Ce monument est le seul qui convienne à la modestie d'une muse des champs : elle se rend justice quand elle a peur des marbres et des pyramides; ces honneurs ne sont dus qu'à ce même Virgile, qui sut, en chantant les forêts, rendre les forêts dignes des consuls : et si vous vous rappelez, madame, que ces consuls étaient-à-la-fois de grands guerriers et de grands hommes d'état, l'application de ces vers d'un poète latin ne vous sera pas difficile. Je travaille dans ce moment à un poëme sur l'imagination : j'ai tâché d'y peindre le pouvoir qu'elle exerce sur l'esprit par les monuments; le vôtre, madame, n'y sera pas oublié. Pour prix de mes vers, je ne demande à la divinité que je chante que de me transporter dans votre hameau, de m'associer à vos goûts et à vos entretiens. Si mon nom est quelquefois prononcé dans vos scènes champêtres; si mes vers, rappelés par les objets qu'ils décrivent, sont quelquefois répétés dans vos bois, je me croirai trop heureux.

» Votre société, unie par les liens du sang, par l'amour des arts, surtout par l'amitié, est la plus aimable confédération qu'ait vue la Pologne. Cette liberté que les héros de votre patrie et de votre maison ont cherchée si courageusement le sabre à la main, vous l'avez trouvée sans frais et sans danger dans la solitude et dans la paix des champs.

» Vous me parlez, madame, de vos souvenirs; d'autres à votre place se rappelleraient l'antiquité d'une noblesse illustre, et l'honneur d'appartenir au sang des rois. Vos souvenirs, au lieu d'être ceux de la vanité, sont ceux de l'amitié et de la reconnaissance; celle que vous témoignez pour les auteurs fameux dont la lecture charme votre retraite, est bien juste et digne de vous. Permettez-moi seulement, madame, quelques observations sur la place que vous leur offrez. Ni Racine ni Gresset ne me paraissent faits pour être placés à côté des poëtes champêtres. Racine mérite une place bien supérieure. Gresset, qui a traduit les *Églogues* de Virgile, paraît n'en avoir pas rendu la belle simplicité: il a peint avec finesse les ridicules de la ville; mais il sentait peu les charmes de la campagne.

» Pour moi, madame, ma place ne m'appartient pas assez pour avoir le droit de la céder, ni pour désigner celui qui doit me remplacer; c'est à la société d'y nommer : mais, en vous rendant votre bienfait, permettez que je conserve ma reconnaissance.

» A l'égard de l'inscription que vous me faites l'honneur de me demander, j'oserai vous faire observer encore qu'il serait difficile, pour ne pas dire impossible, d'exprimer, aussi brièvement que le genre l'exige, le caractère d'un aussi grand nombre d'auteurs, tous différents de langue, de nations et de siècles : j'ai tâché de la faire simple, précise, dans le style lapidaire et antique; et, pour rendre dans le moindre nombre de mots possibles l'hommage que des personnes illustres offrent dans une retraite champêtre aux grands écrivains qui charment leurs loisirs, je crois qu'il suffira de graver sur la pyramide :

LES DIEUX DES CHAMPS, AUX DIEUX DES ARTS.

» L'inscription, comme vous le voyez, est écrite dans notre langue, ou plutôt dans la vôtre : elle vous appartient par les graces que vous lui prêtez; et j'oserai vous dire avec Voltaire :

Elle est à toi, puisque tu l'embellis.

» J'ai cru qu'une langue dans laquelle vous rendez tous les jours vos sentiments et vos idées, ne pourrait être indigne d'aucun monument : je ne l'ai trouvée insuffisante que pour exprimer toute la vénération, la reconnaissance et le respect avec lesquels j'ai l'honneur d'être, » etc.

8 Des enfants du hameau tel est le grave maître.

Quelques vers du portrait du pasteur et de celui du maître d'école sont imités du charmant poëme de Goldsmith, *the deserted Village*.

CHANT II.

1 Les prés, alors si beaux, de sa chère Mantoue.

> Et qualem infelix amisit Mantua campum,
> Pascentem niveos herboso flumine cycnos, etc.
>
> ... Dans ces prés, ravis à ma chère Mantoue,
> Où le cygne argenté sur les ondes se joue, etc.
> VIRG., *Géorg.*, l. II.

2 Rival de Duhamel, surprenez ces secrets.

Duhamel-Dumonceau est principalement connu par ses *Éléments d'agriculture*, et son *Traité des arbres et arbustes qui se cultivent en France*.

3 Comme d'un sol ingrat triompha de l'envie.

Voyez cette anecdote dans Pline, Hist. Nat., XVIII, 8.

4 Laissez là ces projets recueillis par Rozier.

L'abbé Rozier, célèbre par ses connaissances en agriculture, ne prétendait pas répondre de tous les mémoires qu'il insérait dans son estimable recueil : plusieurs renfermaient des vues utiles, d'autres proposaient des procédés inexécutables, et plus séduisants dans la théorie que faciles dans la pratique : l'auteur devait faire connaître les inventions bonnes ou mauvaises.

5 Tel des Alpes nous vint le cytise riant.

Cet arbre de moyenne grandeur y croît naturellement : son bois est dur et d'une couleur d'ébène, verte et jaunâtre, avec des veines brunes ; ce qui le fait ressembler au bois des îles : il est précieux pour les tabletiers et les tourneurs. On ne connaît pas au juste le cytise des anciens.

6
> Et sans lait pour son fils, la mère européenne
> Le remet dans l'Asie à la femme indienne.

Ce n'est pas faute de lait ; mais sous la zone torride l'influence de la chaleur le rend si amer, que son nourrisson le refuse. Ce fait, consigné dans l'Histoire de l'Académie des sciences de Paris, en 1707, a été adopté par Haller dans sa Physiologie.

7 De leur course rivale entrelacent les jeux.

On a essayé de rendre le *texuntque fugas* de Virgile, ÆNEID. lib. V.

8 O riant Gemenos ! ô vallon fortuné !

Gemenos est un des vallons les plus riches et les plus riants de la Provence : il est situé sur la route de Marseille à Toulon. Le malheureux M. d'Albertas, égorgé dans son jardin au milieu d'une fête qu'il donnait aux villages voisins dans les premières années de la révolution, avait créé auprès de son château un des plus magnifiques jardins anglais qui existent ; une vieille église de templiers y présente une ruine plus natu-

NOTES DU CHANT III.

relle et plus imposante que la plupart de celles dont on prétend embellir nos jardins modernes.

J'ai cru devoir à ce lieu charmant, où j'ai échappé aux rigueurs du fameux hiver de 1769, cette marque de souvenir et ce témoignage de reconnaissance.

9 Vous paie en peu de temps les frais de la victoire.

M. de Paynes, procureur-général des états de Provence, a augmenté le revenu d'une de ses terres de 12,000 livres, par le procédé utile et courageux que j'ai essayé de décrire dans ces vers.

CHANT III.

1 L'observateur le suit d'un regard curieux.

Personne n'a écrit sur cet objet d'une manière plus lumineuse que M. Rouenne, beau-père du célèbre Darcet, professeur au collège de France, l'un des plus fameux chimistes de l'Europe, et auteur de plusieurs mémoires excellents sur différents objets d'histoire naturelle, et particulièrement sur les montagnes.

2 Ces monstres, qui de loin semblent un vaste écueil.

Ces monstrueuses baleines, ces cachalots, qui abondent non-seulement dans les mers du Nord, où on va à leur pêche, mais encore dans d'autres mers, et dont la majeure partie est encore si peu connue.

3 O France, ô ma patrie! ô séjour de douleurs!

Ce morceau a été composé en 1793.

4 Et rend à chaque plant son débris emprunté.

Ces vers expriment un fait arrivé au célèbre Jussieu, que ses disciples cherchaient en vain à tromper, et qui du premier coup d'œil aperçut, dans l'assemblage factice de plusieurs débris de plantes, les différentes parties dont il était composé.

5 Et la fraise des bois que leurs mains ont conquise.

On sait que la fraise est nommée par les botanistes *solatiolum herborisantium*.

6 Leur appétit insulte à tout l'art des Méots.

On connaissait à Paris, lorsque ce poëme fut publié, le célèbre restaurateur Méot. L'auteur est loin de prétendre donner à son nom la même célébrité que Boileau a donnée à Bergerat, connu dans son temps comme Méot dans le sien :

Et mieux que Bergerat l'appétit l'assaisonne.

Tout le monde a retenu ce vers de l'une des épîtres de Boileau.

CHANT IV.

1 Oui, les riches aspects et des champs et de l'onde.

M. de La Harpe, long-temps après que ce morceau eut été lu à l'Académie, a fait imprimer un poëme plein d'intérêt sur un sujet à-peu-près semblable. J'espère que, la lecture publique de mon ouvrage ayant précédé de plusieurs années la publication de celui de M. de La Harpe, on ne m'accusera pas de plagiat, pour quelques ressemblances qui se trouvent dans quelques passages de ces deux poëmes.

2 La corvée ! A ce nom les cabanes gémissent.

. . . .
Ah ! Mars vient demander des soldats à Cérès.

Ces vers ont été faits avant la révolution.

3 La belle Géorgine apparut à la cour.

Madame la duchesse Géorgine de Devonshire parut devant la cour, pour la première fois, dans une fête magnifique, telle que la représente le poëte. Elle a composé, sur son passage du Saint-Gothard, un poëme que Delille a traduit. (*Voyez les Traductions.*)

4 Et s'en retourne enfin seule et désespérée !

Je n'ai pas prétendu m'approprier ce vers de Racine; mais j'ai cru pouvoir l'employer dans un morceau où je conseille au peintre des champs, pour rendre les animaux plus intéressants, de leur prêter nos penchants et nos passions. Tout le monde sait que ce vers,

Je m'en retournerai seule et désespérée !
Iphigénie, act. IV, sc. IV.

a été mis par Racine dans la bouche de Clytemnestre disputant sa fille à l'ambition de son époux.

5 O champs de la Limagne ! ô fortuné séjour !

La Limagne, qui est la patrie de l'auteur, a aussi été celle de Pascal, de Domat, de Savaron, Guébriard, Sirmond, L'Hôpital, Marmontel, Thomas, etc.

6 Là des fripons gagés surveillent leurs complices.

On sait que, dans toutes les grandes villes, la police emploie des fripons pour découvrir des fripponeries.

7 Du bout de son allée apercevait Paris.

« Adieu donc, Paris ! ville célèbre, ville de bruit, de fumée et de boue, où les femmes ne croient plus à l'honneur, ni les hommes à la vertu ! Adieu, Paris ! nous cherchons l'amour, le bonheur, l'innocence ; nous ne serons jamais assez loin de toi. » (ÉMILE, liv. IV.)

8 Ignorer les humains, et vivre ignoré d'eux.

Ces vers sont imités d'Horace; et peut-être ne sera-t-on pas fâché de retrouver ici l'imitation qu'en a faite le célèbre Despréaux :

> O rus, quando ego te aspiciam, quandoque licebit,
> Nunc veterum libris, nunc somno et inertibus horis
> Ducere sollicitæ jucunda oblivia vitæ?
> Oblitus cunctorum, obliviscendus et illis!

> O fortuné séjour! ô champs aimés des cieux!
> Que, pour jamais foulant vos prés délicieux,
> Ne puis-je ici fixer ma course vagabonde,
> Et, connu de vous seuls, oublier tout le monde?

Ces vers, comparés à ceux d'Horace, suffisent pour montrer au lecteur la différence du génie de ces deux poëtes : elle est d'autant plus sensible, qu'elle se montre dans l'expression très différente de la même idée et du même sentiment. Boileau, en traduisant Horace, est encore Boileau. Ce poëte, si supérieur à son modèle dans la satire, n'a jamais eu dans la poésie philosophique ni sa douceur, ni sa grace, ni son aimable abandon.

> O fortuné séjour! ô champs aimés des cieux!

ne vaut pas la simplicité touchante de ces mots : *O champs, quand pourrai-je vous voir?* Horace ne demande pas de fortuné séjour, des champs aimés des cieux, il *demande la campagne*; la campagne, quelle qu'elle soit, suffit à ses desirs : « *O rus, quando ego te aspiciam?* » On est fâché de pas retrouver dans les vers de Boileau cette voluptueuse distribution du temps entre le sommeil, la lecture des anciens, et la paresse. Quelle douceur à la fois et quelle hardiesse dans l'*inertibus horis*, les heures paresseuses! combien on doit regretter aussi ce vers charmant :

> Ducere sollicitæ jucunda oblivia vitæ!

> Boire l'heureux oubli d'une vie inquiète.

Enfin quelle différence, pour l'harmonie, la grace et l'expression de l'amour de la solitude, entre

> Oblitus cunctorum, obliviscendus et illis!

et ce vers,

> Et, connu de vous seuls, oublier tout le monde!

Enfin Horace a trouvé ces vers dans son ame, et Boileau a pris les siens dans Horace; mais avec la différence qu'ont dû mettre entre le poëte et l'imitateur la sensibilité exquise de l'un et l'élégance un peu laborieuse de l'autre. C'est à cette correction, fruit du goût et du travail, que Chapelle fait allusion dans ces vers si plaisants et si vrais :

> Tout bon habitant du Marais
> Fait des vers qui ne coûtent guère;
> Pour moi, c'est ainsi que j'en fais;
> Je les ferais bien plus mauvais
> Si je tâchais de les mieux faire.
> Quant à monsieur Despréaux,
> Il en compose de fort beaux.

La Fontaine seul nous offre des exemples de cette douce sensibilité et de cet abandon plein de grace que j'admirais dans ces vers d'Horace, lorsqu'au sujet de l'amour il s'écrie :

> Hélas ! quand reviendront de semblables moments ?
> Faut-il que tant d'objets si doux et si charmants
> Me laissent vivre au gré de mon ame inquiète ?
> Ah ! si mon cœur encore osait se renflammer !
> Ne trouverai-je plus de charme qui m'arrête ?
> Ai-je passé le temps d'aimer ?

Le sujet est différent, mais le caractère du style est le même.

9 Le vers vole et le suit, aussi prompt que l'éclair.

Dans une société où se trouvait M. le chevalier de Boufflers, on avait parlé d'harmonie imitative dans les vers ; des personnes de beaucoup d'esprit niaient l'existence de cette harmonie. L'auteur de ce poëme, invité à lire quelques vers, choisit le morceau qui avait pour objet l'harmonie imitative. Alors M. le chevalier de Boufflers dit, avec l'esprit et la finesse qui lui sont si familiers : « Il a fait comme le philosophe à qui l'on niait le mouvement ; il a marché. »

10 Et nous, infortunés que proscrivent les dieux.

Ce morceau a été composé pendant l'émigration de l'auteur.

11 O Thiars ! tu n'es plus !

M. de Thiars, lieutenant-général des armées du roi, commandant en Provence, puis en Bretagne, arraché des bras de son digne ami, M. de Clermont-Gallerande, pour aller à l'échafaud. Un de ses amis les plus estimés conserve de lui une lettre écrite au moment où il marchait à la mort, pleine de la fermeté la plus héroïque et de l'amitié la plus tendre pour l'amie dont j'ai fait mention dans ces vers, et dont il ignorait la mort.

12 Ton amie avait fui de ce séjour d'effroi.

Madame de Serrant.

13 Hélas ! et que n'en peut la sanglante mémoire,
    Ainsi que de ces murs, s'effacer de l'histoire !

J'ai déjà remarqué, dans le discours préliminaire, que le poëme de Virgile, publié dans un temps de calme et de bonheur, fut composé dans des circonstances trop malheureusement semblables à celles où ce morceau des Géorgiques françaises fut écrit. On en sera convaincu par la lecture de ces vers qui terminent le premier livre des Géorgiques latines :

> Quippe ubi fas versum atque nefas : tot bella per orbem,
> Tam multæ scelerum facies ! non ullus aratro
> Dignus honos ; squalent abductis arva colonis,
> Et curvæ rigidum falces conflantur in ensem.
> Hinc movet Euphrates, illinc Germania bellum ;
> Viciuæ, ruptis inter se legibus, urbes
> Arma ferunt ; sævit toto Mars impius orbe.
> Ut, quum carceribus sese effudere, quadrigæ
> Addunt in spatia, et frustra retinacula tendens
> Fertur equis auriga, neque audit currus habenas.

TRADUCTION PAR DELILLE.

Que d'horreurs en effet ont souillé la nature !
Les villes sont sans lois, la terre sans culture ;
En des champs de carnage on change les guérets,
Et Mars forge ses dards des armes de Cérès !
Ici le Rhin se trouble, et là mugit l'Euphrate ;
Partout la guerre tonne, et la discorde éclate ;
Des augustes traités le fer tranche les nœuds,
Et Bellone en grondant se déchaîne en cent lieux.
Ainsi, lorsqu'une fois lancés de la barrière,
D'impétueux coursiers volent dans la carrière,
Leur guide les rappelle et se roidit en vain ;
Le char n'écoute plus ni la voix ni le frein.

J'ai à me reprocher, dans cette traduction, d'avoir infidèlement rendu ces mots, *fas versum atque nefas* : ils rendent avec une précision et une énergie extrêmes le plus grand malheur des grandes crises des empires ; c'est la confusion des idées morales et politiques, du bien et du mal, du juste et de l'injuste. Les bornes une fois arrachées, on ne sait plus où les replacer. De cette incertitude naît le combat des opinions, qui l'augmente encore. Si l'incertitude est un grand tourment pour les particuliers, elle est un plus grand tourment pour les empires : de là résulte pour les ames communes une attente inquiète, pour les ames pusillanimes le découragement, pour les ames ambitieuses l'audace des entreprises téméraires et désorganisatrices. Et comment jouir de quelque bonheur dans un état de choses où la constitution, la religion, l'éducation, les institutions civiles et militaires marchent, ou plutôt se traînent, au milieu de craintes et de projets, de contradictions et de réclamations sans nombre, qui résultent nécessairement des souvenirs du passé, du sentiment douloureux du présent, et de la perspective incertaine de l'avenir ! Les nouveaux riches ne jouissent qu'en tremblant du fruit de leurs rapines ; les hommes dépouillés, du fond de leur misère, voient avec indignation l'apparition scandaleuse des fortunes nouvelles élevées sur leurs débris : tout est inquiétude, inimitié, fureur ; tous attendent, souffrent ou conspirent : *quippe ubi fas versum atque nefas*.

MALHEUR ET PITIÉ,

POEME

EN QUATRE CHANTS.

PRÉFACE DE L'AUTEUR.

L'auteur de ce poëme ne se dissimule pas toutes les haines que doit lui attirer sa publication. Il attaque un million de propriétaires illégitimes et de spoliateurs barbares. Aucun regret ni aucun ressentiment personnels n'ont conduit sa plume; il ne s'est jamais permis aucune satire, il n'a répondu à aucune; et quand il a réfuté quelques critiques de ses ouvrages, c'était moins pour les justifier, que pour dissiper quelques préjugés littéraires, ou pour répandre quelques principes de goût trop méconnus. Il opposera la même impassibilité au déchaînement dont on le menace : de pareilles attaques ne peuvent effrayer celui qui, sous les couteaux de Robespierre, lui refusa un hymne pour l'Être suprême, qu'outrageaient ses hommages, que calomniait son existence, et qu'a trop tard justifié son supplice.

Si l'on avait réuni les voix de ceux dont il défend la cause, peut-être cet ouvrage n'aurait point vu le jour; mais un homme profondément indigné de l'injustice ne consulte ni les oppresseurs, ni les opprimés; il écoute l'humanité et la justice. A ces motifs s'est joint le souvenir ineffaçable de ce qu'il doit à ses augustes bienfaiteurs : il a voué à leur mémoire le respect qu'il eut pour eux dans les temps de leur prospérité, et qu'il leur a fidèlement conservé dans leur infortune; rien ne meurt pour les cœurs reconnaissants.

Ce poëme n'est pas, comme on pourrait le croire, un ouvrage

purement de circonstance. L'auteur, dans le PREMIER CHANT, peint la pitié exercée par les particuliers envers les animaux, les serviteurs, les parents, les amis, et indistinctement tous les êtres à qui leurs malheurs et leurs besoins donnent des droits à la pitié des ames sensibles. Il contient deux épisodes d'un genre et d'un caractère différents : dans l'un, l'auteur a peint, avec des couleurs plus sombres et d'une manière plus énergique, les misères de la ville; dans l'autre, avec des teintes plus douces, la misère des campagnes, où elle se montre moins effrayante et moins hideuse. Le lieu même de la scène demandait un ton différent. De ces deux épisodes, l'un est un fait réel, assez intéressant pour que le célèbre Danloux se soit proposé, d'après la lecture que l'auteur lui en a faite, de lui consacrer l'admirable talent qui a rendu si touchant son beau tableau de *la Vestale*, auquel toute l'Angleterre a couru. Le second épisode est tout entier d'imagination.

Le SECOND CHANT a pour objet la pitié des gouvernements, exercée dans les établissements publics de justice et de charité, dans les prisons, dans les hôpitaux civils et militaires, dans les guerres de peuple à peuple, et même dans la guerre civile. Il se termine par un épisode qui présente un des plus intéressants et des plus terribles tableaux que pût tracer la poésie, celui de deux camps français de la Vendée, volant l'un vers l'autre dans un moment de trêve; toutes les animosités oubliées, toutes les fureurs suspendues, la nature et le sang reprenant leurs droits; chacun reconnaissant, embrassant son ami, son parent, le compagnon de son enfance; et, au milieu de cet attendrissement et de cette allégresse universelle, le signal terrible du retour à leurs drapeaux parricides, et du renouvellement des massacres.

Le TROISIÈME CHANT a pour sujet la pitié dans les temps orageux des révolutions, et c'est là que le poëme prend davantage la couleur d'un ouvrage de circonstance; mais l'auteur a eu soin d'attacher tous les détails à des idées générales; il a cherché les sources de la pitié : il les a trouvées dans la grandeur déchue dont on mesure les malheurs par la hauteur de sa chute; dans le spectacle de la beauté malheureuse et de la vertu proscrite, de la vieillesse et de l'enfance persécutées. Les détails et les récits ne sont que l'application des faits aux principes, et des effets aux causes.

La peinture des malheurs inouïs de la plus auguste et de la plus infortunée des races royales, est naturellement amenée par l'expression des différents genres de pitié qu'inspirent les différents malheurs; car, par une incroyable fatalité, cette famille offre la réunion lamentable de tous les désastres qui peuvent affliger une maison royale, après huit cents ans de gloire et de prospérité. Il y avait dans ce sujet un grand écueil à éviter : c'est la monotonie horrible de ces scènes innombrables de supplices et de massacres. Pour donner quelque variété à ces terribles peintures, l'auteur a tâché d'y mêler quelquefois, sans disparate, des images douces et même riantes. Ainsi, dans la description de la mort tragique de l'infortuné duc de Brissac, après ces vers :

   Ah! dans ce temps barbare,
  Qui n'aime à retrouver une vertu si rare?

l'auteur ajoute :

  Avec moins de plaisir les yeux d'un voyageur
  Dans un désert brûlant rencontrent une fleur ;
  Avec moins de transport, des flancs d'un roc aride
  L'œil charmé voit jaillir une source limpide.

De même, dans la peinture du règne de la terreur, il a interrompu un instant cette longue suite de meurtres abominables, par ces vers d'un ton plus doux, et d'une couleur moins lugubre :

  Ah! dans ces jours affreux, heureuse l'indigence
  A qui l'obscurité garantit l'indulgence !
  Eh! qu'importe au pouvoir, qu'auprès de ses troupeaux
  Le berger enfle en paix ses rustiques pipeaux !
  Q'importe le mortel, dont la table champêtre
  Se couronne le soir des fruits qu'il a fait naître!

C'est dans la même intention que l'auteur a ajouté ici le juste éloge des femmes qui, presque toutes, sont montées sur l'échafaud avec un courage dont l'histoire offre à peine quelques exemples, cités sans cesse et rarement imités. Enfin, pour varier encore cet épouvantable tableau de la plus effroyable époque du genre humain, il a terminé ce chant par la description d'une fête champêtre instituée en l'honneur de ces douze filles de Verdun, également intéressantes par leur vertu et leur beauté; toutes immolées dans un même jour, et dont la mort prématurée rappelle d'une manière si touchante ce mot charmant d'un Grec, après une bataille où la jeunesse athénienne périt en foule : *L'année a perdu son printemps.* Par cette description naturellement amenée, le lecteur consolé passe avec plaisir, et sans secousse, des massacres à une fête; de la terreur des échafauds, aux spectacles délicieux des bocages, des fleurs et du printemps. Plus ces images sont inattendues, plus l'effet en est sûr.

Dans le QUATRIÈME CHANT enfin, il a peint la pitié dans les temps de spoliation et d'émigration. Là se trouvent encore des idées générales de justice et de morale, opposées au despotisme et à la tyrannie. On lira dans ce chant un épisode intéressant par sa nouveauté : c'est l'histoire de deux jeunes époux qui, voulant fuir bien loin du spectacle douloureux de leur patrie opprimée et sanglante, se sont établis sur les bords de l'Amazone, y ont porté les arts et les productions de leur patrie; y sont devenus constructeurs, cultivateurs et fermiers. L'auteur, après avoir lu à un de ces amis cet épisode, imaginé par lui pour donner plus d'intérêt à son ouvrage, apprit avec étonnement que ce récit n'était point une vaine fiction, mais l'histoire réelle de deux jeunes époux d'une famille distinguée : seulement le lieu de la scène est différent, et le poëte se trouve avoir placé dans l'Amérique méridionale un fait arrivé dans le nord de cette partie du monde. Peu de hasards heureux lui ont fait autant de plaisir que cette espèce de divination.

Il se hâte de répondre à ceux dont les incroyables et pacifiques invitations à la patience et à l'oubli de nos calamités, accusent d'avance cet ouvrage, destiné à en perpétuer le souvenir, en traduisant, dans leur véritable sens, les déclamations de ces hommes modérés, et en donnant à l'expression de leurs idées toute la naïveté et toute la franchise qu'ils n'ont osé lui donner eux-mêmes.

PRÉFACE.

Pourquoi revenir sur les traces de nos anciennes calamités? pourquoi remuer toutes ces cendres, rouvrir tous ces tombeaux? Une révolution qui devait enrichir les brigands, comme les débris d'un naufrage enrichissent ceux qui les attendent sur le rivage, a renversé la plus ancienne des monarchies. Dans cet écroulement subit, des hommes avides se sont emparés des dépouilles. N'allez pas leur disputer des richesses conquises par leur audace, et légitimées par leurs lois. Des hommes plus habiles encore ont spéculé sur les armées, sur les convois, sur les tentes, sur les magasins; et, ce qui est plus courageux encore, sur les remèdes des malades et le pansement des blessés. Des malheurs innombrables ont alimenté leur fortune nouvelle; des millions d'hommes ont péri pour la consolider : gardez-vous de troubler leur jouissance; que tant de sang ne soit pas perdu. Ralliez-vous au gouvernement, disent d'autres encore; il faut l'aimer, car il est terrible; il faut le servir, car il peut vous perdre. Ainsi parlent ces apologistes complaisants de tout ce qui a fait nos malheurs; et leurs déclamations ressemblent au bruit des tambours et des cymbales qui, dans les sacrifices humains, empêchaient d'arriver aux oreilles des mères les cris des enfants égorgés ou précipités dans les flammes. Eh quoi! la plainte n'est-elle plus le droit du malheur? Espérez-vous étouffer, par vos conseils pacifiques, les cris d'une douleur si profonde, et calmer les convulsions d'une agonie si cruelle? Sans doute la haine doit se taire; mais la vérité doit parler : elle doit vous apprendre que la dissolution des corps politiques, comme celle des corps physiques, produit immédiatement cette horrible population qui sort de leurs ruines et se nourrit de leurs cadavres. Les récits des calamités et des fautes passées sont le patrimoine de l'avenir; c'est l'instruction des empires et des siècles. Pouvez-vous bien nous enlever jusqu'aux leçons de l'infortune, et nous priver même de nos malheurs? Vous avez vaincu : régnez par la force; mais ne raisonnez pas avec la souffrance. Jouissez, mais n'insultez pas ; ne commandez pas le silence à la douleur, et la résignation au désespoir.

On n'ajoutera plus qu'un mot. Des malheurs inévitables qu'entraînent les grands bouleversements dans les vieux empires, un des plus funestes, des moins remarqués, c'est l'incertitude de ce qu'il faut mettre à la place de ce qui n'est plus. Dans la peinture que fait Virgile des maux de la guerre civile, à la fin du premier livre des *Géorgiques*, l'auteur s'est toujours reproché d'avoir infidèlement traduit quelques mots, dont le sens profond n'est pas assez senti :

. . . . . Ubi fas versum atque nefas ,

dit Virgile, *le bien et le mal sont confondus*. Telle est la suite inévitable des révolutions. Tant que Rome eut des lois stables, et qu'on respecta l'ancienne constitution, on pouvait distinguer le juste de l'injuste : cette constitution une fois détruite par la violence, l'incertitude régna dans toutes les délibérations et dans tous les esprits. Les uns voulaient le rétablissement de l'ancien gouvernement, les autres la royauté, les autres la dictature. Les limites une fois arrachées, personne ne sait plus où les replacer : les anciennes fortunes renversées regardent avec indignation les fortunes élevées sur leurs ruines ; les vaincus abhorrent les vainqueurs : ceux-ci s'efforcent d'en anéantir ce qui reste ; les esprits systématiques enfantent des projets de constitutions qui s'écroulent les unes sur les autres, et ensevelissent, sous leurs débris, et leurs ennemis et leurs auteurs. La nouveauté combat les anciennes habitudes ; le choc des systèmes religieux vient ajouter à ces orages : tout est inquiétude, désordre, animosité, fureur. Le parti écrasé, qui avait oublié ses injures, saisit avec ardeur l'occasion de la vengeance ; jusqu'à ce que les haines des factions rivales viennent mourir de fatigue et d'épuisement aux pieds du vainqueur, qui, bientôt dégoûté de l'abjection de leur basse et facile obéissance, s'arme, contre un peuple avili, et par sa révolte et par la servitude qui la suit toujours, de tout le mépris qu'il inspire. *Rempublicam fessam civilibus odiis Augustus Cæsar excepit*.

. . . . . Quippe ubi fas versum atque nefas.

MALHEUR ET PITIÉ.

CHANT PREMIER.

Trop long-temps ont grondé les foudres de la guerre ;
Trop long-temps des plaisirs, corrupteurs de la terre,
La mollesse écouta les sons voluptueux :
Maintenant, des bons cœurs instinct affectueux,
Accours, douce Pitié, sers mon tendre délire ;
Viens mouiller de tes pleurs les cordes de ma lyre ;
Viens prêter à mes vers tes sons les plus touchants :
C'est pour toi que je chante, inspire donc mes chants.
Puissent-ils, consolant cette terre où nous sommes,
Être approuvés des dieux, être bénis des hommes,
Apprivoiser le peuple, intéresser les rois,
Rendre à l'heureux des pleurs, au malheureux ses droits !
   Glorieux attribut de l'homme, roi du monde,
La Pitié de ses biens est la source féconde.
La force n'en fit point le roi des animaux ;
Non, c'est cette Pitié qui gémit sur les maux.
Vers la terre courbés par un instinct servile,
Ses sujets n'ont du ciel reçu qu'une ame vile ;
Conduits par le besoin et non par l'amitié,
Ils sentent la douleur, et jamais la pitié.
L'homme pleure, et voilà son plus beau privilége ;
Au cœur de ses égaux la Pitié le protége.
Nous pleurons, quand, ravie au bonheur, aux amours,
La jeune vierge expire au printemps de ses jours ;
Nous pleurons, lorsqu'en proie au ravisseur avide,
Tombe dans le malheur un orphelin timide ;
Et lorsqu'aux tribunaux sa modeste pudeur
De son front ingénu fait parler la candeur,
La Pitié, dans notre ame embrassant sa défense,
Du côté de ses pleurs fait pencher la balance.

Un instinct de pitié nous apprend à gémir,
D'un péril étranger nous force de frémir.
Que dis-je? Du malheur la touchante peinture
Exerce son pouvoir sur l'ame la plus dure.
Nous pleurons, quand Poussin, de son adroit pinceau,
Peint les jours menacés de Moïse au berceau ;
Nous pleurons, quand Danloux, dans la fosse fatale,
Plonge, vivante encor, sa charmante Vestale [1] :
Vers sa tombe avec elle il conduit la Pitié ;
On ne voit que ses maux, son crime est oublié.
La Pitié, doux portrait de la bonté divine,
Rappelle les mortels à leur noble origine.
Malheur aux nations qui, violant nos droits,
De la Pitié touchante ont étouffé la voix !
L'autel de la Pitié fut sacré dans Athènes [2].
L'intérêt, mieux instruit, bénit ses douces chaînes ;
Elle inspire les arts, elle adoucit les mœurs,
Et le cœur le plus dur s'amollit à ses pleurs.

C'est peu : du genre humain douce consolatrice,
De la société tu fondas l'édifice !
Oui, ce fut sur la foi de ce doux sentiment,
Plus puissant que les lois, plus fort que le serment,
Que les hommes, fuyant leurs sauvages asiles,
Joignirent leurs foyers dans l'enceinte des villes.
Là vinrent les mortels, dans les forêts épars,
Sous de communes lois, dans les mêmes remparts,
Prêts à se secourir aux premiers cris d'alarmes,
S'aider de leurs talents, de leurs biens, de leurs armes ;
Et, rapprochés entre eux par un besoin pareil,
S'assurer l'un à l'autre un paisible sommeil.
Mais bientôt tout changea : la fortune inégale
Vint assigner aux rangs leur utile intervalle.
Auprès de la richesse on vit la pauvreté,
Près des tristes besoins la molle oisiveté ;
Alors vint la Pitié, seconde Providence :
Dans les riches monceaux qu'entassa l'opulence,
La Pitié préleva la part de l'indigent [3] ;
Le luxe fut humain, le pouvoir indulgent ;
Des cœurs compatissants la tristesse eut des charmes ;
Les larmes dans les yeux rencontrèrent des larmes ;

t, plaçant le bonheur auprès de la bonté,
La vertu fut d'accord avec la volupté.
Tel fut l'ordre du monde, et l'arrêt des dieux mêmes.
Mortels, obéissez à ces décrets suprêmes :
Écoutez la Pitié, secourez vos égaux,
Ajoutez à vos biens en soulageant leurs maux !
Enfin, tout ce qui vit sous votre obéissance
Doit sentir vos bienfaits, bénir votre puissance.

 Vous donc, soyez d'abord le sujet de mes chants,
O vous qui fécondez ou qui peuplez nos champs !
Vous êtes nos sujets : le dieu de la nature
Vous forma, je le sais, d'une argile moins pure ;
Il ne l'anima point d'un rayon immortel,
Et nous seuls sommes nés cohéritiers du ciel :
Mais au même séjour nous habitons ensemble ;
Mais par des nœuds communs le besoin nous rassemble.

 Pourtant, quelque intérêt que m'inspirent vos maux,
Je n'irai point, rival du vieillard de Samos [4],
Répéter aux humains sa plainte attendrissante ;
Je ne m'écrierai point, d'une voix gémissante :
« Cruels ! que vous ont fait l'innocente brebis [5],
Dont la molle toison a tissu vos habits ;
La chèvre, qui, pendue aux roches buissonneuses,
Compose son festin de ronces épineuses ?
Que vous a fait l'oiseau, dont la touchante voix
Est l'honneur du printemps et le charme des bois ?
Que vous a fait le bœuf, enfant de vos domaines,
Laboureur de vos champs, compagnon de vos peines ?
Barbares ! pouvez-vous, au sortir du sillon,
Quand son flanc saigne encor des coups de l'aiguillon,
Frapper du fer mortel, pour prix d'un long servage,
Son front tout dépouillé par le joug qui l'outrage ?
Quoi ! les mets manquent-ils à votre avide faim ?
Voyez ces fruits pendants inviter votre main.
Pour vous mûrit le blé, pour vous la sève errante
Vient gonfler d'un doux suc la grappe transparente.
N'avez-vous pas du miel le nectar parfumé ?
Du lait, qui rafraîchit votre sang enflammé ?
La vache nourricière est-elle donc avare ?
Ah ! cruels, rejetez un aliment barbare,

Digne festin des loups, des tigres et des ours !
La nature en frémit. » Inutiles discours :
Dès long-temps l'habitude a vaincu la nature ;
Mais elle n'en a pas étouffé le murmure.
Soyez donc leurs tombeaux, vivez de leur trépas ;
Mais d'un tourment sans fruit ne les accablez pas :
L'Éternel le défend ; la Pitié protectrice
Permet leur esclavage, et non pas leur supplice.

Cependant je l'ai vu ; j'ai vu des animaux
Courbés injustement sous d'énormes fardeaux ;
L'homme s'armer contre eux, et, comme leur paresse,
Par de durs traitements châtier leur faiblesse.
J'ai vu, les nerfs roidis et les jarrets tendus,
Tomber ces malheureux sur la terre étendus.
J'ai vu du fouet cruel les atteintes funestes,
De leurs esprits mourants solliciter les restes ;
Et, de coups redoublés accablant leur langueur,
Par l'excès des tourments ranimer leur vigueur.
Ah ! dételez vos chars ! qu'heureux auxiliaires,
Vos coursiers généreux viennent aider leurs frères,
O vous ! que le hasard amène dans ce lieu :
Ainsi vous secondez les grands desseins de Dieu ;
Ainsi, portant sa part du joug qui les accable,
La brute sert la brute, et l'homme son semblable.
Cent fois plus criminel, et plus injuste encor,
Celui dont le coursier, pour mieux prendre l'essor,
Avec art amaigri, bien loin de la barrière,
Sous l'acier déchirant dévore la carrière ;
Et, contraint de voler plutôt que de courir,
Doit partir, fendre l'air, arriver et mourir :
Des vains jeux de l'orgueil épouvantable scène !

Eh ! qui peut, sans rougir de l'injustice humaine,
Voir ces coursiers rivaux ; ces violents efforts,
De la vie à la fois usant tous les ressorts ;
Tout leur corps en travail sous le fouet qui les presse,
Ces longs élancements, cette immense vitesse
Dont l'éclair les dérobe aux yeux épouvantés ;
Leur souffle haletant, leurs flancs ensanglantés ?
Et pourquoi ? pour qu'un fat, s'appropriant leur gloire,
Sur leur corps palpitant crie : A moi la victoire !

CHANT I.

Ou que d'un vil pari le calcul inhumain,
De cet infame honneur tire un infame gain.
 Eh! voyez Albion, cette terre chérie,
Albion, des coursiers indulgente patrie :
C'est là que, de leur race entretenant l'honneur,
L'homme instruit leur instinct et soigne leur bonheur.
Avec moins de plaisir ces hordes inconstantes,
Qui près de leurs coursiers reposent sous leurs tentes,
D'un zèle fraternel veillent à leurs besoins.
Le coursier est sensible à ces généreux soins.⁹
Aussi, que la carrière à ses yeux se présente,
L'homme à peine contient sa fougue impatiente ;
Sans le fouet meurtrier, sans l'éperon sanglant,
Il part, entend son maître, et l'emporte en volant ;
Touche le but, revient, et fier, levant la tête,
Semble, d'un pied superbe, applaudir sa conquête.
Sachez donc dispenser les soins, le châtiment :
Du bien comme du mal le vif ressentiment
Est leur premier instinct ; et, grace à la nature,
Ainsi que le bienfait, ils ressentent l'injure.
Ah ! comment l'homme ingrat l'a-t-il donc oublié ?
A-t-on tant de malheurs et si peu de pitié ?
Tel ne fut point Hogarth ; sa main compatissante
Traça des animaux l'histoire attendrissante :
De là ce noble élan, ces admirables mots
D'une ame généreuse et sensible à leurs maux,
Qui, voyant des coursiers torturés par leur maître,
S'écrie : « O cœur barbare ! homme dur, qui peut-être
Au sein de ton ami plongerais le poignard,
Tu n'as donc jamais vu les peintures d'Hogarth ⁷ ? »
 Suivez donc son exemple, écoutez ses maximes ;
Qu'ils soient vos serviteurs, et non pas vos victimes.
Mais c'est à toi surtout que l'on doit la pitié,
Animal généreux, modèle d'amitié,
Qui, le jour et la nuit prodiguant tes services,
Gouvernes nos troupeaux ou gardes nos hospices,
Dont l'œil nous cherche encor de ses regards mourants.
Sois donc et le sujet et l'honneur de mes chants,
O toi qui, consolant ta royale maîtresse⁸,
Jusqu'au dernier soupir lui prouvas ta tendresse;

Qui charmais ses malheurs, égayais sa prison ;
O des adieux d'un frère unique et triste don !
Hélas ! lorsque le sort, qui lui ravit son père,
Pour comble de malheur la sépara d'un frère,
Livré seul aux rigueurs d'un destin ennemi,
Pour elle il se priva de son dernier ami.
Que dis-je ? Des tyrans incroyable caprice !
Celui qui fit traîner ses parents au supplice,
Qui l'entoura de morts, l'accabla de revers,
Lui laissa l'animal compagnon de ses fers.
Et moi, qui proscrivis leurs honneurs funéraires [9],
J'implore un monument pour des cendres si chères,
Pour toi qui, presque seul, au siècle des ingrats,
Dans les temps du malheur ne l'abandonnas pas :
Va donc dans l'Élysée, où ton ombre repose,
Jouir des doux honneurs de ton apothéose !
Je ne te mettrai point près du chien de Procris ;
J'offre un plus doux asile à tes mânes chéris :
De Poniatowsky, de sa sœur vertueuse,
Les jardins recevront ton ombre généreuse.
Là, parmi les gazons, les ruisseaux et les bois,
Tu dormiras tranquille ; et la fille des rois,
En proie à tant de maux, objet de tant d'alarmes,
Y reviendra pleurer, s'il lui reste des larmes [10] !

Il est pour la Pitié de plus dignes objets,
Que Dieu fit nos égaux, et le sort nos sujets :
C'est vous qui, sous nos toits serviteurs volontaires,
Par vos soins assidus méritez vos salaires.
Non que je veuille ici, prêchant l'égalité,
Dissoudre les liens de la société :
Dieu lui-même des rangs forma la chaîne immense,
Qu'un atome finit, que l'Éternel commence.
Mais n'allez pas, brisant le pacte mutuel,
De votre autorité faire un abus cruel ;
Songez bien que tout homme, en servant son semblable,
Sacrifie à son maître un bien inestimable,
Sa liberté. Lui même à vos commandements
Soumet ses jours, ses nuits, ses heures, ses moments.
Ah ! de la liberté si le trompeur fantôme
A pu dans un instant renverser un royaume ;

Si, vengeant la nature et les droits des humains,
Un esclave*, autrefois, fit trembler les Romains,
Et, de ses fers rompus se forgeant une épée,
Souleva l'Italie, et balança Pompée ;
Jugez combien le ciel jusques au fond du cœur
Grava profondément ce sentiment vainqueur.
Ne l'outragez donc pas ; payez ces sacrifices ;
Qu'on serve vos besoins, et non pas vos caprices ;
Sous un air paternel cachez l'autorité,
Et mêlez la douceur à la sévérité.
Que le maître indulgent, le serviteur fidèle,
Fassent commerce entre eux de bienfaits et de zèle :
Ensemble associés par ces soins délicats,
L'un ne commande point, l'autre n'obéit pas.
Le cœur a deviné bien avant qu'on ordonne ;
Grace à ce doux attrait où l'ame s'abandonne,
D'un côté le penchant, de l'autre la bonté
Donne à l'obéissance un air de volonté :
L'amitié rend toujours bien plus qu'on ne demande.
   Mais ce que la Pitié surtout vous recommande,
C'est ce bon serviteur qui vieillit sous vos toits :
Du service et des ans allégez-lui le poids.
Que chez vous son utile et noble vétérance
Soit d'un long dévouement la juste récompense.
Il veut encor pour vous tout ce qu'il ne peut pas :
Son exemple vous sert, au défaut de ses bras.
Nestor des serviteurs, son âge leur commande,
Son sourire applaudit, son regard réprimande ;
Et quand son zèle enfin deviendrait impuissant,
Verrez-vous sans pitié son déclin languissant ?
Pouvez-vous au besoin, par un oubli funeste,
Des jours usés pour vous abandonner le reste ?
La Pitié le défend, et même l'équité.
Que s'il ne peut suffire aux soins de la cité,
Qu'il habite vos champs ; que, dans ce doux asile,
Ses vieux ans soient heureux, et son repos utile.
Et vous, quand les beaux jours vous y rappelleront,
Avec délice encor vos yeux le reverront.
Témoin de vos plaisirs, de vos maux domestiques,

* *Spartacus.*

Tels que ces monuments des annales antiques,
Ses vieux ressouvenirs reviendront sur vos pas;
Ils vous retraceront vos chasses, vos combats,
De votre grand cartel la mémorable histoire,
Ce vieux procès gagné, ce siége plein de gloire
Où vous fûtes blessé; votre hymen, vos amours;
Et ses récits encor vous rendront vos beaux jours.
 Tairai-je ces enfants de la rive africaine,
Qui cultivent pour nous la terre américaine?
Différents de couleur, ils ont les mêmes droits;
Vous-mêmes contre vous les armez de vos lois.
Loin de moi cependant ces précepteurs du monde,
Dont la pitié cruelle, en désastres féconde,
Déchaînant tout à coup des monstres furieux,
Dans leurs sanglantes mains mit le fer et les feux!
O champs de Saint-Domingue! ô scènes exécrables!
Ah! fuyez, sauvez-vous, familles déplorables!
Les tigres sont lancés; du soleil africain
Tous les feux à la fois bouillonnent dans leur sein.
Pour vous leur art cruel raffina les souffrances :
Robespierre lui-même envierait leurs vengeances.
Là, des enfants portés sur la pointe des dards,
De leurs noirs bataillons forment les étendards;
Ici, tombe le fils égorgé sur son père,
Le frère sur la sœur, la fille sur la mère.
Chaque lieu, comme nous, a son noir tribunal;
Partout la mort moissonne; et le démon du mal,
Volant d'un pôle à l'autre, et planant sur les ondes,
Sur le choix des malheurs hésite entre deux mondes.
Quelle cause a produit ces fléaux désastreux?
Quelques abus des droits que vous aviez sur eux.
Leur haine s'en souvint; et la noire imposture
Dans leurs cœurs ulcérés vint aigrir cette injure.
Ah! que les deux partis écoutent la Pitié!
Qu'entre les deux couleurs renaisse l'amitié!
Évitez qu'un excès de rigueur, d'indulgence,
N'encourage l'audace, ou n'arme la vengeance;
Et que ce sol enfin, trempé de leurs sueurs,
Ne soit plus teint de sang et baigné de leurs pleurs.
 D'un cri plus fort encore, et d'un accent plus tendre,

CHANT I.

A votre cœur ému le sang se fait entendre.
Vos parents malheureux ont droit à vos secours.
Et comment pouvez-vous couler en paix vos jours,
Alors qu'en proie aux maux qui pèsent sur leurs têtes,
Le cri de leur douleur vous reproche vos fêtes ?
Ah! le remords les venge, et leurs affreux destins
Attristent vos plaisirs, et troublent vos festins.
En vain la loi se tait, quand la nature exige.
Voyez ces rejetons nés de la même tige :
L'un regorge de sève, et cet autre affamé
Languit privé d'un suc vainement réclamé.
Mais le jardinier vient, dont la rigueur féconde
Dispense également la sève vagabonde ;
Et, pour alimenter leurs frères appauvris,
Prive du superflu les rameaux trop nourris.
Dans votre luxe, ingrats ! trompant la Providence,
N'épuisez donc pas seuls votre injuste abondance ;
Aux droits de votre sang sacrifiez vos droits,
Et corrigez le ciel, le hasard et les lois.

 Eh! qui ne connaît pas quelle volupté pure
A ce doux sentiment attacha la nature?
Fidélia le prouve, elle dont Addison
A la postérité transmit l'aimable nom *.
La mort à son enfance avait ravi sa mère ;
Mais ses traits enchanteurs en offraient à son père
La douce ressemblance et le vivant portrait ;
De ce père chéri le cœur l'idolâtrait.
Une épouse, des sens flatte la tendre ivresse,
Les fils l'ambition, les filles la tendresse ;
Et pour elles l'amour d'un père vertueux,
Sans en être moins pur, est plus affectueux.
Au ciseau de Scopas, même au pinceau d'Apelle,
La beauté que je chante eût servi de modèle ;
Un amant l'adorait, tel que le dieu d'amour
L'eût choisi pour charmer les nymphes de sa cour.
Elle-même admirait sa grace enchanteresse,
Mais l'amour filial étouffait sa tendresse ;
Et d'un père chéri les douleurs, les besoins,
Sans remplir tout son cœur, occupaient tous ses soins.

* *Spectateur,* n° 449.

Son ame, dévouée à ces doux exercices,
A son vieux domestique enviait ses services;
Les plus humbles emplois flattaient son tendre orgueil :
Elle-même avec art dessina le fauteuil
Qui, par un double appui soutenant sa faiblesse,
Sur un triple coussin reposait sa vieillesse;
Elle-même à son père offrait ses vêtements,
Lui préparait ses bains, soignait ses aliments;
Elle-même, à genoux, ajustait sa chaussure;
Elle-même peignait sa blanche chevelure,
Près de lui rassemblait ses meubles favoris,
Ses amis de l'enfance, et ses livres chéris.
Souvent, quand la beauté, méditant des conquêtes,
Se parait pour le bal, les festins ou les fêtes,
Elle, auprès du vieillard, au coin de leurs foyers,
Écoutait le récit de ses exploits guerriers;
Dansait, pinçait son luth; tantôt, avec adresse,
Lui chantait les vieux airs qui charmaient sa jeunesse;
Le soir, le conduisait au lieu de son sommeil,
Veillait à son chevet, épiait son réveil,
Dressait pour lui la table, et des plantes d'Asie
Lui versait de sa main l'odorante ambroisie.
Vainement ses amis lui disaient quelquefois :
« Faut-il vivre toujours sous ces austères lois,
Et, même avant l'hymen connaissant le veuvage,
En ces pieux ennuis couler votre jeune âge?
Hâtez-vous de saisir ces rapides instants;
Vous les regretterez, il n'en sera plus temps.
Plus prompte que l'éclair, la jeunesse s'envole :
De ces tristes devoirs qu'un époux vous console! »
« Ah! ma mère n'est plus, disait-elle; et sa mort
D'un père en cheveux blancs m'a confié le sort.
De frivoles plaisirs que la foule s'amuse :
Pour moi, mon cœur jouit des biens qu'il se refuse;
Je jouis, quand je vois, au sortir du sommeil,
D'un rayon de gaieté briller son doux réveil.
Je jouis, quand le soir, prolongeant ma lecture,
J'endors près de son lit les douleurs qu'il endure.
Je jouis, quand le jour, appuyé sur mon bras,
Mes secours attentifs aident ses faibles pas.

Dans des liens nouveaux ma jeunesse engagée,
Par deux objets chéris se verrait partagée ;
L'amour lui volerait une part de mes soins ;
Je l'aimerais autant, je le soignerais moins.
Non, j'en jure aujourd'hui par l'ombre de ma mère,
Rien ne pourra jamais me séparer d'un père. »
Tel était son langage. Et moi, puissent mes chants
Nourrir, entretenir ces vertueux penchants !
Doux et sublime emploi du bel art que j'adore,
Art charmant, c'est ainsi que le monde t'honore,
Et que du luth sacré les sons religieux
Sont l'amour de la terre et les échos des cieux.

Et si c'est un ami que le malheur oppresse,
Un ami ! ce mot seul dit tout à la tendresse :
Vous-même à ce tribut vous vous êtes soumis :
Le sort fait les parents, le choix fait les amis.
Le jour qui vous unit d'une chaîne commune,
L'un à l'autre engagea vos soins, votre fortune ;
Et la loi d'amitié, ce doux contrat des cœurs,
D'avance à votre charge a mis tous ses malheurs.
Mais qui sait acquitter cette dette sublime ?
Ah ! c'est toi, de mes maux compagne magnanime,
O toi ! l'inspiratrice et l'objet de mes chants [11],
Qui joins à mes accords des accords si touchants !
Hélas ! lorsque mes yeux, appesantis par l'âge,
S'ouvrent à peine au jour, plus d'un charmant ouvrage
Était perdu pour moi ; mais à ma cécité
Ta secourable voix en transmet la beauté.
Des filles de Milton qui ne sait la tendresse [12] ?
Je n'eus ni ses talents, ni sa lâche faiblesse :
Admirable poëte et mauvais citoyen,
Il outragea son maître, et j'ai chanté le mien [13].
Mais, comme ce grand homme au sein de sa famille,
En toi, dans mon exil, je retrouve une fille,
Dont l'organe enchanteur, les sons mélodieux
Ravissent mon oreille, et remplacent mes yeux.
Déja de ton ami douce consolatrice,
Dirai-je envers les tiens ta bonté bienfaitrice,
Et comment en secret tes soins attendrissants
D'un père vertueux soulagent les vieux ans ?

Ah! tu m'en es plus chère, et ta noble indigence
Rit plus à mes regards que la fière opulence
Qui, répandant au loin ses flots dévastateurs,
Va soudoyer le vice et corrompre les cœurs.
Tel un torrent fougueux, élancé des montagnes,
De ses flots débordés va noyer les campagnes ;
Tandis que dans son cours un modeste ruisseau,
Distribuant sans bruit son mince filet d'eau,
Dans le champ paternel s'insinue en silence,
Et de sa pauvreté fait naître l'abondance :
Les bois, les fruits, les fleurs accompagnent son cours.
Ainsi, répartissant ses vertueux secours,
La tendre Pitié souffre et jouit dans les autres.
Toutefois c'est trop peu de soulager les nôtres ;
L'étranger a ses droits sur un cœur généreux.
Mais ne l'oubliez pas : toujours le malheureux
Ne vient point au grand jour, dans les places publiques,
Étaler le tableau de ses maux domestiques.
Renfermant son secret dans le fond de son cœur,
Le malheur a sa honte et sa noble pudeur ;
Seul, et réfugié dans son asile sombre,
Aux regards indiscrets il se cache dans l'ombre.
Sachez donc le trouver dans son réduit affreux ;
Épiez les moments et les hasards heureux.
De la douce Pitié la consolante gloire,
Ainsi que le Génie, ainsi que la Victoire,
A ses instants choisis, envoyés par le ciel :
Sachez donc les saisir. Voyez-vous ce mortel
Qui, les yeux égarés, comme au bord d'un abîme,
Hésitant, frémissant, reculant près du crime,
Tout à coup emporté d'un mouvement soudain,
D'un vol dont il rougit vient de souiller sa main ?
Il fuit : suivez ses pas ; sous le toit du coupable
Pénétrez avec lui. Quel tableau lamentable!
Des enfants demi-nus, sur la terre couchés,
Immobiles de froid, de besoin desséchés !
Menacés de la mort, si près de leur naissance,
Ils ignorent les jeux de la folâtre enfance.
Sur le sein maternel leur frère appelle en vain
Quelques gouttes d'un lait consumé par la faim.

Autour d'eux, des murs nus ; hier, un encan funeste
D'un vil ameublement a dispersé le reste ;
Et, pour comble de maux, de leurs derniers débris
D'avides créanciers ont dévoré le prix.
Partout le dénûment, le deuil et le silence.
D'un désespoir muet domptant la violence,
Leur père à côté d'eux, triste, pâle et défait,
Tourmenté par la faim, moins que par son forfait,
En détournant ses yeux d'un tableau qui l'accable,
Leur jette et se refuse un aliment coupable,
Que leurs avides mains se disputent entre eux ;
Puis, d'un air, d'un regard, d'un accent douloureux,
Où son cœur déchiré tout à la fois exprime
Et l'excès de ses maux et l'horreur de son crime :
« O vous qui violez l'asile du malheur,
Étranger, venez-vous épier ma douleur ?
Eh bien ! venez, voyez ces enfants, cette mère :
Suis-je assez malheureux d'être homme, époux et père ?
Hélas ! jusqu'à ce jour mon sort fut moins cruel ;
J'étais infortuné, mais non pas criminel.
Allez, révélez tout ! je bénis mon supplice ;
Vos lois me feront grace en me faisant justice.
Que sais-je ? une autre fois mon funeste destin
Peut-être d'un brigand ferait un assassin.
Allez, délivrez-moi du jour et de moi-même ! »
A ces mots, il succombe à sa douleur extrême.
Vous, heureux d'adoucir l'injustice des dieux,
L'or tombe de vos mains, les larmes de vos yeux ;
Vous consolez ses maux, vous réparez son crime,
Et recueillez tout bas cette leçon sublime :
« Qui prévient les besoins, prévient donc les forfaits ! »
L'un s'applaudit d'avoir trouvé de vieux palais,
L'autre un peuple inconnu, l'autre une île féconde,
Herschell un autre ciel, Vespuce un nouveau monde ;
Et vous, par un hasard plus doux pour votre cœur,
Vous avez découvert et servi le malheur :
N'abandonnez donc pas vos recherches heureuses.

Mais les cris du malheur, ses plaintes douloureuses,
Au milieu des états et des rangs confondus,
Dans nos vastes cités trop souvent sont perdus.

Dans ce pompeux fracas sa voix meurt égarée ;
Dans le sein des hameaux, la douleur éplorée
Moins souvent se dérobe à l'œil compatissant :
Cherchez donc, secourez le malheur innocent.
Je sais que de nos jours, en crimes trop fertiles,
Les champs ont imité le désordre des villes ;
Le culte saint, la paix et la simplicité
Sont bannis du hameau comme de la cité.
Partout la soif de l'or, l audace, la licence,
De son dernier asile ont chassé l'innocence ;
Et moi qui célébrai le bon peuple des champs,
Je ne reconnais plus le sujet de mes chants.
L'esprit fort, en patois, prêche contre les prêtres ;
Gros-Jean fait le procès au Dieu de ses ancêtres ;
Plus d'un Matthieu Garo s'érige en novateur,
Lucas est usurier, Colas agioteur ;
Et déjà, des cités affectant l'opulence,
Ces parvenus des champs en ont pris l'insolence.
Mais peu se sont souillés de ces excès honteux :
Plaignez le criminel, aidez le malheureux.
Que tantôt du travail l'appareil nécessaire,
Aux mains de l'industrie, écarte la misère ;
Tantôt, qu'un luxe heureux des heureux qu'il a faits,
Sous un faste apparent déguise les bienfaits ;
Tantôt, de la bonté que la marche secrète
Surprenne l'indigent au fond de sa retraite.
C'est peu : les ouragans, et la grêle, et les feux,
Exercent trop souvent leurs fléaux désastreux :
Alors, ah ! c'est alors que le besoin réclame
La pitié que le ciel imprima dans notre ame,
Cette Pitié, du ciel présent consolateur,
Si douce au malheureux, plus douce au bienfaiteur !
Le vertueux Mopsus en offre un noble exemple.
Du bonheur, des vertus, son chaume était le temple :
L'aurore, tous les jours, le voyait le premier
Quitter, pour ses travaux, son rustique foyer ;
Le soir, pour son retour, sa femme vigilante
Préparait du sarment la flamme petillante ;
Ses enfants l'attendaient, et briguaient sur le seuil
Et son premier souris, et son premier coup d'œil.

CHANT I.

Leurs cœurs étaient heureux, quand d'un noir incendie
La flamme, dans son cours par les vents agrandie,
Dévora leur cabane, et dans ses tourbillons
Engloutit le produit et l'espoir des sillons.
L'année avait perdu le prix de sa culture,
La flamme avait détruit la semence future ;
Et leurs cœurs, aux regrets mêlant le désespoir,
N'osaient se souvenir, et tremblaient de prévoir.
Pour comble de malheur, ces animaux utiles,
Qui paissaient dans leurs champs ou les rendaient fertiles,
Se débattant en vain sous leurs toits embrasés,
Ensemble avaient péri, par leur chute écrasés.
Ils pleuraient, quand l'honneur et l'amour du village,
Le sensible Dormond, dans ce triste ravage,
Source pour lui de joie ainsi que de douleurs,
Vit le touchant espoir d'essuyer quelques pleurs.
Tandis que sous ses toits leur misère est soignée,
Dans le riant enclos d'une ferme éloignée
Il prépare en secret, par un art tout nouveau,
Un plaisir pour son cœur, pour ses yeux un tableau.
Un constructeur arrive, et soudain, ô merveille !
Une maison s'élève, à leur maison pareille.
Ses murs, vieillis par l'art, offrent même coup d'œil ;
Semblable en est l'entrée, et semblable est le seuil.
C'est leur même buffet, c'est leur modeste table :
Nombre égal d'animaux a peuplé leur étable ;
Et jusque dans leur cour un nombre égal d'oiseaux
Est perché sur les toits, ou nage dans les eaux.
Seulement leur vieux coq, qu'avaient sauvé ses ailes,
Ne reconnaissait plus ses amantes nouvelles.
Le jour arrive enfin ; le couple infortuné
Vient, voit, doute s'il veille, et recule étonné :
De réduits en réduits leurs yeux charmés s'égarent.
Tel, si les grands objets aux petits se comparent,
Des Troyens, autrefois jetés sous d'autres cieux,
Ilion imité charmait encor les yeux ;
Et du Xanthe sacré, sur un autre rivage,
Leurs cœurs avec transport reconnaissaient l'image :
Tel le couple admirait son chaume accoutumé,
Et son armoire antique, et son âtre enfumé ;

Et, comme ces remparts qu'Hector ne put défendre,
Leurs humbles murs aussi renaissaient de leur cendre.
De ses hochets perdus, son unique trésor;
Seul, leur plus jeune enfant se désolait encor;
On apaise ses cris. Cependant la chaumière
A repris du travail l'activité première;
Les roseaux avec art s'enlacent aux roseaux ;
J'entends tourner la roue, et rouler les fuseaux.
Là, l'heureux fondateur de l'heureuse peuplade
Aimait à diriger sa douce promenade.
Là, de ses soins touchants il recevait le prix :
Sur leur bouche, à sa vue, errait un doux souris ;
Et l'accent du bonheur, de la reconnaissance,
Ainsi que leur hommage, était sa récompense.
Tant, de l'instant propice ardente à se saisir,
La bonté sait changer un désastre en plaisir !

CHANT SECOND.

Maintenant, ô Pitié, redouble de courage !
D'un sort plus rigoureux je vais peindre l'image.
Au sein de ses amis, auprès de ses parents,
Les plaisirs sont plus doux, et les malheurs moins grands :
Quelle douleur résiste aux soins d'une famille,
Aux souris d'une épouse, aux larmes d'une fille?
Je chante l'homme en proie à des maux plus cruels,
Qui, loin de ses amis et des toits paternels,
Perdant de ses foyers la douceur domestique,
Attend ou la justice ou la pitié publique.
Viens donc, ô ma déesse ! entrons dans ce séjour,
Où l'homme, dans les fers, languit privé du jour.
Hélas ! tandis qu'auprès de leurs jeunes compagnes,
Dans les riches cités, dans les vertes campagnes,
Ses amis d'autrefois amusent leurs loisirs ;
Lorsque, donnant à tous le signal des plaisirs,
L'airain retentissant et l'aiguille muette,
Du temps qui la conduit vagabonde interprète,

CHANT II.

Marquent au laboureur la fin de ses travaux,
Aux mineurs harassés une trêve à leurs maux ;
Appellent chaque soir la jeunesse folâtre
Aux délices du bal, aux pompes du théâtre,
Ou, d'un moment plus cher annonçant le retour,
De l'heure fortunée avertissent l'amour :
Le temps, par la douleur, lui mesure les heures.
Réduit, pour seul plaisir, dans ces noires demeures,
A lire quelques mots, où d'autres, avant lui,
Sur ces terribles murs ont tracé leur ennui,
Il est seul : dans un long et lugubre silence,
Pour lui le jour s'achève et le jour recommence ;
Pour lui plus de beaux jours, de ruisseaux, de gazon :
Cette voûte est son ciel, ces murs son horizon.
Son regard, élevé vers le flambeau céleste,
Vient mourir dans la nuit de son cachot funeste ;
Rien n'égaie à ses yeux sa morne obscurité ;
Ou si, par des barreaux avares de clarté,
Un faible jour se glisse en ces antres funèbres,
Il redouble pour lui les horreurs des ténèbres ;
Et, le cœur consumé d'un regret sans espoir,
Il cherche la lumière et gémit de la voir [1].

Toutefois, en ces lieux plus d'une cause amène
Les malheureux captifs gémissant dans leur chaîne.
D'un créancier cruel jouet infortuné,
L'un dans ce noir séjour soupire emprisonné.
Ah ! rendez-le à son fils, à sa femme chérie !
Votre luxe d'un jour peut suffire à sa vie :
Dieu vous voit ; le malheur vous bénit ; et ses vœux
Du fond de son cachot vont retentir aux cieux.
Non loin est un mortel que la mélancolie,
Ou l'affreux désespoir, a frappé de folie.
Pouvez-vous, sans pitié pour son malheur affreux,
Comme un vil criminel traiter un malheureux ?
S'il est infortuné, faut-il être barbares ?
Il est, qui le croirait ? de ces parents avares
Qui, par les longs ennuis d'une triste prison,
Achèvent d'étouffer un reste de raison ;
Dont la feinte pitié, qu'un lâche intérêt souille,
D'un parent relégué s'assure la dépouille ;

Et, de leur sang qui crie étouffant la douleur,
Calcule la misère et jouit du malheur.
Ah! si le ciel a mis la pitié dans votre ame,
Pour ces infortunés ma muse la réclame.
Adoucissons leur sort, traitons avec bonté
Ces malheureux bannis de la société;
De ces mânes, exclus des scènes de la vie,
Laissons errer en paix la libre fantaisie;
Par de durs traitements ne l'effarouchons pas;
Que des objets riants se montrent sur leurs pas;
Entourons-les de fleurs; que le cours des fontaines
Roule, nouveau Léthé, l'heureux oubli des peines;
Et, dans des prés fleuris, sous des ombrages verts,
Offrons-leur l'Élysée, et non pas les enfers.
  Le crime même enfin a des droits sur notre ame;
Souvent, pour expier un attentat infame,
Des pensers généreux le funeste abandon,
Pour remonter vers eux, n'attend que le pardon;
Et le vice, épuré par un remords sublime,
A nos cœurs étonnés sait arracher l'estime.
Relevez, s'il se peut, son courage abattu :
Le remords quelquefois fait mieux que la vertu.
Eh! qui ne connaît pas le consolant spectacle
Qu'étale des bandits ce vaste réceptacle,
Cette Botany-Bay, sentine d'Albion [2],
Où le vol, la rapine et la sédition
En foule sont vomis, et, purgeant l'Angleterre,
Dans leur exil lointain vont féconder la terre !
Là, l'indulgente loi, de sujets dangereux
Fait d'habiles colons, des citoyens heureux ;
Sourit au repentir, excite l'industrie,
Leur rend la liberté, des mœurs, une patrie.
Je vois de toutes parts les marais desséchés,
Les déserts embellis, et les bois défrichés.
Imitez cet exemple : à leur prison stérile
Enlevez ces brigands, rendez leur peine utile ;
Et, qu'arrachant aux fers le remords vertueux,
Le pardon change en biens des maux infructueux.
Ou s'il faut par sa mort que le crime s'expie,
Ah! préparez son cœur : sur cette tête impie

CHANT II.

Que la grâce divine épanche ses trésors,
Et sauve au moins son âme, en nous livrant son corps.
Dieu lui-même en pitié prend déjà la victime ;
Dieu chérit la vertu, mais mourut pour le crime :
Par la terre proscrit, son refuge est au ciel.
Quels qu'ils soient, n'allez pas, stérilement cruel,
Dans le fatal séjour où la loi les exile,
Aggraver leurs malheurs d'un malheur inutile,
Rendre leurs fers plus lourds, et, sans nécessité,
Joindre la solitude à la captivité.
Dans ce triste abandon, où lui-même s'abhorre,
Par ses pensers cruels le malheur se dévore.
Ah ! laissez arriver ses chers consolateurs,
Et que des pleurs du moins répondent à ses pleurs !
La justice est coupable alors qu'elle est cruelle.

Ton ame le connut, ce noble et tendre zèle,
Howard ! dont le nom seul console les prisons [3].
Qu'on ne me vante plus les malheurs vagabonds
De ce roi voyageur, père de Télémaque,
Cherchant pendant dix ans son invisible Ithaque.
Avec un but plus noble, un cœur plus courageux,
Sur les monts escarpés, sur les flots orageux,
Dans les sables brûlants, vers la zone inféconde,
Où languit la nature aux limites du monde,
Aux lieux où du croissant on adore les lois,
Aux lieux où triompha l'étendard de la croix,
Partout où l'on connaît le malheur et les larmes,
Suivant d'un doux penchant les invincibles charmes,
Le magnanime Howard parcourt trente climats.
Est-ce la gloire ou l'or qui conduisent ses pas ?
Hélas ! dans la prison, triste sœur de la tombe,
Sa main vient soutenir le malheur qui succombe,
Vient charmer ces cachots dont l'aspect fait frémir,
Dont les échos jamais n'ont appris qu'à gémir.
Oubliant et le monde et ses riantes scènes,
Il marche environné du bruit affreux des chaînes,
De grilles, de verrous, de barreaux sans pitié,
Que jamais n'a franchis la voix de l'amitié ;
Par cent degrés tournant sous des voûtes horribles,
Plonge jusques au fond de ces cachots terribles,

Habités par la mort, et pavés d'ossements,
D'un funeste trépas funestes monuments ;
Y mène le pardon, quelquefois la justice,
Et par un court trépas abrége un long supplice ;
Prête, en pleurant, l'oreille aux maux qu'ils ont soufferts ;
S'il ne peut les briser, il allége leurs fers.
Tantôt, pour adoucir la loi trop rigoureuse,
Porte au pouvoir l'accent de leur voix douloureuse ;
Et, rompant leurs liens pour des liens plus doux,
Dans les bras de l'épouse il remet son époux,
Le père à son enfant, l'enfant à ce qu'il aime.
Par lui, l'homme s'élève au-dessus de lui-même.
Les séraphins surpris demandent dans le ciel
Quel ange erre ici-bas sous les traits d'un mortel.
Devant lui la mort fuit, la douleur se retire,
Et l'ange affreux du mal le maudit et l'admire.
Reviens, il en est temps, reviens, cœur généreux :
Le bonheur appartient à qui fait des heureux.
Reviens dans ta patrie, en une paix profonde,
Goûter la liberté que tu donnais au monde :
Ton œil chez aucun peuple, au palais d'aucun roi,
N'a rien vu d'aussi rare et d'aussi grand que toi.

Toutefois, quelques soins dont ses mains généreuses
Aient tempéré l'horreur de ces maisons affreuses,
Je m'éloigne, je vole aux asiles pieux,
Des besoins, des douleurs abris religieux,
Où la tendre Pitié, pour adoucir leurs peines,
Joint les secours divins aux charités humaines.
Elle-même en posa les sacrés fondements ;
Mais de ces saints abris, ouvrages des vieux temps,
Souvent la négligence, ou l'infame avarice,
A fait de tous les maux l'épouvantable hospice.
Là sont amoncelés, dans des murs dévorants,
Les vivants sur les morts, les morts sur les mourants.
Là, d'impures vapeurs la vie environnée,
Par un air corrompu languit empoisonnée.
Là, le long de ces lits où gémit le malheur,
Victime des secours plus que de la douleur,
L'ignorance en courant fait sa ronde homicide ;
L'indifférence observe, et le hasard décide.

Mais la Pitié revient achever ses travaux,
Sépare les douleurs, et distingue les maux;
Les recommande à l'art que sa bonté seconde;
Tantôt, les délivrant d'une vapeur immonde,
Ouvre ces longs canaux, ces frais ventilateurs,
De l'air renouvelé puissants réparateurs.
Par elle un ordre heureux conduit ici le zèle;
La propreté soigneuse y préside avec elle.
La vie est à l'abri du souffle de la mort;
Grâce à ses soins pieux, sans terreur, sans remord,
L'agonie en ses bras plus doucement s'achève;
L'heureux convalescent sur son lit se relève,
Et revient, échappé des horreurs du trépas,
D'un pied tremblant encor former ses premiers pas.
Les besoins, la douleur, la santé la bénissent;
La terre est consolée, et les cieux applaudissent.
Que puissent à jamais les maux, la pauvreté,
Dans ces asiles saints bénir la charité!

 Mais quel génie affreux de la France s'empare?
De la destruction le délire barbare
Se promène en tous lieux, et, dans ses noirs transports,
Tourmente les vivants, les mourants et les morts.
Le berceau, le tombeau, la cité, le village,
Le temple somptueux, le modeste ermitage,
Tout subit sa fureur. Vous tombez avec eux,
Des maux, de l'indigence, ô refuges pieux,
Où des saints fondateurs la charité sublime
Consacrait la richesse, ou rachetait le crime.
Je ne vois plus ces sœurs, dont les soins délicats [1]
Apaisaient la souffrance ou charmaient le trépas;
Qui, pour le malheur seul connaissant la tendresse,
Aux besoins du vieil âge immolaient leur jeunesse.
Leurs toits hospitaliers sont fermés aux douleurs,
Et la tendre Pitié s'enfuit les yeux en pleurs;
Le pauvre, des bienfaits voit la source tarie;
Et l'enfant vient mourir sur le seuil de la vie.
Mais quel secours nouveau, céleste, inespéré,
A l'exil indigent ouvre un port assuré?
Salut, ô Sommerstown, abri cher à la France!
Là, le malheur encor bénit la Providence;

Là, nos fiers vétérans retrouvent le repos,
Et le héros instruit les enfants des héros ;
Là, près d'un Dieu sévère éclate un Dieu propice.
Quel riche bienfaisant a fondé cet hospice ?
A la voix de Carron le luxe s'attendrit [5] ;
Sa vertu les soutient, et son nom les nourrit.
Par lui, pour l'indigent, la douce bienfaisance
Trouve le superflu même dans l'indigence ;
Et, parmi les bannis, ses pieuses moissons
De l'avare opulence ont surpassé les dons.
   Et vous, sexe charmant, nourri dans les délices,
Que vous faites à Dieu de touchants sacrifices !
Votre zèle pieux donne l'exemple à tous,
Affronte les dangers, surmonte les dégoûts,
Visite des souffrants les demeures obscures ;
Vient soigner une plaie ou fermer des blessures,
De cette même main dont l'Amour eût fait choix
Pour tresser sa couronne ou remplir son carquois.
La foi, l'humanité sont partout sur vos traces ;
Et le lit de douleur est veillé par les Graces.
Mais quels accents plaintifs ont frappé mes esprits ?
J'entends, je reconnais vos lamentables cris,
Enfants infortunés, famille illégitime,
Que le crime a fait naître, et qu'immola le crime.
Ah ! si les sages même ont pleuré quelquefois
L'enfant né sous le dais, dans la pourpre des rois,
Et si pour lui du sort ils ont craint les injures,
Qui peut voir sans pitié ces frêles créatures,
Ces enfants de l'amour, que la honte a proscrits ?
De leur mère jamais ils n'auront un souris ;
Ils n'auront point leur part aux caresses d'un père ;
Loin d'eux ces noms si doux et de sœur et de frère :
Condamnés en naissant, dans leur triste abandon,
Ils ont reçu le jour, sans recevoir un nom.
D'autres, de leurs aïeux recueillent l'héritage :
Votre pitié, voilà leur unique partage !
Que dis-je ? à leur naissance, incertains d'un berceau,
D'une goutte de lait, d'un abri, d'un lambeau,
Qui de leurs membres nus écarte la froidure !
Ah ! que la Pitié parle où se tait la Nature !

CHANT II.

Ne la refusez pas à ces infortunés,
Menacés de mourir au moment qu'ils sont nés.
Nos frères dans le ciel, ils sont ce que nous sommes;
Peut-être ces enfants nous cachent de grands hommes.
De l'intérêt public écoutez donc la voix.
Du sage agriculteur voyez les doux emplois;
De l'orme adolescent il soigne la jeunesse,
Du chêne décrépit rajeunit la vieillesse.
C'est peu : si quelque arbuste à ses regards offert
Languit abandonné dans le vallon désert,
Aux arbres, de son clos enfants héréditaires,
Il aime à réunir ces tiges étrangères ;
Et la plante orpheline, en son nouveau séjour,
Avec ses plants chéris partage son amour.
Sages législateurs, voilà votre modèle.
Remplacez par vos soins la pitié maternelle ;
Conquérez à l'État ces enfants malheureux ;
Que l'école des arts soit ouverte pour eux ;
Donnez, pour les rejoindre à la grande famille,
Au jeune homme un métier, une dot à la fille.
Ainsi pour Albion naissent des matelots,
Des bras pour le travail, pour les camps des héros ;
Ainsi la bienfaisance accueille la misère ;
Le riche est leur parent, la patrie est leur mère.

Cependant, en ces lieux au malheur consacrés,
De la tendre Pitié les droits sont plus sacrés.
Il est, il est des lieux plus étrangers pour elle.
Voyez de loin ces champs, où la guerre cruelle
Dans un ordre effrayant range ses bataillons,
Qui de torrents de sang vont noyer les sillons :
Eh bien! c'est en ces lieux que je vais la conduire;
Mars, le terrible Mars, connaîtra son empire.
Là, la nécessité, dans sa fatale main
Tenant son joug de fer et ses chaînes d'airain,
Trop souvent au soldat ordonne le ravage,
Prescrit l'embrasement et promet le pillage.
Mais la douce Pitié suit, en pleurant, ses pas ;
Elle adoucit ses coups, elle arrête son bras ;
Au meurtrier farouche elle arrache ses armes,
Conserve sa chaumière au laboureur en larmes,

Court disputer au feu les hameaux embrasés.
Des escadrons tonnants, dans les rangs écrasés,
Tantôt elle suspend l'épouvantable orage ;
Quelquefois, réclamant pour ses droits qu'on outrage,
Elle crie : « Arrêtez, impitoyables cœurs
Qui prodiguez le sang ! Maudits soient les vainqueurs
Qui font, des malheureux immolés à leur gloire,
Le marchepied sanglant de leur char de victoire ! »
Le bronze a-t-il cessé de vomir le trépas ?
Dans les champs du carnage elle porte ses pas,
Rend des honneurs touchants aux morts qu'elle console ;
De là, plus prompte encore, elle part, elle vole
Vers le lit de douleur de ces braves guerriers,
Dont le sang des vainqueurs a payé les lauriers ;
Des larmes du regret, du suc heureux des plantes,
Arrose, en gémissant, leurs blessures sanglantes ;
Tantôt, d'un œil craintif, suit l'acier rigoureux
Qui s'ouvre dans la plaie un chemin douloureux ;
Tantôt leur fonde un temple, et tout près un bois sombre
Semble un autre Élysée où vient errer leur ombre.
Tel, au bord de la Seine, à nos yeux éblouis,
S'offre ce monument du plus grand des Louis.
Tel brille ce Greenwich [6], où l'œil des vieux pilotes
Voit partir, revenir et repartir les flottes :
Ainsi parlent encor de champs et de vaisseaux
Les vainqueurs de la terre et les vainqueurs des eaux.
Tels encor leurs vieux ans content leurs vieux services :
L'œil voit avec respect leurs nobles cicatrices ;
Leurs maux sont adoucis, leur sang est expié,
Et la Victoire en pleurs embrasse la Pitié.

Toutefois, dans les camps sa voix mal entendue
Pour des cœurs inhumains est bien souvent perdue.
O peuples, vantez-nous et vos arts et vos mœurs !
Mars jamais n'a coûté tant de sang et de pleurs.
Ah ! que l'affreux Huron, en mugissant de joie,
Prêt à la dévorer, danse autour de sa proie,
Se repaisse en fureur de ses membres tremblants,
Et boive avec plaisir dans des crânes sanglants !
Mais quel génie affreux, quel démon du carnage
Aux modernes héros souffle toute sa rage ?

Barbares combattants, plus barbares vainqueurs,
Tout sentiment humain a-t-il fui de vos cœurs?
Ces bourreaux beaux esprits, ces sages sanguinaires,
Au théâtre pleuraient des maux imaginaires ;
Et, dans des flots de sang se noyant à loisir,
D'un massacre inutile ils se font un plaisir !
Le front ceint de cyprès, leur hideuse victoire
Étale aux nations l'opprobre de sa gloire.
Le succès, le bonheur ne les attendrit pas :
Sur des captifs tremblants, échappés au trépas,
Leur triomphe cruel dirige son tonnerre [7],
Et leur perfide paix ensanglante la terre.
   Ah ! si le sort, un jour, aux malheureux Français
Envoyait un moment le pouvoir des bienfaits !
O vous, tristes captifs, délaissés par la France [8],
Contez-nous quelle main nourrit votre indigence ;
Dites-nous maintenant si ces nobles proscrits
Méritaient vos fureurs, méritaient vos mépris !
Dans leurs persécuteurs ils n'ont vu que leurs frères ;
Leur misère, en pleurant, a servi vos misères.
Bannis par l'injustice, et Français par le cœur,
Vaincus, ils ont donné des larmes au vainqueur.
L'étranger s'en étonne, et vos jours de victoire
De notre exil à peine ont égalé la gloire :
Ah ! la gloire n'est pas où n'est pas la bonté.
   Eh ! comment leur triomphe à l'ennemi dompté
Serait-il indulgent, lorsque leurs mains perfides
Portent chez leurs amis leurs fureurs homicides ?
De la triste Helvétie écoutez les accents.
Peuples jadis heureux, aujourd'hui gémissants,
Quel bonheur vous manquait? Dans ses pompes profanes,
Le luxe des palais enviait vos cabanes ;
L'oreille avec plaisir écoutait vos torrents ;
L'œil, de vos clairs ruisseaux suivait les flots errants,
Le sommeil se plaisait au bruit de vos cascades ;
Les arts industrieux habitaient vos bourgades ;
Le sage les aimait : l'orgueil même séduit,
Chez vous, pour ses vieux ans projetait un réduit.
Les richesses pour vous coulaient moins inégales ;
Vos bras étaient guerriers, et vos mœurs pastorales ;

L'étranger parmi vous s'arrêtait enchanté ;
Et sur vos monts enfin Haller avait chanté.
Haller, chantre divin, frais comme vos campagnes,
Doux comme vos vallons, fier comme vos montagnes,
Et qui ne prévit pas que son hymen, un jour,
Du cygne harmonieux ferait naître un vautour [9] !
  Cependant, près de vous grondait l'affreuse guerre ;
De moment en moment s'approchait son tonnerre.
Que faisiez-vous alors? Vos magistrats muets
Dormaient au bruit flatteur des paroles de paix [10] ;
Et d'un agent vénal la souplesse odieuse
Bordait d'un miel trompeur la coupe insidieuse.
En vain le vieux Steiger [11], digne de jours plus beaux,
Évoquait vos aïeux du fond de leurs tombeaux ;
En vain vos ennemis, par d'habiles outrages,
Essayaient vos frayeurs et tâtaient vos courages :
La paix, le long oubli des efforts vertueux,
Des folles nouveautés l'amour présomptueux,
L'égoïsme, fatal au malheureux qui s'aime,
Ce monstre, adorateur et bourreau de lui-même,
Qui, façonnant au joug les peuples abattus,
Sans oser les forfaits, assoupit les vertus :
Tout réprimait des cœurs l'élan patriotique.
Mais des traces restaient de l'héroïsme antique :
Plus d'un brave guerrier, plus d'un vieux sénateur,
Rappelaient vos beaux jours. Le peuple agriculteur
De la flamme sacrée avait sauvé les restes ;
L'honneur même enflammait leurs milices agrestes :
Pouvaient-ils oublier leurs amis, leurs parents,
Sous de lâches poignards sans défense expirants ?
Leur sang criait vengeance, et leurs augustes mânes
Erraient inapaisés autour de vos cabanes.
Aussi, l'affreux signal a peine a retenti,
Du fond de ses rochers tout un peuple est sorti.
Soudain, tel que l'on voit le brasier de la veille
Répondre sous la cendre au souffle qui l'éveille,
Tout s'enflamme à la fois : femmes, enfants, vieillards,
Entourent leurs foyers de leurs vivants remparts.
De leurs monts paternels les rocs inviolables
Sont moins majestueux et moins inébranlables.

CHANT II.

Des Français un instant les foudres se sont tus,
Et la fureur chancelle à l'aspect des vertus.
Mais Rapinat paraît [12], et, contre les victimes,
Promet aux meurtriers l'impunité des crimes.
Soudain ce vil ramas qui, souillé de forfaits,
S'en vient mêler sa lie au pur sang des Français,
Vomit ses bataillons dans les champs qu'ils inondent :
Le fer luit, le sang coule, et les tonnerres grondent.
L'écho, qui des bergers redisait la chanson,
En répète à regret l'épouvantable son.
Ah! qui pourrait tracer ces scènes de carnage [13] ?
Les vieillards ne sont point protégés par leur âge,
Le sexe par ses pleurs, les morts par leurs tombeaux,
Et la férocité veut des crimes nouveaux.
Du sein qu'a déchiré leur fureur meurtrière,
L'enfant avant le temps arrive à la lumière;
Sa mère palpitante expire sous leurs pas.
Du malheureux qui meurt ils hâtent le trépas.
Prêtres saints, cachez-vous; fermez le tabernacle :
Épargnez à mes yeux l'effroyable spectacle
De vos corps déchirés sur vos parvis sanglants !
De la vierge à genoux leur rage ouvre les flancs,
S'irrite sans obstacle, égorge sans colère,
Et, s'il n'est teint de sang, l'or ne saurait leur plaire.
Tout ce qui du passé gardait le souvenir,
Tout ce qui promettait un bonheur à venir,
Tout ce qui du présent accroît la jouissance,
Les monuments des arts, ceux de la bienfaisance,
Tout subit leur fureur. S'il offre un trait humain,
L'airain trouve un bourreau, le marbre un assassin.
En vain, pressant les rangs, et domptant les obstacles,
Leurs bandes des vieux temps rappellent les miracles
C'en est fait ! et le nombre accable la valeur.
Ah ! que les arts du moins consacrent le malheur !
D'un côté, montrez-moi les noms, les noms sublimes
De ceux qui de l'état ont péri les victimes :
Qu'ils vivent sur l'airain, que la main des pasteurs
Les entoure d'ombrage et les pare de fleurs !
De l'autre, sur un roc stérile, affreux, sauvage,
De vos champs dévastés épouvantable image,

Du monstre Rapinat gravez le nom cruel,
Nom maudit par la terre, abhorré par le ciel.
Qu'à son funeste aspect les amantes frémissent ;
De loin, en le voyant, que les mères gémissent ;
Que le passant troublé le lise avec horreur ;
Que l'enfant au berceau l'écoute avec terreur ;
Que j'entende la sœur lui demander son frère,
L'orphelin s'écrier : « Qu'as-tu fait de mon père ? »
Que puissent tour à tour toutes les nations
Y porter leur tribut de malédictions ;
Et qu'enfin sa mémoire, en vengeance féconde,
Aille irriter la haine, et soulever le monde !
Mes vœux sont entendus : la touchante Pitié
Qui, les yeux attendris, le front humilié,
Pleurait sur le malheur, consolait la faiblesse,
Dès qu'elle est outragée, implacable déesse,
Se relève en fureur, et, pour venger ses droits,
Terrible, au fond des cœurs fait entendre sa voix ;
Va des cieux indignés allumer le tonnerre ;
Des flambeaux à la main, parcourt toute la terre ;
Appelle la vengeance ; et de ses défenseurs
Arme, en courant, les bras contre ses oppresseurs.
Aux cris de l'Helvétie, ainsi l'Europe en armes
Sort de son long sommeil et jette un cri d'alarmes.
Tremblez, vils assassins, lâches déprédateurs :
Les maux paieront les maux, les pleurs paieront les pleurs !
    Plus terribles cent fois, et cent fois plus cruelles,
Ces guerres où le sang teint les mains fraternelles ;
Où s'arment en fureur, pour le choix des tyrans,
Sujets contre sujets, parents contre parents.
Là, sous des traits hideux s'offre la race humaine ;
Plus forts sont les liens, et plus forte est la haine.
Par la main qu'il chérit chacun est égorgé ;
La nature est souffrante, et le sang outragé ;
Son cri meurt étouffé : plus de fils, plus de père :
L'ami dans son ami, le frère dans son frère,
Trouvent un assassin ; et, dans ce choc affreux,
Toujours les plus vengés sont les plus malheureux.
Quand le luxe insolent et l'infâme licence
Ont d'un Dieu courroucé provoqué la vengeance,

Alors, laissant dormir la foudre dans ses mains,
C'est ce fléau cruel qu'il envoie aux humains.
En vain Rome à ses lois soumet la terre et l'onde :
La Discorde, au milieu des dépouilles du monde,
Lève sa tête affreuse, et, s'emparant des cœurs,
Du malheur des vaincus vient punir les vainqueurs :
Tant l'abus du pouvoir amène l'esclavage !
Mais pourquoi recourir aux fastes du vieil âge ?
    La Vendée ! à ce nom la nature frémit,
L'humanité recule, et la Pitié gémit.
La funeste Vendée, en sa fatale guerre,
De Français égorgés couvrait au loin la terre ;
Et le sujet des rois, l'esclave des tyrans,
De leur sang répandu confondaient les torrents.
Enfin entre les camps la trêve se déclare.
Soudain tous ont franchi le lieu qui les sépare,
Volent d'un camp à l'autre. A peine on s'est mêlé,
Là vengeance s'est tue, et le sang a parlé [14].
A ces traits jadis chers, à ces voix qu'ils connaissent,
La tendresse s'éveille, et les remords renaissent ;
Les mains serrent les mains, les cœurs pressent les cœurs :
De leur vieille amitié les souvenirs vainqueurs
Leur montrent leurs parents ou leurs compagnons d'armes ;
Ceux de qui les bienfaits essuyèrent leurs larmes,
Ceux qui de leur hymen préparèrent les nœuds,
Ceux qui de leur enfance ont partagé les jeux.
Dans leurs embrassements leurs transports se confondent ;
Leurs larmes, leurs soupirs, leurs sanglots se répondent ;
Des banquets sont dressés, le vin coule à grands flots ;
Les chants de l'amitié consolent les échos ;
Tout redevient Français, ami, parent et père ;
L'humanité respire, et la nature espère.
Mais du départ fatal le signal est donné ;
Chacun d'eux aussitôt baisse un front consterné.
Aux cris joyeux succède un lugubre silence :
Tous, pressentant leurs maux et les maux de la France,
S'éloignent lentement, et, les larmes aux yeux,
D'un triste et long regard se sont fait leurs adieux.
Mais le remords redouble au milieu des ténèbres,
Leur sommeil est troublé de fantômes funèbres :

D'un hôte, d'un ami, l'un croit percer le flanc ;
L'autre, égorger son frère, et rouler dans son sang.
Enfin le jour renaît, et l'airain des batailles
Fait entendre ce son, signal des funérailles.
Accours, douce Pitié, préviens ces jeux sanglants ;
Cours, les cheveux épars, vole de rangs en rangs ;
Dis à ces malheureux : « Cruels, qu'allez-vous faire ?
Vos bras dénaturés déchirent votre mère.
Laissez là ces mousquets, ces piques et ces dards ;
La nature a maudit vos affreux étendards.
Hélas ! hier encore, assis aux mêmes tables,
Votre bouche abjurait ces lauriers détestables.
Avez-vous oublié vos doux serments d'amour ?
Le ciel à vos combats prête à regret le jour.
Et moi, si du malheur vous sentez les atteintes,
Cruels, je fermerai mon oreille à vos plaintes ;
Je resterai muette, et vos justes malheurs
A mes yeux vainement demanderont des pleurs.
Et vous qui les premiers, provoquant la vengeance,
Avez des cœurs français rompu l'intelligence,
C'est à vous de donner le signal de la paix :
Vos barbares exploits sont autant de forfaits.
Assez, pour féconder les palmes de la guerre,
De cadavres sanglants ont engraissé la terre.
Ah ! revenez à vous ; voyez la France en deuil
Pleurer de vos lauriers le parricide orgueil.
Le chemin qui conduit ses enfants aux conquêtes
Est teint de notre sang, et pavé de nos têtes ;
Près d'elle sont assis, sur son char inhumain,
D'un côté le triomphe, et de l'autre la faim.
Abjurez, il est temps, vos palmes funéraires ;
Aimez-vous en Français, embrassez-vous en frères ;
Et qu'aux chants de la mort succèdent, en ce jour,
Les cris de l'allégresse et les hymnes d'amour ! »

CHANT TROISIÈME.

Pourquoi faut-il toujours qu'en mes tristes tableaux
Ton histoire, ô Pitié, soit celle de nos maux ?
J'ai tracé les horreurs de nos guerres civiles :
Funestes dans les camps, combien plus dans les villes!
Les camps sont quelquefois l'école des grands cœurs,
Et souvent les vaincus embrassent les vainqueurs ;
Les foudres, les lauriers, l'éclat de la victoire,
Viennent couvrir le deuil des rayons de la gloire ;
Pour saisir une palme, ils volent aux combats ;
Et l'espoir du triomphe ennoblit le trépas.
Mais, au sein de nos murs, quand les discordes naissent,
Les pensers généreux, les vertus disparaissent.
Des licteurs pour soldats, des crêpes pour drapeaux,
La victoire, pour trône, y veut des échafauds :
Tout est vil ou cruel, assassin ou victime;
Et la vertu sans arme y tend la gorge au crime.
O mes concitoyens, comment ont pu vos cœurs
Des camps, dans les cités, surpasser les fureurs ?
Là, tout parle de meurtre : ici, tout vous rappelle
A la douce concorde, à la paix fraternelle ;
Les mêmes tribunaux jugent vos différends,
Le culte au même autel appelle tous les rangs ;
Le théâtre vous voit rire et pleurer ensemble ;
Dans vos jours solennels même lieu vous rassemble ;
Enfin, tout vous unit. Pourquoi donc ces fureurs,
Ces spectacles sanglants et ces scènes d'horreurs ?
Ah! de nos propres mains nous creusant des abîmes,
Nous payons chèrement la dette de nos crimes.
Tant que d'un Dieu suprême on adore les lois,
La Pitié dans les cœurs fait entendre sa voix ;
Mais quand un peuple impie outrage sa puissance,
Alors elle se tait, et voilà sa vengeance:
Des vices tout à coup se débordent les flots ;
Les cœurs sont des volcans, et l'empire un chaos :
Du sang des deux partis la discorde l'inonde,
Et ses calamités sont la leçon du monde.

Ainsi, le ciel vengeur tour à tour immola
Sylla par Marius, Marius par Sylla,
La race des Yorks par celle des Lancastres.
  Mais que sont ces malheurs auprès de nos désastres?
Hélas! pour oublier ces funestes tableaux,
Quelle main du Léthé nous versera les eaux?
Mais non : que leur récit, au défaut du tonnerre,
Des châtiments du crime épouvante la terre ;
Et que l'exemple affreux de nos divisions
D'un salutaire effroi frappe les nations.
Dégagée une fois du lien légitime,
D'abord de maux en maux, bientôt de crime en crime,
La France a pris l'essor ; et, dans ses attentats,
Sa rapide fureur ne se repose pas.
Ainsi, quand d'un berger l'imprudence cruelle
Jette au pied d'un sapin l'invisible étincelle,
Le feu, nourri du suc dont le bois est enduit,
Sous l'écorce onctueuse en secret s'introduit ;
Il s'empare du tronc ; et, gagnant le feuillage,
Dévore, en pétillant, l'aliment de sa rage ;
Il court de branche en branche, il s'élance au sommet,
S'étend de tige en tige, embrase la forêt.
Lui, du haut d'un rocher, voit leurs touffes brûlantes,
Et suit d'un œil tremblant les flammes triomphantes.
Tels furent nos destins : ainsi, dans un moment,
Naquit d'une étincelle un vaste embrasement.

  A peine la Discorde, en ses noirs sacrifices,
Du sang de l'innocence a goûté les prémices,
Sa terrible moisson se poursuit en tout lieu :
Les temples des beaux-arts, les demeures de Dieu,
Les lieux où nous prions les puissances célestes,
Des proscrits entassés sont les dépôts funestes.
Tous les bras sont vendus, tous les cœurs sont cruels.
Image de ces dieux, la terreur des mortels,
Dont nul n'ose aborder l'autel impitoyable,
Que, dégouttant du sang de quelque misérable,
L'idole à qui la France a confié son sort
N'accepte que du sang, ne sourit qu'à la mort.
Femme, enfant, sont voués à son culte terrible ;
L'innocente beauté pare sa pompe horrible ;

CHANT III.

La lâché est sans repos, la crainte sans espoir;
Le matin dit les noms des victimes du soir;
L'effroi veille au milieu des familles tremblantes;
Les jours sont inquiets, et les nuits menaçantes.
Imprudent, jadis fier de ton nom, de ton or,
Hâte-toi d'enfouir tes titres, ton trésor :
Tout ce qui fut heureux demeure sans excuse;
L'opulence dénonce, et la naissance accuse.
Pour racheter tes jours, en vain ton or est prêt;
Le fisc inexorable a dicté ton arrêt.
L'avidité peut vendre une paix passagère;
Mais elle veut sa proie, et la veut tout entière.
Ne parlez plus d'amis, de devoirs, de liens :
Plus d'amis, de parents, ni de concitoyens.
Le fils épouvanté craint l'abord de son père;
Le frère se détourne à l'aspect de son frère;
L'amour même est timide; et, dans cet abandon,
La nature est sans voix, sous des lois sans pardon
Ainsi, quand, sur ses pas semant les funérailles,
La mort contagieuse erre dans nos murailles,
Tous les nœuds sont rompus; l'ami dans son ami,
Le frère dans sa sœur, redoute un ennemi;
Et sur ses gonds muets, triste, inhospitalière,
Refuse de tourner la porte solitaire.

Mais quels maux je compare à des malheurs si grands!
On conjure la peste, et non pas les tyrans.
Aux cœurs lâches du moins les tyrans font justice :
Leur crainte, en le fuyant, rencontre le supplice.
Tous, à leur infortune ajoutant le remord,
Séparés par l'effroi, sont rejoints par la mort;
Et, dans un même char où sa main les rassemble,
Voisins, amis, parents, vont expirer ensemble;
A moins que, de la vie incertain possesseur,
L'opprimé tout à coup ne se fasse oppresseur.
Son heure vient plus tard; mais il aura son heure :
Le lâche fait mourir, en attendant qu'il meure.
Ses chefs auront leur tour; leur pouvoir les proscrit
Sur leurs tables de mort déjà leur nom s'inscrit.
Robespierre, Danton, iront aux rives sombres
De leur aspect horrible épouvanter les ombres;

Et Tinville, après lui traînant tous ses forfaits [1],
Va dans les flots de sang se débattre à jamais.
    Partout la soif du meurtre et la faim du carnage.
Les arts jadis si doux, le sexe, le jeune âge,
Tout prend un cœur d'airain : la farouche beauté
Préfère à notre scène un cirque ensanglanté ;
Le jeune enfant sourit aux tourments des victimes ;
Les arts aident le meurtre, et célèbrent les crimes.
Que dis-je? la nature, ô comble de nos maux !
De tous ses éléments seconde nos bourreaux.
Dans leurs cachots impurs l'air infecte la vie ;
Le feu dans les hameaux promène l'incendie ;
Et la terre complice, en ses avides flancs,
Recèle par milliers les cadavres sanglants.
A peine elle a peuplé ses cavernes profondes,
La mort infatigable a volé sur les ondes.
Ministres saints, du fer ne craignez plus les coups ;
Le baptême de sang est achevé pour vous.
Par un art tout nouveau, des nacelles perfides
Dérobent sous vos pas leurs planchers homicides [2] ;
Et, le jour et la nuit, l'onde porte aux échos
Le bruit fréquent des corps qui tombent dans les flots.
Ailleurs, la cruauté, fière d'un double outrage,
Joint l'insulte à la mort, l'ironie à la rage [3],
Et submerge, en riant de leurs civiques nœuds,
Les deux sexes unis par un hymen affreux.
O Loire, tu les vis, ces hymens qu'on abhorre ;
Tu les vis, et tes flots en frémissent encore [4] !
    Cependant, le trépas s'accuse de lenteur :
Eh bien ! ange de mort, ange exterminateur,
Va, joins les feux aux flots, joins le fer à la foudre :
Maison, ville, habitants, que tout soit mis en poudre ;
Qu'enchaînés par milliers, femmes, enfants, vieillards,
Jonchent le sol natal de leurs membres épars.
Là, repose tes yeux sur ce vaste carnage :
Que dis-je? aux premiers coups du foudroyant orage,
Quelque coupable encor peut-être est échappé :
Annonce le pardon ; et, par l'espoir trompé,
Si quelque malheureux en tremblant se relève,
Que la foudre redouble, et que le fer achève [5].

Français, vous pleurerez un jour ces attentats :
Oui, vous les pleurerez; mais vous n'y croirez pas.
 Ah! dans ces jours affreux, heureuse l'indigence
A qui l'obscurité garantit l'indulgence!
Eh! qu'importe au pouvoir qu'auprès de ses troupeaux
Le berger enfle en paix ses rustiques pipeaux?
Qu'importe le mortel dont la table champêtre
Se couronne le soir des fruits qu'il a fait naître?
Ah! contre la rigueur d'un pouvoir abhorré
Pas un asile sûr, pas un antre ignoré!
Pareil à cette énorme et bruyante déesse
Qui voit tout, entend tout, va, vient, revient sans cesse;
De la proscription le génie odieux,
Ayant partout des bras, des oreilles, des yeux,
Des cités aux hameaux, parcourt la France entière;
Comme au palais des grands, frappe à l'humble chaumière :
Le pauvre en vain s'endort sur la foi de ses maux;
Le pauvre a ses tyrans, le pâtre a ses bourreaux.
 Mais pourquoi s'arrêter à ces malheurs vulgaires?
Assez d'autres ont peint les douleurs populaires.
Moi-même, il m'en souvient, mes vers compatissants
Cherchaient pour eux les sons les plus attendrissants.
Par moi, du laboureur étranger à la gloire
Un simple monument honora la mémoire;
J'encourageais les sons de l'humble chalumeau,
Et portais aux cités les plaintes du hameau.
Mais pourrais-je des grands oublier la souffrance?
O vous, cœurs révoltés, que leur éclat offense,
Vainement à leurs maux vous refusez des pleurs :
Plus leur bonheur fut grand, plus grands sont leurs malheurs;
Et moi, qui des bergers ornai jadis la tombe,
Aujourd'hui, des hauteurs d'où la puissance tombe,
Je la suis dans le gouffre, et pleure ses débris.
Que de grands noms éteints, que d'illustres proscrits!
Lamballe a succombé, Lamballe, dont le zèle
A sa reine, en mourant, est demeuré fidèle;
Et ces cheveux si beaux, ce front si gracieux,
Dans quel état, ô ciel, on les montre à ses yeux [6]!
La nature en frémit, et l'amitié tremblante
A des traits si chéris recule d'épouvante.

O Mouchys! expiez votre amour pour vos rois :
Que l'épouse et l'époux périssent à la fois.
Je ne t'oublierai point, toi, dont l'ame sublime
Gardait un cœur si pur sous le règne du crime,
O guerrier magnanime, et chevalier loyal,
Digne héritier d'un sang ami du sang royal,
Respectable Brissac! Ah!-dans ce temps barbare,
Qui n'aime à retrouver une vertu si rare?
Avec moins de plaisir les yeux d'un voyageur,
Dans un désert brûlant, rencontrent une fleur ;
Avec moins de transports, des flancs d'un roc aride,
L'œil charmé voit jaillir une source limpide.
Modèle des sujets, et non des courtisans,
Les vertus du vieil âge honoraient tes vieux ans.
A son roi malheureux quel sujet plus fidèle?
Hélas ! sous le pouvoir d'une ligue cruelle,
Tout fléchissait la tête ; et même la vertu
Baissait sous les poignards un regard abattu :
Rien n'altéra ta foi, n'ébranla ton courage ;
Mais enfin, à ton tour, victime de leur rage,
Tu passes sans regret, ainsi que sans remord,
Du Louvre dans les fers, et des fers à la mort.
O ville trop coupable ! ô malheureux Versailles !
Son sang accusateur souille encor tes murailles.
Un cortége cruel a feint de protéger
D'infortunés captifs qu'il va faire égorger.
Le char est entouré; les sabres étincellent ;
Sur les monceaux de morts les mourants s'amoncellent ;
Et, de son sang glacé souillant ses cheveux blancs,
La tête d'un héros roule aux pieds des brigands.
O martyr du devoir, du zèle et de la gloire !
Tant que du nom français durera la mémoire,
J'en jure par ta mort, tu vivras dans nos cœurs.
Mais combien ton trépas présage de malheurs !
Que je plains de l'état la fortune orageuse !
A peine délaissé par ta main courageuse,
J'entends tomber le trône ; et le sang de nos rois,
Hélas ! m'offre à pleurer tous les maux à la fois :
Le deuil de la beauté, les pleurs de l'innocence,
Les malheurs des vieux ans, les malheurs de l'enfance,

CHANT III.

La chute du pouvoir. Parmi ces grands débris,
Louis frappe d'abord mes regards attendris.
O douleur ! ô pitié ! quelle grande victime,
D'un rang plus élevé, descendit dans l'abîme ?
Hélas ! le vœu public dictait ses sages lois,
Gouvernait ses conseils, présidait à ses choix ;
Les ordres de l'état, convoqués par lui-même,
Semblaient associés à son pouvoir suprême.
O mon maître ! ô mon roi ! comment a pu ton cœur,
Respirant les bienfaits, inspirer la fureur ?

O jour, jour exécrable, où des monstres perfides
Souillèrent son palais de leurs mains homicides !
J'entends encor ces voix, ces lamentables voix,
Ces voix : « Sauvez la reine et le sang de nos rois ! »
La reine, à ce signal, inquiète, troublée,
Son enfant dans les bras, s'enfuit échevelée [7] ;
Tandis que, de sa porte ensanglantant le seuil,
Sa garde généreuse expire avec orgueil,
Et que, la pique en main, la cohorte infernale
Plonge le fer trompé dans la couche royale.
Le ciel, le juste ciel a conservé ses jours.
Ah ! puisse-t-il long-temps en protéger le cours !
Enfin la mort s'apaise, et le meurtre s'arrête ;
Mais le calme bientôt fait place à la tempête.
Le bruit affreux redouble, et des sujets sans foi
Parlent insolemment de conquérir leur roi.
Ils appellent triomphe un crime détestable.
Ah ! comment le tracer, ce départ lamentable ?
De leur palais sanglant, ces otages sacrés
Descendent à travers leurs gardes massacrés.
Pour suite des brigands ! des bourreaux pour cortége !
Ils traversent les flots d'un peuple sacrilége,
Hérissé de mousquets, de lances et de dards ;
Des lambeaux teints de sang forment leurs étendards.
Tout dégouttants de meurtre, et d'ivresse, et de fange,
Ils marchent : au milieu de l'horrible phalange,
Vient à pas lents ce char où brillent à la fois
Le sang des empereurs et celui de nos rois.
Tout ce que le malheur offre de plus auguste,
Des mères la plus tendre, et des rois le plus juste,

Deux enfants malheureux. O fille des Césars !
Quand, de ses fiers Hongrois cherchant les étendards,
Ta mère vint s'offrir à leur troupe enflammée,
Son enfant dans ses bras lui conquit une armée;
Et, pâle, l'œil en pleurs, tendant ses faibles mains,
Le tien ne peut fléchir ces monstres inhumains !
Les uns autour de vous hurlent leurs chants atroces;
D'autres sur votre char portent leurs mains féroces;
Au bout d'un fer sanglant, d'autres lèvent aux cieux
De leurs affreux exploits le trophée odieux,
Ces fronts défigurés, ces têtes pâlissantes,
Des flots d'un sang fidèle encor toutes fumantes.
Que de cris forcenés ! que d'imprécations !
Vous marchez au milieu des malédictions.
Du crime soudoyé l'ignorance barbare
Prête sa voix servile au crime qui l'égare ;
Et, du peuple à son prince imputant le malheur,
Des maux qu'eux seuls ont faits accable sa douleur.
Ah ! si par les tourments sa marche est mesurée,
Quels siècles en pourraient égaler la durée ?
Abrége, Dieu des rois, ces affreux attentats ;
Avance, char fatal ; coursiers, hâtez vos pas.
Non : la rage, à plaisir, éternise leur route,
Et la coupe des maux s'épanche goutte à goutte.
Cependant on approche, on découvre ces lieux
Où l'airain reproduit son aïeul à ses yeux.
Il les voit ; et leur vue, ô douleur lamentable !
Lui rappelle ce jour, ce jour épouvantable,
Où, dans ce même lieu, l'hymen pâle et tremblant
S'enfuit, enveloppé de son voile sanglant,
Et, changeant ses flambeaux en torche sépulcrale,
Vit se couvrir de morts cette enceinte fatale.
Ah ! malheureux époux, et plus malheureux roi,
Puisse être, un jour, ce lieu moins funeste pour toi !
Puissions-nous n'y pas voir de plus horribles fêtes !
Enfin, parmi les cris, les dards chargés de têtes,
Entraînant les débris du trône ensanglanté,
Le char fatal arrive au Louvre épouvanté.
Le peuple tient sa proie, et les chefs leur victime !
Ah ! peut-être ses maux désarmeront le crime.

Non ; de son infortune on aggrave le poids,
Et Louis est captif dans le palais des rois.
O catastrophe horrible ! ô douloureux voyage !
Bien différent de ceux où, bordant son passage,
Son peuple pour ses jours levait au ciel les mains,
Et de fleurs, sous ses pas, parsemait les chemins.
Le vieillard consolé bénissait la lumière ;
L'enfant lui souriait du seuil de la chaumière ;
Tous les yeux le cherchaient avec avidité ;
Et, quand fuyait loin d'eux son char précipité,
De ce peuple, ennemi d'un maître qui l'adore,
L'amour, les vœux, les cris le poursuivaient encore.

Que les temps sont changés ! O vous, sensibles cœurs,
Dites s'il est des maux pareils à ses malheurs.
Du pouvoir avili misérable fantôme,
Monarque sans sujets, souverain sans royaume,
Tel qu'un vaisseau battu des flots capricieux
Est tantôt dans l'abîme, et tantôt dans les cieux,
Il passe tour à tour, jouet d'un long orage,
Des honneurs aux affronts, de l'insulte à l'hommage.
Dans sa rage hypocrite, un sénat oppresseur
Mêle à ses cruautés une fausse douceur :
Tel le tigre, en jouant, dans sa barbare joie,
Mord, lâche, ressaisit et dévore sa proie.
Plus de paix en son cœur, de trêve à son tourment.
Dans le jardin des rois s'il respire un moment,
Il marche environné de surveillants barbares ;
De l'air commun à tous ses tyrans sont avares ;
La haine curieuse assiége son réveil,
Ses pas, ses entretiens, et jusqu'à son sommeil ;
Et, le dernier des rois, le premier des esclaves,
Quand par lui tout est libre, il est chargé d'entraves !
Heureux lorsqu'en secret, libre dans ses douleurs,
Aux pleurs de son épouse il peut mêler ses pleurs !

Eh bien ! vous qu'offensait sa puissance suprême,
Des honneurs outrageants de son vain diadème,
Venez ! que tardez-vous de dépouiller son front ?
Terminez, il est temps, cet éclatant affront.
Tout est prêt : ce n'est plus ce peuple mercenaire
Par des cris insolents méritant son salaire :

Le Louvre est investi ; la bassesse et l'effroi
Aux brigands de Marseille abandonnent mon roi.
Je vois couler le sang, j'entends gronder la foudre ;
La France est sans monarque, et le trône est en poudre.
O toi, qu'ont fait gémir ces illustres malheurs,
Tendre Pitié, retiens, retiens encor tes pleurs :
Pour des revers plus grands je réserve tes larmes :
Les lois vont consacrer les attentats des armes.
Hélas ! toujours trompé, mais espérant toujours [9],
Louis à ses tyrans vient confier ses jours.
On l'insulte, on l'outrage ; et des décrets funestes
De son titre royal ont déchiré les restes.
Puisse ne point éclore un plus terrible arrêt !
Que dis-je ? l'arrêt part, et le cachot est prêt.
O vous, vous, murs cruels, demeures désastreuses !
Je tremble à m'enfoncer sous vos voûtes affreuses.
Non, les revers fameux de tant de potentats,
De l'horrible Whitehall les sanglants attentats [10],
Ne peuvent s'égaler à cette tour fatale.
Ce n'est plus ce palais, cette prison royale,
Où de la majesté quelques tristes lambeaux
Déguisaient l'infortune, et décoraient ses maux.
Son malheur, en ces lieux, tout entier se consomme :
Destructeur du monarque, il persécute l'homme.
Noirs esprits des enfers ! quel conseil ténébreux
Inventa, dites-moi, ces traitements affreux ?
Chaque heure a son tourment, chaque instant son outrage ;
La ruse aide la force, et l'art guide la rage.
O noms sacrés de père, et d'époux et de fils,
Noms aujourd'hui cruels, noms autrefois chéris !
Vous étiez leurs plaisirs, vous êtes leur torture.
La haine arme contre eux jusques à la nature.
Malheureux, hâtez-vous de saisir ces moments ;
Précipitez du cœur les doux épanchements ;
Redoublez vos transports, redoublez vos tendresses.
Quels maux ne s'oublieraient dans vos saintes caresses ?

Mais c'en est fait : ô cœurs nés pour vous adorer,
Votre malheur commence, il faut vous séparer.
Vos tyrans l'ont voulu ; leur sombre inquiétude
A l'emprisonnement unit la solitude.

Hélas ! au milieu d'eux vos regards consolés
Distinguaient quelquefois des serviteurs zélés ;
Et du moins d'un soupir, triste et muet langage,
A leur roi, dans les fers, ils envoyaient l'hommage.
Vous ne les verrez plus : sur Louis et sur vous
Déja j'entends crier d'inflexibles verrous.
Non : vous ne pourrez plus, trompant la vigilance,
Deviner vos soupirs, vos pleurs, votre silence,
Vous comprendre du geste, et vous parler des yeux.
Sans espoir de se voir, captifs aux mêmes lieux,
Le fils est en exil à côté de son père ;
L'époux près de l'épouse, et la sœur près du frère.
Lui seul pleure pour tous. Que dis-je ? ô coup du sort !
Son retour dans leurs bras leur annonce sa mort.
Pour le perdre à jamais les tyrans le leur rendent ;
Les échafauds sont prêts, et les bourreaux l'attendent.
Oh ! qui peut concevoir ces scènes de douleur,
Ce mélange de cris, de sanglots et de pleurs,
Ces funestes adieux, pleins d'horreur et de charmes ?
Chaque mot commencé vient mourir dans les larmes ;
Et, par de longs soupirs cherchant à s'exhaler,
Leurs cœurs veulent tout dire, et ne peuvent parler.
Ah ! moi-même je sens défaillir mon courage.
D'autres du jour fatal retraceront l'image[11] :
Dans ce vaste Paris, le calme du cercueil ;
Les citoyens, cachés dans leurs maisons en deuil,
Croyant sur eux du ciel voir tomber la vengeance ;
Le char affreux, roulant dans un profond silence ;
Ce char qui, plus terrible, entendu de moins près,
Du crime, en s'éloignant, avance les apprêts ;
L'échafaud régicide et la hache fumante ;
Cette tête sacrée et de sang dégouttante,
Dans les mains du bourreau de son crime effrayé ![12]
Ces tableaux font horreur ; et je peins la Pitié !
La Pitié pour Louis ! il n'est plus fait pour elle.
O vous qui l'observiez de la voûte éternelle,
Anges, applaudissez ; il prend vers vous l'essor.
Commencez vos concerts, prenez vos lyres d'or.
Déja son nom s'inscrit aux célestes annales ;
Préparez, préparez vos palmes triomphales.

De sa lutte sanglante il sort victorieux,
Et l'échafaud n'était qu'un degré vers les cieux.
 Mais d'où vient tout à coup que mon cœur se resserre?
Hélas! il faut des cieux revenir sur la terre !
Louis en vain assiste aux célestes concerts ;
Les cieux sont imparfaits, son épouse est aux fers.
Ô mélange touchant de malheurs et de charmes !
Ton nom seul a rouvert la source de mes larmes.
O vous qui des hauts rangs déplorez les malheurs,
Ah ! combien de vos yeux doivent couler de pleurs !
Lorsque des grands revers l'image douloureuse
Joint au pouvoir détruit la beauté malheureuse,
Qui peut voir sans pitié se flétrir ses attraits,
Et les traits du malheur s'imprimer sur ses traits?
Français, qui l'avez vue et jeune, et belle, et reine,
Répondez : est-ce là l'auguste souveraine
Qui donnait tant d'éclat au trône des Bourbons,
Tant de charme au pouvoir, tant de grâce à ses dons?
Hélas ! tant qu'elle a pu, dans sa tour solitaire,
D'un auguste captif partager la misère,
Tous d'eux s'aidaient l'un l'autre à porter leurs douleurs;
N'ayant plus d'autres biens, ils se donnaient des pleurs.
Une fois arrachée à cet époux fidèle,
Elle vivait sans lui, mais il vivait près d'elle.
Ah ! combien ses malheurs se sont appesantis !
Elle n'a plus d'époux, et tremble pour un fils [13].
Ah ! d'une seule mort si leur rage contente
Respectait dans ses bras cette tête innocente;
Si du soin d'élever cette royale fleur
Elle pouvait charmer son auguste douleur !
Mais lui-même on l'arrache à sa main maternelle;
Leur prison séparée en devient plus cruelle.
Ses pensers désormais vont se partager tous
Entre les fers d'un fils et l'ombre d'un époux.
Ah ! cruels, désarmez vos rigueurs inhumaines :
Hélas ! elle eut un sceptre, et vous voyez ses chaînes!
Vains discours; chaque instant voit aggraver son sort.
Prisonnière à côté du tribunal de mort,
On l'immole long-temps, et le coup qui s'apprête
Reste éternellement suspendu sur sa tête.

A cette attente horrible on joint tous les tourments,
Tout ce qui flétrit l'âme, et révolte les sens ;
Sans cesse elle respire une vapeur immonde ;
Le froid glace ces mains qu'idolâtrait le monde ;
Un vil grabat succède à des lits somptueux ;
A sa faim, qu'éveillaient des mets voluptueux,
On épargne une vile et sale nourriture,
Et la pourpre des rois a fait place à la bure.
Elle-même, que dis-je? incroyable destin!
S'impose un vil travail, et, l'aiguille à la main,
Oubliant et Versaille et les pompes du Louvre,
Répare les lambeaux de l'habit qui la couvre.
Ses besoins sont toujours le signal des refus,
Et son malheur s'accroît d'un bonheur qui n'est plus.
Quoi! les trônes des rois sont-ils donc tous en poudre?
Et l'aigle des Césars a-t-il perdu la foudre?
Hélas! partout l'oubli, l'impuissance ou l'effroi.
Ah! dans cet abandon, tendre Pitié, dis-moi,
N'est-il pas une issue, une route secrète,
Qui conduise mes pas vers sa sombre retraite?
Que je puisse à genoux, adorant ses malheurs,
Au prix de tout mon sang sécher un de ses pleurs!
Mais il n'en est plus temps : l'affreux conseil s'assemble ;
On vient, le verrou crie, on l'entraîne ; je tremble.
C'en est fait : le voici, voici l'instant fatal.
Eh bien! je vais la suivre au sanglant tribunal.
Moi-même, à haute voix, je dénonce ses crimes.
Vous, qui fîtes tomber les plus grandes victimes,
Juges de votre reine, écoutez ses forfaits.
Sa facile bonté prodigua les bienfaits ;
Son cœur de son époux partagea l'indulgence ;
Ce cœur, fait pour aimer, ignora la vengeance.
« J'ai tout vu, j'ai su tout, et j'ai tout oublié. »
Ce mot, inconcevable aux âmes sans pitié,
Ce mot, dont la noblesse encouragea le crime,
Il fut de son grand cœur l'expression sublime.
Elle fit des heureux, elle fit des ingrats.
Tigres, oserez-vous ordonner son trépas ?
Ah! leurs horribles fronts l'ont prononcé d'avance.
Mais je n'attendrai point l'effroyable sentence :

Non, je n'attendrai pas qu'une exécrable loi
Envoie à l'échafaud l'épouse de mon roi ;
Non, je ne verrai point le tombereau du crime,
Ces licteurs, ce vil peuple outrageant leur victime,
Tant de rois, d'empereurs, dans elle humiliés ;
Ses beaux bras, ô douleur ! indignement liés ;
Le ciseau dépouillant cette tête charmante ;
La hache !... ah !. tout mon sang se glace d'épouvante !
Non, je vais aux déserts enfermer mes douleurs :
Là, je voue à son ombre un long tribut de pleurs ;
Là, de mon désespoir douce consolatrice,
Ma lyre chantera ma noble bienfaitrice ;
Et les monts, les vallons, les rochers et les bois
En lugubres échos répondront à ma voix.

 Et toi qui, parmi nous prolongeant ta misère,
Ne vivais ici-bas que pour pleurer un frère,
D'un frère vertueux ô digne et tendre sœur [1],
Reçois de la Pitié son tribut de douleur.
Ah ! si dans ses revers la beauté gémissante
Porte au fond de nos cœurs sa plainte attendrissante,
Combien de la vertu les droits sont plus puissants !
Sa bonté la rend chère aux cœurs compatissants :
Pour son propre intérêt l'homme insensible l'aime :
Et pleurer sur ses maux, c'est pleurer sur soi-même.
Aussi, des attentats de ce siècle effréné,
Ton trépas, ombre illustre, est le moins pardonné.
O dieux ! et quel prétexte à ce forfait infame ?
Ton nom était sans tache, aussi bien que ton ame ;
Ton cœur, dans ce haut rang, formant d'humbles désirs,
Eut les malheurs du trône et n'eut pas ses plaisirs.
Seule, aux pieds de ton Dieu, gémissant sur un frère,
Sur un malheureux fils, un plus malheureux père,
Tu suppliais pour eux le maître des humains :
Ce ciel, où tu levais tes innocentes mains,
Était moins pur que toi. Dieux ! quels monstres barbares
Purent donc attenter à des vertus si rares ?
Ah ! le ciel t'enviait à ce séjour d'effroi.
Va donc, va retrouver et ton frère et ton roi ;
Porte-lui cette fleur, gage de l'innocence,
Emblème de tes mœurs, comme de ta naissance ;

CHANT III.

Mêle sur ce beau front, où siége la candeur,
Les roses du martyre aux lis de la pudeur.
Trop long-temps tu daignas, dans ce séjour funeste,
Laisser des traits mortels à ton âme céleste.
Pars, nos cœurs te suivront ; pars, emporte les vœux
Des peuples et des rois, de la terre et des cieux.

    Non moins dignes de pleurs, quand le sort les offense,
La débile vieillesse et la fragile enfance :
Un enfant, un vieillard ! qui peut les voir souffrir ?
L'un ne fait que de naître, et l'autre va mourir.
Je pleure avec Priam, quand sa bouche tremblante
Du meurtrier d'Hector presse la main sanglante ;
Lorsque autour des tombeaux de ses cinquante fils,
D'Hécube en cheveux blancs les lamentables cris
Redemandent Pâris, Polyxène, Cassandre,
Je partage son deuil, et pleure sur leur cendre :
Tant cet âge si faible est puissant sur nos cœurs !
Mais pourquoi des vieux temps rappeler les douleurs ?
Ah ! dans ce siècle impie et si fécond en crimes,
Manquons-nous de malheurs ? manquons-nous de victimes ?
    O filles de mes rois, dans quels lieux pleurez-vous [15] ?
Quel temple entend les vœux que vous formez pour nous ?
Le ciel vous épargna la douleur d'être mères ;
Mais que de vos vieux ans les larmes sont amères !
Votre exil, vos rois morts, le trône renversé,
De votre sang royal le reste dispersé,
Il vous restait un Dieu, son culte, et vos prières.
Mais quoi ! vos yeux ont vu par des mains meurtrières
Les temples du Seigneur de carnage souillés,
Leur pontife proscrit, leurs autels dépouillés.
De vos jours fortunés la mémoire importune,
Hélas ! s'en vient encor aigrir votre infortune.
De deux règnes brillants vous vîtes la grandeur ;
Et le trône et l'autel ont perdu leur splendeur ;
Et, pour comble de maux, le sort qui vous outrage
Réservait ces malheurs au déclin de votre âge.
Quel cœur d'airain pourrait vous refuser des pleurs ?
    Mais l'enfance surtout a des droits sur nos cœurs.
Au fils d'Ochosias que j'ai donné de larmes !
Pour lui de Josabeth je ressens les alarmes ;

J'assemble autour de lui les ministres sacrés.
Tantôt mes yeux en pleurs, sur le Nil égarés,
Du berceau d'un enfant redoutent le naufrage,
Et je rends grace au flot qui le rend au rivage :
Tant cet âge est touchant! Mais quel sort inhumain
Du dernier fils des rois égale le destin?
 Je reviens donc à vous, famille infortunée!
Par quelle inconcevable et triste destinée,
Hélas! faut-il toujours que mes lugubres vers
Puisent dans vos malheurs l'exemple des revers?
Louis sur l'échafaud a terminé sa vie;
Son épouse n'est plus, et sa sœur l'a suivie :
D'effroyables malheurs ont banni ses parents.
Seul, au fond de sa tour, sous l'œil de ses tyrans,
Un fils respire encore; il n'a, pour sa défense,
Que ses traits enchanteurs, et que son innocence :
Contre tant de faiblesse a-t-on tant de courroux?
Cruels, il n'a rien fait, n'a rien pu contre vous!
Veille sur lui, grand Dieu, protecteur de sa cause,
Dieu puissant! c'est sur lui que notre espoir repose.
Accueille ses soupirs, de toi seul entendus;
Qu'ils montent vers ce ciel, hélas! qu'il ne voit plus.
Tu connais ses dangers, et tu vois sa faiblesse.
Ses parents ne sont plus, son peuple le délaisse :
Que peuvent pour ses jours ses timides amis?
Les assassins du père environnent le fils;
Sa ruine est jurée. A peine leur furie
Lui laisse arriver l'air, aliment de la vie.
Son courage naissant et ses jeunes vertus
Par le vent du malheur languissent abattus.
Leurs horribles conseils et leur doctrine infame,
En attendant son corps, empoisonnent son ame [16].
Déja même, déja de sa triste prison
La longue solitude a troublé sa raison.
Quoi! n'était-il donc plus d'espoir pour sa jeunesse?
De l'amour maternel l'ingénieuse adresse,
Le zèle, le devoir, pour défendre ses jours,
Étaient-ils sans courage, étaient-ils sans secours?
Abner sauva Joas; sous l'œil même d'Ulysse,
Un faux Astyanax fut conduit au supplice.

CHANT III.

Mais quoi ! pour remplacer cet enfant plein d'attraits,
Quel visage enchanteur eût imité ses traits?
L'œil le moins soupçonneux eût percé le mystère ;
Et la beauté du fils aurait trahi la mère.
Aujourd'hui plus d'amis, de sujets, de vengeur ;
Chaque jour dans son sein verse un poison rongeur.
Quelles mains ont hâté son atteinte funeste?
Le monde apprit sa fin, la tombe sait le reste.
Ah ! malheureux enfant, ah ! prince infortuné !
Sous quelque chaume obscur pourquoi n'es-tu pas né ?
Pleurez, Français, pleurez tant de maux et de charmes !
Il eût tari vos pleurs, ayant versé des larmes ;
Victime d'un long trouble, il eût aimé la paix.
Mais je respire enfin : le règne des forfaits
Sans doute est achevé. De ce sang que j'adore,
Moins à craindre pour eux, un enfant reste encore.
Elle a, sans rien prétendre au trône de nos rois,
Les graces de son frère, et n'en a pas les droits.
Bénissons ses malheurs : son sexe est sa défense.
Peut-être ils feront grace à sa faible innocence:
Déja brille autour d'elle un plus pur horizon.
Mais que de pleurs encor vont baigner sa prison !
Où ses parents sont-ils ? qu'est devenu son frère?
Essuiera-t-elle encor les larmes de sa mère?
Son père est-il vivant ? Conserve-t-il sa sœur ?
Douter de leur destin est sa seule douceur ;
Aucun de ces doux noms n'arrive à son oreille ;
Rien n'apaise sa crainte, hélas ! et tout l'éveille.
Mais quel jour pur se glisse à travers ses barreaux ?
Le ciel veut-il s'absoudre, en terminant ses maux ?
Oui, l'heure est arrivée : un Dieu finit ses peines ;
Et de ses belles mains je vois tomber ses chaînes.
Fuis, ô fille des rois ! fuis ces scènes d'horreur,
Vole aux champs maternels. Hélas ! notre terreur
Ne peut t'offrir encor, sur ton morne passage,
Qu'une pitié captive et qu'un muet hommage.
Mais à peine échappée à ce séjour d'effroi,
Les cœurs en liberté vont s'envoler vers toi.
Tous plaindront du malheur l'image attendrissante,
Ces traits décolorés, cette langueur touchante ;

Et dans ces yeux, long-temps noyés dans les douleurs,
Chercheront, en pleurant, la trace de tes pleurs.
Et vous qui, terminant sa triste incertitude,
Devez de tous les coups lui porter le plus rude,
Ah! ménagez son âme, et de tout son malheur
N'allez pas tout d'un coup accabler sa douleur!
Qu'elle implore le ciel, qu'elle invoque en ses peines,
Pour des maux plus qu'humains, des forces plus qu'humaines!
Qu'on la mène aux autels, qu'on lui montre à la fois
Son père à l'échafaud, et son Dieu sur la croix.
Ce Dieu servit d'exemple au courage du père;
Tous deux dans ses malheurs ont soutenu la mère :
Qu'elle soit digne d'eux en acceptant ses maux.
Cependant de son deuil égayez les tableaux;
Que les fleurs, les gazons, de ces tristes demeures
Lui fassent oublier les languissantes heures.
Déja les noirs chagrins semblent s'évanouir,
Ses traits se ranimer, son front s'épanouir.
Ainsi l'éclat douteux du crépuscule sombre
Semble insensiblement se dégager de l'ombre,
Et mêle, en colorant la vapeur qui s'enfuit,
Les prémices du jour aux restes de la nuit.

Cependant, au milieu de tant de barbarie,
Lorsque, parmi les maux de ma triste patrie,
La timide Pitié n'osait lever la voix,
Des rayons de vertus ont brillé quelquefois.
On a vu des enfants s'immoler à leurs pères,
Des frères disputer le trépas à leurs frères [17].
Que dis-je? Quand Septembre, aux Français si fatal,
Du massacre partout donnait l'affreux signal,
On a vu les bourreaux, fatigués de carnage,
Aux cris de la Pitié laisser fléchir leur rage,
Rendre à sa fille en pleurs un père malheureux;
Et, tout couverts de sang, s'attendrir avec eux [18].
Eh! dans ces jours d'effroi, de ce sexe timide
Qui n'a point admiré le courage intrépide?
Viens, ô viens terminer cet horrible tableau,
Toi qui donnas au monde un spectacle nouveau,
O toi du genre humain la moitié la plus chère!
Une seule dément ton noble caractère [19];

Le reste est héroïque, et passe sans effort
Des plaisirs aux douleurs, des douleurs à la mort.
Pas un lâche soupir, pas une indigne larme;
Leur courage leur prête encore un nouveau charme.
Superbe et triomphante à ses derniers moments,
Chacune se choisit ses plus beaux vêtements;
Comme aux pompes d'hymen au supplice s'apprête,
Et de son jour de mort se fait un jour de fête.
Notre sexe est jaloux de ces traits généreux ;
Près d'elles du trépas l'aspect est moins affreux.
La beauté, sur la mort exerçant son empire,
L'adoucit d'un regard, l'embellit d'un sourire :
On dirait que le ciel met dans ses faibles mains
La gloire de la France et l'honneur des humains.
Telles, dans la nuit sombre, éclatants météores,
Du pôle nébuleux les brillantes aurores
Consolent du soleil, et remplacent le jour:
Quel prodige de foi, de constance et d'amour !
Tarente, que te veut cet assassin farouche ?
A trahir ton amie il veut forcer ta bouche [20];
En vain s'offre à tes yeux le sanglant échafaud ;
Ta reine dans les fers te parle encor plus haut.
Chaque âge, chaque peuple ont eu leur héroïne;
Thèbe eut une Antigone, et Rome une Éponine;
Mais chaque jour nous rend ces modèles fameux.
Rome, ne vante plus tes triomphes pompeux .
Ce sexe efface tout, et ton char sanguinaire
A vu moins de héros que son char funéraire ;
Il a ses Thraséas, ses Catons, ses Brutus.

Ah ! que la Grèce antique, école des vertus,
Ait des filles de Sparte admiré le courage;
Mais vous, charme d'un peuple élégant et volage,
Qui, dès vos premiers ans, entendîtes toujours
Le son de la louange et le luth des amours;
Sans le faste imposant de l'âpreté stoïque,
Où donc aviez-vous pris cette force héroïque ?
O vierges de Verdun, jeunes et tendres fleurs,
Qui ne sait votre sort, qui n'a plaint vos malheurs [21] ?
Hélas ! lorsque l'hymen préparait sa couronne,
Comme l'herbe des champs le trépas vous moissonne;

Même heure, même lieu vous virent immoler.
Ah! des yeux maternels quels pleurs durent couler!
Mais vos noms, sans vengeur, ne seront pas sans gloire;
Non : si ces vers touchants vivent dans la mémoire,
Ils diront vos vertus. C'est peu : je veux un jour
Qu'un marbre solennel atteste notre amour.
Je n'en parerai point ce funèbre Élysée,
Qui de torrents de sang vit la terre arrosée.
Loin les jardins de Flore, et l'impur Tivoli [22],
Par ses bals scandaleux trop long-temps avili,
Où d'infames beautés, dans leur profane danse,
Aux mânes de son maître insultent en cadence!
Mais s'il est quelque lieu, quelques vallons déserts,
Épargnés des tyrans, ignorés des pervers,
Là, je veux qu'on célèbre une fête touchante,
Aimable comme vous, comme vous innocente.
De là j'écarterai les images de deuil;
Là, ce sexe charmant, dont vous êtes l'orgueil,
Dans la jeune saison reviendra, chaque année,
Consoler par ses chants votre ombre infortunée.
« Salut, objets touchants! diront-elles en chœur,
Salut, de notre sexe irréparable honneur!
Le temps, qui rajeunit et vieillit la nature,
Ramène les zéphyrs, les fleurs et la verdure;
Mais les ans dans leur cours ne ramèneront pas
Une vertu si rare unie à tant d'appas.
Espoir de vos parents, ornement de votre âge,
Vous eûtes la beauté, vous eûtes le courage;
Vous vîtes sans effroi le sanglant tribunal;
Vos fronts n'ont point pâli sous le couteau fatal :
Adieu, touchants objets, adieu! Puissent vos ombres
Revenir quelquefois dans ces asiles sombres!
Pour vous le rossignol prendra ses plus doux sons;
Zéphyr suivra vos pas, écho dira vos noms.
Adieu! Quand le printemps reprendra ses guirlandes,
Nous reviendrons encor vous porter nos offrandes;
Aujourd'hui recevez ces dons consolateurs,
Nos hymnes, nos regrets, nos larmes et nos fleurs! »

CHANT QUATRIÈME.

A combien de fléaux le ciel livra le monde !
Ici des champs entiers sont submergés sous l'onde ;
Ailleurs le volcan tonne, et ses horribles flancs
Dévorent les palais et les temples brûlants ;
Tantôt les ouragans, plus prompts que le tonnerre,
D'un immense débris couvrent au loin la terre :
Mais du monde tremblant ces horribles fléaux
Des révolutions n'égalent point les maux.
Au lieu de cette douce et puissante habitude
Qui de nos passions endort l'inquiétude ;
Au lieu de ce respect, conseiller du devoir,
Dont l'heureuse magie entoure le pouvoir ;
D'un sénat oppresseur les lois usurpatrices
Gouvernent par la peur, règnent par les supplices.
Quelques abus font place à des malheurs plus grands,
Et des débris d'un roi naissent mille tyrans.
La France, que le monde avec effroi contemple,
En offre, dans ses chefs, l'épouvantable exemple.
De notre liberté despotiques amis,
Où sont-ils ces beaux jours qu'ils nous avaient promis ?
La misère est pour nous, et pour eux l'opulence ;
Sur la chute du trône élevant leur puissance,
D'un front jadis rampant ils affrontent les cieux.
Un moins hideux spectacle affligerait les yeux,
Si, changés tout à coup en d'informes ruines,
Les bois baissaient leur tête, et levaient leurs racines.
Hélas ! depuis ce jour si fécond en forfaits,
Où le crime vainqueur vint s'asseoir sous le dais,
Où le bonnet sanglant remplaça la couronne,
De quels maux inouïs l'essaim nous environne !
Par ce premier malheur que de maux enfantés !
L'œil en pleurs, le sein nu, les bras ensanglantés,
La France, qu'enviaient les nations voisines,
Des ruines du monde accroissant ses ruines,
De son corps gigantesque étale en vain l'orgueil,
Assemblage hideux de victoire et de deuil,

Ses biens de tous les maux renferment la semence;
Son calme est la fatigue, et non l'obéissance.
Mais, hélas! des malheurs où l'État est plongé,
Le plus affreux n'est pas l'empire ravagé :
Ses enfants dispersés aux quatre coins du monde,
De toutes ses douleurs, voilà la plus profonde.
Doublement affligée, elle pleure en son cœur
L'injustice des uns, des autres le malheur.
Qu'il est dur de quitter, de perdre sa patrie !
Absents, elle est présente à notre ame attendrie :
Alors on se souvient de tout ce qu'on aima;
Des sites enchanteurs dont l'aspect nous charma,
Des jeux de notre enfance, et même de ses peines.

Voyez le triste Hébreu, sur des rives lointaines,
Lorsque emmené captif chez un peuple inhumain,
A l'aspect de l'Euphrate, il pleure le Jourdain.
Ses temples, ses festins, les beaux jours de sa gloire,
Reviennent tour à tour à sa triste mémoire,
Et les maux de l'exil et de l'oppression
Croissent au souvenir de sa chère Sion.
Souvent, en l'insultant, ses vainqueurs tyranniques
Lui criaient : « Chantez-nous quelqu'un de ces cantiques
Que vous chantiez aux jours de vos solennités.
— Ah ! que demandez-vous à nos cœurs attristés ?
Comment chanterions-nous aux rives étrangères?
Répondaient-ils en pleurs. O berceau de nos pères!
Notre chère Sion ! si tu n'es pas toujours
Et nos premiers regrets et nos derniers amours,
Que nous restions sans voix; que nos langues séchées
A nos palais brûlants demeurent attachées!
Sion, unique objet de joie et de douleurs,
Jusqu'au dernier soupir, Sion, chère à nos cœurs !
Quoi ! ne verrons-nous plus les tombes paternelles,
Tes temples, tes banquets, tes fêtes solennelles?
Ne pourrons-nous un jour, unis dans le saint lieu,
Du retour de tes fils remercier ton Dieu? »

Ainsi pleurait l'Hébreu; mais du moins par ses frères
Il n'était point banni du séjour de ses pères.
Ah! combien du Français le sort est plus cruel!
Chassé par des Français loin du sol paternel,

Il fuit sous d'autres cieux ; et, pour comble de peine,
De sa patrie ingrate il emporte la haine.
Ô ciel! à ce départ, que de pleurs, de regrets !
Chacun quitte ses biens, ses travaux, ses projets.
L'un, cent fois s'éloignant et revenant encore,
Pleure, en fuyant, ses blés qui commençaient d'éclore;
L'autre, de ses jardins les bosquets enchantés;
L'autre, ses jeunes ceps nouvellement plantés,
Avant d'avoir pressé dans la cuve fumante
De ses premiers raisins la vendange écumante.
A ses livres choisis l'autre fait ses adieux;
L'autre baigne de pleurs son réduit studieux;
Et, loin du lieu chéri, confident de ses veilles,
De sa muse exilée emporte les merveilles.
Bientôt d'affreux encans dispersent au hasard
Les chefs-d'œuvre du goût, les prodiges de l'art.
Souvent pour un vil prix, pour un plus vil usage,
Aux mains de l'ignorance ils tombent en partage :
Un Raphaël échoit au magister du lieu;
Racine d'un manant alimente le feu;
En piles sont vendus les Buffons, les Voltaires,
Leurs tomes isolés redemandent leurs frères;
Et, vengeant une fois Pelletier consolé,
En cornets, à son tour, Despréaux est roulé [1] :
Le dieu du mal sourit à ces honteux ravages.

Mais que sont de nos arts ces hideux brigandages,
Près du viol affreux de la propriété !
O toi, premier appui de la société,
Qui, seul des immortels restant au Capitole,
Après le roi des dieux, fus sa première idole,
Dieu Terme! que dis-tu de ces barbares lois [2]
Qui, du premier contrat violant tous les droits,
Et des usurpateurs consacrant l'injustice,
Du pacte social renversent l'édifice?
Vous, allez maintenant, complaisants possesseurs,
D'avance enrichissez vos heureux successeurs;
Appelez les brebis des nations lointaines;
Épurez par le choix les races indigènes :
Voilà pour quelles mains vous soignez vos troupeaux,
Vous fécondez vos champs, vous plantez vos coteaux!

Ah! contre leur injuste et triste jouissance
Je n'irai point des lois invoquer la puissance.
Viens, ô tendre Pitié! viens! pour toucher les cœurs.
J'ai besoin de ta voix, j'ai besoin de tes pleurs.
Disons-leur : « Vous blessez les lois de la nature.
Pouvez-vous être heureux quand l'équité murmure?
Maudits soient ces mortels qui se font avec art
Du malheur une proie, et des lois un poignard!
Barbares, remplissez vos celliers et vos granges :
Vos guérets usurpés, vos coupables vendanges,
Déposent contre vous. » Mais j'entends des flatteurs
Démentir lâchement mes vers accusateurs.
« Tout est changé, dit-on ; et le pouvoir répare
La longue iniquité d'un régime barbare. »
Sans doute le Français malheureux, dépouillé,
Peut rentrer sur un sol de carnage souillé [3];
Peut errer sous les murs habités par ses pères,
Voir ses blés moissonnés par des mains étrangères ;
Et, par ses souvenirs déchiré de plus près,
Joindre à tant d'autres maux le tourment des regrets.
Ah! quel exil affreux égale ce supplice?
La justice imparfaite est encor l'injustice.
Oh! si je vous contais tous les fléaux divers
Dont ce vil brigandage a rempli l'univers,
Ma voix dans votre cœur porterait l'épouvante.
Je vous dirais : « Ces biens, qu'une loi révoltante
Arracha par la force à leurs vrais possesseurs,
Ont inondé la France et de sang et de pleurs,
Ont séduit l'avarice, ont acheté les crimes ;
Sur les deux continents entassé les victimes,
Soudoyé les bourreaux, engraissé les tyrans,
Soulevé les sujets, divisé les parents,
Desséché le commerce, étouffé l'industrie,
Et par ses propres mains égorgé la patrie. »
  Ces tableaux font horreur... Et vous qui, sans remords,
Recevez des bourreaux la dépouille des morts,
Avez-vous oublié cette touchante histoire
Dont Virgile, en beaux vers, retraça la mémoire?
Au fils du vieux Priam un monstre, affamé d'or,
Avait, avec la vie, arraché son trésor ;

CHANT IV.

Cent traits l'avaient percé. La forêt meurtrière
Bientôt de verts rameaux ombragea sa poussière.
Par le prince troyen sur la tombe penché
Un de ces arbrisseaux à peine est arraché;
L'arbuste tout sanglant aussitôt l'épouvante :
Sa main veut redoubler; une voix gémissante
Lui crie : « Épargne-moi, jeune et noble Troyen :
Ma patrie est la tienne, et ce sang est le mien.
Pourquoi d'un attentat souiller des mains si pures?
Viens-tu troubler ma cendre, et rouvrir mes blessures?
Arrête!... » A ces accents, à ces cris douloureux
Un saint effroi saisit le héros généreux :
Il fuit; et loin de lui sa main épouvantée
Rejette avec horreur la tige ensanglantée.
Et vous, de la Pitié repoussant les leçons,
Vous poursuivez en paix vos barbares moissons;
Et, parmi les cercueils, vos iniques enchères
Se disputent des champs teints du sang de vos frères!
Ah! cruels, osez-vous, engraissés de trépas,
Moissonner sur la tombe? et ne craignez-vous pas
Que vos gerbes, vos fleurs, de meurtres dégouttantes,
Ne distillent du sang entre vos mains tremblantes?
Le cri de la nature est du moins écouté :
Dans les temps du malheur, la tendre parenté
Des secours mutuels doit resserrer les chaînes,
Mettre en commun ses biens, ses larmes et ses peines.
Mais non : à l'intérêt tout est sacrifié,
Tout lien est rompu, tout devoir oublié.
Aux besoins de l'exil le fils livre sa mère;
Le frère s'enrichit des dépouilles du frère.
O honte! le lion protége son enfant,
Son amour le nourrit, sa fureur le défend;
Le tigre affreux lui-même écoute la nature,
A sa famille horrible il porte sa pâture :
Et, barbare héritier de ses enfants bannis,
Le père sans horreur boit le sang de ses fils!
Lâches diffamateurs de la nature humaine,
De votre dureté vous porterez la peine :
Je flétrirai vos noms, hommes vils; et mes vers
Iront de votre crime effrayer l'univers :

MALHEUR ET PITIÉ.

Ma muse réunit, en fille de mémoire,
La coupe du mépris et celle de la gloire;
L'opprobre vous attend : oui, son juste courroux,
Barbares, à grands flots la répandra sur vous;
Et le remords rongeur, la honte vengeresse,
Au milieu de votre or vous poursuivront sans cesse.
Allez donc, délaissez vos amis, vos parents :
Moi, je cours, je m'attache à leurs destins errants.
 Ah ! des champs paternels quand le sort les exile,
Muse, à ces malheureux nous devons un asile :
Viens donc à la Pitié prêter encor ta voix :
Attendris les sujets, intéresse les rois.
Que de les accueillir chacun brigue la gloire;
Raconte de leurs maux l'attendrissante histoire ;
Dis combien du malheur les titres sont sacrés ;
Qu'ils trouvent sous leurs pas tous les cœurs préparés.
Eh ! c'est à vous d'abord, à vous que je m'adresse,
Français, jadis en proie à la même détresse,
Quand des dogmes rivaux le choc religieux
Vous bannit par milliers du sol de nos aïeux.
O France ! des partis déplorable théâtre !
Que maudit soit le jour où ta haine marâtre,
En foule, de ton sein, rejeta tes enfants !
De ton affreux succès nos voisins triomphants
Reçurent nos guerriers, nos arts, notre industrie ;
Et cette plaie horrible est à peine guérie,
Que le parti vaincu, de son pouvoir surpris,
Du vainqueur en cent lieux disperse les débris :
Tant, dans l'ame ulcérée étouffant l'indulgence,
La vengeance toujours enfante la vengeance !
Quoi donc ! trop peu de maux affligent-ils nos jours ?
La vie est si pénible, et ses plaisirs si courts !
Tout tremble, tout gémit dans ce lieu lamentable;
Hélas ! et sur les bords du gouffre inévitable
Suspendus un instant, les mortels furieux
Se poussent dans l'abîme, ou s'égorgent entre eux.
Insensés ! laissez là vos luttes désastreuses :
Des ligues tour à tour victimes malheureuses,
L'un à l'autre aujourd'hui pardonnez vos malheurs,
Et que vos souvenirs soient noyés dans vos pleurs.

CHANT IV.

Mais c'est vous, rois du monde, oui, c'est vous qu'intéresse
Le sort de ces proscrits. Cette brave noblesse,
Ces prêtres, ces prélats dispersés en tout lieu,
Souffrent, vous le savez, pour leur roi, pour leur Dieu.
Vous leur devez un port au milieu de l'orage ;
Et pour eux et pour vous honorez leur courage :
Celui dont le respect vous adresse sa voix,
Aux jours de son bonheur, accueilli par des rois,
Oublié dans ses maux, vous demeura fidèle ;
Mais tous, n'en doutez point, n'ont pas le même zèle.
Non, non : le temps n'est plus où la soumission,
D'un amour idolâtre heureuse illusion,
Environnait le trône : une raison hardie,
De ce vieil univers nouvelle maladie,
Calcule ses devoirs, et discute vos droits ;
Sous la pourpre avilie interroge les rois ;
Désenchante l'esprit et paralyse l'âme ;
Du feu chevaleresque éteint la noble flamme ;
De l'état social désordonne les rangs ;
Des grands et des petits, des amis, des parents,
Des rois et des sujets brise l'antique chaîne.
Gardez-vous donc d'offrir la scandaleuse scène
De ces cœurs généreux punis d'aimer leurs rois [4].
L'avenir du présent se venge quelquefois.
Un faux amour de paix enfante les orages,
Et la faute d'un jour pèse sur tous les âges.
Redoutez du moment le conseil mensonger :
Un excès de prudence est souvent un danger.
Des affronts faits aux siens, qu'il combat et qu'il aime,
Le Français, croyez-moi, s'indignerait lui-même.
Pour n'être point trahis, ne soyez point ingrats.
Et toi, tendre Pitié, parcours tous les États ;
Va, parle ; et s'il en est que la terreur arrête,
Dis-leur : « N'espérez pas conjurer la tempête ;
Du monstre à votre tour vous sentirez les coups,
Et leurs maux dédaignés retomberont sur vous. »
Laissez donc de l'effroi la molle complaisance :
Par votre courageuse et noble bienfaisance,
Obtenez des bons cœurs un généreux retour,
Et semez les bienfaits pour recueillir l'amour.

Que d'autres des guerriers éternisent la gloire;
Attellent la terreur au char de la victoire :
Bien plus heureux celui qui chante l'amitié,
La vertu généreuse, et surtout la Pitié !
 O Virgile! ô mon maître, ô délices du monde!
Je reviens donc à toi. Dans ta muse féconde
D'autres admireront le langage des dieux,
Ta force, ta douceur, ton vers mélodieux;
Mais ce qui te rend cher aux ames bienfaisantes,
Ah! c'est de la Pitié tes peintures touchantes.
Eh! regardez Didon, lorsqu'aux bords libyens
Un orage a poussé le héros des Troyens :
Pour la mieux préparer à plaindre sa misère,
Sous des traits empruntés, l'Amour, son jeune frère,
Le plus beau des enfants, le plus puissant des dieux,
A cette reine encor n'a pas lancé ses feux;
Elle n'a pas encor, dans sa veille amoureuse,
Écouté du héros l'histoire douloureuse;
Mais déjà le malheur est sacré dans sa cour,
Et la Pitié chez elle a devancé l'Amour.
« Venez, nobles bannis, leur dit-elle avec joie;
Carthage hospitalière est l'asile de Troie.
Le destin vous poursuit, c'est assez pour mon cœur :
Malheureuse, j'appris à plaindre le malheur. »
 Pour ces mêmes bannis, jouets d'un sort funeste,
Qui ne connaît l'accueil du généreux Aceste?
Bon roi, tendre parent, il n'a pas oublié
Que les chaînes du sang avec eux l'ont lié.
A peine il les a vus du haut de la colline,
Vers eux à pas pressés le vieillard s'achemine;
Ses trésors, son palais, ses ports leur sont ouverts;
Il gémit sur leurs maux, console leurs revers,
Encourage leurs jeux, solennise leurs fêtes.
Sont-ils prêts à braver de nouvelles tempêtes?
Du nectar de Sicile il emplit leurs vaisseaux,
Et ses regards long-temps les suivent sur les eaux.
Récits charmants, pourquoi n'êtes-vous que des fables!
Mais Virgile exprimait des plaisirs véritables :
Ah! sans doute il sentait ce qu'il chantait si bien,
Et dans le cœur d'Aceste il nous peignait le sien.

Et même entre ennemis, que son vers plein de charme
Peint bien cette Pitié dont la voix les désarme !
Qui ne sait d'Ilion les terribles combats,
Quand Achille aux Troyens envoyait le trépas,
Les poussait dans leurs camps, ou contre leurs murailles
Écrasait leurs débris échappés aux batailles?
On combattit dix ans; mais contre la Pitié
Que peut des nations la longue inimitié?
Avec peine échappé des coups de Polyphème,
Le Grec Achéménide, en sa misère extrême,
Arraché par la faim du fond de son rocher,
Voit le chef des Troyens, et tremble d'approcher.
Quelques tristes lambeaux qu'attachent des épines
Composent ses habits ; des glands et des racines
Alimentent ses jours ; sur ses pieds chancelants,
Maigre et pâle fantôme, il se traîne à pas lents.
Tout à coup il s'écrie : « Abrégez mon supplice,
O Troyens ! vous voyez un compagnon d'Ulysse.
Percez-moi de vos traits, plongez-moi dans les flots :
Vous me devez la mort. » Le Troyen, à ces mots,
S'émeut, verse des pleurs, le recueille avec joie ;
Et la mer voit un Grec sur les vaisseaux de Troie [5] :
Tant la Pitié touchante a de droits sur nos cœurs !
Vous donc, de mon pays généreux bienfaiteurs,
Acceptez mon encens ! Qu'à travers cette scène
De partis turbulents, de discorde et de haine,
Avec un son plus tendre et des accents plus doux,
Nos vœux reconnaissants arrivent jusqu'à vous !

  Pontife des Liégeois, accepte mon hommage [6] ;
Le plus près du volcan, tu défias l'orage :
Tes États sont bornés, et tes dons infinis.
La Haie, Anspach, Neuwied, sont peuplés de bannis.
Salut, murs de Constance ! et toi, daigne m'entendre,
Waldeck, homme éclairé, prince aimable, ami tendre !
Je ne te vis jamais : par l'estime dicté,
Mon vers par tes faveurs n'est point décrédité ;
Tu ne commandes point à de vastes provinces ;
Mais mon cœur t'a choisi dans la foule des princes.
Lorsque vingt nations dévoraient nos débris,
Dans un encan barbare achetés à bas prix,

Leurs remparts se fermaient à la France exilée;
L'humanité te vit, et sourit consolée.
D'autres ont des jardins, des palais somptueux;
Le monde entier vient voir leurs parcs voluptueux;
Mais des pas d'un Français l'on n'y voit pas l'empreinte :
On craindrait que ses maux n'en souillassent l'enceinte.
Ah! ces jardins pompeux et ces vastes palais
Valent-ils un des pleurs taris par tes bienfaits?
Tombez devant ce luxe, altières colonnades;
Croulez, fiers chapiteaux, orgueilleuses arcades;
Et que le sol ingrat d'un ingrat possesseur
Soit sec comme ses yeux, et dur comme son cœur !

Mais vous, soyez bénis, vous, peuples magnanimes,
Qui de nos oppresseurs réparâtes les crimes!
Toi surtout, brave Anglais, libre ami de tes rois,
Qui, mettant ton bonheur sous la garde des lois,
Des partis dans ton sein vois expirer la rage,
Ainsi que sur tes bords vient se briser l'orage!
Ce ne sont plus ici ces asiles cruels
Où des brigands, cachés à l'ombre des autels,
Où l'assassin souillé du sang de sa victime,
Demandaient aux lieux saints l'impunité du crime.
Contre le vil brigand et l'infame assassin,
Albion au malheur ouvre aujourd'hui son sein.
Là, viennent respirer de leur longue souffrance
Ces dignes magistrats, oracles de la France;
Là, des guerriers fameux embrassent leurs rivaux;
Là, ces ministres saints, échappés aux bourreaux,
Protégés par la loi, gardent leur culte antique :
Sion dans son exil chante le saint cantique;
Et l'une et l'autre Église abjurent leurs combats,
Et la fille à sa mère ouvre en pleurant les bras.
Pour corriger encor la fortune ennemie,
Du vénérable Oxford l'antique académie
Multiplia pour vous ce volume divin 7
Que l'homme infortuné ne lit jamais en vain,
Qui, du double Évangile ancien dépositaire,
Nous transmit de la foi le culte héréditaire;
Vous montre un avenir; fait, des palais du ciel,
Dans vos humbles réduits descendre l'Éternel;

Console votre exil, charme votre souffrance,
Nourrit la foi, l'amour, la céleste espérance,
Présent plus précieux et plus cher mille fois
Que les trésors du monde et les bienfaits des rois.
Plus de rivalité, de haine, ni d'envie :
Au banquet fraternel Albion nous convie ;
Son sein s'ouvre pour tous, et ne distingue plus
Les fils qu'elle adopta, de ceux qu'elle a conçus.
Telle une terre heureuse à tous les plants du monde
Se montre hospitalière ; et sa sève féconde
Nourrit des mêmes sucs l'arbre qu'elle enfanta,
Et le germe étranger que l'orage y porta.
Poursuis, fière Albion, fais bénir ta puissance :
Tous les honneurs unis forment ta gloire immense :
Le monde tributaire entretient ton trésor ;
Le Nord nourrit tes mâts, l'Inde mûrit ton or ;
La France, avec ses vins, te verse l'allégresse ;
Tes lois sont la raison, tes mœurs sont la sagesse,
Tes femmes la beauté, leurs discours la candeur,
Leur maintien la décence, et leur teint la pudeur ;
Tu joins les fruits des arts aux dons de la fortune,
Le tonnerre de Mars au trident de Neptune.
Tantôt, foulant aux pieds l'athée audacieux,
C'est Minerve s'armant pour la cause des dieux ;
Tantôt, fille des mers, belle, fraîche et féconde,
C'est Vénus s'élevant de l'empire de l'onde.
Jouis, fière Albion ; mais, dans ta noble ardeur,
Mets un frein à ta force, un terme à ta grandeur.
Carthage, attaquant Rome, expia cet outrage ;
Rome hâta sa chute en renversant Carthage.
Les Indes, les deux mers, tout a subi ta loi :
Il ne te reste plus qu'à triompher de toi.

Parmi les bienfaiteurs de ma triste patrie,
Pourrais-je t'oublier, terre que j'ai chérie,
O malheureuse Suisse ? Eh ! comment oublier
Tes cascades, tes rocs, ton sol hospitalier ?
Non, non : je l'ai promis à l'aimable Glairesse [8] ;
Beau lieu, qui nourrissais ma poétique ivresse,
J'ai juré sur tes monts, et je tiens mon serment,
De payer mon hommage à ton site charmant.

Amoureux des torrents, des bois, des précipices,
Dans quel ravissement je goûtais leurs délices !
De leurs âpres hauteurs lentement descendu,
Que j'aimais ce beau lac à mes pieds étendu,
Ces bosquets de Saint-Pierre, île délicieuse,
Qu'embellit de Rousseau la prose harmonieuse [9] !
 O bords infortunés ! en vain nos oppresseurs
Nous ont de votre asile envié les douceurs ;
Et, menaçant de loin vos frêles républiques,
Ont lancé contre nous leurs arrêts tyranniques :
Chacun de vos rochers cachait un malheureux.
Mais, hélas ! pour la France ils n'avaient que leurs vœux ;
Des femmes, des enfants, des vieillards et des prêtres,
Que pouvaient-ils de plus, que prier pour leurs maîtres ?
 Choisis, Muse, choisis les plus nobles accents :
Les héros de Condé te demandent des chants [10] ;
Laisse de la Pitié le luth mélancolique ;
Dis leur exil armé, leur malheur héroïque.
Ce ne sont plus ici ces belliqueux essaims
Dont les croisés en foule inondaient les lieux saints.
Si leur nombre est moins grand, leur cause est aussi belle ;
De leur Dieu, de leurs rois ils vengent la querelle.
Sparte, ne parle plus de tes trois cents guerriers :
Un seul de leurs combats égale tes lauriers.
Là, la France exilée en armes vient se rendre ;
Là, pour mieux s'élever, tous sont fiers de descendre ;
Tous dans un grade obscur n'en ont que plus d'éclat ;
Tout soldat vaut un chef, plus d'un chef est soldat.
Les d'Hector, les d'Aymar, portent avec courage
Le poids du havre-sac et le fardeau de l'âge.
Leur zèle a pour la tente oublié leurs vaisseaux.
Ils servent sur la terre, ils régnaient sur les eaux :
Là, vit le feu sacré, l'amour de la patrie,
Et de l'antique honneur la noble idolâtrie.
La France est dans leurs camps. Ainsi, delà les mers,
Loin de ce Capitole où se forgeaient leurs fers,
Utique rassemblait, sous les lois d'un seul homme,
La fleur de la patrie et le pur sang de Rome.
Angoulême, Berri, soutiennent leur grand nom.
Qu'on ne me vante plus ce triple Géryon,

CHANT IV.

Dont trois ames mouvaient la masse épouvantable.
J'aime à voir, surpassant les récits de la fable,
Un même espoir mouvoir trois héros à la fois :
Condé, Bourbon, Enghien, se font d'autres Rocrois;
Et, prodigues d'un sang chéri de la victoire,
Trois générations vont ensemble à la gloire.
Tel l'arbre aux pommes d'or, de la même liqueur,
Forme le fruit naissant, le fruit mûr, et la fleur.
Eh! quels transports nouveaux, quels moments pleins de charmes!
Quand parut votre roi, votre compagnon d'armes [11];
Quand, fort de votre amour, paré de son malheur,
D'un regard, d'un sourire, il payait la valeur;
Distribuait ces mots où la bonté respire,
Que le cœur seul entend, que le cœur seul inspire !
Tout votre sang s'émut; et ce sang glorieux
Sollicitait l'honneur de couler sous ses yeux.
Hélas! le sort jaloux peut vous être infidèle;
Mais il reste une palme et plus rare et plus belle.
Si Mars dans les combats trahit votre valeur,
Eh bien! par la vertu subjuguez le malheur;
Et, de tant de revers quand le poids vous opprime,
Français privés de tout, gardez du moins l'estime.
Si tous ne sont pas nés pour combattre en héros,
Tous peuvent par leurs mœurs consacrer leur repos.
Supportez vos défauts, entr'aidez vos misères;
N'allez pas étaler, aux terres étrangères,
De l'animosité les scandaleux éclats :
On ne plaint pas long-temps ceux qu'on n'estime pas.
Hélas! plus d'un Français, dans ces temps d'infortune,
Sourd aux plaintifs accents de la mère commune,
Se montra des Français l'implacable ennemi.
 Tel ne fut pas ton cœur, toi, courageux ami [12]
De ceux que poursuivait la fortune inhumaine!
Toi que chérit Bellone, ainsi que Melpomène,
Qui, parant la vertu par d'aimables dehors,
Joins la beauté de l'ame à la beauté du corps.
Qu'on ne me vante plus le chantre de la Thrace,
Des tigres, des lions apprivoisant l'audace:
Ton art, qui dans la Grèce aurait eu des autels,
O Marin! sut dompter des monstres plus cruels,

Le désespoir affreux, la hideuse indigence.
Que de fois, au plaisir mêlant la bienfaisance,
Stérile pour toi seul, ton talent généreux
Mit son noble salaire aux mains des malheureux!
Ainsi, par le concours de brillantes merveilles,
Charmant le cœur, l'esprit, les yeux et les oreilles,
On te vit tour à tour vouer à nos malheurs
Ta lyre et ton épée, et ton sang et tes pleurs.
Le concert de vertu, de grâce et de génie,
Ah! voilà ta plus belle et plus douce harmonie :
Tel, beau, jeune et vainqueur, le dieu de l'Hélicon
Chantait, touchait sa lyre, et combattait Python.
 Mais surtout des bienfaits usez avec noblesse :
L'honneur est une fleur que peu de chose blesse.
Gardez-vous d'ajouter à tant d'autres fléaux
Le malheur bien plus grand de mériter vos maux.
Armez d'un juste orgueil votre illustre infortune :
La Pitié se retire alors qu'on l'importune.
Faites plus : s'il se peut, ne devez rien qu'à vous;
Luttez contre le sort; que d'un regard jaloux,
Même au sein du malheur, le luxe vous contemple :
Déjà plus d'un banni vous en donne l'exemple.
Combien l'Europe a vu d'illustres ouvriers
S'exercer avec gloire aux plus humbles métiers!
La beauté, que jadis occupait sa parure,
Pour d'autres que pour soi dessine une coiffure :
L'une brode des fleurs, l'autre tresse un chapeau;
L'une tient la navette, et l'autre le pinceau.
Le marquis sémillant au comptoir est tranquille;
Plus d'un jeune guerrier tient le rabot d'Émile;
Le modeste atelier, au sortir du saint lieu,
Reçoit avec respect le ministre de Dieu.
Que dis-je! ce poëme, où je peins vos misères,
Doit le jour à des mains noblement mercenaires;
De son vêtement d'or un Caumont l'embellit [13],
Et de son luxe heureux mon art s'enorgueillit.
 Tairai-je ces mortels qui, las d'un long orage,
Et de leur désespoir empruntant leur courage,
Bien loin de cette Europe en proie aux factions,
Loin des débris sanglants de tant de nations,

Dans un autre univers portant leur industrie,
Ont par un long adieu salué leur patrie?
Ah! quand ces malheureux, doublement exilés,
Vont chercher un asile en des bords reculés,
Sur eux, tendre Pitié, tu veilleras sans doute!
Pourvois à leurs besoins, et dirige leur route;
Sauve-les des écueils, des flots capricieux;
Et si des bords lointains présentent à leurs yeux
Quelque heureux coin de terre, où des bois, une source,
Offrent un doux hospice, arrête là leur course.
Là, profitant du ciel, du site et des hasards,
Qu'instruit par les besoins, l'homme invente les arts;
Que puissent autour d'eux, dans un beau paysage,
Les coteaux, les vallons, et les eaux et l'ombrage,
Par quelque doux rapport retracer à leurs yeux
De leur séjour natal l'aspect délicieux!
Pour rendre, s'il se peut, leur triste exil moins rude,
Que des enfants chéris charment leur solitude;
Que leur mère avec eux console leurs revers :
Avec ce doux cortége il n'est plus de déserts.
Un jour peut-être, un jour, sur ce lointain rivage,
Quelque banni viendra, suspendant son voyage,
Chercher les pas de l'homme; et de leurs longs travaux,
Tous deux, en les contant, soulageront les maux.
Et, si c'est un Français, Dieu! quelle douce ivresse!
Que de transports de joie et de pleurs d'allégresse,
De récits commencés, suspendus et repris!
Ah! si de tels moments on sent partout le prix,
Combien ils sont plus chers, si loin de sa patrie!
Telle je nourrissais ma douce rêverie,
Lorsque de deux Français le sort miraculeux
M'apprend que le destin réalise mes vœux [11].

Craignant de son pays la discorde fatale,
Un Français avait fui de sa terre natale;
Il l'aimait; et cent fois vers ces climats chéris,
En partant, il tourna ses regards attendris.
Mais, pour mieux oublier leur misère profonde,
Son cœur, entre eux et lui, mit les gouffres de l'onde.
Il partit, il courut, d'un regard curieux,
Reconnaître la terre, étudier les cieux.

De nombreux végétaux, dans sa course intrépide,
Avaient déja grossi son portefeuille avide :
Il observait les vents, interrogeait les mers,
Leurs rives, leurs reflux, et leurs courants divers.
Tantôt de l'Océan ramené sur la rive,
Le mercure captif, à sa vue attentive,
Des monts, entre ses mains, mesurait la hauteur,
Et des vagues de l'air jugeait la pesanteur ;
Tantôt les monuments, les ruines antiques,
Les animaux divers, sauvages, domestiques,
Les mœurs des nations, leur commerce, leurs lois,
De mille objets nouveaux lui présentaient le choix ;
Tantôt, quittant la plage, et revenant sur l'onde,
Sa main tenait la montre, et l'aiguille, et la sonde ;
Et la nature, et l'homme, et la terre, et les eaux,
Variaient à ses yeux leurs mobiles tableaux.
Enfin il touche aux bords où des peuples sauvages
De l'immense Amazone habitent les rivages :
Magnifique séjour, où des champs plus féconds,
Des fleuves plus pompeux, de plus superbes monts,
Dans toute sa grandeur étalent la nature.
Un jour que dans ces lieux il erre à l'aventure,
Tout à coup à ses yeux, par un heureux hasard,
Se présente un chemin tracé des mains de l'art.
Il avance, étonné, sous des voûtes d'ombrage ;
Par degrés s'adoucit la nature sauvage ;
Déja même un logis se présente à ses yeux,
Qu'environne l'enclos d'un verger spacieux.
Il s'arrête enchanté. Tout à coup, ô merveille !
Les sons d'un chant français ont frappé son oreille.
Trois fois, plein de surprise, il écoute ; et trois fois
Arrive jusqu'à lui cette touchante voix.
Son cœur bat de plaisir, ses yeux versent des larmes :
Jamais accent humain n'eut pour lui tant de charmes.
« Des Français sont ici ! » s'écria-t-il soudain ;
« Je verrai des Français ! » Il dit, suit son chemin ;
Il approche, il arrive auprès d'un humble hospice ;
Il entre, il aperçoit une blanche génisse :
Une femme charmante, assise à ses côtés,
Exprimait de son lait les ruisseaux argentés ;

Avec un air de nymphe, un habit de bergère,
Un maintien distingué sous sa robe légère :
Tout l'étonne : du lis son teint a la fraîcheur,
Du lait qu'elle exprimait ses mains ont la blancheur.
Tous deux se sont fixés dans un profond silence ;
Enfin, un double cri des deux côtés s'élance :
« Quoi ! c'est vous ! quoi ! c'est vous ? viens, accours, cher ami,
C'est notre cher Frémon, c'est lui-même, c'est lui. »
Le jeune époux accourt. Dieu ! quels élans de joie !
Dans leurs embrassements tout leur cœur se déploie.
Les pleurs que tous les deux l'un pour l'autre ont versés,
Et leur bonheur présent, et leurs malheurs passés,
Sur ces bords éloignés leur rencontre imprévue,
Tout accroît leur transport. Durant cette entrevue,
Le vieux chien du logis, en des temps plus heureux,
Leur compagnon de chasse et témoin de leurs jeux,
Par des cris, par des bonds, marquant son allégresse,
Revient de l'un à l'autre, et pleure de tendresse.
A peine à l'étranger, défaillant de langueur,
Un modeste repas eut rendu sa vigueur,
Aux bras de son ami tout à coup il s'élance :
« Cher ami, satisfais à mon impatience ;
Conte-moi ton départ, ton exil, ton bonheur ;
Oui, je veux tout savoir, tout entendre : mon cœur
Déja vole au-devant des récits que j'implore.
Ah ! mon plus grand bonheur est de te voir encore ;
Le plus grand de mes maux, de douter de ton sort !
— Tu veux savoir le mien ; ami, je suis au port.
Vois ces riches coteaux, cette belle campagne,
Ce fruit de nos amours, ma fidèle compagne ;
Le hasard fortuné qui t'amène en ces lieux !
Cher ami, puis-je assez remercier les dieux ?
Mais puisque sur mon sort, sur tout ce qui me touche,
Tu veux que l'amitié s'explique par ma bouche,
Je raconterai tout. Quand la mort, la terreur,
Eurent changé la France en théâtre d'horreur,
Ces spectacles sanglants fatiguèrent mon ame.
Avec peine échappé de ce séjour infame,
Je partis. Ces beaux lieux, empire du soleil,
Ces monts majestueux, ce ciel pur et vermeil,

Ces fleuves à grand bruit précipitant leurs ondes ;
Le sol luxuriant de ces plaines fécondes,
Dès long-temps m'enflammaient du désir curieux
De voir, de parcourir, d'interroger ces lieux.
Un vaisseau m'apporta sur cet heureux rivage ;
L'accueil hospitalier d'un simple et bon Sauvage
Releva mon espoir ; et tandis qu'à Paris
Des brigands policés dévoraient mes débris,
L'ignorante bonté vint soulager mes peines.
Cependant je voulus, dans ces fertiles plaines,
Comme aux champs paternels fortuné possesseur,
De la propriété connaître la douceur.
Le fameux Robinson revint à ma mémoire ;
Son roman fut mon sort, sa fable est mon histoire ;
Que ne peut en effet le travail excité
Par l'aiguillon pressant de la nécessité !
Des instruments des arts j'étudiai l'usage ;
Moi-même par degrés j'en fis l'apprentissage ;
Je plantai mon jardin, je bâtis ma maison ;
Des moissons, des labours, je connus la saison ;
L'air libre du vallon, l'abri de la montagne,
M'offrirent vingt climats dans la même campagne.
Des plantes avec nous avaient passé les mers ;
Ce sol connut les fruits de deux mondes divers,
Le nectar de Bordeaux, la figue de Provence ;
Et dans un sol étroit je parcourais la France.
Trop faible illusion ! A mes champs paternels,
Hélas ! aurais-je fait des adieux éternels ?
Mais enfin dans ces bois les passions se taisent ;
De nos troubles passés les tumultes s'apaisent.
Le travail en ces lieux est mon premier trésor :
Les plaisirs du travail manquaient à l'âge d'or.
J'en hais l'oisiveté, j'en aime l'innocence.
Tout seconde mes soins ; des troubles de la France
Victime, ainsi que nous, ce bon vieux serviteur,
Laboureur comme moi, comme moi constructeur,
N'a connu qu'en ces lieux l'égalité première.
Nous sommes journaliers ; mon épouse est fermière.
Le laitage du soir et celui du matin
Nous paraissent plus doux, présentés par sa main.

Les vrais plaisirs sont ceux que l'on doit à soi-même,
Et les fruits les plus doux sont les fruits que l'on sème.
Quelquefois, revenus à nos premiers plaisirs,
Des arts plus élégants amusent nos loisirs.
Le dieu, maçon dans Troie, et berger chez Admète,
Ne tenait pas toujours l'équerre et la houlette :
Souvent dans son exil, comme au séjour des dieux,
Ses doigts divins touchaient son luth mélodieux.
Nous avons imité cet exilé céleste :
Les arts charment souvent notre labeur agreste ;
La harpe, les crayons reviennent, chaque soir,
Remplacer le marteau, la bêche et l'arrosoir ;
Et notre douce vie, en délices féconde,
Aux goûts des temps polis joint ceux du premier monde.
Tel est mon sort. Un bien manquait à mes desirs ;
Viens, en les partageant, achever mes plaisirs.
Qu'une seconde fois le bonheur nous rassemble ;
Nous vécûmes heureux, eh bien ! mourons ensemble. »
   Comme il disait ces mots, ce Sauvage ingénu
Que par des bienfaits seuls son hôte avait connu,
Avec un air mêlé de candeur et d'audace,
Entre, tenant en main les tributs de sa chasse ;
Il les jette, et repart : « Cher ami, tu le vois,
La bonté simple et franche habite dans ces bois.
Oh ! ce n'est qu'à Paris que sont les vrais Sauvages !
Consens donc d'être heureux sur ces heureux rivages. »
   Il dit : sa femme en pleurs seconde ce discours ;
Tous trois dans ces beaux lieux coulent encor leurs jours ;
Et des arts et des champs l'agréable culture
Pour eux d'un double charme embellit la nature.
Et vous qu'un faible espoir retient près du séjour
Où vivaient nos aïeux, où nous vîmes le jour,
Je retourne vers vous. Que votre impatience
N'affronte pas encor le chaos de la France !
Vous confier trop tôt à ce ciel orageux
Ne serait qu'imprudent, et non pas courageux.
Un démon désastreux plane encor sur vos têtes,
Attendez que les dieux aient calmé les tempêtes,
Alors vous reverrez l'asile paternel ;
Mais ce bienfait encor cache un piége cruel.

Tel que le basilic, de sa prunelle ardente,
Fixe, attire et saisit sa proie obéissante,
De mon triste pays le prestige assassin,
Pour dévorer ses fils, les appelle en son sein ;
Ou, telle que Charybde, en ses grottes profondes,
Engloutit tour à tour et rechasse les ondes,
La France impitoyable, en ses horribles flancs,
Attire tour à tour et vomit ses enfants.
Eh! comptez-vous pour rien ce que la gloire ordonne?
L'honneur est-il muet? Ah! sans doute on pardonne
Au besoin affamé qui, parmi les tombeaux,
S'en va, pâle et tremblant, saisir quelques lambeaux.
Mais loin ces vils mortels qui, parlant de courage,
Vont, les mains pleines d'or, mendier l'esclavage,
Et veulent recueillir, dans leur lâche bonheur,
Les profits de la honte et le prix de l'honneur!
  Ainsi, jeté moi-même aux rives étrangères,
Je chantais la Pitié, je peignais nos misères.
Souris à mes accents, ô prince généreux [15],
A qui je dus ma gloire en des temps plus heureux ;
Toi, l'ame de mes chants, mon appui tutélaire,
Qu'adore le Français et que l'Anglais révère ;
Toi, dont le cœur loyal à nos yeux attendris
Fait briller un rayon du plus grand des Henris ;
Qui, sûr de notre amour, as conquis notre estime :
Grand prince, tendre ami, chevalier magnanime,
Modèle de la grace, exemple de l'honneur!
Tu t'en souviens peut-être : aux jours de mon bonheur,
Je chantai tes bienfaits ; et quand la tyrannie
Nous faisait de son joug subir l'ignominie,
J'en atteste le ciel, dans ces moments d'effroi,
Je m'oubliais moi-même, et volais près de toi.
Oui : d'autres lieux en vain bénissaient ta présence,
Le doux ressouvenir ne connaît point l'absence.
Au milieu de l'exil et de l'adversité,
Toujours tu fus présent à ma fidélité.
Ainsi l'adorateur du grand astre du monde,
Quand le ciel s'obscurcit, quand la tempête gronde,
Par la pensée encore accompagne son cours,
Le suit sous son nuage, et l'adore toujours.

CHANT IV.

Mais que dis-je? au milieu des malheurs de l'empire
Un rayon de bonheur vient du moins te sourire.
Par les nœuds de l'hymen ton œil voit réunis
La fille de ton frère, et ton auguste fils.
C'est l'espoir de l'état : leur union féconde
Doit des appuis au trône et des héros au monde.
O couple vertueux! ô fortunés époux
Si long-temps séparés, que votre sort est doux !
Tels deux jeunes ruisseaux, nés de la même source,
Après de longs détours se joignent dans leur course;
Et, dans le même lit, sous les mêmes berceaux,
Unissent leur murmure et confondent leurs eaux.
A leur hymen heureux les oiseaux applaudissent;
Autour naissent les fleurs, et les troupeaux bondissent;
Et de leurs flots unis le cours délicieux
Fertilise la terre et répète les cieux.
C'est ton heureux pays qui vit former leurs chaînes,
Toi qui du Nord charmé viens de saisir les rênes,
Jeune et digne héritier de l'empire des Czars[16] !
Sur toi le monde entier a fixé ses regards.
Quels prodiges nouveaux vont signaler ta course !
Tel que l'astre du nord, le char brillant de l'Ourse,
Toujours visible aux yeux dans ton climat glacé,
Comme un phare éternel par les dieux fut placé.
Ton regard vigilant, du fond du pôle arctique,
Sans cesse éclairera l'horizon politique :
Ta sagesse saura combien est dangereux
Le succès corrupteur des attentats heureux.
Oui, tu protégeras ce prince déplorable,
Que relève à tes yeux une chute honorable;
Qui, d'un œil paternel pleurant des fils ingrats,
L'olive dans la main, en vain leur tend les bras.
Quel malheur plus touchant, quelle cause plus juste,
Réclament le secours de ta puissance auguste?
Souviens-toi de ton nom : Alexandre autrefois
Fit monter un vieillard sur le trône des rois.
Sur le front de Louis tu mettras la couronne :
Le sceptre le plus beau, c'est celui que l'on donne.

FIN DU POEME.

NOTES,
PAR M. L. AIMÉ-MARTIN.

CHANT I.

1 Nous pleurons quand Danloux, dans la fosse fatale
Plonge vivante encor sa charmante vestale.

Ce tableau, composé en Angleterre et chanté par Delille, représente le supplice d'une vestale ; il fut exposé au salon de 1802, avec quelques autres compositions du même auteur. Mais il ne faut pas le dissimuler, c'est aux vers et à l'amitié de l'abbé Delille que Danloux, peintre médiocre, mais homme doux et modeste, doit sa véritable illustration. Nos grands peintres ont trop souvent négligé ces associations honorables, qui, mieux qu'une grande page, leur assureraient la reconnaissance de la postérité. On aimerait devoir à David, à Girodet, à Gérard, les traits du traducteur de Virgile, de l'auteur des Études de la Nature, et de tant d'autres illustrations livrées à des talents de second ordre.

2 L'autel de la Pitié fut sacré dans Athènes

L'auteur désigne sous ce titre le temple de la *Miséricorde*, élevé par Hyllus, fils d'Hercule ; et où les Athéniens ouvrirent un asile aux malheureux et aux coupables. Il y avait en Grèce un assez grand nombre de ces temples-asiles, et c'était une opinion commune, que leur profanation entraînait les plus grands malheurs. La fin tragique du censeur Fulvius Flaccus, et la maladie effroyable qui termina la vie de l'heureux Sylla, furent attribuées à de semblables sacriléges. Voyez, sur ces temples, Pausanias, in Attic. ; Diod. Sic., lib. 41 ; Thucyd., lib. 1 ; et spécialement, sur le temple d'Athènes, Statius, lib. 2.

3 Dans les riches monceaux qu'entassa l'opulence,
La pitié préleva la part de l'indigence.

L'auteur peint ici des plus vives couleurs la Pitié descendant du cœur du riche vers l'indigent ; nous l'avons vue, nous, plus sainte et plus sublime, remonter du peuple vers les rois. C'était le 31 juillet 1830. Au moment où une multitude en délire se précipitait sur la route de Rambouillet, je traversais le pont des Arts ; un homme sans bas, portant un bâton d'épine, des souliers ferrés, une blouse de toile usée, s'arrêta près de moi ; tous deux nous contemplions tristement et en silence la foule qui s'écoulait devant nous comme un torrent furieux : tout-à-coup, les yeux humides, les mains jointes et tendues vers ce fleuve de colère, l'homme à la blouse s'écria avec un accent profond de pitié : « Nous ne voulons ni le sang du vieillard, ni celui de l'enfant ! Qu'on les laisse aller, et que l'état leur fasse une pension. » Puis, me regardant avec une noble fierté : « Il faut, dit-il, que l'histoire l'inscrive dans ses pages : *le populaire* en fureur n'aime la liberté que parcequ'il est généreux ! » L'éloquence brute de cet homme arrêtait les passants, et tous les siens, en guenilles, l'écoutaient et l'approuvaient. J'ai rapporté fidèlement ses paroles, où la pitié pour le vieillard et l'enfant fut exprimée d'une manière sublime. Cette sainte pitié, en remontant ainsi du peuple jusqu'au roi, avait ennobli la révolte et la victoire.

4 Je n'irai point, rival du vieillard de Samos.

Delille désigne ainsi Pythagore. On sait que les disciples de ce philosophe, dans leur régime diététique, n'admettaient rien de ce qui avait eu vie. Au reste, Pythagore n'a jamais rien écrit, et nous ne connaissons ses doctrines que par divers traités pseudonymes, et par quelques passages de Plutarque.

5 Cruels ! que vous ont fait l'innocente brebis, etc.

Ces vers sont imités du passage suivant des Métamorphoses :

> Quid meruistis, oves, placidum pecus, inque tuendos
> Natum homines, pleno quae fertis in ubere nectar,
> Mollia quae nobis vestras velamina lanas
> Præbetis ? etc.

On rapprochera avec plaisir ce fragment d'Ovide, du petit traité de Plutarque, intitulé S'il est loisible de manger *de la chair*. Nous devons à Rousseau (Émile, livre 2) une traduction libre d'un passage de ce traité ; et sa prose, fortement colorée, quoique un peu déclamatoire, l'emporte infiniment sur les vers d'Ovide, et peut soutenir la comparaison avec ceux de Delille.

6 Le coursier est sensible à ses soins généreux.

Jamais les Arabes ne frappent leurs chevaux ; ils les dressent à force de caresses, et ils les rendent si dociles qu'il n'y en a point dans le monde qui leur soient comparables. Ces animaux viennent la nuit se coucher dans la tente commune, au milieu des enfants, sans jamais les blesser ; et lorsqu'un cavalier tombe dans une course, son cheval s'arrête et attend qu'il se relève. On ne peut lire sans attendrissement ce que raconte à ce sujet le consul Darrieux dans son Voyage au Liban. « Un pauvre » Arabe du désert avait, pour tout bien, une magnifique jument. Le » consul de France à Seyde lui proposa de la lui vendre, dans l'inten- » tion de l'envoyer à Louis XIV. L'Arabe, pressé par le besoin, balança » long-temps ; enfin il y consentit, et en demanda un prix considérable. » Le consul n'osant, de son chef, donner une si grosse somme, écrivit à » la cour ; et Louis XIV donna ordre que la somme fût comptée. Sur-le- » champ le consul mande l'Arabe, qui arrive monté sur sa belle cour- » sière, et il lui compte l'or qu'il avait demandé. L'Arabe, couvert d'une » pauvre natte, met pied à terre, regarde l'or, jette ensuite les yeux sur » sa jument, soupire et dit : A qui vais-je te livrer ! à des Européens qui » t'attacheront, qui te battront, qui te rendront malheureuse. Reviens » avec moi, ma belle, ma mignonne, ma gazelle ; sois la joie de mes en-

NOTES DU CHANT I. 289

» fants et le bonheur de ton maître? En disant ces mots, il s'élance sur
» son cheval et regagne le désert. »

7 Tu n'as donc jamais vu les peintures d'Hogarth?

Célèbre peintre et graveur anglais du dix-huitième siècle, et qui excellait dans les peintures du vice. Ses gravures étaient de véritables drames. Il se fit l'avocat des animaux dans une suite de planches intitulées *Scènes de cruauté*. Cet ouvrage contribua beaucoup à adoucir les mœurs d'une certaine classe du peuple. On en peut juger par le trait de ce passant qui, dans une rue de Londres, voyant un charretier frapper rudement un de ses chevaux, s'écria : *Malheureux! tu n'as donc pas vu le tableau d'Hogarth?*

8 O toi qui, consolant ta royale maîtresse,
    Jusqu'au dernier soupir lui prouvas ta tendresse,
    Qui charmais ses malheurs, égayais sa prison ;
    O des adieux d'un frère unique et triste don!

Il ne faut point croire les premiers détails de l'anecdote contée ici par le poëte : ils feraient trop d'honneur à d'infames bourreaux. Aucune consolation ne fut laissée, dans la prison du Temple, à la fille infortunée de nos rois. Objet éternel d'amour et de douleur, Marie-Thérèse-Charlotte de France fut élevée au milieu des illusions de la grandeur, jusqu'à l'époque où une populace furieuse apprit à son enfance que le sceptre, la couronne et la vie des rois ne sont que de vains jouets, et que, à quelque hauteur que le sort nous élève, la vertu est sur la terre la seule véritable supériorité. Cette supériorité n'a point manqué à la victime : c'est le seul trône qui lui reste aujourd'hui dans son exil; c'est la seule grandeur que l'on n'ait pu lui arracher.

9 Et moi, qui proscrivis leurs honneurs funéraires, etc.

Delille s'était élevé, dans son poëme des *Jardins*, contre les monuments élevés à des chiens :

    Dans tous ces monuments, point de recherches vaines.
    Pouvez-vous allier, dans ces objets touchants,
    L'art avec la douleur, le luxe avec les champs ?
    Surtout ne feignez rien : loin ce cercueil factice,
    Ces urnes sans douleur, que plaça le caprice ;
    Loin ces vains monuments d'un chien ou d'un oiseau !
    C'est profaner le deuil, insulter au tombeau.

10 . . . . Et la fille des rois
    Y reviendra pleurer, s'il lui reste des larmes.

Cette partie de l'anecdote est la seule véritable. Le prince Poniatowski fit en effet élever, dans ses jardins, un monument au chien de la fille de Louis XVI ; mais ce chien n'était point un don du frère de la princesse, et il ne l'avait pas consolé dans sa captivité.

11 O toi! l'inspiratrice et l'objet de mes chants.

Pauvre, aveugle, infirme, exilé, le poëte qui chante ici la Pitié trouva dans mademoiselle de Vaudchamp une compagne dévouée et la plus tendre des amies. Admiratrice passionnée des beaux vers, elle écrivait

I.   19

sous la dictée de Delille, lisait pour lui, voyait pour lui, l'environnait d'amis attentifs, et charmait ses loisirs et par les agréments de sa conversation, et par les sons harmonieux de la voix la plus touchante. Plus tard, dans son veuvage, nous l'avons vue toujours préoccupée d'un objet si cher, et ne vivant, pour ainsi dire, que de sa mémoire, parler de lui, le pleurer, publier ses ouvrages, lui élever un tombeau, visiter chaque jour ce monument, y porter des fleurs. Telles furent, jusqu'à sa dernière heure, les occupations de la veuve du poëte! L'hommage que lui rend ici Delille sera consacré par la postérité. En passant donc près du monument qu'elle-même éleva au poëte, en y déposant une couronne, qu'on nous permette d'y jeter une fleur pour la femme qui sut honorer le talent, et se faire auprès de lui un sort glorieux et doux!

12 Des filles de Milton qui ne sait la tendresse?

Malgré cette assertion du poëte, il faut l'avouer, Milton ne fut pas heureux avec ses filles. On sait que les deux aînées lui donnèrent quelques soucis, et qu'il fut obligé de les éloigner de sa maison; Toutefois, dans sa vieillesse, elles lui lisaient à haute voix des livres latins, grecs, hébreux, syriaques; tâche d'autant plus pénible qu'elles n'entendaient pas un seul mot de ces langues savantes. Ce trait de leur vie a sans doute effacé tous les autres, et les vers de Delille y font allusion.

13 Il outragea son maître, et j'ai chanté le mien.

Le crime de Milton est d'avoir cherché à justifier l'assassinat de Charles Ier. Dans le premier écrit qu'il publia sur ce malheureux sujet, en 1649, il soutient que les principes de l'Église protestante condamnent les tyrans, et permettent de les traduire en jugement. Dans un autre ouvrage, il trace l'apologie de Cromwell, et le compare à Atlas, capable de porter seul le poids du monde entier. Il ajoute que rien n'égale ses talents, si ce n'est ses vertus; et il termine en l'appelant le père de la patrie. Ce panégyrique lui valut mille livres sterling; mais cet argent fut le prix de son ouvrage et non de sa conscience, car il écrivait de conviction. Il pouvait mal distribuer son encens, il était incapable de le vendre.

14 . . . . Voyez-vous ce mortel
Qui, les yeux égarés, comme au bord d'un abîme, etc.

Ce trait, rapporté par M. de Salo, premier auteur du Journal des Savants, a été le sujet d'un drame joué sous le titre de *la Famille indigente*. Le peintre Danloux, entendant les vers de Delille, fut frappé du tableau qu'ils offraient à son imagination; et s'étant aussitôt mis à y travailler, il l'exécuta avec le plus grand succès.

CHANT II.

1 Et, le cœur consumé d'un respect sans espoir,
Il cherche la lumière, et gémit de la voir.

Dans ce morceau, Delille fait allusion aux inscriptions nombreuses qu'on trouva sur les murs des prisons après le 9 thermidor. Mais le tableau qu'il trace des prisons de la terreur n'est qu'une esquisse bien incomplète. Une foule de Mémoires, publiés après le poëme de la Pitié, ont dévoilé ces hideux cloaques, où les prisonniers, hommes, femmes, enfants, entassés pêle-mêle, mouraient par centaines, sans que la plupart du temps on songeât à séparer les vivants d'avec les morts. (Voyez, à ce sujet, la collection des Mémoires sur la révolution, publiée chez le libraire Baudouin. Quoique le texte de ces Mémoires ait été souvent adouci, on n'a pas tout supprimé.)

> 2 Eh! qui ne connaît pas le consolant spectacle
> Qu'étale des bandits ce vaste réceptacle,
> Cette Botany-Bay, sentine d'Albion.

Depuis que Delille a tracé le vigoureux tableau de cette colonie, elle s'est singulièrement améliorée. Flétrie dès son berceau, quoique si digne d'attirer l'attention du philosophe, elle n'était regardée qu'avec mépris; et comme une sorte d'égout pour le crime. Personne ne croyait qu'avec le rebut de sa population, l'Angleterre pourrait créer, en quelques années, aux extrémités du globe, une colonie aussi florissante et aussi utile; et l'on oubliait que quelques-unes des provinces des États-Unis d'Amérique, et particulièrement la Floride et la Virginie, n'ont pas eu d'autre origine. Voici le tableau de ses progrès. En 1788, époque de sa fondation, le nombre des déportés s'élevait à 1030; en 1796 à 3059, et en 1802 à 12,215; aujourd'hui, cette partie de la Nouvelle-Hollande a changé son nom de Botany-Bay contre celui de Camberland, ou colonie anglaise du Port-Jackson. A l'égard des criminels, les uns sont condamnés à l'esclavage pour la vie, d'autres doivent redevenir libres après un certain nombre d'années, mais ne peuvent jamais quitter la colonie; d'autres enfin, après le temps de leur esclavage, sont maîtres de partir ou de rester. La plupart finissent par devenir propriétaires. Des moyens également puissants, la crainte et l'espérance, la récompense et le châtiment, sont employés pour contenir cette population bizarre et pour l'améliorer, et ces moyens ont été couronnés du plus étonnant succès. Nous renvoyons nos lecteurs aux Voyages de Péron et du capitaine Freycinet, qui offrent les détails les plus intéressants sur l'administration, les écoles, l'agriculture et le gouvernement de cette colonie.

> 3 Howard! dont le nom seul console les prisons.

Ce touchant épisode n'a rien d'exagéré; on pourrait même dire que les vers du poëte atteignent à peine à la vérité. La vie d'Howard fut une vie de privations, de travail et de bienfaits. Après avoir obtenu du parlement l'amélioration des hôpitaux et des prisons d'Angleterre, son attention se porta sur les divers établissements de ce genre des pays étrangers. Dans l'espace de douze ans, de 1775 à 1787, il fit trois voyages en France, quatre en Allemagne, cinq en Hollande, deux en Italie, un en Espagne et en Portugal; et plusieurs dans les contrées septentrionales et en Turquie. Tous ces voyages n'avaient d'autre but que d'étudier l'état des prisons et des hôpitaux sur le globe, et de travailler à leur amélioration. Sa mort couronna dignement sa vie. Ce fut en visitant un malade à Cherson, en Crimée, qu'il prit les germes d'une fièvre maligne, à laquelle il succomba le 20 janvier 1790. Il a publié plusieurs ouvrages dans lesquels il expose le but de ses voyages, ses recherches et leurs résultats; le plus considérable est intitulé « État des prisons en Angle- » terre et dans le pays de Galles, avec des observations préliminaires et » un tableau de quelques prisons étrangères. » 1777, in-4°. Cet ouvrage a été traduit en français, et fut accueilli avec le plus vif intérêt. La vie d'Howard, composée en anglais par John Aikin, a été traduite par M. Boulard, ami de Delille, et auteur lui-même de plusieurs ouvrages estimables.

> 4 Je ne vois plus ces sœurs, dont les soins délicats
> Apaisaient la souffrance, ou charmaient le trépas.

L'association religieuse des sœurs grises, à qui Delille rend un juste et si honorable hommage, subsiste encore aujourd'hui : elle eut pour fondateur saint Vincent de Paul.

> 5 A la voix de Carron le luxe s'attendrit.

L'abbé Carron est du petit nombre de ces ecclésiastiques qui, fuyant les grandeurs et les vanités mondaines, ont consacré leur vie à des œuvres de bienfaisance. Forcé de quitter la France à l'époque de la révolution, il établit à Londres une école pour les enfants des émigrés, et un hospice pour les vieillards et les infirmes. Son zèle infatigable à solliciter la charité d'autrui suppléait à son manque de fortune ; et c'est ainsi qu'il se procura les moyens nécessaires à l'établissement et à l'entretien de l'école et de l'hospice dont il était le fondateur. On raconte à ce sujet qu'un jour, ayant obtenu l'autorisation de quêter dans un temple protestant, un jeune homme, indigné de sa présence, s'emporta jusqu'à lui donner un soufflet : tout le monde s'émut de cette odieuse insulte, l'abbé Carron seul conserva le calme de son ame ; il tendit sa main au jeune homme, en lui disant : Le soufflet est pour moi, mais n'avez-vous rien à donner pour les pauvres!

Revenu à Paris en 1814, il y ouvrit une école pour les jeunes filles, semblable à celle qu'il avait fondée en Angleterre ; et ce fut au milieu de ces occupations pieuses que la mort l'enleva aux infortunés, le 15 mai 1821. Il est auteur d'un grand nombre d'ouvrages, dont on trouve la liste dans le Dictionnaire de Feller.

> 6 Tel brille ce Greenwich, où l'œil des vieux pilotes
> Voit partir, revenir et repartir les flottes.

Cet hôtel, fondé par la reine Anne, sert à la fois d'asile aux matelots invalides, et de maison d'éducation aux enfants de ces matelots. Ainsi, la retraite de la génération qui finit touche le berceau de la génération qui commence. Mais c'est dans la situation de ces deux établissements que la prévoyance du gouvernement se manifeste. De Greenwich on voit la Tamise couverte de vaisseaux. Le cœur du matelot invalide palpite à cet aspect, qui lui rappelle sa vie aventureuse. Non loin de là, les enfants, émus de ces grands spectacles, brûlent de sillonner à leur tour cette mer dont ils ne voient pas les dangers, et dont l'immensité éveille leurs désirs et tourmente leurs pensées.

> 7 Sur des captifs tremblants, échappés au trépas.
> Leur triomphe cruel dirige le tonnerre.

Barrère, et non Robespierre, comme on le dit dans une note des premiers éditeurs de ce poëme, après avoir reproché au gouvernement britannique de nombreux actes de perfidie, fit décréter par la convention l'ordre de fusiller tous les prisonniers anglais ou hanovriens. On sait que les généraux français refusèrent d'exécuter cet ordre. L'humanité n'existait alors que dans nos camps. Ce décret, du 26 juin 1794, fut rapporté le 30 décembre de la même année.

> 8 O vous, tristes captifs, délaissés par la France,
> Contez-nous quelle main nourrit votre indigence.

Tout le monde connaît les maux que nos prisonniers éprouvèrent en Angleterre ; mais ce qu'on ne sait point assez, c'est que les émigrés français s'empressèrent de venir à leur secours. Des familles dépouillées par la révolution retranchèrent de leur nécessaire ; de pauvres prêtres, qui n'avaient que deux habits, en donnèrent un. Enfin les malheureux des deux partis se tendirent une main amie sur la terre étrangère.

> 9 Et qui ne prévit pas que son hymen, un jour,
> Du cygne harmonieux ferait naître un vautour.

Un des descendants du poëte Haller était alors fournisseur des armées françaises, où il avait acquis une funeste célébrité par ses dilapidations.

> 10 Que faisiez-vous alors ? Vos magistrats muets
> Dormaient au bruit flatteur des paroles de paix.

Le directoire berça long-temps le grand conseil de Berne de l'espoir d'une paix qu'il se proposait de rompre au premier moment favorable. Enfin ce moment étant venu, nos troupes entrèrent en Suisse, sous prétexte de rétablir la tranquillité troublée par l'insurrection des Vaudois contre le gouvernement de Berne : insurrection fomentée par la France. Le véritable motif de cette agression était le dessein de ravir le trésor de Berne, et de se venger de l'asile accordé aux émigrés et aux fructidorisés. La prise de Berne entraîna la soumission de toute la Suisse.

> 11 En vain le vieux Steiger, digne de jours plus beaux,
> Évoquait vos aïeux du fond de leurs tombeaux.

L'histoire conservera ce nom. Ce magnanime vieillard ne se laissa pas tromper aux artifices du directoire ; seul, il soutint le parti de la guerre, et son énergie entraîna quatre-vingt-seize de ses collègues dans les deux conseils. Ni les périls de tout genre qu'il avait à courir, ni le poids de soixante-neuf ans, ni la supériorité de l'armée ennemie, n'ébranlèrent son courage. A la tête de sa petite troupe, il ne quitta point le feu pendant les cinq combats qui précédèrent la reddition de Berne.

> 12 Mais Rapinat paraît, et, contre les victimes,
> Promet aux meurtriers l'impunité des crimes.

Voici ce que Mallet-du-Pan a dit de ce commissaire du directoire, dont le nom a survécu à toutes les célébrités du même genre.

« La tyrannie fiscale marche aussitôt sur les traces de la tyrannie armée. Lecarlier, juge trop *humain*, cède le sceptre des déprédations aux commissaires Rouhière et Rapinat.

» Ce dernier, chef de l'expédition, chargé des instructions secrètes, choisi par Rewbel, et son allié, offre un nouvel enfer. Totila et Alaric furent miséricordieux à côté de ces déprédateurs modernes, élevés dans les lycées de Paris.

» Des cris s'élèvent, ce sont ceux de l'impuissance. Comment, avec quoi solder cette profusion de rapines !

» La fureur publique accuse le lâche silence de la législature helvétique; elle le rompit, s'émut, intercéda, remontra ; mais Rapinat inflexible poursuit ses vols. Schawenbourg et ses soldats les protégent. De concert, ils font taire les plaintes et le désespoir ; la Suisse écrasée passe sous un système de terreur; la prison, la confiscation, l'inquisition, l'échafaud, attendent les murmures et la première résistance.

» En un mot, une oppression si effrénée aliénait jusqu'aux jacobins les plus immoraux, et le directoire se vit forcé de feindre, de désavouer, et de rappeler Rapinat. »

(*Mercure Brit.*, vol. I, p. 250 et suiv.)

13 Ah ! qui pourrait tracer ces scènes de carnage ?
    Les vieillards ne sont point protégés par leur âge.

Ce tableau fut composé en Allemagne, au moment des plus grands malheurs de la Suisse, et sous l'impression même de ces événements. Des ordres de police le firent supprimer dans les éditions in-8° et in-18 de 1803.

14 . . . . A peine on s'est mêlé,
    La vengeance s'est tue et le sang a parlé.

Cette scène touchante appartient au poëte et non à l'histoire. La guerre de la Vendée fut horrible et sans réconciliation. Delille a imité cet épisode du quatrième chant de la Pharsale ; et le huitième chant du même poëme lui a inspiré quelques-uns des vers qui suivent, et qui commencent ainsi :

Mais le remords redouble au milieu des ténèbres, etc.

CHANT III.

1 Et Tinville, après lui traînant tous ses forfaits,
   Va dans des flots de sang se débattre à jamais.

Fouquier-Tinville : jamais on ne vit un homme plus profondément artificieux, plus habile à supposer le crime et à controuver les faits. Son regard fixe faisait baisser les yeux de ses victimes. Lorsqu'il s'apprêtait à parler, il fronçait le sourcil et plissait le front. Sa voix était nasante, rude et menaçante ; elle passait soudainement de l'aigu au grave, et du grave à l'aigu. En vain une épouse en pleurs le conjurait à deux genoux d'entendre jusqu'à la fin la justification de son mari ; sourd aux accents de la douleur, il prononçait froidement la condamnation, et passait aussitôt à une autre victime.

Cet homme à son tour trouva des juges, et fut condamné à mort. Ceux qui avaient échappé à sa fureur le virent passer dans le tombereau fatal. Un témoin oculaire raconte que les vastes degrés du Palais de Justice étaient couverts d'une foule immense de spectateurs qui, au premier aspect de ce bourreau, jetèrent un cri d'indignation et d'effroi. Son front, immobile comme le marbre, défia tous les regards : on l'entendit même murmurer des paroles menaçantes. Mais au pied de l'échafaud, lorsqu'il fallut voir la mort en face, son audace l'abandonna, et il parut comprendre tout-à-coup l'énormité de ses forfaits. Le misérable trembla à son tour sous le glaive sanglant qui avait fait tomber les têtes de tant de victimes innocentes.

> 2 Par un art tout nouveau, des nacelles perfides
> Dérobent sous vos pas leurs planchers homicides.

Les crimes de Carrier sont si effrayants, qu'on est tenté de nier leur possibilité. Il disait à qui voulait l'entendre : Nous ferons un cimetière de la France ! Nous voulons qu'elle soit réduite au quart de sa population. « N'épargnez pas les femmes, répétait-il à ses agents ; elles en-
» gendreraient trop, si on les laissait vivre. Quant aux petits enfants, ce
» sont des louveteaux qu'il faut étouffer. » Pour multiplier le nombre des victimes, il inventa plusieurs supplices, et entre autres les bateaux à soupapes. Voici, à ce sujet, la déposition d'un témoin dans son procès :
« Lamberty m'assura qu'il avait des ordres de Carrier de noyer les bri-
» gands ; il me prévint que pendant la nuit il exécuterait une noyade,
» et m'engagea à m'y trouver : je m'y rendis. J'ai assisté à deux ou
» trois noyades. On attachait les brigands, on les faisait descendre dans
» une gabarre ; on ouvrait les soupapes, ils étaient engloutis. » Pendant ce temps les bourreaux chantaient des hymnes patriotiques, et achevaient à coups de sabre ceux qui tentaient de s'échapper. Dans un compte rendu d'une de ces opérations, où l'on submergea quatre-vingts prêtres qui n'avaient été condamnés qu'à la déportation, Carrier écrivait : Le décret de déportation fut exécuté *verticalement*. On sait que la quantité de cadavres engloutis dans la Loire fut si grande, que les eaux en furent long-temps infectées. (Voyez les pièces du procès de Carrier, publiées en deux volumes in-8º. Paris ; an III de la république.)

> 3 Ailleurs la cruauté, fière d'un double outrage,
> Joint l'insulte à la mort, l'ironie à la rage.

Tout le monde connaît le mot féroce de Dumas, président du tribunal révolutionnaire, qui, interrogeant une femme plus que sexagénaire, et ne pouvant en obtenir de réponse à cause de sa surdité, dit au greffier : Écrivez qu'elle a conspiré *sourdement*. On se rappelle aussi la lâcheté de son confrère Coffinhal, qui, après avoir prononcé la sentence de mort d'un maître en fait d'armes, lui dit : *Pare cette botte-là, si tu peux*. Dans la note précédente, nous avons cité un trait semblable de Carrier.

4 O Loire ! tu les vis, ces hymens qu'on abhorre,
Tu les vis, et tes flots en frémissent encore.

On attachait nus un jeune homme et une jeune fille, et on les jetait dans la Loire. Carrier appelait ces exécutions des *mariages républicains*. Ils furent nombreux. Un témoin déposait ainsi dans le procès de Carrier : « Vers la fin de brumaire, j'entre dans un café sur la place du Bouffay ; un batelier, nommé Pédreau, gros homme fort et trapu, me » demande une prise de tabac : Je l'ai bien gagnée, me dit-il, je viens » d'en expédier sept à huit cents. — Mais, lui dis-je, comment vous y » prenez-vous pour expédier tant de monde en si peu de temps ! — Rien » de plus aisé, me dit-il ; lorsque je fais des *baignades*, je dépouille les » hommes et les femmes, je les attache deux à deux par les bras et par » les poignets ; je les conduis sur mon bateau au milieu de la Loire, » deux hommes les poussent par derrière et les précipitent dans l'eau. » — Mais ces gens pouvaient nager sur le dos, et se soustraire à la mort ? » — Oh ! répond le batelier, nous avons de grands bâtons avec lesquels » nous les assommons. C'est ce que nous appelons le *mariage civique*. » (Voyez le recueil historique des crimes de Carrier, t. 1er, p. 146.)

5 Que dis-je ? aux premiers coups du foudroyant orage,
Quelque coupable encor peut-être est échappé :
Annonce le pardon ; et, par l'espoir trompé,
Si quelque malheureux en tremblant se relève,
Que la foudre redouble, et que le fer achève.

Après le siége de Toulon, un grand nombre de citoyens de cette ville furent réunis sur une place, où les ordres étaient donnés de tirer sur eux à mitraille. Le représentant qui assistait à cette terrible exécution se promena froidement sur ce champ de mort, et s'étant aperçu que quelques-unes des victimes avaient échappé à la mitraille, il s'écria tout haut : *Que ceux qui ne sont pas morts se relèvent, la république leur pardonne*. Quelques-uns de ces malheureux se relevèrent en effet, et l'ordre fut sur-le-champ donné de les fusiller. L'artillerie qui fut l'instrument de ces atrocités était commandée par Bonaparte, alors chef de bataillon.

6 Lamballe a succombé, Lamballe dont le zèle
A sa reine en mourant est demeuré fidèle ;
Et ces cheveux si beaux, ce front si gracieux,
Dans quel état, ô ciel, on les montre à ses yeux !

Les assassins, venus pour l'égorger, firent de vains efforts pour l'obliger à répéter les outrages dont ils couvrirent le nom de la reine : Non, non, répondit-elle, jamais, jamais ! Entraînée par ses bourreaux auprès d'un amas de cadavres, on la force à se mettre à genoux, et, après l'avoir frappée, on déchire son sein, on lui arrache le cœur. Par un raffinement de barbarie, ses longs cheveux blonds sont frisés et poudrés, ses joues sont rougies avec du fard et du sang ; les assassins forment ensuite un horrible cortége, précédé de fifres et de tambours ; portent sa tête au bout d'une pique à travers les rues de Paris, s'arrêtent devant le palais du duc d'Orléans, qui se montre à une croisée, ayant à côté de lui sa maîtresse, madame de Buffon, et portent enfin cet épouvantable trophée au Temple, sous les fenêtres de la reine, qu'ils appellent à grands cris pour lui montrer les restes mutilés de son amie. N'ayant pu y réussir, deux des bourreaux pénètrent dans la prison, et s'adressant à la reine, ils lui dirent froidement : Nous voulions te montrer la tête de la Lamballe. A ces mots, la princesse tombe évanouie, et les bourreaux satisfaits se retirent.

> 7 La reine, à ce signal, inquiète, troublée,
> Son enfant dans les bras, s'enfuit échevelée.

L'auteur trace ici le tableau des tristes événements des 5 et 6 octobre à Versailles. La reine, en effet, n'échappa que par hasard à la fureur des assassins. Deux gardes du corps, Varicourt et Deshuttes, en faction près de son appartement, furent égorgés, et leur résistance donna le temps à la reine de fuir, à demi vêtue, dans les appartements du roi. Les assassins parvinrent jusqu'à son lit, qu'ils percèrent de plusieurs coups de sabre et de baïonnette.

> 8 Dans le jardin des rois s'il respire un moment,
> Il marche environné de surveillants barbares.

Après la catastrophe de Varennes, le roi est captif dans son propre palais ; les gardes du corps sont licenciés ; on lui donne une garde sous les ordres de Lafayette ; et cette garde, introduite jusque dans la chambre de la reine, observe son sommeil, et répond de la personne de ces deux illustres victimes.

> 9 Hélas ! toujours trompé, mais espérant toujours,
> Louis à ses tyrans vient confier ses jours.

Après avoir tout disposé pour la défense de son palais, au 10 août, Louis XVI chancelle, et oublie bientôt la résolution où il était de se défendre. Rœderer le surprend dans ces dispositions, et l'invite, d'un ton impératif, à se réfugier au sein de l'assemblée nationale. Louis suit ce conseil, ou plutôt il obéit à cet ordre, et il va demander un asile à cette assemblée qui va le renverser du trône. Là, relégué dans la loge d'un journaliste, il est condamné, pendant trois jours, aux plus sanglants outrages ; là enfin, il entend Vergniaud lire, et l'assemblée adopter sur-le-champ, le décret qui ordonne son emprisonnement et celui de toute sa famille.

> 10 De l'horrible Whitehall les sanglants attentats.

C'est contre les murs de ce vieux palais des rois d'Angleterre que fut dressé l'échafaud où périt Charles Ier. Aujourd'hui la fenêtre au niveau de laquelle l'échafaud était placé a été murée, et une statue de Charles II montre du doigt la place où coula le sang de Charles Ier.

> 11 D'autres du jour fatal retraceront l'image :
> Dans ce vaste Paris, le calme du cercueil, etc.

Les bourreaux ont tout prévu pour achever leur crime : on dispose de l'artillerie sur toutes les places et sur tous les abords du lieu de l'exécution. Il est défendu de se tenir en groupes dans les rues, sous peine de mort. On invite les citoyens à ne pas se montrer aux fenêtres pendant le passage du cortége. Sur la proposition de Robespierre, on désigne dans chaque section des hommes dévoués qui doivent se réunir autour de l'échafaud. Enfin la voiture s'avance environnée de soldats, on roule des canons en avant et en arrière; et cependant la multitude est muette, consternée, et le seul bruit qui se fasse entendre est celui des armes et des tambours.

12 Dans les mains du bourreau, de son crime effrayé.

Plusieurs récits touchants de la mort de Louis XVI ont été publiés. En voici un qui est peu connu, et que nous insérons ici comme une pièce digne de tenir sa place dans l'histoire. C'est une lettre du bourreau lui-même, qui se plaint de l'infidélité d'un journal, lequel journal avait jeté quelques soupçons sur la fermeté de Louis XVI à ses derniers moments.

« CITOYEN,

» Un voyage d'un instant a été la cause que je n'ai pas eu l'honneur
» de répondre à l'invitation que vous me faites dans votre journal, au
» sujet de Louis Capet (le journaliste, contredit par Sanson, l'avait in-
» vité à tracer le récit exact de l'exécution du roi). Voici, suivant ma
» promesse, l'exacte vérité de ce qui s'est passé. Descendant de la voi-
» ture pour l'exécution, on lui a dit qu'il fallait ôter son habit; il fit
» quelques difficultés, en disant qu'on pouvait l'exécuter comme il était.
» Sur la représentation que la chose était impossible, il a lui-même aidé
» à ôter son habit. Il fit ensuite la même difficulté lorsqu'il s'est agi de
» lui lier les mains, qu'il donna lui-même lorsque la personne qui l'ac-
» compagnait lui eut dit que c'était un dernier sacrifice. Il s'informa si
» les tambours battraient toujours; il lui fut répondu que l'on n'en savait
» rien, et c'était la vérité. Il monta à l'échafaud, et voulut foncer sur le
» devant, comme voulant parler; mais on lui représenta que la chose était
» impossible encore; il se laissa alors conduire à l'endroit où on l'attacha, et
» où il s'est écrié très-haut : Peuple, je meurs innocent! Ensuite se retour-
» nant vers nous, il nous dit : Messieurs, je suis innocent de tout ce dont
» on m'inculpe. Je souhaite que mon sang puisse cimenter le bonheur
» des Français. Voilà, citoyen, ses dernières et véritables paroles.

» L'espèce de petit débat qui se fit au pied de l'échafaud, roulait sur
» ce qu'il ne croyait pas nécessaire qu'il ôtât son habit et qu'on lui
» liât les mains. Il fit aussi la proposition de se couper lui-même les
» cheveux.

» Et, pour rendre hommage à la vérité, il a soutenu tout cela avec un
» sang-froid et une fermeté qui nous a tous étonnés; et je reste très-con-
» vaincu qu'il avait puisé cette fermeté dans les principes de la reli-
» gion, dont personne plus que lui ne paraissait pénétré ni persuadé.

» Vous pouvez être assuré, citoyen, que voilà la vérité dans son plus
» grand jour.

» Signé SANSON.

« Paris, ce 20 février 1793, l'an 1 de la république française. »

Quel hommage et quel récit ! Ne croirait-on pas entendre le centenier chargé de garder Jésus, glorifier Dieu malgré lui au moment où Jésus expire, en disant : *Certe hic homo justus erat.* Les dernières lignes de la lettre de Sanson sont peut-être le plus grand triomphe que jamais la religion ait obtenu.

> 13 Ah! combien ses malheurs se sont appesantis;!
> Elle n'a plus d'époux, et tremble pour un fils.

Il serait inutile d'entrer ici dans aucun détail sur le procès de la reine. Sa prison, ses interrogatoires et son supplice se trouvent rapportés fidèlement dans les Mémoires de Cléry et de Weber, ainsi que dans un ouvrage intitulé *Histoire complète de la captivité de Louis XVI et de sa famille;* 1 volume in-8°, 1816.

> 14 Et toi qui, parmi nous, prolongeant ta misère,
> Ne vivais ici-bas que pour pleurer un frère,
> D'un frère vertueux ô digne et tendre sœur.

Sept mois après le supplice de la reine, madame Élisabeth fut immolée sur le même échafaud. On affecta de la conduire au supplice sans aucune distinction, en l'associant sur le fatal tombereau à vingt-quatre autres victimes. Plusieurs femmes de la cour étaient de ce nombre. L'une d'elles, quoique enceinte, a refusé de se soustraire à la mort par sa déclaration. Madame Élisabeth fait avertir les juges, et la sauve. Exécutée la dernière, elle porte sur l'échafaud, couvert de sang et de cadavres, cette angélique sérénité qui ne l'a pas abandonnée un seul instant, ni pendant sa vie, ni à l'heure de sa mort.

> 15 O filles de mes rois, dans quels lieux pleurez-vous ?
> Quel temple entend les vœux que vous formez pour nous ?

Mesdames de France, Adélaïde et Victoire, filles de Louis XV et tantes de Louis XVI, se rendirent à Rome en 1791, et passèrent plusieurs années dans cette ville, sous la protection de Pie VI. La conquête de l'Italie par les Français vint les arracher à cet asile. Elles passèrent successivement à Naples, à Caserte et à Trieste, fuyant devant nos armées, et ne trouvant nulle part le repos. Madame Victoire mourut à Trieste, le 8 juin 1799, et madame Adélaïde le 18 février 1800. Leurs dépouilles mortelles furent apportées en France et déposées à Saint-Denis, au mois de janvier 1817. (Voyez les *Mémoires pour servir à l'histoire de la persécution française*, recueillis par ordre de Pie VI; Rome, 1794.)

> 16 Leurs horribles conseils et leur doctrine infame,
> En attendant son corps, empoisonnent son ame.

Les détails de la captivité de Louis XVII, et de son horrible geôlier Simon, se trouvent partout. Mais une anecdote moins connue, c'est que le jeune prince, dans les derniers temps de sa vie, se condamna à un silence complet. Les commissaires chargés de la surveillance du Temple, interrogés par le comité de sûreté générale sur la date de cet événement, répondirent : que le refus de répondre à toutes les questions datait du jour où Hébert et Simon lui avaient arraché une déposition contre sa mère. Ils ne doutaient pas que cette horrible scène ne fût la seule cause d'une résolution si extraordinaire dans un enfant de cet âge. Voyez le récit touchant de Harmand de la Meuse, dans ses *Anecdotes et événements remarquables de la révolution*, page 172, un volume in-8° ; Paris, 1820.

> 17 On a vu des enfants s'immoler à leurs pères,
> Des frères disputer le trépas à leurs frères.

L'infortuné Loiserolles reçoit à la Conciergerie un acte d'accusation, c'était celui de son fils. Il garde le silence, obéit à la voix du guichetier, qui lui signifie l'ordre de descendre au greffe. L'erreur ne fut point reconnue, parce qu'il fit tout pour la rendre complète. Il tremblait que son fils, qui ignorait ce dévouement, ne vînt réclamer sa place. Ce vieillard vénérable, attaché à la planche, s'écria : J'ai réussi ! et il reçut le coup de la mort. Cette généreuse victime fut une des dernières. Un jour de plus, et elle était sauvée : Robespierre et ses complices tombèrent le lendemain.

> 18 On a vu les bourreaux, fatigués de carnage,
> Aux cris de la Pitié laisser fléchir leur rage,
> Rendre à sa fille en pleurs un père malheureux ;
> Et, tout couverts de sang, s'attendrir avec eux.

Cazotte, âgé de soixante-treize ans, condamné à mourir sous le fer des septembriseurs, a déjà passé le guichet de l'Abbaye, lorsque sa fille accourt, l'embrasse, le couvre de son corps, demande pour toute grâce de mourir la première. A cette vue, la populace, qui n'est là que pour regarder, s'émeut : Grâce ! grâce ! crie-t-on de toutes parts. Les assassins étonnés laissent échapper leur victime, et la fille et le père sont emportés en triomphe dans les flots de la multitude. Malheureusement ce triomphe ne fut pas de longue durée, et Cazotte périt dix jours après sur l'échafaud. Le trait de mademoiselle de Sombreuil n'est ni moins touchant, ni moins digne d'admiration. On sait à quel prix il lui fallut acheter l'horrible clémence des bourreaux. Ils lui présentèrent un verre de sang !... Elle emporta son père entre ses bras. Mademoiselle de Sombreuil est morte en 1823.

> 19 O toi, du genre humain la moitié la plus chère,
> Une seule dément ton noble caractère.

Dans ce dernier vers, l'auteur désigne madame Dubarry, la seule femme qui se soit montrée faible en présence de l'échafaud.

> 20 Tarente, que te veut cet assassin farouche ?
> A trahir ton amie il veut forcer ta bouche.

« La princesse de Tarente se sauva à force d'héroïsme. Traduite de-
» vant les juges-bourreaux du 2 septembre, après avoir attendu son
» tour pendant quarante heures, sans fermer l'œil, au milieu des cris des
» victimes qu'on immolait, et des angoisses de celles qui allaient être
» massacrées, elle retrouva toute son énergie, lorsqu'elle vit que les
» interrogatoires qu'on lui faisait subir tendaient à obtenir d'elle des dé-
» clarations qui inculpassent la reine. Elle réfuta si victorieusement

» toutes les calomnies sur lesquelles elle était interrogée, que l'opinion
» de tout l'auditoire, hautement prononcée, força ses juges à la déclarer
» innocente. »

(BERTRAND-MOLLEVILLE.)

21 O vierges de Verdun, jeunes et tendres fleurs,
Qui ne sait votre sort, qui n'a plaint vos malheurs !

Quatorze jeunes filles de Verdun sont amenées à Paris et conduites au supplice, pour avoir paru à un bal donné par les Prussiens. Le peuple les voit, les plaint, entend ces voix virginales chanter des cantiques pieux jusque sous le fer de la guillotine, et personne ne crie grâce ! personne ne s'élance pour les délivrer ! La boucherie humaine est ouverte, et le peuple, abruti par le spectacle du sang, n'éprouve plus ni émotion, ni pitié ! Voilà le sort de la France pendant près de deux ans, sous ses tribuns populaires.

22 Loin les jardins de Flore, et l'impur Tivoli,
Par ses bals scandaleux trop long-temps avili.

Après la terreur, le peuple fut saisi de la frénésie des bals, des fêtes, des parures ; et le monument le plus curieux de cette époque est, sans aucun doute, le Journal des modes. Delille, dans ces vers, fait allusion à ce goût effréné du plaisir, et peut-être aussi à ces bals, devenus célèbres sous le nom de *Bal à la victime*. On sait que, pour y être admis, il fallait présenter un certificat attestant qu'on avait perdu un père, une mère, un mari, une femme, un frère, une sœur, sous le fer de la guillotine. La mort des collatéraux ne donnait pas le droit d'assister à ces fêtes. On dansait en souvenir des morts, comme autrefois on priait pour eux !

CHANT IV.

1. En cornets, à son tour, Despréaux est roulé.

Le poëte rappelle ici, d'une manière fort piquante, le trait satirique de Boileau :

. . . . Et j'ai tout Pelletier
Roulé dans mon office en cornets de papier.
Satire III.

2 Dieu Terme ! que dis-tu de ces barbares lois ?

C'est le dieu protecteur des bornes que l'on met dans les champs, et le vengeur des usurpations. Numa inventa cette divinité comme un frein plus capable que la loi d'arrêter la cupidité. Après avoir fait au peuple la distribution des terres, il bâtit un petit temple sur la roche Tarpéienne, et le consacra au dieu Terme. Ainsi, chez les anciens, les limites des champs étaient sacrées : ceux qui avaient l'audace de les changer étaient dévoués aux Furies, et il était permis de les tuer comme des sacrilèges.

> 3 Sans doute le Français, malheureux, dépouillé,
> Peut rentrer sur un sol de carnage souillé.

Delille ajouta ces vers à son poëme en 1802; au moment même de sa publication, Buonaparte venait d'amnistier les émigrés, et de réduire à une liste *permanente* de mille noms le nombre des proscrits, qui s'élevait alors à cent cinquante mille, et remplissait neuf volumes. Les biens non vendus furent restitués à leurs anciens propriétaires; mais il y eut une exception pour les bois et les forêts de 400 arpents, les immeubles affectés aux services publics, etc., etc. C'est ce qui éteint toute reconnaissance dans le cœur du poëte, et lui arrache ce vers plein d'amertume :

> La justice imparfaite est encor l'injustice !

> 4 Gardez-vous donc d'offrir la scandaleuse scène
> De ces cœurs généreux punis d'aimer leurs rois.

Ces vers sont une accusation directe contre Buonaparte, alors tout-puissant, et qui venait d'obtenir de la Prusse l'arrestation d'Imbert Colomès, dont il se fit remettre les papiers. Ce vieillard, alors âgé de soixante-seize ans, fût détenu au secret, gardé par quatre soldats, et resta long-temps sous le poids de cette arrestation. Ses papiers, imprimés et publiés par le gouvernement, forment un gros volume, qui porte le titre de *Papiers saisis à Bareuth*; Paris, 1801, in-8°.

> 5 Et la mer voit un Grec sur les vaisseaux de Troie.

C'est la quatrième imitation de Virgile, dont le poëte ait enrichi cette partie de son ouvrage; et l'on doit dire que jamais il n'a été plus heureux que dans ces emprunts faits à son maître. Voyez, dans le troisième livre de l'Énéide, l'intéressant épisode du Grec Achéménide, et celui du jeune Polydore. Ce dernier a certainement inspiré à notre poëte les vers les plus touchants et les plus énergiques de son poëme.

> 6 Pontife des Liégeois, accepte mon hommage ;
> Le plus près du volcan, tu défias l'orage.

Le prince évêque de Liége se montra, dès le commencement de l'émigration, l'un des plus empressés à secourir les malheureux Français obligés de quitter leur patrie ; mais ses généreux secours ne leur furent pas long-temps utiles ; le prélat vit bientôt ses états envahis, et il fut lui-même obligé de fuir devant les ennemis de la religion et de la monarchie.

> 7 Pour corriger encor la fortune ennemie,
> Du vénérable Oxford l'antique académie
> Multiplia pour vous ce volume divin, etc.

L'université d'Oxford fit faire à ses frais une édition de la Bible, qu'elle distribua à tous les ecclésiastiques français que l'émigration avait conduits en Angleterre.

> 8 Non, non : je l'ai promis à l'aimable Glairesse ;
> Beau lieu, qui nourrissais ma poétique ivresse !

Petit village sur le lac de Bienne, à deux lieues de l'île de Saint-

Pierre, et dans une position charmante. Delille y passa quelques mois en 1796, époque à laquelle il travaillait à la traduction de l'Énéide.

9 Ces bosquets de Saint-Pierre, île délicieuse,
Qu'embellit de Rousseau la prose harmonieuse!

Tout le monde connaît les belles pages de Rousseau sur l'île de Saint-Pierre, et le récit qu'il a fait de ses promenades dans cette partie de la Suisse alors presque inconnue, et aujourd'hui visitée par tous les voyageurs. Il n'y a dans l'île qu'une seule maison, et l'on y voit encore la chambre du philosophe, et la trappe par où il s'échappait lorsque des visites importunes venaient troubler sa solitude.

10 Les héros de Condé te demandent des chants.

On sait que les souverains étrangers s'opposèrent toujours à ce que le chef de la maison de Bourbon, qu'ils reconnaissaient comme roi (Louis XVIII), se mît à la tête des émigrés français. Ce commandement fut laissé au prince de Condé, dont la petite armée, toujours placée aux avant-gardes dans les attaques, et aux arrière-gardes dans les retraites, fit des prodiges de valeur, et fut continuellement sacrifiée. Les Mémoires du temps entrent dans de grands détails sur cette exécrable politique de l'Autriche et de l'Angleterre, dont l'unique but était de détruire la France, et non de rendre un trône aux Bourbons.

11 Quand parut votre roi, votre compagnon d'armes.

Ce fut en 1796 que Louis XVIII, chassé de Vérone par les armées françaises, rejoignit le corps du prince de Condé à Radstadt. Il y arriva le 28 avril, et le 18 mai il fut contraint de le quitter par le gouvernement autrichien, dont nous avons rappelé la politique dans la note précédente. C'est en passant à Dillingen en Souabe que ce prince fut blessé d'un coup de feu parti d'une main inconnue, mais qu'on suppose dirigée par le directoire.

12 Tel ne fut point ton cœur, toi, courageux ami.

M. Marin avait servi dans l'armée de Condé; et ses talents en musique, que le poëte a vantés avec tant de chaleur, avaient charmé plus d'une fois ses compagnons d'armes.

13 De son vêtement d'or un Caumont l'embellit.

Plusieurs émigrés, plutôt que de recevoir des secours d'un gouvernement étranger, se firent une ressource de leurs talents. Quelques-uns embrassèrent des professions mécaniques; de ce nombre fut M. de Caumont, maréchal-de-camp, dont les belles reliures obtinrent de la célébrité. D'autres se firent imprimeurs, et multiplièrent à Londres les chefs-d'œuvre de notre littérature. Nous avons sous les yeux plusieurs réimpressions de *Paul et Virginie* et de *la Chaumière*, faites par des émigrés français, qui relevèrent ainsi leur petite fortune.

14 Lorsque de deux Français le sort miraculeux
M'apprend que le destin réalise mes vœux.

Cet épisode n'est point une fiction du poëte; une multitude d'émigrés français fondèrent des établissements semblables dans diverses parties de l'Amérique. On sait que Delille ayant lu ces vers dans une nombreuse société, apprit avec étonnement que M. et madame de La Tour-du-Pin étaient les héros de cette histoire, dont il se croyait l'inventeur. Seulement le lieu de la scène était changé, et ce que l'auteur place sur les bords de l'Amazone se réalisait sur les bords de la Delaware.

15 Souris à mes accents, ô prince généreux !

Ce morceau est l'expression touchante d'une reconnaissance qui dura autant que la vie du poëte. Le comte d'Artois (Charles X) s'était déclaré le Mécène du traducteur des Géorgiques, et l'abbaye de Saint-Severin en Poitou fut le premier bienfait de ce prince.

16 C'est ton heureux pays qui vit former leurs chaînes,
Toi qui du Nord charmé viens de saisir les rênes,
Jeune et digne héritier de l'empire des czars !

Le mariage de S. A. R. monseigneur le duc d'Angoulême et de MADAME, fille de Louis XVI, s'est fait en 1798, à Mittau, en Courlande, sous les auspices de Paul Ier. Peu de temps après, Alexandre lui succéda; et c'est à cet empereur que sont adressés les vers de Delille, devenus si prophétiques. Un magnifique exemplaire, imprimé à Paris dès longtemps, relié aux armes de Russie, et dans lequel ce passage n'avait pas été supprimé, malgré la surveillance de la police de Buonaparte, fut mis sous les yeux de l'empereur de Russie, deux heures après son entrée à Paris, le 31 mars 1814, au moment où il venait placer la couronne sur le front de Louis XVIII.

L'IMAGINATION,

POEME

EN HUIT CHANTS.

ÉPITRE

A MADAME DELILLE.

O toi, de tous les biens le plus cher à mon cœur,
Qui m'adoucis les maux, m'embellis le bonheur,
Dont la raison aimable et la sage folie,
Quand du crime légal les sanglants attentats
Jetaient autour de nous les ombres du trépas,
 M'ont tant de fois, dans ma mélancolie,
Consolé de la mort et presque de la vie !
 Reçois l'hommage de ces vers,
Douce distraction de mes chagrins amers.
 A qui de mon plus cher ouvrage
 Plus justement pouvais-je offrir l'hommage ?
Le sujet t'avait plu, ma muse l'embrassa ;
 Et cet ouvrage commença
 (Que cette époque m'intéresse !)
Le jour même où pour toi commença ma tendresse :
Ce jour, un seul regard suffit pour m'enflammer ;
Car te montrer c'est plaire, et te voir c'est t'aimer.
 Oh ! par combien de douces sympathies
 Nos ames étaient assorties !
 Pour le malheur même pitié,
 Même chaleur dans l'amitié,
 Pareil dédain pour la richesse,
 Pareille horreur pour la bassesse ;
Mêmes soins du présent, même oubli du passé,

Dont bientôt de notre mémoire
Tout, hormis tant d'amour, peut-être un peu de gloire,
Va pour jamais être effacé.
Dans les revers même constance,
Surtout la même insouciance
De l'impénétrable avenir :
Que dis-je! avec la Mort et sa lugubre escorte
De loin je crois le voir venir :
Déja l'essaim des maux vient frapper à ma porte ;
Le Temps, dont je ressens l'affront,
Déja sur moi portant ses mains arides,
De ses ineffaçables rides
Laboure mon visage et sillonne mon front.
Qu'importe, si je puis, dans mon heureuse ivresse,
Reprendre quelquefois et ma lyre et mes chants !
Mais je n'ai plus ces sons touchants
Qu'embellissait encor ta voix enchanteresse.

Jadis mes vers présomptueux
Chantaient de l'univers les nombreux phénomènes,
Les frais vallons, les monts majestueux ;
Des bataillons armés le choc tumultueux,
Des volcans embrasés les fureurs souterraines,
Et le volcan bien plus impétueux
De nos discordes inhumaines.
Quelquefois, déployant de plus riantes scènes,
Je prêtais aux jardins de plus riches couleurs,
Je guidais un ruisseau, je plantais un bocage,
Et des austères lois de leur vieil esclavage
J'affranchissais les bois, j'émancipais les fleurs ;
D'autres fois, dans la paix des domaines champêtres,
Poëte du hameau, j'enseignais à leurs maîtres
L'art d'y nourrir l'antique honneur,
De vivre heureux où vivaient leurs ancêtres,
Et de répandre autour d'eux leur bonheur.

Mais aujourd'hui des arts, de la nature,
Vainement j'oserais essayer la peinture :
Sur mes yeux se répand un nuage confus ;
Et comment peindre encor ce que je ne vois plus ?

ÉPITRE A MADAME DELILLE.

Le dieu brillant du jour et de la lyre,
Qui rarement daigne encor me sourire,
N'est plus pour moi, dans ce triste univers,
Le dieu de la lumière, hélas ! ni des beaux vers.
Les Muses, à mes vœux autrefois si dociles,
Quand jeune encor je vivais sous leur loi,
Se montrent déjà difficiles,
Même quand je chante pour toi ;
Déjà de mon aride veine
Les nombres cadencés ne coulent qu'avec peine.

Écoute donc, avant de me fermer les yeux,
Ma dernière prière et mes derniers adieux :
Je te l'ai dit, au bout de cette courte vie,
Ma plus chère espérance et ma plus douce envie,
C'est de dormir au bord d'un clair ruisseau,
A l'ombre d'un vieux chêne ou d'un jeune arbrisseau :
Que ce lieu ne soit pas une profane enceinte ;
Que la religion y répande l'eau sainte,
Et que de notre foi le signe glorieux,
Où s'immola pour nous le Rédempteur du monde,
M'assure, en sommeillant dans cette nuit profonde,
De mon réveil victorieux.

Là, quand le ciel voudra que je succombe,
Dans le repos des champs place mon humble tombe.
Tu n'y pourras graver ces titres solennels
Qui survivent aux morts, et qu'au sein des ténèbres
Emporte dans l'horreur de ses caveaux funèbres
L'incorrigible orgueil des fragiles mortels :
Au lieu de ces honneurs suprêmes,
Du néant vaniteux emphatiques emblèmes,
Place sur mon tombeau quelqu'un de ces écrits
Que ton goût apprécie et que ton cœur inspire,
Que tu venges par un souris
Des insultes de la satire.

Quand le céleste Raphaël,
Aux pieds de l'Éternel, pour chanter ses louanges,
Alla se réunir à ses frères les anges,

Et retrouver ses modèles au ciel,
Sur la tombe précoce où périt son jeune âge,
Il ne reçut point en hommage
Ces nobles attributs, ces brillants écussons
Qui d'une race illustre accompagnent les noms;
Mais ce tableau fameux, son plus sublime ouvrage,
Du Christ transfiguré majestueuse image,
Par la force et l'audace aux Romains enlevé,
Et de ses derniers jours chef-d'œuvre inachevé.
Quel ornement pompeux, quelle riche hécatombe,
Eût égalé des tributs si flatteurs?
Un si touchant trophée attendrit tous les cœurs,
Et la Gloire, en pleurant, lui vint ouvrir la tombe.

Je suis bien loin d'avoir les mêmes droits;
Mais lorsque de la mort j'aurai subi les lois,
Pour rendre hommage à ma cendre muette,
Sur mon cercueil arrosé de tes pleurs,
Rends à mes vers l'honneur qu'on fit à sa palette;
Un vieil accord unit le peintre et le poëte :
Les beaux-arts sont amis, et les Muses sont sœurs.
Dans ma retraite ténébreuse,
Si tu m'aimas, viens aussi quelquefois.
A ma tombe silencieuse
Faire ouïr cette douce voix
Dont la grace mélodieuse
Et la justesse harmonieuse
Rendront jaloux les Amphions des bois.
Ne crains pas d'y chanter les airs mélancoliques
De ces Arions italiques
Qui des sons modulés t'enseignèrent les lois;
J'aimai toujours leurs accords pathétiques.
Peut-être à tes sons gémissants
Ma muse encor rendra quelques tristes accents;
Car, tu le sais, cette aimable déesse
Qui s'empara de moi quand je reçus le jour,
La Poésie, à la vive allégresse
Préfère, pour former sa cour,
Et la Mélancolie, et la douce Tristesse,
Filles rêveuses de l'Amour.

O de mon sort souveraine, maîtresse !
Je leur vouai mon cœur en te donnant ma foi :
Et tout ce que les dieux ont d'une main féconde
Versé de biens et de plaisirs au monde
N'égale pas l'espoir d'être pleuré par toi.

    Que des muses audacieuses
    Dans leurs rimes ambitieuses
    Rêvent leur immortalité :
Moi, je n'aspire plus qu'à la tranquillité
    De la rustique sépulture
    Où doit bientôt à la nature
    Se rendre ma fragilité.
Toi, viens me voir dans mon asile sombre !
Là, parmi les rameaux balancés mollement,
La douce illusion te montrera mon ombre
    Assise sur mon monument ;
Là, quelquefois plaintive et désolée,
Pour me charmer encor dans mon triste séjour,
Tu viendras visiter, au déclin d'un beau jour,
    Mon poétique mausolée ;
Là, tu me donneras, en passant, un soupir,
    Plus doux pour moi qu'un souffle du zéphyr ;
    Par toi ces lieux me seront l'Élysée :
Le ciel y versera sa plus douce rosée,
L'ombre y sera plus fraîche, et les gazons plus verts ;
Les vents plus mollement caresseront les airs ;
    Et si jamais tu te reposes
Dans ce séjour de paix, de tendresse et de deuil,
    Des pleurs versés sur mon cercueil
Chaque goutte, en tombant, fera naître des roses.

PRÉFACE.

Ce poëme a été commencé dans l'année 1785, et fini en 1794. L'intervalle de ces deux dates a été marqué par de grands événements, dont on y retrouvera quelques traces. Cette observation m'a paru nécessaire, car il est juste que chaque époque soit chargée de sa propre responsabilité.

Deux inconvénients sont attachés aux ouvrages long-temps annoncés : le public se venge de ces retards par un jugement trop rigoureux ; les lectures qu'en a faites l'auteur, soit dans le monde, soit dans les sociétés littéraires, les fragments qui en sont connus, lui donnent, au moment de sa publication, un air de vieillesse qui le décolore.

De plus, cette longue attente donne à la malveillance le temps de s'armer contre le succès ; et déjà, au défaut de l'ouvrage qu'on ne connaissait pas, on en a attaqué le titre ; on a prétendu que l'Imagination était un sujet trop vague et trop étendu ; on a oublié que Lucrèce a fait un poëme sur la nature des choses, *de rerum natura*, c'est-à-dire sur le monde entier et sur tout ce qu'il renferme ; sujet assurément beaucoup plus vague, beaucoup plus étendu, et dont l'Imagination ne serait qu'une faible partie, ce qui n'empêche pas que ce poëme ne soit un des plus magnifiques et un des plus précieux monuments de l'antiquité. La grande étendue d'un sujet est plutôt un avantage qu'un inconvénient ; l'important est d'en diviser les masses en parties bien distinctes et bien circonscrites.

C'est ce que je me suis proposé de faire, comme on le verra dans le plan que je trace ici de l'ensemble du poëme, et des différentes parties qui le composent.

CHANT PREMIER.

L'homme sous le rapport intellectuel.

Les sens sont frappés par les divers objets qui se présentent à eux ; ces impressions se gravent dans la mémoire : phénomène inexplicable de cette faculté ; c'est dans son vaste dépôt que l'imagination les choisit, les colore, les modifie, les assortit à son gré ; les songes, ouvrage de l'imagination encore agissante dans le repos de la nuit, l'action de l'imagination dans la création et l'emploi des figures, ses voyages du monde moral au monde physique, du monde physique au monde moral, et l'art avec lequel elle les embellit l'un par l'autre ; de là les comparaisons ; les différentes idées éveillées les unes par les autres ; ce qui, dans les divers caractères des objets, frappe le plus vivement l'imagination ; les effets que produisent sur elle les contrastes, les oppositions et les rapports plus ou moins immédiats ; comment elle arrive d'une idée à celle qui en paraît le plus éloignée ; des idées innées, de leur influence sur le reste de la vie ; quel degré de bonheur peut procurer à l'homme la culture de son intelligence et de son imagination. Épisode historique à ce sujet.

CHANT DEUXIÈME.

L'homme sensible.

Influence de l'imagination sur le bonheur ; les plaisirs de l'illusion suppléant aux plaisirs réels ; l'imagination, dédaignant le présent, se rejette vers le passé par le souvenir, et vers l'avenir par la prévoyance. Le souvenir, source d'un grand nombre d'affections, de vices et de vertus, produit les regrets, les remords, l'amitié, la reconnaissance et la haine : épisode relatif à cette passion. L'avenir frappe encore plus vivement l'imagination ; elle y est entraînée d'un côté par la crainte, de l'autre par l'espérance ; son influence non seulement morale, mais physique ; quelques effets heureux des illusions du *mes-*

mérisme ; effets nuisibles ou salutaires de la crainte ; avidité avec laquelle elle cherche les pronostics de l'avenir ; ce que l'imagination ajoute à l'avarice, à l'ambition et à l'amour : épisode relatif à cette passion.

CHANT TROISIÈME.
Impression des objets extérieurs.

Les couleurs, les formes, les mouvements, la grace qui résulte de leur élégance et de leur harmonie ; pouvoir et charme de la pudeur ; pouvoir de la nouveauté, ses attraits et ses dangers ; puissance de la mode ; impression qu'on reçoit à la vue de ce qui commence et de ce qui finit ; de l'enfance et de la vieillesse ; ce que le besoin d'être ému donne d'attraits même aux spectacles les plus terribles, les batailles, les volcans. Quels objets font naître et entretiennent la mélancolie, la tristesse, l'épouvante et l'horreur ; nuances qui séparent et distinguent ces diverses affections ; les objets riants, leur définition ; peinture de quelques objets de ce genre ; effets de la grandeur sur l'imagination ; la grandeur dans les ouvrages de la nature, les forêts, la mer et les montagnes ; grandeur du spectacle du ciel ; l'homme, chef-d'œuvre de la création, et affectant plus vivement l'imagination que tous les autres objets, par l'impression de ses sentiments ; éloquence du discours, du geste, et surtout du regard : un coup d'œil de Marius désarmant son assassin.

CHANT QUATRIÈME.
Impression des lieux.

Au premier aspect, le sujet de ce chant peut paraître tenir de trop près à celui qui le précède ; mais en y réfléchissant, l'impression des lieux ne peut pas plus se confondre avec les objets dont nous sommes frappés que le site d'un volcan avec le volcan lui-même, le lieu de la scène avec l'action qu'on y représente, un champ de bataille avec le combat dont il est le théâtre.

Effets réciproques de l'imagination sur les lieux, et des lieux sur l'imagination ; influence des lieux sauvages et riants, agissant sur nous avec une variété qui dépend des dispositions de notre ame. A la puissance physique des lieux se joint la puissance morale, qui prend sa source dans nos souvenirs agréables ou tristes : nous aimons les lieux où nous reçûmes la naissance ou l'éducation, où nous avons été heureux, où nous fûmes amants ou aimés, ceux même où nous fûmes malheureux, ceux où reposent les objets de nos affections et de nos regrets. Antiquité des lieux, et souvenirs qui y sont attachés : ces lieux font une impression d'autant plus vive, qu'ils rappellent des événements plus célèbres ; l'imagination se plaît à en parcourir les ruines, à les rebâtir ; recompose Rome et Athènes. Épisode sur le voyage en Grèce, par M. de Choiseul ; charmes qu'éprouvent les écrivains dans les lieux qui les ont inspirés. Impression des lieux ténébreux, des lieux solitaires, et de la solitude et des ténèbres réunies à un grand danger : exemple de ces impressions, tiré d'un fait arrivé dans les catacombes de Rome.

CHANT CINQUIÈME.

Les arts.

Hymne à la beauté, considérée comme le modèle des arts ; le beau idéal dans la sculpture et la peinture ; soin que les artistes grecs avaient de ne saisir dans la nature que ce qu'il y avait de plus parfait, et de composer un tout de plusieurs traits épars, choisis par le goût et reproduits par le génie ; ces artistes se sont même souvent élancés au delà de la nature, pour y trouver une perfection dont elle ne leur offrait point de modèle ; l'Apollon du Belvédère, la Transfiguration de Raphaël ; la musique, la danse, l'architecture ; description de la rotonde de Saint-Pierre de Rome ; la poésie, ses charmes et ses consolations ; ses différents genres : la comédie, la tragédie, Molière et Racine ; l'apologue, La Fontaine ; l'épopée, Homère, Virgile, le Dante, Milton, l'Arioste, le Tasse, Ovide, Voltaire. L'éloquence ; force qu'elle donne aux vérités utiles ; les hautes sciences, sous le rapport de l'imagination ; la géométrie ; ce que doivent à l'imagination les arts mécaniques, l'horlogerie, l'imprimerie, la navigation.

CHANT SIXIÈME.
Le bonheur et la morale.

Influence de l'imagination sur le bonheur dans les différents âges; par quels principes on doit diriger l'imagination; sources du bonheur, l'indépendance, le travail qui doit toujours avoir un but et une espérance; la vertu, sous le rapport de l'imagination; elle voit le passé embelli par ce qu'elle a fait, et l'avenir par ce qu'elle espère. Le bonheur sous le rapport de la société; inconvénients de l'excès de confiance et de défiance; portrait de J.-J. Rousseau. L'imagination, qui exagère les avantages de la vie, en exagère aussi les peines; comment on peut armer l'imagination contre la crainte de la mort, de la pauvreté, de l'obscurité; ressources que la nature elle-même nous fournit pour apprendre à ne pas les craindre; secours que peut y ajouter la lecture des moralistes; Horace, Rousseau, Fontenelle, Voltaire, Montaigne; nécessité de se décider dans le choix de ses lectures, par son âge et ses besoins; nécessité de réprimer l'activité de l'imagination dans les circonstances malheureuses; l'ingratitude; perte de sa fortune, de ses amis; l'exil, et surtout la captivité; nécessité de s'occuper dans ces différentes situations, et d'opposer les distractions aux chagrins; exemple de Pellisson.

CHANT SEPTIÈME.
La politique.

Insuffisance des lois et des peines pour gouverner un peuple; moyens que l'imagination a inventés pour y suppléer, et pour lui inspirer l'amour de la patrie et de l'obéissance; puissance de l'étiquette; avantages qu'en ont recueillis les gouvernements, et malheurs auxquels ils se sont livrés en s'en écartant. Cérémonies et fêtes publiques; le culte des morts chez les peuples policés et les peuples sauvages; avantages qu'en retire la société; combien il sert à lier ensemble par les souvenirs et les regrets les générations successives, et combien il ajoute de pouvoir aux dernières volontés des morts, rendues plus sacrées par les honneurs qu'on leur rend; la fête des morts; la résurrection; récompense des justes;. hommage rendu à M. Turgot. Fêtes champêtres imaginées pour délasser le peuple de ses travaux, et pour l'y attacher; description de quelques-unes de ces fêtes dans différents pays; fêtes triomphales; description des triomphes romains; jugement solennel des rois d'Égypte; fêtes nationales de la Grèce; genre de spectacles que peuvent avoir les peuples vivant sous un ciel moins favorable à ces solennités. Puissance des monuments, leur origine, leurs progrès, les tombeaux; mausolée du maréchal de Saxe; soins politiques des anciens de présenter en spectacle les monuments des hommes illustres, comme des objets d'émulation et des leçons de vertu; profanation des tombeaux de Saint-Denis; danger de prodiguer les honneurs, et de les décerner sans choix; médailles échappant par leur petitesse aux injures du temps. Du costume des différents états; malheurs qu'ont produits l'abandon et le mépris des costumes; puissance des signes, la *rose blanche*, la *rose rouge*, les factions *verte* et *bleue*, le ruban *tricolore*.

CHANT HUITIÈME.

Les cultes.

Contemplation de l'Être suprême, première source de toute perfection; distance que notre faiblesse met entre nous et la Divinité; besoin d'un culte qui nous en rapproche, et nous rende plus présente l'idée d'un Dieu vengeur et rémunérateur. Sources diverses des différents cultes créés par la reconnaissance, la crainte, l'espoir, l'intérêt et l'orgueil; les bienfaiteurs de leur patrie, premier objet du culte dans l'antiquité; les vices et même les crimes partagèrent quelquefois avec la vertu les honneurs d'un culte public; apothéose des empereurs romains;

la crainte, source plus commune encore que la reconnaissance d'un grand nombre de croyances religieuses; forme hideuse qu'elle prête aux dieux créés par elle; vœu du poëte en faveur des Africains élevés dans ces cultes bizarres et funestes; divinités indiennes formées sur le modèle des dieux insouciants d'Épicure. Les dieux créés par l'intérêt; fête des Maldives, consacrée aux Vents par un peuple navigateur. Influence de l'orgueil sur quelques cérémonies religieuses; le singe adoré dans quelques pays, à cause de sa ressemblance avec l'homme; des Indiens offrant à leurs dieux des copeaux, parce que leur chevelure est naturellement bouclée. Le besoin des nouveautés donne naissance à un grand nombre de cultes; les inventeurs des arts divinisés. Penchant invincible de l'homme pour la superstition; honneurs divins rendus aux animaux les plus vils, et même aux êtres inanimés; superstition plus ridicule encore du culte rendu au grand Lama; les peuples qui à leur gré se font des dieux de fantaisie; le desir de connaître l'avenir créant les auspices et les augures, et tous les genres de prédictions; les Romains gouvernés par le cri ou le vol d'un oiseau; superstitions des oracles tributaires de l'orgueil et de l'ambition. Véritable origine de l'union entre l'autorité civile et l'autorité religieuse; heureux effets de cette union; les différentes divinités des anciens transportées, par la tradition, du lieu de leur origine en d'autres pays; connaissance d'un seul Dieu transmise par Moïse aux Hébreux; impression profonde et constamment conservée par ce peuple de ses premières idées; la pompe de ses cérémonies; la religion préside à ses actions en apparence les plus indifférentes. Les dieux de l'Égypte transportés dans la Grèce, mais avec des formes plus aimables et plus douces; les Romains, qui les adoptèrent, par l'effet de leur caractère plus sérieux et plus grave, leur donnèrent des formes plus majestueuses et plus sévères; moyen politique que trouvèrent les Romains dans le culte public; leurs fêtes triomphales et champêtres, entretenant l'amour de la gloire et de l'agriculture; Jupiter Stator; Palès; le dieu Terme, protecteur des propriétés; les dieux domestiques fêtés à Rome et dans la Chine; traitéments capricieux auxquels ils étaient soumis à Rome, et dont on trouve encore des traces en Italie. Influence des fondateurs sur les religions: Zoroastre, Numa, Mahomet, Confucius; influence des mœurs et des climats; soleil adoré dans presque toutes les parties du monde; invocation du poëte à cet astre, source de tant de bienfaits. La religion révélée ; son incomparable supériorité; si l'imagination ne l'a pas créée, elle a augmenté la pompe de ses solennités, a embelli ses triomphes, et l'a soutenue dans ses persécutions; tableaux des martyrs et des premiers chrétiens rassemblés dans les catacombes; cruauté du fanatisme; les Grecs plus modérés; tous les peuples de la Grèce réunis à Délos pour la fête d'Apollon ; sacrifices humains dans les Gaules et le Mexique. Toutes les religions mettent l'espoir du pardon à côté de la crainte des châtiments; avantage de la religion chrétienne sous ce rapport; épisode à ce sujet.

Cette exposition générale du plan de l'ouvrage me dispense de parler du pouvoir que l'imagination exerce sur nos plaisirs, sur nos peines, et sur les ouvrages du génie, dans les différentes carrières qui lui sont ouvertes. Je m'en tiendrai à celui qu'il exerce sur les arts d'imagination. Il suffira d'en citer deux exemples, tirés, l'un du plus grand des peintres, et l'autre du plus grand des poëtes. Dans les arts d'imagination, il ne suffit pas de choisir un sujet heureux et une idée féconde; il faut entourer l'idée principale de toutes celles qui l'avoisinent.

Raphaël veut peindre le Fils de Dieu, dont la divinité triomphante de sa mortalité passagère remonte vers le ciel : la divinité dans tout l'éclat de sa gloire ne peut seule remplir toute l'idée de ce grand peintre; mais s'il me montre sur la terre, et sur le premier plan, un démoniaque entouré de quelques apôtres occupés de sa délivrance; sur le second plan, au sommet d'une montagne, d'autres disciples de Dieu, sans s'apercevoir de ce qui se passe sur la terre, fixant des yeux éblouis, mais non pas étonnés, sur l'image céleste du Dieu triomphateur qui verse autour de lui des torrents de lumière; s'il fait contraster la majestueuse sérénité de ce Dieu, vainqueur de la mort, avec les traits convulsifs du démoniaque, emblème des passions humaines, et même avec l'inquiète sollicitude des apôtres qui viennent à son secours; s'il me montre, au-dessus du Fils de l'Éternel, des groupes d'anges dont la présence annonce le voisinage du ciel, et qui semblent prêts à le reconduire en triomphe au trône de son Père :

Alors je reconnais l'ouvrage d'une imagination féconde et sublime, alors j'oublie la correction du dessin et toute la beauté de l'exécution ; je ne suis plus occupé que du contraste admirable qu'il met entre le calme radieux de la divinité, et l'agitation de l'humanité souffrante. Je passe des hommes à Dieu, de la terre au ciel, des peines et des passions de cette vie à l'impassible tranquillité des demeures célestes, et je me trouve heureux, et presque fier, d'avoir senti ou deviné l'idée de ce grand homme. Non seulement l'imagination peut seule composer de beaux ouvrages, mais elle peut seule les louer dignement. « Eh bien! disait un peintre à un voyageur revenu de Rome, ces beaux enfants du Dominicain sont-ils grandis ? » Au moment où un grand sculpteur venait de donner le dernier coup de ciseau à un cheval en marbre, « Marche donc, » dit un témoin de son travail. Voilà l'imagination louant le génie !

Combien la poésie doit encore à l'imagination ! Pour nous en convaincre, essayons d'assister par son pouvoir à la première conception de l'*Iliade*. Depuis long-temps retentissaient aux oreilles d'Homère les récits miraculeux de la guerre de Troie; les instituteurs et les nourrices les contaient à leurs élèves et à leurs nourrissons, les mères à leurs enfants : une foule de héros, différents de patrie, de caractères et de courage, mais tous réunis par le même intérêt, l'artificieux Ulysse, l'impétueux Ajax, le sage Nestor; l'impiété farouche de Diomède, le caractère religieux d'Hector; le fier Achille s'élevant au-dessus d'eux tous, également passionné dans son amitié et dans sa haine, retiré dans sa tente, mais toujours présent par son absence même, plus funeste aux Grecs par son refus de combattre, qu'aux Troyens par sa valeur ; le choc de deux puissants empires; la lutte de l'Europe et de l'Asie, les hommes et les dieux, mais des dieux passionnés et des hommes héroïques; les plus riches peintures de la nature physique et morale; les plus tendres affections du cœur venant adoucir les horreurs des batailles; le vieux Priam aux pieds du féroce Achille, recevant de ses mains sanglantes le cadavre de son fils; Andromaque, son enfant dans les bras, cherchant à détourner Hector d'un combat inégal, et opposant à son courage le sourire de son fils : toutes les richesses de la géographie, toutes les traditions de la théogonie; enfin l'orgueil national de la Grèce flattée du récit de ses victoires, voilà ce que l'imagination d'Homère lui montre dans ce magnifique sujet; il s'en empare, et l'*Iliade* devient le prototype éternel de l'épopée : tant le succès d'un ouvrage dépend de la force et de l'étendue de la première conception !

Avant de peindre le pouvoir de l'imagination, il était nécessaire de décomposer l'homme dans sa double organisation d'être intellectuel et d'être sensible; car c'est de ces deux sources que dérivent ses idées et ses sentiments, sur lesquels l'imagination exerce une si vive influence. Plus on observe le monde physique et moral, plus on aperçoit la correspondance éternelle que la nature a établie entre eux : c'est d'après ce principe que doit être écrit un poëme philosophique. Tout ouvrage de ce genre a pour objet des vérités physiques ou des vérités morales. Dans le premier cas, le poëte, pour rendre plus intéressantes les peintures du monde matériel, doit les rapprocher des vérités morales, et trouver entre elles des rapports ingénieux. Ce sont ces images qui donnent, aux idées abstraites de la morale et de la métaphysique, un corps, une figure et un vêtement, comme je l'ai dit dans le premier chant de ce poëme :

Tout entre dans l'esprit par la porte des sens.

Et, sous ce rapport, on peut dire que la poésie est matérialiste ; ces rapprochements peuvent se faire ou par la peinture immédiate des objets moraux ou physiques, ou par la voie indirecte des comparaisons, qui transporte la pensée de l'un à

PRÉFACE.

l'autre. Qu'on me permette ici de citer, non pas comme modèles, mais comme exemples, quelques comparaisons tirées de cet ouvrage. Quand j'ai voulu exprimer comment les objets modifient l'imagination, comment ils sont eux-mêmes modifiés par elle, il m'a suffi de peindre l'action réciproque des eaux sur le rivage, et du rivage sur les eaux :

> Du mobile Océan tels les flots onduleux
> Vont façonner leurs bords, ou sont moulés par eux.

Si je veux expliquer comment les idées sont réveillées les unes par les autres, je me rappelle l'étincelle qu'on approche d'un amas de poudre, dont les grains, s'embrasant de proche en proche, produisent un vaste incendie :

> Voyez ces longs canaux, retraite ténébreuse
> Des esprits sulfureux qui, prêts à s'allumer,
> N'attendent que la main qui va les enflammer :
> De cet amas dormant de nitre et de bitume,
> Qu'une étincelle approche, un feu soudain s'allume ;
> Il court de tube en tube, erre de tous côtés,
> Fait éclore, en passant, mille objets enchantés :
> C'est un fleuve de feu, c'est un dragon superbe ;
> Ici tourne un soleil, là s'élance une gerbe ;
> Des astres inconnus peuplent le firmament :
> Une étincelle a fait ce vaste embrasement.

Avec le même avantage et le même succès, les idées morales viennent se joindre aux peintures du monde physique ; ainsi lorsque, dans un éloge de la rose, j'ai voulu peindre les émanations de son parfum, j'ai dit :

> La rose au doux parfum, de qui l'extrait divin
> Goutte à goutte versé par une avare main,
> Parfume, en s'exhalant, tout un palais d'Asie,
> Comme un doux souvenir remplit toute la vie.

C'est par le secours de ces échanges continuels que la poésie se fertilise et s'enrichit ; ils ont un double avantage, celui de jeter plus de variété dans la composition, et celui de flatter le penchant naturel de l'homme à saisir dans l'assemblage des êtres les deux bouts de la chaîne, et de rapprocher par des rapports ingénieux des êtres d'une nature si différente.

Mais ce genre de composition demande une grande variété de connaissances, qui ne peut s'acquérir que par de longues études, ou mieux encore par de longs voyages. C'est par ce double moyen qu'Homère, Virgile, le Tasse et Milton, ont enrichi leurs poëmes d'une aussi prodigieuse variété de tableaux. On disait un jour à Thompson, le célèbre auteur du poëme *des Saisons*, qu'un de ses amis avait composé un poëme épique. « Un poëme épique! répondit Thompson avec vivacité; cela n'est pas possible, il n'a jamais vu une montagne. » Mais si cette variété est nécessaire à un poëme épique, soutenu par l'intérêt d'une grande action, combien l'est-elle encore davantage dans un poëme philosophique ou didactique, qui ne peut valoir que par la richesse des détails et le mérite de l'exécution! Cependant un avantage qu'on ne peut lui refuser, c'est de pouvoir également s'élever au genre le plus noble, et descendre au ton simple et familier de la satire et de l'épître; c'est dans ce sens que Boileau a dit :

> Heureux qui, dans ses vers, sait d'une voix légère
> Passer du grave au doux, du plaisant au sévère !

Horace semble avoir tracé les devoirs du poëte philosophe, dans ces vers pleins de sens et de finesse :

> Defendente vicem modo rhetoris, atque poetæ;
> Interdum urbani, parcentis viribus, atque
> Extenuantis eas consulto.

« Prenant tantôt l'accent élevé de l'orateur et du poëte, tantôt celui de l'homme du monde qui ménage ses forces et les affaiblit à dessein. » Aussi appelle-t-il les vers de ses satires et de ses épîtres, *sermoni propiora*, le style de la conversation.

Ce qui m'a coûté le plus dans mon travail, c'est de ne pas abuser de la richesse poétique du sujet, et de ne pas sacrifier l'instruction à l'éclat des peintures et à la pompe des descriptions : les poëmes philosophiques, dénués d'instruction, de méthode, et surchargés d'ornements, ressemblent à ces amas de glaces stériles, éblouissants et froids.

Un jour que je m'étais occupé des idées abstraites qui appartiennent à ce sujet ; dans une de ces rêveries qui ressemblent à des songes, j'ai cru voir m'apparaître le Génie de la langue française : son air était froid et noble ; son vêtement, d'étoffes et de couleurs différentes, chargé de diamants et de stras ; sa démarche grave et compassée, son langage un peu monotone et son maintien maniéré. « Eh quoi ! me dit-il, en s'approchant de moi, ce n'était donc point assez de m'avoir retiré de la société des rois et des héros, pour m'entourer de laboureurs et de pâtres ; de m'avoir arraché aux pompes du théâtre, pour me jeter dans des terres labourables, dans des jachères et des friches ; d'avoir substitué dans mes mains, au sceptre de la tragédie, aux grelots de la gaieté comique, des serpes et des râteaux ; voilà que vous me forcez encore de m'occuper tristement d'idées métaphysiques et abstraites, jusqu'ici tout à fait étrangères à la poésie. — Permettez-moi, lui dis-je, de me justifier, et de vous tracer ici le tableau fidèle de mes travaux poétiques. Votre langue était généralement accusée d'une pauvreté dédaigneuse ; vous paraissiez surtout avoir une grande répugnance à peindre les travaux et les occupations champêtres. Voltaire avait prétendu que Boileau même n'aurait osé traduire les *Géorgiques* de Virgile ; je vous proposai de donner un heureux démenti à cette allégation ; vous me prêtâtes pour cette entreprise des richesses jusqu'alors ignorées de notre langue : l'ouvrage parut ; les femmes et les jeunes gens le lurent peu, mais firent semblant de le lire. L'ouvrage fut presque à la mode, et le suffrage des gens de lettres lui promit un succès plus durable.

» Une ordonnance monotone et symétrique régnait dans nos jardins ; de tristes charmilles, dans leurs ennuyeux alignements, masquaient aux yeux les formes et les teintes différentes des arbres. Les eaux dormaient dans des bassins ; de longs canaux s'étendaient en lignes droites, le ruisseau le plus animé n'eût osé se permettre le plus petit détour ; tout l'emplacement était soigneusement nivelé : c'était à la poésie à réformer ces abus. Aidé de votre secours, je chantai les jardins libres et irréguliers : la variété succéda à la monotonie, la liberté à l'esclavage; les bois, les prés, les eaux reprirent leur indépendance, et les jardins devinrent des paysages.

» Ce travail achevé, je vous retins encore dans les champs; nous n'avions point de *Géorgiques françaises*. Celles de Virgile, si parfaites dans l'exécution, semblaient incomplètes dans leur plan. Il ne nous avait point présenté l'homme des champs jouissant de tous les plaisirs que peut offrir la campagne, étudiant tous les aspects variés des saisons, observant la nature pour en mieux jouir, se rendant heureux, et répandant autour de lui son bonheur. L'agriculture dont il a dicté les lois n'est que l'agriculture ordinaire connue de son temps; il n'a point employé le loisir de l'homme des champs à connaître ce qu'il trouve autour de son habitation d'intéressant et de curieux; il a entièrement oublié le philosophe et le naturaliste; enfin il n'a point appris aux poëtes à célébrer leurs beautés et à chanter la magnificence de la nature. J'ai tâché de remplir ces vides [1].

» Cependant votre langue, accusée d'un peu de recherche et d'afféterie, avait besoin d'être retrempée dans la mâle simplicité des poëtes anciens. La traduction des grands modèles de l'antiquité est, pour la poésie moderne (passez-moi cette comparaison) ce que sont ces cuves fameuses d'Allemagne où le vin nouveau, versé tous les ans sur les vendanges précédentes, emprunte d'elles sa force et sa maturité. J'avais à choisir entre Homère et Virgile; mais Virgile, vivant sous un gouvernement plus rapproché du nôtre, par cette élégance, cette politesse et ce sentiment des convenances qui n'appartiennent qu'à une cour et à un siècle polis; Virgile, à qui j'ai dû mes premiers succès dans la carrière littéraire, a dû facilement obtenir la préférence. Quoi qu'en aient dit des personnes d'ailleurs très-estimables, cette traduction présentait des difficultés plus grandes peut-être que celles des *Géorgiques*. Indépendamment de l'étendue de l'ouvrage, plusieurs chants, presque

---

[1] Nous ne pouvons mieux faire que de renvoyer le lecteur à la préface de *l'Homme des Champs*, où l'auteur a exposé lui-même l'intention de ce poëme.

entièrement descriptifs, tels que la navigation d'Énée dans le troisième; les jeux célébrés sur le tombeau d'Anchise dans le cinquième; dans le sixième la peinture des enfers; dans les six derniers celle d'une foule de batailles, où les costumes, les armes, les stratagèmes militaires, n'ont rien de commun avec ceux des siècles modernes, demandaient dans l'exécution autant d'efforts que les détails du poëme didactique, et d'ailleurs exigeaient beaucoup plus de mouvement, de verve et d'élévation. Je me suis imposé la plus scrupuleuse fidélité dans la traduction de tout ce qui regarde les usages civils, religieux, politiques ou militaires des anciens, surtout la partie historique et géographique, dont les détails sont si précieux aux amateurs de l'antiquité. Le fameux d'Anville ayant demandé à un dessinateur de cartes celle de la Grèce, surpris et fâché de n'y pas trouver je ne sais quelle bicoque de l'Attique : Ah! monsieur, dit-il, vous m'avez volé un village.

» Enfin il manquait à votre langue une sorte d'audace dans les idées, d'énergie dans l'expression, que Milton a portée peut-être plus loin que ses prédécesseurs. J'ai donc ajouté à la traduction de l'*Énéide* celle du *Paradis perdu*; et peut-être son auteur aurait vu avec plaisir l'accueil qu'elle a reçu, puisqu'il est dû tout entier au génie avec lequel il a su peindre également la majesté de l'Être suprême; les fureurs de Satan, tracées d'un pinceau peut-être plus énergique que la colère d'Achille; le ciel, l'enfer, la magnificence de la création, le paradis terrestre, et les chastes amours et les innocentes délices de nos premiers pères. Ainsi la poésie ancienne et la poésie moderne ont concouru à fortifier la vôtre; et quoique vous m'ayez souvent refusé la vivacité des tours, la rapidité du mouvement, et surtout l'incomparable secours de l'inversion; qu'au lieu des terminaisons caractéristiques des nombres, des genres, des cas et des temps, vous m'ayez souvent embarrassé de l'appareil des articles et des verbes auxiliaires, plus d'un connaisseur indulgent n'a pas trouvé ce travail inutile pour l'accroissement de vos richesses poétiques.

» Tous ces essais ne pouvaient suffire à l'emploi de vos richesses ; la morale et la métaphysique restaient encore presque entièrement étrangères à notre poésie, et j'ai cru qu'un poëme sur l'*Imagination*, sur cette faculté qui exerce sur nos idées, nos sensations et nos sentiments un si puissant empire, pouvait remplir ce vide, et vous ouvrir un champ vaste et fécond. »

A ces mots, le Génie me sourit, me jeta quelques feuilles de laurier, détachées de la couronne de Virgile et de Milton, dont les bustes, par le hasard de mon rêve, se trouvaient placés à côté de lui : je les saisis avec empressement, et les rattachai avec respect aux couronnes à qui elles appartenaient.

L'IMAGINATION.

CHANT PREMIER.

L'HOMME SOUS LE RAPPORT INTELLECTUEL.

Trop heureux le génie, ornement de la scène,
Qui, formé par Thalie ou cher à Melpomène
Égayant, à son choix, ou tourmentant les cœurs,
Fait éclater le rire, où ruisseler les pleurs ;
Mais heureux, après lui, l'ami de la sagesse,
Qui, disciple de Pope, élève de Lucrèce,
Sans masque, sans cothurne, et sans illusion,
D'un style simple et vrai fait parler la raison !
Il n'entend pas pour lui retentir le théâtre
Des suffrages bruyants d'une foule idolâtre ;
Mais le sage le lit : le sage quelquefois,
Pour rêver avec lui, s'enfonce dans les bois ;
Et, charmé de ses vers, n'en suspend la lecture
Que pour voir les forêts, les cieux, et la nature.
Content de ce destin, je chante dans mes vers
L'Imagination, charme de l'univers.
Je dirai ses attraits, son empire invisible
Sur l'être intelligent et sur l'être sensible ;
Comment elle reçoit, par l'organe des sens,
L'image des objets, et des lieux et des temps ;
Comment, des arts divins inspirant le délire,
Elle anime à la fois les pinceaux et la lyre :
Je peindrai tour à tour ses dangers, ses bienfaits ;
Quel soin peut seconder ou régler ses effets ;
Comment des arts, des jeux, et des fêtes publiques,
Elle étale à nos yeux les pompes politiques ;
Et, suppléant aux lois, ou servant leur pouvoir,
Par des liens de fleurs elle enchaîne au devoir ;
Comment, de mille erreurs créatrice féconde,
De fausses déités elle peupla le monde ;

A l'argile, à la pierre, éleva des autels ;
Devant un bois muet prosterna les mortels ;
Comment enfin, du Christ secondant les conquêtes,
De leur pompe sacrée elle embellit nos fêtes.
Noble et vaste projet ! et tel que l'art des vers
Jamais d'objets plus grands n'entretint l'univers.
   Mais pour la célébrer ma voix a besoin d'elle.
Où donc te rencontrer, adorable immortelle ?
Pour enchanter l'oreille ou charmer les regards,
Dans leurs temples brillants inspires-tu les arts ?
Vas-tu sur l'Apennin, sur les Andes sauvages,
Prêter de loin l'oreille à la voix des orages ?
Dans la noire épaisseur de ces antiques bois,
Où jamais des humains la hache ni la voix
N'interrompit la paix de leur nuit ténébreuse,
Aux coteaux d'Hercinie, aux champs de Vallombreuse,
Pensive, égares-tu tes pas silencieux ?
De Pomone et de Pan séjour délicieux,
Tibur t'amuse-t-il du bruit de ses cascades ?
Sur les pompeux débris de quelques colonnades
Le Temps te montre-t-il le néant de l'orgueil ?
Gémis-tu sur les pas de quelque mère en deuil,
Qui, visitant d'un fils la lugubre demeure,
S'assied, croise les bras, baisse la tête, et pleure ?
Au sein d'un doux réduit, cher à la volupté,
Dans les bras de l'Amour remets-tu la beauté ?
Ou bien aimes-tu mieux, dans sa retraite obscure,
Charmer l'ami des arts, l'amant de la nature ?
Eh bien ! je suis à toi. Viens, ô ma déité !
Viens, telle qu'on t'admire en ta variété,
Folâtrant sur les fleurs, te jouant dans l'orage,
Pour sceptre une baguette, et pour trône un nuage ;
Conduisant sur ton char, entouré de vapeurs,
Les fantômes légers et les songes trompeurs ;
Ta robe sans agrafe et ton corps sans ceinture,
A l'air abandonnant ta libre chevelure :
Viens, portant dans tes mains le myrte et le laurier,
Le luth du troubadour, la lance du guerrier ;
Variant, comme Iris, tes couleurs et tes charmes,
Le rire dans tes yeux prêt à céder aux larmes ;

CHANT I.

Jeune, fraîche, et dans l'air, sur la terre et les flots,
Versant toutes les fleurs, excepté les pavots.
  Cependant, pour chanter ta puissance divine,
Il en faut, avec art, démêler l'origine,
Les principes cachés et les ressorts secrets :
Prenons donc de plus haut ces sublimes objets.
  Ce n'est pas sans raison que de l'intelligence
Dans les sens ébranlés on plaça la naissance ;
Tout entre dans l'esprit par la porte des sens [2] :
L'un écoute les sons, distingue les accents ;
L'autre, des fruits, des fleurs, des arbres et des plantes
Apporte jusqu'à nous les vapeurs odorantes ;
L'autre goûte des mets les sucs délicieux ;
L'œil, plus puissant, embrasse et la terre et les cieux :
Mais tant que le toucher n'a pas instruit la vue,
Ses regards ignorants errent dans l'étendue ;
Les distances, les lieux, les formes, les grandeurs,
Tout est douteux pour l'œil, excepté les couleurs.
Mais le toucher, grands dieux ! j'en atteste Lucrèce,
Le toucher, roi des sens, les surpasse en richesse;
C'est l'arbitre des arts, le guide du désir,
Le sens de la raison et celui du plaisir.
Tous sont assujettis à ce maître suprême,
Ou plutôt tous les sens sont le toucher lui-même.
Chacun de ses rivaux, dans son pouvoir borné,
A son unique emploi demeure confiné :
La puissance du tact est partout répandue ;
L'ouïe, et l'odorat, et le goût, et la vue,
Sont encor le toucher, le plus noble des sens :
Présents, il les dirige, et les remplace absents.
Le mortel qui, sans yeux commençant sa carrière,
Pour ne la voir jamais, arrive à la lumière,
D'une main curieuse interroge les corps,
Écoute du toucher les fidèles rapports.
Par lui, de leur couleur s'il perd la jouissance,
Il juge leur grandeur, leurs contours, leur distance.
  Que dis-je ? chaque sens, par un heureux concours,
Prête aux sens alliés un mutuel secours ;
Le frais gazon des eaux m'embellit leur murmure ;
Leur murmure, à son tour, m'embellit la verdure.

L'odorat sert le goût, et l'œil sert l'odorat ;
L'haleine de la rose ajoute à son éclat ;
Et d'un ambre flatteur la pêche parfumée
Paraît plus savoureuse à la bouche embaumée.
Voyez l'Amour heureux par un double larcin !
La main invite l'œil, l'œil appelle la main ;
Et d'une bouche fraîche, où le baiser repose,
Le parfum est plus doux sur des lèvres de rose.
Ainsi tout se répond, et, doublant leurs plaisirs,
Tous les sens l'un de l'autre éveillent les désirs.

Cependant des objets la trace passagère
S'enfuirait loin de nous comme une ombre légère,
Si le ciel n'eût créé ce dépôt précieux
Où le goût, l'odorat, et l'oreille, et les yeux,
Viennent de ces objets déposer les images,
La mémoire. A ce nom se troublent tous nos sages :
Quelle main a creusé ces secrets réservoirs ?
Quel Dieu range avec art tous ces nombreux tiroirs,
Les vide ou les remplit, les referme ou les ouvre ?
Les nerfs sont ses sujets, et la tête est son Louvre.
Mais comment, à ses lois toujours obéissants,
Vont-ils à son empire assujettir les sens ?
Comment l'entendent-ils sitôt qu'elle commande ?
Comment un souvenir qu'en vain elle demande,
Dans un temps plus heureux promptement accouru,
Quand je n'y songeais pas, a-t-il donc reparu ?
Au plus ancien dépôt quelquefois si fidèle,
Sur un dépôt récent pourquoi me trahit-elle ?
Pourquoi cette mémoire, agent si merveilleux,
Dépend-elle des temps, du hasard et des lieux ?
Par les soins et les ans, par les maux affaiblie [a],
Comment ressemble-t-elle à la cire vieillie,
Qui, fidèle au cachet qu'elle admit autrefois,
Refuse une autre empreinte, et résiste à mes doigts ?
Enfin, dans le cerveau si l'image est tracée,
Comment peut dans un corps s'imprimer la pensée ?

Là finit ton savoir, mortel audacieux ;
Va, mesure la terre, interroge les cieux,
De l'immense univers règle l'ordre suprême ;
Mais ne prétends jamais te connaître toi-même :

Là s'ouvre sous tes yeux un abîme sans fonds.
Quels que soient cependant ces mystères profonds,
Par le secours des sens, par leur vieille alliance,
La mémoire entretient son magasin immense.
Là repose en secret, accumulé par eux,
Tout ce que m'ont appris mes oreilles, mes yeux :
Les erreurs, les vertus, les faiblesses humaines ;
De la terre et des cieux les nombreux phénomènes ;
Ce qui croît sous nos pas, où resplendit dans l'air,
Ou marche sur ce globe, ou nage dans la mer ;
Les annales des arts, les fastes de la gloire,
Et les lieux, et les temps, et la fable, et l'histoire ;
Et des faisceaux légers de fibres et de nerfs
Dans l'ombre du cerveau vont graver l'univers.
Tel, dans l'enfoncement d'une retraite obscure,
Que n'éclaire qu'à peine une étroite ouverture,
Le magique miroir, dans ses mouvants tableaux,
Représente à nos yeux et la terre et les eaux ;
Les travaux des cités, les lointains paysages,
Des objets réfléchis fugitives images.
 Mais tandis que les sens nourrissent ce trésor,
Lui-même en remplit un plus admirable encor,
Qui sans cesse reçoit et reproduit sans cesse :
L'Imagination, féconde enchanteresse,
Qui fait mieux que garder et que se souvenir,
Retrace le passé, devance l'avenir,
Refait tout ce qui fut, fait tout ce qui doit être,
Dit à l'un d'exister, à l'autre de renaître ;
Et, comme à l'Éternel quand sa voix l'appela,
L'être encore au néant lui répond : « Me voilà. »
Des maîtres du ciseau, du pinceau, de la lyre,
C'est elle qui produit, qui nourrit le délire,
Donne au fier conquérant son rapide coup d'œil,
Des grands cœurs entretient le généreux orgueil,
Et par l'espoir d'un nom soutient un grand courage.
Tel, des siècles vengeurs pressentant le suffrage,
Cicéron s'élançait vers la postérité [1],
Et de loin écoutait son immortalité.
La politique même à ma noble déesse
Doit le plus grand essor de sa haute sagesse.

Son regard voit plus loin, en voyant de plus haut ;
Où la foule se traîne, elle arrive d'un saut :
Tel, quand le ver rampant voit à peine un brin d'herbe,
Un immense horizon s'ouvre à l'aigle superbe.
Enfin, c'est cet instinct, ce sens divinateur,
Qui donne au grand talent son vol dominateur.
Le présent appartient à tous tant que nous sommes,
Aux savants le passé ; l'avenir aux grands hommes ;
Ou si l'esprit recule au gré du souvenir,
C'est pour mieux s'élancer dans le vaste avenir.
   Et le mystique amour, la piété touchante,
Que ne doivent-ils pas au pouvoir que je chante ?
Voyez ce tendre cœur qui, prompt à s'enflammer,
Vit l'enfer dans une ame incapable d'aimer.
Dans les plaisirs sacrés dont le torrent l'inonde,
Sait-elle encor s'il est d'autres plaisirs au monde ?
Loin, bien loin sous ses pieds, elle voit ce séjour ;
Il n'est plus que son Dieu, le ciel, et son amour.
Tantôt, le contemplant dans l'éclat de sa gloire,
Elle aime à voir enfin ce qu'elle aimait à croire ;
Tantôt plus haut encor, sur des ailes de feu,
Sublime, elle s'élève à l'opprobre d'un Dieu [5],
Endure ses affronts, partage ses tortures,
D'intarissables pleurs arrose ses blessures ;
Tantôt, dans les langueurs d'un ineffable amour,
En une longue extase elle épuise le jour ;
Et, la bouche entr'ouverte, immobile et pâmée,
Elle succombe au Dieu dont elle est consumée :
Tant ce pouvoir divin, cet ascendant vainqueur,
Domine sa pensée et subjugue son cœur !
   Toutefois, triste ou gaie, ou profonde, ou légère,
L'Imagination a plus d'un caractère ;
Dépendante des ans, des climats, de nos mœurs,
Le jouet, le tyran et des sens et des cœurs ;
Des objets tour à tour esclave ou souveraine,
Elle prend leur empreinte ou leur donne la sienne :
Du mobile Océan tels les flots onduleux
Vont façonner leurs bords, ou sont moulés par eux.
Tantôt, à recueillir bornant toute sa gloire,
Elle n'est qu'une immense et fidèle mémoire,

Où, comme en un miroir, se peignent les objets ;
Tantôt, d'un prisme heureux imitant les effets,
Elle colore tout, et sa vive imposture
Multiplie, agrandit, embellit la nature.
Ainsi, dans un amas de tissus précieux,
Quand Bertin fait briller son goût industrieux,
L'étoffe obéissante en cent formes se joue,
Se développe en châle, en ceinture se noue,
Du pinceau, de l'aiguille emprunte ses couleurs,
Brille de diamants, se nuance de fleurs,
En longs replis flottants fait ondoyer sa moire,
Donne un voile à l'amour, une écharpe à la gloire ;
Ou, plus ambitieuse en son brillant essor,
Sur l'aimable Vaudchamp va s'embellir encor.
   C'est peu de varier, de colorer le monde :
La vive enchanteresse, en chimères féconde,
Lui donne d'autres dieux, d'autres mœurs, d'autres lois,
Et le peuple, à son gré, d'habitants de son choix.
Ainsi créait Rousseau ; d'un peuple fantastique,
Ainsi le grand Platon forma sa république :
Et ne vîmes-nous pas nos régénérateurs,
Destructeurs courageux et hardis créateurs,
Des états balancés cherchant les équilibres,
Les former tous parfaits, tous vertueux et libres ?
Dieu garde leurs états ! qu'ils y puissent en paix
Fonder leur colonie, et n'émigrer jamais !
   Ainsi toujours veillant et toujours agissante,
L'Imagination peint, exagère, enfante ;
Même lorsque la nuit ramène le repos ;
Quand tout dort, et les vents, et les bois, et les flots,
Qui ne sait son pouvoir ? Tel que l'airain sonore,
Qu'on cesse de frapper et qui résonne encore ;
Tel qu'une fois lancé, le rapide vaisseau
Se souvient de la rame et vole encor sur l'eau :
Ainsi, dans le sommeil, l'ame préoccupée
Obéit aux objets dont elle fut frappée ;
Ainsi la nuit du jour retrace le tableau ;
Ainsi de nos pensers nos rêves sont l'écho.
Des songes, je le sais, la peinture bizarre
Souvent brouille, déplace, ou confond, ou sépare.

Tel au miroir des eaux notre œil voit retracés
Les nuages en bas, les arbres renversés,
La terre sous les eaux, et les troupeaux dans l'onde,
Et les ruisseaux roulant sur la voûte du monde;
Mais le fond est le même. En songe, un orateur
En quatre points encor lasse son auditeur.
Bercé par le rouet d'une rauque éloquence,
En songe, un magistrat s'endort à l'audience;
En songe, un homme en place, arrangeant son dédain,
Pour prendre des placets étend encor la main.
En songe, sur la scène, un acteur se déploie;
L'auteur poursuit sa rime, et le chasseur sa proie;
Le grand voit des cordons, l'avare de l'argent,
Et Penthièvre ouvre encor sa main à l'indigent [6].
En songe, un tendre ami revoit l'ami qu'il pleure;
Il reconnaît les lieux, il se rappelle l'heure,
Où dans des pleurs muets prolongeant ses adieux,
Immobile, long-temps il le suivit des yeux.

Peindrai-je d'un amant le délire et les songes?
C'est pour lui que Morphée est riche en doux mensonges;
D'espérance, d'amour, de désir palpitant,
Il voit l'objet qu'il aime, il l'écoute, il l'entend;
Il croit voir sur sa bouche, où le refus expire,
Mollement se répandre un languissant sourire;
Il croit voir, l'entourant des plus aimables nœuds,
S'étendre et s'arrondir ses bras voluptueux;
Il reçoit ses baisers, ses caresses brûlantes:
Tout son corps a frémi sous ses mains caressantes
La nuit fait envier ses prestiges au jour,
Et trempe ses pavots du nectar de l'amour.

Ainsi, dans ces erreurs, par un charme suprême,
Revit tout ce qui plaît, revit tout ce qu'on aime.
Tels, dans la douce paix des champs Élysiens,
On peint de ces beaux lieux les heureux citoyens,
Idolâtrant encor l'erreur qu'ils ont chérie,
Vaines ombres, qu'amuse une ombre de la vie;
Les uns d'amour encor suivant les douces lois,
D'autres au son du luth croyant mêler leurs voix,
Ceux-ci faisant voler des chars imaginaires,
Et tous, comme ici-bas, heureux par des chimères.

CHANT I.

Ne croyez pas pourtant qu'envoyés sans dessein,
Tous les songes ne soient qu'un simulacre vain.
Par eux, déjà le ciel exerce sa justice :
Le rêve du méchant est son premier supplice.
Sous ses lambris pompeux, dans son alcôve d'or,
Des Belges, que son nom fait tressaillir encor,
L'affreux dévastateur, au milieu des nuits sombres,
Des riches égorgés croit voir encor les ombres.
Un songe les lui montre un poignard dans le flanc,
Le poursuit de leurs cris, le couvre de leur sang;
Leur dépouille l'accuse; en vain son cœur rappelle
La pauvreté paisible : il n'est plus digne d'elle.
Le ciel, pour le punir, lui laisse ses trésors;
En proie à sa richesse, en proie à ses remords,
Comme un énorme poids son or sur lui retombe,
Et des spectres sanglants l'entraînent dans la tombe.
 Oublierai-je vos dons, rêves consolateurs?
Providence du pauvre, ils charment ses malheurs.
Un songe heureux remplit ses celliers et ses granges
D'abondantes moissons, de fertiles vendanges.
Un songe le fait roi, lui donne des sujets;
Il rêve de trésors, de sceptres, de palais,
Trop court enchantement! trop passager délire!
Le réveil lui ravit sceptre, couronne, empire;
Mais il garde l'espoir, l'espoir, son seul flatteur,
Et les illusions, ces doux rêves du cœur.
 Apprenons maintenant quels ressorts invisibles
Réveillent des objets les images sensibles;
Et comment nos pensers, toujours contagieux,
L'un par l'autre avertis, communiquent entre eux [7]:
Telle est de notre esprit la marche involontaire;
Nulle pensée en nous ne languit solitaire;
L'une rappelle l'autre, et, grace aux nœuds secrets
Par qui sont alliés les différents objets,
En images sans fin une image est féconde :
Tel un caillou tombant forme un cercle dans l'onde;
Un autre lui succède, et tous les flots troublés
Étendent jusqu'aux bords leurs cercles redoublés.
Observez les tableaux que notre esprit compose :
Tantôt c'est un effet qui rappelle la cause;

Et la cause tantôt rappelle les effets.
Ainsi le bienfaiteur retrace les bienfaits,
Et le bienfait réveille une image chérie ;
Ainsi, mes prés, mes bois, chers à ma rêverie,
Me parlent du grand Être ; et mes humbles chansons
Disent, comme Virgile : « Un Dieu m'a fait ces dons. »
Tantôt dans la pensée accourent et s'assemblent
Des objets séparés, dont les traits se ressemblent.
Ce hameau vous a plu ! Ne vous peindrait-il pas
Les lieux où votre enfance a fait les premiers pas ?
Le trait le plus léger, surpris sur un visage,
De l'être qu'on chérit nous rappelle l'image.
Regardez les transports de ce couple amoureux :
Ils vous peindront les jours où vous fûtes heureux.

Pour varier encor sa brillante peinture,
L'Imagination dans la même nature
Ne choisit pas toujours les traits de ses tableaux ;
Pour rajeunir ces traits par des rapports nouveaux,
Dans les mondes divers incessamment errante,
Entre la brute et l'homme, entre l'homme et la plante,
Et la terre et le ciel, et l'esprit et le corps,
Elle cherche et saisit d'ingénieux accords ;
Et d'un règne dans l'autre en transporte l'image.
De là l'Allégorie, ornement du langage.
Ce mont jusques au ciel s'élève avec orgueil ;
Ces myrtes sont riants, ces cyprès sont en deuil ;
Le lis peint la candeur, et l'agneau l'innocence ;
Le lion, d'un héros exprime la vaillance.
Une herbe est parasite, un zéphyr indiscret ;
Et si ce tour vieilli peut peindre un jeune objet,
Grace à ce teint brillant où la beauté repose,
Églé sera long-temps comparée à la rose.
Voyez nos factions : c'est la fureur des flots ;
Nos jours sont un orage, et la France un chaos.
Mais l'histoire surtout, dans ses pages fidèles,
Se plaît à nous offrir ses brillants parallèles :
Notre esprit s'en amuse : il compare, à son choix,
Les succès, les revers, les peuples et les rois,
Les siècles écoulés, et le siècle où nous sommes,
Les grands événements, et surtout les grands hommes.

CHANT I.

Il aime à rapprocher Robespierre et Cromwell,
Le poignard de Caton et la flèche de Tell;
Et des derniers Romains si je lis les annales,
Des petits et des grands les discordes fatales,
Le luxe subjuguant ces rois de l'univers,
Les esclaves s'armant des débris de leurs fers;
Les harangues des chefs, leurs sanglants artifices,
L'ambition féroce égorgeant ses complices,
Des registres de morts les tableaux odieux,
L'oubli de tous les droits, né de l'oubli des dieux;
Les riches dépouillés, et la guerre civile
Partageant aux vainqueurs jusqu'aux champs de Virgile,
L'Imagination compare ces tableaux,
Et dans les maux passés croit voir nos propres maux:
Tant des lieux et des temps, prompte à franchir l'espace,
D'un âge dans un autre elle aime à voir la trace!
Par des effets plus sûrs encore et plus puissants,
Le contraste nous frappe en de contraires sens;
Des termes opposés qu'à nos yeux elle étale,
L'Imagination mesure l'intervalle;
Passe de l'un à l'autre, et l'inconstant désir
Veut changer de tableaux, pour changer de plaisir.
Voyez-vous, sous le ciel de l'ardente Italie,
Virgile regretter la fraîche Thessalie?
O qui le portera sous ces riants berceaux,
Dans ces noires forêts, au bord de ces ruisseaux?
Des personnes, des lieux, la grandeur éclipsée,
Par l'effet du contraste attache la pensée.
Ainsi, contre ces murs, monument de l'orgueil,
Où Rome antique étonne et lasse encor notre œil,
Et qu'abandonne au temps sa fille négligente,
J'aime à voir s'appuyer la cabane indigente.
Que Sylla meure en proie aux insectes hideux,
Qui de la pauvreté sont les hôtes honteux,
Je m'étonne, et m'écrie: « Est-ce donc là cet homme,
Vainqueur dans Orchomène, et le bourreau de Rome? »
Bélisaire! à ce nom trembla le monde entier,
Et son casque tendu sollicite un denier [8]!
J'admire, en gémissant, tant de maux et de gloire,
Et les dons de l'aumône aux mains de la victoire.

Tantôt, pleurant ton sort, descendu de si haut,
O Stuart! je te suis du trône à l'échafaud..
Tantôt, de Marius méditant le naufrage,
Je mêle ses débris aux débris de Carthage;
Et si je ne craignais d'éveiller nos douleurs,
Quels désastres plus grands feraient couler nos pleurs.
Et près de la grandeur montreraient la misère!
Enfin, quand l'art invente ou trace un caractère,
Qui me frappe le plus? C'est le contraste heureux
D'une âme violente et d'un cœur généreux.
J'admire de sang-froid le sage Idoménée,
Et le prudent Ulysse, et le pieux Énée :
Mais qu'on me montre Achille, Achille, ame de feu,
Dont la rage est d'un tigre, et les vertus d'un dieu;
D'amitié, de fureur, héroïque assemblage;
Sentant profondément le bienfait et l'outrage,
Tonnant dans les combats, ou, la lyre à la main,
Seul, au bord de la mer, consolant son chagrin;
Pour apaiser Patrocle en sa demeure sombre,
Tourmentant un cadavre et punissant une ombre;
Et quand Priam d'Hector vient chercher les débris,
Respectant un vieux père, et lui rendant son fils :
Ce grand tableau m'étonne, et mon ame tremblante
Frémit tout à la fois de joie et d'épouvante :
Tant, prompt à nous frapper, en de contraires sens,
Le contraste sur nous a des effets puissants!
Il étonne, il éveille, il excite notre ame :
De deux cailloux choqués ainsi jaillit la flamme.
Tels, quand deux vents rivaux se disputent les mers,
Les flots, en se heurtant, s'élancent dans les airs.
 Enfin, par le hasard d'un heureux voisinage,
Une image souvent éveille une autre image.
Sans être ressemblants, ni contraires entre eux,
Les objets plus voisins sont plus contagieux;
Et ce tissu brillant des images de l'ame,
L'esprit, avec plaisir, en suit toute la trame.
Seul, et désoccupé, j'erre dans ce jardin;
Une rose à mes yeux se présente, soudain
Je rêve à cette fleur. De sa coupe vermeille
Je songe que les sucs alimentent l'abeille;

Elle en pétrit son miel, en bâtit son palais :
Une reine y commande, et le gouverne en paix.
Je songe à ces grands noms de roi, de république ;
Je compare, j'oppose à l'essaim monarchique
Ces fourmis, qui, sans arts, sans palais élégants,
Habitent dans un antre, et vivent en brigands.
 Quelques états pourtant, avec l'indépendance,
Unirent quelquefois les arts et l'abondance,
Me dis-je ; mais des mœurs l'inflexible fierté,
Et ces fougueux débats chers à la liberté,
Enfantent trop souvent les discordes civiles,
Ensanglantent les champs et dépeuplent les villes.
Moi, je suis pour un chef ; son pouvoir est plus doux :
Mais ce pouvoir heureux n'appartient-il qu'à nous ?
Je tourne vers les cieux ma course vagabonde,
Là mon œil voit régner le grand flambeau du monde ;
D'un éclat emprunté brillant autour de lui,
Les astres de sa cour lui prêtent leur appui.
De là je redescends sur cette pauvre terre,
Et dis à tous ces fous qui se livrent la guerre
Pour des systèmes vains et de plus vains projets :
« La royauté n'est point le malheur des sujets ;
Elle préside au ciel comme aux lieux où nous sommes,
Et gouverne à la fois les astres et les hommes. »
Ainsi l'esprit voyage ; ainsi, rêvant tout bas,
J'arrive d'une fleur au destin des états :
Tant chaque idée entraîne une suite nombreuse !
 Voyez ces longs canaux, retraite ténébreuse
Des esprits sulfureux qui, prêts à s'allumer,
N'attendent que la main qui va les enflammer :
De cet amas dormant de nitre et de bitume,
Qu'une étincelle approche, un feu soudain s'allume ;
Il court de tube en tube, erre de tous côtés,
Fait éclore, en passant, mille objets enchantés.
C'est un fleuve de feu, c'est un dragon superbe ;
Ici tourne un soleil, là s'élance une gerbe,
Des astres inconnus peuplent le firmament :
Une étincelle a fait ce vaste embrasement.
 Mais un débat fameux s'élève entre les sages :
Du monde et des objets d'imparfaites images

Ont-elles précédé notre arrivée au jour?
Je sais que dans la nuit de son premier séjour,
De sa tunique épaisse encore enveloppée,
L'enfance des objets ne peut être frappée;
Mais ce sentiment prompt, cet élan des besoins
Qui devance le temps, la culture et les soins,
Veut, compare, choisit, aime, hait, craint, espère:
Qui n'en voit dans l'enfant l'empreinte héréditaire?
Et si, dès qu'ils sont nés, déjà des animaux
L'instinct intelligent choisit les végétaux;
Si le chien montagnard hérite de sa race
L'adresse paternelle aussi bien que l'audace;
Si l'oiseau de son œuf sait briser la prison;
Si, de ses murs de cire élevant la cloison,
L'abeille géomètre a su par elle-même,
Dans ses angles savants, résoudre un grand problème;
A l'aspect d'un point noir, si la poule à grands cris
Sous son aile inquiète assemble ses petits;
Si, quand le tigre au loin poursuit sa course errante,
Le buffle, sans le voir, se roule d'épouvante;
Si l'instinct est si prompt et si sûr dans ses lois,
La sublime raison a-t-elle moins de droits?
Je sais que de l'instinct notre raison diffère:
L'une agit librement, l'autre est involontaire;
L'instinct veut deviner, la raison veut savoir;
L'un sait mieux pressentir, et l'autre mieux prévoir;
L'une luit par degrés, l'autre soudain s'enflamme;
L'un est l'éclair des sens, l'autre le jour de l'âme;
Enfin, quand la raison hésite et flotte encor,
Souvent l'instinct rapide a déjà pris l'essor.

N'allons pas toutefois, calomniant l'enfance,
De la raison tardive accuser l'indolence.
Voyez comme l'enfant, avide des objets,
Les saisit, les dévore, et, tels que d'anciens traits
Aux approches du feu renaissent sur la cire,
Semble se souvenir bien plutôt que s'instruire.
De là ce mot fameux qu'un sage a publié:
« L'homme n'ignorait pas: il n'avait qu'oublié. »
Et si ce doux produit de l'homme et de la femme
Est l'extrait le plus pur de leurs sens, de leur âme,

Pourquoi n'auraient-ils pas déposé dans son sein
Du tableau de la vie un informe dessin ?
Je sais que les leçons, l'âge, l'expérience,
De leurs impressions marquant la molle enfance,
A ce premier cachet et des sens et du cœur,
Viennent joindre leurs traits : mais si cette liqueur,
Qui coule du pressoir dans la cuve fumante,
Fermente tous les ans quand la vigne fermente,
Et loin du sol natal, de la vigne et du ciel,
Répond dans sa prison à l'arbre paternel,
De ces traits primitifs qu'aucun pouvoir n'efface,
Croirai-je que l'enfant ne garde pas la trace ?
Je ne citerai point ces taches, ces couleurs,
Ces signes d'animaux, et de fruits, et de fleurs,
Dont, suivant nos aïeux, amoureux de prodiges,
La mère à son enfant imprime les vestiges.
Et qui peut en douter ? Des auteurs de nos jours,
Les plaisirs, les douleurs, les haines, les amours,
Déja, dans son obscure et vivante retraite,
L'enfant en a senti l'impression secrète.
Prête à le mettre au jour, la mère de Stuart
Voit son amant tomber sous vingt coups de poignard;
Et, tremblant d'un fer nu, roi pédant et frivole,
Son fils livre la guerre aux docteurs de l'école,
Et le savant dilemme, et les doctes débats,
Furent son arme unique et ses plus grands combats.
Mais jusqu'où de l'esprit s'étendra la culture ?
Jusqu'où doit le savoir féconder la nature ?
Les Muses aiment peu de longs raisonnements :
Un récit dira plus que de froids arguments.

 Au sein de cette mer qu'on nomme Pacifique,
L'île de Péliou lève son front antique.
Chef-d'œuvre de l'instinct, phénomène des lois,
Simple mais non grossier, étranger à la fois
Aux vices élégants, aux barbares usages
Des peuples policés et des hordes sauvages,
Son peuple heureux ignore, et cette urbanité
Qui trahit avec grace, et la férocité
Qui rapporte en chantant, dans ses mains triomphantes,
Du crâne des vaincus les dépouilles sanglantes.

Son doux repos n'est point un stérile loisir :
A côté du travail il trouve le plaisir.
Le chef donne l'exemple en son palais de chaume ;
Et quand il a dicté des lois à son royaume,
Il revient à l'ouvrage. Aucun ne sait mieux l'art
D'emmancher la cognée et d'emplumer un dard.
Les poissons de leurs eaux et les fruits de leur terre,
Voilà leurs simples mets : aussi l'affreuse guerre
Trouble bien rarement et leurs champs et leurs jours :
C'est pour le superflu que l'on combat toujours.
Être justes et bons fait leur plus douce gloire ;
Et quand des nations la désolante histoire
Nous a peint leurs malheurs, leurs combats, leurs forfaits,
Le lecteur fatigué, pour reposer en paix,
Se plaît à rencontrer ce peuple débonnaire,
Semblable à la tribu que nous a peinte Homère,.
Qui de simple laitage, et de fruits, et de miel,
Vivait au bout du monde, et que le roi du ciel
Contemplait quelquefois de son trône sublime,
Pour délasser ses yeux des spectacles du crime.

Un vaisseau qu'Albion vit sortir de ses ports,
Heureux dans son naufrage, échoua sur ces bords :
Là n'éclatèrent point ces cris affreux de joie
De brigands affamés qui fondent sur leur proie ;
Ce peuple hospitalier accueillit leurs malheurs,
Leur donna des secours, un asile, et des pleurs.
En voyant tant d'honneur, de bonté, de franchise,
Des fiers Européens quelle fut la surprise !
« Ah ! si l'homme est heureux avec si peu d'efforts,
A quoi bon tous nos arts ? à quoi bon nos trésors ? »
Disaient-ils. Mais de ceux qu'y poussa le naufrage,
Nul d'un œil si charmé ne vit ce beau rivage,
Qu'un jeune homme doux, simple en ses mœurs, en ses traits,
Que le ciel pour ces lieux sembla former exprès..
Nul dans les jeux du corps n'égalait son adresse ;
Ses pieds légers, du cerf défiaient la vitesse ;
Son corps à la beauté, ce trop fragile don,
Joignait des mouvements le facile abandon ;
Plutôt bon que poli, moins empressé que tendre,
Son ame d'un coup d'œil savait se faire entendre :

Tous ses goûts étaient purs : au luxe des cités
Il préférait des champs les naïves beautés.
Né dans le sein des arts, il aimait la nature ;
La seule propreté composait sa parure ;
Nul ne vit ses cheveux, aussi libres que l'air,
Par la poudre blanchis, où tordus par le fer :
Quelquefois seulement leurs touffes vagabondes
Du jais le plus luisant se teignaient dans les ondes ;
Son esprit cultivé négligeait ses trésors.
En vain de l'harmonie il apprit les accords ;
Il n'aimait d'autres airs que ceux qu'à ses compagnes
Redit sur son hautbois le berger des montagnes,
Où du barde écossais les sons majestueux ;
Et pour peindre, en un mot, cet enfant vertueux,
Le Centaure autrefois l'eût voulu pour Achille,
Mentor pour Télémaque, et Rousseau pour Émile.
Aussi son œil à peine a vu ces beaux climats,
Ce peuple simple et doux, son cœur n'hésite pas ;
Il adopte ces lieux ; et son âme attendrie,
Pour la première fois croit trouver sa patrie.
Pour ajouter encore à son enchantement,
A ses yeux enivrés s'offre un objet charmant.
Son nom était Zoé : de sa taille élégante
Le jonc n'égale pas la souplesse ondoyante ;
Son port, son air, ses traits semblaient faits pour l'amour ;
Ses yeux tantôt lançaient les feux ardents du jour,
Et, tantôt se voilant de leur longue paupière,
Du doux astre des nuits imitaient la lumière.
Qu'importe la couleur au jeune homme amoureux ?
Le cœur dément bientôt le jugement des yeux ;
Et quand il la pressait sur son cœur idolâtre,
On croyait voir l'ébène à côté de l'albâtre.
Dans le ravissement de ses nouveaux destins,
Adieu l'Europe, adieu ses arts et ses festins !
Tel un jeune coursier, fait pour l'indépendance,
De sa belle prison dédaignant l'abondance,
Rompt ses liens, s'échappe, et, perdu dans les champs,
Écoute en liberté ses sauvages penchants,
Suit sa compagne aux champs, la suit à la pâture,
Et possède, à son gré, le ciel et la nature.

Dans le temps que Walter, par un charme secret [9],
Se rend à son instinct et suit son doux attrait,
Des arts européens, de leurs brillants prestiges,
Boo, fils du monarque, admirait les prodiges;
Un jour nouveau pour lui vint luire à ses regards :
Le ciel même semblait l'avoir fait pour les arts:
L'esquif et le canot, la rapide nacelle,
Avaient pris sous ses mains une forme nouvelle :
Nul plus adroitement ne tressait les roseaux,
Ne cultivait la terre, et ne fendait les eaux ;
Et, dans les arts bornés connus de sa patrie,
Chaque jour signalait son heureuse industrie.
Aussi de ce vaisseau dont les débris épars,
Tout fracassé qu'il est, étonnent ses regards,
Il va voir chaque jour l'étonnant artifice;
Il en voit à loisir réparer l'édifice :
Il dévore des yeux tout ce savant amas
D'ancres, de gouvernails, de voiles et de mâts ;
Il veut partir; il veut, loin de ces bords sauvages,
Des peuples policés recueillir les usages.
Tel l'arbre montagnard dont le sommet mouvant
Ne boit que la rosée, et n'obéit qu'au vent,
S'en va dans les jardins; oubliant la nature,
Implorer l'arrosoir et subir la culture.
En vain les yeux en pleurs, la douleur dans le sein,
Son père en cheveux blancs s'oppose à son dessein.
« O mon fils ! disait-il, quelle ardeur téméraire
Te fait chercher si loin une terre étrangère ?
Où t'emporte l'amour d'un dangereux honneur?
Que peut-on regretter, quand on a le bonheur?
De quoi nous serviront ces arts d'un autre monde?
Rendront-ils de nos mers la pêche plus féconde?
Un ciel plus bienfaisant brillera-t-il pour nous?
L'air que nous respirons en sera-t-il plus doux ?
Nos fruits plus savoureux, l'onde plus salutaire,
En aimeras-tu mieux ton pays et ton père?
Voilà les vrais trésors : veux-tu, par leurs effets,
De ces arts si vantés connaître les bienfaits ?
Regarde ces débris épars sur ce rivage.
Que dis-je! ah! loin de moi te funeste présage!

Quel est, si je te perds, l'espoir de mes vieux ans?
Abjure, mon cher fils, ces projets imprudents;
Et, si tu n'en crois pas mes secrètes alarmes,
Écoute mes sanglots, et vois couler mes larmes. »
  Inutile discours ! le vaisseau réparé,
Du port qui l'arrêtait à sortir préparé,
Attendait le signal, et déjà de ses voiles
Une haleine propice avait gonflé les toiles.
Au rivage fatal le vieillard suit son fils,
Et le fixant long-temps de ses yeux attendris,
« Hé bien, va, pars, je cède à ton impatience;
Mais que je vais souffrir, dans ta cruelle absence!
Ce fil, de qui les nœuds nous mesurent les jours,
Dans mes tremblantes mains je le tiendrai toujours.
Tous les jours je vais croire, au gré de mon envie,
En ôtant à ces nœuds ajouter à ma vie.
Et toi, bonté du ciel, si je dois le revoir,
Si les vents, si les flots secondent mon espoir,
S'il doit remplir les vœux d'un père qui l'adore,
Si son cœur sur mon sein doit palpiter encore,
Ah ! prolonge mes jours, il n'est point de tourment
Qui ne cède à l'espoir de cet embrassement.
Mais au bord du tombeau s'il faut que je le pleure,
O ciel ! fais-moi mourir, fais-moi mourir sur l'heure !
Et qu'enfin, prévenant un plus funeste sort,
Je meure de ma crainte, et non pas de sa mort ! »
  Il dit; et le cœur plein d'espérance, et d'alarmes,
A ces derniers adieux joint un torrent de larmes.
On l'entoure, on l'emporte, et ses pleurs et ses cris
A son palais encor redemandent son fils.
  A peine cependant le jeune et fier sauvage
De la riche Albion a touché le rivage,
Dieux ! quels furent sa joie et son ravissement !
Tout était nouveauté, prodige, enchantement.
Tout ce nombreux concours des villes opulentes,
Les coursiers attelés à des maisons roulantes,
Les pompes de la scène, et l'orgueil des palais,
Les glaces répétant et doublant les objets,
Les ports, les arsenaux, le sénat, les lycées,
Tout payait un tribut à ses jeunes pensées,

Tout formait son esprit. Tel l'onyx brut encor,
Dont la terre a long-temps recelé le trésor,
Perd sous les mains de l'art son écorce grossière,
Et de son sein poli réfléchit la lumière.
Son bonheur fut entier jusqu'au funeste jour
Où la jeune Willis lui fit sentir l'amour.
Plus que d'un sentiment avide d'un hommage,
La coquette Willis était vaine et volage;
Willis ne connut point cette discrète ardeur
D'une amante sans art, qui des plaisirs du cœur
Se pénètre en secret, et ne veut de sa flamme
Pour juge que l'amour, pour témoin que son ame.
L'éclat seul l'attirait, et son orgueil charmé
Aimerait moins Boo, s'il était moins aimé.
Aussi, quand il fallut quitter ce grand théâtre,
Ces pompes, ces vains bruits que son cœur idolâtre,
Un injuste dégoût refroidit son ardeur :
Boo le ressentit jusques au fond du cœur;
Le chagrin destructeur s'alluma dans ses veines :
Ainsi que les plaisirs, il ressentait les peines.
Alors ses premiers jours et ses premiers plaisirs,
Ses innocents travaux et ses heureux loisirs,
Désabusant son cœur d'un vain rêve de gloire,
Revinrent à la fois assiéger sa mémoire.
 Pour combler ses tourments, un écrit de Wälter,
Qui par un vent propice avait franchi la mer,
Lui contait son bonheur, sa douce destinée,
Ses amours, et les fruits d'un heureux hyménée.
Alors le cœur en proie au regret dévorant,
« O trop heureux Walter ! disait-il en pleurant,
Qu'au malheureux Boo ton sort doit faire envie !
Hélas ! ainsi que moi, tu changeas de patrie;
Mais tu jouis en paix de tes tendres amours,
Et l'infidélité n'a point troublé tes jours ;
Mais à ton cœur constant répond une ame pure;
Et moi, triste jouet d'une femme parjure,
Je porte au fond du cœur un trait empoisonné.
Que n'ai-je su, paisible aux lieux où je suis né,
Auprès de mes amis, de mes noires compagnes,
Des princes mes aïeux cultiver les campagnes !

CHANT I.

Et toi, dont j'aurais dû mieux suivre les avis,
Ah! si, comme autrefois tu l'as dit à ton fils,
La douce sympathie, en dépit de l'absence,
Nous fait de ceux qu'on aime éprouver la souffrance,
O mon père, combien tu dois verser de pleurs!
Mais, hélas! c'en est fait : je succombe, je meurs;
Je meurs dans les beaux jours de mon adolescence;
Je meurs loin des beaux lieux si chers à mon enfance!
O champs de mon pays! ô fortuné séjour!
Qu'habitent le travail, l'innocence et l'amour;
Fleuves majestueux, délicieux rivage,
Mers que mes jeunes bras traversaient à la nage,
Bananiers dont j'aimais les ombrages touffus,
Arbres que j'ai plantés, je ne vous verrai plus!
Je ne porterai pas au sein de ma patrie
Ces merveilles des arts, ces fruits de l'industrie.
Consolez-vous : ces arts ne font pas le bonheur.
Et vous, ô mes amis! si des marques d'honneur
Peuvent toucher les morts sur le rivage sombre,
Du malheureux Boo ne dédaignez pas l'ombre.
Que mon nom soit encor répété parmi vous,
Et dites en pleurant : Boo mourut pour nous. »
  Il dit; et, l'œil tourné vers la carte chérie
Où l'art ingénieux lui traçait sa patrie,
Tantôt vers ces écrits, monuments de nos arts,
Tournant languissamment ses douloureux regards,
Il expire en sa fleur : ainsi la jeune abeille
Qui butinait le thym et la rose vermeille,
Prête de déposer dans ses foyers chéris
L'extrait de la rosée, et des fleurs et des fruits,
Succombe sous le poids de sa moisson nouvelle,
Et regrette, en mourant, la ruche maternelle.
O Walter! ô Boo! noms chéris et sacrés!
Vainement par le sort vous fûtes séparés :
Tant que les bois verront renaître le feuillage,
Tant que de l'art des vers l'ingénieux langage
De sons harmonieux charmera l'univers,
Ainsi que dans nos cœurs, vous vivrez dans mes vers.
  De vos sorts différents que dois-je enfin conclure?
Qu'il faut du haut des arts descendre à la nature?

Non : leurs amusements; quand les mœurs ne sont plus,
Calment les passions, nourrissent les vertus.
Laissons jouir des arts celui qui les possède :
S'ils ont fait quelques maux, ils en sont le remède ;
Et moi-même bientôt, leur consacrant ma voix,
Je peindrai leurs plaisirs et dicterai leurs lois.

CHANT SECOND.

L'HOMME SENSIBLE.

Heureux, disait Virgile, heureux l'esprit sublime
Qui peut de la nature approfondir l'abîme ;
Qui, combinant entre eux les causes, les effets,
Sonde des éléments les principes secrets ;
Qui sait pourquoi du jour s'éclipse la lumière ;
Pourquoi pâlit des nuits l'inégale courrière ;
Comment la vaste mer, sans l'aide du trident,
S'enfle, couvre ses bords, et les quitte en grondant ;
Et qui voit, des hauteurs de la philosophie,
Tous ces vains préjugés que l'erreur déifie !
Mais trop heureux aussi qui, modeste en ses chants,
Sait peindre les travaux et les plaisirs des champs ;
Et qui, n'osant du monde embrasser la structure,
Assis près d'un ruisseau, se plaît à son murmure !
Ainsi parlait Virgile ; et moi, de qui la voix
Célébrait les jardins, les vergers et les bois,
J'oserai plus encor : plein d'une douce ivresse,
Ainsi que de Virgile, élève de Lucrèce,
De l'homme, cet abîme et sans bords et sans fonds,
Je vais développer les mystères profonds.
J'ai dit comment, des dieux parcourant les ouvrages,
Les sens dans notre esprit en gravent les images ;
Par quel art, variant ses magiques reflets,
L'imagination colore les objets,
Et, puisant à son gré dans la riche mémoire,
De ce monde en roman sait transformer l'histoire.

Aujourd'hui je dirai nos peines, nos plaisirs;
Comment sont irrités ou calmés nos desirs;
Tout ce qu'ajoute aux biens, aux maux de la nature,
Ce pouvoir enchanteur, objet de ma peinture.
Heureux si ces trésors me sont encore ouverts,
Et parent la raison du doux charme des vers!

 Vois comme l'Éternel a, d'une main avare,
Dispersé les plaisirs; comment il les sépare
Par des vides fréquents, où le desir trompé
Ne sait plus où se prendre, et meurt désoccupé;
Où notre œil n'aperçoit, de distance en distance,
Que quelques points épars dans un espace immense.
L'illusion accourt, et sa brillante erreur
Vient, d'un objet à l'autre, amuser notre cœur;
Près du bonheur qu'on eut met le bonheur qu'on rêve :
Dieu créa l'univers, l'illusion l'achève.
Où dort la jouissance elle éveille un desir;
Elle met le regret où finit le plaisir;
Et de vœux, de projets, d'espérances suivie,
Remplit le canevas des scènes de la vie.

 En voulez-vous l'emblème ? écoutez ce récit :
Une femme charmante assemblait, m'a-t-on dit,
A de petits soupers très grande compagnie;
De sa table frugale, et souvent mal servie,
Elle se plaignait seule, où plutôt se moquait;
Mais si l'Aï, l'Arbois ou le Bordeaux manquait [2],
Si les plats clair-semés se fuyaient sur la table,
Elle contait; soudain la gaieté délectable
Se répandait partout : les ris gagnaient; le vin
Était délicieux, et le souper divin.
Telle est l'illusion, au grand banquet du monde :
Où manque un bien réel, la douce erreur abonde.

 Dans un espace étroit, et dans un temps borné,
Son magique pouvoir ne fut point confiné.
Au loin dans l'infini son regard se promène,
Le monde est son empire, et le temps son domaine.
Tantôt des biens présents elle règle le choix;
Et quand, tenant déjà ses bassins et ses poids,
La prudente raison pèse tout en silence,
Elle accourt, et soudain fait pencher la balance.

Mais ce bonheur est court : tel qu'un coursier fougueux,
Las du sol qui le porte, et d'un pied dédaigneux
Insultant à la terre, avec impatience
Vole en espoir aux lieux qu'il dévore d'avance ;
Tel le présent pour l'homme est bientôt un ennui,
Et le passé lui-même est préféré par lui.
Croyez-vous, en effet, que, prompts à disparaître,
Nos jours soient pour jamais retranchés de notre être ?
Non, non, le souvenir les reproduit toujours,
Le souvenir au temps fait rebrousser son cours [3] ;
Et, tel que ce serpent que tranche un fer barbare,
Fidèle à la moitié dont l'acier le sépare,
A ses vivants débris cherche encore à s'unir,
Ainsi vers le passé revient le souvenir.
Que dis-je ? l'Éternel, en le faisant renaître,
Au sage emploi du temps nous invite peut-être.
Il nous dit : « Du présent placez bien les trésors,
Et que vos souvenirs ne soient point des remords. »
Malheureux le mortel que le remords tourmente !
L'Imagination le nourrit et l'augmente.
Terrible, elle présente à l'homme criminel
Son serment, son parjure, et le temple et l'autel,
Et lui fait de son crime une longue torture.
Mais l'âme, quelquefois, par le remords s'épure ;
Il fait servir au bien le vice qui n'est plus,
Et cet enfant du crime est garant des vertus.

Comme lui, du passé le regret est l'image [4] ;
Mais son air est plus doux. Dans son touchant langage,
Il peint tout ce qui plut à nos cœurs, à nos yeux ;
Il s'en va choisissant, dans les temps, dans les lieux,
Quelque endroit préféré, quelques heures chéries,
Où viennent reposer ses douces rêveries ;
Même en les nourrissant adoucit ses douleurs,
Vit de ses souvenirs, et jouit de ses pleurs.
Eh ! qui n'en a connu les peines et les charmes ?
Qui n'a vers le passé détourné quelques larmes ?
L'homme ingrat au passé goûte peu l'avenir.
Non, l'espoir ne vit guère où meurt le souvenir ;
Dans le même foyer tous deux ont pris naissance,
Et le cœur sans regret languit sans jouissance.

Et toi, du souvenir le plus noble attribut,
Douce reconnaissance, accepte mon tribut !
Le présent est le dieu que l'intérêt adore ;
Mais toi, vers le passé ton œil se tourne encore.
Si des dettes du cœur il s'était acquitté :
« Cet homme se souvient, » disait l'antiquité.
Mais aux dieux, aux mortels, vainement redevables,
Que d'ames sans mémoire et de cœurs insolvables !
Et même dans l'amour, même dans l'amitié,
Le doux ressouvenir n'est-il pas de moitié ?
Le temps serre les nœuds que l'instinct fit éclore ;
On songe qu'on s'aima, pour s'aimer plus encore.
Trop heureux cependant, si toujours le passé
Par ces doux souvenirs nous était retracé !
Mais, comme les penchants vertueux et paisibles,
La mémoire nourrit les passions terribles,
Surtout dans ces climats dont les âpres chaleurs,
Ainsi que les poisons, exaltent les fureurs.
Là, par l'homme superbe une injure endurée
Descend profondément dans son ame ulcérée.
Pour lui plus de plaisir ; sa barbe, ses cheveux
Croîtront jusqu'au trépas d'un mortel odieux ;
Le serment en est fait : solitaire, sauvage,
Sur les monts, dans les bois, il court nourrir sa rage ;
Et tandis qu'au désert confiant ses douleurs,
Un jeune amant peut-être y vient verser des pleurs,
Lui, sans pleurs, sans sommeil, le jour, dans l'ombre obscure,
Aux monts, aux vents, aux flots, racontant son injure,
Il rugit ; il se peint avec des traits de feu
L'horreur de son affront, le jour, l'heure, le lieu ;
D'un mortel abhorré porte en tous lieux l'image,
Et de loin sur sa tête amoncelle l'orage :
Que ses jours paieront cher le jour qui l'a banni !
Que n'est-il plus heureux, pour être mieux puni !
Dans les illusions de ses vœux sanguinaires,
Il lui prête à plaisir des biens imaginaires,
Des honneurs à ravir, des champs à ravager,
Un nom pour le flétrir, un fils pour l'égorger.
Quel tourment doit enfin lui choisir sa vengeance ?
Faut-il hâter sa mort, prolonger sa souffrance ?

Sera-ce le poison, le feu, l'onde ou le fer?
Ah! quand viendra le jour, à ses désirs si cher?
Il est venu. Malheur à l'objet de sa rage!
L'impétueux autan, précurseur du naufrage,
Moins prompt, moins furieux, disperse les débris
De l'esquif imprudent que l'orage a surpris.
De là ces noirs forfaits, ces scènes exécrables,
Ces monstres de l'histoire, égalant ceux des fables;
Ces coupes, ces poignards, fruits d'un long souvenir,
Et le passé couvant le terrible avenir.
  Oserai-je conter l'épouvantable histoire
Dont Pérouse, en tremblant, garde encor la mémoire [5]?
D'un mortel orgueilleux un violent affront
Avait blessé le cœur et fait rougir le front.
Instruit de ses fureurs, des piéges qu'il médite,
Le coupable tremblant échappe à sa poursuite;
Il part, il court attendre, à l'abri du danger,
Des moments plus heureux sous un ciel étranger.
Vaine précaution! la victime éloignée
N'en est que plus présente à cette âme indignée.
Sous un calme trompeur, son noir ressentiment
En prépare de loin l'horrible châtiment,
Dissimule à la fois et la haine et l'offense:
L'art de dissimuler est l'art de la vengeance.
Il feint que, las des cours, du monde dégoûté,
Il a d'un cloître saint choisi l'obscurité.
Là, ses tourments pieux et ses rigueurs austères
Défiaient la ferveur des plus saints solitaires;
Il fait plus: dans ce cœur qu'habitent les forfaits,
Sa fureur tous les jours reçoit le dieu de paix;
Mais il n'en hait que plus l'auteur de son outrage;
Ses crimes redoublés ont redoublé sa rage.
  Cependant un faux bruit, par les siens répandu,
Fait croire à l'exilé, par sa haine attendu,
Qu'apaisé, relégué dans sa retraite obscure,
Il a, comme le monde, oublié son injure;
Qu'il est temps de rentrer dans son séjour natal.
Trop crédule, il se livre à cet espoir fatal,
Part, et revient se rendre à sa douce patrie.
Son ennemi l'a su; son adroite furie

Avait fait épier son départ, son retour,
Et jusqu'au lieu secret choisi pour son séjour.
Alors, tout palpitant d'une allégresse horrible,
Avec un ris féroce, avec un œil terrible,
Parcourant ce lieu saint, ce temple, cet autel,
Où le crime à sa rage a fait servir le ciel :
« Séjour de piété, témoin d'un si long crime,
Je vous rends grâce enfin, je vous dois ma victime !
Adieu ! gardez pour vous l'innocence et la paix ;
Adieu ! je vais jouir de cinq ans de forfaits. »
 Dans la nuit, à ces mots, il quitte sa retraite,
Vers les lieux indiqués suit sa marche secrète :
Il frappe, il entre armé de poignards, de flambeaux⁶,
Tel qu'un spectre échappé de la nuit des tombeaux,
Surprend son ennemi, le saisit et l'enchaîne ;
Et d'un œil où brillait le bonheur de la haine :
« Ah ! cruel, lui dit-il, tu m'as long-temps trompé,
Mais à mes coups enfin tu n'as pas échappé ;
La vengeance à pas lents t'a conduit dans mes piéges :
Tiens, traître, tiens, voilà pour tous mes sacriléges :
Tu m'as ravi (comment puis-je assez te punir ?)
Les biens et de ce monde, et du monde à venir.
Meurs, expie en mourant mes crimes, tes injures,
Et mes tourments passés, et mes peines futures ;
L'enfer est pour tous deux : tu m'y précéderas. »
 Dans son flanc, à ces mots, il a plongé son bras ;
Mais sur ce corps mourant sa haine vit encore ;
Il trempe le poignard dans ce sang qu'il abhorre,
Il l'emporte fumant de ce sang odieux :
Et cet objet funeste est toujours sous ses yeux :
Horrible monument d'une horrible vengeance.
Tant le passé sur nous exerce de puissance !
 D'un vol bien plus rapide et plus ardent encor
Vers l'obscur avenir l'ame prend son essor.
Tel que ce double dieu, Janus aux deux visages,
Qui, d'un double regard embrassant les deux âges,
Regardait, d'un côté, le siècle vieillissant,
De l'autre se tournait vers le siècle naissant ;
Ou tel que, dominant sur les ondes captives,
Un colosse fameux s'appuyait sur deux rives,

L'Imagination se plaît à réunir,
D'un côté le passé, de l'autre l'avenir.
Là sur deux points divers notre cœur se balance :
La Crainte d'un côté, de l'autre l'Espérance;
L'Espérance au front gai, qui, lorsque tous les dieux
Loin de ce globe impur s'enfuirent dans les cieux [7],
Nous resta la dernière, et console le monde.
Avec le nautonier elle vogue sur l'onde,
Veille dans les comptoirs, guide les bataillons,
Sourit au laboureur courbé sur ses sillons;
Du savant matinal voit grossir le volume,
Et tient le soc, la rame, et l'épée, et la plume :
Mais surtout des grands cœurs elle enhardit l'essor.
Quand César aux Romains prodiguait son trésor,
Un ami, qu'effrayait sa vaste bienfaisance,
Lui demanda quel bien lui restait : L'espérance,
Dit-il; et quel espoir que celui de César !
La fortune à l'espoir laisse atteler son char;
Il enrichit le pauvre, affranchit les esclaves;
Et par lui le captif chante dans ses entraves.
Quels maux désespérés peuvent lasser l'espoir ?
Dans la nuit la plus sombre il se laisse entrevoir,
Et de l'illusion offre au moins les ressources.
  Ainsi, quand du crédit on a tari les sources,
Quand d'un papier, en vain protégé par les lois,
La trop mince valeur se mesure à son poids,
Romancier consolant, et fertile en promesses,
Soudain Cambon paraît, il compte nos richesses;
La messe supprimée, et les temples vendus,
Ce qu'on fera payer, ce qu'on ne paiera plus;
Des morts déshérités les créances éteintes,
L'impôt sur les malheurs, et l'impôt sur les craintes.
Alors on applaudit : les millions, les milliards,
En assignats nouveaux pleuvent de toutes parts;
Le crédit se ranime, et la douce Espérance
Sur son char de carton parcourt toute la France.
  Le trépas même enfin, l'inflexible trépas,
Invoque l'Espérance, et n'en triomphe pas.
Que dis-je? sur nos cœurs que ne peut sa puissance?
Elle-même souvent révoque la sentence,

CHANT II.

Et, d'un corps affaibli ranimant les ressorts,
Elle est, comme des cœurs, bienfaitrice des corps.
Vous l'avez éprouvé, dans ces jours de prestiges
Où Mesmer de son art déployait les prodiges :
Il avait renversé ces vases, ces mortiers,
Où l'on broyait des sucs trop souvent meurtriers;
Mais de l'heureux délire il nous versait la coupe.
De malades plus gais une docile troupe,
De cordons entourés, et des fers sur le sein,
En cercle environnait le magique bassin.
Peindrai-je le bonheur des cœurs qui sont ensemble,
Que le même besoin, le même vœu rassemble;
Ces liens fraternels, cette chaîne d'amour,
Où chacun communique et reçoit tour à tour;
Et l'électricité de ses mains caressantes,
Que le rapport des cœurs rend encor plus puissantes?
Non, la douce féerie et tous ses talismans
Ne pourraient s'égaler à ces enchantements.
Qu'on ne me vante plus la boîte de Pandore;
Ce baquet merveilleux fut plus puissant encore :
Les maux n'en sortaient pas, l'espoir restait au fonds;
Autour, la douce erreur et les illusions :
Tous se félicitaient de leurs métamorphoses;
La vieille Églé croyait voir renaître ses roses;
Le vieillard décrépit, se ranimant un peu,
D'un retour de santé menaçait son neveu.
Le jeune homme, à vingt ans ridé par la mollesse,
Se promettait encor quelques jours de jeunesse;
Moi-même j'espérais, rejetant mon bandeau,
Des yeux dignes de voir un spectacle si beau.
Mais, quoi! chez les Français est-il rien de durable?
Mesmer courut ailleurs porter son art aimable.
Chaque malade, au fond de son appartement,
Tout seul, avec ses maux, s'enterra tristement;
Et, des remèdes vains implorant la puissance,
Il perdit le plus doux, en perdant l'espérance.

Fondant sur l'avenir des droits non moins puissants,
La crainte y jette encor des regards plus perçants.
Salutaires tourments! Le Créateur suprême
Ne peut, à chaque instant, nous garder par lui-même;

Et, quelque grand qu'il soit, ce maître universel
Ne devait point à l'homme un miracle éternel.
Mais, tandis qu'en nos cœurs l'espérance est empreinte,
Exprès, à côté d'elle, il a placé la crainte,
Sentinelle assidu, qui, devançant nos pas,
Court épier les maux que l'esprit ne voit pas ;
Et, nous avertissant des piéges qu'il redoute,
De la vie avec soin interroge la route.
La raison se réveille à son premier signal,
Et court ou prévenir ou réparer le mal.
Ce sage instinct nous suit même dès la naissance :
Voyez l'enfant, sans art et sans expérience,
Attentif et tremblant, former ses premiers pas,
Et, tout près de tomber, tendre ses faibles bras !
Ainsi sont opposés, dans la même balance,
Et la crainte ombrageuse, et la douce espérance.

Mais je n'ai pas encor chanté tous leurs effets :
Tous deux ont leurs malheurs, ainsi que leurs bienfaits ;
Souvent l'espoir précoce, en la montrant d'avance,
Par une longue attente use la jouissance,
Cueille la joie en fleurs, flétrit son fruit naissant,
Et souvent l'avenir nous vole le présent.
Je pense voir à table un imprudent convive,
Qui, long-temps dégoûté, contient sa faim oisive ;
Et, toujours espérant des mets plus délicats,
Arrive, à jeun et dupe, à la fin du repas.
De la crainte, à son tour, les transes incertaines
Attristent les plaisirs, et devancent les peines.
De là, vers l'avenir sombre et mystérieux,
Ces élans inquiets, cet instinct curieux :
Ainsi, pour pénétrer d'impénétrables voiles,
L'homme demande au ciel, il demande aux étoiles,
Ses malheurs, ses succès, ses plaisirs, ses douleurs.
Tantôt, sur des cartons de diverses couleurs,
Combinant le pouvoir des nombres, des figures,
Lit, dans de vains hasards, de grandes aventures.
Qu'une salière tombe, elle a dicté son sort ;
Le cri de ce corbeau, c'est l'arrêt de sa mort ;
Là sont des talismans, là, des miroirs magiques ;
Tantôt, l'œil attaché sur des mains prophétiques,

CHANT II.

Il lit dans chaque trait un avenir certain,
Et la ligne fatale est la loi du destin.
Aux superstitions qui donna la naissance?
La crainte fanatique à la reconnaissance
Arracha l'encensoir, et son culte odieux
Par le sang des humains sollicita les dieux.
    Dirai-je enfin comment, dans leurs ardeurs brûlantes,
Des vives passions les fougues turbulentes
Viennent aiguillonner et la crainte et l'espoir,
Soit que sur nous la gloire exerce son pouvoir;
Soit que l'ambition, tyran des grandes ames,
De l'amour des grandeurs alimente les flammes;
Soit que, plus inquiète et plus avide encor,
S'allume dans un cœur l'ardente soif de l'or?
    Pénétrez dans ce temple, où l'avide avarice
De l'aveugle hasard adore le caprice :
Voyez au dieu de l'or tous ces autels dressés
Recevoir des mortels les vœux intéressés.
L'or y brille aux regards, y résonne à l'oreille :
A ce bruit tout-puissant l'avidité s'éveille;
Mais les cœurs ne sont pas troublés du même soin :
Là sont les vœux du luxe; ici, ceux du besoin.
Et tandis qu'au hasard, arbitre des richesses,
L'un demande des chars, des bijoux, des maîtresses,
L'autre, de ses enfants attendant le destin,
Déja du désespoir tient l'arme dans sa main.
Immobiles, l'œil fixe, en un profond silence,
Tous, d'un regard brûlant, se dévorent d'avance.
Dans le cornet fatal le dez a retenti :
Il s'agite, il prélude, il sort, il est sorti !
Tous les yeux, tous les cœurs s'élancent sur sa trace;
Il hésite, il balance, il promet, il menace;
Mais il s'arrête enfin : le sort a prononcé,
Et dans tous les regards son arrêt est tracé.
Effroyables tableaux, où chaque front déploie
Ou sa douleur farouche, ou son horrible joie !
    Mais de nos sentiments, mais de nos passions,
Celle qui se nourrit de plus d'illusions,
C'est l'amour. Ah ! combien mon cœur le trouve à plaindre,
L'homme à qui ses malheurs donnent droit de le peindre !

Tout frissonnant encor de l'excès de ses maux;
Que de fois dans ses mains vont trembler ses pinceaux !
Tel, à peine échappé des fureurs de l'orage,
Le nautonier pâlit en contant son naufrage.
L'amour dans tous les cœurs fait entendre sa voix [9] :
Mais qui dira combien et nos mœurs et nos lois,
Et de nos arts brillants la puissante magie,
De ce penchant terrible exaltent l'énergie ?
Tel des rayons perdus dans le vague des cieux
Le verre ardent rassemble et redouble les feux.
Pour l'instinct effréné d'une horde sauvage,
L'amour est un éclair : chez nous, c'est un orage
De tout ce qui fermente et bouillonne en nos cœurs
L'Imagination assemble les vapeurs :
La vanité, l'orgueil, l'espérance, la crainte,
Le regret, le desir ; c'est l'airain de Corinthe,
Où, par un feu brûlant l'un dans l'autre fondus,
Tous les métaux roulaient et brillaient confondus ;
C'est le volcan, où l'air, et l'onde, et le bitume,
Nourrissent à la fois le feu qui le consume.
L'amour lance de loin ses traits les plus puissants
Il n'est pas renfermé dans l'empire des sens ;
Il n'est pas dans l'alcôve obscure et parfumée
Où le baiser s'empreint sur la bouche enflammée :
Il est dans cette fête où, rencontrant leurs yeux,
Deux amants tout à coup s'étonnent de leurs feux,
Et, pleins d'une langueur ineffable et profonde,
Dans la foule et le bruit ne sont plus qu'eux au monde ;
Il est aux bords déserts, où l'objet adoré,
Seul vu, seul entendu, seul craint, seul desiré,
Remplit chaque pensée ou de joie ou de peine,
Enflamme chaque sens et bat dans chaque veine ;
Il est dans la retraite, où le cœur amoureux
Verse sur le papier le torrent de ses feux ;
Il veille à cette porte où, seul, dans l'ombre humide,
L'amant, en palpitant, prête une oreille avide :
Heureux lorsque d'un pied posé timidement
Le bruit vient l'avertir du fortuné moment,
Et promettre à sa flamme une plus douce veille ;
Il est dans le réduit où la beauté sommeille,

Où, de loin l'adorant, et n'osant qu'admirer,
Il écoute son souffle et craint de respirer ;
Tandis que d'un beau corps l'inutile parure,
Ces perles, ces rubis, qu'ornaient sa chevelure,
Ces ornements d'un bras arrondi par l'amour,
Ce corps où d'un beau sein le mobile contour
A ses impressions fit céder la baleine,
Excitent des transports qu'il ne contient qu'à peine ;
Et, la montrant sans voile à son brûlant désir,
Par cent plaisirs secrets devancent le plaisir.
  Je passe ces moments de turbulente ivresse ;
Où les sens règnent seuls, où l'illusion cesse.
Qu'en peignant des désirs l'impétueuse ardeur,
Lucrèce dans ses vers alarme la pudeur,
Et fasse des accents de l'obscène licence
Murmurer la sagesse et rougir l'innocence.
Pour le sage lecteur un coupable mépris
Jamais d'un vers impur n'a souillé mes écrits.
Je laisse donc couverts des ombres du mystère
Les traits dont s'effarouche une muse sévère.
  Mais qui me décrira ces transports ravissants,
Ces délices du cœur, après celles des sens ;
Ces doux ressouvenirs et ces tendres pensées
Par qui le cœur jouit des voluptés passées,
Et, rempli d'un bonheur qu'il savoure à loisir,
Consacre au sentiment le repos du plaisir ?
Ah ! celle qui produit, qui nourrit ce délire,
L'Imagination, peut seule le décrire.
L'Imagination, de ses chastes pinceaux,
Peut même à la pudeur en offrir les tableaux :
Avant les voluptés, l'amour vit d'espérance,
Et l'amour leur survit par la reconnaissance.
Le bienfait a toujours le droit de nous charmer.
Eh ! quel plus grand bienfait que le bonheur d'aimer !
  Voilà les plaisirs purs. Mais si la jalousie
Allume au fond du cœur sa sombre frénésie,
Que je le plains ! Autant qu'aux amours sans fureurs
L'illusion versait d'agréables erreurs,
Autant aux cœurs jaloux, qu'un noir poison consume,
Elle fait des douleurs épuiser l'amertume.

Ce n'est plus cette fée, appelant à ses jeux
Les fantômes brillants et les songes heureux ;
Ce n'est qu'une furie évoquant des lieux sombres
Les spectres effrayants et les sinistres ombres.
Voyez-le, ce jouet, ce tyran de l'amour :
Le malheureux ! Il craint et la nuit et le jour :
Le jour sert des regards l'audace téméraire,
Et la nuit peut voiler un odieux mystère.
Le concours des cités, leurs pompes et leurs jeux,
Tout nourrit, tout aigrit ses soupçons ombrageux.
Dans les champs, l'air, les eaux, les fleurs et le zéphyre,
La forêt, le bosquet, tout contre lui conspire.
« Tous deux ils ont suivi ces sentiers écartés ;
La lune, il m'en souvient, retirait ses clartés :
Ces lieux étaient si beaux ! ce bocage si sombre ! »
Il part, il marche, il erre, il s'enfonce dans l'ombre ;
Un feu noir et sinistre allume son regard,
Et son ami n'est pas à l'abri du poignard.
Que dis-je ? malheureux au sein du bonheur même ;
Il jouit en tremblant de la beauté qu'il aime ;
Il rêve à ses côtés de rivaux et d'amants,
Et ses plaisirs troublés le rendent aux tourments :
Et si de son malheur l'assurance terrible
Jette au fond de son âme une lumière horrible,
Ah ! qu'il est malheureux, puisqu'il n'espère plus !
Comme il va regretter les maux qu'il a perdus !
Quelques plaisirs du moins adoucissaient ses peines ;
La douleur aujourd'hui coule seule en ses veines.
C'est peu de son malheur : hélas ! trop tôt détruit,
Plus cruel que ses maux, son bonheur le poursuit.
Ces jours délicieux, ces nuits enchanteresses,
Le nectar des baisers, le charme des caresses,
Des plus doux souvenirs font un poison rongeur :
Tel, sous un ciel ardent, lorsque le voyageur
Est brûlé par la soif, si dans sa longue course
Il voit un ruisseau pur, un beau lac, une source,
Qui, du fond des rochers, du sein des antres frais,
Tombe, écume, et s'enfuit sous un ombrage épais,
Il croit entendre encor cette eau bruyante et claire ;
Il s'abreuve à longs traits de l'onde imaginaire...

CHANT II.

Funeste illusion! trop vains enchantements!
Bientôt ce court plaisir se change en longs tourments;
Son regret s'en irrite, et des fraîches fontaines
L'onde en flots embrasés revient brûler ses veines.
 Sur les pertes du cœur, nous pleurons chaque jour,
Mais quels regrets pareils aux regrets de l'amour!
J'ai chanté son pouvoir, ses plaisirs, ses prestiges;
J'en ai peint les effets: qui peindra ses prodiges?
Qui saura m'exprimer comment ses traits puissants
Trompent la mort, l'absence, et les lieux, et les ans?
Voyez-vous ce visage où d'une âme flétrie
Se peint la douloureuse et lente rêverie;
Qui, gai par intervalle, et souvent dans les pleurs,
Jusque dans son souris exprime ses douleurs?
D'un amant qui n'est plus amante infortunée,
Et par un long délire à l'espoir condamnée,
Elle l'attend toujours; elle croit que la mer
Lui retient cet objet à ses desirs si cher.
Dans les mêmes chemins, connus de sa tendresse,
Cet invincible espoir la ramène sans cesse.
Elle arrive... Son œil jette de toutes parts
Sur l'immense Océan ses avides regards;
Elle demande aux flots si des rives lointaines
Le vent ramène enfin l'objet de tant de peines.
Rien ne paraît. « Allons! il reviendra demain, »
Se dit-elle... et reprend tristement son chemin.
Le lendemain arrive; elle vient dès l'aurore,
L'attend, soupire... et part... pour revenir encore:
Tant l'amour sait nourrir son triste enchantement!
 Que dis-je! dans l'excès d'un fol égarement,
Même après le trépas l'amour voit ce qu'il pleure;
Il le voit, il l'entend, l'entretient à toute heure.
Oh! pour peindre un malheur si digne de mes chants,
Si je pouvais trouver des sons assez touchants,
De deux jeunes amants je dirais l'aventure.
Amour! toi qu'une fade et vulgaire peinture
Met toujours dans les ris, sur un trône de fleurs,
Pardon, si je te place en un lieu de douleurs;
Ah! si l'on y goûta tes plus pures délices,
Viens m'aider à les peindre. En l'un de ces hospices [10]

Dotés par les secours, et fondés par les mains
De ce pieux Vincent, bienfaiteur des humains,
Dont le modeste nom, digne de la mémoire,
De tous les conquérants anéantit la gloire,
Une aimable novice, à la fleur de ses ans,
Donnait aux malheureux des soins compatissants;
Les Graces arrangeaient son simple habit de bure [1],
Les Graces se plaisaient à sa simple coiffure.
Dans ses traits ingénus respirait la candeur;
Son front se colorait d'une aimable pudeur;
Tout en elle était calme; un sentiment modeste
Réglait son air, sa voix, son silence, son geste;
Ses yeux, d'où sa pensée à peine osait sortir,
N'exprimaient rien encore, et faisaient tout sentir.
On eût dit qu'en secret sa douce indifférence
D'un ascendant suprême attendait la puissance :
Tel ce chef-d'œuvre heureux de l'amour et des arts,
La jeune Galatée, enchantait les regards,
Lorsque essayant la vie et son âme naissante,
N'étant déjà plus marbre et pas encore amante,
Entr'ouvrant par degrés ses paupières au jour,
Pour achever de vivre elle attendait l'amour.

Ainsi, dans sa langueur doucement recueillie,
En une aimable paix reposait Azélie;
Ou, si son cœur s'ouvrait à quelque impression,
C'était de la bonté la tendre émotion
Qui sur ce beau visage, où la grâce respire,
De la douce pitié répandait le sourire.

A l'ombre de ces murs, ignorant les humains,
Ce cœur si jeune encore ignorait les chagrins;
Cependant sur son front je ne sais quel nuage,
S'il n'en était l'effet, en semblait le présage :
On eût dit, à la voir, que l'instinct de son cœur,
Même avant le plaisir, devinait la douleur;
Et les traits enchanteurs de la jeune Azélie
Devenaient plus touchants par sa mélancolie;
Rien d'ailleurs ne troublait le calme de ses traits...
Ah! puisse le malheur ne l'altérer jamais!

Cependant le jour vint, où cette ame si pure
Reçut profondément la première blessure.

Un jeune homme mourant à la fleur de ses jours,
Volnis (c'était son nom), sans amis, sans secours,
Dans ce pressant danger oubliant sa naissance,
Des charitables sœurs implora l'assistance.
Jamais rien de plus beau ne parut sous les cieux :
En longs et noirs anneaux s'assemblaient ses cheveux ;
Ses yeux noirs, pleins d'un feu que son mal dompte à peine,
Étincelaient encor sous deux sourcils d'ébène ;
Et son front noble et fier, où se peignait son cœur,
S'embellissait encor de sa douce pâleur.

Tel, moissonné trop tôt, tombe et languit sur l'herbe,
Ou le sombre hyacinthe, ou le pavot superbe :
Tel meurt avant le temps, sur la terre couché,
Un lis que la charrue en passant a touché.
Il fut reçu mourant dans le pieux hospice.
Des soins hospitaliers l'honorable exercice
Distinguait Azélie entre toutes les sœurs ;
Son devoir l'appela près du lit de douleurs.
A leur premier abord leurs regards se cherchèrent :
A leurs premiers regards leurs cœurs se rencontrèrent.
Tant des rapports cachés le rapide ascendant
Sait allumer bientôt l'amour le plus ardent !
Mais un respect timide, une pudeur secrète,
Renfermait dans leurs cœurs leur tendresse muette.
Du plaisir de se voir leurs yeux embarrassés,
Levés timidement, étaient soudain baissés.
Volnis s'appuyait-il sur le bras d'Azélie,
De quel trouble charmant elle était embellie :
Azélie épuisait tous ces soins délicats
Qui voudraient être vus, mais ne se montrent pas ;
En silence elle offrait, pour calmer sa souffrance,
Des secours que Volnis recevait en silence.
Mais que de fois l'amour qu'elle enferme en son sein
Faisait trembler la coupe en sa timide main !
Offerts par cette main que lui-même eût choisie,
Les sucs les plus amers lui semblaient l'ambroisie ;
Offerts par d'autres mains, pour son corps abattu
Les sucs les plus puissants demeuraient sans vertu.
Quels siècles s'écoulaient dans les moments d'absence !
Quel doux tressaillement annonçait sa présence !

Dans ses nuits sans sommeil, dans ses jours sans repos,
La voir ou l'espérer adoucissait ses maux.
Souvent, pour prolonger une si chère vue,
Il eût voulu nourrir le poison qui le tue;
Et, rendant en secret grâces à sa langueur,
Des remèdes trop prompts implorait la lenteur.
Tout à coup, transporté de joie et d'espérance,
Il conçoit un projet qui l'enivre d'avance.
A peine relevé de ce lit douloureux,
Son œil osa fixer Azélie et les cieux :
« O fille vertueuse ! ô mon dieu tutélaire !
Dit-il avec transport, que sert un vain mystère?
Nos feux se sont trahis ; et ces feux innocents
Ne sont pas, tu le sais, le délire des sens;
Formés dans la douleur, nourris dans la souffrance,
Ils s'épurent encor par la reconnaissance.
C'est par toi que je vis, daigne vivre pour moi;
Ne me fais pas haïr des jours sauvés par toi.
D'un amour malheureux trop malheureuse fille,
Tu n'as, on me l'a dit, ni parents ni famille ;
Eh bien ! ces sentiments qu'eût partagés ton cœur
Sur moi seul réunis feront mieux mon bonheur.
Je suis libre, tu l'es : viens, ma chère Azélie,
Viens, je veux te devoir le bonheur et la vie. »
Tel qu'un faible arbrisseau, dans la serre nourri,
Ne quitte qu'à regret son doux et sûr abri ;
En vain d'un ciel brillant la liberté l'appelle :
Timide, il craint les vents et leur souffle infidèle.
Ainsi, les yeux baissés, rougissant de pudeur,
Azélie, en pleurant, accepta son bonheur.
Les beaux jours renaissaient, la terre était plus belle :
Le fortuné Volnis s'embellissait comme elle,
Et goûtait, retiré dans un riant séjour,
Le repos, la santé, le printemps et l'amour.
Que renaître au printemps est un charme suprême !
Mais combien les beaux jours sont plus beaux quand on aime!
Tous deux savaient jouir de ces charmes touchants :
Le véritable amour se plaît toujours aux champs.
« Vois-tu, disait Volnis, ces fleurs, cette verdure?
Du ruisseau libre enfin entends-tu le murmure?

CHANT II.

Tout renaît au printemps, tout se ranime; et moi,
Dans mes beaux jours, hélas! j'étais flétri sans toi. »
   Il disait; et, tous deux mêlant leurs douces larmes,
De la nature ensemble ils goûtaient mieux les charmes
Hâtez-vous, couple heureux, hâtez-vous de jouir !
Ces boutons, que l'aurore a vus s'épanouir,
Peut-être avant le soir vont céder à l'orage :
Ah ! que de vos destins ils ne soient point l'image !
Vains souhaits ! Azélie, au milieu du bonheur,
N'avait pas vainement pressenti le malheur.
Des parents, qu'illustrait le nom de leurs ancêtres,
Visitèrent Volnis dans ces réduits champêtres.
Azélie essuya leur superbe dédain,
Et son cœur en conçut un noir et long chagrin;
Non que sa vanité, secrètement blessée,
Ne sût pas d'un dédain supporter la pensée;
Mais de ce cœur si pur le noble sentiment
Se reprochait d'avoir dégradé son amant :
Le cœur voudrait toujours ennoblir ce qu'il aime.
Azélie enferma son désespoir extrême;
Et Volnis, de ce cœur sensible, mais discret,
S'efforça vainement d'arracher le secret.
Mais un jour qu'ils passaient, rêveurs et solitaires,
Dans un salon rempli des portraits de ses pères,
L'esprit déjà frappé, d'un accent plein d'effroi,
« Les voyez-vous ? dit-elle; ils ont honte de moi. »
   Elle dit, et s'enfuit au fond de sa retraite;
Dès-lors rien ne calma sa tristesse secrète;
Dès-lors son tendre époux, de moment en moment,
Vit se décolorer ce visage charmant;
Et, malgré ses secours, des âmes la plus belle
S'exhala doucement de ce corps digne d'elle,
Comme au gré d'un feu pur s'exhale vers les cieux
D'un beau vase d'albâtre un parfum précieux.
   Pour pleurer tant d'amour, de vertus et de charmes,
Le malheureux Volnis a-t-il assez de larmes ?
Non : il ne pleure pas; mais son cœur éperdu
Voit toujours, ou croit voir l'objet qu'il a perdu.
Il le voit, il l'entend, il poursuit son image :
Tantôt il l'entrevoit à travers un nuage;

Tantôt, comme au retour d'un voyage lointain :
« O charme de mon cœur, je te retrouve enfin !
Pourquoi m'as-tu privé de ta douce présence ?
Dieu! combien j'ai souffert pendant ta longue absence! »
Tantôt, dans son délire, heureux de revenir
Vers ce lit de douleur, plein d'un doux souvenir,
Il croit se voir soigner par l'objet qu'il adore ;
Vers cet objet charmant sa main s'étend encore.
Tantôt au bord des eaux, dans les bois, dans les lieux
Que tous deux parcouraient, qu'ils chérissaient tous deux,
Il croit la voir encore embellir ces campagnes ;
Souvent il la demande à ses jeunes compagnes ;
Les fleurs qu'elle élevait frappent-elles ses yeux :
« Donnez, qu'à son réveil j'en pare ses cheveux. »
Tantôt de son hymen il préparait la fête ;
La couronne de rose et la pompe était prête.
Malheureux ! lui rendant tout à coup sa douleur,
L'affreuse vérité retombait sur son cœur.
Alors son œil troublé ne voyait que ténèbres,
Que crêpes, que linceuls, et que torches funèbres.
Il marchait, s'asseyait, se levait sans dessein,
Commençait un discours, l'interrompait soudain.
A force de douleurs, quelquefois plus tranquille,
Un long accablement le tenait immobile :
Tels qu'on voit, enchaînés dans leur triste repos,
Ces simulacres vains pleurant sur des tombeaux.
Mais toujours il voyait cette image si chère ;
Vainement l'amitié tâcha de le distraire ;
Lorsqu'un hasard heureux que l'on n'eût pu prévoir,
D'adoucir ses malheurs fit naître quelque espoir.

   Une jeune beauté d'une grace accomplie,
(Dieux ! comment pûtes-vous faire une autre Azélie !)
De celle qui n'est plus intéressant portrait,
De cet objet charmant rappelait chaque trait.
C'était son doux maintien, son aimable indolence,
Le charme de sa voix, celui de son silence ;
On croyait voir son air, son visage, ses yeux.
Deux gouttes de rosée ou du nectar des dieux,
Deux matins du printemps, deux des plus fraîches roses,
Sur une même tige, à la même heure écloses,

Se ressembleraient moins. Par ce nouvel objet,
De distraire son cœur on forme le projet :
Heureux, si cette aimable et douce ressemblance
Pouvait de sa douleur tromper la violence !
Sous un voile d'abord on cache ses attraits ;
Il vient : le voile tombe, et laisse voir ses traits ;
Il tressaille à sa vue, et, d'un regard avide,
Il la fixe en gardant un silence stupide ;
Puis, égaré de joie, et de crainte, et d'amour,
Son œil sur deux objets semble errer tour à tour ;
Enfin, jetant un cri : « Mes amis, quel prestige !
Elles sont deux. » L'Amour avait fait ce prodige ;
L'Amour montrait de même à ses yeux éperdus,
Et celle qui respire, et celle qui n'est plus :
Tant, avec ce penchant toujours d'intelligence,
L'Imagination lui prête de puissance !

CHANT TROISIÈME.

L'IMPRESSION DES OBJETS EXTÉRIEURS.

Voyez ce luth muet ! tant qu'une habile main
N'éveille pas le son endormi dans son sein,
Dans le bois insensible en secret il sommeille ;
Mais si d'un doigt savant l'impulsion l'éveille,
Il frémit, il résonne, exprime tour à tour
La pitié, la terreur, et la haine, et l'amour ;
Et, quand rien n'agit plus sur l'organe sonore,
Le bois mélodieux long-temps résonne encore.
Ainsi l'ame se tait, quand rien ne parle aux sens ;
Ainsi l'objet émeut ses fils obéissants ;
Et même, quand des sens la secousse est passée,
L'écho des souvenirs prolonge la pensée.
De tous les instruments le plus ingénieux,
Dont les savants accords retentissent le mieux,
L'ame est organisée. Il est temps de connaître
Comment elle résonne et répond à chaque être ;

Et comment, de nos nerfs ébranlant le faisceau,
L'objet court s'imprimer dans les plis du cerveau.
Vaste et profond sujet ! Pour peindre ce mystère,
Il faudrait un Descarte instruisant un Voltaire.
Essayons toutefois, et montrons dans mes vers
L'ame entière à l'aspect de l'immense univers.
　Les couleurs avant tout ont des charmes suprêmes;
Leurs beautés quelquefois plaisent par elles-mêmes;
Et leur aspect pour nous a de secrets appas.
Tel vers l'astre des nuits l'enfant étend ses bras :
Tel, quand l'onde reçoit son image fidèle,
Crédule, il veut la prendre, et se courbe vers elle.
Le pourpre éblouissant, le tendre azur des cieux,
Le blanc pur et le vert, sont le charme des yeux.
D'autres fois, des objets croyant y voir l'emblème,
L'Imagination ou les craint, ou les aime.
Le noir nous peint le deuil, la douleur, le trépas;
Un drapeau noir conduit les Maures aux combats;
Le bleu marque la joie, et le blanc l'innocence :
Le vert, fils du printemps, peint la douce espérance;
Et, par des traits de sang, la comète autrefois,
Sous le dais orgueilleux, a fait trembler les rois.
Souvent encor les arts, ou la riche nature,
Dont nul art ne saurait égaler la peinture,
Savent, en les fondant, embellir les couleurs.
Ainsi l'adroite aiguille entrelace les fleurs ;
Ainsi le peintre unit, de nuance en nuance,
La teinte qui finit à celle qui commence.
Voyez se colorer l'arc éclatant d'Iris !
Voyez l'émail changeant des pigeons de Cypris;
Et, ces prismes vivants où le soleil se joue,
Les oiseaux de Junon épanouir leur roue !
　Les formes à leur tour ont des charmes puissants:
Eh ! qui peut leur donner ce pouvoir sur nos sens ?
Ce n'est point le compas de la géométrie,
La régularité, la froide symétrie :
C'est l'élégance unie à la simplicité,
Et les proportions à la variété;
C'est un tout assorti qu'un seul coup d'œil rassemble,
Le charme des détails, les beautés de l'ensemble.

A ces traits prononcés que l'œil aime à saisir,
L'Imagination vient joindre son plaisir.
Elle veut rencontrer, jointes à l'élégance,
L'heureuse utilité, la noble convenance.
Des formes dont les traits la séduisent toujours,
La courbe, par sa grâce et ses moelleux contours,
Rit le plus à ses yeux : dans leurs bornes prescrites,
Les angles, les carrés, font trop voir les limites;
Et, dans l'allongement de son cours ennuyeux,
La triste ligne droite importune les yeux.
Mais sur d'heureux contours glissant avec mollesse,
D'une courbe facile elle aime la souplesse.
Tout ce que la nature embellit de sa main,
Les rondeurs de la joue et celles d'un beau sein,
Ce grand cercle des cieux et la sphère du monde,
Les astres suspendus à sa voûte profonde,
Et les arbres en dôme arrondissant leurs bras,
Tout d'une courbe aimable offre aux yeux les appas;
Et l'œil, qui nous instruit de leur beauté suprême [1],
En un cercle brillant s'est arrondi lui-même.
Le mouvement nous plaît par la même beauté :
Sur la rive des mers ainsi l'œil enchanté
Voit le flot qui retombe et le flot qui s'élève ;
En courbe il redescend, en courbe il se relève ;
Et du vaisseau, qui monte et baisse mollement,
L'œil suit avec plaisir le doux balancement.
Eh ! qui du mouvement ne connaît pas l'empire ?
Par des charmes plus sûrs qui sait mieux nous séduire ?
Quand Vénus dans un bois se révèle à son fils,
Ce qui lui fait d'abord reconnaître Cypris,
Ce ne sont point ses traits, ses yeux, sa blonde tresse;
Elle marche, et son port a trahi la déesse [2].
Tant l'art de se mouvoir a de charmes pour nous !
Tantôt lent, tantôt vif, ou plus fort, ou plus doux,
Dans ses effets divers, mais jamais arbitraires,
Le mouvement nous plaît par des aspects contraires.
J'aime à voir ce coursier qui, plus prompt que l'éclair,
Dans les champs effleurés part, court, vole, et fend l'air;
Mais je n'aime pas moins le coursier intrépide
Qui, réprimant l'essor de sa fougue rapide,

Sans avancer d'un pas, dévorant le chemin,
Monte et tombe en cadence, et bondit sous ma main,
Et dont l'ardeur captive et toujours agissante
Présente à nos regards la force obéissante.
Vous frémissez d'effroi, si de fougueux soldats,
S'élançant à grands cris, précipitent leurs pas;
Mais qu'une vaste armée, en un profond silence,
Garde un calme imposant, et lentement s'avance,
Ce silence effrayant frappe bien plus mon cœur,
Et le calme lui-même ajoute à la terreur.
Des mouvements heureux, des formes attrayantes,
Des couleurs mariant leurs teintes séduisantes,
La beauté composa ces accords ravissants
Qui subjuguent le cœur et captivent les sens;
Mais ma muse à loisir vous entretiendra d'elle,
Quand mes chants aux beaux-arts l'offriront pour modèle.
De ces mêmes accords l'univers enchanté [3]
Vit éclore un pouvoir plus sûr que la beauté,
Qui toujours l'embellit, qui souvent la remplace,
Qui nous plaît en tous lieux, en tout temps : c'est la grace.
Mais comment définir, expliquer ses appas?
Ah! la grace se sent, et ne s'explique pas :
Rien n'est si vaporeux que ses teintes légères;
L'œil se plaît à saisir ses formes passagères;
Elle brille à demi, se fait voir un moment;
C'est ce parfum dans l'air exhalé doucement;
C'est cette fleur qu'on voit négligemment éclore;
Et qui, prête à s'ouvrir, semble hésiter encore;
L'esprit qui sous son voile aime à la deviner,
Joint au plaisir de voir celui d'imaginer.
L'Imagination en secret la préfère
A la froide beauté constamment régulière.
Je ne sais quoi nous plaît dans ses traits indécis,
Que la beauté n'a point dans ses contours précis.
Piquante sans recherche et sans étourderie,
Elle nous fait aimer jusqu'à sa bouderie.
Prête donc à mes vers, ô fille de Vénus,
Ta molle négligence et tes airs ingénus.
Fais envier à l'art tes formes naturelles;
Tu n'as qu'à te montrer pour corriger nos belles;

CHANT III.

Apprivoise l'orgueil, instruis la volupté,
Console la laideur, achève la beauté.
   Comme Pallas aux dieux se montra tout armée,
La grace au don de plaire en naissant est formée :
Belle dans son été comme dans son printemps,
Seule elle sait braver les injures du temps :
L'aimable fantaisie arrange sa parure ;
Zéphyre, en se jouant, boucle sa chevelure ;
De riches diamants ne chargent pas sa main ;
Son simple coloris rejette le carmin ;
Son maintien est aisé ; la souple mousseline
En plis inaffectés autour d'elle badine ;
Sa marche annonce aux yeux un enfant de Cypris,
Et sa danse prévient les leçons de Vestris.
Où peut-on rencontrer ce doux moyen de plaire ?
Est-ce chez la princesse, est-ce chez la bergère ?
Partout où la nature, en dépit de notre art,
La fait naître en passant et la jette au hasard.
Avec le même charme, aimable en toute chose,
Elle parle ou se tait, agit ou se repose ;
De l'enfance naïve elle est le premier don ;
La grace lui donna son facile abandon,
Cette *soudaineté* que nous vante Montagne ;
Et l'heureux à-propos en tout temps l'accompagne :
Elle doit au hasard ses plus piquants attraits ;
Toujours elle rencontre et ne cherche jamais.
Peu savent la trouver, mais la trouvent sans peine.
Elle craint le travail et redoute la gêne ;
L'air d'effort lui déplaît ; et lorsque dans sa main
Vénus tient en riant les marteaux de Vulcain,
Un air d'aisance encore embellit la déesse.
Le caprice sied bien à cette enchanteresse ;
On l'oublie, elle vient ; on la cherche, elle fuit.
C'est la nymphe échappant au berger qui la suit,
Et qu'un doux repentir ramène plus charmante ;
Sa négligence plaît, et son désordre enchante ;
Tibulle est son poëte, et ses attraits divers,
Sous les traits de Délie, ont inspiré ses vers.
   La pudeur à son tour s'avance sur sa trace.
Ah ! qui peut séparer la pudeur de la grâce ?

L'Imagination de ses regards discrets
A peine ose entrevoir ses mystères secrets;
Mais de son trouble heureux, de sa rougeur aimable,
Elle adore tout bas le charme inexprimable.
Le vice audacieux s'arrête à son aspect,
Et le brûlant desir est glacé de respect.
Craignant ses propres yeux, elle-même s'ignore;
Même quand elle est nue, elle est modeste encore;
Sa décence la voile aux regards curieux,
Et la Vénus pudique est vêtue à nos yeux.
Mais comme nous voyons, délicate et craintive,
Se flétrir sous nos mains la tendre sensitive,
Un mot, un geste, un rien alarme ses appas;
Le cœur vole au-devant de son doux embarras;
Son silence nous plaît, sa froideur même enflamme;
Et la pudeur enfin est la grace de l'ame.
Mais tandis que j'essaie à tracer ce tableau,
Elle vient en mes mains arrêter mon pinceau.
D'orgueil, de modestie, ineffable mélange,
Ainsi que le reproche elle craint la louange.
Déjà je vois rougir ses timides attraits,
Et crains, en les peignant, de profaner ses traits.

Toutefois vainement la nature féconde
Aurait de tant d'appas orné l'homme et le monde;
L'Habitude bientôt eût flétri la Beauté,
Si le ciel n'eût créé la douce Nouveauté.
Voyez de l'univers la pompe monotone !
Toujours l'été brûlant fait place au doux automne [4];
Toujours, après l'hiver, vient le printemps; toujours
Les jours suivent les nuits, les nuits suivent les jours.
Les cieux même, au milieu de leurs pompeux spectacles,
Aux yeux désenchantés ont perdu leurs miracles.
La Nouveauté paraît, et son brillant pinceau
Vient du vieil univers rajeunir le tableau.
C'est elle qui du nord fait briller les aurores,
Enfante des héros les sanglants météores,
Fait luire une comète, un Voltaire, un Rousseau,
Fait mugir un volcan, tonner un Mirabeau :
Cet uniforme dieu, conduit par l'Habitude,
Qui n'a jamais qu'un ton, qu'un air, qu'une attitude,

CHANT III.

L'Ennui, s'enfuit loin d'elle ; et la Variété,
Un prisme dans la main, se joue à son côté ;
De ses mouvants tableaux le monde est idolâtre,
Mais la France surtout est son brillant théâtre.
  La baguette à la main, voyez-la dans Paris,
Arbitre des succès, des mœurs et des écrits,
Exercer son empire élégamment futile ;
Et, tandis qu'oubliant leur rudesse indocile,
Les métaux les plus durs, l'acier, l'or et l'argent,
Sous mille aspects divers suivent son goût changeant,
Et la gaze, et le lin, plus fragile merveille [5],
Dédaigneux aujourd'hui des formes de la veille,
Inconstants comme l'air, et comme lui légers,
Vont mêler notre luxe aux luxes étrangers.
Ainsi, de la parure aimable souveraine,
Par la mode, du moins, la France est encor reine ;
Et, jusqu'au fond du nord portant nos goûts divers,
Le mannequin despote asservit l'univers.[6]
  Trop heureux les Français, si leur volage idole
Bornait à ces vains jeux sa puissance frivole !
Mais quels pays lointains, quels barbares climats
De nos derniers malheurs ne retentissent pas ?
A peine une secrète et vague inquiétude,
Des antiques devoirs dénouant l'habitude,
Des folles nouveautés a donné le signal,
Tout s'ébranle, tout marche. A cet ordre fatal,
Hardis fabricateurs d'incroyables systèmes,
Des novateurs fougueux ont tout mis en problèmes :
Les arts, les lois, les mœurs, un superbe dégoût
A tout dénaturé : le temps, qui change tout [7],
Se voit changé lui-même, et notre vieille année
Avec ses mois nouveaux marche tout étonnée.
O mes concitoyens, dites-moi de quel nom
Se nomment aujourd'hui ma ville, mon canton ?
Dans un pays nouveau chaque jour je m'éveille ;
Le lendemain insulte aux travaux de la veille ;
La nouveauté qui suit vieillit la nouveauté ;
Le désordre s'accroît par la rivalité ;
On s'empresse, on s'élance, on court dans la carrière ;
Hâtons-nous, et gardons de rester en arrière ;

Atteignons, devançons nos rivaux confondus :
Les crimes surpassés sont des crimes perdus,
Soudain les feux sont prêts, les haches étincellent;
Sous la main des bourreaux des flots de sang ruissellent;
D'un massacre nouveau le massacre est suivi;
Le peuple est fatigué, mais non pas assouvi [8] :
Grands, petits, peuples, rois, trône, autel, tout s'efface.
Ainsi, lorsque, ligués dans les champs de la Thrace,
De la Terre autrefois les fils audacieux
Sur des monts entassés escaladaient les cieux,
Les yeux épouvantés, dans les vastes campagnes,
Ne reconnaissaient plus ni vallons, ni montagnes,
Et cherchaient vainement, à travers les débris,
Les bois déracinés et les fleuves taris :
Mais bientôt, expiant leurs terribles maximes,
Les sacrificateurs deviennent les victimes;
Sur le trône, en tremblant, chacun d'eux va s'asseoir :
L'apôtre du matin est le martyr du soir.
Comme le vieux Saturne, en son étrange rage,
Dans ses propres enfants dévorait son ouvrage;
Comme aux champs de Cadmus des frères malheureux,
Au sortir du sillon, s'exterminaient entre eux;
Sous ses propres fureurs chaque parti succombe;
Chacun brille et s'éteint, chacun s'élève et tombe.
Tels roulent sur les flots les flots bruyants des mers :
Ainsi la bombe suit la bombe dans les airs;
Partout les pleurs, le sang, la rage, la démence ;
Et l'empire n'est plus qu'une ruine immense.
Pleurez donc, ô Français ! pleurez ces jours heureux,
Où, de la Nouveauté partisans moins fougueux,
Vous l'adoriez sans crime, et ne demandiez d'elle
Que la pièce du jour et l'actrice nouvelle !

Guidé par cet amour, par ce goût curieux,
Qui séduit des mortels l'instinct capricieux,
Souvent on quitte aussi, par un penchant bizarre,
L'objet le plus parfait pour l'objet le plus rare :
Tel est le cœur humain : un trésor trop commun
De mille possesseurs n'en satisfait aucun.
Empressée à parer chaque objet qu'elle adore,
L'Imagination avec plaisir colore

CHANT III.

Tout ce que la nature accorde rarement.
Voyez de cette fleur le ridicule amant [9] :
Si quelque autre avec lui partage sa richesse,
A cette horrible idée il sèche de tristesse ;
De son heureux rival il l'achète à prix d'or,
Et dans sa serre avare enterre son trésor.
Graces à cet instinct, l'objet le plus futile,
S'il est rare, est bientôt dispensé d'être utile.
Entrez dans cette salle, où sont mis à l'encan
Géographie, histoire, et morale, et roman :
Quel est l'auteur divin que d'un groupe idolâtre
Se dispute à grand bruit l'enchère opiniâtre ?
Est-ce Homère ou Platon ? Non, c'est quelque feuillet
D'un vieux tome échappé du bûcher de Servet [10].
Mais de cette frivole et vaine jouissance,
Peut-être un court récit peindra l'extravagance.
  Un sauvage autrefois (nous lui ressemblons tous)
Avait vu beaucoup d'or, et jamais de cailloux.
Il en voit un : soudain ce prodige l'attire ;
Il s'élance, il le prend, le regarde, l'admire,
Brûle de le montrer : tout à coup à ses yeux
S'offrent d'autres cailloux déja moins précieux ;
Diminuant de joie en croissant de fortune,
Il chérit déja moins leur beauté plus commune ;
Et l'abondance enfin les dépréciant tous,
Comme il eût jeté l'or il jette ses cailloux [11].
Tant l'objet qu'un vain prisme embellit ou dépare,
Vulgaire nous déplait, nous séduit, s'il est rare !
Chacun a son pouvoir. Le mortel ignorant
Souvent glisse sur eux d'un œil indifférent :
Pour lui restent cachés dans un nuage sombre
Leurs tissus délicats, leurs nuances sans nombre ;
Mais un tact plus sensible, et des yeux plus parfaits,
A ma divinité révèlent ces secrets.
Prenons donc son flambeau, ses regards et ses ailes,
Et volons au pays des vérités nouvelles :
Elle-même, en riant, me conduit par la main,
Et dans ces lieux déserts m'aplanit le chemin.
  Digne objet de mes vers, ma jeune souveraine
Veut voir dans les objets les deux bouts de leur chaîne :

Tels parlent avec force à notre ame, à nos sens,
Les termes opposés des êtres différents.
Le fruit déja mûri, la moisson jaunissante,
L'été, l'ardent midi n'est pas ce qui l'enchante :
De l'oiseau printanier la première chanson,
Le fruit encore en fleur, et la jeune moisson ;
L'aurore d'un beau jour dorant un beau nuage,
Ses derniers feux mourants sur la tour du village ;
Voilà ce qui lui plaît. Voyez cet arbrisseau,
Qui de sa pépinière oublia le berceau :
L'agriculteur pour lui voit des dangers sans nombre ;
Mais il prévoit ses fruits, il espère son ombre.
Non loin de lui s'élève un chêne fastueux
Qui défia cent ans les vents impétueux ;
Son sommet, revêtu d'un plus rare feuillage,
Et sa mousse et ses nœuds, décèlent son grand âge :
Mais le culte et l'amour du peuple des hameaux
Consacrent sa vieillesse et ses derniers rameaux.
Ainsi du chêne antique ou du naissant arbuste,
L'un paraît plus touchant, et l'autre plus auguste ;
L'un a pour lui l'espoir, l'autre le souvenir :
L'un plaît dans le passé, l'autre dans l'avenir.
Et combien parmi nous sont plus touchants encore
L'être qui va finir, l'être qui vient d'éclore !
« Laissez, laissez venir ces enfants jusqu'à moi, »
Disait cet homme-dieu, dont nous suivons la loi.[12] :
Eh ! qui sans intérêt peut voir le premier âge ?
Il attire, il émeut, il attendrit le sage :
Après tant de travaux et de périls divers,
Hélas ! il craint pour lui les maux qu'il a soufferts.
Quels piéges vont l'attendre au sortir de l'enfance !
Qu'il voudrait lui léguer sa longue expérience !
Cher et fragile objet de tendresse et de soins,
Il plaît par ses défauts, règne par ses besoins.
Hâtons-nous de le voir, tandis qu'à son aurore
Tout est jeune et fleuri, frais et brillant encore.
Qui sait ce que le sort lui garde de malheurs ?
Quel qu'il soit, il paiera son tribut aux douleurs :
Tout homme doit pleurer, tel est l'arrêt suprême ;
L'homme bon sur autrui, l'homme dur sur lui-même.

CHANT III.

Ainsi, dans ce mélange et de crainte et d'espoir,
L'esprit flottant desire, et tremble de prévoir;
Et, dans le court tableau de l'homme qui commence,
L'Imagination voit un lointain immense :
De l'enfance, pour nous, tel est le doux attrait.
    Avec moins de plaisir, mais non sans intérêt,
L'Imagination regarde la vieillesse.
Dans l'une tout commence, et dans l'autre tout cesse;
Mais ces ruines même intéressent encor :
Le vieillard, du passé déroule le trésor.
S'il fut le bienfaiteur ou l'ornement du monde,
L'Imagination, en souvenirs féconde,
Quand le présent ingrat semble l'abandonner,
Des honneurs qu'il n'a plus revient l'environner.
Ainsi le saint respect qui de loin le contemple,
Remplit toujours de Dieu les débris d'un vieux temple.
Mélange de douceur et de sévérité,
L'âge consacre encor sa sainte autorité :
C'est le père, le chef, le roi de sa famille.
Dans un siége d'honneur, près d'un feu qui pétille,
Il conte; et, l'écoutant de l'oreille et de l'œil,
Le groupe se resserre autour de son fauteuil.
Douces mœurs, saint respect, amour de la vieillesse,
Revenez parmi nous ! et puisse la jeunesse,
Pour son propre bonheur, abjurer ces travers
Qui perdirent la France, et troublent l'univers !
    Des objets, quels qu'ils soient, qui fait les premiers charmes
Le besoin d'être ému. La terreur, les alarmes,
Elles-mêmes pour l'homme ont un puissant attrait :
Voyez-le, dominé par cet instinct secret [13],
Suivre un embrasement, contempler du rivage,
A l'abri du danger, les horreurs du naufrage,
Repaître aux champs de Mars ses yeux épouvantés.
Je sais que, rencontrant ces horribles beautés,
Le philosophe passe en détournant la tête.
Moi, qui dois voir en sage et décrire en poëte,
Je veux les déployer; je veux dans mes tableaux
Placer l'homme à l'aspect de tous ces grands fléaux;
Au pied de ces volcans, auprès de ces batailles,
Du triste genre humain immenses funérailles:

Tressaillant d'un plaisir mélangé de terreur,
De ce mont élevé j'en contemple l'horreur ;
Ces casques, ces mousquets, ces cuirasses brillantes,
Des rayons du soleil au loin étincelantes,
Ce grand luxe des rois, ces pompes du trépas,
Me parent un moment la scène des combats.
Mais l'heure affreuse vient, et le signal s'apprête :
Pareil à l'Océan qui couve la tempête,
Tout s'émeut, tout frémit ; le coursier belliqueux,
A l'instinct des guerriers joint son instinct fougueux ;
Comme eux discipliné, comme eux réglant sa rage,
Il hennit, il bondit, mais contient son courage :
La charge sonne : il part, il s'élance aux combats,
Et le sable et le sang ont jailli sous ses pas :
Le fer luit, l'éclair brille, et les tonnerres grondent ;
Des montagnes, des bois les échos leur répondent :
Les échos, qui, jadis chers aux dieux bocagers,
N'avaient appris encor que les chants des bergers.
Telle qu'une ménade ardente, échevelée,
L'Imagination se perd dans la mêlée :
A travers et la poudre, et le fer, et les feux,
Vagabonde, elle porte et ses pas et ses yeux,
Et revient m'en tracer l'épouvantable image.
Tout dégouttant de sang, le démon du carnage
Appelle à lui la gloire, elle accourt sur ses pas :
L'éblouissant fantôme ennoblit le trépas :
Tout l'affronte ou l'attend, le reçoit ou le donne :
Ici, la foudre abat ; là, le glaive moissonne ;
Le fer croise le fer, les rangs foulent les rangs.
Entendez-vous les cris des vainqueurs, des mourants ?
L'un de son assassin repousse la furie ;
L'autre traîne à regret un reste affreux de vie ;
Et, provoquant la rage, invoquant l'amitié,
Demande, tout sanglant, la mort à la pitié,
Et ne la doit enfin qu'à la soif du pillage.
Et si j'interrogeais ces scènes de carnage !
De ces guerriers mourants dans leur jeune saison,
L'un a quitté sa vigne et l'autre sa moisson ;
L'autre un art bienfaisant. Mais la patrie ordonne :
Marchons ; bravons ces feux, rompons cette colonne,

Reprenons ces drapeaux déchirés et sanglants.
Jeune guerrier, tu meurs à la fleur de tes ans !
Ah ! combien va gémir ta mère désolée !
Pleurez, Amours ; beaux-arts, ornez son mausolée.
 Ainsi de ces grands chocs l'Imagination
Reçoit, répand, varie, accroît l'impression ;
S'irrite où s'attendrit, aime ou maudit la gloire ;
Couronne les vainqueurs, gémit sur la victoire ;
Et s'écrie, en pleurant sur ces nobles forfaits :
« C'était donc peu des maux que la nature a faits ! »
 Oh ! si j'osais unir dans ma vive peinture
Et les volcans du cœur et ceux de la nature,
J'irais, j'approcherais ces formidables monts
Dont les feux souterrains vivent sous les glaçons ;
Ces volcans, plus affreux que les champs du carnage !
Ce ne sont plus ici ces joutes du courage,
Où la gloire, à la mort prêtant ses traits guerriers,
Cache son front hideux sous l'éclat des lauriers ;
Où le péril lui-même irrite la vaillance :
Ici l'homme sans gloire, ainsi que sans défense,
Demeure seul en proie à tous les éléments ;
La colère des flots, et des feux, et des vents,
Ces longs ébranlements qui déchirent la terre,
Ces orages de cendre, et de flamme, et de pierre,
Ces torrents embrasés et ces trombes de feux
Qui, du fond des enfers, s'allongent vers les cieux ;
Dans les champs, sur les monts, la fuite et l'épouvante ;
Tandis que, se heurtant dans la cité tremblante,
Des temples, des palais les dômes chancelants
Tombent, tombent en foule en des gouffres brûlants !
Quel spectacle à la fois effrayant et sublime !
L'Imagination, seule au bord de l'abîme,
Interroge, en tremblant, la nature en courroux ;
Elle parcourt les lieux qu'ont frappés ces grands coups.
Elle y conduit Buffon, elle y ramène Pline [14],
Et recommande aux arts leur savante ruine.
Avec elle, tantôt, dans ces antres affreux,
Je plonge, je demande à leurs flancs ténébreux
Les débris disparus dans ces tombeaux de soufre.
Un jour, me dis-je, un jour, de cet immense gouffre,

Des portiques, des arcs, par le temps dévorés,
Reparaîtront aux yeux les décombres sacrés ;
Les instruments des arts, le fer des sacrifices,
Des hommes et des dieux les pompeux édifices,
Le théâtre des jeux, et le temple des lois,
Et les métaux empreints de l'image des rois.
 Je sors, j'erre à pas lents sur cette lave immense,
Triste, inhospitalière ; et calcule en silence
Les temps, les temps lointains, où la stérilité
Rendra ce sol aride à la fertilité.
Hélas ! avant d'y voir ou des fruits, ou de l'ombre,
Des générations s'écouleront sans nombre.
Ainsi, quand tout à coup d'affreux ébranlements
Ont troublé les états jusqu'en leurs fondements,
Les mœurs, les lois, les arts, renaissent avec peine :
Un instant les détruit, un long temps les ramène ;
Et le volcan éteint inspire encor l'effroi.
 Mais telle est du destin la consolante loi :
Les biens naissent des maux. Prodigue de verdure,
Ce sol enfin mûri, rend tout avec usure.
Alors ces doux objets, ce cruel souvenir,
Les désastres passés et les biens à venir,
Ces laves et ces fleurs, ces rocs, ces fraîches ombres,
Abandonnent notre ame à des pensers moins sombres ;
L'homme rêve à ses maux sans en être attristé,
Et la mélancolie accroit la volupté.
 O penchant plus flatteur, plus doux que la folie !
Bonheur des malheureux, tendre Mélancolie,
Trouverai-je pour toi d'assez douces couleurs ?
Que ton souris me plaît, et que j'aime tes pleurs !
Que sous tes traits touchants la douleur a de charmes !
Dès que le désespoir peut retrouver des larmes,
A la Mélancolie il vient les confier,
Pour adoucir sa peine, et non pour l'oublier.
C'est elle qui, bien mieux que la joie importune,
Au sortir des tourments accueille l'infortune ;
Qui d'un air triste et doux vient sourire au malheur,
Assoupit les chagrins, émousse la douleur.
De la peine au bonheur délicate nuance,
Ce n'est point le plaisir, ce n'est plus la souffrance ;

La joie est loin encor; le désespoir a fui;
Mais, fille du Malheur, elle a des traits de lui.
Quels sont les lieux, les temps, les images chéries,
Où se plaisent le mieux ses douces rêveries?
Ah! le cœur le devine : en son secret réduit
Elle évite la foule, et redoute le bruit;
Sauvage, et se cachant à la foule indiscrète,
Le demi-jour suffit à sa douce retraite;
De loin, avec plaisir, elle écoute les vents,
Le murmure des mers, la chute des torrents;
La forêt, le désert, voilà les lieux qu'elle aime.
Son cœur, plus recueilli, jouit mieux de lui-même;
La nature un peu triste est plus douce à son œil;
Elle semble, en secret, compatir à son deuil.
Aussi l'astre du soir la voit souvent, rêveuse,
Regarder tendrement sa lumière amoureuse.
Ce n'est point du printemps la brillante gaieté,
Ce n'est point la richesse et l'éclat de l'été
Qui plaît à ses regards; non, c'est la pâle automne,
D'une main languissante effeuillant sa couronne.
Que la foule, à grands frais, cherche un grossier bonheur:
D'un mot, d'un nom, d'un rêve, elle nourrit son cœur.
Souvent, quand des cités les bruyantes orgies,
Au son des instruments, aux clartés des bougies,
Étincellent partout de l'or des vêtements,
Des éclairs de l'esprit, du feu des diamants,
Pensive, et sur sa main laissant tomber sa tête,
Un tendre souvenir est sa plus douce fête.
Viens donc, viens, charme heureux des arts et des amours!
Je te chantai deux fois, inspire-moi toujours [15].

    La tristesse, à son tour, par de plus fortes ombres
Rembrunit ses couleurs et ses nuances sombres.
Ce sujet est moins doux; mais dans sa profondeur
Je dois, sur tous les tons, interroger le cœur.
De la tristesse en nous quelle est donc l'origine?
C'est l'aspect du malheur, celui de la ruine :
Soit qu'en se dégradant, les monuments des arts
De leur décrépitude affligent nos regards;
Soit que, dans leur langueur, l'animal et la plante
Présentent à nos yeux la nature souffrante;

Soit que, plus triste encor, de ses restes flétris
Le séjour de la mort étale les débris.
Voyez ces monuments épars dans la poussière,
Et l'humble asile où dort une cendre vulgaire ;
Et le marbre où les grands, également mortels,
Étalent leur néant en face des autels ;
Tous sujets du trépas qui tous les sacrifie,
Et ne fait qu'un monceau des débris de la vie :
L'Imagination, à mes yeux pleins d'effroi,
A rouvert leurs tombeaux ; tous passent devant moi :
Que de crimes cachés, que de vertus obscures,
S'élèvent, à sa voix, du fond des sépultures !
Regardez ce mortel, ami ferme et discret,
D'un ami dans la tombe il cacha le secret.
Quelle est cette ombre, pâle, égarée et farouche ?
Les cris sourds du remords s'échappent de sa bouche :
Vénal exécuteur des vengeances des grands,
Il servit en secret la haine des tyrans.
Mais bientôt leur complice a suivi leur victime ;
Instrument d'un forfait, il périt par un crime.
Voyez-vous s'avancer cet homme aux cheveux blancs ?
La gloire et la vertu couronnaient ses vieux ans ;
Un avide héritier hâta sa dernière heure.
Quelle est, plus loin de moi, cette vierge qui pleure ?
Elle aima sans espoir, et mourut de douleur.
Et toi, toi, jeune enfant, moissonné dans ta fleur,
Qui t'enleva sitôt de ce triste théâtre ?
Péris-tu par les mains d'une injuste marâtre ?
Portais-tu dans ton sein le germe de la mort ?
Quoi qu'il en soit, hélas ! ne te plains pas du sort :
Tu n'as fait qu'effleurer la coupe de la vie ;
Mais le ciel indulgent t'en épargna la lie :
Tant de maux à prévoir ! tant de maux à souffrir !
Tout ce qui nous apprend, nous invite à mourir.
Dors donc, dors, cher enfant ! dans cet asile sombre,
Demain de quelques fleurs j'apaiserai ton ombre.

Mais quels sons douloureux ont frappé mes esprits ?
Ah ! de sa mère en pleurs n'entends-je pas les cris ?
Eh ! quelle image, ô dieux ! est plus triste et plus chère,
Que le tombeau d'un fils et les pleurs d'une mère ?

Un portrait dans la main, elle demande aux cieux,
Elle demande encor ce fils si précieux,
D'un adorable époux ressemblance adorée :
Telle, sur un rameau, Philomèle éplorée
Accuse son malheur, et le pâtre inhumain
Qui, remarquant son nid, a, de sa dure main,
Ravi ses chers petits encor nus et sans aile,
Hélas! et vainement réfugiés sous elle.
Aux rochers, aux vallons, aux échos des déserts,
Sans cesse répétant ses lamentables airs,
Seule dans l'ombre obscure elle pleure, et l'aurore,
Seule, sur son rameau l'entend gémir encore.[16]

A la tristesse en deuil, à la sombre terreur,
Oserai-je ajouter le tableau de l'horreur?
Leurs traits sont différents, et d'un objet terrible
L'aspect à nos regards n'est pas toujours horrible.
Pour les distinguer mieux, revenez avec moi
Dans ces lieux, vaste scène et de meurtre et d'effroi;
Au pied de ces volcans, où l'air, la terre et l'onde,
De leur guerre intestine épouvantent le monde.
Dans le champ des combats, tant que de sa chaleur
Le brillant héroïsme échauffe la valeur,
Ces drapeaux, ces tambours, ces clairons, ce tonnerre,
Ces marches du talent, ce grand art de la guerre,
Et la gloire planant au-dessus du trépas,
Décorent à nos yeux ces grands assassinats;
Mais quand Mars a mis fin à ces joutes savantes,
Quelle horreur se répand sur ces plaines sanglantes!
Ses foudres sont éteints, ses clairons sont muets;
L'œil ne rencontre au loin que de hideux objets;
Des cadavres souillés et de sang et de poudre,
Mutilés par le fer, déchirés par la foudre :
Par leur proie attirés sur ces vastes tombeaux,
Les ailes des vautours et les cris des corbeaux
Se font entendre seuls dans ce vaste silence.
Là finit la terreur, et là l'horreur commence.

Que du Vésuve éteint les feux soient rallumés,
En contemplant ce mont et les cieux enflammés,
Et ces torrents de feu qui sillonnent la terre,
L'homme admire et frémit. Mais si l'affreux tonnerre

En foule amoncelant, sous leurs toits embrasés,
Femmes, enfants, vieillards, l'un sur l'autre écrasés,
Ne montre, à la lueur des ruines brûlantes,
Que des corps expirants et des cendres fumantes,
Qu'un reste d'habitants par l'effroi dispersé;
D'horreur alors, d'horreur l'homme se sent glacé,
Et croit voir célébrer, par la mort, la tempête,
De l'ange affreux du mal l'épouvantable fête.
   Toutefois ces combats et ces gouffres de feux
N'offrent pas de l'horreur les traits les plus hideux;
Non, c'est le cœur humain, plus effroyable abîme;
C'est l'assassin, dans l'ombre épiant sa victime.
Que deux tendres amis, s'égorgeant par honneur,
Pour un mot, l'un de l'autre aillent percer le cœur,
Du crime de leur main l'excuse est dans leur âme.
Mais l'atroce brigand, mais l'assassin infame,
Dans sa vile fureur et ses lâches exploits
N'offre qu'un crime horrible à la hache des lois.
Déité de Shakspeare! ô toi, qui des ténèbres
Aimes l'effroi tragique et les scènes funèbres,
Viens, perçons ces forêts; que j'assiste avec toi
Aux mystères sanglants de ces lieux pleins d'effroi.
C'est là qu'au pied d'un arbre, où d'une lampe sombre
La livide clarté luit et tremble dans l'ombre,
Tout bas, dans un sinistre et lugubre appareil,
Le meurtre vient tenir son horrible conseil.
Encor teinte de sang, cette horde cruelle
Vient de se partager sa conquête nouvelle.
Prêts à servir leur rage, autour d'eux sont épars
Les tubes meurtriers, les glaives, les poignards,
Et le levier robuste, et l'échelle perfide
Qui doit favoriser leur approche homicide.
Ils consultent; leur cœur tressaille au moindre vent
Qui fait frémir près d'eux le feuillage mouvant.
J'écoute leurs projets de sang et de ruine:
Leur parole menace, et leur geste assassine.
Quel mortel proscrira le conseil redouté?
La victime est choisie, et l'arrêt est porté.
Ils partent. Dieu! sauvez le père de famille,
Ses enfants adorés, sa jeune et tendre fille!

Que mon ami surtout se dérobe à leurs yeux,
Et ne se trouve pas sur leur passage affreux !
   Mais que sont, au milieu des discordes civiles,
Les brigands des forêts près des brigands des villes ;
Eux qui, sous l'œil des lois, dans le sein de la paix,
Commandent le carnage et dictent les forfaits?
Qu'ai-je entendu? quels cris! quels accents lamentables !
O malheureux Paris ! ô jours épouvantables !
Des pontifes sacrés, et des vieillards tremblants,
Sans respect pour leurs maux et pour leurs cheveux blancs,
Eux, qui du ciel sur nous imploraient la clémence,
Tombent, dans le lieu saint, égorgés sans défense.
Quarante ans de travaux, quarante ans de vertus,
Ne sauraient les sauver. L'un sur l'autre abattus,
Cent ministres sanglants jonchent le sanctuaire :
Dulau tombe content dans les bras de son frère [17].
Tout ce qu'ont de cruel, tout ce qu'ont de touchant
La foi, l'impiété, le juste et le méchant,
La rage, la pitié, la douleur, la nature,
Forme de mille accents le lugubre murmure :
L'un s'attache à la croix, l'autre embrasse l'autel ;
De son dernier regard l'autre cherche le ciel ;
L'autre, attendant la mort dans ce vaste carnage,
De ses amis mourants exhorte le courage ;
Tous meurent en martyrs, tous meurent en héros ;
Le meurtre insatiable a lassé les bourreaux ;
Et, fuyant du lieu saint la scène ensanglantée,
L'Imagination recule épouvantée.
   Ah ! quittons les horreurs de ces sombres tableaux :
Que des objets riants délassent mes pinceaux !
Mon ame en a besoin. Eh ! qui, mieux que cette ame,
Que des morts, des bourreaux, du fer et de la flamme,
Que d'un si long malheur poursuit le souvenir,
Vers les objets riants a droit de revenir !
Mais, avant d'en tracer la poétique image,
De la philosophie empruntant le langage,
Des riantes beautés expliquons les attraits,
Et quel heureux mélange en compose les traits.
   Un objet est riant, quand l'art ou la nature
Aux charmes des couleurs joint ceux de la figure ;

Quand l'œil trouve assemblés, pour mieux nous émouvoir,
Un air de liberté, d'abondance et d'espoir ;
Surtout quand, de la vie essayant les prémices,
Des êtres innocents partagent ses délices.
Eh ! voyez, au printemps peint de mille couleurs;
Lorsque les fruits déja se cachent sous les fleurs,
Lorsqu'aux antres du nord a fui l'affreux Borée,
La nature féconde, et fraîche et colorée;
Tout vit, tout se ranime, et tout s'épanouit :
Le sol donne et promet, l'œil espère et jouit.
Pour prêter plus de charme à ce brillant théâtre,
Chloé vient : elle vient, jeune, agile et folâtre ;
Comptant treize ans à peine, et ne soupçonnant pas
Tout ce qu'elle nous cache ou découvre d'appas.
Libre enfin, oubliant son crayon qui repose,
Elle vole à la fleur, comme elle fraîche éclose ;
Du jardin, en sautant, franchit chaque parquet,
Choisit, compose, effeuille, éparpille un bouquet.
Comme les arbrisseaux, enfants de ce bocage,
Tous différents d'instinct, et de figure et d'âge,
Ses frères ont pris part à ses jeux inconstants,
Et leur printemps ajoute aux graces du printemps.
Tous, d'un air sérieux, suivent leur goût frivole;
L'un tend ses petits bras au papillon qui vole ;
Pour atteindre un rameau l'autre se hausse en vain;
Cet autre d'un fruit vert va cacher le larcin;
L'autre cherche à saisir son image dans l'onde;
Et cependant, pareille à la rose féconde
Qui s'élève au milieu de ses boutons naissants,
Leur mère suit de l'œil leurs ébats innocents.
Les objets enchanteurs que ce jardin rassemble,
Ces plantes, ces enfants qui s'élèvent ensemble;
Cette sérénité du vif azur des cieux,
Du monde rajeuni l'aspect délicieux,
Cet air suave et pur de la saison nouvelle,
Des riantes beautés voilà le vrai modèle;
Et pour ma déité quels tableaux plus flatteurs,
Qu'un beau jour, un beau ciel, des enfants et des fleurs !

Des objets différents qui commandent à l'ame,
C'est la grandeur, surtout, qui l'élève et l'enflamme,

Elle plaît à nos cœurs, elle plaît à nos yeux,
Dans l'œuvre de nos mains, dans l'ouvrage des dieux;
De ces grands monuments nos regards s'applaudissent;
Notre ame, à leur aspect, nos pensers s'agrandissent.

Ô colosses du Nil, séjour pompeux du deuil,
Ô que l'œil des humains vous voit avec orgueil!
Devant vos fronts altiers s'abaissent les montagnes;
Votre ombre immense, au loin, descend dans les campagnes.
Mais l'homme vous fit naître, et sa fragilité
Vous a donné la vie et l'immortalité.
Que de fois, à vos pieds, m'asseyant en silence,
J'évoque autour de vous tout cet amas immense
De générations, de peuples, de héros,
Que le torrent de l'âge emporta dans ses flots :
Rois, califes, sultans, villes, tribus, royaumes,
Noms autrefois fameux, aujourd'hui vains fantômes!
Seuls vous leur survivez. Vous êtes à la fois
Les archives du temps et le tombeau des rois,
Le dépôt du savoir, du culte, du langage,
La merveille, l'énigme et la leçon du sage.
Reçois donc mon tribut, ô toi de qui la main,
Sur le roc, plus solide et plus dur que l'airain [18],
Grava mes faibles vers! Coulez, siècles sans nombre;
Nations, potentats, passez tous comme une ombre;
Ces murs sont mon trophée; et, vainqueur du trépas,
Je puis dire à mon tour : « Mes vers ne mourront pas. ».

Combien, plus fière encor, combien plus imposante,
Dans l'ouvrage des dieux la grandeur nous enchante!
Par elle l'homme éprouve un air de liberté;
Tout ce qui le captive indigne sa fierté.
Loin des enclos bornés dont l'enceinte le gêne,
Il aime à s'égarer dans une vaste plaine,
Dans un large horizon ouvert de toutes parts,
Où l'œil indépendant promène ses regards;
Il aime à s'enfoncer dans la profondeur sombre
De ces vieilles forêts dont les tiges sans nombre
Touchent en même temps l'abîme des enfers,
Et le sein de la terre, et la voûte des airs;
Se courbent sur les eaux, flottent dans les campagnes,
D'un panache ondoyant couronnent les montagnes,

D'un vert amphithéâtre ornent les lieux penchants,
Et font une grande ombre au grand tableau des champs.
Sous la noire épaisseur de leurs voûtes antiques,
Sont nés les premiers dieux et les premiers cantiques;
Aucun soin n'entretient tous ces colosses verts;
Je crois voir les jardins du dieu de l'univers;
Et mes pensers, nourris dans l'ombre solennelle,
Deviennent grands, profonds, majestueux comme elle.
Et toi, terrible mer, séjour tempétueux [19],
Déja j'ai célébré tes champs majestueux;
Mais qui de tes beautés, ô mer intarissable.
Peut jamais épuiser la source inépuisable?
J'ai chanté ta grandeur et ton immensité;
Ai-je dit ta richesse et ta fécondité,
Tous ces peuples nombreux, ces nations flottantes,
Comme tes vastes eaux, à jamais renaissantes?
Ton lit, riche moitié de l'immense univers,
Renferme dans ton sein mille empires divers.
Tous ont leurs lois, leurs mœurs, leurs chefs, leurs colonies,
Pour voyager ensemble en foule réunies.
La terre en vain nourrit cet innombrable essaim
De peuples, d'animaux, répandus sur son sein,
La terre porte envie à ton vaste domaine :
Ses bois ont l'éléphant, tes gouffres la baleine;
De tes ondes sur nous s'élèvent d'autres mers;
Dieu, de ton océan, fit l'océan des airs.
Et quel autre entretient ces liquides nuages
En fertiles vapeurs versés par les orages,
Déposés sur les monts, dans les champs répandus,
Et sans cesse repris, et sans cesse rendus?
La terre enceint tes eaux, et tes eaux la fécondent;
Aux mouvements des cieux tes mouvements répondent;
Phébé règle tes flots; tes flots suivent son cours,
Et, toujours menaçants, obéissent toujours.
Tu creuses les vallons, élèves les montagnes,
Tour à tour engloutis et nous rends les campagnes;
Et l'homme, à qui du temps les fastes sont ouverts,
Lit jusqu'au haut des monts le voyage des mers.
Dirai-je les trésors échangés sur tes ondes?
Dirai-je tes vaisseaux, messagers des deux mondes?

Sur ton sein orageux se mêlent quelquefois
La colère des flots et le courroux des rois ;
Le tonnerre des cieux, les foudres de la guerre ;
Et l'orgueil, sur les eaux, vient disputer la terre.
Que de trésors cachés dans tes flots écumeux !
Que de fleuves obscurs, que de fleuves fameux !
Tu parles à nos yeux, tonnes à nos oreilles :
L'Imagination succombe à tes merveilles ;
Je m'éloigne en silence, et, plein d'un saint effroi,
J'abandonne un sujet immense comme toi.
Mais à peine mes yeux ont quitté tes domaines,
Les monts viennent m'offrir leurs pompeux phénomènes.
Viens donc, ô ma déesse ! exauce encor mes vœux,
Et redonne à ma voix quelques sons dignes d'eux.
Tu viens ! Sur leurs sommets avec toi je m'élance,
Ici tout est grandeur, tout est magnificence ;
De saisons en saisons, de climats en climats,
J'y voyage, entouré de vergers, de frimas,
De gouffres, de volcans, dont les laves fumantes
Sillonnent quelquefois de leurs vagues brûlantes
Cette neige éternelle et ces glaçons affreux
Que jamais du soleil n'entamèrent les feux.
Ici je touche au ciel et commande à la terre ;
A mes pieds part l'éclair et gronde le tonnerre ;
D'ici l'onde aux vallons épanche son trésor ;
L'ouragan prend sa course, et l'aigle son essor ;
J'interroge ces monts : je mesure en silence
Et leur vaste hauteur, et leur contour immense.
Leurs flancs, jusqu'aux enfers, vont cacher les métaux ;
Leurs faîtes, jusqu'au ciel, portent les végétaux.
Que j'aime à voir ces bois, ces touffes de verdure,
De leur tête superbe ondoyante parure,
Sur leurs fronts chevelus flotter au gré des vents,
Et balancer dans l'air leurs panaches mouvants !
Que de riches aspects, que de grandes images !
Tombez, torrents fougueux, de vos roches sauvages ;
Parmi l'herbe et les fleurs, glissez, humbles ruisseaux ;
Parlez-moi des vieux temps, marbres rongés des eaux ;
Du monde affreux débris, contez-moi son naufrage ;
Et vous, de noirs rochers gigantesque assemblage,

Vers le ciel élancés, enfoncés dans les mers;
Courez de votre chaîne embrasser l'univers.
Monts augustes, c'est vous dont la cime idolâtre
Du culte de Mithra fut le premier théâtre [20].
Favoris du Soleil, votre front radieux
Reçoit ses premiers traits, retient ses derniers feux;
Sous vos brillants sommets règnent les vapeurs sombres,
Vous buvez la lumière et répandez les ombres;
Si pour le dieu du jour vous n'avez plus d'autel,
Sur vous le dieu des arts garde un culte éternel;
Là, s'assemble sa cour ; là, de nos Zoroastres
Les yeux vont de plus près interroger les astres;
Jussieu vient y chercher les mœurs des végétaux ;
Le poëte, des chants ; le peintre, des tableaux;
Le sage, des leçons; et, parmi vos abîmes,
Moi-même, en vous chantant, je plane sur vos cimes.
Mais le jour disparaît ; et tandis que des monts
L'ombre déjà plus noire obscurcit les vallons,
De la nuit radieuse illuminant les voiles,
Tout brillant de clartés, tout parsemé d'étoiles,
Là-haut l'Olympe entier rayonne de splendeur.
Dans quels petits objets je plaçai la grandeur!
O comme en voyageant dans le vaste empyrée,
L'Imagination parle à l'âme inspirée !
Les soleils aux soleils succèdent à mes yeux;
Les cieux évanouis se perdent dans les cieux;
De la création je crois toucher la cime,
Et soudain à mes pieds se montre un autre abîme
O prodige! le monde allait s'agrandissant;
Le monde tout à coup s'abaisse en décroissant;
De degrés en degrés descend l'échelle immense;
L'infini s'arrêtait, l'infini recommence.
De l'ouvrage des dieux insensibles tissus,
Invisibles à l'œil, du verre inaperçus,
Des univers sans noms, et des mondes d'atomes;
Familles, nations, républiques, royaumes,
Ayant leurs lois, leurs mœurs, leur haine, leur amour;
Abrégés de la vie, et chefs-d'œuvre d'un jour,
Des confins du néant où Dieu mit leur naissance,
Jusqu'en leur petitesse attestant sa puissance,

Le montrent aussi grand que dans l'immensité,
Entouré de l'espace et de l'éternité.
Ainsi dans la nature, insensible ou vivante,
Au bord d'un double abîme, éperdu d'épouvante,
J'atteins par la pensée, ou le verre, ou mes yeux,
Tout ce qui remplit l'air, ou la terre, ou les cieux.
Ainsi, ne trouvant plus de borne qui m'arrête,
Des mondes sous mes pieds, des mondes sur ma tête,
Je ne vois qu'un grand cercle où se perd mon regard [21] ;
Dont le centre est partout, et les bords nulle part :
Planètes, terres, mers, en merveilles fécondes,
Et par delà ces mers, ces planètes, ces mondes,
Dieu, le Dieu créateur, qui pour temple a le ciel,
Les astres pour cortége, et pour nom l'Éternel ;
Qui donne un frein aux mers, et des lois aux comètes,
Allume les soleils, fait tourner les planètes,
Et vient, plus grand encore et plus majestueux,
Se peindre et s'admirer dans un cœur vertueux.

Oui, quel que soit des cieux le superbe spectacle,
L'homme aux regards de l'homme est le premier miracle ;
Le doux rayon parti des rives d'Orient
N'égale point l'attrait d'un visage riant.
Voyez, dans son courroux, cette âme impétueuse ;
La mer en sa colère est moins tumultueuse,
Babylone en ruine afflige moins les yeux,
Que les traits désolés de l'homme malheureux.
Tout ce que, pour frapper nos yeux et nos oreilles,
L'univers tout entier renferme de merveilles,
Les montagnes, les mers, le tonnerre, les vents,
Ébranlent moins nos cœurs, et frappent moins nos sens,
Que de l'accent humain l'énergique éloquence,
Que ce geste qui donne une voix au silence.
Que dis-je ? ces accents tantôt fiers, tantôt doux,
C'est l'œil, oui, c'est l'œil seul qui les rassemble tous.
Dans sa noble structure, en prodiges féconde,
Le plus frappant n'est pas de retracer le monde,
De réfléchir les cieux, les forêts et les mers ;
Mais de peindre cette âme où se peint l'univers.
Chef-d'œuvre où s'épuisa tout l'art de la nature,
L'œil marque le remords, la paix d'une âme pure ;

Du noble enthousiasme il exprime le feu;
Il s'attendrit sur l'homme, il s'élève vers Dieu;
Il embellit les pleurs, anime le sourire;
Il caresse, il menace, il accorde, il desire;
Il brûle de fureur, s'enflamme d'amitié,
Se mouille doucement des pleurs de la pitié.
C'est là que rit l'espoir, qu'étincelle la joie;
En de molles langueurs la volupté s'y noie.
Ce n'est point la beauté qui fait son ornement :
C'est mieux, c'est la raison, l'esprit; le sentiment;
Et dans ce cadre étroit sont peints en traits de flamme
Tous les travaux des dieux, et tous les dons de l'ame.
Aussi quel cœur si dur n'obéit à ses lois?
Il parle avant le geste, il parle avant la voix.
Voyez; quand Marius aux prisons de Minturne
Assoupit un moment sa douleur taciturne,
Ce Cimbre l'approcher un poignard à la main [22];
Le héros se réveille, et se levant soudain,
Avec cet œil terrible où brillent la victoire,
Et tant de consulats, et quarante ans de gloire,
Tout rayonnant encor des honneurs qu'il n'a plus,
« Oseras-tu, barbare, égorger Marius ? »
A ce regard, plus prompt, plus fort que le tonnerre,
L'esclave foudroyé tombe, et baise la terre;
Et long-temps immobile, et les sens éperdus,
« Non, je ne puis, dit-il, égorger Marius. »
Tant brillaient à la fois dans les yeux d'un seul homme,
Et la grandeur de l'ame, et la grandeur de Rome !

CHANT QUATRIÈME.

IMPRESSION DES LIEUX.

Oh ! que l'homme sait bien embellir l'univers [1] !
Sans lui, du monde entier les spectacles divers
Languissent sans attraits, sans intérêt, sans ame;
Mais, doué par les dieux d'une céleste flamme,

CHANT IV.

L'homme passionné les passionne tous,
Donne aux fleurs la gaieté, donne aux mers le courroux,
La mémoire aux rochers, aux myrtes la tendresse,
L'étonnement aux uns, aux autres la tristesse;
Et chaque être à son tour, par ce charme vainqueur,
Lui rend les sentiments que lui prête son cœur.
Eh! qui n'a pas connu ces rapports invisibles
Des corps inanimés et des êtres sensibles!
Les lieux même, les lieux savent nous émouvoir;
J'en sentis les effets : j'en peindrai le pouvoir.

Ou déserts, ou peuplés, ou riants, ou sauvages,
Les lieux frappent nos sens par diverses images.
Un lieu sauvage plaît par sa mâle âpreté.
Loin des jardins riants de leur molle beauté,
Je vole, je m'enfonce aux champs où la Norwége
Entasse jusqu'aux cieux ses colonnes de neige,
Aux champs de Sibérie, aux bords où de Thulé
La mer bat en grondant le rivage ébranlé.
Les aigles, les vautours, au-dessus de ma tête,
Mêlent leur cri terrible au cri de la tempête.
De ces monts, de ces rocs l'effroyable chaos,
Les flots avec fracas retombant sur les flots,
Tout m'effraie et me plaît. Mais lorsque ma pensée
Par des objets riants veut être délassée,
Dans un climat plus doux, et sous un ciel plus pur,
Je vole, avec Horace, aux vergers de Tibur,
Aux lieux où l'Anio, dans sa chute rapide,
Verse au loin la fraîcheur de sa poussière humide,
A travers les rochers, les bois retentissants,
Je suis sa course agile et ses flots bondissants.
Et toi, qui de Sénèque alarmais la sagesse,
Que Properce interdit à sa jeune maîtresse,
Lieu charmant, dont la mer, et la terre, et les cieux,
Formèrent à l'envi l'aspect délicieux,
Baie, enfin, je te vois; je vois tes frais bocages!
Voilà ta mer d'azur, voilà tes beaux rivages!
C'est ici qu'autrefois ces superbes Romains
Venaient se délasser du malheur des humains.
D'autres regretteront ces scènes fastueuses,
Où, parmi les concerts, les voix voluptueuses,

Les danses et les chants, les fêtes et les arts,
Chevaliers, magistrats, et consuls, et césars,
Dans ces palais hardis, usurpateurs de l'onde,
Buvaient et le Falerne et les larmes du monde.
Moi, simple ami des arts, du haut de ces coteaux,
Dont les ombres, le soir, descendent sur les eaux,
A l'heure où sont unis, sur l'eau resplendissante,
Le soleil expirant, et la lune naissante,
Au murmure flatteur de l'onde qui s'endort,
De la vague qui vient expirer sur le bord,
Et des zéphyrs légers glissant sur la verdure,
De tous ces sons lointains, concert de la nature,
Sur les temples, les monts, les îles d'alentour,
J'égare en paix mes yeux : je passe tour à tour
Du paysage aux mers, des mers au paysage,
Et conduis, en rêvant, les flots vers le rivage [2].

Toutefois, de nos cœurs, de leurs penchants secrets,
Dépend l'impression du site et des objets :
Si l'ame s'abandonne à la mélancolie,
Un sol moins gai plaît mieux à l'ame recueillie.
Un cœur content se plaît en d'agréables lieux ;
Conformes à notre âme, ils plaisent à nos yeux.
Mais si le noir chagrin, la douleur violente [3],
Porte au cœur malheureux sa fougue turbulente,
Le site le plus doux ne lui rend pas la paix.
En contemplant de loin ces paysages frais,
Il croit que leur repos, leur douce solitude,
Va calmer de son cœur l'ardente inquiétude.
Vain espoir ! ces beaux lieux sont un tourment de plus.
Hélas ! il porte envie aux heureux qu'ils ont vus,
Au berger qui s'y plaît, au tendre objet qu'il aime,
A son troupeau paisible, aux oiseaux, aux lieux même ;
A ces lieux, dont le calme est si loin de son cœur !
Ces gazons où respire une douce fraîcheur,
Ce tapis si riant de la jeune verdure,
Cette ombre si tranquille, et cette onde si pure,
Ces arbres amoureux entrelaçant leurs bras,
Tout l'afflige à l'envi d'un bonheur qu'il n'a pas.
Il veut des lieux déserts, il veut des bois sauvages,
De noirs torrents, des troncs brisés par les orages,

CHANT IV.

Des rochers dont le deuil réponde à son ennui;
Il veut des bords affreux tourmentés comme lui.
 Mais ce qui fait des lieux la plus sûre puissance,
Ah ! nous l'éprouvons tous, c'est la reconnaissance.
C'est le tendre regret, dont les charmes flatteurs,
Font des lieux nos amis, en font nos bienfaiteurs :
Pareils à ces esprits, à ces légères ombres,
Qui, sitôt que la nuit étend ses voiles sombres,
Visitent, nous dit-on, leur antique séjour;
Ainsi les souvenirs, les regrets et l'amour,
Et la mélancolique et douce rêverie,
Reviennent vers les lieux chers à l'âme attendrie;
Où nous fûmes enfants, amants, aimés, heureux;
Après le sol natal, toujours chers à nos yeux,
S'ils n'ont pas tout l'attrait de la terre chérie
Où commença pour nous l'aurore de la vie;
Ils rappellent cet âge, où notre âme et nos sens
Par degrés essayaient leurs organes naissants.
Je l'éprouvai moi-même. Après vingt ans d'absence,
De retour au hameau qu'habita mon enfance;
Dieux ! avec quel transport je reconnus sa tour,
Son moulin, sa cascade, et les prés d'alentour !
Ce ruisseau dont mes jeux tyrannisaient les ondes,
Rebelles comme moi, comme moi vagabondes;
Ce jardin, ce verger, dont ma furtive main
Cueillait les fruits amers, plus doux par le larcin;
Et l'humble presbytère; et l'église sans faste;
Et cet étroit réduit que j'avais cru si vaste,
Où, fuyant le bandeau de l'aveugle au long bras,
Je me glissais sans bruit, et ne respirais pas;
Et jusqu'à cette niche, où ma frayeur secrète
A l'œil de l'ennemi dérobait ma retraite,
Où sur le sein d'Églé, qui partageait ma peur
Un précoce plaisir faisait battre mon cœur!
 O village charmant! ô riantes demeures,
Où, comme ton ruisseau, coulaient mes douces heures !
Dont les bois et les prés, et les aspects touchants,
Peut-être ont fait de moi le poëte des champs!
Adieu, doux Chanonat, adieu, frais paysages !
Il semble qu'un autre air parfume vos rivages;

Il semble que leur vue ait ranimé mes sens,
M'ait redonné la joie, et rendu mon printemps.
　Cette clôture même, où l'enfance captive
Prête aux tristes leçons une oreille craintive,
Qui de nous peut la voir sans quelque émotion?
Ah! c'est là que l'étude ébaucha ma raison;
Là, je goûtai des arts les premières délices;
Là, mon corps se formait par de doux exercices.
Ne vois-je point l'espace où, dans l'air s'élançant,
S'élevait, retombait le ballon bondissant?
Ici, sans cesse allant, revenant sur ma trace,
Je murmurais les vers de Virgile et d'Horace.
Là, nos voix pour prier venaient se réunir;
Plus loin... Ah! mon cœur bat à ce seul souvenir!
Je remportai la palme, et la douce victoire
Pour la première fois me fit goûter la gloire;
Beaux jours, qu'une autre gloire et de plus grands combats
Rappelaient à Villars, mais qu'ils n'effaçaient pas.
　Enfin quel lieu ne cède au lieu de la naissance?
Ah! c'est là que l'amour et la reconnaissance,
Que d'un instinct puissant les secrètes douceurs
Rappellent la pensée et ramènent les cœurs,
Surtout lorsque, imposant, ou sublime, ou sévère,
Le sol frappe les yeux par un grand caractère.
L'habitant de la plaine et des riants vallons,
Insipidement gais ou tristement féconds,
Rêve moins tendrement à ses dieux domestiques.
　Mais voyez l'habitant des rochers helvétiques :
A-t-il quitté ces lieux, tourmentés par les vents,
Hérissés de frimas, sillonnés de torrents?
Dans les plus doux climats, dans leurs molles délices,
Il regrette ses lacs, ses rocs, ses précipices,
Et comme, en le frappant d'une sévère main,
La mère sent son fils se presser sur son sein,
Leurs horreurs même en lui gravent mieux leur image;
Et lorsque la victoire appelle son courage,
Si le fifre imprudent fait entendre ces airs
Si doux à son oreille, à son ame si chers,
C'en est fait, il répand d'involontaires larmes [7];
Ses cascades, ses rocs, ses sites pleins de charmes,

S'offrent à sa pensée : adieu, gloire, drapeaux !
Il vole à ses chalets, il vole à ses troupeaux,
Et ne s'arrête pas, que son ame attendrie
De loin n'ait vu ses monts et senti sa patrie :
Tant le doux souvenir embellit le désert !
Même les tristes lieux où nous avons souffert,
Ne sont pas sans attraits. Seul sur ses rocs arides,
Philoctète maudit le sort et les Atrides ;
Mais faut-il s'arracher à ces horribles lieux,
Il regrette son antre, et lui fait ses adieux.
Regardez ce vaisseau, cette prison flottante,
Que tourmentent les vents et la mer mugissante :
Eh bien ! quel nautonier ne voit avec amour
Le navire où long-temps il a fait son séjour ?
Je n'oublierai jamais la tristesse profonde
D'un nocher que vingt ans avait porté sur l'onde
Un vaisseau renommé, long-temps heureux vainqueur
De la mer orageuse et des vents en fureur ;
Compagnons de périls, de revers, de fortune,
Leurs maux étaient communs, et leur gloire commune.
Le tonnerre, les vents, et les flots, et les feux,
Que n'avaient-ils point vu, point affronté tous deux ?
Mais enfin, succombant aux injures de l'âge,
Le vaisseau vétéran, couché sur le rivage,
Cédait à la cognée, et de robustes bras
De son corps déchiré dispersaient les éclats ;
Le vieux nocher pleurait, et son ame attendrie
Croyait dans ce vaisseau regretter sa patrie :
Avec moins de douleur un monarque pieux
Voyait son Ilion s'écrouler dans les feux.
Que si l'on aime ainsi le lieu de ses souffrances,
Combien l'on doit chérir celui des jouissances !
Choisi par le plaisir, marqué par le bonheur,
C'est le témoin, l'ami, le confident du cœur.
Que j'aime ce mortel qui, dans sa douce ivresse,
Plein d'amour pour les lieux où jouit sa tendresse,
De ses doigts, que paraient des anneaux précieux,
Détache un diamant, le jette, et dit : « Je veux
Qu'un autre aime après moi cet asile que j'aime,
Et soit heureux aux lieux où je le fus moi-même ! »

Cœur noble et délicat, dis-moi quel diamant
Égale un trait si pur, et vaut ton sentiment !
Vers tous les lieux enfin quel pouvoir nous ramène ?
Vers les uns le plaisir, vers les autres la peine :
Mais à ceux où d'amour on a connu les lois,
La peine et le plaisir ramènent à la fois.
O Dieu, de quels moments ils gardent la mémoire !
Là, l'amant de son sort revient lire l'histoire ;
Là, son cœur étonné sentit son premier feu ;
Là, sa bouche tremblante en hasarda l'aveu ;
Sa main sur ce rosier cueillit la fleur nouvelle
Qu'Églé mit sur son sein, en rougissant comme elle.
L'écho de ces rochers était leur confident.
Malheur donc, ah ! malheur au mortel imprudent
Qui, risquant son repos, ose revoir encore
Ces lieux pleins de l'objet que sa tendresse adore !
Combien je crains pour lui ce dangereux retour !
Hélas ! son seul aspect peut réveiller l'amour.
Eh ! sur ces monts glacés, où, loin de sa Julie [8],
Saint-Preux traînait ses maux et sa mélancolie,
Voyez ce malheureux conduire imprudemment
Celle qu'un autre hymen ravit à son amant !
De ces monts tout remplis de sa longue disgrace,
Où de son triste exil tout conserve la trace,
Mille ressouvenirs sortent de toutes parts ;
Il s'arrête, et sur elle attachant ses regards :
« O charme de mon cœur, le tien est-il paisible ?
Ce lieu ne dit-il rien à ton ame sensible ?
Vois ! c'est ici la pierre où ma brûlante ardeur
Traça les premiers mots qui touchèrent ton cœur.
Là, tristement assis dans ma douleur muette,
Mes yeux des jours entiers contemplaient ta retraite.
Là, seul et n'entendant que l'aigle des déserts,
J'échauffais de mes feux la glace des hivers.
De ces cailloux tranchants, des éclats de ces marbres,
Ici ma main traçait ton chiffre sur ces arbres ;
Pour ressaisir l'écrit, gage de tes amours,
Ici du noir torrent je traversai le cours.
Là, de ces vieux rochers je gravissais les cimes,
Et mes sombres regards mesuraient les abîmes ;

Plus loin.... » Couple imprudent, fuyez, quittez ces lieux!
Hélas! on y respire un air contagieux;
Fuyez, et, vous sauvant de leur funeste charme,
Hâtez-vous d'y répandre une dernière larme.
 Ah! le cœur de ces lieux conçoit trop bien l'attrait:
Mais quel triste penchant, mais quel besoin secret,
Au tertre où gît l'objet de toute sa tendresse,
Ramène un faible amant, l'y ramène sans cesse?
Hélas! plus d'une fois, en courant au plaisir,
Ceux qu'à cette ombre froide attachait le desir,
Ou l'insensible orgueil, ou l'avide espérance,
Passent près de sa tombe avec indifférence :
Pour lui ce coin de terre est l'univers entier.
Sitôt qu'au jour mourant il ose se fier,
Aux discrètes lueurs du crépuscule sombre,
Il part d'un pied timide, il se glisse dans l'ombre;
Il observe de loin d'un regard inquiet
Si quelqu'un de ses pleurs vient troubler le secret;
Il recommande aux cieux cette enceinte si chère;
Que l'air y soit plus pur, la terre plus légère,
Les gazons plus touffus! et ce lieu révéré,
Adoré par l'amour, en devient plus sacré :
Et même sans l'attrait d'un intérêt si tendre,
Combien d'autres encore ont, pour se faire entendre,
Leur nom, leur souvenir, leur noble vétusté!
Dans le sein ténébreux de ce bois écarté
Contemplez ces débris d'une abbaye antique [3],
Monument oublié du faste monastique.
Entrons.. De ces vieux murs le deuil religieux,
Ce chœur où résonnaient les cantiques pieux,
Ces vitraux colorés, précieux à l'histoire,
Qui des faits du vieux temps ont gardé la mémoire;
Ces combles entr'ouverts, ces lugubres caveaux;
Dans cette vaste nef ce long rang de tombeaux
Où, des saints fondateurs trompant l'attente vaine,
Leurs noms presque effacés ne se lisent qu'à peine;
Ces dômes, ces degrés dans les airs suspendus,
Conduisant au sommet d'une tour qui n'est plus;
Et ces autels sans culte, et leurs saints sans oracles,
Dont la vieille légende a vanté les miracles;

Et ce lieu de l'offrande où de pieux tributs
Rachetaient les forfaits, suppléaient les vertus ;
Tout cet asile enfin, séjour de pénitence,
D'orgueil, de piété, de savoir, d'ignorance,
Dit plus dans ses débris que ce frais Panthéon,
Enfant sans souvenir, antique par son nom,
Où la voix du passé ne se fait point entendre,
Et qui, n'ayant rien vu, n'a rien à nous apprendre,
Ou m'instruit à regret qu'outrageant le tombeau,
Toute la France en pompe y cacha Mirabeau.
   Tantôt d'un vieux château s'offre la masse énorme,
Pompeusement bizarre et noblement informe.
Combien de souvenirs ici sont retracés !
J'aime à voir ces glacis, ces angles, ces fossés,
Ces vestiges épars des siéges, des batailles,
Ces boulets qu'arrêta l'épaisseur des murailles ;
J'aime à me rappeler ces fameux différends
Des peuples et des rois, des vassaux et des grands ;
Des Nemours, des Coucis les amours trop célèbres ;
Ces spectres, ces lutins rôdant dans les ténèbres :
Vieux récits, dont le charme amusant les hameaux,
Abrége la veillée et suspend les fuseaux [10].
Non, tous les vieux romans de cette Grèce antique,
Sa fabuleuse histoire, et sa fable historique,
N'offraient rien de si grand, rien de si merveilleux
Que tous les longs récits qu'on nous fait de ces lieux.
Ici, du haut des tours, plus d'une tendre amante [11]
Suivait son jeune amant dans la lice sanglante :
Là, nos gais troubadours et nos vieux romanciers
Célébraient la tendresse et les exploits guerriers ;
Là, nos fiers paladins, à la gloire fidèles,
Combattaient pour leur Dieu, leur monarque et leurs belles.
Contemplez ces armets, ces casques, ces cuissards
Des Nemours, des Clissons, des Coucis, des Bayards,
J'aime à les revêtir de ces armes antiques ;
J'y replace leurs corps, leurs ames héroïques.
Mais sur son palefroi s'avance un chevalier,
Beau, jeune, et précédé de son noble écuyer,
Le casque sur le front, surmonté d'un panache,
Sur ses yeux la visière, à son bras la rondache,

La lance au poing, portant brassard et gantelet,
Ferme sur l'étrier et le fer en arrêt ;
Déja du pont-levis il franchit la barrière ;
Son œil est menaçant, sa contenance fière ;
Son cor a retenti, tout recule d'effroi ;
Un page se présente. « O page, écoute-moi,
Lui dit-il ; ce château retient mon Isabelle.
Va trouver son tyran, qu'il me rende ma belle ;
Qu'il la rende à l'instant, ou ce bras irrité
Va me faire raison de sa déloyauté. »
Le choc suit le défi : bientôt d'un coup horrible
Le tyran tombe mort, et sa chute terrible
De ses tristes donjons fait gémir les échos.
Aussitôt un long rang de dames, de héros,
Comtes, barons, tout sort, tout revoit la lumière.
La belle à son amant s'élance la première,
Fait un saut, monte en croupe, embrasse son vainqueur,
Et sous ses belles mains sent palpiter son cœur.
Ainsi des lois, des mœurs, des combats du vieil âge,
Ma pensée en ces lieux se retrace l'image.
Je crois les voir encore, et rêve tour à tour
De joutes, de tournois, de féerie et d'amour.
  Hélas ! des nouveautés l'orgueil follement sage
De cette antique gloire a flétri l'héritage.
Eh bien ! fiers descendants de nos fameux Bouillons,
Des fiers Montmorencys, des Rohans, des Crillons,
Montrez-vous dignes d'eux ! osez par la victoire,
Surtout par la vertu, reconquérir leur gloire ;
Et, prêtant votre lustre à ces mortels fameux,
Rendez à ces grands noms ce que vous tenez d'eux.
Tel, aux derniers canaux arrivé dans sa course,
Le sang revient au cœur, et remonte à sa source.
  Enfin, parmi ces lieux fiers de leur vétusté,
Il en est dont l'illustre et haute antiquité,
Bien plus frappante encor, revient à la mémoire,
Riche de monuments, de grandeur et de gloire.
Là, chaque lieu célèbre est plein d'illusion ;
Tout ruisseau, tout rocher, tout bosquet a son nom.
Si mon œil aperçoit ces Alpes menaçantes
Qui portent jusqu'aux cieux leurs cimes imposantes,

Je veux voir avant tout ce passage fatal
Où le roc calciné s'ouvrit pour Annibal,
Et du vieux Latium lui livra les campagnes.
Autrefois du sommet de ces mêmes montagnes
Le terrible Annibal disait à ses soldats :
« Vous voyez ces beaux champs ! c'est le prix des combats ;
C'est le prix du vainqueur. » A l'aspect de sa proie,
Le soldat tressaillit d'une barbare joie.
Ces champs qu'à la fureur montrait l'ambition,
Je les montre aux talents. Quelle immense moisson
Et de grands sentiments et de hautes pensées
Vous offrent ce théâtre, et ces grandeurs passées !
Sur les objets présents portant des yeux distraits,
L'Imagination n'y reposa jamais.
Elle aime à deviner, elle aime à reconnaître
Ce qui n'est pas encor, ce qui va cesser d'être :
Amante des vieux temps, de leurs restes chéris,
Elle vit de regrets, se plaît dans les débris.
S'il était des pays dont la scène féconde
De grands événements eût étonné le monde,
Telle que s'offre encore avec tous ses grands noms
La ville des Césars ou celle des Platons ;
C'est là qu'elle se plaît, c'est là qu'elle s'élance :
Là, tel qu'un voyageur qui parcourt en silence
Les pompes d'un palais par les ans renversé,
Rassemble en son esprit leur reste dispersé,
Recompose ses murs, reconstruit son portique ;
Ainsi dans mes pensers je refais Rome antique :
Je relève ses tours, je lui rends ses remparts,
Ses temples, ses palais, ses grands hommes, ses arts.
J'arme encor ses héros pour la cause commune ;
J'assiste à son sénat, je monte à sa tribune ;
Le Capitole attend ses fiers triomphateurs :
Marchons ! suivons les pas des sacrificateurs.
Entendez-vous, du bruit des jeux qu'elle idolâtre,
Mugir comme une mer son vaste amphithéâtre ?
Mécène, reçois-moi dans ces soupers divins,
Assaisonnés de vers, de bons mots et de vins.
Hélas ! ce goût si pur, cette molle élégance,
Des empires mûris marquent la décadence.

Tardez, éloignez-vous, termes de sa grandeur ;
Laissez-moi contempler Rome dans sa splendeur !
Il n'est plus temps. Je vois, j'entends déja les chaînes,
Et le joug va peser sur des têtes romaines.
 De ces murs où les arts vont trouver leur tombeau,
La Grèce me rappelle aux lieux de leur berceau :
C'est là que, s'entourant de tout ce qu'elle adore,
L'Imagination est plus active encore :
Là, tout parle ou de vers, ou de gloire, ou d'amour ;
Tout est dieux ou héros. Une barque, en un jour,
Parcourt sur cette mer, en merveilles féconde,
Cent lieux plus renommés que tous les lieux du monde.
Mène-moi, dieu des arts, vers ta chère Délos !
Ici Sapho charmait les rochers de Lesbos ;
C'est là qu'Anacréon, oubliant la vieillesse,
Chantait, tout jeune encore et d'amour et d'ivresse
Rochers, l'écueil du Perse et de ses légions,
De vos trois cents héros redites-moi les noms.
Sparte, où sont tes débris ? Montrez-moi cette Athènes
Où méditait Platon, où tonnait Démosthènes.
Que de charmes encor dans ces restes flétris !
Hélas ! le temps allait consumer ses débris.
Parmi les voyageurs qui de ce beau rivage
Emportent en partant une stérile image,
Le génie éploré de ces fameux remparts [13]
Distingua dans la foule un jeune amant des arts,
Qui, pour ces murs sacrés rempli d'idolâtrie,
Triste, semblait pleurer sur sa propre patrie ;
Pour voir de ces beaux lieux l'auguste antiquité,
Plaisirs, amis, parents, il avait tout quitté.
« Tu vois, lui dit le dieu, ces merveilles divines :
Le temps va dévorer jusques à leurs ruines ;
Bientôt l'œil affligé ne reconnaîtra plus
L'asile des beaux-arts et celui des vertus :
Hâte-toi : rends la vie à leur gloire éclipsée !
Pour prix de tes travaux, dans un nouveau lycée,
Un jour je te promets la couronne des arts. »
 Il dit ; et dans le fond de leurs tombeaux épars,
Des Platons, des Solons les ombres l'entendirent ;
Du jeune voyageur tous les sens tressaillirent.

Aussitôt dans ces murs, berceau des arts naissants,
Accourent à sa voix ces arts reconnaissants.
Le Dessin le premier prend son crayon fidèle;
Et tel qu'un tendre fils, lorsque la mort cruelle
D'une mère adorée a terminé le sort,
A ses restes sacrés s'attache avec transport,
Demande à l'air, au temps, d'épargner sa poussière,
Et se plaît à tracer une image si chère :
Ainsi, par l'amour même instruit dans ces beaux lieux,
Le Dessin, de la Grèce enfant ingénieux,
Va chercher, va saisir, va tracer son image;
Et belle encor, malgré les injures de l'âge,
Avec ses monuments, ses héros et ses dieux,
La Grèce reparaît tout entière à nos yeux.

    L'histoire ainsi l'apprend : sur ce globe où nous sommes,
Les lieux ont leur déclin aussi bien que les hommes!
Mais ces fameux revers, et ces grands changements,
Qu'ont fait naître autrefois le hasard et le temps,
Offrent à notre esprit une moins vive image
Que lorsque sous nos yeux un violent orage,
D'un séjour magnifique a détruit la splendeur,
Et montre sa ruine auprès de sa grandeur.
Voyez ces murs déserts! là, le pompeux Versailles
Étalait autrefois l'orgueil de ses murailles;
Là, mille passions, mille vœux à la fois,
Les princes et les grands, les députés des rois,
Les intérêts rivaux, les vanités trompeuses,
Sans cesse s'agitaient sur ces routes pompeuses;
Là, venait en silence, attendant un coup d'œil,
Aux pieds de la faveur s'agenouiller l'orgueil;
De là, portée au loin sur la terre et sur l'onde,
La volonté d'un seul faisait le sort du monde.
Tant d'éclat irritait l'univers ébloui;
Un orage a grondé, tout s'est évanoui!
Où sont les attributs de la toute-puissance,
Cet appareil de gloire et de magnificence?
Le deuil et le silence habitent dans ces lieux;
A peine un vieux gardien, triste et silencieux,
Dans ces murs, qu'entouraient tant de fières cohortes,
A quelques voyageurs ouvre en pleurant les portes;

Et l'étranger, cherchant ces palais d'autrefois,
Se dit : « C'était donc là la demeure des rois ! »
Rêve à tant de malheurs après tant de puissance,
Jette encore une larme, et s'éloigne en silence.

Après ces grands tableaux pour nos yeux indiscrets,
Les lieux mystérieux ont encor des attraits ;
L'Imagination, ingénieuse à feindre,
Embellit les objets que l'œil ne peut atteindre.
Un auguste mystère entourait autrefois
Et les temples des dieux et les palais des rois.
Au fond du saint des Saints, dans sa gloire invisible,
L'Éternel enfermait sa majesté terrible,
Et le grand-prêtre seul, une fois tous les ans,
Offrait, au nom du peuple, un solennel encens.
Les monarques d'Asie, adorés par la crainte,
Habitaient d'un palais l'inabordable enceinte.
Le mystère piquant et la difficulté
Parent encor les arts, l'amour et la beauté :
Eh ! qui de ces ressorts ne connaît la puissance ?
Que de fois dans les murs de la fière Byzance,
Je m'en souviens encor, d'un œil présomptueux
Contemplant du sérail les murs voluptueux,
Ses murs, ses minarets, ses kiosques, ses portiques,
Et leurs globes dorés et leurs cyprès antiques,
D'un desir imprudent mon esprit excité,
Et par l'air du mystère en secret irrité,
Malgré ses fiers gardiens, ses portes redoutables,
Brûlait de pénétrer ces murs impénétrables,
Où veille la terreur à côté du plaisir,
Où la variété réveille le desir !
Dans mon illusion, grilles, tours, janissaires,
Mon œil franchissait tout ; mes regards téméraires
Osaient percer l'asile où l'indolent orgueil
Flotte entre mille appas, et choisit d'un coup d'œil.
Autour de ces sophas où la langueur repose,
J'aspirai le moka, je respirai la rose ;
J'osai plus : dans ces bains frais et mystérieux,
Que jamais ne profane un regard curieux,
Où cent jeunes beautés, plus belles sans parure,
Pour voile à la pudeur donnent leur chevelure.

Malgré l'affreux cordon, malgré le sabre nu,
J'entrai brûlant de voir, et tremblant d'avoir vu [13].
L'amour même chérit les ombres du mystère [14];
L'amour désenchanté fuit un œil téméraire.
Belles, défiez-vous d'un regard curieux!
La beauté s'embellit d'un air mystérieux;
Les desirs ignorants sont vos premières armes;
La beauté dévoilée a perdu de ses charmes;
L'amour le plus aveugle est le plus éloquent;
L'ignorance aux objets prête un charme piquant :
Ce qui nous plaît le mieux dans toute la nature,
Ce n'est pas ce qu'on voit; c'est ce qu'on se figure:
L'ignorance nourrit la douce illusion.
Des Grecs ingénieux l'aimable fiction,
Qui donnait plus d'éclat à la vérité même,
Cacha cette leçon sous un heureux emblème.
L'imprudente Psyché veut voir de près l'Amour;
Elle le voit; le dieu disparaît sans retour :
Et Psyché, d'un regard téméraire victime,
Déplore, mais trop tard, son malheur et son crime..
Tant d'un dieu prévoyant l'attentive bonté
Exprès derrière un voile a mis la vérité;
Et cache, dans la nuit d'un nuage qu'il dore,
Et les biens qu'on espère et les maux qu'on ignore!
Eh! pourrai-je oublier le site inspirateur,
Où l'on goûta des arts l'attrait consolateur;
Témoin de nos travaux, bienfaiteur du génie,
De quels heureux moments il charma notre vie!
Là, d'une longue extase on connut les transports;
Là, notre ame en silence amassant ses trésors,
D'un long recueillement tout à coup a fait naître
Ces traits à qui notre art doit sa gloire peut-être:
Ces lieux, dont tant de fois on sentit le pouvoir,
Quels cœurs reconnaissants n'aiment à les revoir?
Montbar charmait Buffon, et du bois des Charmettes
Jean-Jacques se plaisait à vanter les retraites;
Et toi, toi que j'aimai dès mes plus jeunes ans,
Meudon, à qui je dois tout l'honneur de mes chants,
Que de fois en hiver, dans tes donjons gothiques,
Près d'un foyer nourri de tes chênes antiques,

Seul, écoutant de loin les vents, les flots, les bois,
A leur vaste concert j'associai ma voix !
Que de fois, aux beaux jours, de tes bocages sombres
Tu me vis traverser les vénérables ombres !
Hélas ! ces bois sacrés, ces bosquets ne sont plus ;
Par le fer destructeur je les vis abattus :
Abattus au printemps ! quand, tout gros de feuillage,
Déja les verts boutons nous promettaient l'ombrage.
En vain de ces vieux troncs les jeunes successeurs
De leur nouvel abri m'ont offert les douceurs ;
Ils n'ont point inspiré, n'ont point vu mon délire :
Ne m'ayant rien appris, je n'ai rien à leur dire ;
Mais ton sol m'est sacré, mais j'y viendrai toujours
Demander d'heureux vers, et surtout d'heureux jours.

 Des divers lieux sur nous j'ai chanté l'influence ;
Presque tous de nos cœurs empruntent leur puissance :
Ceux où l'astre du jour et l'homme sont absents,
Seuls, par leur propre force, agissent sur nos sens.
A peine l'œil entr'ouvre une faible paupière,
Il veut voir son semblable, il veut voir la lumière :
La pensée, il est vrai, connaît peu de déserts.
Si l'on ne voit point l'homme et ses traits toujours chers,
On voit ses monuments ; les champs et la verdure
Nous parlent des bienfaits, des soins de la nature.
Tantôt d'une rivière on suit les longs détours ;
L'on voyage avec elle, et l'on poursuit son cours.
Mais quand l'homme accablé, qu'un long ennui désole,
Ne voit ni les humains, ni rien qui le console,
Sa double solitude épouvante son cœur.
 Sous les cieux africains voyez le voyageur,
Des sables de Rosette, ou des landes du Caire,
Traverser lentement l'espace solitaire [15] :
Les torrents de poussière, et les vents enflammés,
Et la terre, et les eaux, contre lui sont armés ;
Mais de ces champs poudreux la chaleur est moins rude
Que cette désolante et longue solitude.
L'ennui, le triste ennui qui mesure le temps,
Éternise ses jours, ses heures, ses instants.
Flétrie au seul aspect de ces lieux effroyables,
L'Imagination expire sur ces sables ;

Il se traîne, il épuise un reste de vigueur [16],
Lorsqu'au lever du jour, ô surprise! ô bonheur!
D'un obélisque au loin il découvre le faîte,
Les kiosques des pachas, les temples du prophète,
De palmiers, d'orangers des bois délicieux,
Que le désert encore embellit à ses yeux.
C'est là qu'un doux repos, acheté par ses peines,
L'attend sous ces berceaux, au bord de ces fontaines,
Où, sur un mol amas de coussins fastueux,
Le superbe Ottoman, triste et voluptueux,
Enivré de ces sucs dont la vertu l'inspire,
De ses rêves charmants entretient le délire,
Ou dans son beau harem achève en paix le jour,
Pressé par le desir, et jamais par l'amour.
Moi-même, que séduit cette riante scène,
A ces bords enchantés je m'arrache avec peine;
Mais ma muse m'appelle en des déserts nouveaux.
Voyez-vous ce navire attendu sur les eaux [17]?
Tout est prêt : l'air fraîchit, la voile s'enfle; Éole
S'amuse en se jouant de chaque banderole;
L'enfant pour la saisir vers elle étend les bras;
Autour des voyageurs dont on retient les pas,
De parents et d'amis un groupe tout en larmes,
D'un adieu prolongé goûte les tristes charmes;
Et, du sommet d'un roc élevé dans les airs,
Suit long-temps le vaisseau qui s'enfuit sur les mers.
 Sur ce vaste élément, d'abord l'ame enhardie
Se croit indépendante, et se sent agrandie;
Il semble qu'étendant son vol illimité,
Dieu même l'associe à son immensité.
Mais, hélas! le bonheur demande peu d'espace :
De ce désert sans fin l'homme bientôt se lasse;
Solitaire à l'aspect de l'immense horizon,
Bientôt dans son navire il croit voir sa prison.
Ses tristes compagnons qui languissent ensemble,
Ce n'est point le penchant, le choix qui les rassemble;
Leur ennui mutuel redouble son ennui;
Il habite auprès d'eux, et vit seul avec lui.
Ah! quand pourront ses yeux entrevoir le rivage?
Quelquefois l'abusant par une fausse image,

L'Imagination, dans un lointain confus,
Lui montre un port, des tours, qui bientôt ne sont plus.
Leur fantôme trompeur s'efface comme un songe,
Et l'immense Océan devant lui se prolonge.
Il faut entendre encor le bruit des matelots,
Des cordages, des mâts, et des vents, et des flots;
Toujours les cieux, toujours les noirs gouffres de l'onde,
Et l'aquilon grondant sur la vague qui gronde.
Hélas! où sont ses champs, ses bois, ses prés fleuris,
Ses foyers paternels, et ses enfants chéris?
Le regret, au départ, en forma ses supplices;
L'espérance, au retour, en fera ses délices.
Il part, il vogue, avance, espère, et voit le port.
Ah! son cœur pourra-t-il suffire à son transport?
Sa fille!... en le quittant son adieu fut si tendre!
Que fait-elle à présent? Lasse enfin de l'attendre,
Sur son portrait peut-être elle verse des pleurs;
Peut-être que sa main le couronne de fleurs;
Ces tissus, ces trésors que la Perse a vus naître,
Sa femme avec plaisir s'en parera peut-être;
Et ce fils, dernier fruit d'une longue union,
Vit-il? commence-t-il à bégayer son nom?
Son simple et vieux pasteur répandra tant de larmes!
A ses arbres grandis qu'il va trouver de charmes!
 Cependant les objets semblent se rapprocher;
Il reconnaît ce mont, cet arbre, ce clocher;
De moment en moment les tours lèvent leur faîte;
Enfin la rive approche, et son bonheur s'apprête;
Et sur la mer, qui fuit et roule à gros bouillons,
Son rapide vaisseau fend les derniers sillons.
On aborde: d'un saut il a touché la rive;
Le cœur tout palpitant, il s'élance, il arrive,
Avec ce vif besoin que donne un long désir.
Mais ce n'est pas à moi d'exprimer son plaisir:
L'Imagination, dont je peins la puissance,
Aime à chanter l'espoir, et non la jouissance.
 Des solitaires lieux j'ai tracé les effets:
O toi, de qui ma muse éprouva les bienfaits,
Quand ma voix va chanter le pouvoir des lieux sombres,
O nuit! inspire-moi. Que de fois, dans tes ombres,

Recherchant ton silence et non pas ton repos,
Et des eaux d'Hippocrène humectant les pavots,
Du délire des vers j'éprouvai les délices !
Du poëte, inspiré par tes veilles propices,
Il semble que les chants soient plus doux et plus fiers ;
Pour lui le dieu du jour n'est plus le dieu des vers.
Mais les amants heureux, mais les heureux poëtes
Ont seuls droit de se plaire à tes scènes muettes.
Tout être avec regret voit mourir la clarté ;
Alors mon chien me jette un regard attristé ;
L'instinct des plantes même en chérit l'influence,
Et la fleur du soleil pleure encor son absence :
Tout bénit ses faveurs ; mais l'homme, enfant des dieux,
L'homme, avant tout, chérit ce flambeau radieux ;
Il veut voir ses rayons, il veut sentir sa flamme,
Et ce besoin des sens est un besoin de l'ame :
Cet astre heureux console et charme nos ennuis.
Que je plains la douleur dans le calme des nuits !
Ah ! que la nuit alors, jointe à la solitude,
De l'homme délaissé nourrit l'inquiétude !
L'absence des objets rend ses maux plus présents ;
Rien n'en distrait son cœur, son esprit, ni ses sens.
Exhalant en soupirs sa tristesse farouche,
De sa longue insomnie il tourmente sa couche ;
Il se roule, il se lasse à chercher le repos ;
Tout son sang embrasé précipite ses flots,
Jusqu'à l'heure où l'Aurore, humide de rosée,
Apporte un peu de calme à son ame épuisée ;
Et, chassant de la nuit les funèbres vapeurs,
Rend et le jour au monde, et l'espérance aux cœurs.
Quels intrépides cœurs, quels courages célèbres,
N'ont été quelquefois émus par les ténèbres !
Quand du fer, de l'airain, le brillant appareil
Éclate et resplendit aux rayons du soleil,
Le soldat, avec joie, affronte les tempêtes :
Les dangers sont des jeux, les combats sont des fêtes.
Mais quand la nuit répand sa ténébreuse horreur,
Quand l'œil ne peut juger l'objet de sa terreur,
Alors tout s'exagère à notre ame tremblante ;
Le danger moins connu cause plus d'épouvante,

CHANT IV.

Surtout lorsque, perdu dans un lieu ténébreux,
L'homme seul reste en proie à ses pensers affreux :
Ah ! que la nuit alors, jointe à la solitude,
De l'ame délaissée accroît l'inquiétude !
De ce comble d'effroi, de ces scènes d'horreur,
Un exemple terrible effraie encor mon cœur.
    Sous les remparts de Rome et sous ses vastes plaines
Sont des antres profonds, des voûtes souterraines[18]
Qui pendant deux mille ans, creusés par les humains,
Donnèrent leurs rochers aux palais des Romains.
Avec ses rois, ses dieux et sa magnificence,
Rome entière sortit de cet abîme immense.
Depuis, loin des regards et du fer des tyrans,
L'Église encor naissante y cacha ses enfants,
Jusqu'au jour où du sein de cette nuit profonde
Triomphante elle vint donner des lois au monde,
Et marqua de sa croix les drapeaux des Césars.
Jaloux de tout connaître, un jeune amant des arts,
L'amour de ses parents, l'espoir de la peinture,
Brûlait de visiter cette demeure obscure,
De notre antique foi vénérable berceau.
Un fil dans une main, et dans l'autre un flambeau,
Il entre ; il se confie à ces voûtes nombreuses
Qui croisent en tout sens leurs routes ténébreuses.
Il aime à voir ce lieu, sa triste majesté,
Ce palais de la nuit, cette sombre cité,
Ces temples où le Christ vit ses premiers fidèles,
Et de ces grands tombeaux les ombres éternelles.
Dans un coin écarté se présente un réduit,
Mystérieux asile où l'espoir le conduit.
Il voit des vases saints et des urnes pieuses,
Des vierges, des martyrs dépouilles précieuses ;
Il saisit ce trésor ; il veut poursuivre. Hélas !
Il a perdu le fil qui conduisait ses pas ;
Il cherche, mais en vain ; il s'égare ; il se trouble ;
Il s'éloigne, il revient, et sa crainte redouble ;
Il prend tous les chemins que lui montre la peur ;
Enfin de route en route, et d'erreur en erreur,
Dans les enfoncements de cette obscure enceinte
Il trouve un vaste espace, effrayant labyrinthe ;

D'où vingt chemins divers conduisent alentour.
Lequel choisir? lequel doit le conduire au jour?
Il les consulte tous, il les prend, il les quitte ;
L'effroi suspend ses pas, l'effroi les précipite :
Il appelle; l'écho redouble sa frayeur;
De sinistres pensers viennent glacer son cœur.
L'astre heureux qu'il regrette a mesuré dix heures
Depuis qu'il est errant dans ces noires demeures;
Ce lieu d'effroi, ce lieu d'un silence éternel,
En trois lustres entiers voit à peine un mortel ;
Et pour comble d'effroi, dans cette nuit funeste,
Du flambeau qui le guide il voit périr le reste.
Craignant que chaque pas, que chaque mouvement,
En agitant la flamme, en use l'aliment,
Quelquefois il s'arrête et demeure immobile.
Vaines précautions! tout soin est inutile ;
L'heure approche, et déjà son cœur épouvanté
Croit de l'affreuse nuit sentir l'obscurité.
Il marche, il erre encor sous cette voûte sombre;
Et le flambeau mourant fume et s'éteint dans l'ombre.
Il gémit ; toutefois d'un souffle haletant,
Le flambeau ranimé se rallume à l'instant.
Vain espoir! par le feu la cire consumée,
Par degrés s'abaissant sur la mèche enflammée,
Atteint sa main souffrante, et de ses doigts vaincus
Les nerfs découragés ne la soutiennent plus :
De son bras défaillant enfin la torche tombe,
Et ses derniers rayons ont éclairé sa tombe.
O toi qui d'Ugolin traças l'affreux tableau,
Terrible Dante, viens! prête-moi ton pinceau !
Prête-moi tes couleurs! peins, dans ces noirs dédales,
Dans la profonde horreur des ombres sépulcrales,
Ce malheureux qui compte un siècle par instants,
Seul... Ah! les malheureux ne sont pas seuls long-temps,
L'Imagination, de fantômes funèbres
Peuple leur solitude et remplit leurs ténèbres.
L'infortuné déjà voit cent spectres hideux ;
Le délire brûlant, le désespoir affreux,
La mort... non cette mort qui plaît à la victoire,
Qui vole avec la foudre, et que pare la gloire;

Mais lente, mais horrible, et traînant par la main
La faim qui se déchire et se ronge le sein.
Son sang, à ces pensers, s'arrête dans ses veines.
Et quels regrets touchants viennent aigrir ses peines?
Ses parents, ses amis qu'il ne reverra plus !
Et ces nobles travaux qu'il laissa suspendus !
Ces travaux qui devaient illustrer sa mémoire,
Qui donnaient le bonheur et promettaient la gloire !
Et celle dont l'amour, celle dont le souris
Fut son plus doux éloge et son plus digne prix !
Quelques pleurs, de ses yeux, coulent à cette image,
Versés par le regret, et séchés par la rage.
Cependant il espère ; il pense quelquefois
Entrevoir des clartés, distinguer une voix.
Il regarde, il écoute. Hélas ! dans l'ombre immense,
Il ne voit que la nuit, n'entend que le silence,
Et le silence encore ajoute à sa terreur.
Alors, de son destin sentant toute l'horreur,
Son cœur tumultueux roule de rêve en rêve ;
Il se lève, il retombe, et soudain se relève ;
Se traîne quelquefois sur de vieux ossements,
De la mort qu'il veut fuir horribles monuments !
Quand tout à coup son pied trouve un léger obstacle ;
Il y porte la main... O surprise ! ô miracle !
Il sent, il reconnaît le fil qu'il a perdu,
Et de joie et d'espoir il tressaille éperdu.
Ce fil libérateur, il le baise, il l'adore,
Il s'en assure, il craint qu'il ne s'échappe encore ;
Il veut le suivre, il veut revoir l'éclat du jour.
Je ne sais quel instinct l'arrête en ce séjour.
A l'abri du danger, son âme encor tremblante
Veut jouir de ces lieux et de son épouvante.
A leur aspect lugubre, il éprouve en son cœur
Un plaisir agité d'un reste de terreur ;
Enfin, tenant en main son conducteur fidèle,
Il part, il vole aux lieux où la clarté l'appelle.
Dieu ! quel ravissement quand il revoit les cieux,
Qu'il croyait pour jamais éclipsés à ses yeux !
Avec quel doux transport il promène sa vue
Sur leur majestueuse et brillante étendue !

La cité, le hameau, la verdure, les bois,
Semblent s'offrir à lui pour la première fois ;
Et, rempli d'une joie inconnue et profonde,
Son cœur croit assister au premier jour du monde.

CHANT CINQUIÈME.

LES ARTS [1].

Toi, que l'antiquité fit éclore des ondes ;
Qui descendis des cieux et règnes sur les mondes,
Toi, qu'après la bonté l'homme chérit le mieux ;
Toi, qui naquis un jour du sourire des dieux ;
Beauté, je te salue ! Hélas ! d'épais nuages
A mes yeux presque éteints dérobent tes ouvrages !
Voilà que le printemps reverdit les coteaux,
Des chaînes de l'hiver dégage les ruisseaux,
Rend leur feuillage aux bois, ses rayons à l'aurore ;
Tout renaît : pour moi seul rien ne renaît encore ;
Et mes yeux, à travers de confuses vapeurs,
A peine ont entrevu tes tableaux enchanteurs.
Plus aveugle que moi, Milton fut moins à plaindre [2],
Ne pouvant plus te voir, il sut encor te peindre ;
Et lorsque, par leurs chants préparant ses transports,
Ses filles avaient fait entendre leurs accords,
Aussitôt des objets les images pressées
En foule s'éveillaient dans ses vastes pensées ;
Il chantait ; et tes dons, tes chefs-d'œuvre divers,
Éclipsés à ses yeux, revivaient dans ses vers.
Hélas ! je ne saurais égaler son hommage ;
Mais dans mes souvenirs j'aime encor ton image.
Source de volupté, de délices, d'attraits,
Sur trois règnes divers tu répands tes bienfaits !
Tantôt, loin de nos yeux, dans les flancs de la terre,
En rubis enflammés tu transformes la pierre ;
Tu donnes en secret leurs couleurs aux métaux,
Au diamant ses feux, et leur lustre aux cristaux ;

CHANT V.

Au sein d'Antiparos tu filtres goutte à goutte
Tous ces glaçons d'albâtre, ornement de sa voûte :
Édifice inconnu qui, dans ce noir séjour,
Attend que son éclat brille à l'éclat du jour.
Tantôt, nous déployant ta pompe éblouissante
Pour colorer l'arbuste, et la fleur, et la plante,
D'or, de pourpre et d'azur tu trempes tes pinceaux;
C'est toi qui dessinas ces jeunes arbrisseaux,
Ces élégants tilleuls et ces platanes sombres,
Qu'habitent la fraîcheur, le silence et les ombres.
Dans le monde animé qui ne sent tes faveurs?
L'insecte dans la fange est fier de ses couleurs ;
Ta main du paon superbe étoila le plumage ;
D'un souffle tu créas le papillon volage ;
Toi-même au tigre horrible, au lion indompté,
Donnas leur menaçante et sombre majesté ;
Tu départis au cerf la souplesse et la grace ;
Tu te plus à former le coursier plein d'audace,
Qui, relevant sa tête et cadençant ses pas,
Vole, et cherche les prés, l'amour ou les combats ;
A l'aigle, au moucheron tu donnas leur parure ;
Mais tu traitas en roi le roi de la nature :
L'homme seul eut de toi ce front majestueux ;
Ce regard noble et doux, fier et voluptueux ;
Du sourire et des pleurs l'intéressant langage ;
Et sa compagne enfin fut ton plus bel ouvrage.
L'homme en naissant voyait les globes radieux ;
Sa compagne naquit, elle éclipsa les cieux ;
Toi-même t'applaudis en la voyant éclore.
Dans le reste on t'admire ; et dans elle on t'adore.
Que dis-je? cet éclat des formes, des couleurs,
O beauté ! ne sont pas tes plus nobles faveurs.
Non ; ton chef-d'œuvre auguste est une ame sublime.[3]
C'est L'Hôpital, si pur sous le règne du crime [4];
C'est Molé, du coup d'œil de l'homme vertueux
Calmant d'un peuple ému les flots tumultueux [5] ;
C'est Bayard, dans les bras d'une mère plaintive,
Sans tache et sans rançon remettant sa captive ;
C'est Crillon [6]; c'est Sully ; c'est l'austère Caton
Tenant entre ses mains un poignard et Platon;

Parlant, et combattant, et mourant en grand homme,
Et seul resté debout sur les débris de Rome.
Soit donc que vous teniez la plume ou le pinceau,
La lyre harmonieuse ou l'habile ciseau;
Soit que du cœur humain vous traciez la peinture,
Soit que dans ses travaux vous peigniez la nature,
C'est le choix du vrai beau qu'il faut étudier.
N'allez pas imiter cet artiste grossier,
Qui va choisir sans goût ce qu'il peint sans adresse.
Veut-il représenter les traits de la vieillesse?
Son crayon fera choix d'un pauvre à cheveux blancs,
Qu'a flétri le besoin, bien plutôt que les ans.
S'il peint les champs, ses fleurs, ses arbres sont vulgaires;
Dans l'asile honteux des amours mercenaires
Il cherche une Vénus qu'il copie au hasard,
L'opprobre de son sexe et la honte de l'art.
O combien chez les Grecs, où l'art a pris naissance,
Des modèles plus purs assuraient sa puissance !
Là, dans les jours brillants de leurs solennités,
De superbes rivaux, l'élite des beautés,
Dans la première fleur de leur fraîche jeunesse,
Disputaient de vigueur, de grace et de souplesse.
Toujours le ris moqueur ou l'applaudissement
Jugeait chaque attitude et chaque mouvement.
Qui tombait avec art, ne tombait point sans gloire,
Et souvent le vaincu remportait la victoire.
Ainsi de la beauté le modèle certain
Instruisait le regard et dirigeait la main.
Mais, pour en retracer la peinture fidèle,
Ne croyez pas que l'art fût content d'un modèle;
La nature se plaît à diviser ses dons.
Dans le pompeux concours de trente nations,
Parmi l'essaim charmant des filles de Crotone [7],
Des vierges de Lesbos ou bien de Sicyone,
Tout ce qui, dans l'éclat des fêtes et des jeux,
Dans le cirque, au théâtre, avait frappé les yeux,
Composait la beauté du choix de mille belles :
Ainsi Vénus naquit sous le pinceau d'Apelles.

C'est peu : l'art plus hardi, plus noble en son essor,
Dans ce monde borné se sent captif encor :

Dérobé dans les cieux, le beau feu qui l'anime
Se ressouvient toujours de sa source sublime.
Il est entre la terre et la voûte des cieux
Un sanctuaire auguste, où le maître des dieux
A déposé les plans de ses vastes ouvrages,
Des mondes qu'il médite immortelles images.
L'Imagination, avec une clef d'or,
Seule a le droit d'ouvrir ce céleste trésor.
C'est là que, sur un trône éclatant de lumière,
Réside la beauté dans sa source première;
Non point avec ces traits faibles, décolorés,
Que lui prêtent ici nos sens dégénérés,
Que le temps affaiblit, que l'ignorance altère,
Ou qu'enfin dénature un mélange adultère,
Mais vierge, mais gardant toute sa pureté,
Et tout empreinte encor de la divinité :
C'est là qu'il faut la voir, c'est là qu'est son empire.
Sous les traits d'Apollon l'affreux Python expire :
Qui nous retracera ce dieu triomphateur ?
Celui qu'il embrasa de son feu créateur,
Celui qui, pour atteindre à sa forme épurée,
Dédaigneux de la terre, habita l'empyrée;
Sans doute, en le formant, il avait sous les yeux,
Non les plus beaux mortels, mais les plus beaux des dieux.

O prodige ! long-temps dans sa masse grossière [8]
Un vil bloc enferma le dieu de la lumière.
L'art commande, et d'un marbre Apollon est sorti !
Son œil a vu le monstre, et le trait est parti;
Son arc frémit encore entre ses mains divines :
Un courroux dédaigneux a gonflé ses narines;
Avec ces yeux perçants devant qui l'avenir,
Le passé, le présent viennent se réunir,
Du haut de sa victoire il regarde sa proie,
Et rayonne d'orgueil, de jeunesse et de joie.
Chez lui rien n'est mortel : avec la majesté
Son air aérien joint la légèreté;
A peine sur la terre il imprime sa trace ;
Ses cheveux sur son front sont noués avec grace.
D'un tout harmonieux j'admire les accords;
L'œil avec volupté glisse sur ce beau corps.

A son premier aspect, je m'arrête, je rêve;
Sans m'en apercevoir, ma tête se relève,
Mon maintien s'ennoblit: Sans temple, sans autels,
Son air commande encor l'hommage des mortels ;
Et, modèle des arts et leur première idole,
Seul il semble survivre au dieu du Capitole.
 A ces brillants contours que dessina sa sœur,
La Peinture plus riche ajouta la couleur.
Son empire est plus vaste, et sa noble magie
Parle aux yeux, parle au cœur avec plus d'énergie ;
Mais leur but est le même : ainsi que du ciseau,
Le choix d'un beau modèle est l'objet du pinceau ;
Tant que l'art plus borné ne montre à notre vue
Que le monde visible et la beauté connue;
Le choix est plus facile, et l'art judicieux
Des traits qu'il faut choisir avertira les yeux.
Mais du monde réel franchissant la barrière,
Dans le monde idéal s'il étend sa carrière,
Comment montrer à l'homme un objet plus qu'humain,
Peindre un être immortel d'une mortelle main,
Lui composer des sens, une forme, un visage,
Et créer à la fois le modèle et l'image?
C'est là que du génie épuisant les secrets,
L'Imagination épure tous ses traits ;
Là, triomphe son art. C'est toi que j'en atteste,
O divin Raphaël, dont le pinceau céleste
Osa représenter, par un sublime essor,
Le Christ transfiguré sur le mont de Thabor.
Ah! pour ce grand moment où, reprenant son être,
Le dieu va se montrer et l'homme disparaître;
Où prendre ton modèle, artiste audacieux?
Il n'est point sur la terre, il n'est point dans les cieux;
Il est dans sa pensée. Il dessine, il colore;
Il dit : « Que le dieu naisse, » et le dieu vient d'éclore !...
Ses vêtements, ses traits, ses yeux éblouissants,
Des célestes clartés semblent resplendissants.
Tout l'Olympe attentif contemple sa victoire :
Ses disciples tremblants se courbent sous sa gloire :
L'ouvrage était parfait, si la cruelle mort...
Ah! jeune infortuné, digne d'un meilleur sort,

CHANT V.

Hâte-toi : le temps fuit, achève ton ouvrage !
Si le destin sévère épargne ton jeune âge,
Tu seras Raphaël !... Vain espoir ! il n'est plus,
Et ses nobles travaux restent interrompus.
En vain se soulevant à son heure dernière,
Il tourne encor vers eux sa mourante paupière ;
En vain, pour achever son ouvrage naissant,
Il reprend en ses mains son pinceau languissant ;
Il meurt.... Courez, portez à son ombre chérie
Ces fleurs, ces frêles dons, emblèmes de sa vie.
Mais, non... son ombre attend un hommage plus beau ;
Muses, talents, beaux-arts, placez sur son tombeau
Ce chef-d'œuvre échappé de sa main défaillante ;
Joignez-y ses pinceaux, sa palette brillante ;
Et, changeant en triomphe une pompe de deuil,
Conduisez un trophée, et non pas un cercueil :
Rome n'aura jamais vu de fête plus belle.
Et moi, moi qui, jadis, d'une voix solennelle,
Jurai de visiter ces beaux champs, ce beau ciel,
Où Virgile chantait comme a peint Raphaël ;
J'irai, j'en jure encor, j'irai voir cet asile
Où Raphaël peignait comme a chanté Virgile.
Virgile ! Raphaël ! ô douleur ! ô destin !
Tous deux sitôt ravis par le sort inhumain,
Tous deux ils ont pleuré sur leur gloire imparfaite ;
Mais le temps ne peut rien sur les vers du poëte,
Et dans le Vatican, par le temps outragés,
Les traits de Raphaël périssent négligés !
Rome, au nom de ta gloire, arrête ce ravage ;
Chaque trait effacé te dérobe un hommage ;
Et, quand ton culte saint renaît de toutes parts,
Garde encor dans tes murs le culte des beaux-arts.

Ah ! quand mon œil à peine entrevoit la nature,
Malheureux ! de quel droit vanté-je la peinture ?
O divine Harmonie ! au moins tes doux accents
Pour mon oreille encore ont des charmes puissants.
Eh ! qui ne connaît pas ton pouvoir ineffable ?
L'histoire, en te louant, le dispute à la fable.
Combien ma déité fut prodigue pour toi !
Elle ordonne : et tu peins l'allégresse et l'effroi,

Animes les festins, échauffes les batailles,
Mêles des pleurs touchants au deuil des funérailles ;
Et, du pied des autels, en sons mélodieux
Vas porter la prière aux oreilles des dieux.
Ainsi Mars s'enflammait aux accords de Tyrthée ;
Ainsi sur mille tons le fameux Timothée
Touchait son luth divin, parcourait tour à tour
Le mode de la gloire et celui de l'amour ;
D'un regard de Thaïs enivrait Alexandre ;
Roulait son char vainqueur sur Babylone en cendre,
Ou, peignant Darius et sa famille en deuil,
Des pleurs de l'infortune attendrissait l'orgueil.
Dans ses noirs ateliers, sous son toit solitaire,
Tu charmes le travail, tu distrais la misère.
Que fait le laboureur conduisant ses taureaux ?
Que fait le vigneron sur ses brûlants coteaux,
Le mineur enfoncé sous ses voûtes profondes,
Le berger dans les champs, le nocher sur les ondes,
Le forgeron domptant les métaux enflammés ?
Ils chantent, l'heure vole, et leurs maux sont charmés.
Mais si je veux trouver tes plus brillants prodiges,
Je cours à ce théâtre où règnent les prestiges :
Là, tu peins les amours, la haine, la fureur,
Les tempêtes de l'air, les orages du cœur ;
Ici gémit Atys, là frémit Hermione..
Honneur de la nature, adorable Antigone,
D'un père infortuné viens dissiper l'effroi !
Dans l'univers entier OEdipe n'a que toi.
Qui ne s'attendrirait aux sons touchants d'Alceste ?
Courez, affreux remords, courez saisir Oreste ;
Il a tué sa mère ! ah ! quels cris de douleur
En accents étouffés s'échappent de son cœur !
Clytemnestre, est-ce toi ? mère désespérée ?
Entendez-vous les cris de sa fille éplorée ?
Agamemnon superbe, Achille furieux,
Les prêtres, les soldats, et la foudre, et les dieux ?
Dans ces bosquets fleuris, près de cette eau limpide,
N'entends-je pas Renaud soupirer pour Armide ?
Jamais des sons si doux, des accents si flatteurs,
N'amollirent les sens et n'émurent les cœurs.

CHANT V.

Toutefois, de cet art quelle que soit la gloire,
Où sont ces grands effets que nous vante l'histoire,
Quand de cet art divin les sons toujours vainqueurs
Gouvernaient les esprits et commandaient aux cœurs?
Quand d'une seule corde ajoutée à la lyre
Le grand événement troublait tout un empire?
Ah! sur l'ame des grands, des peuples et des rois,
Si l'honneur conservait encor ses premiers droits,
Je lui dirais : Hélas! vois ma triste patrie,
De revers accablée, et d'opprobres flétrie;
D'affreux spoliateurs se faisant avec art
Du malheur une proie, et des lois un poignard;
Les rois chargés d'outrage, et les dieux de blasphèmes;
Un monde d'intrigants, un chaos de systèmes;
Le droit des assassins, le devoir des forfaits...
Déesse, prends ta lyre, et ramène la paix!

Tandis que les amours, les plaisirs, la tendresse,
Accourent à ta voix, quelle autre enchanteresse
Marche au son de la lyre, et, mesurant ses pas,
Aux lois de la cadence asservit ses appas?
C'est ta sœur, c'est l'aimable et jeune Terpsichore;
C'est ma divinité qui la conduit encore :
C'est elle dont la douce et vive émotion
A tous ses mouvements donne l'expression.
Sans elle, à nos regards vainement elle étale
De ses pas sans dessin l'insipide dédale :
Tel jadis l'acrostiche, admiré par les sots,
Tourmentait le langage et se jouait des mots.
Que la danse toujours, ou gaie ou sérieuse,
Soit de nos sentiments l'image ingénieuse;
Que tous ses mouvements du cœur soient les échos,
Ses gestes un langage, et ses pas des tableaux!
Tantôt échevelée, impétueuse, ardente,
Le thyrse dans sa main, s'élance une bacchante;
Ses longs cheveux aux vents flottent abandonnés;
Son regard est brûlant, ses pas désordonnés;
De l'amour et du vin sentant la double ivresse,
Elle tourne en fureur sous le dieu qui la presse;
L'œil qui la suit la perd dans ses sauts vagabonds.
Tandis qu'elle s'élance et s'échappe par bonds,

Voyez-vous s'avancer cette nymphe timide?
La décence en secret à tous ses pas préside;
Ses regards sont baissés; ses deux bras demi-nus
Semblent nager dans l'air, mollement soutenus;
A peine de ses pas elle laisse la trace;
L'innocence est son charme, et la pudeur sa grace.
Les yeux avec respect semblent suivre ses pas,
Et le faune qui l'aime en palpite tout bas.
Pourrai-je t'oublier, auguste Architecture,
Qui domptes des rochers la rebelle nature?
Le marbre sous tes mains se découpe en festons,
Se taille en chapiteaux, se déploie en frontons,
S'arrondit en volute, en frise se façonne,
S'allonge en architrave ou s'élance en colonne;
Et des proportions la savante beauté
A joint la symétrie à la variété.
Cependant, qui l'eût cru? pour des formes si belles,
La nature à notre art n'offrait point de modèles;
L'Imagination seule en fit tous les frais.
Je sais que nos aïeux, au sortir des forêts,
Des arbres imitant les voûtes végétales,
Courbèrent en arceaux leurs vastes cathédrales :
Mais ces formes sans goût, le goût les rejeta;
Image de leurs troncs, la colonne resta.
Alors des temples grecs et des palais antiques
L'art plus majestueux releva les portiques,
Et le ciseau qui fit les dieux et les héros
Tailla pour leur séjour les marbres de Paros.
Enfin vient Michel-Ange, et son audace extrême
Prétend surpasser Rome et la Grèce elle-même.
Il n'imitera point ces masses de rochers,
Ces aiguilles, ces tours, ces énormes clochers,
Qui, menaçant les cieux de leur cime tudesque,
Allaient perdre dans l'air leur hauteur gigantesque.
Il commande : à sa voix accourent tous les arts;
Il veut que son chef-d'œuvre, attachant les regards,
Avec l'immensité joigné encor l'élégance;
Soit simple mais hardi, grand sans extravagance.
Il s'élève, et jamais les arts audacieux
D'aspects plus imposants n'étonnèrent les yeux.

CHANT V.

L'œil admire en tremblant ces voûtes colossales,
Des voûtes de l'Olympe orgueilleuses rivales,
Dont la proportion trompant le spectateur,
Même en la déguisant, ajoute à la grandeur.
Le ciel semble appuyé sur sa vaste rotonde;
De sa hauteur sacrée elle commande au monde !⁰.
Que dis-je? l'Éternel, en descendant des cieux,
Habite avec plaisir ce dôme spacieux;
Sublime effort de l'art, miracle d'un grand homme !
Digne séjour d'un dieu, digne ornement de Rome !
Rome, Athènes, les rois, les Césars sont vaincus,
Et l'univers admire un prodige de plus.

Et pourrai-je oublier tes talents et ton zèle,
O toi de l'amitié le plus parfait modèle,
Respectable Ledoux ! artiste citoyen ¹¹,
Partout le nom français s'enorgueillit du tien.
C'était peu d'élever ces portes magnifiques,
De la ville des rois majestueux portiques:
A l'honneur des Français que n'eût point ajouté
Le généreux projet de ta vaste cité !
Là, serait le bonheur; là, de la race humaine
Le monde eût admiré le plus beau phénomène;
Les modestes réduits, les superbes palais,
Les fontaines coulant en limpides filets,
Les comptoirs de Plutus, père de la fortune,
Les forges de Vulcain, les chantiers de Neptune,
Les temples de Thémis, les arsenaux de Mars,
Les dépôts du savoir, les ateliers des arts,
Le cirque des combats, les pompes de la scène,
Où vient rire Thalie et pleurer Melpomène;
Tout ce que dans le sein d'une vaste cité
Commande le plaisir ou la nécessité;
Tout ce qui, des humains fécondant l'industrie,
Pare, enrichit, éclaire et défend la patrie.
Qu'Amphion, aux accords d'un luth miraculeux,
Bâtisse des Thébains les remparts fabuleux;
Sur de plus grands bienfaits notre hommage se fonde
Il fit naître une ville, et tu bâtis un monde ;
Puisses-tu l'habiter, et voir en cheveux blancs
Ta jeune colonie honorer tes vieux ans !

La Poésie enfin, plus féconde en merveilles,
Charme à la fois l'esprit, le cœur et les oreilles.
Tout est de son empire : elle plane à la fois
Sur le chaume du pâtre et les palais des rois.
Tel du haut de son char, le dieu de la lumière
S'empare, en se montrant, de la nature entière ;
Et, sur tous les objets répandant ses couleurs,
Peint les monts et les champs, et l'insecte et les fleurs.
Art sublime, art divin, que j'aimai dès l'enfance,
Accepte le tribut de ma reconnaissance !...
Par toi tout est sacré, par toi l'homme ennobli
Brave la nuit des temps et le fleuve d'oubli.
Tu protéges son nom, son tombeau, sa retraite ;
Le rameau d'or le cède au laurier du poëte ;
Le mûrier de Milton, debout jusque aujourd'hui,
Vieux comme son poëte, est sacré comme lui.
Du feu des passions tu sauves la jeunesse ;
Tes doux accents encore amusent la vieillesse.
Dans nos jours orageux, que ne te dois-je pas ?
Retiré, tu le sais, loin des fougueux débats,
Seul je touchais ma lyre ; et, plus heureux qu'Orphée
Quand ses chants attiraient les monstres du Riphée,
L'ambition, l'orgueil, et la haine et l'effroi,
Tous ces monstres affreux s'enfuyaient loin de moi.

Qu'en vers pleins de bon sens, et quelquefois de grâce,
Boileau dicte en détail les règles du Parnasse ;
Le sublime idéal seul m'occupe aujourd'hui.
Deux genres avant tout semblent formés pour lui :
L'un fait naître les ris, l'autre couler les larmes.
Qui d'eux veut le plus d'art ? lequel a plus de charmes ?
A d'oisifs discoureurs je laisse ce débat.
Je sais que, parcourant les mœurs de chaque état,
Le comique ne peint que la vie ordinaire ;
Le sujet est commun, mais l'art n'est pas vulgaire :
Il a sa vérité, ses modèles à part ;
Il ne prend point des sots, des méchants au hasard ;
Le cœur n'est pas toujours plaisant dans sa bêtise.
Il faut des passions bien choisir la sottise ;
Il faut, dans le tissu d'un plan ingénieux,
La faire vivre, agir, et mouvoir à nos yeux ;

CHANT V.

Il faut nous attacher, nous égayer, nous plaire;
Il faut suivre, en un mot, la nature ou Molière...
   Molière! à ce nom seul se rassemblent les ris;
Les fronts sont déridés, les cœurs épanouis.
Qui dans les plis du cœur surprend mieux la nature?
Qui sait mieux lui donner cette adroite torture?
Qui rend le ridicule ou le vice indiscret,
Et fait, avec le rire, éclater leur secret?
Quel naïf, et souvent quel sublime langage!
O Molière! ô grand homme! ô véritable sage!
Avec un vain amas de sots admirateurs,
Je ne te louerai pas, dans mes portraits flatteurs,
D'avoir du cœur humain corrigé le caprice,
Détruit le ridicule et réformé le vice :
Tous deux sont immortels, et ne font que changer;
Tu peux charmer le monde, et non le corriger.
Comme par une vague une vague est poussée,
La sottise du jour est bientôt remplacée.
Sans cesse variant nos volages humeurs,
Le temps conduit la mode, et la mode les mœurs;
Ainsi pour un travers il s'en reproduit mille.
Mais, puisqu'il nous distrait, ton art nous est utile :
Tous ces fous, tous ces sots, par toi si bien décrits,
Incommodes ailleurs, charment dans tes écrits.
Que dis-je? chacun d'eux, grace à ton art suprême,
Chez toi, sans le savoir, vient rire de lui-même :
Ainsi l'oiseau léger, crédule et curieux,
Vient se prendre au miroir qui le montre à ses yeux.
   Bien plus puissante encor sur la scène tragique,
L'Imagination, de son sceptre magique,
Maîtrise en souveraine et l'esprit et le cœur.
C'est là que le poëte, ou plutôt l'enchanteur,
De mille illusions peuple à son gré la scène,
Me transporte à son choix à Rome, dans Athène,
Dans le palais des rois, au sérail des sultans,
Rapproche les climats, les peuples et les temps;
Réalise la fable, et reproduit l'histoire;
Peint les crimes d'amour, les forfaits de la gloire;
Verse la peur, l'espoir, la joie et les erreurs,
Et des feux de son ame embrase tous les cœurs.

Tel, au fond d'un volcan dont les fournaises grondent,
Brûle un vaste foyer, où cent foyers répondent.
C'est dans cet art profond que, d'un adroit pinceau,
Il faut savoir chercher et saisir le vrai beau.
Voyez l'adorateur de la belle nature,
Racine, des forfaits adoucir la peinture :
Dans cette grande lutte où d'un jeune empereur
Le vice et la vertu se disputent le cœur,
Néron, monstre naissant, s'essaie encore au crime ;
Narcisse, à force d'art, est devenu sublime ;
Mais le cœur déchiré ne les soutiendrait plus,
Si Burrhus n'y versait le baume des vertus.

Avec plus d'art encore, aux tragiques alarmes
Les Grecs religieux ont su prêter des charmes :
Là, la fatalité sur ses sanglants autels,
Tyran même des dieux, enchaînait les mortels,
Et souillait un cœur pur d'un crime involontaire.
Tels Sophocle, Euripide ont peint Phèdre adultère,
OEdipe malgré lui cruel, incestueux,
Oreste parricide, et pourtant vertueux.
Par ces forfaits du sort la scène ensanglantée
Émeut profondément mon ame épouvantée :
J'admire, en frémissant, le pouvoir souverain
Qui fait fléchir les cœurs sous son sceptre d'airain ;
Et dans le même instant, dans la même victime,
Je pleure la vertu, le malheur et le crime.

Dignes du même hommage et des mêmes autels,
Deux modernes rivaux, deux chantres immortels,
L'orgueil de notre scène, et Voltaire et Racine,
Ont tenté d'égaler cette hauteur divine.
Joas peut me toucher : cependant je n'y voi
Qu'un enfant malheureux, menacé d'être roi ;
Mais qu'un pontife saint, plein du Dieu qui l'inspire,
Attache à cet enfant les destins de l'empire,
De l'antique Sion déplore la grandeur,
De la Sion nouvelle annonce la splendeur,
Ce n'est plus une fable, une action humaine,
C'est un Dieu qui me parle, un Dieu remplit la scène ;
Et cet enfant divin s'agrandit à mes yeux,
A la voix du pontife interprète des cieux.

CHANT V.

Voyez-vous Ninias, que le destin sévère
Appelle pour venger le meurtre de son père?
La tombe s'ouvre, il entre, et le sang a coulé;
Le voyez-vous sortir, farouche, échevelé?
Il demande quel sang rougit sa main fumante,
Et sa mère à ses pieds s'en vient tomber mourante.
Ce temple, ce tombeau, ces mânes gémissants,
Tout d'un sublime horrible épouvante mes sens.
L'homme seul, sans prodige, attache dans Corneille;
Son génie est divin, c'est sa seule merveille.
Ainsi que ses héros, ses vers sont plus qu'humains.
Il peint presque des dieux, en peignant des Romains;
Mais à leur renommée il manquait ce grand homme;
Le ciel devait Corneille aux grands destins de Rome.
Quels que soient les excès de leurs divisions,
Le talent réunit toutes les nations;
En vain Londre et Paris, orgueilleuses rivales,
Prolongent sur les mers leurs discordes fatales :
Je ne t'oublierai point, toi dont le noir pinceau
Traça des grands malheurs le terrible tableau;
Qui, de sombres couleurs rembrunissant la scène,
D'une robe sanglante habillas Melpomène.
Poëte des enfers, de la terre et des cieux;
Dès que la nuit reprend son cours silencieux,
A la pâle lueur des lampes sépulcrales,
Aux gémissements sourds des ombres infernales,
A travers des débris, des urnes, des tombeaux,
De la pourpre des rois promenant les lambeaux,
De spectres, d'assassins, ta muse s'environne :
Ton sceptre est un poignard, un cyprès ta couronne;
La nature pour toi n'est qu'un vaste cercueil,
Que parcourent l'effroi, la douleur et le deuil :
Non, dans ses plus beaux jours, jamais la scène antique
N'imprima plus avant la tristesse tragique :
Soit que le grand César, entouré d'ennemis,
Parmi ses meurtriers reconnaisse son fils;
Soit qu'Hamlet, éperdu, dans sa coupable mère
Retrouve avec horreur le bourreau de son père;
Soit qu'un Maure jaloux, d'un bras désespéré,
Immole, en le pleurant, un objet adoré;

Soit que d'un conjuré la femme criminelle
Dans le sang de son roi trempe sa main cruelle,
Et, du bras qui trancha ses vénérables jours,
Efface en vain ce sang qui reparaît toujours;
Soit que, de ses états chassé par sa famille,
Le vieux Léar s'exile, appuyé sur sa fille,
Et mêle dans la nuit ses lugubres accents
Au fracas de la foudre, au murmure des vents.
 L'Anglais, de son Eschyle amateur idolâtre,
Se presse, en sanglotant, autour de son théâtre;
De Sophocle lui-même égalant la terreur,
Il tend plus fortement tous les ressorts du cœur;
A la mort étonnée arrache ses victimes,
Aux tombeaux leurs secrets, et leurs voiles aux crimes;
Fait rugir la fureur, fait pleurer les remords;
Et marche dans le sang sur la cendre des morts.
Les spectateurs troublés frissonnent ou gémissent;
L'épouvante l'écoute, et les pleurs l'applaudissent,
Et les héros qu'il chante en sont encore plus fiers.
 Après ces grands travaux de l'art brillant des vers,
Des genres plus bornés savent encor nous plaire.
Du Parnasse français législateur sévère,
Boileau les peignit tous : épigramme, sonnet,
Madrigal, vaudeville, et jusqu'au triolet.
Sa muse cependant, je l'avoue avec peine,
Oublia l'apologue, oublia La Fontaine!
La mienne, en le blâmant, contrainte à l'admirer,
Peut venger son oubli, mais non le réparer.
L'Imagination, dans cet auteur qu'elle aime,
Du modeste apologue a fait un vrai poëme :
Il a son action, son nœud, son dénoûment.
Chez lui, l'utilité s'unit à l'agrément :
Le vrai nous blesse moins en passant par sa bouche :
Il ménage l'orgueil qu'un reproche effarouche;
Sous l'attrait du plaisir il cache la leçon,
Et par d'heureux détours nous mène à la raison.
Cet art ingénieux, que la crainte a fait naître,
Qu'inventa le sujet pour conseiller son maître,
Par Ésope l'esclave, et Phèdre l'affranchi,
A Rome et chez les Grecs fut sans faste enrichi.

Il reçut le bon sens, l'élégante justesse ;
Mais né dans l'esclavage, il en eut la tristesse.
La Fontaine y jeta sa naïve gaieté.
Quel instinct enchanteur ! quelle simplicité !
Il ignore son art, et c'est son art suprême !
Il séduit d'autant plus qu'il est séduit lui-même.
Le chien, le bœuf, le cerf, sont vraiment ses amis ;
A leur grave conseil par lui je suis admis.
Louis, qui n'écoutait, du sein de la victoire,
Que des chants de triomphe et des hymnes de gloire,
Dont peut-être l'orgueil goûtait peu la leçon
Que reçoit dans ses vers l'orgueil du roi-lion,
Dédaigna La Fontaine, et crut son art frivole.
Chantre aimable, ta muse aisément s'en console.
Louis ne te fit point un luxe de sa cour ;
Mais le sage t'accueille en son humble séjour,
Mais il te fait son maître, en tous lieux, à tout âge,
Son compagnon des champs, de ville, de voyage ;
Mais le cœur te choisit, mais tu reçus de nous,
Au lieu du nom de grand, un nom cent fois plus doux ;
Et qui voit ton portrait, le quittant avec peine,
Se dit avec plaisir, « C'est le bon La Fontaine. »
Et dans sa bonhomie et sa simplicité,
Que de grace ! et souvent combien de majesté !
S'il peint les animaux, leurs mœurs, leur république,
Pline est moins éloquent, Buffon moins magnifique ;
L'épopée elle-même a des accents moins fiers.

De la divinité que célèbrent mes vers,
La sublime épopée est le plus beau domaine.
C'est là qu'elle commande et qu'elle habite en reine.
Salut ! toi, le plus cher de tous ses favoris [13],
Vieil Homère, salut ! De tes divins écrits
Tous les talents divers empruntent leur puissance.
C'est toi que l'on peignait ainsi qu'un fleuve immense,
Où, la coupe à la main, venaient puiser les arts.
Virgile sur toi seul attachait ses regards ;
Bouchardon des héros t'empruntait les modèles ;
Ta muse à Bossuet prêta souvent ses ailes [14].
Phidias sur le tien tailla son Jupiter,
Tel que tu peins ce dieu sur le trône de l'air,

Bien loin des autres dieux qui devant lui s'abaissent;
Ainsi tous tes rivaux devant toi disparaissent :
Ou, tel que tu peignais ce souverain des cieux,
De sa puissante main enlevant tous les dieux ;
Les maîtres du pinceau, les rois de l'harmonie,
Tu les suspendis tous à ton puissant génie.
Partout cher à la Grèce, et partout citoyen,
Sept langages divers enrichissent le tien.
Que n'as-tu point tracé dans ta vaste peinture?
Les champs et les cités, les arts et la nature,
Ton ouvrage peint tout ; tel brille dans tes vers
Le bouclier céleste où se meut l'univers.
Que tu m'offres du cœur des peintures savantes !
Les mains du sang d'Hector encor toutes fumantes,
Achille au nom de père adoucit sa fierté ;
Par la voix des vieillards tu louas la beauté.
Qui peint mieux les héros que ta muse guerrière?
Alexandre pleura de n'avoir point d'Homère.
Ton berceau fut caché : qu'importe aux nations ?
Le Nil nous tait sa source et nous verse ses dons ;
Le monde est ta patrie : enseigne tous les âges,
Plais à tous les esprits, vis dans tous les langages;
Tes vers, que la nature a marqués de son sceau,
Comme elle en vieillissant ont un charme nouveau.
L'antiquité crédule a perdu ses miracles ;
Tous ces dieux que tu fis, leur culte, leurs oracles,
Tout est anéanti ; tes autels sont debout ;
Tu n'eus point de tombeau, mais ton temple est partout.
Accepte donc mon hymne, ô dieu de l'harmonie!

Mais quel mortel guidé par un plus doux génie,
Avec un air si simple et de si nobles traits,
S'avance d'un front calme? Ah! je le reconnais,
C'est Virgile accordant sa lyre harmonieuse :
La flûte qui soupire est moins mélodieuse.
Le génie, il est vrai, moins prodigue pour lui,
Le laisse quelquefois sur les traces d'autrui ;
Pour former son nectar il imite l'abeille,
Peuple heureux, dont sa muse a chanté la merveille,
Qui compose son miel de mille sucs divers ;
Et quel miel, ô Virgile ! est plus doux que tes vers?

CHANT V.

Si d'un accent moins fier, ta voix chanta les armes;
Ah! combien ta Didon m'a fait verser de larmes!
Son charme le plus doux, son art le plus flatteur,
L'Imagination le puisa dans ton cœur.
Homère, déployant sa force poétique,
Dans sa mâle beauté m'offre l'Hercule antique;
Ta muse me rappelle, en ses traits moins hardis,
De la belle Vénus les charmes arrondis.
Ta vigueur sans effort, c'est la grâce elle-même;
Avant de t'admirer, le lecteur sent qu'il t'aime.
Des trésors du génie économe, prudent,
Brillant mais naturel, et pur quoique abondant,
Chez toi, toujours le goût employa la richesse :
Le goût fut ton génie ; et ma fière déesse,
Dont les coursiers fougueux erraient encor sans frein,
A mis, pour les guider, les rênes dans ta main :
Règle, sans l'arrêter, sa marche impétueuse.
  Cette divinité vive et tumultueuse
Se plaît aux temps de trouble ; ils animent ses jeux ;
Et, comme un feu brûlant part d'un ciel orageux,
C'est du choc des partis qu'elle sort plus ardente :
Ainsi naquit Milton, ainsi parut le Dante;
Le Dante, qui mêla, dans sa vie et ses vers,
Les beautés, les défauts, les succès, les revers;
Qui monte, qui descend, inégal mais sublime,
Du noir abîme aux cieux, des cieux au noir abîme.
D'une affreuse beauté son style étincelant
Est, comme son enfer, profond, sombre et brûlant :
Soit qu'aux portes du gouffre où règne la vengeance,
Il écrive ces mots : Ici, plus d'espérance ;
Soit que du noir cachot où rugit Ugolin,
Au milieu de ses fils qui demandent du pain,
Et dont un feu cruel dévore les entrailles,
Il ferme sans retour les fatales murailles
Où l'affreux désespoir se renferme avec eux ;
Ah! de quels traits il peint ce père malheureux,
Ses soupirs étouffés, son horrible constance,
Cette douleur sans larme et ce morne silence ;
Tandis que l'un sur l'autre il voit tomber ses fils.
O murs! écroulez-vous à ces affreux récits!

Non, Oreste fuyant les déesses sévères,
Ces scènes qui hâtaient l'enfantement des mères,
N'effrayaient point autant l'oreille ni les yeux.
   Comme lui parcourant et l'enfer et les cieux,
Milton a pris son vol : zéphyrs, faites silence !
Il va chanter Éden, va chanter l'innocence,
Et le jeune univers commençant ses beaux jours,
Et le premier hymen, et les premiers amours.
Loin d'ici le poëte et le peintre profane,
Loin la lyre d'Homère et les pinceaux d'Albane !
Cet amour innocent, pur et délicieux,
Veut des pinceaux trempés dans les couleurs des cieux :
Milton prend sa palette ; et la fleur près d'éclore,
L'eau pure, qu'un berger n'a point troublée encore,
Les doux rayons du jour sont moins purs, sont moins doux,
Que les chastes couleurs dont il peint ces époux.
Est-ce donc là celui qui, du séjour du crime,
Creusait au fier Satan l'épouvantable abime ;
Qui l'ensevelissait dans des gouffres de feu,
Sous la masse du monde et sous le poids d'un Dieu ?
C'est lui : ce Dieu qu'il chante échauffe son délire ;
Sa main des séraphins semble toucher la lyre ;
Il semble qu'introduit dans les chœurs éternels,
Il répète aux humains les chants des immortels.
Allumez donc vos feux au feu de son génie.
   De tableaux sérieux quelquefois rembrunie,
L'Imagination, pour égayer sa cour,
Permet aux Ris légers d'y paraître à leur tour.
Un jour que de l'ennui les vapeurs léthargiques
S'exhalaient d'un amas d'écrits soporifiques,
D'insipides sonnets, d'odes sans majesté,
De poëmes sans art, de chansons sans gaieté,
Pour chasser les vapeurs de la mélancolie,
Ma déesse appela le Goût et la Folie,
Et leur dit d'enfanter un prodige nouveau.
L'Arioste naquit : autour de son berceau
Tous ces légers esprits, sujets brillants des fées,
Sur un char de saphirs, des plumes pour trophées,
Leurs cercles, leurs anneaux et leur baguette en main,
Au son de la guitare, au bruit du tambourin,

Accoururent en foule ; et, fêtant sa naissance,
De combats et d'amour bercèrent son enfance :
Un prisme pour hochet, sous mille aspects divers
Et sous mille couleurs lui montra l'univers.
Raison, gaieté, folie, en lui tout est extrême ;
Il se rit de son art, du lecteur, de lui-même ;
Fait naître un sentiment qu'il étouffe soudain ;
D'un récit commencé rompt le fil dans sa main,
Le renoue aussitôt ; part, s'élève, s'abaisse :
Ainsi, d'un vol agile essayant la souplesse,
Cent fois l'oiseau volage interrompt son essor,
S'élève, redescend, et se relève encor,
S'abat sur une fleur, se pose sur un chêne.
L'heureux lecteur se livre au charme qui l'entraîne :
Ce n'est plus qu'un enfant qui se plaît aux récits
De géants, de combats, de fantômes, d'esprits ;
Qui, dans le même instant, désire, espère, tremble,
S'irrite ou s'attendrit, pleure et rit tout ensemble :
Trop heureux, si sa muse ornait la vérité !
    Non qu'ici je prétende avec sévérité
Proscrire la féerie, aimable enchanteresse,
Héritière aujourd'hui des fables de la Grèce ;
Mais, fille de l'aimable et sage fiction,
Que sa mère l'instruise à suivre la raison ;
L'art en a plus de force, et n'a pas moins de grace.
Voyez cet arbre aux cieux monter avec audace :
Son feuillage est peuplé d'harmonieux oiseaux,
Ses fleurs parfument l'air ; ses ondoyants rameaux
Amusent les zéphyrs ; mais sa base profonde
Attache sa racine aux fondements du monde.
Telle est la Poésie ; ainsi cet art flatteur
Fonde sur la raison son prestige enchanteur.
Voyez, dans ses récits, le fabuleux Ovide,
Qui d'erreurs en erreurs conduit l'esprit avide,
De prodiges sans nombre embellir l'univers !
La raison en secret présidait à ses vers :
C'étaient des fictions, mais non pas des chimères ;
Chaque être, en dépouillant ses traits imaginaires,
Reste dans la nature et dans la vérité.
Les bois offrent encore à l'œil désenchanté

L'IMAGINATION.

L'arbre de Philémon, celui de sa compagne ;
Narcisse est une fleur, Atlas une montagne ;
Hyacinthe expirant ne meurt pas tout entier ;
Que Daphné disparaisse, il nous reste un laurier ;
Du palais du Soleil les brillantes demeures,
Ses coursiers enflammés, attelés par les Heures,
En s'évanouissant laisseront sous nos yeux
Et l'ordre des saisons, et la marche des cieux.
Dans Ixion enfin, dans la vapeur qu'il aime,
L'Imagination se peignit elle-même :
Ainsi la vérité sort de la fiction ;
Ainsi la vigilante et sévère raison
Ne se laisse bercer que par d'heureux mensonges,
Et veut à son réveil aimer encor ses songes.
L'Arioste lui seul l'oublie impunément.
Quelques sages, fâchés de leur amusement,
S'efforcent de blâmer sa fiction frivole,
Sa morale un peu libre, et sa muse un peu folle ;
Mais qui peut gravement censurer ses écrits?
La plainte commencée expire dans les ris.

Avec plus de grandeur, avec non moins de charmes,
Le Tasse sur l'autel va consacrer les armes
Qui du tombeau d'un Dieu doivent venger l'affront.
Des palmes dans les mains, le casque sur le front,
Sous les drapeaux du ciel et l'œil sacré des anges,
Du Christ aux fiers combats il conduit les phalanges ;
Et la religion, et la gloire et l'amour,
De lauriers et de fleurs le parent tour à tour.
Que ses pinceaux sont vrais ! qu'il trace avec génie
Et la fière Clorinde, et la tendre Herminie !
Ami de la féerie, en ses vers séducteurs
Lui-même est le premier de tous les enchanteurs ;
Et, noble, intéressante, et brillante, et rapide,
Sa muse a, pour charmer, la baguette d'Armide.

O Voltaire, combien ton sort fut moins heureux !
Ton sujet, un peu triste, est trop près de nos yeux,
Trop voisin de nos temps. L'histoire rigoureuse
Sans doute effaroucha la fable ingénieuse,
Qui, de loin nous montrant la riche fiction,
Se plaît dans les vieux temps et vit d'illusion :

Aussi tu préféras, dans ton style sévère,
La plume de Tacite à la lyre d'Homère.
Mais quel Français peut voir, sans en être attendri,
Les douleurs de d'Estrée et l'ame de Henri?
Je ne citerai pas ta trop fameuse Jeanne;
Si l'esprit lui sourit, la vertu la condamne;
Et la chaste Pudeur, alarmée en secret,
Du coin de l'œil à peine en effleure un feuillet.
Mais combien de lauriers réunis sur ta tête!
Conteur, historien, philosophe, poëte,
Comment, fier, gracieux, fort et doux à la fois,
De tant de sentiments peux-tu porter le poids?
Si l'on peut au géant comparer le grand homme,
Je crois voir cet Atlas que la fable renomme,
Qui, seul, réunissant les diverses saisons,
Embelli de vergers, hérissé de glaçons,
Entendait tour à tour les zéphyrs, les orages,
La chute des torrents, les combats des nuages,
Les hymnes des mortels, les doux concerts des dieux,
S'appuyait sur la terre et supportait les cieux.

  L'Éloquence elle-même, ou sublime, ou touchante,
Que ne doit-elle pas à ce don que je chante!
L'Imagination redouble son pouvoir:
C'est trop peu d'éclairer; elle sait émouvoir;
Sans elle la raison glisserait sur notre ame :
Avant qu'un Genèvois gravât en traits de flamme
Ce que Locke autrefois avait dit avant lui,
La clarté sans chaleur vainement avait lui :
Heureux si quelquefois sa voix enchanteresse
N'eût dans de faux sentiers égaré la jeunesse!
Par lui du faux honneur tomba le préjugé;
Des liens du maillot l'enfant fut dégagé;
La baleine cessa d'emprisonner les belles;
On vit, au cri du sang, les mères moins rebelles;
Et, la nature enfin reprenant tous ses droits,
Leur fils leur dut la vie une seconde fois.

  Mais ces beaux-arts si doux, si brillants, si sublimes,
Ont-ils seuls notre amour? Non, le Pinde a deux cimes:
Sur l'une, les neuf Sœurs animent le ciseau,
La lyre harmonieuse et le savant pinceau,

Inspirent le poëte et conduisent la danse ;
Les trois Graces en chœur y sautent en cadence.
Sur l'autre est dans leurs mains le tube observateur,
Le prisme des rayons heureux distributeur,
Le cercle, le cadran, le compas et l'équerre,
Qui divisent le ciel et mesurent la terre.
Croyez-vous qu'à ces arts, moins gais, plus sérieux,
L'Imagination ne prête point ses yeux?
Non : elle a fait Newton comme elle a fait Voltaire.
Pénétrez de Newton le secret sanctuaire :
Loin d'un monde frivole et de son vain fracas,
Et de ces vils pensers qui rampent ici-bas,
Dans cette vaste mer de feux étincelante,
Devant qui notre esprit recule d'épouvante,
Newton plonge ; il poursuit, il atteint ces grands corps
Qui jusqu'à lui sans lois, sans règles, sans accords,
Roulaient désordonnés sous ces voûtes profondes :
De ces brillants chaos Newton a fait des mondes.
Atlas de tous ces cieux qui reposent sur lui,
Il les fait l'un de l'autre et la règle et l'appui ;
Il calcule leur cours, leur grandeur, leurs distances.
C'est en vain qu'égarée en ces déserts immenses
La comète espérait échapper à ses yeux ;
Fixes ou vagabonds, il saisit tous ses feux,
Qui, suivant de leur cours l'incroyable vitesse,
Sans cesse s'attirant, se repoussent sans cesse ;
Et par deux mouvements, et par la même loi,
Roulent tous l'un sur l'autre, et chacun d'eux sur soi.
O pouvoir d'un grand homme et d'une ame divine !
Ce que Dieu seul a fait, Newton seul l'imagine ;
Et chaque astre répète en proclamant leur nom :
« Gloire au Dieu qui créa les mondes et Newton ! »
Quelle science enfin, à cette enchanteresse,
Ne doit point son éclat, sa force et sa richesse?
Ce géomètre même, armé de son compas,
Qui semble mesurer et compter tous ses pas,
Que ma divinité lui prête son audace,
De la vieille routine il va quitter la trace ;
Et tandis qu'à pas lents quelque chiffreur obscur
Suit le chemin tracé, lui, d'un vol prompt et sûr,

CHANT V.

Laissant loin le troupeau des têtes calculantes;
Par ses signes fictifs, ses formules savantes,
Des hauteurs où la foule à peine arrive encor,
Vers des mondes nouveaux a déjà pris l'essor ;
Des termes inconnus perce les routes sombres,
Parcourt tous les degrés de l'échelle des nombres ;
Des vitesses, des chocs, de l'espace et du temps,
Révèle la mesure; et, comme ces Titans,
Sur leurs monts entassés menaçant les cieux même,
Met calcul sur calcul, problème sur problème :
Tels à pas de géants, au sein des infinis,
S'avançaient les Newton, les Euler, les Leibnitz ;
Tel Lagrange sous lui voit ramper le vulgaire;
Ainsi, semblable aux dieux que fait marcher Homère,
Dans son sublime essor, des règles affranchi,
Il part, forme trois pas, et le monde est franchi.
    De la philosophie et des hautes sciences,
Descendrai-je à ces arts que tant d'expériences
Ont polis lentement, et qui, par tant de soins,
Nourrissent notre luxe ou servent nos besoins ? —
D'abord, avec ses mains l'homme creusait la terre,
Aux monstres des forêts ses mains livraient la guerre ;
Au lieu des vins pourprés, de la jaune moisson,
Les glands étaient ses mets, un torrent sa boisson ;
Le carnage ses jeux, sa couche le feuillage,
Les forêts son séjour, son abri leur ombrage ;
Mais l'esprit inventeur enfin fut excité
Par l'aiguillon pressant de la nécessité ;
Les arts prirent naissance, et l'heureuse industrie
Vint cultiver la terre et défricher la vie.
Le blé sort du sillon; et, de son jus brillant,
La vigne fait jaillir le nectar petillant.
Au sortir de la chasse ou des travaux rustiques,
Sa maison le rappelle à ses dieux domestiques ;
Sa maison, doux séjour de la paternité,
Est le premier berceau de la société.
Mais avant de semer, de planter, de construire,
Combien de jours perdus ! En vain dans son empire
Le ciel avait pour lui jeté de toutes parts,
Avec profusion, la matière des arts :

En vain dans son esprit la nature, en silence,
Avait de leurs secrets déposé la semence;
Leurs germes inféconds reposaient dans son sein;
Nul instrument n'aidait son ignorante main,
Et ses bras désarmés languissaient sans adresse.
Mais enfin le fer vint seconder leur faiblesse;
Il abat les forêts; il dompte les torrents;
De l'outre mugissante il déchaîne les vents;
Par leur souffle irrité l'ardent fourneau s'allume;
J'entends le lourd marteau retentir sur l'enclume;
L'urne aux flancs arrondis se durcit dans le feu;
Il fait crier la lime, il fait siffler l'essieu;
Ou sur le frêle esquif hasarde un pied timide.
Tournez, fuseaux légers; cours, navette rapide,
Et venant, revenant, par le même chemin,
Dans le lin, en glissant, entrelace le lin.
Les jours sont loin encore, où la riche peinture
Sur des tissus plus beaux tracera la nature;
Où, figurant le ciel, l'homme et les animaux,
Le peintre, sans les voir, formera ses tableaux.
Ils viendront, ces beaux jours! Cependant l'industrie
Allége à chaque instant le fardeau de la vie :
L'équilibre puissant nous révèle ses lois,
Et par des poids rivaux on balance les poids.
A l'aide d'un levier l'homme ébranle la pierre;
Par la grue enlevée elle a quitté la terre..
L'art s'avance à grands pas; mais c'est peu que ses soins
Satisfassent au cri de nos premiers besoins;
Bientôt accourt le luxe et sa pompe élégante :
Du lion terrassé la dépouille sanglante
Dès long-temps a fait place aux toisons des brebis;
Un jour un noble ver filera ses habits.
La beauté se mirait au cristal d'une eau pure,
La glace avec orgueil réfléchit sa figure;
L'ombre, le sable et l'eau lui mesuraient les jours;
Un balancier mobile en divise le cours;
Des rouages savants ont animé l'horloge,
Et la montre répond au doigt qui l'interroge.
Quel Dieu sut mettre une ame en ces fragiles corps?
Comment, sur le cadran qui cache leurs ressorts,

CHANT V.

Autour des douze sœurs, qui forment sa famille,
Le temps, d'un pas égal, fait-il marcher l'aiguille?
Art sublime ! par lui la durée a ses lois ;
Les heures ont un corps, et le temps une voix.
A tous ces grands secrets un seul manquait encore ;
Ma divinité parle, et cet art vient d'éclore.
Avant lui, d'un seul lieu, d'un seul âge entendus,
Pour le monde et les temps les arts étaient perdus ;
Cet art conservateur en prévient la ruine.
Quand le bienfait est pur, qu'importe l'origine?
Des vils débris du lin que le temps a détruit,
Empâtés avec art, et foulés à grand bruit,
Vont sortir ces feuillets où le métal imprime
Ce que l'esprit humain conçut de plus sublime.
Un amas de lambeaux et de sales chiffons
Éternise l'esprit des Plines, des Buffons ;
Par eux le goût circule, et, plus prompte qu'Éole,
L'instruction voyage et le sentiment vole.
Trop heureux, si l'abus n'en corrompt pas le fruit !
    Mais veux-tu voir en grand ce que l'art a produit?
Regarde ce vaisseau, destiné pour Neptune,
Favori de la gloire, ou cher à la fortune,
Qui doit braver un jour, navigateur hardi,
Ou les glaces du nord, ou les feux du midi.
Quelle majestueuse et fière architecture !
Le calcul prévoyant dessina sa structure :
Dans sa coupe, légère avec solidité,
Il réunit la force à la rapidité.
Emporté par la voile, et dédaignant la rame,
Le chêne en est le corps, et le vent en est l'âme.
L'aimant, fidèle au pôle, et le timon prudent,
Dirigent ses sillons sur l'abîme grondant.
L'équilibre des poids le balance sur l'onde ;
Son vaste sein reçoit tous les trésors du monde ;
La foudre arme ses flancs ; géant audacieux,
Sa carène est dans l'onde, et ses mâts dans les cieux.
Long-temps de son berceau l'enceinte l'emprisonne ;
Signal de son départ, tout à coup l'airain tonne :
Soudain, lassé du port, de l'ancre et du repos,
Aux éclats du tonnerre, aux cris des matelots,

Au bruit des longs adieux mourants sur les rivages,
Superbe, avec ses mâts, ses voiles, ses cordages,
Il part, et, devant lui chassant les flots amers,
S'empare fièrement de l'empire des mers.

CHANT SIXIÈME.

LE BONHEUR ET LA MORALE [1].

Voyez cet élément, ame de l'univers,
Source de mille maux, de mille biens divers ;
Il ramène le jour au sein de l'ombre obscure ;
De nos foyers brûlants écarte la froidure,
Forme le diamant, mûrit les végétaux,
Dans la forge embrasée amollit les métaux,
Célèbre avec éclat l'hymen et les conquêtes,
Et, comme de nos arts, est l'ame de nos fêtes.
Mais ce même élément, utile bienfaiteur,
Se change quelquefois en fléau destructeur,
S'échappe des volcans, éclate avec la foudre,
Met les palais en cendre et les temples en poudre :
Imagination, ce sont là tes effets.
Source de mille maux et de mille bienfaits,
Suivant qu'on abandonne ou règle ton empire,
Tu peux nuire ou servir, ou créer ou détruire.
C'est donc à la sagesse à diriger ton cours ;
Et comme Raphaël nous a peint les Amours,
Caressant tour à tour ou battant leur chimère,
Ce que font ces enfants, la raison doit le faire.

Mais je veux, avant tout, de chaque illusion,
Dans les âges divers, suivre l'impression.

Sans soins du lendemain, sans regrets de la veille,
L'enfant joue et s'endort, pour jouer se réveille ;
Trop faible encor, son cœur ne saurait soutenir
Le passé, le présent, et l'immense avenir.
A peine au présent seul son ame peut suffire ;
Le présent seul est tout : un coin est son empire,

Un hochet son trésor, un point l'immensité;
Le soir son avenir, un jour l'éternité.
Mais l'homme tout entier est caché dans l'enfance :
Ainsi le faible gland renferme un chêne immense.
 Par l'ardeur de ses sens le jeune homme emporté
Dévore le présent avec avidité;
Mais il ne peut fixer sa fougue vagabonde :
Plein des brûlants transports dont son cœur surabonde,
Il déborde, pareil à l'élément fumeux
Qui croît, monte, et répand ses bouillons écumeux,
Devance l'avenir, entend de loin la gloire,
Appelle à lui les arts, les plaisirs, la victoire,
Rêve de longs succès, rêve de longs amours,
Et d'une trame d'or file en riant ses jours.
Age aimable! âge heureux! ton plus bel apanage,
Ce n'est donc point l'amour, la beauté, le courage,
Et la gloire si belle, et les plaisirs si doux :
Non, tu sais espérer; ce trésor les vaut tous.
 L'âge mûr, à son tour, solstice de la vie,
S'arrête, et sur lui-même un instant se replie,
Et tantôt en arrière, et tantôt devant soi,
Se tourne sans regret, ou marche sans effroi.
Ce n'est plus l'homme en fleurs, nous faisant des promesses;
C'est l'homme en plein rapport, déployant ses richesses;
Ses esprits ont calmé leurs bouillons trop ardents;
Sa prudence est active, et ses transports prudents;
Ses conseils sont nos biens, sa sagesse est la nôtre;
La moitié de sa vie est la leçon de l'autre;
Et sur le temps passé mesurant l'avenir,
Prévoir, pour sa raison, n'est que se souvenir.
 Hélas! telle n'est point la vieillesse cruelle;
Elle n'attend plus rien, on n'attend plus rien d'elle.
Si la raison encor lui permet de prévoir,
C'est des yeux de la crainte, et non plus de l'espoir.
Voyez ce chêne antique! en son âge encor tendre,
Dans les champs paternels il aimait à s'étendre;
Chaque jour, plus robuste et plus audacieux,
Il plongeait dans la terre, il s'élançait aux cieux;
Mais quand l'âge a durci sa racine débile,
Dans la terre marâtre il languit immobile :

Et voilà la vieillesse! adieu les grands desseins,
Adieu l'amour, les vœux, l'hommage des humains!
Pour le soleil couchant il n'est point d'idolâtre :
Déplacé sur la scène, il descend du théâtre;
Alors, n'attendant rien ni du temps ni d'autrui,
Il revient au présent, se ramène sur lui.
Que dis-je? le présent est un tourment lui-même.
Il se rejette donc vers le passé qu'il aime;
Il cherche à consoler, par un doux souvenir,
Et la douleur présente, et les maux à venir;
Et même, lorsqu'il touche à l'extrême vieillesse,
Quelque ombre de bonheur charme encor sa faiblesse.
Du festin de la vie, où l'admirent les dieux,
Ayant goûté long-temps les mets délicieux,
Convive satisfait, sans regret, sans envie [2],
S'il ne vit pas, du moins il assiste à la vie.
Ce qu'il fit autrefois, il le voit aujourd'hui,
Et le présent lui-même est le passé pour lui.

Ne vîtes-vous jamais, au bord de la Tamise,
Cette noble retraite aux vieux guerriers promise?
La jeunesse, à ses yeux, part, navigue et revient;
Que fait le vieux nocher? il voit, il se souvient,
Se rappelle les mers, les nations lointaines,
Ses dangers, ses combats, ses plaisirs et ses peines.
Il recommande aux vents les jeunes matelots,
Se rembarque en idée, et les suit sur les flots.
Ainsi l'homme repose, assis sur le rivage,
Et de la vie encore embrasse au moins l'image.
Tant le ciel entretient la douce illusion!

Tout âge a ses faveurs; mais c'est à la raison
A diriger son cours. Elle dit à l'enfance :
« Je ne viens point troubler ta douce insouciance;
Vis, jouis, sois heureux, quand tu le peux encor,
Mais laisse mes conseils diriger ton essor;
La vie, en commençant, t'a fait d'heureux mensonges;
Je ne veux point t'ôter mais te choisir tes songes. »
Au jeune homme, emporté par ses desirs fougueux,
Elle dit : « Sois plus sage, et modère tes vœux.
Veux-tu, dans ta fureur, d'un vain regret suivie,
De ses plaisirs futurs déshériter la vie?

User fait le bonheur, abuser le détruit. »
Lorsque dans ses forêts il veut cueillir un fruit,
Du Sauvage, dit-on, l'avide imprévoyance
Quelquefois coupe l'arbre, avec lui l'espérance :
« Voilà le despotisme, » a dit un grand auteur.
Je dis : « Voilà le vice ; il use le bonheur,
Il tarit l'avenir. » La vie est un passage ;
Ménageons prudemment les vivres du voyage.
Le fou vers les plaisirs s'élance avec ardeur :
Le sage en prend le miel, mais sans blesser la fleur.
Cueille encor, si tu veux, cette fleur fraîche éclose ;
Mais laisse le bouton à côté de la rose.

L'âge viril, plus calme, a pourtant son écueil.
Alors le doux plaisir fait place au noble orgueil ;
Il vient, montrant des croix, des cordons et des mitres.
« Reçois, dit la raison, mais ennoblis ces titres ;
Souvent au plus haut rang est le cœur le plus bas ;
Tout honneur avilit qui ne l'honore pas. »
Mais quand l'homme vieillit, « Hâte-toi ! lui dit-elle ;
Qui sait si tu verras la vendange nouvelle ?
Le doux présent échappe ; avant qu'il soit détruit,
Goûte bien son bonheur, savoure bien son fruit. »
Lorsqu'aux hôtes des bois le chasseur fait la guerre,
De moment en moment l'enceinte se resserre :
Ainsi l'âge nous presse ; et, chassant les désirs,
Resserre chaque jour le cercle des plaisirs.
Ne sens-je point déjà la vieillesse ennemie
Déchirer mes liens et dénouer ma vie ?
Raffermi sous ses nœuds, au défaut des plaisirs,
N'a-t-on pas l'amitié pour charmer ses loisirs ?
N'a-t-on pas des enfants ? Dirigeons leur jeune âge ;
Laissons-leur nos vertus, nos projets en partage ;
Les travaux que pour eux commença notre amour,
Nos enfants, dirons-nous, les finiront un jour.
Ainsi, prêt à mourir, l'homme apprend à renaître,
Et dans l'être qu'il aime il prolonge son être.
Tant le monde est lié ! tant Dieu voulut unir
Au père les enfants, au présent l'avenir !

De la saine raison tel est le doux langage.
Suivons ses lois. La vie est un terrain sauvage ;

Le germe du bonheur n'y croît point au hasard.
Enfant de la nature, il demande un peu d'art.
　La liberté d'abord nourrit sa jeune plante [3] :
Non cette liberté farouche, menaçante,
Qui d'un peuple superbe, ardent, impétueux,
Soulève tout à coup les flots tumultueux,
Se plaît dans la tempête, et s'ennuie au rivage;
Mais cette liberté douce, discrète et sage,
Qui cheminant sans bruit, d'un pas tranquille et sûr,
Va jouir à l'écart de son bonheur obscur.
Les potentats du Nord, du Midi, de l'Aurore,
L'écharpe aux trois couleurs, les noirs drapeaux du Maure,
Ne l'épouvantent pas. Sous le casque, en turban,
Sous les lois d'un sénat, sous les lois d'un divan,
Elle ne reçoit point, ne donne point d'entraves :
Il n'est que les tyrans qui soient vraiment esclaves.
Qui craint de commander, risque peu de servir.
Voilà la liberté qu'on ne peut asservir,
Qui ne vient point des lois, d'un code, d'un système;
Qu'on doit à sa raison, qu'on se fait à soi-même.
Je la chéris pour moi, je la conseille à tous.
Heureux, cent fois heureux, qui, maître de ses goûts,
Règle en paix de ses jours la course volontaire !
Le plaisir le plus doux est celui qu'on préfère.
L'Imagination à son gré veut choisir
Ses études, ses plans, ses travaux, son loisir;
La raison et l'instinct ont le même langage.
Observez cet oiseau dont vous dorez la cage :
Seul, captif, à l'aspect de l'immense horizon,
De son bec, de son aile, il heurte sa prison;
Il regrette les champs, l'air, le ruisseau limpide :
Que sa cage s'entr'ouvre, il part d'un vol rapide;
Et les monts, et la plaine, et les prés, et les bois,
Il veut tout, choisit tout, est partout à la fois.
Ma muse n'en a point l'harmonieux ramage;
Mais elle en a gardé l'humeur libre et sauvage.
Eh! quel pouvoir eût pu ravir ma liberté?
Des champs américains le coursier indompté,
Le cerf qui, dans ses bois, dans ses libres campagnes,
Choisit ses eaux, ses prés, son gîte, ses compagnes,

Redoutent moins le frein, craignent moins les tyrans.
Si quelquefois je fus accueilli par les grands,
Je chéris leurs liens, mais sans porter leurs chaînes ;
Et, lorsque les partis allumaient tant de haines,
Quand, suivant l'intérêt, le ton, l'ordre du jour,
Courageux, circonspect, emporté tour à tour,
Plus d'un adroit Protée, avec tant de prudence,
Pliait à tous les tons sa souple indépendance,
Rien ne pût arracher un mot à ma candeur,
Une ligne à ma plume, un détour à mon cœur.[1]
Eh ! quel bien, dites-moi, vaut le charme suprême
D'obéir à son âme, et de plaire à soi-même ?

  C'est trop peu d'être libre, il faut, d'un soin prudent,
Fixer par le travail un cœur indépendant :
Sans lui, la liberté nous tourmente et nous pèse ;
Par lui des passions le tumulte s'apaise,
Les chagrins sont calmés, le vice combattu ;
Il ajoute au plaisir, il nourrit la vertu.
Si j'entre dans la chambre où la modeste fille
Tient en main le fuseau, la navette ou l'aiguille,
D'un parfum de vertu je crois sentir l'odeur :
Les réduits du travail sont ceux de la pudeur.
De Buffon, de Rousseau l'asile solitaire
Était du vrai bonheur l'auguste sanctuaire.
Mais loin tout effort vague, indécis, sans objet !
On poursuit sans courage un travail sans projet.
Voyez cet amateur dont la main, incertaine,
Sur vingt arts différents au hasard se promène :
Moins ami du travail qu'amoureux du tracas,
Tour à tour il essaie une lyre, un compas,
Prend, quitte le crayon, quitte et reprend la plume,
Effleure une brochure, affronte un gros volume :
Et, consumant sa force en stériles essais,
Toujours se met en route, et n'arrive jamais.
C'est ce fleuve sans lit, qui, couvrant son rivage,
Se déborde sans force et se perd sans usage ;
Redonnez un cours libre à tous ces flots épars,
Ils vont nourrir les champs, vont animer les arts.
Le travail veut un but : au bout de la carrière
On s'anime à sa vue, et surtout on espère ;

Les travaux sans espoir nous sont toujours moins chers.
Enfin, soit qu'on cultive ou les champs, ou les vers,
Qu'on habite la cour, la ville ou la campagne,
Quelle est du vrai plaisir la fidèle compagne?
Tout dit : C'est la vertu ; c'est là qu'est le bonheur.
   Qu'il est beau, qu'il est grand, ce mot d'un vieil auteur
Qui s'écriait : « Grand Dieu, veux-tu punir le vice?
Montre-lui la vertu : qu'il la voie, et frémisse ! »
Quoique amante du vrai, fille de la raison,
Qui, mieux qu'elle, connaît la douce illusion?
De l'espoir précédée, et du plaisir suivie,
Elle seule embellit tout le cours de la vie.
Vers l'avenir obscur jette-t-elle les yeux,
Au delà de la vie elle aperçoit les cieux.
Revient-elle au présent : déjà pour récompense
Elle a de ses bienfaits la douce conscience ;
Et, si le souvenir n'en est pas effacé,
Avec quel doux transport elle voit le passé !
Cicéron nous l'a dit : les jours de la vieillesse
Empruntent leur bonheur d'une sage jeunesse.
Malheureux le mortel qui, de ses premiers jours
Interrogeant la trace et remontant le cours,
N'y voit qu'un vide affreux et qu'un désert immense !
Semblable au voyageur conduit par l'espérance,
Qui foulait, en partant, des gazons et des fleurs,
S'ils ont du noir volcan éprouvé les fureurs,
Ne retrouve, au retour, que le deuil, le ravage,
Et d'un lieu désolé l'épouvantable image :
Ainsi dans ses beaux jours, jadis si pleins d'attraits,
Il ne retrouve plus que douleurs, que regrets ;
Dans ses réduits charmants, dans ses bosquets de rose,
Où sur un lit de fleurs la volupté repose,
Tel qu'un affreux serpent, le repentir vengeur
Lève sa tête horrible, et s'attache à son cœur.
Cependant le temps fuit : le temps irréparable
Ajoute, chaque jour, au fardeau qui l'accable.
Sans force pour le mal, sans attrait pour le bien,
N'osant voir dans les cœurs, ni lire dans le sien,
Par les maux à venir, par la honte passée,
Vers un présent affreux son ame est repoussée,

CHANT VI.

Et passe sans retour du plaisir au remord,
Du remords aux douleurs, des douleurs à la mort.
   Mais heureux, trop heureux dans sa noble carrière,
Celui qui, rejetant ses regards en arrière,
Y retrouve partout les vices combattus,
La trace du travail et celle des vertus !
Je crois voir dans ses champs cet agricole utile
Dont j'ai peint le bonheur. Dans son terrain fertile
Partout il reconnaît le fruit de ses travaux :
Il sécha ces marais, il creusa ces canaux ;
Il défricha ces bois et ce coteau sauvage ;
On lui doit cette source, il planta ce bocage ;
A chaque pas qu'il fait, un souvenir flatteur
Rafraîchit sa pensée et rajeunit son cœur.
Ainsi jouit le sage ; et si, dans sa carrière,
Il n'a pas fait toujours tout le bien qu'il put faire,
Sa touchante douleur est celle de Titus,
Et ses nobles regrets sont encor des vertus.
   Dans mes leçons encor je voudrais vous apprendre
Quels dangers doivent fuir et quels soins doivent prendre
Les hommes rassemblés dans ce monde trompeur,
Où chacun fait son rêve et poursuit sa vapeur,
Où tant de faux amis, d'une apparence vaine,
Masquent l'indifférence, et quelquefois la haine.
Là, dans un double excès vient tomber la raison.
D'un côté, sur ses pas conduisant le Soupçon,
Qui, de son inquiète et timide paupière,
Semble fuir à la fois et chercher la lumière ;
Voyant partout un piége, et partout un danger,
Tel qu'un lâche espion sur un sol étranger,
Marche, d'un pas craintif, la triste Défiance.
De l'autre, la crédule et folle Imprévoyance
Erre dans ce dédale et sans guide et sans fil,
S'endort tranquillement à côté du péril,
Et, d'un sommeil trompeur indolente victime,
Tombe, et va, mais trop tard, s'éveiller dans l'abîme.
   Entre ces deux excès, quel guide est le plus sûr ?
Ah ! c'est l'heureux instinct d'un sens droit, d'un cœur pur,
Qui, dans ce grand chaos des passions humaines,
Des vices, des vertus, des plaisirs et des peines,

Pour les aimer toujours, choisissant ses liens,
Sait écarter les maux, sait distinguer les biens ;
Qui, sans se faire craindre, et sans craindre lui-même,
Évite ce qu'il hait, s'attache à ce qu'il aime ;
Qui, tendre et réservé, confiant et discret,
Sait donner à propos, et garder son secret.
Ainsi la fleur timide, et lente à se produire,
Se ferme au noir Borée, et s'ouvre au doux Zéphyre.
Il ne veut ni fouiller dans le secret des cœurs,
Ni se laisser surprendre à des dehors trompeurs ;
Connaît les passions, les plaint et leur pardonne,
Au doux besoin d'aimer sagement s'abandonne,
Fuit le tourment affreux de haïr ses amis,
Et dans les méchants seuls veut voir ses ennemis.
Eh ! qui ne sait combien, dans ses sombres caprices,
L'extrême défiance est féconde en supplices ?
C'est elle qui, régnant dans les cœurs soupçonneux,
Corrompt tous les plaisirs, relâche tous les nœuds ;
Fait de la vie entière une route épineuse,
Rend le bonheur craintif et l'amitié douteuse.
A la cour d'un tyran, regardez Damoclès [5] :
En vain de chants flatteurs résonne le palais ;
En vain sur une table, en délices féconde,
Tous les tributs de l'air, de la terre et de l'onde
Se montrent réunis ; pâle et tout effrayé
De cette menaçante et sinistre amitié,
Il effleure en tremblant, de ses lèvres livides,
De ces mets affadis les douceurs insipides ;
Vers les lambris dorés lève un œil éperdu,
Et voit le fer mortel sur son front suspendu.
Telle est la Défiance au banquet de la vie.
Que dis-je ? son poison en corrompt l'ambroisie :
Elle-même contre elle aiguise le poignard,
Donne aux ombres un corps, un projet au hasard ;
Charge un mot innocent d'un crime imaginaire,
Et s'effraie à plaisir de sa propre chimère :
Ainsi dans leurs forêts les crédules humains
Craignaient ces dieux affreux qu'avaient formés leurs mains.

Quel besoin plus pressant nous donna la nature,
Que de communiquer les chagrins qu'on endure,

De faire partager sa joie et sa douleur,
Et dans un cœur ami de répandre son cœur ?
Toi seul, triste martyr de ta sombre prudence,
Toi seul ne connais pas la douce confidence !
En vain de ton secret tu te sens oppresser,
Au sein de quels amis l'oseras-tu verser ?
Des amis ! Crains d'aimer ; les plus pures délices
Dans ton cœur soupçonneux se changent en supplices !
Des plus mortels poisons l'abeille fait son miel :
Toi, des plus doux objets tu composes ton fiel ;
Ton cœur dans l'amitié prévoit déjà la haine :
De soupçons en soupçons l'amour jaloux se traîne.
Un génie ennemi brise tous tes liens ;
Tu n'as plus de parents ni de concitoyens :
Te voilà seul ; va, fuis, loin des races vivantes ;
Habite avec les rocs, les arbres et les plantes,
Dans quelque coin désert, dans quelque horrible lieu,
Où tu ne pourras plus calomnier que Dieu.
Mais à voir les humains tu ne dois plus prétendre,
Tu ne dois plus les voir, ne dois plus les entendre.
Ton ame morte à tout ne vit que par l'effroi :
Les morts sont aux vivants moins étrangers que toi :
Le regret les unit ; et toi, tout t'en sépare.

Hélas ! il le connut ce tourment si bizarre,
L'écrivain qui nous fit entendre tour à tour
La voix de la raison et celle de l'amour.
Quel sublime talent ! quelle haute sagesse !
Mais combien d'injustice, et combien de faiblesse
La Crainte le reçut au sortir du berceau :
La Crainte le suivra jusqu'aux bords du tombeau.
Vous, qui de ses écrits savez goûter les charmes,
Vous tous, qui lui devez des leçons et des larmes,
Pour prix de ces leçons et de ces pleurs si doux,
Cœurs sensibles, venez, je le confie à vous.
Il n'est pas importun : plein de sa défiance,
Rarement des mortels il souffre la présence ;
Ami des champs, ami des asiles secrets,
Sa triste indépendance habite les forêts.
Là-haut sur la colline il est assis peut-être [6]
Pour saisir, le premier, le rayon qui va naître :

Peut-être au bord des eaux, par ses rêves conduit,
De leur chute écumante il écoute le bruit ;
Ou, fier d'être ignoré, d'échapper à sa gloire,
Du pâtre qui raconte il écoute l'histoire :
Il écoute et s'enfuit ; et, sans soins, sans desirs,
Cache aux hommes, qu'il craint, ses sauvages plaisirs.
Mais s'il se montre à vous, au nom de la nature,
Dont sa plume éloquente a tracé la peinture,
Ne l'effarouchez pas, respectez son malheur !
Par des soins caressants apprivoisez son cœur :
Hélas ! ce cœur brûlant, fougueux dans ses caprices,
S'il a fait son tourment, il a fait vos délices.
Soignez donc son bonheur, et charmez son ennui :
Consolez-le du sort, des hommes, et de lui.
Vains discours ! rien ne peut adoucir sa blessure ;
Contre lui ses soupçons ont armé la nature.
L'étranger dont les yeux ne l'avaient vu jamais,
Qui chérit ses écrits sans connaître ses traits,
Le vieillard qui s'éteint, l'enfant simple et timide,
Qui ne sait pas encor ce que c'est qu'un perfide,
Son hôte, son parent, son ami, lui font peur :
Tout son cœur s'épouvante au nom de bienfaiteur.
Est-il quelque mortel, à son heure suprême,
Qui n'expire appuyé sur le mortel qu'il aime ?
Qui ne trouve des pleurs dans les yeux attendris
D'un frère ou d'une sœur, d'une épouse ou d'un fils ?
L'infortuné qu'il est, à son heure dernière,
Souffre à peine une main qui ferme sa paupière !
Pas un ancien ami qu'il cherche encor des yeux !
Et le soleil lui seul a reçu ses adieux.
Malheureux ! le trépas est donc ton seul asile[7] :
Ah ! dans la tombe au moins repose enfin tranquille ;
Ce beau lac, ces flots purs, ces fleurs, ces gazons frais,
Ces pâles peupliers, tout invite à la paix.
Respire donc enfin de tes tristes chimères.
Vois accourir vers toi les épouses, les mères ;
Regarde ces amants qui viennent, chaque jour,
Verser sur ton cercueil les larmes de l'amour,
Vois ces groupes d'enfants se jouant sous l'ombrage,
Qui de leur liberté viennent te rendre hommage ;

Et dis, en contemplant ces doux titres d'honneur :
« Je ne fus point heureux, mais j'ai fait leur bonheur. »
Moi, cependant, au pied de cette tombe agreste,
D'un nom si glorieux monument si modeste,
Par toi-même inspiré, je reprends mes pinceaux :
Je peindrai de la vie et les biens et les maux.
L'Imagination, dont je vante les charmes,
Aux tristes préjugés prête souvent des armes ;
De ce que nous craignons elle augmente l'effroi :
Contre elle la raison va combattre avec moi.
La mort, la pauvreté, l'obscurité que j'aime,
Pour les ambitieux pire que la mort même,
Ces maux exagérés par une lâche erreur,
De leur masque effrayant vont perdre la terreur ;
Le sage, qui de loin redoute leur menace,
Apprend à les braver, s'il les regarde en face.
 Voyez ce fier coursier qui, farouche, indompté,
Au moindre objet nouveau se cabre épouvanté !
Que son guide prudent doucement l'y ramène,
Il avance avec crainte, il approche avec peine ;
Mais bientôt, mieux instruit, il calme sa terreur,
Et reprend son courage en perdant son erreur.
Ainsi fait la raison ; et ce fidèle guide,
Aguerrissant notre âme ombrageuse et timide,
Rend moins affreux les maux observés de plus près.
 Mais la sagesse même a souvent ses excès :
Pourquoi veux-tu, dis-moi, sage et profond Montagne,
Que l'aspect de la mort en tout temps m'accompagne ?
Je ne me sens point fait pour un si triste effort :
C'est mourir trop long-temps, que voir toujours la mort.
Je sais qu'aux bords du Nil un solennel usage [9]
De la mort aux festins associait l'image ;
Mais ce récit m'étonne, et ne me séduit pas.
Que le galant Horace, au milieu d'un repas,
En nous montrant de loin les funèbres demeures,
Nous invite à saisir le vol léger des heures,
Je suis son doux conseil ; et quand la mort m'attend,
Par quelques vers encor je lui vole un instant.
Mais pourquoi, m'entourant de fantômes et d'ombres,
Me plonges-tu, vivant dans les royaumes sombres ?

Quel bien ne corromprait un si sombre avenir?
Quel cœur ne flétrirait un si noir souvenir?
Regardez ce mortel qu'envoya la justice
Du lieu de son arrêt au lieu de son supplice :
Sur sa route offrez-lui des festins, des palais,
Les palais, les festins, sont pour lui sans attraits;
Croyant toucher déjà le terme qu'il redoute,
Il compte les instants, il mesure la route,
Subit déjà sa peine ; et, certain de son sort,
Entend dans chaque pas sa sentence de mort.
Tels seraient nos destins ; cher Montagne, pardonne :
Ah! quels tristes conseils ta sagesse nous donne!
Que la mort, disais-tu sur un ton moins chagrin,
Me trouve oublieux d'elle, et bêchant mon jardin?!
Pourquoi donc aujourd'hui, dans ta sombre manie,
Pour apprendre à mourir, veux-tu perdre la vie?
O combien la nature est plus sage que toi!
En nous voilant la mort, elle en bannit l'effroi ;
Sa marche est invisible, et notre heure dernière
Ne vient pas tout d'un coup, ne vient pas tout entière.
La nature vers nous l'amène pas à pas :
Elle rend par degrés tes sens moins délicats ;
Elle assourdit des sons les routes sinueuses,
Endurcit du palais les houppes chatouilleuses ;
Chaque jour tu sens moins la beauté des couleurs,
Les charmes du toucher, le doux esprit des fleurs.
Ainsi sa lente main, sans choc et sans secousse,
Nous roulant mollement par une pente douce,
Dérobe de la mort l'insensible progrès ;
Les dégoûts ont d'avance affaibli les regrets :
La mort ainsi se glisse ; et, quand le ciel l'ordonne,
L'homme, comme un fruit mûr, au trépas s'abandonne.
Eh! comptes-tu pour rien ce profond sentiment
Qui nous fait espérer jusqu'au dernier moment?
En vain de ce mourant les membres s'engourdissent,
Le pouls meurt, l'œil s'éteint, les muscles se roidissent :
Son flatteur même en vain dit que le terme est prêt;
L'espoir opiniâtre appelle de l'arrêt.
Suis donc son doux instinct, et bénis la nature.
  Bien plus cruel encor, le chantre d'Épicure

Qui, fidèle à ses vers, et mécontent du sort,
Calomnia la vie en se donnant la mort [10];
Quand du monde et du jour nous regrettons les charmes,
Nous promet le néant pour calmer nos alarmes !
En vain l'homme s'écrie : O regrets superflus !
C'en est donc fait ! je meurs : je ne reverrai plus
Mes folâtres enfants, objet de mes tendresses,
Accourus dans mes bras, disputer mes caresses ;
Je ne cueillerai plus, moissonné par le temps,
Ni les fruits de l'été, ni les fleurs du printemps !
Cesse tes pleurs, dit-il, et termine ta plainte ;
Le regret ne vit plus quand la vie est éteinte....
Cruel ! quand le trépas vient tout anéantir,
Le beau soulagement que de ne rien sentir !
Ainsi donc au trépas un long trépas succède :
Ah ! je souffrais mes maux, mais non pas leur remède.
Non, non, si quelque espoir peut calmer mon effroi,
Ce n'est pas de mourir, c'est de vivre après moi,
De vivre dans ces vers épanchés de mon ame,
Dans l'être que j'aimai, qu'un même attrait enflamme.
Ah ! sans doute le cœur, dont le stupide ennui,
Mort aux sentiments doux, n'a vécu que pour lui,
Devrait craindre la mort qu'un long oubli va suivre :
Au cœur de ses amis il ne peut se survivre :
Mais celui qui connût, qui sentit l'amitié,
Laisse encore de lui la plus chère moitié.
Aussi de cette mort, dont tout est tributaire,
Je ne me forme pas l'image volontaire ;
Mais s'offre-t-elle à moi, je ne l'écarte pas ;
De mes illusions j'environne ses pas ;
Je la pare pour moi ; j'éloigne ses ténèbres,
Ses lugubres lambeaux, ses fantômes funèbres.
Loin de mon lit de mort ces sinistres apprêts
De crêpes, de flambeaux, d'héritiers, de valets,
De cœurs intéressés, dont l'hypocrite joie,
Se lamentant tout haut, saisit tout bas sa proie ;
Et laisse au cœur flétri ce sentiment affreux
D'être à charge aux humains, et d'être oublié d'eux !
 Deux déesses viendront m'assister en silence :
L'une, c'est l'Amitié ; l'autre, c'est l'Espérance :

Mais ce cortége heureux n'appartient pas à tous.
Oh! que n'ai-je un langage assez tendre, assez doux!
Je conterais comment un véritable sage
De la mort autrefois sut adoucir l'image.
Poëte philosophe, il avait dans ses vers
Célébré la nature et chanté l'univers.
L'épouse qu'il aimait, secondant son délire,
Joignait ses sons touchants aux doux sons de sa lyre.
Mais, pour durer toujours, leur bonheur fut trop grand!
Elle et quelques amis l'entouraient expirant :
Trop heureux que sa main lui fermât la paupière!
Sa voix lui confiait, à son heure dernière,
Non ces vœux des mourants, reçus par des ingrats,
Ces dons trop attendus, ces vains legs du trépas,
Écrits à la lueur des flambeaux funéraires,
De la nécessité tributs involontaires ;
Mais les vœux de son cœur. Dieu! par quel doux transport
Il prolongeait la vie et reculait la mort!
Ce n'était point l'effroi de ce moment terrible;
Du départ d'un ami c'était l'adieu paisible :
« Viens là, viens, disait-il, ô toi que j'aimai tant !
Né pauvre, je meurs pauvre, et j'ai vécu content.
Ah! c'en est fait; reçois de ma reconnaissance
Ce peu que notre amour changeait en opulence,
Tout ce luxe indigent qui, sous nos humbles toits,
Égalait à nos yeux l'opulence des rois.
Vois ces vases sans art : leurs formes sont vulgaires,
Mais nos chiffres unis te les rendront plus chères ;
Mais ils faisaient l'honneur de ce léger festin
Qui charmait près de toi les heures du matin.
Hélas! le ciel pour moi ne marquera plus d'heures!
Reçois encor de moi, de l'ami que tu pleures,
Cette image du temps dont tu trompais le cours :
Puisse-t-elle, après moi, te marquer d'heureux jours!
Cette boîte, en mon sein si doucement cachée,
Qui par le trépas seul pouvait m'être arrachée,
Et qui, de ton absence adoucissant l'ennui,
Sentait battre ce cœur et reposait sur lui,
Détache-la : je souffre à me séparer d'elle ;
Mais j'emporte en mon âme un portrait plus fidèle.

Le mien sera-t-il cher à tes tendres douleurs ?
Sera-t-il en secret mouillé de quelques pleurs ?
Ce fidèle animal, témoin de nos tendresses,
Qui long-temps entre nous partagea ses caresses,
Que j'ai vu si souvent, fier de me devancer,
Reconnaître ton seuil, bondir et m'annoncer,
Et qui dans ce moment, les yeux gonflés de larmes,
Semble prévoir ma fin et sentir tes alarmes,
Je le lègue à tes soins : puisse de nos amours
Le doux ressouvenir protéger ses vieux jours !
Vois-tu cette tablette, où, sans faste, s'assemble
Ce peu d'auteurs choisis que nous lisions ensemble ?
Mon crayon y marqua les traits goûtés par toi ;
Tu ne les liras pas sans t'attendrir sur moi.
Tiens, reçois cet écrit ; c'est mon plus cher ouvrage ;
Tous ces portraits, de moi trop infidèle image,
Ne peignaient que mes traits, celui-ci peint mon cœur ;
J'y déposai mes vœux, mes plaisirs, ma douleur ;
Ma défaillante main le fie à ta tendresse :
Dans cet écrit si cher, c'est moi que je te laisse ;
C'est moi qui me survis ; un sévère destin,
Hélas ! avant le temps l'arrache de ma main ;
Mais il devra le jour à des mains que j'adore. »
    Ainsi son cœur pensait, sentait, vivait encore ;
Ainsi, loin de promettre à son cœur isolé
De l'horrible néant l'empire désolé,
Lui laissant son silence et son repos funeste,
Du bonheur social il savourait le reste ;
Ainsi, s'environnant de la tendre amitié,
Du fidèle regret, de la douce pitié,
De la reconnaissance à ses pieds éplorée,
D'un choix de vieux amis, d'une épouse adorée,
Les regards attachés sur leurs yeux attendris,
Il recueillait un mot, un soupir, un souris ;
Et, jusqu'au dernier souffle, heureux de leur présence,
Reculait de la mort l'irréparable absence ;
Se rattachant encore à ceux qui l'entouraient,
Rendait encor des pleurs à ceux qui le pleuraient ;
Et, dans ce grand festin où le ciel nous convie,
Ramassait en mourant les miettes de la vie ;

Tantôt dans le passé cherchait un souvenir,
Tantôt anticipait le bonheur à venir ;
Et, plaignant sa compagne, et consolé par elle,
Lui donnait rendez-vous dans la paix éternelle.
Ah ! dans la volupté de ces touchants adieux,
Quel homme a le loisir de se plaindre des dieux ?
Oui, sûr, en la pleurant, des pleurs de son amie,
Bien avant dans la mort on peut sentir la vie ;
Tandis que les cœurs durs, les cœurs qui n'aiment pas,
Long-temps avant la mort ont senti le trépas.

De loin la pauvreté semble encor plus cruelle ;
J'ai doublement le droit de réclamer pour elle :
Je fus pauvre long-temps, sans me plaindre des dieux ;
Je fus riche un moment, sans être plus heureux.
Un vain accroissement de jouissances vaines
Ne fit que varier mes plaisirs et mes peines.
A mon premier état le destin m'a rendu :
J'avais bien peu gagné, j'ai donc bien peu perdu !
Mais l'homme soutient mal tout ce qu'il exagère :
J'aime la pauvreté qui n'est pas la misère.
Horace la nommait la médiocrité :
Il faut un peu d'aisance à la félicité ;
La fortune a son prix : l'imprudent en abuse,
L'hypocrite en médit, et l'honnête homme en use.

Toi qui dans ton tonneau, mal nourri, mal vêtu,
Y logeas la folie auprès de la vertu,
Tu peux jeter ta coupe, orgueilleux Diogène,
Et boire dans tes mains ; moi, je garde la mienne ;
Et si la mode encor voulait que les Houdon,
Les Moreau, les Pajou, rivaux d'Alcimédon,
Gravassent sur ses bords le lierre qui serpente,
Ou les bras tortueux de la vigne rampante [11],
Malgré toi je saurais en connaître le prix.
Mais combien tu me plais, lorsque, d'une souris
Les miettes de ton pain t'attirant la visite,
Tu t'écriais gaiement : « J'ai donc un parasite !
J'ai donc le superflu ! » Voltaire, avec raison,
Le jugeait nécessaire, et je le crois fort bon.
Mais, dès que le travail a vaincu la misère,
Le superflu n'est pas bien loin du nécessaire :

CHANT VI.

L'heureuse pauvreté le trouve à peu de frais.
    Vois donc que de travail, que de soins, que d'apprêts,
Dans ses pompeux besoins exige l'opulence !
A toute la nature elle fait violence ;
Le printemps sur l'hiver usurpe ses jardins,
Les glaces en été rafraîchissent ses vins.
Du fougueux aquilon craint-elle la furie,
Des piéges sont dressés aux rats de Sibérie :
Pour elle il faut braver les saisons, les climats ;
Il faut des matelots, du canon, des soldats ;
Il faut, pour ses habits, que le Mexique enfante
La pourpre d'un insecte, et l'azur d'une plante ;
Il faut, pour ses festins, tirer d'un sol nouveau
La fève d'un arbuste, et le miel d'un roseau.
Où courent ces vaisseaux voguant à pleine voile ?
Dans le fond de l'Asie ils vont chercher la toile
Qui, gonflée en cravate ou pliée en turban,
Pare le cou d'un fat ou le front d'un sultan ;
Ou ces cailloux brillants que Golconde nous donne,
Ou ce globe argenté que la nacre emprisonne,
Ou l'émail du Japon, ou le thé des Chinois.
L'or commande : partez, tourmentez à la fois
Les hommes et les vents, et la terre et les ondes :
Le déjeuner du riche occupe les deux mondes.
    La pauvreté ne trouble et ne tourmente rien :
Pour son goût, pour ses yeux, tout est beau, tout est bien ;
Et, sans chercher au loin la douce Malvoisie,
Le vin de ses coteaux pour elle est l'ambroisie.
Approchez, pénétrez sous ces rustiques toits ;
Deux déesses que j'aime y règnent à la fois :
Du pauvre vertueux l'une et l'autre est l'amie ;
L'une est la propreté : l'autre, l'économie ;
L'une embellit sa table, assaisonne ses mets,
Fait reluire l'étain de ses humbles buffets ;
Et, du doux avenir préparant les délices,
L'autre impose au présent de légers sacrifices.
    O que l'homme est trompé ! combien il connaît peu
Et les secrets du monde et les desseins de Dieu !
La fortune à ses yeux d'abord paraît bizarre :
Libérale pour l'un, pour l'autre elle est avare ;

Elle crée au hasard des petits et des grands,
Forme l'ordre inégal et des biens et des rangs ;
D'une main dédaigneuse, au hasard elle jette
Le sceptre d'un côté, de l'autre la houlette :
Mais bientôt, compensant ses rigueurs, ses bienfaits,
Elle-même se rit des présents qu'elle a faits.
En peines, en plaisirs, l'illusion féconde
Rétablit en secret l'équilibre du monde ;
Et la crainte et l'espoir, balançant nos destins,
Ont, bien avant vos lois, nivelé les humains.
Oui, tout paye un tribut à la misère humaine ;
Le riche par l'ennui, le pauvre par la peine ;
A l'un le travail pèse, à l'autre le loisir.
Combien vont, l'or en main, mendier le plaisir !
Le ciel partage à tous les biens et la misère [12],
Le riche s'inquiète, et l'indigent espère.
J'entends crier partout : « Où donc est le bonheur ? »
Il est chez l'ouvrier que nourrit son labeur ;
Chez le simple bourgeois qui, cher à sa famille,
Du produit de ses soins fait la dot de sa fille ;
Chez l'honnête marchand qui chiffre, à son retour,
Les achats de la veille et les produits du jour.
Déserteur des palais, dans son humble retraite,
Il vient à petit bruit visiter un poëte.
Je l'éprouvai moi-même ; et sous mes humbles toits
Loge plus de bonheur qu'il n'en tient chez les rois.
Il ne va point chercher les biens d'un autre monde ;
Avec l'or du Pérou, les pierres de Golconde,
Les pelisses du Nord, les tissus de Madras,
L'avide commerçant ne le déballe pas.
    Hélas ! passant le but, dans l'ardeur qui l'agite,
Nul mortel ici-bas n'est content de son gîte.
Heureux si, reposant sur leurs biens entassés,
Les hommes quelquefois se disaient : C'est assez !
Orgon étend, allonge, élargit son domaine ;
Mais il a des voisins, et l'horizon le gêne :
Appauvri par ses vœux, ruiné par l'espoir,
Il voit moins ce qu'il a, que ce qu'il veut avoir.
Ce poëte, l'honneur de la lyre romaine,
Le favori d'Auguste et l'ami de Mécène,

Horace, dans Tibur, heureux d'un petit bien,
D'un bois, d'un filet d'eau, ne souhaita plus rien.
Qu'on me donne un arpent de son petit empire;
Que l'écho me renvoie un des sons de sa lyre,
Tous mes vœux sont remplis. Pour vivre ici contents,
Il faut si peu de chose, et pour si peu de temps !
Alexandre demande un monde pour domaine;
Une tonne suffit au pauvre Diogène.
Je ris, lorsque je vois son orgueil sans pareil
Au fils de Jupiter disputer le soleil;
Mais du luxe et de l'or sa noble négligence
Nous apprit à chérir l'honorable indigence.
Pourquoi donc formons-nous, mortels ambitieux,
Dans nos jours si bornés, de gigantesques vœux?
A quoi bon tant d'apprêts pour un si court voyage?
Ce qu'il faut au besoin suffit aux vœux du sage.
En vain par l'opulence on se laisse éblouir :
Pour savoir posséder, il faut savoir jouir.
Ma déesse elle-même, en prestiges féconde,
Pèse bien plus que l'or sur les destins du monde,
Fait les maux et les biens, un jour sombre, un beau ciel;
Et ses rêves souvent sont le seul bien réel.
 Pauvres riches! ces biens que vous croyez les vôtres,
Combien l'illusion souvent les donne à d'autres !
A qui sont ce grand parc et ce pompeux jardin ?
Sur la foi d'un vain titre ou d'un vieux parchemin,
Tu les crois bonnement au seigneur de la terre;
Mais, non, ce n'est point là le vrai propriétaire:
Veux-tu le voir? regarde ; il est dans ce bosquet,
Un Virgile à la main, comparant en secret
Le poëte et les champs, l'art avec la nature,
Et, devant le modèle, admirant la peinture :
Pareil à ces oiseaux dont il entend la voix,
Comme eux, sans soin, sans gêne, il jouit de ces bois;
C'est pour lui qu'on traça ces belles promenades,
Que s'étendent ces lacs, que tombent ces cascades :
Leurs seigneurs rarement en supportent l'ennui;
Les droits en sont pour eux, les délices pour lui :
Tel, chez son noble ami, dans sa belle vallée,
S'emparant d'un bosquet, d'un berceau, d'une allée,

Sans soin, sans gens d'affaire, et partant sans souci,
Jean-Jacques fut souvent le vrai Montmorency.
 La crainte d'être obscur nous touche plus encore;
L'homme craint d'ignorer, mais surtout qu'on l'ignore.
Écrivain ou guerrier, artiste ou magistrat,
Chacun cherche bien moins le bonheur que l'éclat.
Mais connais-tu, réponds, un plus triste servage
Que le joug de la gloire et son dur esclavage,
Qui condamne un mortel à vivre hors de lui,
Et le fait respirer par le souffle d'autrui?...
L'amour-propre inquiet souffre de peu de chose :
C'est un voluptueux que blesse un pli de rose.
De nos prétentions le chatouilleux orgueil
S'offense d'un oubli, d'un geste, d'un coup d'œil;
D'un seul mot de Louis le grand Racine pleure [13];
La censure déchire, et la louange effleure.
Sont-ce les grands emplois et les titres d'honneur
Qui séduisent tes vœux? Leur éclat suborneur
Ne couvre point ta honte : un illustre coupable,
Dans un rang élevé, paraît plus méprisable;
Le ciel en fait justice en le plaçant si haut,
Et le trône du vice en devient l'échafaud [14].
Voilà quel sort affreux l'ambitieux s'apprête.
 Dis-nous à quel degré l'ambition s'arrête.
Vois ce mortel avide accumuler son or :
Sans accroître ses biens, il accroît son trésor.
Ainsi que l'intérêt, la gloire a ses avares;
Ajoutez-les honneurs aux honneurs les plus rares,
Rien ne le satisfait; le desir amorti
Revient au même point dont il était parti.
 Combien durent d'ailleurs leurs grandeurs fugitives?
Météores d'un jour, leurs splendeurs les plus vives
Nous présagent la fin de leur éclat trompeur :
Telle de l'arc d'Iris la fluide vapeur
S'embellit dans sa chute, et, sur un beau nuage,
Du soleil qui s'éteint nous réfléchit l'image,
De sa pompe empruntée orne un moment les cieux,
Puis se rend à la terre, et disparaît aux yeux.
Mirabeau nous l'a dit, croyons-en sa parole :
La roche Tarpéienne est près du Capitole [15].

Lui-même, secondé par un heureux hasard,
Mourut fort à propos; peut-être, un jour plus tard,
Du haut du tribunat nous l'aurions vu descendre.
Eh! qui sait quel destin le sort garde à sa cendre!
Tout ce peuple, qu'il vit suivre son char en deuil,
Peut-être va demain outrager son cercueil ¹⁶.

 Ah! si l'orgueil encor refuse de me croire,
Qu'il contemple Necker, et connaisse la gloire.
Jeune, il avait déja, dans ses emplois obscurs,
Pressenti la grandeur de ses destins futurs :
Élevé par degrés auprès du rang suprême,
Son roi le consultait, il était roi lui-même;
Paris l'idolâtrait! Adoré des hameaux,
On leur nommait Necker, ils oubliaient leurs maux.
Aux Français, rassemblés sous ses fameux auspices,
Son astre promettait des destins plus propices ;
Un exil triomphant ajoute à tant d'éclat :
En pleurant un seul homme, on croit pleurer l'État.
Partout le deuil est pris, la douleur ordonnée,
Les tribunaux déserts, la scène abandonnée.
Peuple heureux, calmez-vous; on le rend à vos vœux :
Préparez son triomphe, et rendez grace aux dieux.
Il revient! Près de lui, siégeant en souveraine,
Sa fille, ivre d'honneur, se croit bien plus que reine :
Les hommes, les chevaux, de sa gloire lassés,
Tardent trop de le rendre à nos vœux empressés.
Le rebelle desir de le voir reparaître
A brisé le pouvoir et détrôné son maître.
Parmi les cris, les vœux, les flots d'adorateurs,
Il vient! son char rapide échappe aux orateurs.
Infortuné! jouis quand tu le peux encore ;
Le peuple peut demain haïr ce qu'il adore.
Il entre, enfin! il entre! ô douleur! ô regret!
L'idole s'est montrée, et le dieu disparaît!
Ainsi le peuple ingrat trahit le grand Pompée ;
Tel, plutôt, un enfant rejette sa poupée.
Que dis-je? le dédain fait place à la fureur.
Poursuivi, dans les bois promenant sa terreur,
Des murs qu'enorgueillit sa triomphale entrée,
Précipitant dans l'ombre une fuite ignorée,

Il part; il va revoir ces lieux pleins de son nom,
Et témoins aujourd'hui de son triste abandon.
Mais un billet fatal a trahi son passage;
Au lieu de cris d'amour, j'entends des cris de rage.
Tout ce peuple qu'il vit, dételant ses coursiers,
S'atteler à son char couronné de lauriers,
Qui l'avait proclamé père de la patrie,
Tout honteux maintenant de son idolâtrie,
L'insulte, l'emprisonne. Aux mains de ses bourreaux
Il échappe avec peine; et, pour comble de maux,
Présentant en spectacle, à la haine vengée,
Sa popularité par le peuple outragée,
A travers les débris du trône des Capet,
Il fuit, il se relègue au donjon de Copet
Malheureux, et prêtant une oreille alarmée
Aux mourantes rumeurs de tant de renommée!

 Ainsi méconnaissant les biens, les maux réels,
L'Imagination égare les mortels.
Le sage emploi du temps, l'active solitude,
Le doux charme des champs, la consolante étude,
Préviennent ces écarts : joignez-y ces auteurs
Qui forment la raison et dirigent les mœurs.
Tel l'ami du bon sens, l'ingénieux Horace,
Se joue autour du cœur, nous instruit avec grace,
Fait aimer le repos, la médiocrité,
Et donne à la morale un air de volupté.
Rousseau, plus inflexible en sa mâle droiture,
Prend l'homme dans les bois, tout près de la nature;
Chez lui la vérité parle avec passion,
Et c'est avec fureur qu'il prêche la raison.
Fontenelle, craignant toujours quelque surprise,
Aux passions sur lui ne donne point de prise,
Soigne attentivement son timide bonheur,
Même dans l'amitié met en garde son cœur;
Ami des vérités, par crainte les enchaîne,
Et s'abstient du plaisir pour éviter la peine.
Écoutant moins son cœur, et bien plus son esprit,
Voltaire orne avec art la raison qu'il chérit;
Mais sa philosophie, avec plus de souplesse,
Sur les mœurs de son temps compose sa sagesse;

Et l'auteur du *Mondain*, à nous plaire occupé,
Immole la morale au succès d'un soupé ;
Abandonne la vie à la fougue des vices,
Néglige ses devoirs, recherche ses délices :
Jamais son cœur n'admit de sentiments profonds :
Riche du fonds d'autrui, mais riche par son fonds,
Montagne les vaut tous : dans ses brillants chapitres,
Fidèle à son caprice, infidèle à ses titres,
Il laisse errer sans art sa plume et son esprit,
Sait peu ce qu'il va dire, et peint tout ce qu'il dit.
Sa raison, un peu libre et souvent négligée,
N'attaque point le vice en bataille rangée ;
Il combat, en courant, sans dissimuler rien ;
Il fait notre portrait en nous faisant le sien.
Aimant et haïssant ce qu'il hait, ce qu'il aime,
Je dis ce que d'un autre il dit si bien lui-même :
« C'est lui, c'est moi. » Naïf, d'un vain faste ennemi,
Il sait parler en sage, et causer en ami.
Heureux ou malheureux, à la ville, en campagne,
Que son livre charmant toujours vous accompagne.
    Ne peut-on pas aussi, dans le choix des auteurs,
Consulter ses besoins, et son âge, et ses mœurs :
Graves, ils calmeront le feu de la jeunesse ;
Gais, ils feront encor sourire la vieillesse.
Tel Voltaire naissant étudiait Newton,
Vieux lisait Arioste, et composait *Memnon* ;
Et près du froid Jura, dans l'hiver de sa vie,
A tous nos jeunes fous faisait encore envie.
Telles, filles de l'art, des fleurs parfument l'air,
Font régner le printemps et douter de l'hiver.
Ainsi, de la raison empruntant le langage,
Contre les passions de tout rang, de tout âge,
Je dictai des leçons ; mais, contre ses ennuis,
Le malheur à son tour implore des appuis.
    Eh ! peux-tu dédaigner, muse compatissante,
Du malheur éploré la voix attendrissante ?
Souvent des cœurs ingrats la noire trahison ;
La mort de ce qu'on aime accable la raison.
Tantôt c'est de l'exil la langueur importune,
Tantôt, l'écroulement d'une haute fortune.

Dirai-je les horreurs de la captivité?
Combien de l'ame alors je crains l'activité !
C'est alors que le cœur, loin de tout ce qu'il aime,
Se repliant sur lui, se dévore lui-même :
Alors tout s'exagère; alors de la raison
Les songes douloureux sont pour elle un poison ;
Et l'homme, de ses maux instrument et victime,
Du malheur, en rêvant, approfondit l'abîme.
Quels que soient vos chagrins, gardez que la douleur
D'une seule pensée occupe votre cœur !
Par des distractions, dont s'amuse votre ame,
De ses feux dévorants amortissez la flamme :
Les flèches de Diane; ainsi que ses filets,
Souvent de Cythérée affaiblirent les traits.
Des beaux-arts, à leur tour, le doux apprentissage
S'empare de l'esprit, le distrait, le soulage ;
Et, d'un joug trop pesant notre esprit échappé,
Par leurs jeux innocents est doucement trompé.
Ainsi, lorsqu'à grands flots un noir torrent bouillonne,
Notre art ouvre une issue à la vague qui tonne ;
Alors le fier torrent court moins impétueux,
Et vient baiser son frein d'un flot respectueux.
Ainsi l'ame, élancée en sa vaste carrière,
Veut des amusements plutôt qu'une barrière ;
Ainsi trente tyrans, dans Athène autrefois,
Régnaient moins durement en régnant à la fois :
Comme dans la nature, ainsi notre ame libre
Par d'heureux contre-poids conserve l'équilibre.
De la distraction tel est l'effet puissant !
Au pouvoir qui la dompte elle en oppose cent.

Des prisonniers français contemplez l'industrie :
Retenus dans les fers, privés de leur patrie,
Leurs épouses, leurs fils, leurs amis sont absents ;
Mais d'un travail heureux les soins divertissants
Consolent leurs regrets ; là, la paille docile
Prend mille aspects nouveaux sous une main agile,
De mille riens charmants amuse leur ennui,
Se dessine en navette, ou se roule en étui ;
Ou, d'un chapeau léger composant la parure,
Va des beautés d'Écosse orner la chevelure.

Leurs ongles pour canifs, leur rasoir pour ciseau,
Ils travaillent le lin, l'écorce, le roseau :
L'un tresse son panier, et l'autre sa corbeille;
A la journée active ils ajoutent leur veille.
Ailleurs, les vils débris de leurs sobres banquets,
Des os taillés, sculptés, et façonnés sans frais,
Chefs-d'œuvre ingénieux de la constance adroite,
Sont changés en coffrets, sont transformés en boîte ;
Et sous un doigt léger présentent, chaque jour,
Des dons pour l'amitié, des présents pour l'amour;
Et d'un art inventif l'élégante merveille
S'en va rendre plus pure ou la bouche ou l'oreille :
Le chef-d'œuvre imprévu charme les yeux surpris,
Et l'art de la matière a surpassé le prix.
Chaque heure a son emploi ; ces simples bagatelles
Vont charmer les amis, les amants et les belles;
Et le bonheur oisif, en dépit des verrous,
De l'adresse captive est lui-même jaloux.
Ainsi souvent les arts de l'ennui sont l'ouvrage,
Et l'esprit inventeur est né de l'esclavage;
Le captif solitaire est soulagé par lui :
Il trompe la douleur, et le temps et l'ennui.
Tout prêt à s'échapper par des routes nouvelles,
Dédale en sa prison se fabriqua des ailes,
En arma son enfant; et, libre de ses fers,
Nocher audacieux, navigua dans les airs ;
Mais, avant de quitter ses lugubres demeures,
Combien sur lui du temps pesaient les lentes heures !
Le travail l'abrégeait, et son cœur désolé,
Avant que d'être heureux, fut du moins consolé.
Ah! sous le poids des fers si l'esprit peut s'éteindre,
Combien l'égarement est encor plus à craindre
Pour un ami des arts, de qui l'esprit ardent
Veut dans le monde entier errer indépendant;
Et de qui l'âme fière, ombrageuse et sauvage,
S'effarouche et s'irrite au seul nom d'esclavage !
Tel fut ce Pellisson, dont la constante foi
Brava, pour un ami, le courroux d'un grand roi.
Digne élève des arts, sa généreuse audace
De l'illustre Fouquet embrassa la disgrace;

Et tandis que, dans Vaux, aux Naïades en pleurs
La Fontaine faisait répéter ses douleurs,
Pellisson dans les fers suivit cette victime :
Aimer un malheureux, ce fut là tout son crime.
Trop souvent du pouvoir les agents détestés
Joignent à ses rigueurs leurs propres cruautés.
Du triste Pellisson pour combler la misère,
On avait retranché de son toit solitaire
Ses livres, ses travaux, et l'art consolateur
Qui confie au papier les sentiments du cœur.
Déja, dans les langueurs de sa mélancolie,
Il sentait par degrés s'approcher la folie.
Pour tromper ses chagrins, il invente un secret
Frivole en apparence, et puissant en effet :
Des milliers de ces dards, dont les pointes légères
Fixent le lin flottant sur le sein des bergères,
Jetés sur ses lambris, ramassés tour à tour,
Trompaient dans sa prison les longs ennuis du jour ;
Mais bientôt ce vain jeu ne fut qu'un soin pénible :
L'être qui sent, lui seul, console un cœur sensible.
Au défaut des humains, souvent les animaux
De l'homme abandonné soulagèrent les maux ;
Et l'oiseau qui fredonne, et le chien qui caresse,
Quelquefois ont suffi pour charmer sa tristesse.
L'infortune n'est pas difficile en amis :
Pellisson l'éprouva. Dans ces lieux ennemis,
Un insecte aux longs bras, de qui les doigts agiles
Tapissaient ces vieux murs de leurs toiles fragiles,
Frappe ses yeux : soudain, que ne peut le malheur !
Voilà son compagnon et son consolateur !
Il l'aime : il suit de l'œil les réseaux qu'il déploie ;
Lui-même il va chercher, va lui porter sa proie.
Il l'appelle, il accourt, et jusque dans sa main
L'animal familier vient chercher son festin.
Pour prix de ses secours, il charme sa souffrance ;
Il ne s'informe pas, dans sa reconnaissance,
Si de ce malheureux, caché dans sa prison,
Le soin intéressé naît de son abandon.
Trop de raisonnement mène à l'ingratitude :
Son instinct fut plus juste ; et, dans leur solitude

Défiant et barreaux, et grilles, et verrous,
Nos deux reclus entre eux rendaient leur sort plus doux,
Lorsque, de la vengeance implacable ministre,
Un geôlier au cœur dur, au visage sinistre,
Indigné du plaisir que goûte un malheureux,
Foule aux pieds son amie, et l'écrase à ses yeux :
L'insecte était sensible, et l'homme fut barbare!
Ah! tigre impitoyable et digne du Tartare,
Digne de présider au tourment des pervers,
Va, Mégère t'attend au cachot des enfers!
Et toi, de qui Pallas punit la hardiesse,
Et qui par ton bienfait reconquis ta noblesse,
Dont peut-être l'instinct, dans ce mortel chéri,
Devinait des beaux-arts l'illustre favori,
Arachné, si mes vers vivent dans la mémoire,
Ton nom de Pellisson partagera la gloire ;
On dira ton bienfait, ses vertus, ses malheurs,
Et ton sort avec lui partagera nos pleurs.

CHANT SEPTIÈME.

LA POLITIQUE.

Lorsque de l'univers l'aimable enchanteresse,
L'Imagination, me porta dans la Grèce,
Je ne m'attendais pas qu'un jour mes propres yeux
Verraient ces belles mers, ces beaux champs, ces beaux cieux :
Je les ai vus! mon cœur a tressailli de joie :
Homère m'a guidé dans les champs où fut Troie.
Pour moi ses vers divins peuplaient ces lieux déserts,
Et ces lieux, à leur tour, m'embellissaient ses vers.
Un délire charmant, qu'il m'inspirait sans doute,
D'enchantements sans nombre avait semé ma route ;
Je ne demandais plus, pour traverser les flots,
Ni le secours des vents, ni l'art des matelots ;
Je disais aux tritons, aux jeunes néréides,
De pousser mon vaisseau sur les plaines humides.

Tout-à-coup sur ces mers à mes yeux s'est montré
Un stupide pacha, d'esclaves entouré ;
Tout s'est désenchanté ¹ : j'ai vu dans le silence
S'asseoir sur des débris la servile ignorance ;
Et j'ai dit, en pleurant sur ces illustres lieux :
« Séjour de la beauté, des héros et des dieux,
Qu'as-tu fait de ta gloire? O malheureuse Grèce!
As-tu donc oublié tes titres de noblesse?
Partout sont des témoins de tes antiques arts ;
Partout de tes palais, de tes temples épars,
Quelque reste imposant, dans sa décrépitude,
Semble encore à lui seul peupler ta solitude.
Vois gravés sur tes murs Platée et Marathon ² !
Tant qu'il reste une pierre où se lise leur nom,
Elle accuse ta honte et pleure ta mémoire.
Eh ! pourquoi dépouiller tous tes droits à la gloire?
De ta grandeur antique une ombre reste encor ;
Voilà l'habit, l'écharpe et d'Hélène et d'Hector.
Dans la jeune beauté qui bondit en cadence,
Des vierges de tes chœurs j'ai reconnu la danse ;
Sa voix m'a rappelé leurs sons mélodieux,
Cette langue sacrée et d'Homère et des dieux.
Reine dans la tribune, au lycée, au théâtre,
Dans les chants du rameur, dans les accents du pâtre,
J'ai reconnu son rhythme et son charme flatteur.
N'as-tu plus ton beau ciel, ton climat enchanteur?
Derrière les rochers de Sparte et de l'Épire,
De tes anciens héros la liberté respire.
De tes pompeux débris sors donc, et lève-toi !
Reprends ton noble orgueil, reprends ton sceptre ! et moi,
Sous ton ciel poétique, à l'aspect du Bosphore,
Pour ma divinité je vais chanter encore. »
Et comment en ces lieux oublier ses bienfaits?
N'est-ce point chez ce peuple, épris de ses attraits,
Qu'elle dictait les lois, inspirait les oracles,
Et marchait au bonheur au milieu des miracles?
Muse, qui l'instruisis au grand art d'émouvoir,
Aux modernes états viens montrer son pouvoir ;
Dis-nous comment sa voix, douce législatrice,
Commandait sans licteurs, gouvernait sans supplice :

Viens, parle ; et que ces bords, qui te furent connus,
Te rappellent Orphée, Amphion et Linus.
Quand Orphée, Amphion, Linus, prenaient la lyre,
Leurs voix des vains plaisirs ne chantaient pas l'empire ;
Ils chantaient les héros, les arts et les autels,
Et les augustes lois consolant les mortels.
Art des vers, souviens-toi de tes premiers miracles ;
Souviens-toi qu'en ces lieux tu dictais les oracles,
Et fais entendre encor des sons dignes de toi.

Quand des hommes, unis sous une même loi,
D'une cité commune habitèrent l'enceinte,
En vain, pour inspirer le respect et la crainte,
Leur chef eût déployé l'appareil des faisceaux,
Rassemblé des soldats, dressé des échafauds ;
L'Imagination étalant tous ses charmes,
Bien mieux que la coutume, et les lois, et les armes,
Par les solennités, les fêtes et les jeux,
Le costume imposant, les spectacles pompeux,
Nourrit du bien public la noble idolâtrie,
Et fit par les plaisirs adorer la patrie.
Mais avant que des jeux, des fêtes et des arts,
La pompe politique enchantât les regards,
Il fallait sous des chefs, armés de la puissance,
Des mortels nés égaux forcer l'obéissance,
Et du respect du sang nourrir l'illusion.
Sans elle tout est trouble, erreur, confusion ;
Sans elle, tout à coup plus terrible et plus fière,
S'élève en rugissant l'égalité première,
Qui, fondant l'anarchie, et féconde en tyrans,
Par le commun désastre égale tous les rangs.
Ce respect seul est tout ; et, dans l'Olympe même,
L'ingénieux Ovide en a trouvé l'emblème.

Voyez-le, nous ouvrant les annales des cieux,
Raconter aux mortels l'étiquette des dieux !
« Lorsque les dieux, dit-il, au ciel prirent séance,
Nul ordre n'y régnait, et nulle préséance
Ne distinguait entre eux les états différents ;
Les grands et les petits étaient aux mêmes rangs.
Souvent des immortels de l'ordre le plus mince,
Des dieux nouveau-venus, et des dieux de province,

Auprès de Jupiter s'asseyaient sans façon ;
Neptune prenait place à côté d'un triton ;
Près de Cybèle était la nymphe du bocage ;
On vit près d'Apollon un satyre sauvage,
Un monstre qui n'était homme et dieu qu'à moitié ;
Et, pour tout dire enfin, les cieux faisaient pitié.
Pour comble de malheur, vils enfants de la terre,
Des hommes aux cent bras aux dieux firent la guerre.
L'Olympe était perdu, quand le grand Jupiter
Lança ses traits brûlants de l'empire de l'air,
Et contre l'insolence, armé par la justice,
Foudroya de leurs monts l'orgueilleux édifice.
Sur son trône vengé le vainqueur vint s'asseoir.
Alors, pour affermir à jamais son pouvoir,
Une divinité dans le ciel prit naissance :
Son nom est Dignité ; les Égards, la Décence,
Baissent à côté d'elle un œil respectueux ;
Elle eut, même en naissant, des traits majestueux.
Elle-même des dieux distingua chaque classe ;
Elle régla leurs rangs, leur assigna leur place ;
Au-dessous des grands dieux mit les dieux plébéiens,
Des cieux mieux ordonnés paisibles citoyens :
Tous de leur souverain respectaient la présence ;
A son banquet royal tous siégeaient en silence :
Apollon seul, touchant son luth mélodieux,
Avait droit de troubler l'auguste paix des cieux.
Ainsi chacun, soumis à cet ordre suprême,
En honorant son chef fut honoré lui-même ;
Et le Respect enfin, fils de la Dignité,
Dispensa le Pouvoir de la sévérité. »
   Je connais un empire où l'auguste déesse,
D'une brillante cour souveraine maîtresse,
Soutint long-temps le sceptre ; elle réglait les rangs,
Subordonnait le peuple, en imposait aux grands.
Louis, qui quarante ans lui confia sa gloire,
Louis lui dut peut-être autant qu'à la victoire.
Au bal, à l'audience, aux festins, aux combats,
Toujours en grand costume elle suivait ses pas,
Et plaçait les sujets à leur juste distance.
Long-temps son successeur régna par elle en France.

CHANT VII.

Un nouveau règne enfin s'ouvrit comme un beau jour ;
Un couple auguste en fit l'ornement et l'amour.
Mais, moins fiers en secret de régner que de plaire,
Leur bonté détruisit l'Étiquette sévère ;
La foule de plus près put voir son souverain ;
La royauté perdit son magique lointain [4] ;
Le costume oublia sa noblesse imposante :
Alors tout fut perdu : l'Illusion puissante,
Aux regards composés, à l'air mystérieux,
L'Illusion, qui sert et les rois et les dieux,
Aux Français familiers que le Respect fatigue,
Dans ses libres humeurs n'opposa plus de digue.
De l'antique Respect tout fut désenchanté :
Le Pouvoir disparut avec la Dignité ;
Et, rappelant en vain cette auguste déesse,
La Force, mais trop tard, reconnut sa faiblesse.

Quand des êtres divers subordonnés entre eux,
Un utile respect eut affermi les nœuds,
Par des fêtes, des jeux et des cérémonies,
Il fallut captiver leurs tribus réunies :
Ainsi, dans tous les lieux, l'art des législateurs
Sur l'empire des jeux fonda celui des mœurs ;
Et, de l'esprit public entretenant les flammes,
Par l'oreille et les yeux assujettit les ames.
De ces solennités, par qui sut autrefois
L'Imagination suppléer à nos lois,
Aucune n'est égale à ces pompes funèbres
Qu'elle-même embellit chez cent peuples célèbres ;
Plein de ces grands pensers et de ces grands tableaux,
J'ai médité long-temps, assis sur les tombeaux,
Non pas pour y chercher, dans ma mélancolie,
Le secret de la mort, mais celui de la vie.

Regardez ces débris dispersés par les vents :
Croyez-vous tous ces morts étrangers aux vivants ?
Non : d'un tendre intérêt sources toujours fécondes [5],
Les tombeaux sont placés aux confins des deux mondes ;
Rendez-vous triste et cher, où, confondant leurs vœux,
La vie et le trépas correspondent entre eux.
Ceux que vous croyez morts vivent dans vos hommages ;
Vous conservez leurs noms, vous gardez leurs images.

Et qui n'a pas connu ces dogmes révérés ?
Voyez comme, assemblant ces restes adorés,
Le sauvage avec joie en remplit sa cabane,
Et change en lieu sacré sa retraite profane !
L'amour de son pays, c'est l'amour des aïeux.
Allez lui commander d'abandonner ces lieux :
« Dis donc, vous répond-il, dis aux os de nos pères :
Levez-vous, et marchez aux terres étrangères. »
Dans ses marques de deuil quel sentiment profond !
Tandis que, sur sa main posant son triste front,
L'époux morne et pensif pleure un fils qu'il adore,
La mère en gémissant vient le nourrir encore ;
Et sur la tombe, où gît l'objet de ses douleurs,
Elle verse en silence et son lait et ses pleurs.
Dirai-je des Natchez la tristesse touchante ?
Combien de leur douleur l'heureux instinct m'enchante !
Là, d'un fils qui n'est plus la tendre mère en deuil
A des rameaux voisins vient pendre le cercueil.
Eh ! quel soin pouvait mieux consoler sa jeune ombre ?
Au lieu d'être enfermé dans la demeure sombre,
Suspendu sur la terre et regardant les cieux,
Quoique mort, des vivants il attire les yeux.
Là, souvent sous le fils vient reposer le père ;
Là, ses sœurs en pleurant accompagnent leur mère ;
L'oiseau vient y chanter, l'arbre y verse des fleurs,
Lui prête son abri, l'embaume de ses pleurs :
Des premiers feux du jour sa tombe se colore ;
Les doux zéphyrs du soir, le doux vent de l'aurore [6]
Balancent mollement ce précieux fardeau,
Et sa tombe riante est encor un berceau :
De l'amour maternel illusion touchante !

Des peuples policés la morale savante
Aux plus sauvages mœurs ressemble quelquefois,
Et souvent de l'instinct la raison suit les lois.
Ainsi la vertueuse et tyrannique Rome [7],
Qui fut souvent l'opprobre et la gloire de l'homme,
Pour s'honorer soi-même, honora le cercueil.
Non que j'approuve ici le faste de son deuil,
Ses pleureuses à gage et leurs cris mercenaires :
Tous ces pompeux regrets, ces larmes mensongères,

CHANT VII.

Valent-ils un des pleurs dérobés à demi,
Qui roulent tendrement dans les yeux d'un ami ?
Mais qui ne chérirait la tristesse pieuse
Qui, perçant des tombeaux la nuit religieuse,
Par d'innocents tributs répétés tous les ans,
Des flots de vin, de lait, des fruits et de l'encens,
Venait charmer les morts dans leur asile sombre,
Et de la vie au moins leur retraçait quelque ombre ?
Les morts étaient muets à leurs cris douloureux ;
Mais le cœur leur parlait, et répondait pour eux.
Si j'entre en ces dépôts des monuments antiques,
Ces urnes, ces trépieds, ces bronzes magnifiques,
N'égalent pas pour moi ces vases de douleurs,
Où l'amitié versait et recueillait ses pleurs.
Enfin, j'honore en eux jusques à la folie,
Qui place près des morts les besoins de la vie.
Je sais que plus d'un peuple, en sa stupide erreur,
Mêle la barbarie à ces doux soins du cœur :
Ainsi sont inhumés, chez des peuples barbares,
Leurs plus chers serviteurs, leurs chevaux les plus rares,
Leur chien le plus fidèle ; innocents animaux,
Consumés par la faim dans la nuit des tombeaux.
Étrange aveuglement, stupide frénésie,
Qui joint dans le cercueil la mort avec la vie !
Mais quel cœur ne pardonne aux consolants abus
Qui des vivants aux morts apportent les tributs,
Le miel, le vin, l'encens, l'obole du voyage ?
La raison dédaigneuse insulte à cet usage ;
Mais quand le cœur honore un objet adoré,
L'erreur est respectable et l'abus est sacré.
Que dis-je ? ces devoirs, ces cultes domestiques,
Sont-ils donc étrangers aux fortunes publiques ?
L'État n'est-il pour rien dans ces touchants regrets ?
Non, non : de notre deuil vénérables objets,
Ces morts à haute voix sont nommés dans vos temples,
Vivent dans leurs bienfaits, dans leurs nobles exemples ;
Dans leurs brillants écrits leur souveraine voix,
Du bord de leurs tombeaux, vous ont dicté ces lois
Qui disposent encor de vos fils, de vos filles,
Sont l'ame de l'État, le code des familles ;

Leurs vœux règnent sur vous, et, prolongeant leurs jours,
A vos enfants soumis ils commandent toujours.
L'héritage éternel qui, dans la race humaine,
Des générations forme la grande chaîne,
Remonte, redescend, et, par d'utiles nœuds,
Joint le père aux enfants, les fils à leurs aïeux.
 Ce n'est donc pas en vain que l'humanité sainte [8]
Des tombeaux en tous lieux a consacré l'enceinte.
Protéger les tombeaux, c'est honorer les morts ;
Et ce culte sublime, en consacrant leurs corps,
Maintient leurs volontés, impose au sacrilége
Qui, bravant du trépas l'auguste privilége,
Outrageant et la tombe, et la terre, et les cieux,
De la mort libérale ose tromper les vœux :
Homicide attentat, dont l'avide imprudence,
Détruisant le bienfait, détruit la bienfaisance,
Ravit à la bonté l'espoir d'un souvenir,
Et par l'ingratitude appauvrit l'avenir.
Eh ! sans ce long respect, ce culte salutaire,
Qui des races transmet la chaîne héréditaire,
Que seraient les mortels ? les siècles passagers
Périraient sans retour, l'un à l'autre étrangers :
Ainsi du peuple ailé les familles légères,
Vagabondes tribus, sans aïeux et sans frères,
Méconnaissent leur race au sortir du berceau.
Mais, du sein de la nuit et du fond du tombeau,
Un cri religieux, le cri de la nature,
Vous dit : Pleurez, priez sur cette sépulture ;
Vos parents, vos amis, dorment dans ce séjour,
Monument vénérable et de deuil et d'amour.
Ces êtres consacrés par les devoirs suprêmes,
Honorez-les pour eux, pour l'État, pour vous-mêmes.
Ainsi, le dogme saint de l'immortalité
Recommande notre ombre à la postérité ;
Ainsi, prêtant sa force au saint nœud qui nous lie,
Le respect pour les morts gouverne encor la vie.
 Aussi, voyez comment l'automne nébuleux,
Tous les ans, pour gémir, nous amène en ces lieux,
Où des siècles humains, que les temps renouvellent,
Les générations en foule s'amoncellent,

CHANT VII.

Où l'âge qui n'est plus attend l'âge suivant;
Où chaque grain de poudre autrefois fut vivant !
Là, des cœurs attendris écoutant le murmure,
La foi vient recueillir les pleurs de la nature.
Cette religion, dont les austères lois
Quelquefois du sang même ont étouffé la voix,
Aujourd'hui visitant les funèbres enceintes,
Entre l'homme vivant et les races éteintes,
Réveillant de l'amour les pieuses douleurs,
De la mort elle-même emprunte les couleurs :
Ce n'est plus son habit, ses hymnes d'allégresse;
C'est sa robe de deuil et ses chants de tristesse.
Hélas ! quand ses élus, au gré de leurs desirs,
S'enivrent à longs traits des célestes plaisirs,
Pour leurs frères souffrants mère compatissante,
Elle élève vers Dieu sa voix attendrissante :
Dieu reçoit de ses mains l'holocauste d'un Dieu.
Pour courir aux tombeaux, tous sortent du saint lieu,
Aucun ne se méprend, chacun connaît la pierre
Où tout ce qu'il aima repose sur la terre,
Et le tertre modeste où gît l'humble cercueil;
Et la croix funéraire, et l'if ami du deuil,
Qui, protégeant les morts de son feuillage sombre,
A l'ombre des tombeaux aime à mêler son ombre.

Dieu ! sous combien d'aspects, dans ce triste séjour,
Se montrent le regret, la douleur et l'amour !
Là, les cheveux épars, la sœur pleure son frère;
Hélas ! trop tôt ravie aux baisers de sa mère,
Une vierge a subi son précoce destin :
Un jour, par ses accents, précurseurs du matin.
Pour les travaux du jour le coq l'eût éveillée;
Le soir, par ses chansons égayant la veillée,
Au bruit de la romance et des vieux fabliaux,
Elle eût tourné la roue et roulé les fuseaux !
Ailleurs, un faible enfant d'une mère chérie,
Sans connaître la mort, redemande la vie.
Plus loin, chauve et courbé, ce vieillard pleure assis
Entre le corps d'un père et le tombeau d'un fils ;
Et, par ses cheveux blancs averti d'y descendre,
Déja choisit sa place à côté de leur cendre.

Approchez : là repose un héros villageois
Qui laissa ses sillons pour les drapeaux des rois.
Le trépas, au hasard peuplant son noir royaume,
L'oublia dans les camps et le prit sous le chaume :
Tout le hameau le pleure : il ne contera plus
Les grands coups qu'il porta, les hauts faits qu'il a vus.
Quelle est, sur la hauteur, cette tombe isolée,
Où s'empresse à grands flots la troupe désolée?
Ah! c'est de leur pasteur le monument pieux;
Leur espoir sur la terre, il l'est encore aux cieux.
L'ami pleure un ami, l'époux pleure une épouse :
Hélas! de leur bonheur la fortune jalouse
A peine encor formés, a brisé leurs doux nœuds;
Elle expire, et son fils, ô destin malheureux!
Ce fils, à qui jamais ne sourira son père,
Meurt, avant d'être né, dans le sein de sa mère :
Tel le bouton naissant se fane avec la fleur!
Partout les cris du sang et les larmes du cœur,
Les cités, les hameaux, les palais, les cabanes,
Tous ont leurs morts, leurs pleurs, leurs cercueils et leurs mânes;
Durant le jour entier, les soupirs, les sanglots,
Roulent de tombe en tombe et d'échos en échos.
Souvent on croit ouïr, des voûtes sépulcrales,
De lamentables voix sortir par intervalles.

Soudain la scène change : ô surprise! ô transport!
Je vois planer la vie au-dessus de la mort :
Son empire est fini. Dans sa sombre retraite,
J'entends, j'entends sonner la terrible trompette.
Partout, avec ces mots, court l'espoir et l'effroi :
« Vieux ossements, vivez; poudre, réveille-toi. »
Et déjà l'Éternel prépare en ses justices
Le lieu des châtiments et le lieu des délices.
Mais avant ce grand jour, reçois, Dieu de bonté,
Les vœux de la faiblesse et de l'humanité.
Peux-tu punir toujours les erreurs d'une vie
Si chèrement payée et promptement ravie?
Dieu puissant, dis un mot! leurs crimes ne sont plus,
Dieu, rouvre les tombeaux et reprends tes élus :
Qu'ils te parlent pour nous; que de leurs rangs suprêmes
Ils contemplent les maux qu'ils connurent eux-mêmes,

Et qu'ainsi soient unis, par d'invisibles nœuds,
Et la vie et la mort, et la terre et les cieux !
Ainsi des morts sacrés nous honorons les restes ;
Que dis-je ? ô siècle impie ! ô dogmes trop funestes
Ce culte, ce respect, qu'on nomme préjugés,
Ne sont que trop détruits ou que trop négligés ;
Les morts n'ont plus d'amis ; mais si nos froids hommages
Des antiques douleurs dédaignent les usages,
O vous que j'ai perdus, qu'enferme le cercueil,
Ah ! lisez dans mon âme, et voyez-y mon deuil.

 Toi surtout, toi, Turgot, que j'aimai dès l'enfance,
Toi, l'ami des vertus, des arts et de la France :
Cœur noble et généreux, je n'oublierai jamais
Que tu daignas sourire à mes premiers essais ;
Que tu vins me chercher dans mon humble fortune,
Que tu formas mon goût, aidas mon infortune :
D'un mal héréditaire, ainsi que tes vertus,
Tu meurs ; mais tes bienfaits vivent où tu n'es plus.
Ces écrits qu'en mourant me légua ta tendresse,
J'en fais ma volupté, mon orgueil, ma richesse.
Hélas ! le ciel jaloux te ravit à mon cœur,
Trop tôt pour tes amis, mais non pour ton bonheur.
Tu n'as point vu les maux de ma triste patrie,
Le sang qu'elle a versé, le joug qui l'a flétrie :
Dans la nuit du tombeau tu dors en paix, et moi
Je pleure ici, tout seul, sur la France et sur toi.
Des malheureux humains cruelle destinée !
A souffrir, à mourir, leur race est condamnée ;
De l'indigent surtout tel est le triste sort :
Le berceau, la douleur, le travail et la mort.

 C'est pour charmer ces maux, que nos sages ancêtres
Inventèrent les jeux et les fêtes champêtres :
Ainsi, dans les hameaux, la danse et les chansons
Célèbrent la vendange et les riches moissons.
Mais ces temps ne sont plus : une morne tristesse
Partout a remplacé la rustique allégresse,
Depuis que, cultivant et semant pour autrui,
Le travail indigent ne cueille plus pour lui.
Autour des gerbes d'or qui marchent vers les granges,
Des corbeilles de fruits, des paniers de vendanges,

Les chants, les cris joyeux ne retentissent plus ;
Le travail est resté, les plaisirs sont perdus.
Le Midi seul encor, de ces fêtes rustiques,
A gardé dans ses champs quelques restes antiques :
Là, de fleurs entouré par le cultivateur,
Le char de la moisson marche en triomphateur ;
Là, dès que mai sourit, de ses fleurs couronnée,
Et sous le dais d'un chêne avec pompe amenée,
La bergère s'assied, et ravit aux brebis
La laine dont ses mains fileront ses habits.
Chacune, tour à tour, vient offrir la dépouille
Qu'attendent le fuseau, l'aiguille et la quenouille.
Le mouton favori se présente à son tour,
Adopté par le choix ou donné par l'amour :
Plus indulgente alors, la sensible bergère
Promène le ciseau d'une main plus légère.
Tout à coup on se lève, et les pipeaux joyeux
Ont donné le signal des plaisirs et des jeux :
On chante, on danse, on rit, et le coteau renvoie
Bien avant dans la nuit les éclats de leur joie.

Des danses du village et du chant des pasteurs,
Que je passe à regret aux pompes des vainqueurs !
Tous les peuples du monde ont voulu, par des fêtes,
Signaler leurs exploits, célébrer leurs conquêtes ;
Et Rome si touchante en ses scènes de deuil,
Rome a connu surtout ces pompes de l'orgueil.
Non, jamais tant d'éclat, d'honneur et de richesse,
N'entretint des héros l'ambitieuse ivresse.
Cette superbe Rome et ses brillants exploits,
Ces arcs triomphateurs, ces dépouilles des rois,
Ce coup d'œil imposant des maîtres de la terre,
La paix ornant ces jeux des pompes de la guerre ;
Ces aigles qui semblaient, planant du haut des airs,
Du tonnerre de Rome effrayer l'univers ;
Devant le peuple roi les rois sans diadèmes
Escortant la victime, et victimes eux-mêmes ;
Cet or, ces chars captifs, ces consuls, ce sénat,
De l'éclat d'un beau ciel rehaussant leur éclat,
Et le vainqueur enfin sur son trône d'ivoire,
Tout peignait, inspirait et commandait la gloire.

Gloire, s'écriaient-ils, et triomphe au vainqueur!
Triomphe! s'écriaient tous les Romains en chœur.
Enfin la pompe arrive : on entre au Capitole,
Et le vin et l'encens ont fumé pour l'idole.
Rien ne vous retient plus, allez, braves guerriers,
Chercher d'autres périls, cueillir d'autres lauriers;
Partez : Rome jamais n'interrompt ses conquêtes.
Mais aucun temps ne vit d'aussi brillantes fêtes
Que lorsque Paul Émile, en ces murs glorieux,
Guida, trois jours entiers, son char victorieux;
Quand Persée, enchaîné, suivait sa marche altière.
O malheureux monarque, et plus malheureux père,
Ton vainqueur a besoin des désastres d'un roi;
Et tes enfants captifs vont marcher devant toi !

Que dis-je? ô coup du sort ! ô jeux de la fortune!
Le vainqueur, du vaincu partage l'infortune;
La mort de ses enfants flétrit des jours si beaux,
Et son char triomphal marche entre deux tombeaux.
Pour l'orgueil des humains trop inutile exemple !
Tandis que du vainqueur qui marche vers le temple
Tout redit les exploits, tout répète le nom,
Seul, muet et pensif, le jeune Scipion,
L'œil fixé sur le char, s'enivre de la gloire,
Et déjà dans son cœur dévore la victoire :
Fiers Africains, tremblez : voilà votre vainqueur!

Sésostris le premier, heureux triomphateur,
Dans l'Égypte étala des rois chargés de chaînes.
Mais, dans ce vieux berceau des sciences humaines
O combien j'aime mieux ces fêtes où les lois.
A côté de leur tombe, interrogeaient les rois !
Quelle solennité plus grande, plus auguste !
Malheur alors, malheur à tout monarque injuste!
Cités devant l'Égypte, aux yeux de l'univers,
Entre l'urne du peuple et l'urne des enfers,
Entre la voix du siècle et les races futures,
Leurs mânes, arrêtés au bord des sépultures,
Pour entendre l'arrêt, ou propice ou fatal,
Comparaissaient sans pompe à ce grand tribunal.
Là plus de courtisans, de voix adulatrice;
Où cessait le pouvoir commençait la justice;

Là de l'homme indigent les pleurs long-temps perdus,
Les cris des opprimés, étaient seuls entendus.
Dans son dernier sujet le roi trouvait un juge ;
Le crime détrôné n'avait plus de refuge ;
Et la vérité sainte, auprès de leur tombeau,
Aux torches de la mort allumait son flambeau.
Heureux alors, heureux qui, sous le diadème,
D'avance avec rigueur s'était jugé lui-même !
Son nom était béni, son règne était absous.
Rois, ce grand tribunal n'existe plus pour vous :
Mais il existe encor des juges plus terribles,
Juges toujours présents, toujours incorruptibles,
Dont rien ne peut fléchir l'inflexible équité :
C'est votre conscience et la postérité.

Des coutumes du Nil imitateurs fidèles,
Les Grecs ont de bien loin surpassé leurs modèles.
Amis brillants des arts, nul peuple ne sut mieux
Gouverner par l'oreille et régner par les yeux.
Non que j'admire ici ces joutes olympiques,
Ces combats néméens, et ces fêtes pythiques :
Que m'importe qu'un char, sur son essieu brûlant,
Tourne autour de la borne, et la rase en sifflant ;
Que le ceste, appuyé par une main pesante,
Disperse du vaincu la cervelle sanglante ?
Mais que j'aime ces jeux qui, par un art plus doux,
Préparaient des héros, des pères, des époux !
Un chœur d'adolescents, un chœur de jeunes filles,
La fleur de leur pays, l'espoir de leurs familles,
Par la religion à l'État présentés,
L'un à l'autre étalaient leurs naissantes beautés :
Les yeux avec plaisir, sur leur jeune visage,
Des appuis de l'État reconnaissaient l'image.
Tous, portant dans leurs mains des corbeilles de fleurs
Dont leur jeunesse encore effaçait les couleurs,
L'air noblement modeste, avançaient en silence,
Parés de leur pudeur et de leur innocence ;
Leurs yeux ne se levaient que pour voir autour d'eux
L'image des héros, des belles et des dieux.
Triomphant à l'aspect d'une race si belle,
L'hymen s'applaudissait de sa moisson nouvelle,

Et montrait à l'Amour, dont il guidait les pas,
Ceux que d'un trait doré devait percer son bras.
Les fils d'un doux orgueil enflaient déjà leurs pères,
Pour les filles battait le tendre cœur des mères ;
L'état sur son espoir fixait des yeux contents :
Telle une belle année étale son printemps ;
Tel, autour de sa ruche, autour des fleurs vermeilles,
Vole et s'épanouit un jeune essaim d'abeilles :
D'allégresse et d'amour tous les cœurs enivrés,
Les danses, les festins, les cantiques sacrés,
De femmes, de vieillards une foule attendrie,
Tout dans ces jeunes cœurs imprimait la patrie ;
Tous, prêts à lui livrer et leurs jours et leurs biens,
Rentraient encore enfants, mais déjà citoyens.
 Aux fêtes de l'état, à leur sainte allégresse,
Moins propice, il est vrai, que celui de la Grèce,
Notre ciel est plus sombre et souvent orageux ;
Souvent les noirs torrents viennent troubler nos jeux ;
Et leurs tristes débris, battus par la tempête,
Offrent l'air d'un naufrage, et non pas d'une fête.
Mais si vous ne pouvez, sous un ciel plus vermeil,
A vos jours de triomphe appeler le soleil,
Eh bien ! à nos Français, de la scène idolâtres,
Que des cirques pompeux, que de nobles théâtres
Présentent, dans les jours de vos solennités,
Non tous ces vieux Romains, non ces Grecs si vantés,
Tous ces grands criminels trop chers à Melpomène,
Dont les noms deux cents ans ont usurpé la scène ;
Mais l'honneur des Français consacré par les arts,
Et de leur propre gloire enivrant leurs regards.
Surtout, parmi l'horreur des guerres intestines,
N'allez pas de l'état célébrer les ruines ;
Et, lorsque du combat vous remportez le prix,
Des vaincus en triomphe étaler les débris.
Les Romains, au milieu des discordes civiles,
Ne triomphaient jamais du malheur de leurs villes ;
Jamais au Capitole un vainqueur inhumain
Ne conduisit son char souillé de sang romain.
Ah ! pour des jours plus beaux, de plus nobles conquêtes,
Gardez cet appareil, ces hymnes et ces fêtes.

Attendez que la rage ait éteint ses flambeaux,
Ait brisé ses poignards, ait fermé les tombeaux ;
Alors, sur les autels de la haine étouffée,
La paix, l'aimable paix dressera son trophée ;
Alors je prends la lyre, alors ma faible voix
Ranimera ses sons pour la dernière fois.
Trop heureux, en mourant, si de l'état qui tombe
L'astre victorieux éclaire enfin ma tombe !

Mais c'est peu de fêter les vertus, les hauts faits,
Si de grands monuments n'en consacrent les traits.
Vois comme tout s'enfuit, se dissipe et s'envole !
Le Temps, vieillard semblable à cet enfant frivole
Qui fait et qui détruit ses palais d'un moment,
De ses propres travaux se joue incessamment.
Que l'homme est passager ! que sa vie est cruelle !
Tout répète ici-bas cette plainte éternelle.
L'astre le plus brillant de gloire et de vertus
Paraît, monte, descend, et ne remonte plus.
Il fallait donc un art qui portât d'âge en âge
Les talents, les vertus, la beauté, le courage ;
Fît revivre à nos yeux le mérite éclipsé,
Et rendît l'avenir disciple du passé.
Alors, se réveillant pour le bien de la terre,
L'Imagination dit au marbre, à la pierre :
« Êtres muets, parlez et commandez aux cœurs. »
Aussitôt de l'oubli des monuments vainqueurs
Gardèrent du passé le souvenir fidèle.

Je ne t'oublierai pas, toi, leur premier modèle,
Toi qu'en signe de paix, deux patriarches-rois
Aux bords heureux du Nil dressèrent autrefois.
L'architecture alors, informe à sa naissance,
Ne le décora pas avec magnificence :
Corinthe et l'Ionie, à ces premiers travaux
N'avaient point enseigné l'orgueil des chapiteaux.
Rassemblé par leurs mains, sans aucun artifice,
Un humble amas de pierre en forma l'édifice ;
Mais de leur union ce garant respecté
Leur tint lieu de serment, de témoins, de traité.
Depuis, de ce grand art on étendit l'usage :
Des monuments publics le visible langage

En tous lieux exerça son pouvoir souverain.
Dans les champs, dans les murs, sur le marbre et l'airain,
Partout on rencontrait, partout on pouvait lire
Les droits des citoyens, les règles de l'empire,
La peine menaçant les méchants effrayés,
Les noms des ennemis, les noms des alliés,
Des tyrans abattus la mémoire flétrie :
Partout le cri des lois, la voix de la patrie,
Parlaient aux citoyens; tout semblait leur nommer
Ce qu'il fallait haïr, ce qu'il fallait aimer.
A ces hautes leçons, à leur noble éloquence,
Comparez maintenant votre sombre prudence;
D'alliance, de paix, vos traités ténébreux,
Vos registres obscurs, et vos greffes poudreux,
Et ces muettes lois qui, se cachant aux crimes,
Semblent dans le silence épier leurs victimes.
  Surtout les grands talents, l'héroïque valeur,
Des monuments publics empruntaient leur chaleur :
L'amour de son pays, la belliqueuse audace,
De leurs pas glorieux voulaient laisser la trace.
Voyez, parmi ces morts entassés par son bras,
Ce Grec demeuré seul dans le champ des combats;
Sanglant, percé de coups, il se soulève à peine,
Jusqu'à son bouclier avec effort se traîne,
Prend le fer de sa lance, et, plein d'un noble orgueil,
Il écrit : J'AI VAINCU, retombe, et ferme l'œil.
Mais de leurs ennemis triomphateurs modestes,
Les Grecs craignaient d'aigrir des discordes funestes;
Leurs monuments n'offraient, sans faste superflu,
Que le nom du vainqueur et celui du vaincu;
Ils réprimaient leur gloire, et, dans ces grands ouvrages,
Défendaient d'effacer les injures des âges.
Soyez, s'il se peut, grands et modestes comme eux :
N'allez point m'étaler sur l'airain orgueilleux
Ce triomphe insultant, ces figures d'esclaves,
Ces groupes de captifs, de chaînes et d'entraves,
Et mêlez moins de faste aux pompes du vainqueur;
Songez que la Fortune, avec un ris moqueur,
Peut vous faire expier votre insolente gloire,
Faire mentir ce bronze et punir la victoire;

Faites donc pardonner, plus humains et plus doux,
L'outrage du triomphe, en triomphant de vous.
 Mais laissons, il est temps, les monuments profanes :
Dépositaires saints des plus augustes mânes,
Les monuments des morts nous parlent encor mieux.
Je ne sais quel attrait me ramène vers eux.
Que dis-je? ce n'est plus cette tombe vulgaire,
D'une cendre ignorée humble dépositaire :
Mais les nobles tombeaux de ces morts immortels,
Qui de ces demi-dieux sont les premiers autels :
Leur doux éclat n'a rien dont notre orgueil s'irrite ;
L'inexorable envie y pardonne au mérite.
Hélas! pour seul abri la gloire a des cyprès ;
Près d'eux sont la tristesse et les tendres regrets.
Ce n'est plus l'intérêt adorant la puissance,
C'est l'hommage épuré de la reconnaissance ;
Et ces objets sacrés de nos justes douleurs
N'ont plus à nous donner que le charme des pleurs.
Que dis-je? ils ont pour nous le bienfait de l'exemple ;
Du sein de leur tombeau, comme du fond d'un temple,
Sort l'oracle du dieu dont il est habité.
La mort nous entretient de l'immortalité ;
Et le nom du héros que la patrie adore,
Ce nom cher aux vertus, nous les commande encore.
 Je t'en prends à témoin, vainqueur de Fontenoi !
Que ne puis-je conter d'un ton digne de toi,
Avec le noble accent de la muse guerrière,
Le pouvoir du tombeau qu'ennoblit ta poussière !
Quand deux guerriers jadis, témoins de tes combats,
Vinrent pour t'invoquer même après ton trépas,
Tous deux, instruits des soins qu'on rend à ta mémoire,
Cherchent le monument que te dressa la gloire.
Pensifs, l'air abîmé dans leurs mâles douleurs,
Et de leurs yeux guerriers retenant mal les pleurs,
D'un front qu'ennoblissait plus d'une cicatrice,
Ils s'inclinent de loin devant le grand Maurice,
Marchent vers le tombeau le sabre dans la main,
En aiguisent l'acier sur le marbre divin :
Tous deux ont cru sentir le dieu de la vaillance,
Et tous deux pleins de lui s'éloignent en silence.

CHANT VII.

Du pied de ce tombeau lancés dans les combats,
Malheur à l'ennemi qu'eût rencontré leur bras !
 Eh ! pourquoi donc cacher, barbares que nous sommes,
Loin de l'éclat du jour, les tombeaux des grands hommes ?
Oh ! que tels n'étaient point ces peuples autrefois,
Si riants dans leurs mœurs, si sages dans leurs lois !
En foule dispersés dans un beau paysage,
Les tombeaux d'un héros, d'un poëte, d'un sage,
A l'œil religieux s'offraient à chaque pas ;
Le grand jour en chassait les ombres du trépas.
Mollement inclinés sur ces mânes célèbres,
Des arbres leur prêtaient de plus douces ténèbres ;
L'olivier cher aux morts, symbole de la paix,
Les lauriers triomphants mariés aux cyprès,
Ombrageaient les vertus, les arts ou la victoire.
On croyait parcourir les jardins de la gloire :
Le deuil s'y dérobait sous l'éclat des honneurs,
Et leur noble aiguillon pénétrait dans les cœurs.
Loin donc ces noirs réduits, loin ces dômes funèbres !
C'est vouloir du trépas redoubler les ténèbres ;
C'est d'un indigne exil flétrir les morts fameux.
Ah ! laissez, relégués dans leurs caveaux pompeux,
Sous le marbre imposteur qui flatte encor leurs ombres,
Tous ces rois fainéants qui, sous ces voûtes sombres,
Ont changé de sommeil, et qu'a jetés le sort
Du néant de leur vie au néant de la mort.
Mais pourquoi m'y cacher les mânes de Turenne ?
Leur cendre assez long-temps s'honora de la sienne.
Ah ! puisse au moins son corps, dans ce caveau sacré,
Reposer toujours cher et toujours révéré !
 Que dis-je ? il n'est plus temps, tout un peuple en furie...
O forfait exécrable ! ô honte ! ô barbarie !
Du vengeur de l'état le repos est troublé,
Ses honneurs sont détruits, son cercueil violé [9] !
Sans respect du lieu saint, des ombres sépulcrales,
On arrache à la mort ses dépouilles royales ;
On brise leur couronne, on ouvre leurs tombeaux.
De sacriléges mains dispersent leurs lambeaux :
En vain le grand Louis, paré par la victoire,
Repose environné des rayons de sa gloire,

Le hasard le premier le présente à leurs coups.
Barbares! contre lui que peut votre courroux?
L'orgueil de vos cités, ses siéges, ses batailles,
Les palmes de Denain, les lauriers de Marsailles,
Ces arts, d'un doux loisir nobles amusements,
Vos ports, vos arsenaux, voilà ses monuments!
Et contre tous ces rois que votre espoir dévore,
De leur débris royal vous vous armez encore.
Ainsi les monuments, protecteurs des grands noms,
Donnent un grand exemple et de grandes leçons.
Malheur donc aux états dont l'aveugle imprudence
En prodigue sans choix la noble récompense!
Ah! craignons qu'usurpé par des brigands fameux,
Ce prix n'enfante un jour d'autres brigands comme eux.
César pleure à l'aspect du buste d'Alexandre :
Pleurs affreux, que de sang vous avez fait répandre!

Plus coupables encor, de vils adulateurs
En les prostituant ont flétri ces honneurs :
Ainsi le vil ciseau jadis infecta Rome
De monstrueux tyrans indignés du nom d'homme.
Verrès eut son image à côté de Caton,
Et l'airain s'indigna de retracer Néron.
Nous sommes moins flatteurs, mais plus ingrats peut-être.
Où sont ces morts fameux que la France a vus naître?
Persécutés vivants, regrettés à leur mort,
Dans la poudre oubliés, hélas! voilà leur sort.

Des Français indignés telles étaient les plaintes.
Soudain, se ranimant de leurs cendres éteintes,
Le tendre Fénelon, le sévère Pascal,
Tourville, d'Aguesseau, Duguesclin, l'Hôpital,
Bossuet, foudroyant les grandeurs de la terre,
Tout ce que les vertus, ou les arts, ou la guerre,
Ont de plus héroïque, ont de plus imposant,
L'honneur du temps passé, l'amour du temps présent,
A la voix de Louis vont peupler ce musée,
De leurs mânes brillants immortel Élysée.

Mais ces marques d'honneur et ces grands monuments
Présentent trop de prise aux outrages du temps :
Oui, tout périt par l'âge, ou par les mains de l'homme.
Vois Rome qui devient le sépulcre de Rome!

Son éclat est éteint, ses honneurs sont flétris ;
A peine un marbre usé dans ces savants débris
Garde d'un nom mourant une empreinte légère,
Qui tourmente à la fois et charme l'antiquaire.
Les hommes, leurs tombeaux, les temples et leurs dieux,
Tout meurt, l'orgueil gémit ; mais l'art ingénieux,
Pour mieux tromper du temps les atteintes funestes,
Donne à ses monuments des formes plus modestes;
L'or, l'argent et l'airain, dans des contours étroits,
Renferment les héros, les belles et les rois :
Ces métaux animés, précieux à l'histoire,
Même en la resserrant, assurent mieux leur gloire.
Un coin offre à mes yeux le Capitole entier;
Un peu d'airain suffit au vol de l'aigle altier,
Me peint l'homme et les lieux, contient la terre et l'onde,
Et les fastes du temps et le tableau du monde.

Dignes de ce bel art, quand sauront les Français
Conserver les grands noms, consacrer les hauts faits;
Retracer nos héros, nos poëtes, nos belles,
Les champs de Fontenoi défiant ceux d'Arbelles,
Près du grand l'Hôpital montrer le grand Caton,
D'un côté Condillac, et de l'autre Platon;
Térence, enorgueilli d'un regard de Molière,
Et Sophocle à cent ans auprès du vieux Voltaire?
Duvivier, c'est à toi de tenter ces travaux ;
Et si, dans nos remparts, des Vandales nouveaux
Brisent les monuments que le bon goût adore,
Ton burin immortel les fera vivre encore.

Mais ma muse se lasse, et veut quelque repos :
Tel que le voyageur qui d'Atlas ou d'Athos
Gravit, tout haletant, les cimes orgueilleuses,
Près d'affronter bientôt leurs roches sourcilleuses,
S'assied sur une pierre, et contemple un instant
L'espace qu'il franchit et celui qui l'attend :
Tel je suspends mon cours. J'ai dit par quels prestiges
Les monuments, les jeux, les arts et leurs prodiges,
Savent nous gouverner, savent nous émouvoir;
Du costume à son tour je dirai le pouvoir :
Variété brillante, appareil nécessaire,
Dont la religion s'empara la première [10].

Lorsque chez les Hébreux, dans un jour solennel,
Le grand-prêtre avançait aux marches de l'autel,
Pour donner plus de force à ses devoirs sublimes,
Sur son front rayonnait la tiare aux deux cimes,
Jusqu'à ses pieds flottait l'éphod majestueux ;
De riches diamants, des rubis somptueux
Entouraient noblement, sur sa poitrine sainte,
Du nom de Jehova la redoutable empreinte.
Des enfants de Lévi le costume est connu :
Ce costume sacré, jusqu'à nous parvenu,
De la religion fortifiait l'empire ;
Et si des nouveautés le profane délire
Venait anéantir le culte des autels,
Sans doute il proscrirait ces habits solennels ;
Et bientôt le lieu saint, dépouillé de sa gloire,
De ses honneurs perdus pleurerait la mémoire.
 Même loin des autels, cet utile pouvoir
Commande la décence et rappelle au devoir.
Par lui l'homme averti demeure sans excuse,
Son costume le blâme et son habit l'accuse ;
Et si sa dignité le condamne à l'éclat,
Qui lui peut assurer le respect de l'état?
L'orgueil présomptueux vainement le demande ;
Mais le costume règne, et l'appareil commande.
Les Romains, si savants dans l'art de gouverner,
Pour mieux charmer le peuple et pour mieux l'enchaîner,
Empruntaient ce pouvoir. L'auguste laticlave
Au peuple souverain soumit le monde esclave.
Chez ces graves Romains, qui de nous se peindrait
Cornélie en pierrot et César en gilet?
Le costume imposant régnait dans les comices ;
Le costume entourait le lieu des sacrifices.
Hortensius se plaint que des pieds étourdis
De sa robe éloquente aient dérangé les plis :
Voyez ce peuple ému ; déjà le sang ruisselle,
Déjà la flamme vole et le fer étincelle.
Allez offrir, aux yeux de ce peuple irrité,
De notre habit mesquin le costume écourté ;
Vos efforts seront vains : mais soudain se présente,
Dans le noble appareil d'une toge imposante,

Le fameux Tullius ; et, saisis de respect,
Ces flots tumultueux tombent à son aspect.
Notre habit est peu grave, et souvent peu modeste.
Jadis, pour ennoblir ce costume un peu leste,
On vit s'évertuer nos révérends aïeux ;
Leur soin fut ridicule, et ne vit rien de mieux
Que ces milliers d'anneaux, de qui la bouffissure
Gonflait grotesquement leur fausse chevelure.
Mais du moins le docteur, le prêtre, l'avocat,
Par des habits divers distinguaient leur état.
Bientôt des vieilles mœurs chacun quittant les traces,
En cachant son état crut montrer plus de graces :
On vit tous nos abbés raccourcir leurs manteaux,
Le médecin coquet élagua ses marteaux ;
Abjurant pour le frac une robe incommode,
On vit à nos soupers nos robins à la mode ;
L'épaulette elle-même, orgueil des garnisons,
N'eût osé se montrer en d'honnêtes maisons,
Et l'usage partout triompha des coutumes.
Bientôt l'esprit d'état eut le sort des costumes,
Et les mœurs aux habits ne survécurent pas.
Au lieu de ces héros, de ces grands magistrats,
D'un essaim freluquet vénérables ancêtres,
La France ne vit plus que gauches petits-maîtres,
Qu'élégants colonels et jolis présidents,
Et les fats nous ont fait regretter les pédants.
Du costume, en tout temps, telle on vit l'influence !
  Les signes à leur tour n'ont pas moins de puissance,
Surtout si les couleurs secondent leur pouvoir.
Distingués autrefois par le rouge et le noir,
Le cruel Gibelin, le Guelfe opiniâtre,
Changèrent l'Italie en un sanglant théâtre.
Dans les combats du cirque, et le vert et le bleu
Des partis dans Byzance entretenaient le feu.
Dirai-je les fureurs, dirai-je les désastres
Qu'ont produits les débats des Yorks, des Lancastres ?
La rose aux deux couleurs échauffait les partis :
De ces signes affreux que de maux sont sortis !
Albion à regret boit le sang qui l'arrose,
Et cent ans de massacre ont souillé cette rose

Que seuls avaient baignée, en de plus heureux jours;
Le beau sang d'Adonis et les pleurs des Amours.
    Et pourquoi loin de nous chercher des témoignages,
Quand tout l'empire encor retentit des orages
Qu'a produits parmi nous un ruban adoré ?
Ce signe tricolore à peine est arboré ;
Le feu léger qui suit les traces de la poudre,
Et dans ses longs canaux court allumer la foudre,
La fuite de l'oiseau, la course des torrents,
Du Vésuve enflammé les rapides courants,
L'embrasement qui court dans la moisson nouvelle,
De l'éclair qui jaillit la subite étincelle,
Ont des effets moins prompts : son terrible succès
A dans un seul instant rallié les Français.
On le prend, on l'étale, et notre idolâtrie
Voit dans ce ruban seul l'amour de la patrie ;
De sa triple couleur il orne nos chapeaux,
Même en dépit des lis flotte sur nos drapeaux;
Il règne sur la terre, il commande sur l'onde,
Et court de nos fureurs enivrer l'autre monde.
Femmes, vieillards, enfants, et seigneurs et bourgeois;
Nègres, mulâtres, blancs, tout s'en pare à la fois.
Des hameaux aux cités les bravos se répondent;
Les fortunes, les rangs, les états se confondent.
Par son propre parti chacun est égorgé ;
Les grands livrent les grands, l'Église le clergé;
Leurs débris en milliards se changent sous la presse,
Source autrefois d'ennui, maintenant de richesse;
Avec eux en tous lieux vole un civisme ardent;
Tout bourgeois est soldat, tout soldat commandant;
En savant corps-de-garde on change la Sorbonne.
O vierge de Nanterre, et si douce, et si bonne !
Ton temple est usurpé, tes honneurs sont proscrits;
Nous fêtons Mirabeau, le patron de Paris !
Tout prend feu : le boudoir, le barreau, le théâtre;
La beauté d'un mousquet charge son sein d'albâtre :
La Pucelle à Théroigne a légué ses vertus;
Roscius au district va répéter Brutus :
Rome est toute à Paris, et la Seine est le Tibre.
Des rois, qu'a détrônés un peuple par trop libre,

La figure est brisée et le nom est flétri ;
Sa popularité n'en défend pas Henri.
On se bat, on s'embrasse, on discute, on arrête ;
On propose un triomphe, un massacre, une fête ;
On chante, on tremble, on rit. Ces exploits, ces forfaits,
Tous ces grands changements, un ruban les a faits.

CHANT HUITIÈME.

LES CULTES[1].

Image de son Dieu, favori de son roi,
L'homme venait de naître ; et, soumis à sa loi,
Les animaux vivaient sans révolte et sans guerre ;
Mais tous d'un front servile ils regardaient la terre :
Leur souverain lui seul, marchant au milieu d'eux,
Levait un front sublime, et regardait les cieux [2].
Les cieux l'entretenaient d'un Dieu, l'auteur des mondes ;
Mais de l'immensité les demeures profondes
A ses faibles regards le dérobaient encor.
L'Imagination, par un sublime essor,
Emporta ses pensers vers le souverain Être,
L'approcha de son trône, et lui montra son maître ;
De la bonté divine il adora les traits,
Et revint sur la terre imiter ses bienfaits.
Quel ami des tyrans, quel apôtre du crime
Attenta, le premier, à cette foi sublime ?
D'un dogme consolant destructeur odieux,
Éteins donc le soleil, éclipse donc les cieux ;
Au cri du monde entier impose donc silence !
Le monde à haute voix proclame sa puissance ;
Le remords éloquent nous en parle tout bas :
Où Dieu n'existe plus, la morale n'est pas.
Ainsi la noble fleur, au grand astre si chère,
Languit, s'il disparaît, revit, dès qu'il l'éclaire.
Mais l'homme, que des sens enchaîne le pouvoir,
Eût oublié bientôt un Dieu qu'on ne peut voir :

Sa bonté de trop loin rassurait l'innocence;
De trop loin les méchants redoutaient sa vengeance;
Et, lancés de la terre à la voûte des cieux,
Un intervalle immense eût fatigué nos vœux.
Alors, fille du ciel, la religion sainte,
Conduisant sur ses pas l'espérance et la crainte,
Vint combler cet abîme, et, nous servant d'appui,
Par le culte de Dieu nous rapprocha de lui.
L'autel devint son trône, et la douce prière
Mit le ciel en commerce avec l'humble chaumière;
Le malheur éploré tendit ses bras vers Dieu;
L'homme connut un culte en tout temps, en tout lieu;
L'encens a parfumé les monts les plus antiques,
Et l'écho du désert répéta des cantiques.

Base auguste des lois, lien de l'univers,
La religion sainte est l'objet de mes vers :
Mais, tel qu'un voyageur sur les mers orageuses
Cherchant ou sa patrie, ou les îles heureuses,
A travers cent périls et cent monstres affreux,
Doit par de longs détours acheter ces beaux lieux;
Tels, avant d'arriver à cette foi si pure,
Noble fille du ciel, amour de la nature,
Combien de cultes vains, bizarres ou pervers,
A l'homme humilié vont s'offrir dans mes vers!
Il faut les peindre; il faut, dans son délire extrême,
De ce hideux tableau l'épouvanter lui-même.
Toutefois c'est trop peu d'offrir aux nations
Ces absurdes ramas de superstitions :
Sur ces rêves menteurs que l'erreur déifie,
Je veux porter le jour de la philosophie,
En chercher le berceau, vous montrer d'un coup d'œil
Comment la peur, l'espoir, l'intérêt et l'orgueil,
Les mœurs et les climats, et les fourbes célèbres,
Ont de l'esprit humain épaissi les ténèbres;
Comment, les yeux voilés, l'Imagination,
Suivant ou conduisant la vague opinion,
Des dieux tristes ou gais, sanglants ou débonnaires,
Adopta tour à tour ou créa les chimères;
Et, trompeuse ou trompée, en cette nuit d'erreurs
Entraîna les esprits et séduisit les cœurs.

CHANT VIII.

Vaste et riche tableau ! scène immense et féconde
Des crimes, des vertus, et des temps, et du monde !
Le projet est hardi, je ne le cèle pas ;
Mais des sentiers battus je détourne mes pas ;
Loin du vieil Hélicon ma muse étend ses ailes ;
Il est temps de puiser dans les sources nouvelles ;
Il est temps de marcher couronné de festons
Dont nuls chantres encor n'ont ombragé leurs fronts.

Aux cultes différents qui donna la naissance [3] ?
Fut-ce d'abord la crainte ou la reconnaissance ?
Repoussons loin de nous un doute injurieux :
Oui, la reconnaissance a fait les premiers dieux.
Ainsi, des nations la noble idolâtrie
Honora les mortels amis de la patrie.
Je sais qu'il est des lieux où, fameux à grands frais,
Le mérite, à prix d'or, fait payer ses bienfaits ;
Mais de l'antiquité le respect économe,
Aisément acquitté, faisait un dieu d'un homme ;
L'Olympe se chargeait des dettes des mortels :
Un peu d'encens brûlé sur de grossiers autels
Récompensait les arts, les vertus, la victoire,
Et mêlait sa fumée à celle de la gloire.

Ce prix, au vrai mérite accordé par l'amour,
Les vices adorés l'obtinrent à leur tour.
O honte ineffaçable ! ô bassesse de Rome !
Ce peuple jadis roi, qu'asservit un seul homme,
A peine délivré de l'auguste bourreau,
Entre le tyran mort et le tyran nouveau,
Ne respire un moment de ces destins funestes
Que pour déifier ses détestables restes ;
Pour honorer un monstre il outrage les dieux ;
Et, du bûcher royal élancé jusqu'aux cieux,
L'aigle servile emporte, au séjour du tonnerre,
Cette ame, ainsi qu'au ciel, exécrable à la terre.
Ainsi, d'un culte vil se souillant sans remords,
La crainte des vivants fit honorer les morts.
L'homme se plaît à craindre ; et la reconnaissance,
Et l'amour idolâtre, et la douce espérance,
Créèrent moins de dieux, dans leurs nobles erreurs,
Qu'un cœur pusillanime et ses lâches terreurs.

Au fond de leurs forêts, que de peuples sauvages.
Des dieux les plus hideux préfèrent les images !
C'est en les redoutant qu'ils vont les honorer,
Et les yeux n'osent voir ce qu'on ose adorer.
  Des démons, des esprits les fables ridicules
Épouvantent encor cent nations crédules.
Voyez le froid Lapon dans son affreux séjour,
Jeté loin du soleil et des routes du jour,
Ses rennes pour tout bien, leur lait pour nourriture,
Par sa pauvreté même à l'abri de l'injure,
De son peu de besoin composant son trésor ;
Un si triste bonheur lui suffirait encor ;
Mais des malins esprits l'aspect affreux l'assiége.
En vain dans ses foyers, sur ses tapis de neige,
De son tambour magique il redouble le bruit ;
La secrète terreur qui toujours le poursuit
Trouble cette ame simple, et sous sa hutte obscure
Vient ajouter aux maux que lui fit la nature.
Et ce bon Indien qui, caché dans ses bois,
Ne connaît que son chien, son arc et son carquois,
Tout entier au présent, sans soin, sans prévoyance,
Quels maux pouvaient troubler sa brute insouciance ?
Mais la peur des démons l'attend à son réveil,
Vient troubler ses travaux, son repas, son sommeil :
Pour tromper leur fureur et conjurer leur rage,
D'offrandes, en tremblant, il sème leur passage.
O peuple infortuné ! puissent un jour les lois
De l'homme par degrés te remettre les droits !
O quel sage, gardant un heureux équilibre,
Sans se rendre tyran, saura le rendre libre,
Et sans le déchaîner saura briser ses fers ?
Mais aux champs de Colomb quels sons frappent les airs ?
Partout l'assassinat, le meurtre, l'incendie,
Et partout la fureur jointe à la perfidie.
Que de champs dévastés ! que de sang et de pleurs !
Cruels, voulez-vous donc mériter vos malheurs ?
Votre instinct était pur, et des accès de rage
Sont de votre raison l'horrible apprentissage.
  De là si je parcours tous ces peuples divers
Qu'entourent du Midi les orageuses mers,

CHANT VIII.

Au lieu des dieux riants, des mensonges aimables
Dont souvent la raison daigne approuver les fables,
Partout je vois la crainte encenser les autels,
Partout les noirs esprits tourmentent les mortels;
L'homme aveugle les craint pour lui, pour sa famille,
Pour les jours de son fils, pour l'honneur de sa fille;
Et l'époux, successeur de quelque esprit malin,
De ses amours furtifs reconnaît le larcin.
    A ces dieux effrayants, l'horreur de la nature,
Qui ne préférerait ce dieu que d'Épicure
Un disciple autrefois dans l'Inde a transporté,
Et que chez les Romains Lucrèce avait chanté?
Ce dieu dort, trop heureux! sans sceptre, sans tonnerre,
Les crimes des tyrans, les horreurs de la guerre,
Il ne répond de rien; il n'a point l'embarras
De régir ce troupeau de méchants et d'ingrats;
Il n'entend point les chants de l'horrible victoire
D'un massacre fameux lui rapporter la gloire.
Le sort règne pour lui : tels d'un roi fainéant
Nos ancêtres jadis adoraient le néant;
Ou tels, en sommeillant, des magistrats augustes
Prononcent des arrêts que le hasard rend justes.
Un tel dieu fait injure à la Divinité,
Et sa religion est une impiété,
Je le sais; mais du moins de ces douces chimères
Si l'ame espère peu, l'ame aussi ne craint guères,
Et l'homme seul, du moins, peut effrayer son cœur.
Mais l'intérêt surtout fut père de l'erreur;
Il calomnia tout, jusqu'à l'astre du monde;
Et tandis qu'enrichi par sa chaleur féconde,
L'heureux Persan l'adore, en leurs déserts affreux
Les noirs peuples du Nil insultent à ses feux :
Tant le vil intérêt, cœurs faibles que nous sommes,
Fait les mœurs et les lois, et les dieux et les hommes!
N'est-ce pas l'intérêt qui, plus puissant encor,
Chez un peuple indien a fait un dieu de l'or?
Sur l'exemple, il est vrai, son hommage se fonde,
Et cette idolâtrie est le culte du monde.
Eh! qui pourrait compter les préjugés divers
Qui font de l'intérêt le dieu de l'univers?

Voyez-vous en tous lieux ses arts, son industrie,
Déterminer le choix de son idolâtrie?
Sur les bords où vos mers reçoivent sur leur sein
D'heureux navigateurs un innombrable essaim,
O Maldives, combien j'aime la noble fête
Qu'aux vents maîtres des mers tous les ans on apprête!
Le jour vient : de parfums à grands frais rassemblés,
D'innombrables canots à la fois sont comblés;
Des feux sont allumés; les flammes dévorantes
Bientôt ont parcouru les feuilles odorantes;
De mille cris joyeux les vallons sont frappés :
On s'élance, et soudain tous les câbles coupés
Abandonnent aux flots les barques vagabondes;
Le flottant incendie éclaire au loin les ondes,
Et, parfumant les cieux, et la terre, et les mers,
Va porter cet encens aux puissances des airs.
Culte heureux, que la Grèce eût envié peut-être!

 Dirai-je les erreurs que l'orgueil a fait naître?
L'orgueil a consacré des temples aux mortels;
L'orgueil au singe même érigea des autels;
Et de la vanité le ridicule hommage
De l'homme dans ses traits divinisa l'image.
L'orgueil dicta souvent nos prières, nos vœux;
L'orgueil préside à tout. Quel tribut à ses dieux
Offre cet Indien, de qui la chevelure
Se relève en anneaux bouclés par la nature?
C'est ce ruban frisé, qui va s'amincissant
Sous le rabot léger qui l'enlève en glissant.

 De tant de passions, la plus riche en prestiges
C'est l'amour du nouveau, c'est l'amour des prodiges.
L'homme a dans ses plaisirs besoin d'étonnement;
Ce qu'il voit tous les jours, il le voit froidement.
Dès lors, dénaturant les effets et les causes,
Il peuple l'univers de ses métamorphoses.
Tantôt du cœur séduit la complaisante erreur,
Au gré de l'espérance, au gré de la terreur,
Adore, je l'ai dit, ce qu'il craint, ce qu'il aime,
Et tout est dieu pour l'homme, excepté Dieu lui-même;
Tantôt ce sont les arts, les éléments divers,
Qui choisissent des dieux à l'aveugle univers :

CHANT VIII.

Tels on vit naître Isis, Triptolème, Mercure;
Tout est surnaturel dans toute la nature.
Tantôt l'esprit crédule est la dupe des sens :
Les vents sifflent, ce sont les mânes gémissants
Qui, pour le visiter, quittent les noirs royaumes;
Il donne une ame au corps, donne un corps aux fantômes :
Pour lui tout est céleste, infernal, merveilleux,
Et le plus incroyable est ce qu'il croit le mieux.

Du monde des humains inexplicable histoire !
Partout c'est le besoin d'adorer et de croire ;
Il semble qu'en secret, de son cœur fatigué,
Sans raison et sans choix l'homme l'ait prodigué.
On se rappelle encor ce fameux Démocrite,
Ce contraste éternel du pleureur Héraclite :
O que ce Grec moqueur, philosophe joyeux,
Pour mieux rire de l'homme a dû rire des dieux !
Quels mensonges grossiers ! quels rêves ridicules
Ne consacrèrent pas ses hommages crédules !
Du culte du soleil, des célestes flambeaux,
Voyez l'homme descendre aux plus vils animaux !
Là, devant un insecte il se courbe avec joie ;
Ici son dieu mugit, et plus loin il aboie.
Voyez-vous, décoré d'ornements somptueux,
L'éléphant dieu marcher d'un pas majestueux ?
Fier monarque des bois, ah ! du moins ta sagesse
Put de l'homme crédule absoudre la faiblesse ;
L'homme te crut doué d'un céleste rayon,
Et ton instinct sublime excuse sa raison.
Mais le tigre cruel, mais le lion sauvage,
Qui l'eût cru ? que de l'homme ils obtinssent l'hommage,
Eux qui du sang humain font couler des torrents ?
Qui l'eût cru, s'il n'eût point adoré des tyrans ?

Parcourrai-je avec vous ces bords où, plus grossière,
La raison jette à peine une faible lumière ?
C'est là que, dans l'erreur bien plus enseveli,
Par ses divinités l'homme est plus avili.
Voyez le Samoïède en son climat sauvage :
Si son dieu répond mal à son stupide hommage,
Il radote, dit-il; et, gardant son encens,
Il attend que le dieu reprenne son bon sens.

Sur ces riches plateaux foulés par les Tartares,
Des Scythes inhumains successeurs plus barbares,
Pour l'homme idolâtré par leur stupidité,
Qui ne connaît l'excès de leur crédulité?
De lui tout est sacré, de lui rien n'est immonde [1] :
Rois, princes, potentats, dominateurs du monde,
Attendez que du jour l'astre majestueux
Sèche de ses rayons purs et respectueux
Le rebut adoré des festins qu'il consomme,
Qui trahit dans un dieu les vils besoins de l'homme :
Voilà vos ornements, vos colliers, vos bijoux,
Et l'excrément divin vous enorgueillit tous.
   Le stupide habitant de l'indien rivage
A force de folie est peut-être plus sage.
Jouet de ses tyrans, mais tyran de ses dieux,
Nul d'eux ne l'asservit, lui seul dispose d'eux.
Au premier mouvement dont son ame est saisie,
Voyez-le se créer des dieux de fantaisie ;
Ses malheurs, ses succès, sa haine, son amour,
Font, défont et refont ces déités d'un jour ;
Il offre un culte au fer, à la tuile, à la terre ;
Apostat d'une plante, il adore une pierre ;
Un hasard fait l'idole, un hasard la détruit ;
Il l'achète, il la vend, il l'adore, il la fuit.
De nos fous d'autrefois la ridicule espèce
Changeait moins de magots, de mode et de maîtresse,
Tant l'ignorance ajoute à la crédulité !
   Que dis-je? de l'esprit triste fatalité !
Soit qu'il veuille ignorer, soit qu'il veuille s'instruire,
D'un délire souvent il sort par un délire ;
Et vers la vérité, qui lui montre un faux jour,
Souvent ses premiers pas l'égarent sans retour.
Aussi, dans ces amas d'erreurs inépuisables,
Combien n'enfanta point de rêves méprisables
Cet instinct curieux, ce besoin de savoir,
Qu'aiguillonne la crainte et qu'enhardit l'espoir !
Séduit par l'espérance, inspiré par la crainte,
Voyez-le du présent franchir l'étroite enceinte [5] ;
En vain l'impénétrable et profond avenir,
Couvert d'un voile épais, vers lui semble venir :

Il en veut à son gré pénétrer les nuages ;
Son esprit inquiet en cherche les présages.
Dans le feu de l'éclair, dans les flancs du taureau,
Et dans son vol rapide interroge l'oiseau.
Soit que, nous prédisant les beaux jours et l'orage,
Son instinct prophétique ait surpris notre hommage ;
Soit que, fuyant la terre et s'approchant des cieux,
Il semble entretenir commerce avec les dieux,
Hélas ! en poursuivant sa course vagabonde,
Il est loin de penser qu'il fait le sort du monde :
D'un seul cri, d'un coup d'aile, il décide un combat ;
Rois, tremblez ! il vous ôte ou vous donne un état ;
Il épouvante un sage, intimide un grand homme,
Et les poulets sacrés guident l'aigle de Rome.
   Peut-être que, rendus par la voix des mortels,
Les oracles feront moins de honte aux autels.
Eh bien ! dieux des vieux temps, devins, fourbes sans nombre,
Couvrez-vous de mystère, enfoncez-vous dans l'ombre,
En termes ambigus prononcez votre loi,
Et vendez aux humains l'espérance et l'effroi.
Déja l'Ambition, acquittant ses promesses [6],
Sur l'autel mercenaire entasse ses largesses ;
L'Ambition, pareille au monstre audacieux
Qu'on peint foulant la terre, et le front dans les cieux,
Qui, des menteurs sacrés protectrice puissante,
Achète des autels la faveur complaisante,
Aux trônes des trépieds prostitua la voix,
Et fit souvent des dieux les ministres des rois.
A ses pieds est la Fourbe, et vaine et mensongère,
D'une main conduisant l'Opinion légère,
De l'autre soutenant des voiles, des bandeaux,
Baguettes, talismans, amulettes, anneaux,
Tout ce que, de l'Orgueil trop adroite complice,
L'Imagination lui prête d'artifice.
   Ne croyez pas pourtant que des rois et des dieux
Le contrat fut toujours un contrat odieux :
Non, de ces deux pouvoirs l'union légitime
N'a pas été toujours le pacte affreux du crime.
Osons sans intérêt, sans préjugés, sans fiel,
Peser ce grand accord de la terre et du ciel.

Lorsque, loin des forêts qu'habitaient ses ancêtres,
Le peuple eut des cités, des princes et des prêtres ;
Pour policer ce peuple, hôte grossier des bois,
Le prêtre fit un culte, et le prince des lois.
Mais de l'homme encor brut l'altière indépendance,
Des pouvoirs séparés fatiguait la prudence ;
Alors un grand traité fut proposé par eux ;
Alors l'homme des lois dit à l'homme des dieux :
« Unissons les pouvoirs que notre rang nous donne ;
Je défends ta tiare, affermis ma couronne ;
Pour leur propre intérêt lions nos ennemis,
Libres, mais gouvernés ; fortunés, mais soumis ;
Et, consacrant un nœud que l'intérêt resserre,
Joins les foudres du ciel aux foudres de la terre. »
Le traité fut conclu : sous des rois généreux,
Sous des pontifes saints ce traité fut heureux ;
Et le peuple, oubliant sa rudesse sauvage,
Connut l'obéissance, et non pas l'esclavage.
Trop heureux les états où ce sublime accord
Au bonheur du plus faible enchaîna le plus fort !

Ainsi, de nos erreurs examinant la course,
Dans nos secrets penchants j'en découvris la source,
J'en suivis les effets ; mais je n'ai pas encor
De la tradition déployé le trésor ;
Vieille divinité qui, trompeuse et légère,
Propagea des faux dieux la race mensongère,
Et, des bords de Memphis étendue en tous lieux,
Sous mille traits divers reproduisit les dieux.
Voyons comme, en suivant sa marche et ses vestiges,
L'Imagination y joignit ses prestiges.

Dans l'Égypte d'abord un seul Dieu fut connu :
Et quand sur sa grandeur le ciel se serait tu,
Le Nil, dont tous les ans le retour la rassure,
Proclamait assez haut le Dieu de la nature.
Mais les grands, dans le fond d'un sanctuaire obscur,
Conservaient du vrai Dieu le culte toujours pur,
Et de vaines erreurs ils amusaient la foule.

Ainsi, quand du pressoir le jus brillant s'écoule,
On garde le nectar le plus délicieux
Pour la coupe des rois et les banquets des dieux,

Et la lie au hasard enivre le vulgaire.
Des cultes différents dont l'Égypte est la mère,
L'un aux lois d'un seul Dieu fidèlement soumis,
Par le divin Moïse aux Hébreux fut transmis ;
Les Hébreux, dont la race en prodiges féconde
Remonte dans les temps jusqu'au berceau du monde ;
Jamais législateur, par des traits si puissants,
Ne frappa la pensée et n'ébranla les sens.
A l'Hébreu pour monarque il donne un Dieu suprême ;
Ce Dieu le récompense et le punit lui-même ;
Dans les flots suspendus il lui fraie un chemin ;
Ce Dieu, dans le désert, le conduit par la main.
Nourri par un prodige, instruit par des oracles,
Il ne marche jamais qu'entouré de miracles :
Reçoivent-ils la loi du roi de l'univers ?
C'est au bruit de la foudre, aux lueurs des éclairs.
Aussi cette loi sainte, avec terreur suivie,
Saisit tous leurs pensers, soumet toute leur vie,
Les accompagne aux champs, aux combats, aux festins ;
Elle règle leurs mets, elle ordonne leurs bains,
Les suit dans leurs foyers, leur parle dans le temple ;
Sur des tables d'airain leur respect la contemple.
Dans quelle nation, chez quel peuple, en quel lieu,
Un culte plus auguste a-t-il honoré Dieu ?
Les candélabres d'or, les pierres précieuses,
Des lévites en chœur les voix mélodieuses,
Les parfums, les métaux, les arts les plus vantés,
Tout rehaussait l'éclat de leurs solennités.
Mont sacré de Sion, redis-moi quels cantiques,
Quels hymnes résonnaient sous tes palmiers antiques.
L'esprit divin lui-même y répandait son feu ;
Partout la voix, la main et le regard de Dieu.
Ainsi, marqués dès-lors d'un sceau que rien n'altère,
Ils en ont conservé le profond caractère.
A travers tant d'états, d'âges, de lieux divers,
Avec leurs vieilles lois parcourant l'univers,
Seuls ils sont demeurés sur sa base profonde,
Comme ces vieux rochers, contemporains du monde.
Tandis qu'un peuple saint portait dans le saint lieu
La loi de l'Éternel et l'autel du vrai Dieu,

Des dieux menteurs du Nil, de leurs brillants génies,
La Grèce dans son sein reçut les colonies.
Mais comme un étranger, admis dans nos remparts,
Façonné par nos mœurs et formé par nos arts,
Perd insensiblement ses coutumes grossières,
Ennoblit son maintien et polit ses manières,
Tels ces dieux adoptifs, dans la Grèce accueillis,
De leurs attraits nouveaux furent enorgueillis ;
Le ciseau leur donna les plus aimables formes,
A l'Égypte laissa ses colosses énormes ;
Sans être monstrueux, ils parurent plus grands,
Et l'art en fit des dieux, et non pas des géants.
Par quelle adresse encor ses utiles chimères
De l'homme ont rapproché ces dieux imaginaires!
Sur la terre autrefois, laboureurs ou bergers,
Ils soignaient les moissons, les troupeaux, les vergers :
L'homme est prompt à chérir l'être qui lui ressemble ;
Sur la terre embellie ils habitaient ensemble ;
Compagnons de plaisirs, de peines, de travaux,
Ils eurent, comme nous, et leurs biens et leurs maux,
Et, sans aucun effort, la faiblesse mortelle
S'élevait à des dieux qui descendaient vers elle.
Rien de dur, rien de triste autour de leurs autels ;
Des danses et des chants fêtaient ces immortels.
Moi-même tout à coup, plein d'un heureux délire,
Je vois encor ces dieux, j'entends encor la lyre ;
J'attelle avec des fleurs les pigeons de Cypris ;
Sur son arc radieux je fais glisser Iris :
Profanes, loin d'ici ! près de cette onde pure
Les nymphes de Vénus détachent sa ceinture.
Ainsi la fable antique, en vers mélodieux,
Avec profusion jeta partout des dieux :
Tout connut son génie et son dieu tutélaire,
Et le moindre coteau fut l'Olympe d'Homère.
Et ne demandez pas comment de ces erreurs
Le charme si long-temps put séduire les cœurs ;
L'Imagination s'en était amusée,
Et la Raison craignit d'être désabusée :
Ainsi l'amant crédule, au moment du réveil,
Nourrit le rêve heureux qui charma son sommeil.

CHANT VIII.

A ces dieux si riants, empruntés de la Grèce,
Rome, plus sérieuse, imprima sa sagesse.
L'Olympe de Numa fût plus majestueux,
Mercure moins fripon, Mars moins voluptueux ;
Jupiter brûla moins d'une flamme adultère ;
Vénus même reçut un culte plus sévère..
Admirez par quel art le peuple souverain
Même par ses erreurs soumit le genre humain.
Lorsque de mille états la folle idolâtrie
Dégradait la raison sans servir la patrie,
Le sénat, s'emparant des superstitions,
Employa sagement leurs folles visions ;
C'est par-là qu'il régnait, par-là que sa sagesse
D'un peuple turbulent sut maîtriser l'ivresse :
Le bonnet du pontife asservit à ses lois
Le casque des guerriers, la couronne des rois ;
De vains rêves servaient une raison profonde,
Et le sceptre augural fut le sceptre du monde.
O honte glorieuse ! utile déshonneur !
Le Romain fuit : au nom de Jupiter Stateur,
Il s'arrête ; un beau temple en garde la mémoire,
Et ce temple à jamais commande la victoire :
Ainsi leurs dieux servaient la grandeur de l'état.
  Avec plus de noblesse encore et plus d'éclat,
De la religion la pompe solennelle
Consacrait la victoire et marchait devant elle,
Et du pied des autels semblait dire aux humains :
« Rome commande au monde, et le ciel aux Romains. »
Le juste ciel sans doute abhorrait ces conquêtes ;
Mais si quelque vertu peut expier ces fêtes,
C'est que Rome honora, dans ses jours de splendeur,
Ces simples déités qui firent sa grandeur ;
Le dieu du Capitole habita des chaumières.
Loin de ces chars sanglants, de ces pompes guerrières,
Où le sang des taureaux, satisfaisant aux dieux,
Du sang humain versé rendait graces aux cieux,
Que j'aime à revoler vers ces fêtes champêtres
Où Rome célébrait les dieux de ses ancêtres !
La déesse des blés, et le dieu des raisins,
Les nymphes des forêts, les faunes, les sylvains,

Toi surtout, toi, Palès, déité pastorale!
A peine blanchissait la rive orientale,
Le berger, secouant un humide rameau,
D'une onde salutaire arrosait son troupeau.
« O Palès! disait-il, reçois mes sacrifices,
Protége mes brebis, protége mes génisses
Contre la faim cruelle et le loup inhumain ;
Que je trouve le soir le nombre du matin ;
Qu'autour de mon bercail, vigilant sentinelle,
Sans cesse en haletant rôde mon chien fidèle ;
Que mon troupeau connaisse et ma flûte et ma voix ;
Que le lait le plus pur écume entre mes doigts ;
Rends mon bélier ardent, et mes chèvres fécondes ;
Puissent de frais gazons, puissent de claires ondes
Dans un riant pacage arrêter mes brebis!
Que leur fine toison compose mes habits ;
Et, quand le fuseau tourne entre leurs mains légères,
Ne blesse pas les doigts de nos jeunes bergères [7]! »
Il dit, et tout à coup un faisceau pétillant
S'allume, et dans les airs s'élève un feu brillant,
Que trois fois, dans sa vive et folâtre allégresse,
D'un pied léger franchit une ardente jeunesse.
Jeux charmants, vous régnez encor dans nos hameaux !
Eh! qui n'est point ému de ces riants tableaux ?
La superstition sied bien au paysage ;
Triste dans les cités, elle est gaie au village :
Et le sage lui-même aime à voir, en ces vœux,
La terre à ses travaux intéressant les cieux.

Dirai-je quelle heureuse et sage politique [8]
Joignit à tous les dieux de l'empire italique
Un pouvoir plus obscur et plus puissant encor?
Le dieu Terme est son nom : aux jours de l'âge d'or
Il n'avait point d'autel; alors aucun partage
Ne profanait des champs le commun héritage ;
Mais quand chaque mortel eut son champ séparé,
Dieu juste ! pour chacun ton nom devint sacré.
Tu bornes les cités, les hameaux et l'empire ;
Rien ne peut t'ébranler, rien ne peut te séduire ;
Cher à deux possesseurs, fidèle à deux voisins,
Du soc usurpateur tu défends leurs confins ;

Aussi des deux côtés, sur la même colonne,
Chacun vient déposer son gâteau, sa couronne,
Et nul impunément n'ose enfreindre tes droits :
Deux Gracques ont péri victimes de tes lois.
Quand Jupiter parut au nouveau Capitole,
Tous les dieux firent place à l'imposante idole,
Toi seul gardas la tienne, et toi seul es resté !
Noble image des droits de la propriété :
Droits puissants, droits sacrés, et sur qui seuls se fonde
Et le bien des états, et le repos du monde.
Ainsi parlait, priait ce peuple de vainqueurs :
Ses mœurs faisaient ses dieux, ses dieux gardaient ses mœurs.

Mais passons, il est temps, de ces fêtes publiques,
Des temples de l'état aux temples domestiques
Où régnaient humblement les dieux hospitaliers.
Je ne sais quoi me plaît dans leurs humbles foyers :
L'homme pouvait les voir, les prier à toute heure ;
Ils avaient même table, avaient même demeure ;
Ils soignaient de plus près sa vertu, son bonheur,
De la vierge modeste ils protégeaient l'honneur ;
Présidents des festins, confidents des alarmes,
Ils partageaient sa joie et recueillaient ses larmes.
Sous le toit parfumé de leur humble réduit,
L'Imagination moi-même me conduit.
J'aime à voir tous les ans le père de famille,
Rassemblant son épouse, et son fils, et sa fille,
Présenter pour tributs, à ces dieux innocents,
Quelques gouttes de lait et quelques grains d'encens :
Heureux d'en obtenir, par un si simple hommage,
L'aisance et le repos, les premiers biens du sage !
Mais malheur à ces dieux, si l'hommage était vain !
Leurs sujets révoltés les punissaient soudain,
Et de leurs vœux frustrés leur infligeaient la peine.

Le sage observateur de la nature humaine
Se plaît à rencontrer, dans des climats divers,
Et les mêmes vertus et les mêmes travers.
La Chine, ainsi que Rome, a ses dieux du ménage ;
Ainsi qu'à Rome, objets et d'insulte et d'hommage,
Récompensés, fêtés dans un jour de bonheur,
Dans un jour désastreux délaissés sans honneur ;

Avec eux on se brouille, on se réconcilie.
De là, si je parcours la nouvelle Italie,
Je ris d'y retrouver l'erreur des vieux Romains.
Eh! qui ne connaît pas le plus fêté des saints,
Ce bon Antonio, qu'importune sans cesse
D'un dévot ignorant la crédule faiblesse?
Il le fait le garant de sa félicité,
Du jeu, de la faveur, du cœur de sa beauté,
Des caprices du sort, de son propre caprice;
Il lui demande grace, ou bien en fait justice;
Et, vingt fois sacrilége et dévot en un jour,
L'aime, le hait, le baise et le bat tour à tour.
Ainsi tout se ressemble, ainsi l'erreur voyage,
Passe d'un monde à l'autre, et vole d'âge en âge.

 Enfin, quand nous cherchons par quels ressorts divers
Les préjugés sacrés ont rempli l'univers,
Pouvons-nous oublier sur le simple vulgaire
Ce que peut le génie et le grand caractère?
Tels de la renommée ont atteint le sommet,
Zoroastre, Numa, toi surtout, Mahomet,
Dont l'Orient entier garde encor la mémoire,
Tel finit par tromper, qui commença par croire :
D'abord enthousiaste, et bientôt imposteur,
Un rêve prépara sa future grandeur.
O pouvoir d'un grand homme et d'une ame profonde!
Il rêve, et son délire a fait le sort du monde.
Un songe, une colombe, un glaive et l'Alcoran,
Dans l'histoire ont placé son terrible roman,
Dont les sanglants feuillets, tracés par la victoire,
A la saine raison font horreur de sa gloire;
L'ignorance farouche et la fatalité,
Et l'idole des sens, l'ardente volupté,
Comme trois fiers coursiers sous un maître intrépide,
Ont dans des flots de sang roulé son char rapide;
Et, sous ses étendards vainqueurs de l'univers,
Une moitié du monde adore encor ses fers.

 Après le fier torrent qui, gonflé par l'orage,
Tombe, roule et bondit, gros d'écume et de rage,
L'œil aime à rencontrer ce fleuve sans courroux,
Qui suit dans les vallons son cours paisible et doux :

CHANT VIII.

Tel ce Confucius, l'ami de la nature,
Versait d'une ame tendre une morale pure ;
Tous deux hommes d'état, tous deux législateurs,
Et de l'esprit public éloquents fondateurs,
Semblèrent emprunter, pour éclairer la terre,
L'un les doux feux du jour, l'autre ceux du tonnerre.
   Ne peut-on pas encor dans les religions
Reconnaître l'esprit, les mœurs des nations ?
Sur l'amour du repos appuyant son empire,
Un culte simple et doux au Midi peut suffire ;
Mais dans les champs du Nord, où le terrible Mars
A son arc, son carquois, son tonnerre et ses chars,
Odin, le grand Odin, aux ames valeureuses
Va montrer des houris les demeures heureuses.
Ce n'est plus ce ciel calme où, dans un doux loisir,
Régnaient l'aimable paix et l'innocent plaisir :
Les exploits éclatants, et le doux bruit des armes,
D'un paradis guerrier leur présentent les charmes ;
Amoureux des dangers, mais exempts du trépas,
Quittent-ils tout sanglants la scène des combats ?
Des plus fraîches beautés une foule choisie
Vient étancher leur sang, leur verser l'ambroisie ;
Puis chacun prend sa lance, et passe tour à tour
Des plaisirs aux combats, des combats à l'amour.
Je crois voir des Français la grace et la vaillance.
   Les climats même, enfin, ont aussi leur puissance.
L'habitant des rochers ou des marais fangeux,
Sur les monts, dans les eaux, pense trouver ses dieux ;
Mais sous un ciel plus pur les fils des Zoroastres
Adorent à genoux le roi brillant des astres.
Que dis-je? ô dieu du jour ! est-il quelques mortels
Qui ne t'aient consacré des temples, des autels ?
Le Perse t'encensa, le Mexicain t'adore ;
Ton triomphe commence où commence l'aurore,
Et s'étend aux lieux même où ton char n'atteint pas,
Le Sarmate t'invoque au milieu des frimas ;
Et, t'adressant de loin son cantique sauvage,
Le Lapon tout transi t'offre encor son hommage.
Ainsi, des noirs frimas au ciel le plus ardent,
Et du berceau du jour aux portes d'occident,

Loué par le regret ou la reconnaissance,
Tout bénit tes bienfaits ou pleure ton'absence.
Ah! si l'homme est coupable en adorant tes feux,
Tes éternels bienfaits demandent grace aux cieux.
Eh! qui méritait mieux d'usurper notre hommage
Que cet astre, des dieux la plus brillante image,
Qui dispense les ans, la vie et les couleurs,
Enfante les moissons, mûrit l'or, peint les fleurs,
Jusqu'aux antres profonds fait sentir sa puissance,
Revêt les vastes cieux de sa magnificence,
De saison en saison conduit le char du jour,
Nous attriste en partant, nous charme à son retour,
Éclaire, échauffe, anime, embellit et féconde,
Et semble, en se montrant, reproduire le monde?
Ame de l'univers, source immense de feu,
Ah! sois toujours son roi, si tu n'es plus son dieu!
Plaisirs, talents, vertus, tout s'allume à ta flamme;
Le jeune homme te doit les doux transports de l'ame,
Et le vieillard dans toi voit son dernier ami.
Eh bien! astre puissant, contre l'âge ennemi
Protége donc mes vers et défends ton poëte!
Verse encor, verse-moi cette flamme secrète,
Le plus pur de tes feux, le plus beau de tes dons;
Encore une étincelle, encor quelques rayons;
Et que mes derniers vers, pleins des feux du jeune âge,
De ton couchant pompeux soient la brillante image.
  Mais quoi! pour le soleil j'oubliais son auteur!
Fuyez, dieux impuissants, devant le Créateur;
Dieu, le vrai Dieu s'avance; il veut que je publie
De sa religion la sublime folie.
Ce n'est plus cette erreur, dont les séductions
A des divinités prêtaient nos passions :
Loin d'abaisser l'Olympe aux voluptés humaines,
Elle nous montre un Dieu se chargeant de nos peines;
Nous montre des mortels s'élevant jusqu'à Dieu;
Des folles passions elle amortit le feu;
Elle commande aux sens, subjugue la nature,
Ne puise nos vertus qu'en une source pure.
Ces doux liens de père, et de fils et d'époux,
Au trône de Dieu même elle les suspend tous;

Bien loin des vœux mortels place nos espérances,
Craint les prospérités, jouit dans les souffrances,
Joint l'homme à l'Éternel, joint les hommes entre eux,
Cultive sur la terre et cueille dans les cieux.
Comme ces cultes vains que l'erreur a fait naître,
L'Imagination ne lui donna point l'être ;
Ainsi que le soleil, les astres et les mers,
Elle sortit des mains dont sortit l'univers.
   Mais, telle qu'une reine en sa grandeur suprême
Permet à d'humbles fleurs d'orner son diadème,
L'Imagination eut l'honneur immortel
D'embellir sa couronne et d'orner son autel.
Quand les prophètes saints, dans leur sacré délire,
De sa grandeur future entretenaient leur lyre,
Tantôt comme un miel pur vantaient ses douces lois,
Tantôt de son tonnerre épouvantaient les rois ;
Elle-même dictait leurs odes immortelles.
C'est elle qui, montrant les palmes éternelles,
Sous les yeux des tyrans, sous le fer des bourreaux,
Transformait des enfants, des femmes, en héros ;
Et lorsque sous la terre, au fond des catacombes,
Vivants, ils habitaient le silence des tombes,
Dans ces noirs souterrains conduité par la foi,
L'Imagination charmait leur sombre effroi.
C'est elle qui, changeant tous leurs maux en délices,
Assaisonnait le jeûne, émoussait les cilices,
Mêlait les chœurs divins à leurs hymnes pieux,
Et du fond des tombeaux anticipait les cieux.
Avec non moins de zèle, aux jours de sa victoire,
De la religion elle servit la gloire.
Avant ces jours heureux, autour de ses autels,
Aucune pompe encor n'attirait les mortels ;
Seule, sous l'œil de Dieu, dans sa douleur obscure,
Ses maux étaient sa gloire, et ses fers sa parure ;
Mais lorsque des tyrans elle eut vaincu l'orgueil,
Alors elle jeta ses vêtements de deuil,
Prit et ses chants de joie et ses habits de fêtes.
L'Imagination, secondant ses conquêtes,
Vint parer son triomphe et hâter sa grandeur,
De ses solennités augmenta la splendeur ;

Des vierges, des martyrs, retraça les exemples ;
L'orgue majestueux retentit dans les temples,
Et les sens, entraînés par ces charmes puissants,
S'armèrent pour un culte armé contre les sens.
 Nature, apprête-toi ! Dieu s'avance ; prépare
Ton ciel le plus brillant, ton encens le plus rare ;
Tout s'assemble, tout sort : avec ordre rangé,
En chœurs harmonieux le peuple partagé,
Les prélats rayonnants de l'or brillant des mitres,
Les grands devant leur maître humiliant leurs titres ;
De vierges et d'enfants un innocent essaim,
En ceinture flottante, en longs habits de lin ;
Le cortége pieux, qui lentement s'avance,
Tantôt chantant, tantôt dans un profond silence ;
L'éclat des vêtements, la pompe des autels,
Faisant hommage à Dieu du luxe des mortels ;
Les drapeaux des guerriers, leur escorte brillante,
Leur foudre proclamant, d'une voix triomphante,
L'arbitre de la guerre et le dieu de la paix ;
Autour du Saint des saints qui marche sous le dais,
Les encensoirs montant, remontant en mesure ;
Ces nuages de fleurs, encens de la nature ;
Tantôt un peuple entier tout à coup prosterné ;
Tandis que sur leur front, humblement incliné,
Un prêtre ouvre le ciel, et, les mains étendues,
Leur verse ses faveurs à grands flots répandues :
Tout enivre le cœur, les oreilles, les yeux ;
La terre est un moment la rivale des cieux :
Partout ce grand triomphe en offre à Dieu l'image.
Et quel lieu dans ce jour ne lui rend pas hommage ?
Sous la zone brûlante, au séjour des hivers,
Au milieu des cités, dans le fond des déserts,
Sur ces rocs qu'entoura la ceinture des ondes,
Deux mondes à l'envi fêtent l'auteur des mondes.
Ces lieux mêmes, ces lieux où le culte naissant
N'a point de nos cités l'éclat éblouissant,
Les tabernacles d'or, les pompeuses arcades,
Le faste des habits, l'orgueil des colonnades,
Pour célébrer ce Dieu, né parmi des pasteurs,
N'ont-ils pas leurs festons, leurs guirlandes de fleurs,

Leur trône de gazon, leur tapis de verdure?
Souvent, dans ce grand jour, le Dieu de la nature
S'arrête, satisfait d'un reposoir grossier,
Sous l'ombrage d'un cèdre, à l'abri d'un palmier ;
Et plus sa fête est pauvre, et plus elle est touchante.
 Mais si, dans tout l'éclat de sa pompe imposante,
Avec plus d'appareil que ces fameux Romains,
Je veux voir triompher le maître des humains,
J'irai dans cette ville en prodiges féconde,
Veuve du peuple roi, mais reine encor du monde :
C'est là, c'est dans ses murs, le siége de la foi,
Que sous les yeux d'un chef, père, pontife et roi,
Au milieu des palais, des temples, des portiques,
Et du faste moderne, et des pompes antiques,
Dieu se montre aux mortels dans toute sa grandeur.
En vain l'œil de l'impie en veut fuir la splendeur,
Dieu l'accable en secret de toute sa présence.
Malheureux, il est seul dans cette foule immense,
Et ses remords du moins confessent l'Éternel.
C'en est fait; dans un ordre et d'un pas solennel,
Dieu revient vers le temple et dans le sanctuaire ;
Sa majesté terrible a repris son mystère :
Là, se courbe en tremblant l'ange respectueux ;
Là, la religion vient lui porter ses vœux,
La vertu son espoir, le remords ses alarmes,
Le bonheur son hommage, et le malheur ses larmes.
 Mais si le fanatisme entoure les autels,
Dieu ! quels torrents de maux menacent les mortels !
Oh ! si Dieu me prêtait cette voix solennelle
Qui proclama sa voix chez un peuple fidèle,
Je ne parlerais pas dans le fond des déserts ;
J'irais, je publierais devant tout l'univers
Cette loi non moins pure et non moins salutaire,
Aux mortels séparés par un double hémisphère :
« Par les monts, par les mers, et surtout par vos dieux,
Aimez-vous, leur dirais-je, et vous plairez aux cieux. »
Mais égarée, hélas ! par leurs fureurs bizarres,
L'imagination les a rendus barbares ;
Tout est fourbe ou cruel dans ce vaste univers.
Je crois voir un grand temple, où cent cultes divers

De la crédulité se disputent l'hommage.
Tous ont leur sanctuaire ; et, dans sa folle rage,
L'air troublé, l'œil hagard, chacun vante sa foi :
« Venez, croyez, priez, adorez comme moi !
Brama, le seul Brama mérite qu'on l'honore ;
Lama, le seul Lama mérite qu'on l'adore ;
Ce crocodile est dieu, gardez de l'insulter ;
A ce dragon divin gardez-vous d'attenter ;
Moi, je vois Dieu dans l'air ; moi, je le vois dans l'onde :
Profanes, à genoux devant l'astre du monde ! »
Et dans le même temple, aux pieds des mêmes dieux,
Que de cris obstinés ! que de chocs furieux !
Un mot, une syllabe enfante des volumes.
Que dis-je ? les poignards ont remplacé les plumes,
Et la terre se change en théâtre d'horreur.
Ces lieux mêmes, ces lieux où je peins leur fureur,
Tout n'y parle-t-il pas de nos guerres sacrées ?
A l'aspect de ces tours par les feux dévorées,
Assis sur ce tombeau, je rêve tristement :
Celui que dans son sein cache ce monument,
A dormi deux cents ans dans la nuit sépulcrale ;
Voilà sa mitre encore et sa croix pastorale.
Vingt autres après lui, dans l'ombre descendus,
Régnèrent dans ces murs sur de pieux reclus.
La mort moissonne tout, et des races sans nombre
Tombent, tombent sans cesse en cet abîme sombre.
Hélas ! et sur ses bords les mortels malheureux,
Suspendus un instant, se déchirent entre eux !
  Des Grecs plus modérés les dieux imaginaires
Rarement ont connu ces fureurs meurtrières ;
Leur temple était paisible, et ces dieux fraternels,
Loin de les diviser, unissaient les mortels.
Eh ! qui ne connaît pas ces pompes annuelles
Qu'offraient au dieu du jour cent nations fidèles ?
A peine commençaient les danses de Délos,
Tous les Grecs accourus s'élançaient sur les flots ;
Le zéphyr se jouait dans leurs voiles pourprées,
Les vagues blanchissaient sous les rames dorées ;
Couronnés de festons, peints de mille couleurs,
Les vaisseaux sur les mers formaient un pont de fleurs.

Apollon accueillait le saint pèlerinage ;
La Grèce tout entière inondait le rivage ;
Tous aux mêmes autels priaient le même dieu,
Ne connaissaient qu'un culte et ne formaient qu'un vœu ;
Et tous, conciliés par les mêmes mystères,
Attroupés en rivaux, se séparaient en frères.
    Toutefois dans les camps, au milieu des combats,
Que le ciel ait souffert ces longs assassinats,
Mon esprit le conçoit ; mais, dans le sanctuaire,
Quels dieux ont pu souffrir un culte sanguinaire ?
O Dieu bon ! j'avais cru que tes puissantes mains
Avaient mis la pitié dans le cœur des humains ;
Mais, quelque nation que mon œil envisage,
Je rencontre partout ces pompes du carnage.
Les Grecs même ont connu ces cultes odieux.
O Français ! rougissez pour vos tristes aïeux !
Souvent encore, aux lieux de ces horribles scènes,
Le voyageur, errant dans les vieilles Ardennes,
Rencontre avec effroi ces barbares autels.
Et toi, qui fus témoin de ces cultes cruels,
César, était-ce à toi de traîner ta victoire
Dans les sentiers battus d'une commune gloire ?
Va, cours, du fanatisme heureux persécuteur ;
Détruis l'autel, le dieu, le sacrificateur ;
Et, vengeant et le ciel, et la nature, et l'homme,
Fais chérir une fois les triomphes de Rome.
    Et vous, fiers Mexicains, souillés de plus d'horreur,
Tremblez ; voici venir l'Espagnol en fureur.
Ah ! qui pourrait compter les meurtres effroyables
Qu'exigeaient sur ces bords des dieux impitoyables ?
Là, des lions d'airain, de feux étincelants [10],
Recevaient des mortels dans leurs gosiers brûlants ;
Là, le sang, qui ruisselle en éternel hommage,
Fait au ciel qu'il invoque un éternel outrage ;
Et nul n'a droit d'entrer dans ce temple inhumain,
Que d'un meurtre récent il n'ait souillé sa main.
Nature, tu n'as donc plus d'abri sur la terre ?
Le fanatisme affreux te fait partout la guerre.
Ah ! sans doute, abhorrant ce culte criminel,
Tu te réfugias dans le cœur maternel :

Non, de ces dieux cruels la fureur l'en exile,
Et la nature a fui de son dernier asile.
Des mères, aux autels de ces dieux redoutés,
Leurs enfants dans les bras... Cruelles, arrêtez!
Avez-vous oublié, saintement inhumaines,
Vos amours, vos serments, vos plaisirs et vos peines?
Quel démon inhumain proscrit ces jeunes fleurs?
Ah! voyez leur sourire et regardez leurs pleurs,
Et cessez d'immoler à d'horribles chimères
Les nœuds sacrés d'hymen et le doux nom de mères!
Hélas! où sont les temps où d'un rayon de miel,
D'un peu de lait, de fruits, on apaisait le ciel?
 Mais du moins au milieu de ces cultes barbares,
Chez le Scythe inhumain, chez les cruels Tartares,
Quels que soient leur esprit, leurs costumes, leurs dieux,
Une idée adoucit ces tableaux odieux :
C'est qu'au pied des autels, auprès de la vengeance,
Partout le repentir rencontre l'indulgence,
Partout la consolante et sublime raison
Accueille le remords et la religion,
Près d'un dieu qui punit, montre un dieu qui pardonne.
Sans lui, le crime aveugle au crime s'abandonne;
Et l'affreux désespoir, égaré sans retour,
Produit par les forfaits, les produit à son tour.
Mais détournons nos yeux de ces tableaux funestes :
Muse, qui fus admise aux délices célestes,
Dis comment du pardon le consolant espoir
Rendit un cœur coupable au bonheur, au devoir;
Parle; et que l'homme impie, oubliant le blasphème,
A ce récit touchant soit attendri lui-même.
 Dans l'Espagne naquit une jeune beauté,
De qui le cœur ardent, mais long-temps indompté,
Du plus brûlant amour sentit enfin la flamme :
Alvar, malgré son père, avait séduit son ame.
Son père, dans l'excès de son ressentiment,
Sous les yeux de sa fille immola son amant;
Et, du même poignard dont s'arma sa colère,
Sa fille à son amant sacrifia son père.
Ainsi, par deux forfaits un instant a dissous
Et les nœuds les plus saints, et les nœuds les plus doux.

CHANT VIII.

L'amour fut de tout temps barbare en sa vengeance.
Mais de ce jeune cœur qui peindra la souffrance?
Nul ne fut confident de son affreux secret ;
Un hameau renferma sa honte et son regret ;
Une femme, en ces lieux, son unique ressource,
Témoin de ses malheurs, en ignorait la source :
Jamais un être humain n'offrit dans l'univers
Des contrastes si grands et des traits si divers.
Quelquefois, se plongeant dans un profond silence,
Son ame du remords domptait la violence ;
Mais ce pénible effort, pour contraindre son cœur,
Faisait de son visage un spectacle d'horreur.
Tout à coup il changeait ; et tel que dans l'orage
Un doux rayon s'échappe à travers un nuage,
Dans ses traits, altérés par son affreux tourment,
Un souris triste et doux se montrait un moment.
Osait-elle pleurer ? une douleur sans charmes
N'arrachait de ses yeux que de pénibles larmes :
Quelquefois, ô douleur ! ô supplice nouveau !
De ses jours innocents l'intéressant tableau
Lui rappelait cet âge où d'une tendre mère
Les baisers la cédaient aux baisers de son père :
Alors un trouble affreux agitait ses esprits ;
Elle errait, se roulait, tournait, poussait des cris ;
Dans les champs, sur les monts, dans la forêt profonde,
Fuyait, précipitait sa marche vagabonde ;
Et, lasse enfin, tombait sans force et sans couleur.
Ces courses cependant soulageaient sa douleur.
Mais rentrait-elle seule en son obscur asile?
C'est là que, moins distraite, et non pas plus tranquille,
Son crime sur son cœur semblait s'appesantir ;
Là, dans un long tourment, elle croyait sentir
Goutte à goutte tomber sur son cœur solitaire
Le sang de son amant et le sang de son père :
Tantôt, du bras fatal à l'auteur de ses jours,
Elle efface ce sang qui reparaît toujours ;
Tantôt d'un spectre affreux se croyant poursuivie :
« Cher Alvar, disait-elle, on attente à ma vie ;
Vois mon père irrité, vois le glaive assassin !
Dieu ! c'est le même fer dont j'ai percé son sein !

Où l'a-t-il pris ? » Alors, croyant voir la mort prête,
Comme pour fuir le coup elle baissait la tête.
Mais comment fuir son ame et le remords rongeur?
Tout lui peint son forfait, lui montre un dieu vengeur :
L'enfer s'ouvre, l'air gronde, un Dieu lance la foudre :
Et, Dieu pardonnât-il, son cœur ne peut l'absoudre.
Quelquefois elle espère, et veut le supplier,
S'agenouille, se lève, et renonce à prier :
Tant l'épouvante un Dieu vengeur des parricides!

   D'autres fois cependant, dans ses courses rapides,
De loin elle observait le temple du hameau,
Ombragé d'un cyprès et d'un antique ormeau.
Il semblait qu'en secret une force invisible
L'attirât vers ce lieu consolant et terrible.
Elle approchait : soudain, par un Dieu courroucé,
Son cœur avec effroi se sentait repoussé.
Mais un jour, sous les murs de la demeure sainte,
Promenant ses regards autour de son enceinte,
Elle voit accourir aux pieds du Dieu sauveur
Des pécheurs repentants la pieuse ferveur.
C'était dans la saison où la riche nature,
En couronnes de fleurs, en habits de verdure,
Comme une jeune vierge échappée au cercueil,
Des chrétiens attristés vient égayer le deuil ;
C'était dans ce grand jour où la foi glorieuse,
Fêtant d'un Dieu mourant la croix victorieuse,
Dans le sang de l'Agneau, source heureuse de paix,
Revient puiser la grace et laver nos forfaits.
Elle, sans se mêler à la foule chrétienne,
A leur sainte douleur joignait tout bas la sienne ;
Comme un vaisseau battu par un orage affreux,
Pour entrer dans le port, n'attend qu'un souffle heureux.
Sur la porte sacrée elle fixait la vue :
Soudain elle aperçoit, ô faveur imprévue!
Un simple villageois, qui dans ce lieu sacré,
Poussé par le remords dont il fut déchiré,
Des célestes vertus pour ranimer la flamme,
Au ministre de Dieu venait ouvrir son ame :
De ses crimes secrets sévère délateur,
Il revenait heureux ; un Dieu consolateur

Se peignait dans ses yeux, brillait sur son visage.
De la paix qu'elle implore elle y croit voir le gage ;
Alors, un saint espoir surmontant ses remords,
Elle laisse en ces mots éclater ses transports :
« Ah! du haut de la croix, quand la grace féconde
Verse à grands flots l'espoir et le salut au monde,
Laisserai-je, dit-elle, échapper ce beau jour?
Ne puis-je prendre aussi ma part de tant d'amour,
Et, d'un si long tourment misérable victime,
Dans ce sang rédempteur noyer aussi mon crime? »
De ses plus jeunes ans le souvenir vainqueur
Vient encore en secret aiguillonner son cœur.
Que de fois dans le temple elle suivit sa mère !
Que de fois elle y vint sur les pas de son père !
Quel refuge au pécheur offre un espoir plus doux ?
« Là, s'ils sont avoués, les crimes sont absous ;
Là m'attend le bonheur, la paix d'une ame pure ;
Là doit d'un long remords se fermer la blessure. »
    Alors, plus confiante, elle n'hésite plus ;
Et bientôt, rassurant ses pas irrésolus,
Vers l'asile indulgent où Dieu même l'invite,
Du pardon desiré l'espoir la précipite ;
Elle s'approche, elle entre, elle avance à pas lents ;
Et d'abord se découvre à ses regards tremblants
Ce tribunal ouvert au repentir sincère :
« Ah! dit-elle en pleurant, ce tribunal sévère,
Où les méchants de Dieu viennent subir la loi,
A des pardons pour tous, mais n'en a pas pour moi. »
    Au même instant paraît un vieillard vénérable :
C'était de ce hameau le pasteur respectable [11],
Qui depuis quarante ans sert son Dieu, fait le bien,
Reçoit peu, donne tout, et ne demande rien.
Chéri dans son hameau, respecté dans son temple,
Il prêche par ses mœurs, instruit par son exemple ;
Des pères, des enfants, il resserre les nœuds ;
L'enfant même l'adore, et souvent, dans ses jeux,
D'une timide main en passant il arrête
Le vieillard, qui sourit en retournant la tête.
Des aveux, du remords, quel confident plus sûr?
Il écoute le vice, et reste toujours pur :

Tel un auguste mont entouré de nuages
Voit bien loin sous sa cime expirer les orages,
Tandis que son front calme habite dans les cieux.
A peine l'un de l'autre ils ont frappé les yeux,
Tous les deux arrêtés, dans un profond silence,
Sont prêts à se parler : l'un et l'autre balance ;
Elle, avec un regard éloquemment muet,
Semble à la fois trahir et cacher son secret :
Lui, sans l'interroger (les ames généreuses
Respectent le secret des ames malheureuses),
Montrait cette pitié d'un ministre de Dieu,
Qui d'un crime caché semble enhardir l'aveu.
Au sacré tribunal ils arrivent ensemble ;
Elle tombe à genoux, elle hésite, elle tremble ;
Trois fois de son forfait veut soulever le poids ;
Sur son trop faible cœur il retombe trois fois.
Impatiente enfin du fardeau qui l'accable,
Elle laisse échapper cet aveu redoutable ;
Et, la rougeur au front, du ministre des cieux
Son repentir tremblant interroge les yeux.
Tant de malheur l'émeut, tant de remords le touche,
Et des mots consolants sont sortis de sa bouche.
Alors elle respire, alors ses pleurs taris
Commencent à couler de ses yeux attendris :
Non plus ces pleurs cruels arrachés par la rage,
Qui de leurs flots brûlants sillonnaient son visage ;
Mais ces pleurs bienfaisants, ces pleurs délicieux
Que donne aux cœurs touchés l'indulgence des cieux ;
Semblables en leur cours à la douce rosée
Qui rafraîchit le sein de la terre embrasée.
Tourné tantôt vers elle, et tantôt vers le ciel,
Le prêtre enfin pardonne, au nom de l'Éternel.
Ah ! qui peut exprimer ce moment plein de charmes ?
Elle offre à Dieu son cœur, ses prières, ses larmes,
Sent calmer ses tourments, ses remords douloureux,
Et s'accorde un pardon qu'ont accordé les cieux.

Dès lors quel changement dans la nature entière !
L'air reprend sa douceur, le soleil sa lumière :
Tel qu'un stérile arbuste à la terre arraché,
Son cœur dans l'abandon languissait desséché ;

CHANT VIII.

De joie et de bonheur un doux torrent l'inonde ;
Elle renaît au ciel, elle renaît au monde ;
Et, sûre d'y trouver un Dieu consolateur,
Elle ose sans effroi descendre dans son cœur.
Enfin, tout est possible au Dieu qui la rassure.
Elle entend sans frémir la voix de la nature.
Une boîte en son sein gardait fidèlement
Les traits jadis si doux d'un père et d'un amant :
Vingt fois d'espoir, de crainte et d'amour enivrée,
Elle essaya d'ouvrir cette boîte adorée,
Et vingt fois, écoutant sa secrète terreur,
Sa main l'avait soudain fermée avec horreur.
Plus confiante enfin, elle ose davantage :
Du Christ, en son asile, elle adorait l'image ;
Elle-même à ses pieds place les deux portraits ;
Tremblante, elle s'essaie à supporter leurs traits.
Il semblait que, du haut de la croix tutélaire,
Dieu réconciliait son amant et son père ;
Elle-même, espérant les revoir plus heureux,
Osait déjà les joindre et se placer entre eux.
Son bonheur renaissait, quand ses forces, lassées
Par le long sentiment de ses douleurs passées,
Succombèrent enfin ; son simple et vieux pasteur
A ses derniers moments vint soutenir son cœur.
Elle, serrant la main de l'ami qui la pleure :
« Adieu donc, je vais voir la paisible demeure
Où le malheur repose, où le remords s'éteint.
Malgré mon crime affreux, Dieu sans doute me plaint.
Un aveugle transport m'a fait commettre un crime ;
Mais au courroux d'un Dieu j'offre un Dieu pour victime,
Je vais me présenter devant ses yeux vengeurs,
Couverte de son sang, couverte de mes pleurs !
O toi, dont mes malheurs ont troublé la famille,
Ne sois pas plus que lui sévère pour ta fille !
Et toi, mortel trop cher, cause de tant de maux,
Ah ! puissent nos trois cœurs.... » En prononçant ces mots,
L'œil tourné vers les cieux où son espoir aspire,
Sans douleurs, sans regrets, doucement elle expire,
Et les anges en chœur ont proclamé son nom.

Charme heureux, charme pur de la religion,

Qui, des faibles mortels mère compatissante,
Et, plus que l'homme même, aux hommes indulgente,
Sur le crime qui pleure exerce un doux pouvoir,
Et lui rend les vertus en lui rendant l'espoir!

FIN DU POEME.

NOTES.

CHANT I.

« Écrire sur l'imagination, c'est peindre un peintre, » a dit M. de Boufflers; et il faut que ce peintre se peigne lui-même. Mais quel peintre ! celui de l'univers, de l'infini, qui anime, qui élève la nature en y joignant l'idéal. Tout ce qu'on voit, tout ce qu'on sent, tout ce qu'on pense, tout ce qu'on rêve, entrait nécessairement dans cet immense tableau : il fallait fixer la mobilité, saisir ce qui est plus prompt que l'éclair, enchaîner ce qu'il y a en nous de plus indépendant de nous-mêmes.

« La richesse toujours croissante du sujet, » a dit encore M. de Boufflers, dans un commencement de notes qu'il avait entreprises, mourant, sur le poëme de l'Imagination, « la richesse toujours croissante du sujet, qui semble s'agrandir à mesure qu'on le médite, convenait d'autant mieux au génie rapide et au caractère envahisseur de notre poëte. Il était sûr d'en voir toujours la fleur, et jamais la fin; et si, par une faveur que si peu de rivaux auraient mérité de partager, il lui avait été accordé cent ans pour ce beau travail, au bout des cent ans il se serait trouvé du travail préparé pour plus de mille. Le monde entier n'est qu'un atome dans le système de l'imagination. »

On ne peut assez admirer avec quel art et quelle sagesse M. Delille a distingué, classé et groupé les différentes masses d'idées qui semblaient devoir embarrasser sa marche dans ce chaos spirituel et ce labyrinthe moral. On l'a souvent chicané sur ses plans; mais il est remarquable que celui de ses ouvrages dont le plan semble le plus méthodique, soit précisément celui où le plan paraissait le plus difficile. Il examine, il définit, il anatomise d'abord l'imagination; il la peint en elle-même, puis dans ses impressions, ensuite dans ses effets, ses productions et ses ouvrages. De là, il passe à son influence sur le bonheur particulier et public, sur la morale et la politique; enfin la religion, qu'on peut regarder comme l'apothéose de son sujet, couronne ce divin poëme.

Après avoir jeté ce coup d'œil sur l'ensemble, nous allons entrer dans quelques remarques de détail sur le premier chant : c'est l'homme sous le rapport intellectuel.

1 Et, charmé de ses vers, n'en suspend la lecture
Que pour voir les forêts, les cieux et la nature.

L'immensité est dans ce vers-là. M. Delille fait ici, sans le vouloir, l'histoire de ses lecteurs : c'est bien lui, c'est surtout lui, c'est souvent lui seul, qu'on peut lire au milieu des bois et des champs, comme leur plus digne interprète.

Plus bas, l'auteur offre, en quelques vers, le parfait résumé de tout son poëme; puis il fait un portrait pittoresque de l'imagination, afin de pouvoir le lui présenter à elle-même.

> 2 Tout entre dans l'esprit par la porte des sens.

Il n'appartenait qu'au talent enchanteur de M. Delille d'entreprendre de mettre en poésie le système de Locke. C'est entrer dans son sujet par les antipodes, et rien ne prouve mieux que tout chemin mène à Rome, surtout avec des ailes.

> 3 Comment ressemble-t-elle à la cire vieillie,
> Qui, fidèle au cachet qu'elle admit autrefois,
> Refuse une autre empreinte, et résiste à mes doigts?

C'est que la cire s'est durcie en se refroidissant, tandis que de son côté le cachet émoussé a perdu autant de force que la cire de chaleur.

> 4 Cicéron s'élançait vers la postérité,
> Et de loin écoutait son immortalité.

Voilà une expression de génie. Cicéron avait bien le droit de s'écouter à la distance de plusieurs siècles.

> 5 Sublime, elle s'élève à l'opprobre d'un Dieu.

On ne pouvait peindre d'une manière plus touchante la mysticité, qui divinise les maux et les peines. Sainte Thérèse a fait des vers dont voici le refrain, traduit de l'espagnol :

> Je me meurs de regret de ne pouvoir mourir.

M. Delille a suivi, dans le début du poëme, le même ordre que dans le poëme entier. Il passe en revue, d'un seul coup d'œil, les ressorts, les effets de l'imagination, les souvenirs, les arts, la morale, la politique et la religion.

> 6 Et Penthièvre ouvre encor sa main à l'indigent.

On ne pouvait louer d'une manière plus ingénieuse et plus délicate, ni plus ressemblante. Par là il appuie ce qu'il a dit avant :

> Ainsi de nos pensers nos rêves sont l'écho.

> 7 L'un par l'autre avertis, communiquent entre eux.

M. Delille montre un art infini dans la manière dont il exprime en vers des idées si difficiles à énoncer, même en prose. Il ôte à la métaphysique sa sécheresse, il l'enveloppe de poésie ; l'imagination est leur point de contact. Enfin ses comparaisons ingénieuses ont l'air de faire mentir le proverbe ; car elles semblent des raisons, tant elles éclaircissent ces idées abstraites.

> 8 Bélisaire ! à ce nom trembla le monde entier.
> Et son casque tendu sollicite un denier !

La poésie et tous les beaux-arts ont consacré l'infortune de Bélisaire aveugle, implorant, au sein de l'indigence, les plus faibles secours de la pitié. Cependant aucun historien contemporain n'en fait mention. Justinien se laissa tromper un moment sur les intentions politiques de Bélisaire; mais après une courte disgrace, qui ne fut aggravée par aucun traitement barbare, le héros fut rétabli dans ses dignités, et termina dans l'opulence, au milieu de Constantinople et de ses amis, une carrière honorée par des mœurs et des triomphes dignes de l'ancienne Rome. Néanmoins une tradition populaire désigne encore à Byzance, sur le chemin du Sérail au château des Sept-Tours, une vieille masure qu'on appelle la *Tour de Bélisaire*; des Grecs ignorants la montrent aux voyageurs comme la prison de ce grand homme, et prétendent qu'à travers les barreaux de ses fenêtres il criait aux passants: *Donnez une obole au pauvre Bélisaire, à qui l'envie plutôt que le crime a crevé les yeux*. L'opinion du vulgaire a tellement accrédité cette fable, et les arts l'ont tellement embellie (témoin chez nous les *Bélisaire* de David et de Gérard), qu'elle a prévalu sur les témoignages de l'histoire et sur la vraisemblance morale.

<pre>
9 Dans le temps que Walter, par un charme secret,
  Se rend à son instinct, et suit son doux attrait.
</pre>

L'auteur est conduit au bel épisode qui couronne le chant par l'opposition de l'instinct et de la raison; il veut montrer qu'on se trouve mieux de revenir à elle que de la quitter, et que la raison même, d'après cela, peut conseiller d'écouter l'instinct. Ce contraste du jeune homme civilisé qui change de condition avec un jeune sauvage qui en est récompensé par le bonheur, tandis que l'autre est puni par la mort, est une idée originale, dont l'auteur a su tirer de grandes beautés. Mais, en donnant ici l'avantage à l'instinct, il semble plus partisan du système des idées innées, qu'il ne paraissait d'abord en paraphrasant l'axiome qui sert de base au système de Locke:

<pre>
        Nil est in intellectu
   Quod non prius fuerit in sensu.
</pre>

M. Delille, en commençant cet ouvrage, semble avoir craint de se laisser trop aller à l'imagination; et, au lieu de peindre en beaux vers les brillants systèmes de Malebranche ou de Leibnitz, qui prêtent tant à la poésie, et que l'imagination préférera toujours, parce qu'ils lui donnent plus d'exercice, plus d'empire et plus d'éclat, l'auteur, quand son ballon était prêt à s'élever, a pris pour lest le système matériel de Locke. Ceux de Leibnitz ou de Malebranche, en lui fournissant plus de richesses, lui en eussent moins laissé tirer de son propre fonds, et l'on ne pourrait plus admirer au même point, dans ses vers, l'effort et le triomphe des difficultés vaincues. Pour le charme, il ne peut jamais lui manquer, même dans les sujets qui sembleraient les plus arides, et son talent eût trouv moyen de cueillir encore des fleurs au milieu des sables.

CHANT II.

> 1 Heureux, disait Virgile, heureux l'esprit sublime
> Qui peut de la nature approfondir l'abîme !

Le début de ce chant est encore imité de plusieurs endroits de Virgile, et notamment de cet admirable morceau qui termine le second livre des Géorgiques :

> Felix, qui potuit rerum cognoscere causas, etc.

Mais il faut remarquer ici la judicieuse sobriété de l'imitateur. Virgile, en cherchant à délasser ses lecteurs, que pourrait avoir fatigués la continuité des préceptes, déploie toutes les richesses de sa muse dans le touchant épisode où il oppose avec tant d'art le bonheur et la paix des campagnes, aux malheurs et aux crimes enfantés par les discordes civiles. M. Delille n'avait besoin que d'une transition pour lier l'un à l'autre les deux premiers chants de son poëme; il a donc bien fait de se borner à choisir quelques traits dans le tableau du maître. Au reste, le poëme de l'Imagination offre sans cesse au lecteur éclairé des occasions de reconnaître la mesure et l'habileté des larcins de M. Delille, et de sentir la supériorité d'un homme qui soutient si dignement la comparaison avec les grands écrivains auxquels il emprunte des beautés de toute espèce.

> 2 Mais si l'Aï, l'Arbois, ou le Bordeaux manquait,
> Si les plats clair-semés se fuyaient sur la table,
> Elle contait...

Allusion à madame la marquise de la Huchette. Cette dame, douée d'un esprit remarquable, mais peu favorisée de la fortune, recevait la meilleure société de la cour et de la ville. Le charme et la vivacité de sa conversation dissimulaient à d'illustres convives la simplicité presque frugale de ses diners. On assure que son maître-d'hôtel lui dit un jour à l'oreille : « Madame, contez, le rôt manque. »

> 3 Le souvenir au temps fait rebrousser son cours ;
> Et, tel que ce serpent que tranche un fer barbare,
> Fidèle à la moitié dont l'acier le sépare,
> A ses vivants débris cherche encore à s'unir,
> Ainsi vers le passé revient le souvenir, etc.

Ces vers et ceux qui les suivent prouvent que M. Delille sait mettre aussi dans ses ouvrages cet ordre poétique qui, sans avoir les formes et la régularité des raisonnements d'un logicien, n'en est pas moins fidèle à la justesse et à la liaison des idées. Comme tous les grands écrivains, l'auteur emprunte à la raison le fil d'Ariane, pour ne point s'égarer dans le labyrinthe d'une vaste composition : ainsi, au lieu de passer tour-à-tour et sans art d'un objet à un autre, il donne à diverses affections de notre âme un centre commun ; ainsi nous le voyons rattacher au souvenir, secondé par l'imagination, le remords, le regret, la reconnaissance, le ressentiment, et l'effroyable vengeance, qui est sa fille.

> 4   Comme lui, du passé le regret est l'image ;
>   Mais son air est plus doux, etc.

Je ne ferai pas au lecteur l'injure de supposer qu'il ait besoin d'être averti pour sentir le charme de ces vers si doux et si purs ; je remarquerai seulement que le poëte a placé la touchante peinture du regret entre le remords et la vengeance. C'est à l'école de Virgile que notre maître a étudié l'art de ces heureux contrastes, qui préviennent l'inconvénient de la monotonie, en réveillant à tout moment des sensations nouvelles dans notre âme.

> 5   Oserai-je conter l'épouvantable histoire
>   Dont Pérouse, en tremblant, garde encor la mémoire ?

L'histoire moderne d'Italie offre une foule d'exemples de ces vengeances implacables, et autorisait suffisamment l'auteur à placer dans Pérouse la scène horrible qu'il raconte.

> 6   Il frappe, il entre armé de poignards, de flambeaux,
>   Tel qu'un spectre échappé de la nuit des tombeaux ;
>   Surprend son ennemi, le saisit et l'enchaîne ;
>   Et d'un œil où brillait le bonheur de la haine :
>   « Ah ! cruel, lui dit-il, tu m'as long-temps trompé,
>   » Mais à mes coups enfin tu n'as pas échappé ;
>   » La vengeance à pas lents t'a conduit dans mes piéges :
>   » Tiens, traître, tiens, voilà pour tous mes sacriléges ;
>   » Tu m'as ravi (comment puis-je assez te punir ?)
>   » Les biens et de ce monde et du monde à venir.
>   » Meurs ; expie en mourant mes crimes, tes injures,
>   » Et mes tourments passés, et mes peines futures.
>   » L'enfer est pour tous deux : tu m'y précéderas. »

Il n'y a qu'un moment, M. Delille laissait échapper de son cœur attendri des accents dignes de la muse de Racine ; il se montre tout à coup le rival du terrible Dante. Assurément le chantre d'Ugolin n'eût pas désavoué la sombre énergie de ces beaux vers. Mais ce qu'il faut encore plus admirer dans le morceau entier, c'est l'art du poëte : d'abord, rien de plus habilement ménagé que son passage presque subit de la peinture des plus doux penchants à celle des passions les plus terribles ; ensuite voyez avec quelle vérité il nous représente les affreux projets, les serments sacriléges d'une haine long-temps concentrée dans un cœur ulcéré, pour nous montrer enfin, plus effrayante que l'Alecton de Virgile devant Turnus, la Vengeance qui s'élance du pied des autels sur la victime dévouée à sa rage.

> 7   L'Espérance au front gai, qui, lorsque tous les dieux
>   Loin de ce globe impur s'enfuirent dans les cieux,
>   Nous resta la dernière, et console le monde.
>   Avec le nautonier elle vogue sur l'onde,
>   Veille dans les comptoirs, guide les bataillons,
>   Sourit au laboureur courbé sur ses sillons.

Il y a dans le passage entier, dont ces vers sont extraits, beaucoup de souvenirs de Tibulle. M. Delille avait soigneusement étudié les poëtes érotiques de l'antiquité, et lui-même convenait que son talent avait profité beaucoup dans leur commerce.

8 Vous l'avez éprouvé, dans ces jours de prestiges
   Où Mesmer de son art déployait les prodiges, etc.

Après avoir parlé de l'espérance en termes généraux, M. Delille, qui connaît les obligations d'un poëte, fait un tableau charmant des illusions et des bienfaits de cette enchanteresse. Il ne m'appartient pas de juger Mesmer et son système, mais je le remercie des vers qu'il a inspirés au chantre spirituel et crédule qu'il n'a point guéri. On ne trouve pas dans Virgile lui-même cette facilité, ce talent de tout peindre et de tout exprimer avec grâce, ce tour enjoué, cette élégance sans aucune trace d'effort ; on se rappelle, en lisant ce passage, l'aimable familiarité d'Ovide avec sa folâtre muse.

9 L'amour dans tous les cœurs fait entendre sa voix.
   Mais qui dira combien et nos mœurs et nos lois,
   Et de nos arts brillants la puissante magie,
   De ce penchant terrible exaltent l'énergie?
   Tel des rayons perdus dans le vague des cieux
   Le verre ardent rassemble et redouble les feux.
   Pour l'instinct effréné d'une horde sauvage,
   L'amour est un éclair : chez nous, c'est un orage.
   De tout ce qui fermente et bouillonne en nos cœurs
   L'imagination assemble les vapeurs :
   La vanité, l'orgueil, l'espérance, la crainte,
   Le regret, le désir ; c'est l'airain de Corinthe,
   Où, par un feu brûlant l'un dans l'autre fondus,
   Tous les métaux roulaient et brillaient confondus ;
   C'est le volcan, où l'air, et l'onde, et le bitume,
   Nourrissent à la fois le feu qui le consume.

Lucrèce, dans son quatrième chant, a peint en traits de feu l'amour physique ; M. Delille, fidèle à son plan, considère cette passion dans ses rapports avec l'imagination. Un poëte, même dans un ouvrage didactique, doit être, autant qu'il le peut, peintre de mœurs; M. Delille n'a point oublié celles de son temps : sans s'interdire les vives images qui naissent du sujet, il a gardé avec raison plus de pudeur que Lucrèce ; et, par le soin qu'il a pris de choisir le côté moral de la plus ardente des passions de l'homme, il a augmenté le prix d'une peinture dont l'intérêt est puisé dans nos usages, dans nos souvenirs, et dans notre manière de sentir. Lucrèce, Virgile, Tibulle, Properce, J.-J. Rousseau, ont tous ici fourni quelque chose à M. Delille ; et cependant tel a été son art à unir ensemble les divers traits de sa composition, à assortir et à fondre ses couleurs, que le tableau des effets de l'amour sur nos âmes lui appartient en propre. On ne peut pas plus le contester à son auteur, qu'on ne peut refuser à l'abeille le mérite d'avoir composé le miel exquis qu'elle a formé du suc des fleurs.

Les soixante-six vers de ce morceau, dont nous n'avons cité que le commencement, prouvent que M. Delille aurait été, s'il eût voulu, un excellent poëte érotique : ils ont toute la chaleur, toute la grace et toute la délicatesse que demande la peinture de l'amour et de ses plaisirs.

10 . . . . En l'un de ces hospices
    Dotés par les secours et fondés par les mains
    De ce pieux Vincent, bienfaiteur des humains,
    Dont le modeste nom, digne de la mémoire,
    De tous les conquérants anéantit la gloire.

Jamais M. Delille ne manque au devoir de rendre hommage à ceux qui ont honoré la France. Il a saisi avec empressement l'occasion de payer son tribut à un apôtre de l'humanité, à un héros de la religion, au modèle accompli de toutes les vertus chrétiennes.

> 11 Les Grâces arrangeaient son simple habit de bure,
> Les Grâces se plaisaient à sa simple coiffure.
> Dans ses traits ingénus respirait la candeur;
> Son front se colorait d'une aimable pudeur;
> Tout en elle était calme; un sentiment modeste
> Réglait son air, sa voix, son silence, son geste;
> Ses yeux, d'où sa pensée à peine osait sortir,
> N'exprimaient rien encore, et faisaient tout sentir.
> On eût dit qu'en secret sa douce indifférence
> D'un ascendant suprême attendait la puissance :
> Tel ce chef-d'œuvre heureux de l'amour et des arts,
> La jeune Galatée, enchantait les regards,
> Lorsque, essayant la vie et son âme naissante,
> N'étant déjà plus marbre et pas encore amante,
> Entr'ouvrant par degrés ses paupières au jour,
> Pour achever de vivre elle attendait l'amour.

Je ne puis me défendre de montrer encore ici aux lecteurs la marche savante du poëte, et son talent à soutenir l'attention par les oppositions, comme à suivre dans ses tableaux une progression qui accroît l'intérêt jusqu'au dernier moment, et arrête l'âme du lecteur sur la scène qui doit lui laisser les plus touchants souvenirs.

Nous avons passé du baquet magique de Mesmer aux sombres illusions de la crainte, mère de la superstition, qui déshonore le culte que l'amour, la raison et la reconnaissance doivent à la Divinité. A cette peinture succède celle de la soif de l'or, aliment de la funeste passion du jeu, dont la joie est presque aussi horrible que le désespoir. A côté de cette passion, qui fait du cœur de l'homme un volcan toujours prêt à lancer des flammes, l'auteur place les orages excités dans nos sociétés modernes par le penchant terrible qui entraîne un sexe vers l'autre : là sont exprimées en vers célestes les délices du cœur et celles des sens; ensuite le poëte suscite la jalousie qui corrompt les plaisirs de l'amour, et change les plus douces jouissances en mortels poisons. Au sujet des traces profondes que la jalousie laisse dans nos cœurs, le poëte a créé une comparaison admirable, et qui me rappelle que je n'ai pas fait remarquer à mes lecteurs toute la richesse du talent de M. Delille dans ce genre d'ornements qu'il a semés avec toute la profusion d'un véritable poëte. Il nous avait enchantés par la magique peinture des transports des amants heureux, il vient de nous attrister par le tableau déchirant des angoisses qui les surprennent au milieu de leur félicité; il le sent, et il nous ramène à des images plus douces, quoique tristes encore. Alors sa muse nous rappelle le touchant délire de la folle d'amour, et voilà sa transition pour nous conduire à l'épisode de Volnis et d'Azélie, épisode où la tendresse, la grâce, la mélancolie, le charme d'une passion qui commence et finit sous les auspices du malheur, et donne cependant quelques années d'un bonheur ineffable à ses deux victimes, ont trouvé un peintre digne d'un tel sujet. Certainement on vanterait beaucoup dans les anciens un art aussi délicat, une gradation aussi habilement conduite : pourquoi donc refuserions-nous à un poëte notre contemporain un éloge vraiment mérité ! pourquoi craindrions-nous d'ajouter qu'il n'est pas dans notre langue un seul poëte, fût-ce Racine lui-même, qui ne s'honorât d'avoir écrit les vers où M. Delille peint son Azélie sous ces traits de la jeune Galatée attendant, pour achever de vivre, le souffle de l'amour ?

CHANT III.

1 Et l'œil, qui nous instruit de leur beauté suprême,
  En un cercle brillant s'est arrondi lui-même.

L'idée développée dans ces vers est conforme au système du célèbre peintre anglais Hogarth, qui, dans son analyse de la beauté, établit que la ligne courbe est le principe de la beauté physique.

2 Elle marche, et son port a trahi la déesse.

Et vera incessu patuit dea.
Æneid., lib. I.

M. Delille a placé ce même vers, avec un léger changement, dans sa traduction de l'Énéide :

Elle marche, et son port révèle une déesse..

3 De ces mêmes accords l'univers enchanté
  Vit éclore un pouvoir plus sûr que la beauté,
  Qui toujours l'embellit, qui souvent la remplace,
  Qui nous plaît en tous lieux, en tout temps ; c'est la grace.

Ces vers sont une élégante paraphrase du vers si connu de La Fontaine :

Et la grace, plus belle encor que la beauté.

4 Toujours l'été brûlant fait place au doux automne ;
  Toujours, après l'hiver, vient le printemps ; toujours
  Les jours suivent les nuits, les nuits suivent les jours.

La triple répétition de ce mot *toujours* exprime admirablement le retour monotone et ennuyeux des mêmes choses. M. Delille avait déjà employé, dans le poëme des Jardins, cet artifice de style, ainsi que la coupe pittoresque du second vers :

Toujours des fleurs, toujours des festons ; c'est toujours
Ou le temple de Flore, ou celui des Amours.

5 Et la gaze, et le lin, plus fragile merveille,
  Dédaigneux aujourd'hui des formes de la veille,
  Inconstants comme l'air, et comme lui légers,
  Vont mêler notre luxe aux luxes étrangers.

Un ancien a donné le nom d'*air tissu, aer textile*, à ces étoffes légères que décrit M. Delille. Notre poëte se rapproche, autant qu'il peut, de cette ingénieuse expression, qui lui était sans doute connue.

6 Et, jusqu'au fond du Nord portant nos goûts divers,
  Le mannequin despote asservit l'univers.

Mademoiselle Bertin, marchande de modes de la reine, envoyait, dit-on, en Russie, chaque mois, et peut-être chaque semaine, une grande

poupée habillée et coiffée à la dernière mode. En copiant exactement ce
modèle, les dames de Saint-Pétersbourg étaient sûres d'être mises, non
pas peut-être comme l'étaient au même moment celles de Paris, mais
au moins comme elles l'avaient été une douzaine de jours auparavant.

> 7 . . . . Le temps, qui change tout,
> Se voit changé lui-même, et notre vieille année,
> Avec ses mois nouveaux marche tout étonnée.
> O mes concitoyens! dites-moi de quel nom
> Se nomment aujourd'hui ma ville, mon canton?

Ici le poëte daigne rappeler deux des folies les moins barbares, mais
les plus ridicules qui aient signalé la révolution française. La première
est le calendrier républicain, fabriqué par Romme et Fabre-d'Églan-
tine. Quand il serait vrai que la division des mois y fût plus conforme à
la marche de l'année et marquât mieux la division des saisons, ce n'en
était pas moins une invention absurde, qui jetait du désordre, de la confusion dans nos relations de toute espèce avec les autres peuples, et nous
isolait, pour ainsi dire, du reste de l'Europe. L'autre folie nous rendait
en quelque sorte étrangers chez nous-mêmes; c'était celle des nouveaux noms donnés aux villes, bourgs et villages, quand les anciens
noms étaient de nature à réveiller quelque souvenir religieux ou monarchique.

> 8 D'un massacre nouveau le massacre est suivi;
> Le peuple est fatigué, mais non pas assouvi.

Le second vers est l'imitation d'un vers fameux de la sixième satire
de Juvénal:

> Et lassata viris, necdum satiata recessit.

> 9 Voyez de cette fleur le ridicule amant:
> Si quelque autre avec lui partage sa richesse,
> A cette horrible idée il sèche de tristesse;
> De son heureux rival il l'achète à prix d'or,
> Et dans sa serre avare enterre son trésor.

Un amateur de fleurs enchérit sur celui dont parle le poëte. Se croyant
possesseur d'une fleur unique, il apprend que la pareille existe dans un
jardin; il va la marchander, en donne tout ce qu'on veut, et l'écrase à
l'instant même sous ses pieds. Il y a là autant de raison qu'il peut s'en
trouver dans la folie : il est certain que la destruction d'une des deux
fleurs donnait un prix indéfini à celle qui restait seule. M. Delille avait
déjà ridiculisé la même manie dans son poëme des Jardins.

> 10. Est-ce Homère ou Platon? Non, c'est quelque feuillet
> D'un vieux tome échappé du bûcher de Servet.

Michel Servet, de Villanueva, en Aragon, savant médecin, entrevit le
phénomène de la circulation du sang, qui depuis fut démontré par Har-
vey. Il eut le malheur de ne pas s'en tenir aux mystères de la nature, et
de vouloir expliquer ceux de la religion. Il eut avec Calvin une dispute
sur la Trinité, où, après s'être envoyé de part et d'autre force arguments
inintelligibles, on finit par s'adresser de grossières injures. Au moment
où Servet, échappé des prisons de Vienne en Dauphiné, passait par

Genève pour se réfugier en Italie, Calvin, qui avait été l'instigateur de sa captivité, réussit à le faire enfermer une seconde fois. Des juges, gagnés ou intimidés par l'implacable réformateur, le condamnèrent à être brûlé vif comme antitrinitaire : cette barbare exécution se fit le 27 octobre 1553. Comme on fit une perquisition sévère des ouvrages théologiques de Servet pour les brûler comme lui, ils sont devenus fort rares, et, par cette seule raison, sans doute, sont très estimés des bibliomanes. Les amateurs d'ouvrages échappés du bûcher ont, pour les guider dans leurs recherches, un *Dictionnaire des livres condamnés au feu*, en deux volumes in-8°, par M. Peignot.

> 11 Et l'abondance enfin les dépréciant tous,
> Comme il eût jeté l'or il jette ses cailloux.

M. Delille se conduisit à Athènes précisément comme ce sauvage. On lit dans la lettre fort connue qu'il écrivit d'Athènes à une dame de Paris : « Il faut que je vous conte encore une superstition de mon amour pour » l'antiquité. Au moment que je suis entré tout palpitant dans Athènes, » ses moindres débris me paraissaient sacrés. Vous connaissez l'histoire » de ce sauvage qui n'avait jamais vu de pierres ; j'ai fait comme lui : » j'ai rempli d'abord les poches de mon habit, ensuite de ma veste, de » morceaux de marbre sculptés, et puis, comme le sauvage, j'ai tout » jeté, mais avec plus de regret que lui. »

> 12 « Laissez, laissez venir ces enfants jusqu'à moi, »
> Disait cet homme-Dieu, dont nous suivons la loi.

Sinite parvulos venire ad me. Luc, cap. X, v. 14.

> 13 Voyez-le, dominé par cet instinct secret,
> Suivre un embrasement, contempler du rivage,
> A l'abri du danger, les horreurs du naufrage,
> Repaître aux champs de Mars ses yeux épouvantés.

Lucrèce a exprimé le même sentiment et décrit les mêmes circonstances dans les premiers vers du livre II de son poëme *de Rerum Natura*.

> Suave, mari magno, turbantibus æquora ventis,
> E terra, magnum alterius spectare laborem ;
> . . . .
> Suave etiam belli certamina magna tueri
> Per campos instructa, tua sine parte pericli.

« Il est doux de contempler, du rivage, les flots soulevés par la tem-
» pête, et le péril d'un malheureux qu'ils vont engloutir.... Il est doux
» encore, à l'abri du péril, de promener ses regards sur deux grandes
» armées rangées dans la plaine. »   (*Trad. de La Grange.*)

> 14 Elle y conduit Buffon, elle y ramène Pline.

Pline le naturaliste voulut, comme tout le monde sait, voir de près la fameuse éruption du Vésuve, de l'an 79. Elle fut si violente que des villes entières disparurent sous des torrents de lave et sous des monceaux de cendres; Pline lui-même, martyr de son zèle pour la science, mourut suffoqué par les flammes et la fumée. C'est à cet événement que le vers se rapporte. Un peu plus loin, le poëte fait allusion aux villes de Pompéia et d'Herculanum, qui, ayant été ensevelies lors de l'éruption dont il vient d'être parlé, furent découvertes au milieu du dernier siècle.

> 15 Viens donc, viens, charme heureux des arts et des amours;
>   Je te cha tai deux fois, inspire-moi toujours.

C'est dans *les Jardins* que M. Delille a deux fois décrit les charmes tristes et doux de la mélancolie. Chaque fois qu'il a peint ce sujet un peu monotone, il a su varier habilement ses couleurs et ses teintes; ce sont autant de portraits qui diffèrent entre eux, et pourtant ressemblent tous à leur modèle commun.

> 16 Seule dans l'ombre obscure elle pleure, et l'aurore,
>   Seule sur son rameau l'entend gémir encore.

>   Qualis populea mœrens Philomela sub umbra
>   Amissos queritur fœtus, quos durus arator
>   Observans nido implumes detraxit; at illa
>   Flet noctem, ramoque sedens miserabile carmen
>   Integrat, et mœstis late loca questibus implet.
>   *Georg.*, lib. IV.

M. Delille, dans sa traduction des *Géorgiques*, avait ainsi rendu cette comparaison touchante:

>   Telle, sur un rameau, durant la nuit obscure,
>   Philomèle plaintive attendrit la nature,
>   Accuse en gémissant l'oiseleur inhumain
>   Qui, glissant dans son nid une furtive main,
>   Ravit ces tendres fruits que l'amour fit éclore,
>   Et qu'un léger duvet ne couvrait pas encore.

Il est à remarquer que M. Delille se montre plus fidèle traducteur de Virgile dans les vers de *l'Imagination* que dans ceux de la traduction même des *Géorgiques*. S'attachant moins à la précision, il a rendu avec une exactitude scrupuleuse tous les détails de cette peinture délicieuse: il lui est souvent arrivé de lutter ainsi contre son propre talent; quelquefois il se surpasse lui-même, quelquefois il laisse la palme indécise, et toujours il augmente sa gloire.

> 17 ....L'un sur l'autre abattus,
>   Cent ministres sanglants jonchent le sanctuaire;
>   Dulau tombe content dans les bras de son frère.

M. Dulau, archevêque d'Arles, fut massacré le 3 septembre 1792, dans le jardin des Carmes, avec un grand nombre de prêtres. Lorsque les assassins arrivèrent pour les égorger, tous, à la voix de ce respectable prélat, tombèrent à genoux et reçurent sa bénédiction. Lui-même il continua de prier pour les assassins jusqu'au moment où ils le massacrèrent. C'est par erreur que M. Delille le fait tomber dans les bras de son frère. Cette particularité regarde l'évêque de Saintes, qui fut immolé sur le cadavre même de son frère, l'évêque de Beauvais, dont il avait voulu absolument partager la captivité et les dangers.

> 18 Reçois donc mon tribut, ô toi, de qui'la main
> Sur leur roc plus solide et plus dur que l'airain
> Grava mes faibles vers !

Plus d'un voyageur a, dit-on, gravé sur les Pyramides ce beau vers du poëme des *Jardins*, relatif aux monuments de l'ancienne Rome, mais plus applicable encore à ceux de l'Égypte :

> Leur masse indestructible a fatigué le temps.

C'est de cette espèce d'hommage que M. Delille se montre reconnaissant, et remercie ceux qui le lui ont rendu.

> 19 Et toi, terrible mer, séjour tempétueux,
> Déjà j'ai célébré tes champs majestueux ;
> Mais qui de tes beautés, ô mer intarissable !
> Peut jamais épuiser la source inépuisable ?
> J'ai chanté ta grandeur et ton immensité ;
> Ai-je dit ta richesse et ta fécondité ?

Le poëte rappelle ici un passage de *l'Homme des champs*, dans lequel il décrit magnifiquement, d'après Buffon, les grandes révolutions des mers, formant des montagnes dans leur sein par d'énormes amas de coquillages, et ensuite délaissant les continents qu'elles ont couverts, pour en envahir d'autres qu'elles abandonneront à leur tour.

> 20 Monts augustes, c'est vous dont la cime idolâtre
> Du culte de Mithra fut le premier théâtre.

« Mithra ou Mithras, divinité persane que les Grecs et les Romains
» ont confondue avec le soleil, mais qui, suivant Hérodote, n'était autre
» que la Vénus céleste, ou l'amour, principe des générations et de la fé-
» condité qui perpétue et rajeunit le monde... Les Romains adoptèrent
» ce dieu des Perses, comme ils avaient adopté ceux de toutes les autres
» nations.... Le culte de Mithras, avant de venir en Grèce et à Rome,
» avait passé de la Perse en Cappadoce, où Strabon dit avoir vu un
» grand nombre de ses prêtres. Ce culte fut porté en Italie du temps de
» la guerre des Pirates, l'an de Rome 687, et y devint très-célèbre dans
» la suite, surtout dans les derniers siècles de l'empire. » *Dictionnaire
de la Fable*, par M. Noël.

> 21 Je ne vois qu'un grand cercle où se perd mon regard,
> Dont le centre est partout, et les bords nulle part.

Pascal avait dit de l'ensemble de la création : « C'est une sphère in-
» finie dont le centre est partout, la circonférence nulle part. » Avant
Pascal, Hermès Trismégiste avait appliqué à Dieu la même comparaison, exprimée dans les mêmes termes.

> 22 Voyez, quand Marius aux prisons de Minturne
> Assoupit un moment sa douleur taciturne,
> Ce Cimbre l'approcher un poignard à la main ;
> Le héros se réveille, et se levant soudain,
> Avec cet œil terrible où brillent la victoire,
> Et tant de consulats, et quarante ans de gloire,
> Tout rayonnant encor des honneurs qu'il n'a plus,
> « Oseras-tu, barbare, égorger Marius ? »

On a entendu dire à M. Delille qu'il avait tâché de rendre, dans le troisième et le quatrième vers de ce passage, une belle expression dont Cicéron se sert pour peindre le feu qui sort des yeux d'un homme accoutumé au commandement et à la victoire : *oculorum imperatorius ardor.* Plutarque dit que le Cimbre crut voir sortir des yeux de Marius deux flammes ardentes.

La poésie et la peinture ont traité à l'envi ce beau sujet, M. Arnault l'a mis sur la scène, et Drouais fils l'a transporté sur la toile : la tragédie fut l'heureux coup d'essai d'un jeune poëte qui depuis s'est signalé par d'autres succès; le tableau fut le dernier chef-d'œuvre d'un jeune artiste qui, à l'âge de vingt-sept ans, fut enlevé à un art qu'il promettait d'illustrer.

CHANT IV*.

1   Oh! que l'homme sait bien embellir l'univers.
    Sans lui, du monde entier les spectacles divers
    Languissent sans attraits, sans intérêt, sans ame;
    Mais, doué par les dieux d'une céleste flamme,
    L'homme passionné les passionne tous.

Ces vers, qui peuvent s'appliquer à l'homme en général, semblent convenir aux poëtes plus particulièrement, en ce qu'ils sont les hommes les plus passionnés. M. Delille est plus qu'aucun autre celui qui, suivant ses propres expressions,

    Donne aux fleurs la gaîté, donne aux mers le courroux,
    La mémoire aux rochers, aux myrtes la tendresse.

2   Et conduis, en rêvant, les flots vers le rivage.

Il n'est personne qui n'ait connu le charme rêveur que l'on éprouve lorsque, occupé d'une pensée triste, on voit les flots de la mer ou d'un grand fleuve se succéder avec un bruit monotone, et venir expirer sur le rivage, où ils se brisent l'un après l'autre. Rien ne représente mieux la succession rapide des instants qui naissent et meurent en se succédant toujours, et nous conduisent insensiblement vers la mort. C'est peut-être cette analogie secrète qui rend le spectacle des flots si mélancolique.

3   Mais si le noir chagrin, la douleur violente,
    Porte au cœur malheureux sa fougue turbulente,
    Le site le plus doux ne lui rend pas la paix.

Qui n'a pas éprouvé l'effet de cette vérité dans le moment où le cœur, dévoré de chagrin, se trouve en opposition directe avec l'inspiration d'un lieu rempli de charmes! Bajazet détrôné pleure la mort de son fils, et sa douleur redouble à la vue d'un pâtre qui joue gaiement de la flûte dans un beau lieu champêtre.

4   Dieux! avec quel transport je reconnus sa tour.....

Ce vers et les suivants doivent éveiller dans l'ame du lecteur des émotions produites par ses propres souvenirs. On n'émeut jamais plus sûre-

* Les notes sur le chant IV sont de M. Parseval de Grandmaison.

ment qu'en rappelant au cœur les impressions que le temps n'y a point
effacées; elles ressemblent au feu caché sous la cendre, et qui est prêt à
s'emparer de l'aliment qu'on lui présente.

> 5 Et cet étroit réduit que j'avais cru si vaste.

Ce vers frappant de vérité doit être apprécié par tous ceux qui ont
revu, après un laps de temps considérable, le séjour de leur enfance. Il
semble que la taille de l'homme soit pour lui le modèle de toutes les
grandeurs; il compare l'étendue avec lui-même, et, quand son corps
s'est développé, tous les objets qu'il a vus dans son enfance lui semblent
rapetissés, parce qu'il est devenu plus grand.

> 6. Où sur le sein d'Églé, qui partageait ma peur,
> Un précoce plaisir faisait battre mon cœur !

Ces deux vers expriment à merveille le premier trouble du cœur que
doit éprouver l'enfance qui touche à la jeunesse, quand l'approche d'un
objet aimable lui fait pressentir les impressions des sens.

> 7 Si le fifre imprudent fait entendre ces airs
> Si doux à son oreille, à son âme si chers,
> C'en est fait, il répand d'involontaires larmes.

On sait quel effet produit, en général, sur les Helvétiens, l'air champêtre qu'on appelle *le Ranz-des-vaches*, lorsqu'ils l'entendent loin de
leur patrie : il en est qu'aucune puissance ne peut retenir, et qui partent
sur-le-champ pour retourner dans leur pays.

> 8 Eh! sur ces monts glacés, où, loin de sa Julie,
> Saint-Preux traînait ses maux et sa mélancolie,
> Voyez ce malheureux conduire imprudemment
> Celle qu'un autre hymen ravit à son amant !

Ces vers, imités d'une lettre de *la Nouvelle Héloïse*, ont le malheur
de ne point égaler la prose admirable qui les a inspirés. N'en soyons
point surpris, la perfection ne s'imite point; pour égaler un morceau
sublime, il faut en composer un autre.

> 9 Contemplez ces débris d'une abbaye antique.

On peut comparer cette peinture à celle de l'abbaye représentée dans
le quatrième chant du poëme des *Jardins*; et l'on hésitera sur le choix.
Rien ne prouve mieux la riche fécondité de M. Delille, que l'art avec
lequel il reproduit les mêmes tableaux, sans répéter les mêmes effets.

> 10 Vieux récits, dont le charme amusant les hameaux,
> Abrége la veillée et suspend les fuseaux.

Ces vers ressemblent beaucoup à ceux du troisième chant du poëme des
Jardins, ainsi conçus :

> Vieux récits qui, charmant la foule émerveillée,
> Des crédules hameaux abrégent la veillée,
> Et que l'effroi du lieu persuade un moment.

> 11 Ici, du haut des tours, plus d'une tendre amante
> Suivait son jeune amant dans la lice sanglante.

Cette peinture des mœurs chevaleresques est pleine d'effet, parce qu'elle est pleine de vérité. On voit, on entend le redresseur de torts qui délivre sa maîtresse, et l'emporte en croupe sur son cheval, loin du château où elle languissait prisonnière. Ce morceau prouve que M. Delille possédait cette couleur locale qui transporte au temps dont on peint les usages; talent ignoré de son temps, et peu connu de Voltaire lui-même. M. Bernardin de Saint-Pierre est peut-être le premier qui, dans ses romans de *Paul et Virginie* et de la *Chaumière Indienne*, ait accrédité ce genre estimable; l'auteur d'*Atala* lui a encore donné plus de vogue.

> 12 Le génie éploré de ces fameux remparts
> Distingua dans la foule un jeune amant des arts.

Il s'agit ici de M. de Choiseul-Gouffier, auteur du *Voyage pittoresque de la Grèce*, et que M. Delille accompagna jusqu'à Constantinople. Tout ce morceau fut lu par l'auteur dans une séance publique de l'Académie, où il produisit le plus grand effet.

> 13 Malgré l'affreux cordon, malgré le sabre nu,
> J'entrai brûlant de voir et tremblant d'avoir vu.

Les bains de Constantinople ressemblent à tous les bains d'étuve dont on fait usage dans l'Orient. On y entre par différentes salles, dont la chaleur augmente graduellement : la dernière de toutes, qui ne reçoit le jour que par la voûte, est remplie d'une vapeur très-chaude, dont l'effet est d'ouvrir les pores de la peau, et de produire une grande transpiration. Ces lieux sont très-fréquentés par les femmes turques, parce qu'ils leur offrent la seule occasion de jouir d'une espèce de liberté : c'est là que se forment leurs liaisons, que se traitent les affaires de famille, que se préparent les mariages, et que se débitent les nouvelles qui circulent dans la ville. On se tromperait fort si l'on se représentait les beautés de Constantinople d'après celles qu'on admire dans nos climats; la plupart sont dépourvues de graces, du moins pour des yeux français. L'abus qu'elles font des bains d'étuve les vieillit de très-bonne heure : leur extrême embonpoint nuit également à leur beauté. Celles qui remplissent les sérails viennent de la Géorgie et de la Circassie : leurs traits sont enchanteurs, mais pâles et décolorés; il semble voir des fleurs étiolées : elles n'ont point cet air de fraîcheur et de vie qui plaît dans nos climats.

> 14 L'amour même chérit les ombres du mystère.

Ce vers et les vingt-et-un qui le suivent expriment le charme que le mystère ajoute au plaisir, et forment un contraste piquant avec le mystère formidable dont les beautés asiatiques sont toujours enveloppées. La fable de Psyché, qui représente l'Amour s'envolant dès qu'il est aperçu, est ingénieusement rappelée à la fin de ce morceau.

> 15 Sous les cieux africains voyez le voyageur,
> Des sables de Rosette, ou des landes du Caire,
> Traverser lentement l'espace solitaire.

Cette peinture du désert paraît convenir beaucoup plus à celui qui sépare Souez du Caire qu'aux environs de cette ville et de Rosette. Cet espace de trente lieues, que j'ai parcouru, est d'une aridité complète ; c'est une mer de sable qui devient le tombeau des caravanes quand le vent du midi, qu'on appelle le Kamsim, se répand dans l'air et obscurcit l'horizon. La route que suivent les caravanes est toute semée d'os de chameaux, que l'impression d'un soleil ardent a rendus d'une blancheur éblouissante ; et la soif qu'on éprouve dans cette longue traversée, quand les provisions d'eau sont épuisées, redouble encore par le phénomène du mirage que produit la réverbération du soleil sur les sables du désert : on croit apercevoir un grand fleuve dans l'éloignement ; et cette illusion est si complète, que même ceux qui en sont prévenus ont toutes les peines du monde à s'en désabuser.

> 16 Il se traîne, il épuise un reste de vigueur,
> Lorsqu'au lever du jour, ô surprise ! ô bonheur !
> D'un obélisque au loin il découvre le faîte,
> Les kiosques des pachas, les temples du prophète,
> De palmiers, d'orangers des bois délicieux,
> Que le désert encore embellit à ses yeux.

Je dois rendre hommage à la vérité de cette peinture, ayant passé quatre mois dans les ruines de Souez, où quelques dattes, quelques fèves, et du pain noir, avaient été ma principale nourriture. Je traversai le désert avec la caravane de Thor, pour me rendre au Caire : je n'entreprendrai pas de peindre l'impression de bonheur que je ressentis, lorsque, après trois jours et trois nuits de traversée, dont toutes les minutes m'avaient paru des siècles, j'aperçus les premiers arbres du petit village de Belketeragi, qui n'était qu'à une demi-lieue du Caire. Altéré de fraîcheur, épuisé de fatigue et mourant de besoin, je ressentis une joie délirante à la vue de ces arbres qui me promettaient de la verdure, du repos et de l'ombre. Je me traînai jusqu'au pied d'un grand sycomore, et là je bus un pot de lait, et je mangeai quelques petits concombres avec plus de volupté que je n'en eusse goûté à la table la plus somptueusement servie.

> 17 Voyez-vous ce navire attendu sur les eaux ?

Cette peinture du départ et du retour d'un voyageur me semble d'une vérité sensible. Le trouble qu'il ressent à l'approche de son séjour, dont il est séparé depuis si long-temps, et dont il va se ressaisir, doit être apprécié, surtout par ceux qui ont fait, comme M. Delille, des voyages de long cours. Quelle vérité dans le plaisir anticipé que lui promet son imagination, quand elle lui représente sa famille, dont il croit déjà se voir entouré ! quelle naïve expression dans ces vers :

> Sa fille !... en le quittant son adieu fut si tendre !
> Que fait-elle à présent ?...
> . . . .
> Et ce fils, dernier fruit d'une longue union,

NOTES DU CHANT V.

> Vit-il ? commence-t-il à bégayer son nom ?
> Son simple et vieux pasteur répandra tant de larmes !
> A ses arbres grandis qu'il va trouver de charmes !

Ces vers si naturels semblent s'être échappés de la plume de La Fontaine.

18 Sous les remparts de Rome et sous ses vastes plaines.

Il n'est pas de situation qui épouvante autant l'imagination que celle d'un malheureux perdu dans la nuit d'un souterrain, sans nul espoir d'en sortir ; telle serait celle d'un homme enterré de son vivant et se ranimant dans son tombeau. Il est pourtant certain que la peinture de cet horrible état ne produirait aucun effet, parce qu'elle serait privée des alternatives de l'espoir et de la crainte, et qu'elle ne présenterait au lecteur aucune gradation dans les souffrances. Telle n'est point la situation du comte Ugolin, lorsque, enfermé avec ses enfants dans une tour, où il est dévoré, comme eux, par la faim, il n'a pas encore perdu tout espoir d'échapper à cet horrible état, lorsque ensuite il entend murer la porte de cette tour, et qu'ayant vu mourir ses enfants l'un après l'autre, il tombe le dernier sur leurs cadavres. M. Delille a imité dans son épisode cette progression terrible de l'infortune, et il est parvenu, comme le Dante, à faire un récit qui restera éternellement dans la mémoire des hommes. L'horrible situation qu'il dépeint a d'autant plus d'intérêt qu'elle n'est point imaginée. Un de nos peintres de paysage les plus célèbres, M. Robert, s'étant perdu dans les catacombes de Rome, en sortit d'une manière miraculeuse, et raconta lui-même à M. Delille son épouvantable aventure. Cet artiste, à son tour, inspiré par la lecture des beaux vers de M. Delille, saisit son pinceau, et fit un magnifique tableau, qui représente ce terrible sujet. Ce tableau se trouve dans la galerie de madame de Holstemberg, princesse du sang impérial de Russie.

CHANT V.

1 Le poëte consacre ce cinquième chant à célébrer les arts. Ils sont le culte de la nature : son auteur, source unique et constante de toutes les impressions qui animent et embellissent notre existence, nous a donné des organes propres à les recevoir, à nous les transmettre, et il a voulu que nos sens fussent susceptibles de se perfectionner, accordant ainsi au travail un prix assuré, à l'homme une prérogative qui le distingue de tous les êtres, et en fait la merveille de la création.

Les arts ne font pas le bonheur, parce qu'ils ne sont pas des vertus ; mais à eux seuls il est accordé d'assoupir les douleurs : amis toujours fidèles, consolateurs assidus, ils ne délaissent point celui que tout abandonne ; ils suivent le proscrit, ils le protégent : au milieu des troubles et des cris de l'affreuse discorde, ils lui ménagent des moments de calme, et parent son solitaire asile de leurs brillantes illusions ; c'est la terre sacrée de Délos, dont l'accès était interdit aux fureurs de la guerre, et où l'on célébrait avec une paisible solennité les fêtes d'Apollon, tandis que tous les autres états de la Grèce étaient agités par les plus funestes dissensions, ou asservis par d'odieux tyrans.

Combien il est à plaindre celui qui, aux jours du malheur, ne sait pas invoquer l'utile et noble appui des arts; dont l'imagination isolée, découragée, ne peut se réfugier, pour quelques instants du moins, dans un monde meilleur, et combat seule à seule contre l'infortune !

C'était au premier, au plus ancien de ces arts, à la divine poésie, qu'il appartenait de les célébrer tous; c'était au plus sincère, au meilleur des hommes, à chanter les plaisirs les plus vrais, les consolations les plus douces qu'il nous soit accordé de saisir dans le cours de notre rapide et souvent si triste existence.

Les arts, après la religion, les plus assurés consolateurs de la disgrace, sont encore nécessaires au bonheur lui-même; ils semblent arrêter le temps, ou plutôt ils le réalisent, en le forçant de laisser des traces de son passage. Il a vaincu ce grand ennemi de l'homme, il a triomphé du temps destructeur, celui qui, par ses travaux, posa sur chaque instant prêt à fuir un signal, qui l'en fera jouir encore lorsqu'au déclin de ses jours il jettera derrière lui ce long et dernier regard, si pénible pour ceux qui laissèrent écouler la vie dans un continuel sommeil, dont leur faible mémoire conserve à peine les insipides rêves. Heureux l'homme à qui ses talents donnent le droit de dire

Exegi monumentum ære perennius ;

il ne mourra pas tout entier ; il laisse une noble postérité, dont il n'a point à craindre l'abaissement ou la dégénération ; et de flatteurs souvenirs, de douces espérances le bercent à sa dernière heure.

Mais plus heureux mille fois l'homme de génie, s'il fut encore plus chéri qu'admiré, si l'envie elle-même fut séduite par le charme de son caractère, ou intimidée par le concert d'applaudissements qui eût étouffé ses vains murmures : depuis long-temps mon illustre ami avait su la désarmer ; méconnaître la souveraineté de son talent, c'eût été, dans l'empire des lettres, une odieuse et ridicule rebellion ; et nous avons vu le crime lui-même hésiter et reculer devant sa renommée.

Sous les formes naïves d'un aimable enfant, Delille déploya une force héroïque; il grandit dans le malheur, étonna de son courage jusqu'à l'amitié ; brava la tyrannie toute-puissante, et ne répondit à la fureur de ses menaces, comme à l'insulte de ses perfides insinuations, que par des accents de fidélité, de respect et de reconnaissance.

2 **Plus aveugle que moi, Milton fut moins à plaindre.**

Homère, Milton, et Delille, ont perdu la vue sur la fin de leurs jours. Ce rapprochement, s'il ne pouvait être une consolation, devenait du moins pour le poëte français un grand motif de courage : on supporte plus facilement un malheur commun à de grands hommes.

La brillante divinité que Delille a si bien chantée, l'Imagination, venait d'ailleurs sans cesse à son secours ; et les objets qu'il n'apercevait qu'à travers un nuage n'en recevaient peut-être que des teintes plus harmonieuses, n'excitaient en lui que des sensations plus vives. Ne pouvant assez clairement distinguer la majestueuse façade du temple d'Athènes, il en embrassait les colonnes avec transport; il répétait les noms de Périclès, de Phidias ; et les larmes d'une forte émotion tombaient de ses yeux affaiblis. C'est en saluant le mont Ida qu'il adressait un hymne au prince des poëtes ; c'est sur les rives enchantées du Bosphore qu'il célébrait en si beaux vers l'empire universel de la beauté. Combien j'étais heureux de lui procurer des plaisirs si dignes de son cœur, et de la tendre reconnaissance dont le mien était animé, de pouvoir payer par de si douces jouissances le sacrifice qu'il m'avait fait des applaudissements de Paris, où tous les jours étaient alors des jours de triomphe * !

Le besoin qu'il éprouva bientôt d'un bras pour le soutenir, d'une constante surveillance pour le préserver, devint entre nous un lien de plus pour une ame aimante ; il se consolait de ne voir que par les yeux d'un ami, de l'avoir pour guide et pour soutien. C'est dans une plus douce dépendance encore que se sont écoulées les dernières années de sa vie, au milieu des objets de son affection, dont le sentiment était devenu un véritable culte, et auxquels il rendait grâce avec des accents si touchants et toujours si aimables.

La piété des filles de Milton ne fut peut-être pas si bien récompensée; et l'on peut craindre que cet atrabilaire et farouche presbytérien ne l'ait rendue trop méritoire.

Le sublime talent de l'auteur du *Paradis perdu* ne fut pas, au reste, méconnu de ses contemporains, comme on le suppose, comme on le répète sans cesse, et sa vieillesse ne fut point menacée de l'indigence ; il laissa même une succession assez considérable : mais il n'obtint point une estime personnelle, dont on le jugeait indigne, depuis que, dans son fanatisme républicain, il avait essayé de justifier les assassins de Charles Ier. On ne fit point alors l'indulgente et dangereuse distinction des talents de l'auteur et des torts du citoyen ; et l'éloignement que tous les gens d'honneur conservèrent pour Milton ne put manquer d'influer, tant qu'il vécut, sur le sort de son poëme.

On avait cru en France devoir à une puissance étrangère, ou plutôt à la morale publique et à la dignité des trônes, une preuve non équivoque de l'indignation qu'inspiraient des principes destructeurs de l'ordre social. L'ouvrage publié par Milton en faveur du régicide, d'ailleurs aussi mauvais par le style que détestable par le motif qui le dicta, avait été brûlé à Paris par la main du bourreau.

Ce fut sous de tels auspices que parut, après le retour de Charles II, le poëme auquel Milton a dû sa renommée.

Après avoir vu venger les mânes de son père, le fils de l'infortuné Charles Ier se livrait à la frivolité de ses goûts, et, au sein des plaisirs, ne paraissait s'occuper que de faire oublier les malheurs et d'éteindre les ressentiments. Une cour élégante, parée des plus belles femmes de l'Angleterre, célébrait alors par des fêtes continuelles la délivrance de la patrie et le retour de la paix intérieure. Faut-il s'étonner que, dans cette disposition des esprits, un libraire de Londres n'ait pas voulu payer

* Ces notes sur le Ve chant sont de M. de Choiseul-Gouffier.

chèrement à l'auteur d'un premier ouvrage flétri par l'opinion publique le manuscrit d'un long poëme sur le péché originel, où les démons jouent un si grand rôle, et dont il n'était probablement pas capable de juger par lui-même les sublimes et sévères beautés?

Milton, sans aucun droit encore au rang littéraire, qu'on ne lui conteste plus, n'en avait pas moins éprouvé la clémence de son souverain : il lui avait été accordé des lettres de grace, qui, en le mettant à l'abri de toutes poursuites, l'excluaient des emplois publics. On pense que les dépositaires du pouvoir, pour le rendre respectable et cher aux peuples, ont besoin d'être investis de la confiance et de la considération qu'on ne saurait jamais éprouver, et qu'il serait même honteux de feindre pour les instigateurs et les complices du crime.

3 Non ; ton chef-d'œuvre auguste est une ame sublime.

La poésie use ici de ses droits, et contrarie un instant la marche des idées, en remontant un peu brusquement des derniers siècles de notre histoire à l'époque reculée où Caton refusait de survivre à l'ancien gouvernement de son pays. Aucun des noms célèbres réunis dans ces vers ne peut, au reste, se plaindre d'une association honorable pour tous : ils sont dignes d'être présentés ensemble à la postérité, comme des modèles de ce beau moral dont l'empire ne peut être méconnu que dans les temps de calamité, où le ciel éprouve la vertu par les succès du crime, où la faiblesse et la corruption dénoncent, comme trop inflexibles, et même un peu ridicules, par l'exagération de leurs principes, ceux qui n'ont pas regardé comme un jeu frivole la foi des serments, et qui ont constamment repoussé de faciles et coupables moyens de fortune.

4 C'est L'Hôpital, si pur, sous le règne du crime.

L'exemple de L'Hôpital, né dans l'obscurité, devenu chancelier de France, et, durant quinze années des plus affreuses discordes, servant une cour corrompue, la défendant malgré elle de ses funestes erreurs, et sauvant la France à force de vertus, de vrai patriotisme et de fermeté, est une énergique justification de cet antique gouvernement tant calomnié, et qui repoussait, dit-on, tous les genres de mérite. Dans quel pays, au contraire, toutes les avenues des places, des dignités, des honneurs, furent-elles plus libéralement ouvertes au génie, au talent; à la gloire, à la supériorité en tous genres? Combien de grands hommes n'a-t-on pas vus, comme L'Hôpital, enfants de pères inconnus, parvenir aux premières charges du royaume, s'asseoir sur les marches du trône, et fonder à la fois la noblesse et l'immortalité de leurs noms! Il n'est pas un seul peuple dont les annales puissent offrir autant d'exemples encourageants à ceux dont la Providence a voulu exiger quelques efforts et quelques talents de plus avant de les tirer de la foule.

Dans quel temps, sous quelle législation, les descendants de ceux qui avaient servi glorieusement la patrie se sont-ils moins prévalus des souvenirs accordés à leurs ancêtres? Chez quelle nation a-t-on vu les membres de la classe privilégiée n'avoir d'autres priviléges que d'être toujours les premiers à prodiguer leur sang et leur fortune pour la défense de l'état, laissant à leurs paisibles concitoyens les saintes fonctions de la magistrature, les avantages de l'administration, presque toujours les honneurs du ministère, toutes les places utiles, toutes celles où l'on peut légitimement acquérir ces mêmes biens dont eux-mêmes étaient si prodigues dès que la trompette avait sonné ; dont ils consentent même à dépouiller leur postérité, lorsqu'un monarque chéri en demande le sacrifice !

Ils sont jugés par leurs œuvres, les détracteurs de nos rois et de nos antiques institutions ; ils ont attaqué l'édifice pour s'emparer de ses décombres ; ils ont prêché l'humanité pour envahir les ressources du pauvre ; l'égalité pour se couvrir de cordons, et insulter à la misère publique, en étalant un luxe tout nouveau sur les débris des asiles que la bienfaisance et la religion avaient, depuis douze siècles, ouverts à toutes les infortunes, à toutes les douleurs.

> 5 C'est Molé, du coup d'œil de l'homme vertueux
> Calmant d'un peuple ému les flots tumultueux.

« Si ce n'était pas un blasphème d'avancer que quelqu'un ait été plus brave que le grand Condé, je dirais que c'est Matthieu Molé. » Cette seule phrase du cardinal de Retz, l'un des premiers acteurs des troubles de la Fronde, doué lui-même d'une grande intrépidité, est devenue le titre le plus utile à la réputation de Matthieu Molé ; elle l'a servi peut-être mieux qu'il ne l'eût désiré lui-même : son respect filial aurait exigé que l'on rendît avant tout hommage à son père, dont la mémoire a plus de droits encore que la sienne à la reconnaissance de tous les bons Français.

En opposant une inflexible résistance aux frivoles factieux qu'agitaient quelques intrigants, en conservant une énergique fidélité aux vrais principes de la monarchie et à l'auguste race de nos souverains, Matthieu Molé suivait les grands exemples donnés par son père en des circonstances bien plus difficiles et qui eussent intimidé une ame ordinaire.

On avait vu Édouard Molé, procureur-général du parlement de Paris, déployer, au milieu des fureurs de la Ligue, un courage au-dessus des plus terribles dangers, bien différents des excès, souvent si ridicules, de la Fronde.

C'était une famille bien heureuse que celle où l'on ne pouvait opposer au mérite du fils que le mérite plus grand du père : tous deux se réunissaient ainsi pour léguer à leurs descendants de glorieux devoirs qui devenaient bien doux et bien faciles à remplir. La bienveillance publique, fondée sur des souvenirs de vertu, est une fortune acquise dont on peut jouir sans peine ; il ne faut plus que savoir la conserver ; et, pour cela, il suffit de se demander ce qu'eussent fait en pareil cas les ancêtres dont on se glorifie.

Après avoir payé un juste tribut de respect à la mémoire de Matthieu Molé, marchant avec intrépidité sur les traces de son père, serait-il permis d'observer que ce brave magistrat, comme les Spartiates, dont il avait le courage, faisait beaucoup mieux qu'il ne disait?

Nous admirerons le magistrat faisant ouvrir ses portes à une populace furieuse, et lui imposant par son courageux aspect; mais ce sera sans trop nous arrêter sur les adages qu'on lui attribue, et dont on charge, en son honneur, les articles de dictionnaires; il nous échapperait peut-être d'avouer qu'on est trop souvent réduit à lui savoir gré de ses intentions, et à regretter qu'elles n'aient pas été secondées par le talent, sans doute fort inférieur, mais cependant assez utile, d'une expression moins énigmatique.

6 C'est Crillon.

Le nom de Crillon est devenu un des symboles de la valeur et de la loyauté; ce fut, de tous les compagnons d'armes de Henri IV, le plus honoré de son estime. Le monarque pensa que de vulgaires bienfaits n'ajouteraient rien à l'honorable existence du digne chevalier, et les réserva pour ceux dont il avait besoin de solder le dévouement : et quels honneurs auraient valu ce noble et touchant hommage rendu par le grand Henri à la vertu d'un sujet fidèle, déjà si riche de sa propre gloire? « J'étais assuré du brave Crillon, et j'avais à gagner ceux qui » me persécutaient. » Aveu bien pénible sans doute pour une ame royale ; expression d'un regret qui atteste le malheur des temps, mais dont le souvenir consolateur appartient à jamais aux vrais serviteurs du trône, et leur apprend l'inestimable prix qu'acquièrent les services sans récompenses.

7 Parmi l'essaim charmant des filles de Crotone,
Des vierges de Lesbos ou bien de Sicyone.

« Zeuxis passe pour avoir admirablement traité les têtes et les arti-
» culations de ses figures : il était d'ailleurs si zélé pour la perfection de
» ses ouvrages, qu'ayant été chargé par les Agrigentins de faire un
» tableau qu'ils voulaient consacrer dans le temple de Junon Licinienne,
» il exigea d'eux de lui dévoiler tous les charmes de leurs filles; et,
» choisissant les cinq plus belles, il s'attacha, dans son tableau, à rendre
» les plus grandes beautés particulières à chacune d'elles. » (Pline,
l. XXXV, c. 9.)

Cette anecdote, dont il est, au reste, fort permis de douter, a besoin, vraie ou fausse, d'être expliquée ; elle pourrait confirmer l'erreur de ceux qui n'attribuent aux arts que le mérite d'une fidèle imitation : les Grecs s'en étaient formé une bien plus noble idée.

Tous les artistes sont appelés à rechercher et à étudier particulièrement les belles formes accordées à quelques individus, mais dont aucun ne les réunit toutes au même degré ; l'homme de génie, l'artiste vraiment inspiré, est seul admis à composer, de ces diverses études, de cette précieuse récolte, un tout homogène, en parfaite harmonie, dont l'ensemble produise un effet unique, et n'offre jamais aucune contradiction, aucune sensation incohérente à l'œil le plus clairvoyant et le mieux exercé.

Vainement vous rapprocheriez dans votre ouvrage les parties les plus belles en elles-mêmes, si l'action que chacune exerce sur vos sens était indépendante et isolée, si les points de contact n'étaient habilement modulés et confondus, de manière à n'offrir que les transitions les plus vraies et les plus insensibles.

Tous les détails doivent être maîtrisés et ramenés vers un but unique, soumis à une seule pensée, et ne peuvent être exécutés dans ce parfait accord que par un sentiment d'un ordre supérieur, produit d'une influence toute céleste. Si les membres de cette figure ne sont beaux que pour eux-mêmes, chacun d'eux fût-il une fidèle et même brillante imitation de la plus belle nature, vous n'aurez, à l'aide de tant de beautés surprises de se trouver ensemble, oserai-je le dire, et saurai-je me faire entendre ? vous n'aurez créé qu'un véritable monstre aux yeux du connaisseur privilégié, que la nature aurait doué de sens exquis, d'une organisation parfaite, et qui les aurait encore perfectionnés par la méditation et par un long exercice.

Ce ne serait pas, j'en conviens, l'objet que peint Horace ; l'on ne dirait pas tout à fait,

Desinit in piscem mulier formosa superne ;

bien des gens seraient fort loin de s'effrayer à l'aspect d'un tel monstre ; mais l'admirateur éclairé du beau par excellence, qu'une raison éminente rendrait indépendant de toutes les terrestres impressions, serait blessé des incohérences que lui offrirait cet assemblage peu correct de sublimes parties.

Nous avons tous admiré à Paris, et il eût été difficile de s'en défendre, une femme dont le visage est charmant, la taille superbe, et qui m'a toujours paru n'avoir pas tout à fait la tête de son corps : c'est l'ouvrage de Praxitèle, restauré avec un fragment de Phidias.

Si l'artiste n'a reçu du ciel le sentiment de l'harmonie sans laquelle il n'est point de vraie beauté, en imitant les plus admirables objets, en s'appropriant les plus précieuses parties des chefs-d'œuvre du ciseau grec, il ne fera qu'un de ces poëmes bizarres dont, à la renaissance des lettres, s'étonnait l'Italie, se soulevant avec peine, et s'efforçant de sortir de ses ruines. Ainsi que ces premiers admirateurs de l'antiquité, qui s'emparaient des vers de Virgile, de Claudien, de Lucain, ou de Lucrèce, et élevaient, avec ces matériaux usurpés, un édifice de structure toute nouvelle, vous ne charmeriez que le vulgaire, toujours avide des détails qu'il peut saisir, et presque toujours incapable d'embrasser et juger l'ensemble d'une production fortement conçue.

Principibus placuisse viris non ultima laus est.

Et dans ce cas-ci, les princes, ce sont les artistes les plus distingués, et les gens de goût, qui, par leurs études et leurs connaissances, ont mérité d'être initiés aux mystères de l'art.

8. O prodige ! long-temps dans sa masse grossière
Un vil bloc enferma le dieu de la lumière.

L'Apollon et le Laocoon sont les plus sublimes productions, les plus étonnantes merveilles que nous ait léguées le peuple souverain législateur de tous les arts. Ces deux monuments suffiraient pour attester la céleste prédilection dont il fut l'objet, et pour orner son éternel triomphe : c'est surtout en les étudiant que l'on pourra parvenir à se faire une juste idée de ce beau sublime, peut-être improprement appelé beau idéal, dont la perception n'est accordée qu'aux artistes assez fortunés pour réunir en eux une grande rectitude de jugement et une énergique conception, à des organes susceptibles des impressions les plus vives, à un sentiment inné qui les préserve de tout écart, enfin à une exquise sensibilité qui, dans ses transports, en fait des êtres d'une nature supérieure, et capable de saisir des nuances trop souvent perdues pour nous autres, admirateurs vulgaires.

Agésandre de Rhodes osa lutter contre les plus grandes difficultés qui puissent être offertes à l'art; il a défié son propre génie; il lui a demandé plus que l'esprit humain ne semble admis à concevoir et à exprimer, le spectacle d'un homme déchiré par les plus affreuses souffrances physiques, par la plus cruelle douleur morale, et déployant un courage plus qu'humain. Un poison brûlant circule dans toutes ses veines; il n'en est pas une seule qui n'en soit gonflée, irritée, pas un muscle qui ne semble crispé, soulevé, près de se déchirer; l'organisation tout entière de cet infortuné est en révolte contre l'excès des tourments : il succomberait, s'il n'avait reçu du ciel une de ces âmes éminemment fortes qui se roidissent contre le mal, lors même qu'elles désespèrent de le surmonter; c'est un ennemi qu'elles combattent, et une courageuse résistance fera payer cher la victoire : mais Laocoon est bien plus courageux encore, il est père; et c'est en vain qu'il s'efforce de sauver ses enfants saisis, étouffés, bientôt dévorés par de monstrueux reptiles. A travers la contraction de tous les muscles de son visage, la tendresse paternelle domine et l'emporte sur le désespoir de son propre supplice. De quel œil il les regarde !

Par quelles savantes combinaisons ces formes données à la matière, ces ondulations du marbre, présentent-elles à la pensée, et font-elles parvenir jusqu'au cœur, la triple impression de la plus affreuse douleur, du plus grand courage, et de la plus tendre pitié! Et cependant, nous exprimant ces diverses passions, portées à leur dernier terme, l'auteur est resté constamment fidèle à la suprême loi de la beauté; il a évité les expressions trop fortes, qui seraient devenues des contorsions faciles à rendre, et toujours avidement saisies par la médiocrité. Si Laocoon, tout à coup affranchi de ses douleurs et de ses émotions paternelles, se levait calme et serein, il reparaîtrait un des plus beaux individus de l'espèce humaine à l'âge où on le suppose. Oui, ce chef-d'œuvre est le sujet d'une perpétuelle étude, un trésor inépuisable d'instructions; et l'on peut lui appliquer ce que Quintilien dit des ouvrages de Cicéron : *Ille se proficisse sciat, cui Cicero valde placebit.*

Dans une école des arts bien dirigée, il y aurait un professeur qui, pénétré de toutes les beautés du Laocoon, en ferait journellement la démonstration raisonnée aux élèves; la plupart bien éloignés de savoir les reconnaître.

NOTES DU CHANT V.

On ne peut douter que le Laocoon n'ait été long-temps médité par son savant et sensible auteur ; c'est le chef-d'œuvre de la pensée la plus énergique, et du sentiment le plus profond : mais l'Apollon, l'Apollon, mystère inexplicable! La nature enfante donc quelquefois des êtres privilégiés, auxquels il est permis de franchir les bornes qui semblent prescrites à l'esprit humain par l'éternelle sagesse! De quelles facultés l'heureux mortel qui créa ce chef-d'œuvre avait-il reçu le bienfait?

C'est par une puissance toute divine, dont il est interdit à nos vains raisonnements de limiter les fonctions, que l'auteur inspiré de l'Apollon a rendu sensible, a fait sortir d'un bloc informe l'image d'une perfection qui n'exista jamais sur la terre. Le dieu lui avait-il donc dévoilé ses formes harmonieuses? et ce céleste objet lui était-il apparu dans un de ces moments où l'ame immortelle semble se dégager de son enveloppe terrestre! Certainement il croyait à l'existence du dieu dont il était rempli, et voyait dans la suprême beauté le premier attribut des habitants de l'Olympe. Une forte conviction peut seule opérer de pareils prodiges ; et l'artiste grec n'est pas le seul qui, dans une de ces extases qu'on ne peut définir ni expliquer, ait cru voir les objets révérés de son culte, ou celui de son amour.

O vous que le génie des arts appelle à la gloire et au bonheur de les cultiver, étudiez sans cesse le chef-d'œuvre du statuaire rhodien ; en récompense vous obtiendrez de nouvelles facultés pour admirer, j'ai presque dit pour adorer l'Apollon. Ce ne sera pas vous, du moins, qui oserez accuser d'exagération le savant auteur de l'histoire de l'art, célébrant cette sublime production dans un enthousiasme aussi juste qu'éclairé.

9 Si le destin sévère épargne ton jeune âge,
Tu seras Raphaël! Vain espoir! il n'est plus.

Ce ne serait pas rendre un sincère et digne hommage à l'amitié que de prétendre pour elle à une perfection absolue, refusée aux plus sublimes talents. Homère eut des moments de sommeil ; et le génie s'égare quelquefois hors de la route tracée par l'austère logique. Le poëte français paraît s'en être ici un instant éloigné pour aller brûler quelques nouveaux grains d'encens sur l'autel de Virgile : il lui devait son plus beau triomphe, et lui avait voué un culte presque exclusif. Le sentiment ne raisonne pas toujours, et les excès de la reconnaissance sont trop rares pour n'être pas excusés ; on est bien sûr qu'ils ne seront jamais contagieux.

M. Delille a voulu faire passer dans notre langue ce beau mouvement :

Heu! miserande puer, si qua fata aspera rumpas,
Tu Marcellus eris....

Marcus Claudius Marcellus, surnommé l'Épée de Rome, l'un des aïeux de ce jeune Marcellus dont Virgile déplore la perte, avait été cinq fois consul, et, après plusieurs victoires remportées sur les Gaulois, ce grand homme était mort avec gloire en combattant Annibal. Le poëte latin, faisant prédire à Énée, par l'ombre d'Anchise, les futurs destins de Rome, feint de prévoir la mort prématurée du jeune fils d'Octavie, et s'écrie que, si ce prince peut échapper au sort qui le menace, il sera l'égal de son illustre ancêtre, un nouveau Marcellus : *Tu Marcellus eris.*

C'était exprimer ingénieusement ses regrets devant une mère, devant un peuple généreux, qui, même au milieu des plus affreuses discordes civiles, resta fidèle à de nobles souvenirs, et ne cessa jamais d'honorer les descendants de ses grands hommes ; mais il est évident qu'on ne peut promettre à Raphaël, s'il vit plus long-temps, d'être un jour Raphaël : plus j'y pense, et plus je me persuade, je crois même me rappeler que ces vers furent d'abord destinés à un artiste trop tôt enlevé aux arts, au jeune Drouais, mort à Rome en 1790; ils seront rentrés dans ce beau morceau, en quelque sorte à l'insu de l'auteur, qui, privé de la vue, ne pouvait pas toujours revoir l'ensemble de ses productions, et en lier les diverses parties, autant qu'il aurait été à desirer.

10 Le ciel semble appuyé sur sa vaste rotonde,
De sa hauteur sacrée elle commande au monde.

Voltaire a écrit que l'église de Saint-Pierre fut projetée par la vanité de Jules II, qui prétendoit que son tombeau fût un temple.

Il est difficile de comprendre par quelles secrètes voies Voltaire prétend avoir ainsi pénétré jusque dans les derniers replis du cœur de ce pontife, que la religion ne citera pas, il est vrai, comme un prêtre bien édifiant, mais qui eut plusieurs des qualités qui font le grand souverain, et surtout une fermeté d'ame et une énergie d'ambition qui devoient le rendre supérieur aux suggestions d'une puérile vanité.

Quelque défavorable opinion que l'on veuille conserver de ce pontife, ce n'étoit sûrement pas, dans le chef de la religion professée sur les deux tiers de la terre, un sentiment sans convenance que le desir de consacrer à l'Éternel un superbe monument dans l'ancienne capitale du monde, où des ruines si imposantes attestoient les hommages jadis adressés par le peuple-roi à ses vaines idoles. Ce projet pouvoit être alors jugé un devoir de toute la chrétienté : et quelle plus noble carrière pouvait être ouverte à l'émulation des arts renaissants! quel plus bel emploi des talents qui se montraient à cette grande époque, où la civilisation, après un long esclavage, échappait au danger d'une barbarie sans retour! De telles entreprises sont un des plus précieux bienfaits de la puissance ; elles donnent une impulsion générale à tous les esprits, appellent tous les talents, éveillent toutes les industries, et sèment dans toutes les ames l'espoir de se distinguer, et de prendre part à une gloire brillante et durable.

Le génie, quelle que soit la direction vers laquelle il se sent entraîné, ne veut point alors rester en arrière ; et peut-être peut-on hasarder de dire que, sans Michel Ange et Raphaël, le Tasse n'eût pas conquis la palme de l'épopée ; que, sans les grands monuments ordonnés par Louis XIV, Corneille eût fait entendre de moins nobles et moins fiers accents. L'ingénieuse Grèce nous montre les neuf Sœurs formant un cercle, se tenant par la main, et chantant d'un commun accord.

L'admirable édifice commencé sur les plans du Bramante fut, après sa mort, confié au célèbre Michel Ange, qui, peintre, statuaire et architecte, fonda, durant le cours d'une longue et glorieuse carrière, l'empire des arts au sein de l'heureuse Italie.

Parmi les justes hommages que la tradition rend aux hommes dignes d'occuper la renommée, une admiration peu difficile introduit souvent des anecdotes qu'une critique exacte doit rejeter, pour l'honneur même de celui auquel on les attribue. On prétend à Rome, et tous les biographes ne cessent de répéter, que Michel Ange, témoin de l'admiration qu'éprouvaient quelques artistes en contemplant la voûte si imposante du Panthéon, leur dit : « Vous vous étonnez que la terre puisse la supporter, et moi, je la construirai dans les airs. » Il faut espérer, pour l'honneur de Michel Ange, qu'il n'a point tenu ce propos ; il était trop grand pour n'être pas modeste, et un tel homme n'a pu recourir à un charlatanisme, d'ailleurs facile à démasquer ; il ne s'exposa sûrement point à se voir rappeler, que, si la coupole de Saint=Pierre est la plus vaste qui ait jamais été construite, elle n'est pas du moins la première qu'une industrieuse audace ait rapprochée du ciel.

Dix siècles auparavant, lorsque les arts avaient perdu leur ancien éclat, sous le règne de Justinien, des architectes grecs avaient élevé la coupole de Sainte-Sophie, édifice dont l'ingénieuse construction a constamment résisté aux nombreux et terribles tremblements de terre, qui, à diverses époques, renversèrent la ville de Constantinople. Tandis que le dôme de Saint-Pierre écrase ses énormes fondements, et s'entr'ouvre, vaincu par sa propre solidité, celui de Sainte-Sophie résiste par la légèreté même des matériaux dont il est formé. Les historiens du temps nous apprennent que cette vaste coupole est construite de pierres ponces réunies par un ciment versé avec abondance, et qui, pénétrant ces pierres poreuses, forme par leur adhérence et sa tenacité une voûte entière d'une seule pierre. Conservant une légèreté que par tout autre moyen il seroit impossible d'obtenir, cette voûte ne fait aucun effort latéral, et ne pèse même que bien faiblement sur les piliers qui la soutiennent ; elle est inébranlable précisément parce qu'elle est légère.

Guidés par ce principe, les anciens ont quelquefois suppléé les pierres ponces par le plus ingénieux moyen, en leur substituant des pots ou caisses de terre cuite successivement engrenés, et que joint et recouvre une couche de mortier.

Ce procédé a été récemment essayé avec succès à Paris : appliqué au dôme de Sainte-Geneviève, il eût épargné tout à la fois plusieurs millions, de longues disputes, des craintes très-fondées, et enfin les nouvelles constructions qu'a exigées la sûreté de l'édifice.

11 O toi, de l'amitié le plus parfait modèle,
Respectable Ledoux ! artiste citoyen.

L'architecte Ledoux était un homme de parfaite probité, qui ruina ceux dont il obtint la confiance, et un artiste distingué, que son imagination trop ardente jeta dans de perpétuels écarts. Il avait été chargé de construire autour de Paris une longue muraille destinée à diminuer les abus de la contrebande, qui se faisait par trop facilement sous une indulgente administration. Cette enceinte assurait une augmentation de revenu au gouvernement. Les fermiers généraux en firent les frais, et consentirent généreusement à supporter aussi ceux des monuments dont Ledoux ambitionnait d'enrichir les nombreuses portes de la capitale. Ces petits édifices sont presque tous sans aucune utilité ; mais il en est plusieurs qui font grand honneur au goût de l'artiste.

Ce succès l'encouragea à suivre avec plus d'ardeur que jamais le projet qui, depuis sa jeunesse, absorboit toute la chaleur de sa tête ; et il ne cessa de perfectionner les plans d'une ville imaginaire, dans laquelle se seraient trouvés réunis, et placés dans les rapports les plus convenables, tous les monuments destinés à l'utilité ou aux plaisirs des habitants, temples, palais, académies, théâtres, manufactures, bains publics, etc. : c'était une véritable utopie d'architecture ; et ce travail aurait dû être dédié à la république de Platon. Il n'eût fallu pour l'exécuter que plusieurs milliards, et quelques siècles de paix, avec un zèle toujours soutenu de génération en génération : rien de tout cela n'embarrassait Ledoux ; et, dans son enthousiasme, il ne se permettait même pas de perdre son temps à écouter de si puériles objections.

Il avait autrefois présenté ses premiers dessins à M. Turgot, qui avait poliment loué son talent. L'artiste s'était aussitôt persuadé que le ministre, sans vouloir s'expliquer plus clairement, adoptait son projet, et qu'on ne tarderait pas à jeter les fondements de sa ville. Il n'a jamais attribué la prompte disgrace de M. Turgot qu'à la noire envie des artistes ses propres rivaux, trop irrités de la gloire dont ce ministre éclairé allait lui frayer le chemin. Rousseau n'est-il pas mort persuadé que le roi de France n'avait conquis la Corse que pour l'empêcher, lui philosophe, de devenir le Lycurgue de cette nouvelle Sparte qui demandait des lois à sa sagesse!

La vie entière de l'honnête Ledoux fut consacrée à ce rêve brillant, qui lui a procuré, sans doute, quelques instants de bonheur, et qui, du moins, n'a nui au repos de personne. Il fut digne par les qualités de son cœur de l'estime que lui témoigne ici M. Delille : on pouvait l'avoir pour ami ; il fallait seulement, quelle que fût sa probité, quel que fût son talent, ne l'avoir pas pour architecte. C'est lui qui a construit si dispendieusement la maison placée à l'extrémité de la rue d'Artois, où, pour rendre sa composition plus pittoresque, il a creusé un précipice au milieu de la cour, et dont la porte, disait le marquis de Caraccioli, semble une grande bouche qui s'ouvre fastueusement pour dire une sottise.

12 Je ne t'oublierai point, toi, dont le noir pinceau
    Traça des grands malheurs le terrible tableau.

Ce beau morceau sur Shakspear est entièrement nouveau. L'auteur semble se reprocher d'avoir oublié dans la première édition le fondateur de la scène anglaise, objet d'un culte général dans sa patrie, dont les grandes beautés ne doivent pas permettre de relever avec trop d'amertume les défauts, qui sont en grande partie ceux de son siècle, et qui trouvent encore aujourd'hui grace devant un peuple avide avant tout de fortes émotions, et pour cela même peu difficile sur les moyens de les produire.

M. Delille, dont le goût était si pur, ne tempère ici ses justes éloges par aucune des observations critiques que les muses françaises pouvaient exiger de leur favori, de celui à qui elles avaient prodigué le sentiment le plus exquis des convenances : c'est qu'en ce moment son cœur le guidait encore plus que son esprit : l'heureux traducteur de Milton saisissait l'occasion de rendre un nouvel hommage à la généreuse nation qui avait honoré son talent et son caractère par l'accueil le plus flatteur, qui avait encore mieux mérité de cette ame aussi noble que sensible, en secourant l'infortune de ses compagnons d'exil et de fidélité. M. Delille, qui ne s'était point vu dans la nécessité de recevoir sa part des bienfaits, a voulu se rendre l'interprète de la reconnaissance. Heureux le mortel chéri des cieux, auquel il est accordé de célébrer l'hospitalité, et d'immortaliser la bienfaisance avec de si harmonieux accents ! Il paie bien glorieusement une dette publique et sacrée : c'est la seule occasion où un mouvement d'envie doive être permis à tous ceux qui éprouvent le même sentiment, sans avoir les mêmes moyens d'en faire retentir l'expression.

13 Salut ! toi, le plus cher de tous ses favoris,
    Vieil Homère, salut !

Et ce cri, né de l'admiration, est depuis trois mille ans répété avec un égal enthousiasme. Homère n'est plus depuis long-temps l'homme de l'heureuse Grèce ; il appartient au genre humain tout entier, puisqu'il en est le bienfaiteur : c'est à sa suite, et sous ses auspices, que les nations ont marché vers la lumière ; il domine toutes les sociétés civilisées, et ses droits sont sans bornes comme sans prescription. Monarque incontestable de la littérature, il préside du haut de son trône à tous les travaux du génie, à tous les jeux de l'esprit ; il semble dire à tous les gens de goût, si toutefois il est permis d'emprunter un langage sacré : « Partout où vous vous trouverez plusieurs ensemble, je serai avec vous. »

Le règne des arts de la Grèce, ainsi que l'histoire un peu certaine de ses habitants, commence pour nous à Homère ; mais d'autres avaient avant lui chanté les exploits d'un peuple guerrier, sorti des forêts de la Thrace pour s'établir sous un ciel qui leur promettait des jouissances inconnues ; et, plus récemment encore, les exploits des Grecs devant Ilion avaient inspiré quelques anciens poëtes, dont les accents charmaient des instants de loisir, ou excitaient à de nouveaux combats.

Nous ne pouvons même douter que ces enfants d'Apollon, dont les noms seuls nous ont été conservés, n'eussent déjà porté l'art à un assez haut degré de perfection, puisqu'ils avaient formé des auditeurs capables de sentir les grandes beautés de l'Iliade ; c'est le talent d'Homère qui dépose en faveur de ceux qui lui avaient frayé la route ; on ne fait point de beaux vers là où ils ne pourraient être appréciés. Le génie lui-même a besoin que des efforts nouveaux soient exigés de sa muse, et qu'une couronne plus brillante lui soit promise pour récompense de ses progrès. Le chantre de la colère d'Achille a cependant fait oublier ses maîtres ; il a produit une révolution attestée par la gloire sans partage qui se concentra sur lui : tous ont péri, lui seul est resté ; comme l'astre du jour, il a seul vivifié le monde, et ses rayons ne cessent de l'éclairer. Le même enthousiasme qu'il avait inspiré au siècle de l'enfance des arts s'est perpétué à travers trente siècles : comment expliquer ce prodige ? Ne peut-on pas croire que les productions d'Orphée, de Finus, de Musée, n'étaient que des hymnes de peu d'étendue, où des relations versifiées, assez semblables peut-être aux romances et aux complaintes de nos troubadours revenant de leurs expéditions d'outre-mer ! Dans les antiques poëmes grecs, on trouvait de plus, sans doute, des tableaux inspirés par les aspects si variés de la plus belle nature ; on y reconnaissait l'influence incontestable d'un climat qui tend sans cesse à perfectionner les organes, et des mouvements dont le désordre et même jusqu'aux excès annonçaient la présence du dieu des vers ; mais Homère surpassa tous ses prédécesseurs en enfantant l'idée d'un grand ouvrage, dont toutes les parties concourraient à un but unique, et sembleraient naître du fond du sujet, où tous les personnages en action offriraient des caractères opposés, constamment soutenus, et qui, par la richesse des contrastes et la variété des incidents, formerait un drame complet, avec son exposition, son nœud, et son dénoûment : principe générateur avec lequel nous sommes aujourd'hui familiarisés, comme avec les merveilles de la création, mais qui n'a pu naître que dans la tête la plus fortement organisée. Les prédécesseurs du chantre de la colère d'Achille n'avaient été que des versificateurs : le premier il fut poëte et à jamais le modèle de tous les poëtes, comme le guide des orateurs, le père des tragiques, et le génie inspirateur de tous les arts ; ses chants sont la source inépuisable dont les eaux, partagées en mille ruisseaux, fécondent tous les domaines de l'esprit.

14. Ta muse à Bossuet prêta souvent ses ailes.

Il y a de l'Homère dans tout ce qui est grand, majestueux, sublime : ses poëmes sont la source première et intarissable qui, depuis trente siècles, aide si puissamment à la fortune des poëtes et des orateurs. Quand même Bossuet n'eût pas éprouvé l'influence directe du génie de ce grand poëte, et n'aurait pas rendu, comme on le prétend, à l'auteur de l'Iliade un culte assidu, il n'en serait pas moins vrai que l'orateur chrétien a eu part au riche héritage du poëte grec. La magnificence des idées, l'ingénieuse justesse des comparaisons, la vérité des images de tous genres, et jusqu'au talent d'ennoblir des formes qu'admet difficilement la haute éloquence, tous ces trésors dont se compose l'immense succession d'Homère ont été recueillis par quelques héritiers dignes de se parer de ses dons, d'en enrichir leurs langues, et d'en devenir ainsi les généreux dispensateurs.

On n'est plus étranger à Homère, lorsqu'on est nourri des beautés de Virgile, son plus brillant élève, son admirable imitateur ; lorsqu'on est initié aux mystères de l'art d'écrire par ces Latins, devenus eux-mêmes de grands modèles, et les illustres rivaux de leurs premiers maîtres.

Les pères de l'église, parmi lesquels Bossuet eut, de son vivant, l'honneur de s'entendre nommer, et dont il sut si bien s'approprier la forte dialectique et l'imposante éloquence, avaient d'ailleurs souvent emprunté du chantre des fabuleuses divinités les moyens de faire triompher la cause de l'Éternel.

Il est vrai que les chefs de l'église naissante, dirigeant de nouveaux chrétiens encore mal affermis contre les séduisants mensonges du paganisme, se sont vus quelquefois forcés d'interdire à leurs néophytes la dangereuse lecture des poëmes qui prêtaient de si grands charmes à l'erreur; mais ces savants pontifes étaient trop grands pour être superstitieux; ils rendaient personnellement au génie un hommage qui ne pouvait être périlleux pour leur propre foi; ils ne craignaient pas de s'instruire à l'école de leurs plus redoutables adversaires, et apprenaient d'eux à manier les armes qui devaient, entre leurs mains, assurer l'empire de la vérité.

La teinte homérique que l'on a cru remarquer dans le style de Bossuet, pourrait bien lui être parvenue de la seconde main, par les pères de l'église, dont les beautés lui étaient si familières; mais il a dû bien plus encore à la majesté des saintes écritures, dont les rapports avec le style d'Homère sont bien frappants sans doute, puisque des savants très-éclairés ont cru que le poëte grec en avait eu connaissance.

CHANT VI *.

¹ Le bonheur et la morale, tel est le sujet de ce chant. Delille s'est bien gardé de séparer ce qui est inséparable : cependant, comme il n'y a point d'imagination dans la morale, qu'elle est fixe, immuable, le poëte s'est borné aux tableaux poétiques de son influence sur l'homme. Le bonheur, au contraire, est entièrement du domaine de l'imagination; et ce ne serait pas un paradoxe de dire qu'il n'y a de félicités réelles que celles que donnent les illusions. C'est de cette idée purement philosophique que Delille a su faire sortir les plus ravissants tableaux de cette partie de son poëme. Il prend l'homme à son berceau, le suit dans les divers états de la vie; environne chaque âge des illusions qui lui appartiennent; peint les jeux de l'enfance, les passions de l'adolescent, s'arrête un instant auprès du vieillard que l'espérance n'abandonne jamais, l'accompagne au tombeau, et ne le quitte qu'après l'avoir placé dans le ciel. A ces scènes rapides le poète fait succéder diverses scènes qui servent à développer sa pensée : il montre l'homme se livrant à l'étude des arts et des sciences, enrichissant la nature de ses travaux, se créant, chaque jour, de nouveaux plaisirs, et s'environnant des merveilles de son génie; il peint les terreurs de la mort, les craintes qui la précèdent, et les fantômes dont l'imagination nous épouvante; il consacre quelques pages au tableau de la faveur populaire, et ce tableau est peut-être un des plus beaux morceaux de poésie qui soient sortis de sa plume; il montre la fortune, il montre l'ambition, grandes illusions qui sont la source des grandes douleurs. Il oppose à ces peintures une

* Les notes du chant VI sont de M. Aimé-Martin.

esquisse du bonheur des champs, et n'oublie pas les plaisirs de la lecture au milieu des bois ; ce qui le conduit à faire le portrait naïf et ressemblant de quelques écrivains choisis. Enfin il termine ce chant par le tableau de la misère des émigrés français loin de leur patrie, misère qui ne trouve presque plus de pitié, misère qu'on oublie, qu'on cherche à flétrir, mais à laquelle les véritables Français ne cesseront jamais de donner des larmes.

> 2 Du festin de la vie, où l'admirent les dieux,
> Ayant goûté long-temps les mets délicieux,
> Convive satisfait, sans regret, sans envie,
> S'il ne vit pas, du moins il assiste à la vie.

Ces vers sont une imitation de la pensée de Lucrèce :

> Cur non, ut vitæ plenus conviva, recedis?

Dans les vers qui précèdent et qui suivent, Delille fait le tableau des quatre âges de l'homme. Horace et Boileau ont laissé de très-beaux vers sur les quatre âges de l'homme; mais ils ne les ont pas considérés sous les mêmes rapports. Je regrette de ne pouvoir citer un passage du poëme de *l'Espérance*, de M. de Saint-Victor, où ce poëte distingué a traité le même sujet : Delille même n'aurait pas désavoué la peinture ravissante de l'espérance, douce compagne de l'homme dans les quatre âges de sa vie.

> 3 La liberté d'abord nourrit sa jeune plante :
> Non cette liberté farouche, menaçante, etc.

Il est inutile de faire remarquer la noble hardiesse de ces vers; mais il ne faut pas oublier que Delille les écrivait au moment où les factions divisaient l'Europe, et où la licence régnait sous le nom de liberté. Voltaire, dans une épître à madame Fontaine-Martel, définit très-agréablement la liberté qu'il aime, et dont il jouit. Au siècle de Voltaire on badinait sur la liberté : nous ne sommes devenus si malheureux que parce que nous avons voulu en parler sérieusement.

> 4 Quand, suivant l'intérêt, le ton, l'ordre du jour,
> Courageux, circonspect, emporté tour à tour,
> Plus d'un adroit Protée, avec tant de prudence,
> Pliait à tous les tons sa souple indépendance,
> Rien ne put arracher un mot à ma candeur,
> Une ligne à ma plume, un détour à mon cœur.

Ces vers ne sont pas seulement beaux, ils sont vrais. Jamais Delille ne flatta les tyrans : il en est qui voulurent acheter ses éloges, un silence courageux fut sa réponse. Le premier poëte de la France ne fit entendre sa voix que pour célébrer son légitime souverain : il consacra ses malheurs, il pleura sur ceux de la nation ; et sa muse, pure comme sa conscience, n'eut jamais à rougir d'un mensonge ou d'une faiblesse.

> 5 A la cour d'un tyran regardez Damoclès, etc.

Delille, en faisant ces beaux vers, avait sans doute présent à l'esprit un passage de la satire III de Perse, ou peut-être ces vers d'Horace :

> Districtus ensis cui super impia
> Cervice pendet, non siculæ dapes
> Dulcem elaborabunt saporem,
> Non avium citharæque cantus
> Somnum reducent, etc.

> 6 Là-haut sur la colline il est assis peut-être
> Pour saisir, le premier, le rayon qui va naître.

Ce portrait de J.-J. Rousseau rappelle celui que La Harpe a tracé depuis. Delille a placé dans le sien quelques traits de l'élégie de Gray sur un cimetière de campagne. La ressemblance du contemplateur anglais et de Jean-Jacques n'avait point échappé à notre poëte, et ses vers respirent la plus douce mélancolie :

> Haply some hoary-headed swain may say,
> Oft have we seen him at the peep of dawn,
> Brushing with hasty steps the dews away
> To meet the sun upon the upland lawn, etc.

> 7 Malheureux! le trépas est donc ton seul asile :
> Ah! dans la tombe au moins repose enfin tranquille, etc.

Ces vers et les vingt-quatre suivants ont été ajoutés par l'auteur, et paraissent ici pour la première fois.

> 8 Je sais qu'au bord du Nil un solennel usage
> De la mort aux festins associait l'image, etc.

Allusion à cet usage des Égyptiens, qui, d'après le récit d'Hérodote, liv. II, faisaient apporter, selon l'expression de Montagne, une grande image de la mort au milieu de leur repas, par un esclave qui disait : « Bois et réjouis-toi, car la mort te rendra tel! » C'est sans doute pour égayer ces images lugubres, que les anciens y substituèrent les combats de gladiateurs.

> Quin etiam exhilarare viris convivia cædo
> Mos olim, et miscere epulis spectacula dira
> Certantum ferro, sæpe et super ipsa cadentum
> Pocula, respersis non parco sanguine mensis.
> *Silius Italicus*, lib. XI.

> 9 . . . . Cher Montagne, pardonne :
> Ah! quels tristes conseils ta sagesse nous donne!
> Que la mort, disais-tu, sur un ton moins chagrin,
> Me trouve oublieux d'elle et bêchant mon jardin, etc.

« Je veux qu'on agisse, et qu'on allonge les offices de la vie, tant qu'on peut : et que la mort me trouve plantant mes choux, mais nonchallant d'elle, et encore plus de mon jardin imparfait. » *Essais*, liv. I, chap. 19.

> 10 Suis donc son doux instinct, et bénis la nature.
> Bien plus cruel encore le chantre d'Épicure,
> Qui, fidèle à ses vers, et mécontent du sort,
> Calomnia la vie en se donnant la mort, etc.

Delille avait peint la vieillesse et ces dégoûts qui affaiblissent chez elle le regret de mourir : pour que le tableau fût complet, il devait le terminer par la mort du vrai sage au sein de sa famille et de ses amis. Hélas! cette scène, à la fois sublime et douloureuse, qu'il traçait en si beaux vers, est l'image de son dernier jour. Il expira auprès de son épouse adorée, environné de ses vieux amis ; et ses dernières volontés, comme ses derniers sentiments, furent ceux du sage dont il chantait les vertus. Il ne semblait pas quitter la vie! Ses adieux étaient ceux d'un ami qui s'éloigne un moment, et qu'on doit revoir bientôt. C'est au milieu de l'immense assemblée de ses élèves, que, quelques mois avant sa mort, il prononça ces vers avec un sentiment profond qui les rendait plus touchants encore. On ignorait qu'il se faisait entendre pour la dernière fois, et cependant des pleurs coulaient de tous les yeux. Sa voix un peu faible, sa vieillesse, sa démarche chancelante, le choix du sujet, tout semblait présager la perte que la France allait faire. Environné d'amour et d'admiration, il put jouir d'avance du jugement et des regrets de la postérité ; il put entendre l'éloge de ses talents et de son noble caractère. Ce n'était pas seulement le poëte qu'on aimait, c'était l'homme ; et toutes les larmes qu'il fit couler ne furent pas données à ses vers.

> 11 Et, si la mode encor voulait que les Houdon,
> Les Moreau, les Pajou, rivaux d'Alcimédon,
> Gravassent sur ses bords le lierre qui serpente,
> Ou les bras tortueux de la vigne rampante, etc.

On reconnaît ici une heureuse imitation de la troisième églogue de Virgile :

> Pocula ponam
> Fagina, cœlatum divini opus Alcimedontis, etc.

> 12 A quoi bon tant d'apprêts pour un si court voyage?
> Ce qu'il faut au besoin, suffit aux vœux du sage.

Ces vers et les suivants renferment une heureuse imitation d'Horace. Ducis, dans une de ses épîtres, a fait les mêmes vers en imitant le même passage ; voici comme il s'exprime :

> Amis, vivons contents ;
> Il faut si peu de chose, et pour si peu de temps !
> Regardez ce cyprès : pourquoi sur le rivage,
> Tant de vivres, d'apprêts, pour deux jours de voyage?

Je saisirai cette occasion de faire remarquer que Delille, dans ce chant, a plus souvent imité Horace que Virgile (quoique ce dernier fût son poëte favori), parce que ce chant est consacré à la morale, et que toute la bonne philosophie se retrouve dans Horace : aussi notre poëte est varié comme le poëte latin, et il se rapproche souvent du ton de l'épître. Cette souplesse de talent me semble d'autant plus extraordinaire que, plus on étudie Horace, et plus on trouve son imitation difficile. Horace n'est pas le poëte du cœur, quoiqu'il parle souvent au cœur; mais il parle aussi aux sens, et dans aucun de ses ouvrages on ne remarque ces élans d'une ame brûlante et passionnée qui donnent tant de charmes aux vers divins de Virgile. Tour-à-tour sublime et tendre, Horace occupe l'esprit et le réfléchit, tandis que Virgile l'émeut et le touche sans presque y songer : délicat lorsqu'il peint ses plaisirs, véhément lorsqu'il attaque les vices de son siècle, superbe lorsqu'il s'élève aux grandes idées philosophiques, Horace est toujours admirable, même quand il ne fait que badiner. Combien de finesse et de grâce dans ses expressions! combien de force dans ses pensées! quel enjouement dans ses saillies! quel goût dans ses jugements! Il est le poëte des beaux esprits, comme Tibulle est celui des amants; il est aussi le poëte des vrais philosophes: on aime à le voir prendre tous les tons, essayer tous les genres, sans cesser d'être un modèle; mais ce qu'il offre de plus admirable, c'est cette raison qui n'exclut pas les graces, cette variété de tableaux, cette richesse d'expressions, cette abondance qui ne fatigue jamais, cette rapidité qui dit tout en peu de mots; enfin ces descriptions de la nature qui reposent doucement l'esprit, qui l'attachent, et qui sont interrompues soudain par une réflexion sur le néant de la vie. Ce sont ces différents traits que Delille me semble avoir saisis très-heureusement dans la marche générale, la disposition, et le ton de ce chant consacré à la morale et au bonheur.

> 13 D'un seul mot de Louis le grand Racine pleure;
> La censure déchire, et la louange effleure.

Racine ayant remis à madame de Maintenon un mémoire sur la misère du peuple, celle-ci eut la faiblesse d'avouer à Louis XIV que Racine en était l'auteur. Ce mémoire fit une impression pénible sur l'esprit du roi, et la crainte de lui avoir déplu causa un violent chagrin au poëte qu'il avait comblé de ses bienfaits.

> 14 . . . . Un illustre coupable,
> Dans un rang élevé, paraît plus méprisable;
> Le ciel en fait justice en le plaçant si haut,
> Et le trône du vice en devient l'échafaud, etc.

Ces vers si énergiques sur l'ambitieux n'ont pas besoin de commentaire; ils renferment l'histoire de tous les siècles, et l'histoire du nôtre.

> 15 Mirabeau nous l'a dit, croyons-en sa parole,
> La roche Tarpéienne est près du Capitole.

La Harpe raconte que Rivarol ayant aperçu Mirabeau qui se rendait triomphant à l'assemblée, lui cria: « La roche Tarpéienne est près du Capitole. » Mirabeau monte aussitôt à la tribune, et commence un de ses plus éloquents discours par ces mots: « Et moi aussi je sais que la roche Tarpéienne est près du Capitole. »

> 16 Eh! qui sait quel destin le sort garde à sa cendre!
> Tout ce peuple qu'il vit suivre son char en deuil,
> Peut-être va demain outrager son cercueil.

L'enthousiasme pour Mirabeau fut extraordinaire. A sa mort, une partie de la nation fut en deuil; jamais Paris ne vit des obsèques plus pompeuses et plus lugubres: tous les spectacles furent fermés; les citoyens s'abordaient avec tristesse, et se disaient, en se serrant la main: Mirabeau n'est plus. L'aveuglement était si grand, que la patrie semblait avoir perdu un père, lorsqu'elle n'avait perdu qu'un factieux. Le cortége qui accompagna ses restes au Panthéon tenait plus d'une lieue, et sa marche dura quatre heures: enfin, son cercueil fut déposé à côté de celui de Descartes. Qui aurait pensé que, quelques mois après, le même peuple qui avait fait son triomphe outragerait ses cendres, et que Marat serait mis à sa place! Mais ce dernier, comme Mirabeau, ne devait y obtenir que des adorations passagères. La faveur que le peuple accorde au crime n'est jamais de longue durée : le temps éclaire les hommes, et la vertu seule a droit à des hommages éternels. O Louis IX! ô bon Henri! ô Louis XVI! c'est à vous qu'il appartient d'être bénis par l'avenir; vos noms y sont portés par l'amour.

> 17 Un insecte aux longs bras, de qui les doigts agiles
> Tapissaient ces vieux murs de leurs toiles fragiles.
> Frappe ses yeux : soudain, que ne peut le malheur!
> Voilà son compagnon et son consolateur!

L'histoire attendrissante de l'araignée de Pélisson est trop connue pour qu'il soit nécessaire de la rappeler ici. J'ai entendu raconter à l'auteur de ce poëme qu'un prisonnier suisse avait imité Pélisson, et qu'au lieu d'une araignée il en avait apprivoisé deux : elles étaient sa société, son étude, sa consolation; il croyait connaître leurs besoins, leur instinct, et même leurs maladies. Un jour, un de ses amis le trouva plus triste qu'à l'ordinaire, et ne vit plus qu'une araignée : « Et l'autre! s'écria-t-il. — Elle est morte, répondit le prisonnier. — Et comment! — De la poitrine... » Ceux qui seront curieux d'anecdotes sur les araignées peuvent consulter l'ouvrage singulier de Quatremère Disjonval, intitulé *Aranéologie*, pages 50, 145, 161, etc.

CHANT VII*.

> 1 Tout à coup, sur ces mers, à mes yeux s'est montré
> Un stupide pacha, d'esclaves entouré;
> Tout s'est désenchanté.

Il n'est point de voyageur qui, à l'aspect des ruines de Rome et d'Athènes, ne soit particulièrement frappé du contraste que lui offrent l'état présent des lieux et le souvenir des beaux siècles dont il voit encore les vestiges : le monde enchanté qu'il se représente prend la place de celui qui frappe ses regards, et son imagination, qui se rejette toujours dans le passé, s'y rattache d'autant plus, qu'elle en retrouve quelques traces dans les ruines qui sont l'objet de sa vénération.

> 2 Vois gravés sur tes murs Platée et Marathon!
> Tant qu'il reste une pierre où se lise leur nom,
> Elle accuse ta honte, et pleure ta mémoire.

Ce passage remarquable prouve avec quel art les bons écrivains font passer dans leur style les plus grandes hardiesses. Quand Virgile représente l'ivoire et l'airain qui pleurent dans les temples de Rome, après la mort de César, il ne dit rien de trop hardi, parce qu'il dépeint un prodige; mais la poésie orientale, qui est la plus audacieuse de toutes, offre-t-elle rien de plus frappant qu'une pierre qui pleure la mémoire

* Les notes sur le chant VII sont de M. Parseval de Grandmaison.

d'un lieu célèbre! Cependant le goût applaudit à cette hardiesse, loin d'en être blessé, parce que le premier hémistiche du vers dit que cette pierre où sont gravés les noms de Platée et de Marathon accuse la honte de la Grèce; le talent de l'auteur rend cette pierre passionnée, la pénètre d'indignation; et les pleurs qu'il lui fait répandre ensuite n'ont plus rien qui étonne : tant l'art d'écrire ressemble à celui de peindre! tant les mots et les idées doivent se lier entre eux comme les nuances d'un tableau! Il n'est guère de hardiesse poétique à laquelle le goût ne puisse applaudir lorsqu'elle est bien préparée.

> 3 Il fallait sous des chefs, armés de la puissance,
> Des mortels nés égaux forcer l'obéissance,
> Et du respect du sang nourrir l'illusion.
> Sans elle, tout est trouble, erreur, confusion.

Ici le poëte entre dans son sujet, et prouve qu'il est des illusions sans lesquelles l'ordre social ne peut subsister, et que l'on ne détruit point sans s'exposer à faire écrouler tout l'édifice. Cette vérité long-temps méconnue, et que l'expérience nous a rendue si palpable, est exprimée par l'auteur en vers magnifiques, surtout quand il s'écrie, en parlant de cette illusion qui entretient la hiérarchie des rangs :

> Sans elle, tout à coup plus terrible et plus fière,
> S'élève en rugissant l'égalité première,
> Qui, fondant l'anarchie, et féconde en tyrans,
> Par le commun désastre égale tous les rangs.

Le second vers offre une image sublime, dont la vérité nous est encore présente depuis nos troubles révolutionnaires. Eh! qui de nous n'a pas entendu les rugissements terribles des factieux déchaînés contre l'auguste chef de la patrie, et prêts à s'emparer de sa puissance!

> 4 La royauté perdit son magique lointain.

Cet excellent vers exprime, on ne peut mieux, la distance que le monarque doit laisser entre lui et ses sujets. Un homme d'esprit me disait un jour, que les rois devaient imiter Dieu, qui se fait sentir partout et ne se montre nulle part. Je souris de ce trait, moins juste qu'ingénieux, et ne lui répondis que par les deux vers suivants :

> Je vois avec mépris ces maximes terribles
> Qui font de tant de rois des tyrans invisibles.

Il est remarquable que c'est dans la bouche d'un despote de l'Asie que M. de Voltaire a mis cette réflexion. Il est vrai qu'il lui a donné des mœurs plus françaises qu'asiatiques.

> 5 Les tombeaux sont placés aux confins des deux mondes;
> Rendez-vous triste et cher, où, confondant leurs vœux,
> La vie et le trépas correspondent entre eux.

Est-il possible de mieux exprimer ces doux rapports par lesquels le tombeau lie entre eux la vie et le néant, le ciel et la terre, le présent et l'avenir, la mort et l'immortalité! Ces vers pourraient servir d'inscription sur le seuil de tous les lieux consacrés aux sépultures.

> 6 Les doux zéphyrs du soir, le doux vent de l'aurore,
> Balancent mollement ce précieux fardeau,
> Et sa tombe riante est encore un berceau.

On ne peut représenter plus heureusement l'usage qu'ont les Natchez de suspendre les cercueils de leurs enfants aux rameaux des arbres. Les objets nous affectent d'autant plus vivement qu'ils s'offrent à nos yeux sous des apparences contraires à celle qu'ils nous présentent d'ordinaire. Tous les extrêmes se touchent ; l'homme qui sort de la vie ressemble, chez les Natchez, à celui qui vient d'y entrer : tous deux commencent une nouvelle carrière ; la mort a perdu son effroi, elle s'enveloppe de verdure et prend les couleurs de l'espérance.

> 7 Ainsi la vertueuse et tyrannique Rome,
> Qui fut souvent l'opprobre et la gloire de l'homme,
> Pour s'honorer soi-même, honora le cercueil.

Ici l'auteur s'engage dans la description des cérémonies funèbres que la politique a établies de tout temps pour contribuer au bien de l'ordre social. On devine aisément quel sentiment profond et respectable lui inspira ces vers, dans les temps où la frénésie révolutionnaire abolissait toutes les cérémonies funèbres.

> 8 Ce n'est donc pas en vain que l'humanité sainte
> Des tombeaux en tous lieux a consacré l'enceinte.

L'oubli des morts est aussi contraire à la saine politique qu'à la saine raison, et au respect que les fils doivent à la mémoire de leurs pères et de leurs aïeux, qui leur ont transmis leur sang, leur fortune, leurs lois, et leur patrie. C'est sur les tombeaux que les cœurs tendres se plaisent à rêver l'existence des êtres qu'ils regrettent ; ils s'y rattachent surtout par les liens de la religion, et par l'espoir de se réunir à eux dans un monde meilleur ; ils se figurent même que les ames de leurs amis jouissent des regrets qu'ils donnent à leurs dépouilles mortelles, et qu'elles viennent errer quelquefois autour de leurs sépultures ; ils croient entendre leurs soupirs dans le souffle des vents et dans le murmure des ruisseaux. L'amour se plaît surtout à nourrir ces tendres illusions ; une amante, une épouse, une mère, se disent souvent, sur la tombe de celui qu'elles regrettent;

> Il ne me répond pas, mais peut-être il m'entend.
>
> MARMONTEL.

> 9 O forfait exécrable ! ô honte ! ô barbarie !
> Du vengeur de l'état le repos est troublé,
> Ses honneurs sont détruits, son cercueil violé !

Je ne puis résister à l'envie de raconter une page du Génie du Christianisme, composée sur le même sujet ; l'auteur dit, en parlant des caveaux de l'abbaye de Saint-Denis :

« C'est là que venaient tour-à-tour s'engloutir les rois de France. Un
» d'entre eux (et toujours le dernier descendu dans ces abîmes) restoit
» sur les degrés du souterrain, comme pour inviter sa postérité à des-

» cendre. Cependant Louis XIV a vainement attendu ses derniers fils :
» l'un s'est précipité au fond de la voûte, en laissant son ancêtre
» sur le seuil; l'autre, ainsi qu'Œdipe, a disparu dans une tempête.
» Chose digne d'une éternelle méditation! Le premier monarque que les
» envoyés de la justice divine rencontrèrent fut ce Louis si fameux par
» l'obéissance que les nations lui portaient! Il était encore tout entier
» dans son cercueil. En vain, pour défendre son trône, il semble se lever
» avec la majesté de son siècle, et une arrière-garde de huit siècles de
» rois; en vain son geste menaçant épouvanta les ennemis des morts,
» lorsque, précipité dans une fosse commune, il tomba sur le sein de
» Marie de Médicis; tout fut détruit. Dieu, dans l'effusion de sa colère,
» avait juré par lui-même de châtier la France. Ne cherchons point sur
» la terre les causes de pareils événements; elles sont plus haut. »

   10 Du costume à son tour je dirai le pouvoir,
    Variété brillante, appareil nécessaire,
    Dont la religion s'empara la première.

  Le poëte s'élève, avec autant d'éloquence que de raison, contre l'abus qui, en détruisant les costumes divers, a détruit le respect du rang dont ils étaient les signes majestueux. Il est à remarquer que M. Delille, malgré tous le prestige de son talent, s'est toujours attaché aux plus saines doctrines de la religion, de la politique, et de la morale. Le poëte qui avoit le plus d'esprit s'est toujours interdit le paradoxe, moyen brillant et facile de faire valoir les talents ingénieux : très-supérieur, sous ce rapport, au citoyen de Genève, qui s'est plu à fonder sur cette base son immense réputation; et c'est ici le cas d'observer que la raison domine toujours dans les écrits des poëtes du premier ordre. Malheur à tous les écrivains dont le talent ne repose point sur ce solide fondement! Quels que soient le prestige de leur éloquence, l'éclat de leur pensée, et la magnificence de leur style, leurs écrits passeront, parce qu'il n'est que la vérité qui reste, et qui défende les écrits des outrages du temps : elle doit régner partout, et même dans la fable, a dit le judicieux Boileau. Les Muses ne sont que les dames d'atours; elles peuvent l'embellir, mais elles ne doivent jamais parer le mensonge de ses attributs. Instruire et plaire est leur devise; la raison est la faculté qui remplit le premier objet; l'imagination se charge du reste.

CHANT VIII[*].

  [1] Quelque immense que soit le sujet traité par M. Delille dans ce poëme, on voit qu'il s'est encore plu à l'agrandir; quelque inépuisable que fût la matière de ses chants, il s'est plutôt attaché à l'étendre qu'à la restreindre. Non content de célébrer l'empire de l'imagination sur les objets nombreux où elle règne en souveraine avec une autorité exclusive, sans partage, ou du moins fort avantageusement partagée, il chante

[*] Les notes sur le chant VIII sont de M. de Féletz.

ses rapports les plus éloignés avec les objets sur lesquels elle n'a que l'influence la plus légère, et même la plus contestée : il la voit dans la politique, dans la métaphysique, jusque dans la géométrie; dans les sciences, dans l'esprit, dans la mémoire, dans nos facultés, nos sentiments, nos sensations, partout enfin. Il est certain que tout se tient dans l'homme, et même dans la nature entière : tout se lie par des rapports plus ou moins délicats, plus ou moins visibles. Les esprits bornés n'aperçoivent point ces rapports ; les esprits justes les aperçoivent; mais ils ne confondent point les objets, parce qu'ils voient aussi les limites qui les séparent. Les esprits brillants, les imaginations vives, franchissent ces limites, et se plaisent à réunir dans le même ordre d'idées, sous le même point de vue, et dans le même tableau, les objets les plus distincts et les plus réellement séparés. Telle est, en général, la manière de M. Delille; elle l'a, plus d'une fois, fait accuser de faire entrer dans chacune de ses compositions des objets qui y étaient assez étrangers, et de multiplier ainsi ses tableaux à l'infini. Mais, comment ne pas s'abandonner au penchant de tout peindre et de tout décrire, lorsque, comme lui, on avait le talent de tout orner et de tout embellir!

Du reste, si une critique sévère a pu lui reprocher quelquefois d'avoir abusé de cet admirable talent, et d'en avoir prodigué les richesses en l'appliquant à des objets qui n'avaient qu'un rapport trop faible, et même forcé, avec le sujet principal de ses chants, ce n'est point lorsqu'il a fait entrer la religion et les cultes dans le plan de son poëme de l'Imagination, que cette censure serait fondée : ces institutions sacrées sont du domaine de l'imagination ; elle y exerce un grand empire. L'imagination a créé les fausses religions ; elle embellit les rites et les cérémonies de la religion véritable et révélée ; elle donne de la pompe et de la magnificence à leurs pratiques, de l'éclat et de la majesté à leurs fêtes, et n'a même pas toujours été sans une influence plus ou moins heureuse sur les sentiments qu'elles inspirent, sur les préceptes qu'elles donnent, sur les dogmes qu'elles enseignent. C'est l'imagination grossière des sauvages qui enfanta les dieux grossiers qu'ils adorent ; c'est l'imagination sublime d'Homère qui peupla l'Olympe ; et la vive et féconde imagination des Grecs ajouta à ces riches fictions de nouvelles fictions ingénieuses et riantes, qui furent ensuite adoptées par la sagesse et la gravité des Romains. Rien n'est plus poétique que cette antique mythologie éclose tout entière, pour ainsi dire, du cerveau des poëtes. Nourri à leur école, échauffé par leurs brillantes inspirations, le génie de M. Delille ne pouvait manquer de célébrer, dans des chants consacrés à la puissance de l'imagination, tant de merveilles créées par elle.

On sent combien il serait aisé de multiplier les notes de ce chant. M. Delille y passe en revue les antiques superstitions de l'Égypte et de l'Inde, les cultes bizarres des sauvages de l'Afrique et de l'Amérique, les divinités fabuleuses qui régnaient sur l'Olympe, et les religions divines qui descendirent de Sinaï et du Calvaire. On pourrait donc, en copiant tantôt deux pages d'un dictionnaire mythologique, tantôt trois pages d'un historien, tantôt cinq ou six pages d'un voyageur, faire, à l'aide d'une érudition facile, des notes beaucoup plus étendues que le

NOTES DU CHANT VIII.

chant lui-même ; mais nous pensons que ces notions communes sont rarement étrangères aux lecteurs, qu'elles se trouvent partout, et ne doivent point se trouver dans notre travail, où elles ne pourraient jamais entrer, d'ailleurs, que d'une manière fort incomplète. Nous nous bornerons donc à un petit nombre de notes plutôt littéraires qu'historiques, et par conséquent tout-à-fait différentes de celles qui se trouvent dans la première édition : le sujet nous en sera principalement fourni par les imitations des poëtes anciens et modernes, dont M. Delille savait s'approprier les richesses ; l'esprit et le goût aiment ces rapprochements et ces comparaisons.

> 2 Les animaux vivaient sans révolte et sans guerre ;
> Mais tous, d'un front servile ils regardaient la terre :
> Leur souverain, lui seul, marchant au milieu d'eux,
> Levait un front sublime et regardait les cieux.

Il n'est personne à qui les trois derniers vers de ce passage ne rappellent ceux d'Ovide, dont ils sont une imitation sensible, ou plutôt même une assez fidèle traduction :

> Pronaque cum spectent animalia cætera terram,
> Os homini sublime dedit, cœlumque tueri
> Jussit, et erectos ad sidera tollere vultus.

Cette belle idée d'Ovide, cette pensée éminemment religieuse, ne pouvait échapper à l'auteur du poëme de *la Religion ;* Racine le fils s'en est donc aussi emparé, et l'a ainsi imitée :

> Le roi pour qui sont faits tant de biens précieux,
> L'homme, élève un front noble, et regarde les cieux.

Imitation sèche et mesquine. Racine a passé sous silence la moitié de la pensée, cette comparaison entre l'homme et les animaux, qui prouve que non-seulement l'auteur de la nature a ordonné à l'homme de lever un front sublime et de porter ses regards vers les cieux, mais qu'il est le seul qui ait reçu cet ordre glorieux et cette noble destinée. M. Delille n'a pas manqué d'exprimer et même d'amplifier cette partie de la pensée du poëte latin : leur souverain, lui seul, marchant au milieu d'eux, etc. Mais aucun des deux imitateurs n'a rendu l'énergie du tour, *cœlumque tueri jussit,* ni cette sorte de pléonasme, *et erectos ad sidera tollere vultus,* qui n'est point ici une redondance, mais qui complète la pensée, en lui donnant une magnificence digne d'elle. A la vérité, Racine et M. Delille n'étaient qu'imitateurs ; ils n'étaient point astreints à une traduction exacte et rigoureuse. M. de Saint-Ange, qui s'en étoit imposé la loi, a beaucoup moins bien rendu que M. Delille ce beau passage d'Ovide ; voici sa traduction :

> *Sous le joug de l'instinct* les animaux penchés,
> *Tous* baissent leurs regards à la terre attachés ;
> L'homme, lui seul, *debout, la tête redressée,*
> Elève jusqu'au ciel sa vue et sa pensée.

Comment se borner à exprimer sèchement un fait commun dans un style plus que commun, lorsque l'original qu'on se propose de traduire annoblit le fait en en indiquant, par des expressions dignes du sujet, et l'auteur et le but! C'est la divinité, *opifex rerum*, qui a donné à l'homme ces nobles attributs qui le distinguent des bêtes en le formant à son image, *in effigiem moderantum cuncta deorum*; c'est elle qui a voulu qu'il regardât le ciel, qui le lui a ordonné, *dedit, jussit* : passer sous silence ces deux importantes et magnifiques circonstances du tableau, c'est lui ôter toute sa grandeur et toute sa poésie ; ce n'est pas traduire, c'est dénaturer, défigurer, c'est pis qu'un contre-sens.

> 3 Aux cultes différents qui donna la naissance ?
> Fut-ce d'abord la crainte ou la reconnaissance ?
> Repoussons loin de nous un doute injurieux :
> Oui, la reconnaissance a fait les premiers dieux ;
> Ainsi, des nations la noble idolâtrie
> Honora les mortels amis de la patrie.

M. Delille s'élève ici contre l'opinion du poëte athée, interprète d'Épicure : *primus in orbe deos fecit timor*, a dit Lucrèce. Pline le jeune semblerait d'abord ne s'éloigner pas beaucoup de ce sentiment : C'est, dit-il, lorsque l'homme est accablé de maux, surtout lorsqu'il craint le plus redoutable et le plus inévitable de tous, la mort, qu'il pense qu'il n'est qu'un homme et qu'il y a des dieux, *tunc deos, tunc hominem esse se meminit*. Mais la pensée de Pline a un côté vrai, et même religieux ; celle de Lucrèce est impie. Il appartenait au cœur sensible et reconnaissant de M. Delille de regarder la reconnaissance comme le premier sentiment qui nous ait avertis de l'existence de la divinité, et qui nous ait inspiré le dessein de l'honorer par un culte religieux et des institutions sacrées. Cette opinion est plus aimable, sans doute, plus douce, plus honorable à l'humanité ; mais, s'il s'agissait d'établir un système philosophique rigoureux, il est certain que tous les sentiment et toutes les passions de l'homme ayant pu concourir à faire naître en lui l'idée d'un être puissant et surnaturel, dans la dépendance duquel il se trouve, la crainte et la terreur n'ont pas dû être plus étrangères à cette opinion que toute autre affection de l'ame. Ainsi, suivant les différents caractères des peuples et des individus, et suivant leurs différentes positions, les uns se seront élevés vers la divinité par le sentiment de la reconnaissance, les autres se seront abaissés sous la main puissante d'un dieu redoutable et vengeur par le sentiment de la crainte, d'autres auront été guidés par d'autres sentiments et d'autres passions. Ces divers guides ne les trompaient point, du moins quant à l'idée principale et primitive, qu'ils ont ensuite altérée et défigurée en cent façons ; et l'impiété de Lucrèce consiste à ne voir dans les dieux que des fantômes produits par des craintes chimériques et des terreurs paniques. M. Delille avoue lui-même l'influence qu'ont dû avoir sur l'opinion si naturelle à tous les peuples d'une divinité puissante et redoutable, et notre propre faiblesse, et la multitude des dangers et des maux qui nous environnent, et la frayeur qu'ils nous inspirent, lorsque, quelques vers plus bas, après avoir peint les Lapons, les Indiens, les peuples de l'Amérique et ceux de l'Afrique courbés devant des idoles terribles, il s'écrie :

> Partout je vois la crainte encenser les autels.

4 De lui tout est sacré, de lui rien n'est immonde ;
   Rois, princes, potentats, dominateurs du monde,
   Attendez que du jour l'astre majestueux
   Sèche de ses rayons purs et respectueux
   Le rebut adoré des festins qu'il consomme,
   Qui trahit dans un dieu les vils besoins de l'homme :
   Voilà vos ornements, vos colliers, vos bijoux,
   Et l'excrément divin vous enorgueillit tous.

Horace a dit avec raison :

> Et quæ
> Desperat tractata nitescere posse relinquit.

« Le poëte doit abandonner tous ces sujets ingrats qu'il ne saurait » embellir par les graces et les ornements de la poésie. »

Mais M. Delille ne désespérait de rien en ce genre, et son audace était presque toujours justifiée par son talent et par le succès ; les objets les plus bas et les plus vils s'ennoblissaient par son style ; les expressions qui, par leur harmonie, ou par la nature des idées qu'elles présentent à l'imagination, semblaient à jamais être exclues du domaine de la poésie, entraient cependant très-heureusement dans ses vers, et leur donnaient une nouvelle grace par le mérite de la difficulté vaincue. C'est ainsi que, maîtrisant tout ce qui paraissait le plus rebelle aux lois de la poésie, il avait infiniment agrandi son empire en y ajoutant d'heureuses conquêtes. N'a-t-il pas quelquefois abusé de cet admirable talent ? et le passage que je viens de citer n'offre-t-il pas un exemple de cet abus ? J'oserais le croire, si la tradition ne m'apprenait que ces vers furent très-applaudis à l'Académie, lorsque M. Delille les y récita dans une séance publique. L'Académie admira, dit-on, la pompe de cette périphrase poétique, et la magnificence des expressions par lesquelles le poëte avait déguisé tout ce qu'il y a de bas et de dégoûtant dans l'objet qu'il se proposait de peindre. Voltaire l'avait déjà représenté sans y faire tant de façon, et avec ce pinceau cynique dont ses mains trop souvent licencieuses aimaient à se jouer :

> Plus loin, du grand Lama les reliques musquées
> Passent de son derrière au cou des plus grands rois.

5 Voyez-le du présent franchir l'étroite enceinte ;
....
   Son esprit inquiet en cherche les présages
   Dans le feu de l'éclair, dans les flancs du taureau,
   Et dans son vol rapide interroge l'oiseau, etc.

Dans ces vers et dans les vers suivants M. Delille fait une sorte d'énumération des divers présages dans lesquels les Romains lisaient et l'avenir, et leur sort particulier, et la destinée des plus grands événements. Horace fait une énumération de ce genre dans l'ode *Impios parræ*, etc. Il est probable que l'ami de Mécène, poëte peu crédule, peu religieux, ne fait ici qu'adopter un système populaire favorable à l'imagination et à la poésie, sans y ajouter aucune foi et aucune importance. Toutefois, le même Horace ne paraît point indifférent au signe du zodiaque qui a présidé à sa naissance, *seu libra, seu me scorpius aspicit*. Un de nos poëtes a consacré cette faiblesse :

Horace frémira, s'il sait que le hasard,
En naissant, l'a frappé de ce triste regard.

Les hommes les plus sages et les plus instruits ne sont pas toujours préservés de ces tristes maladies de l'esprit, et M. Delille a raison de dire, en parlant d'un de ces présages,

Il épouvante un sage, intimide un grand homme.

« J'ai vu, dit le Spectateur anglais, une épingle crochue, un clou » rouillé, faire pâlir des guerriers qui avaient plusieurs fois affronté le » canon. » Un hibou, pendant la nuit, cause souvent plus d'alarmes qu'une troupe de voleurs :

Solaque culminibus ferali carmine bubo
Sæpe quæri, et longas in fletum ducere voces.

Dans tous les temps, dans tous les pays, la faiblesse de notre esprit nous a fait craindre les fantômes et les chimères dont parle encore Horace :

Somnia, terrores magicos, miracula, sagas,
Nocturnos lemures, etc.

6 Déjà l'Ambition, acquittant ses promesses,
Sur l'autel mercenaire entasse ses largesses ;
. . . .
Achète des autels la faveur complaisante.

Cette vénalité des oracles n'avait pas échappé aux païens eux-mêmes; et on sait que les Grecs railleurs disaient d'un de ces interprètes des dieux et de l'avenir, dont les réponses favorisaient les desseins ambitieux de Philippe : *la Sibylle Philippile.*

7 Puissent de frais gazons, puissent de claires ondes,
Dans un riant pacage arrêter mes brebis !
Que leur fine toison compose mes habits ;
Et, quand le fuseau tourne entre leurs mains légères,
Ne blesse pas les doigts de nos jeunes bergères.

Ces deux derniers vers sont une traduction élégante de deux vers d'Ovide, *Fast.*, liv. IV :

Lanaque proveniat nullas læsura puellas,
Mollis et ad teneras quamlibet apta manus.

M. de Saint-Ange a traduit ainsi les mêmes vers :

Et que ma laine molle et docile au fuseau
Ne blesse point les doigts des filles du hameau.

Il y a dans les vers de M. Delille plus de légèreté, plus de rapidité, et par conséquent une poésie plus imitative. Les deux vers du poëte latin sont tirés d'une invocation à Palès très longue, et trop longue dans l'original : M. Delille, en l'abrégeant, et en choisissant les traits les plus poétiques et les plus gracieux, l'a mieux appropriée à nos idées et à nos mœurs, et l'a imitée avec un goût exquis et une grace charmante. Le tableau d'Ovide est plus complet, celui de M. Delille est plus achevé.

> 8 Dirai-je quelle heureuse et sage politique
> Joignit à tous les dieux de l'empire italique
> Un pouvoir plus obscur et plus puissant encor?
> Le dieu Terme est son nom..........
> ....
> Quand Jupiter parut au nouveau Capitole,
> Tous les dieux firent place à l'imposante idole ;
> Toi seul gardas la tienne, et toi seul es resté !
> Noble image des droits de la propriété :
> Droits puissants, droits sacrés, et sur qui seuls se fonde
> Et le bien des états, et le repos du monde.

Le morceau que M. Delille a consacré à célébrer le culte du dieu Terme est beaucoup plus long ; je n'en rappelle ici qu'une faible partie. Parmi tant de divinités mythologiques qui offraient à ses pinceaux des couleurs aussi poétiques, plus poétiques même, il a choisi, avec une sorte de préférence et de prédilection, le dieu protecteur des champs légitimement acquis, et vengeur des usurpations. Le dieu Terme était donc le dieu de la propriété, et M. Delille s'est plu à le chanter au moment où les lois de la propriété étaient ébranlées dans sa patrie, et où les passions politiques, appelant à leur secours les passions viles et basses de la cupidité, avaient multiplié les confiscations, et méconnu ces droits antiques et sacrés sur lesquels, comme dit le poëte et comme l'expérience l'a si bien prouvé, se fondent

> Et le bien des états, et le repos du monde.

C'est au mépris et à la violation de ces lois qu'on reconnaîtra toujours les agitateurs et les tyrans, comme on reconnaîtra les bons citoyens et les bons princes au respect qu'ils auront pour elles. Parmi les preuves nombreuses que donna Louis XVIII, à son retour en France, de ses vues bienfaisantes et paternelles, il faut mettre au premier rang la clause de la Charte qui abolissait les confiscations. Faisons ici une observation bien honorable à M. Delille : si ce grand poëte se montre toujours, dans ses brillantes compositions et dans ses beaux vers, l'homme de bien, l'homme d'honneur ne se montre pas moins dans ses sentiments et ses principes.

> 9 Mais si, dans tout l'éclat de sa pompe imposante,
> Avec plus d'appareil que ces fameux Romains,
> Je veux voir triompher le maître des humains,
> J'irai dans cette ville en prodiges féconde,
> Veuve du peuple-roi, mais reine encor du monde.

L'objet de ces notes n'est point de faire remarquer les beaux vers de M. Delille ; un pareil dessein les eût multipliées et étendues beaucoup au-delà du but que nous nous proposons. Je ne puis m'empêcher toutefois d'arrêter un instant l'attention du lecteur sur le dernier des vers que je viens de citer ; jamais on ne parla plus magnifiquement de Rome ancienne et moderne : peut-être même trouverait-on un peu d'emphase et d'exagération dans ce dernier hémistiche, *mais reine encor du monde*, s'il n'était placé si à propos. Le poëte décrit, en effet, une des plus augustes cérémonies de la religion : et c'est par la religion que Rome domine encore cette vaste partie du monde ; c'est dans les grandes et imposantes fêtes du culte catholique qu'elle est l'exemple et le modèle de peuples nombreux et florissants, et que son pontife en est le chef. Un poëte latin avait dit avant M. Delille, et avec beaucoup moins d'élévation et d'éclat que le poëte français,

> Roma caput mundi, quidquid non possidet armis,
> Religione tenet.

C'est dans un morceau ajouté à cette nouvelle édition que se trouve le vers qui a donné lieu à cette note. Le poëte décrit les processions de la Fête-Dieu ; cette description est peut-être un peu chargée de détails et un peu longue, mais elle a une pompe digne du sujet, et renferme de très-beaux vers ; le lecteur me permettra de remettre sous ses yeux ceux qui suivent immédiatement le morceau que j'ai cité, et terminent la description de la fête à Rome, dans la ville *reine encor du monde :*

> C'est là, c'est dans ses murs, le siége de la foi,
> Que sous les yeux d'un chef, père, pontife et roi,
> Au milieu des palais, des temples, des portiques,
> Et du faste moderne, et des pompes antiques,
> Dieu se montre aux mortels dans toute sa grandeur.
> En vain l'œil de l'impie en veut fuir la splendeur ;
> Dieu l'accable en secret de toute sa présence.
> Malheureux, il est seul dans cette foule immense,
> Et ses remords du moins confessent l'Eternel.
>
> 10 Là, des lions d'airain, de feux étincelants,
> Recevaient des mortels dans leurs gosiers brûlants ;
> Là, le sang qui ruisselle en éternel hommage
> Fait au ciel qu'il invoque un éternel outrage.
> ....
> Nature, tu n'as donc plus d'abri sur la terre ?
> ....
> Ah ! sans doute, abhorrant ce culte criminel,
> Tu te réfugias dans le cœur maternel :
> Non, de ces dieux cruels la fureur t'en exile,
> Et la nature a fui de son dernier asile.
> Des mères, aux autels de ces dieux redoutés,
> Leurs enfants dans les bras.... Cruelles, arrêtez !
> ....
> Ah ! voyez leur sourire et regardez leurs pleurs,
> Et cessez d'immoler à d'horribles chimères
> Les nœuds sacrés d'hymen et le doux nom de mères !

Racine le fils a aussi, dans son poëme de *la Religion*, présenté le tableau de ces effroyables superstitions qui ont fait le tour du globe et déshonoré, dans les différents âges, tous les peuples, même ceux qui sont les plus fiers de leur politesse, de leurs arts, et de leur philosophie. Les ecteurs qui seraient curieux de comparer la manière des deux poëtes peuvent chercher les vers que j'indique à la fin du troisième chant du poëme de *la Religion*; ils verront que le fils du grand Racine, poëte toujours pur, correct, et même assez élégant, était dépourvu de la verve et de la richesse d'imagination qui brille dans les vers du chantre de cette faculté dominante des grands poëtes ; il a moins de ressources et de fécondité dans l'esprit, et des rapprochements moins heureux ; ses tableaux ont moins de coloris, d'ame et de sentiment. M. Delille raconte, dans une de ses préfaces, qu'étant fort jeune, ou, comme il le dit, presque enfant encore, il alla lire à Racine le fils les premiers essais de sa traduction des *Géorgiques*; il trouva l'illustre poëte déjà accablé sous le poids des ans, plus accablé encore sous celui du malheur : un fils unique venait de lui être enlevé par une mort funeste; il fuyait le monde, les hommes, et les lettres. Toutefois il accueillit avec bonté le jeune poëte, qui lui annonçait le dessein d'entrer dans une carrière qu'il abandonnait lui-même, après l'avoir parcourue avec quelque gloire. Ce ne fut pas cependant sans une surprise mêlée de quelques observations sévères que Racine apprit le projet formé par un écolier, à peine échappé du collége, de traduire les *Géorgiques*; il écouta néanmoins les vers du jeune poëte; et, après les avoir entendus, il l'engagea à poursuivre ce dessein qui lui avait d'abord, et avec raison, paru si téméraire. « J'ai » senti peu de plaisirs si vifs dans ma vie, dit M. Delille.... Je crus avoir » entendu non seulement la voix du chantre de la religion, mais quel- » ques accents de l'auteur d'*Athalie*. » M. Delille, ayant ainsi reçu les conseils et les encouragements du fils du grand Racine, s'honorait d'être son disciple : on peut même dire qu'il fut toujours de son école; car le poëme de *la Religion* est, comme tous ceux de M. Delille, tantôt philosophique, tantôt descriptif; mais le disciple a laissé son maître bien loin derrière lui.

Je ne puis finir cette note, à laquelle ont donné lieu les sacrifices abominables qui ont ensanglanté tant d'autels, sans rapporter la pensée d'un ancien sur ces cultes barbares. « Tel est le délire de l'esprit hu- » main, qu'on pense inspirer aux dieux de la clémence et de la bonté » par des cruautés dont les hommes seraient incapables dans les trans- » ports de la colère et de la vengeance. *Tantus est perturbatæ mentis et » sedibus suis pulsæ furor, ut sic dii placentur quemadmodum ne ho- » mines quidem sæviunt*. »

11 C'était de ce hameau le pasteur respectable,
Qui, depuis quarante ans, sert son Dieu, fait le bien,
Reçoit peu, donne tout, et ne demande rien.

Ce dernier vers est, par le tour, par la forme et la concision, une imitation évidente de ce vers du Tasse :

Brama assai, poco spera, nulla chiede.

« Il désire beaucoup, espère peu, et ne demande rien. »

Ce vers remarquable par le cliquetis des trois antithèses, *assai, poco, nulla*, c'est-à-dire, beaucoup, peu, et rien, avait frappé plus d'un de nos poëtes, et avait été déjà le sujet de plusieurs imitations. Voltaire, dans un poëme qui admettait le ton familier, négligeant une des idées dont le vers italien se compose, avait dit :

Ce jeune homme de bien
Voulait beaucoup, et ne demandait rien.

Bernard, dans son *Art d'aimer*, rivalise de concision avec l'original, et, changeant un peu les idées, il dit :

Désire tout, prétend peu, n'ose rien.

M. Delille a placé l'imitation de ce vers dans un sujet beaucoup plus grave, dans un épisode qui, faisant ressortir les merveilleux et consolants effets d'un des augustes mystères du christianisme, termine convenablement son chant sur les cultes.

FIN DU TOME PREMIER.

TABLE DES MATIÈRES
CONTENUES DANS LE PREMIER VOLUME.

                                                        Pages

NOTICE SUR J. DELILLE. 1

LES JARDINS. — Préface. 19

    Chant I. 35
       — II. 54
       — III. 74
       — IV. 90

    Notes. 112

L'HOMME DES CHAMPS. — Préface. 119

    Chant I. 123
       — II. 143
       — III. 163
       — IV. 179

    Notes. 198

MALHEUR ET PITIÉ. — Préface. 209

    Chant I. 215
       — II. 230
       — III. 245
       — IV. 265

    Notes. 287

L'IMAGINATION. — Épitre à madame Delille. 305

    Préface. 311
    Chant I. 327
       — II. 348

TABLE DES MATIÈRES

Chant III. 367
— IV. 392
— V. 414
— VI. 440
— VII. 467
— VIII. 491
Notes 521

FIN DE LA TABLE.

www.ingramcontent.com/pod-product-compliance
Lightning Source LLC
Chambersburg PA
CBHW060750230426
43667CB00010B/1508